SAGE PUBLICATIONS, INC.

领导力经典书系 Leadership

领导力的本质
（第二版）

The Nature of Leadership
(second edition)

〔美〕大卫·V.戴　编
　　约翰·安东纳基斯

林嵩　徐中　译

北京大学出版社
PEKING UNIVERSITY PRESS

著作权合同登记号　图字:01-2013-2166

图书在版编目(CIP)数据

领导力的本质:第2版/(美)戴(Day,D.V.),(美)安东纳基斯(Antonakis,J.)编;林嵩,徐中译.—北京:北京大学出版社,2015.4

(领导力经典书系)

ISBN 978-7-301-25230-7

Ⅰ.①领… Ⅱ.①戴… ②安… ③林… ④徐… Ⅲ.①领导学—研究 Ⅳ.①C933

中国版本图书馆 CIP 数据核字(2014)第 292041 号

David V. Day, John Antonakis
The Nature of Leadership(Second Edition)
Copyright ⓒ 2012 by SAGE Publications, Inc.
All rights reserved. No part of this book may be reproduced or utilized in any form or by any means, electronic or mechanical, including photocopying, recording, or by any information storage and retrieval system, without permission in writing from the publisher.

书　　名	领导力的本质(第二版)
著作责任者	〔美〕大卫·V. 戴（David V. Day）　约翰·安东纳基斯（John Antonakis）　编
	林嵩　徐中　译
策划编辑	孙晔
责任编辑	贾米娜
标准书号	ISBN 978-7-301-25230-7
出版发行	北京大学出版社
地　　址	北京市海淀区成府路 205 号　100871
网　　址	http://www.pup.cn
电子信箱	em@pup.cn　QQ:552063295
新浪微博	@北京大学出版社　@北京大学出版社经管图书
电　　话	邮购部 62752015　发行部 62750672　编辑部 62752926
印 刷 者	北京大学印刷厂
经 销 者	新华书店
	730 毫米×1020 毫米　16 开本　38.75 印张　655 千字
	2015 年 4 月第 1 版　2019 年 5 月第 2 次印刷
定　　价	96.00 元

未经许可，不得以任何方式复制或抄袭本书之部分或全部内容。
版权所有，侵权必究
举报电话:010-62752024　电子信箱:fd@pup.pku.edu.cn
图书如有印装质量问题，请与出版部联系，电话:010-62756370

变革加速,人人需要领导力(代总序)

智学明德国际领导力中心主任徐中博士

人类进入21世纪,创新加速了各领域的变革。在中国,变革的速度、广度、深度和力度前所未有,领导力的重要性日益凸显。一个人人需要领导力的时代已经来临!

2014年6月23日,第66届全球人力资源大会在旅游名城奥兰多举办,《世界是平的》作者、三届普利策奖获得者托马斯·弗里德曼在主题演讲中指出,"技术与全球化"重新定义了我们这个时代的经济和教育,在未来的工作场所,"做个普通人(Average)的时代"已经过去了。全球化分为三个主要阶段——全球化1.0时代、2.0时代和3.0时代,其主要推动力分别是国家、企业和掌握了互联网络技术的个人,个人的作用在21世纪将与日俱增!弗里德曼的观点引起了全场13 000多位企业家和人力资源专家的高度共鸣。

21世纪,人类进入了一个加速变革的新时代,个人、组织与国家都面临全新的机遇和挑战。美国军方在20世纪90年代提出:这是一个"VUCA"的时代(Volatility、Uncertainty、Complexity、Ambiguity,即"易变、不确定、复杂、模糊")。世界格局的重塑、地球村的生活、商业环境的动荡、个人潜能的释放、新技术的广泛应用,等等,使得组织领导者的品格、知识和技能受到前所未有的挑战。

21世纪,经济和社会发展的根本动力是人的心与脑的开发。被誉为"领导力之父"的沃伦·本尼斯指出,新经济是靠智力资本推动的,这是21世纪经济的特征。对于领导者以及想要成为领导者的人们来说,新经济的真谛在于**其力量源自创意而非职位**。从某种意义上说,人人都是领导者!

21世纪,领导力的正道是"正心诚意修身齐家治企利天下"。领导者不仅是一个角色,更是一种态度和能力。一般来说,领导力包括三个方面:**领导自我**、**领导他人和领导业务**。领导自我是领导的起点和基石,领导者必须首先明确自己的使命、愿景和价值观,勇于担当,言行一致,为大家树立榜样,才能激发大家为共同的愿景努力奋斗,克服前进过程中的重重障碍,创造卓越。詹姆斯·库泽斯和巴里·波斯纳两位学者通过30年的持续研究表明,从根本上说,领导力是一组技能,如同"演唱技巧",人人都能唱歌,但只有经过严格而长期的训练,才能成为优秀的歌唱家。

今天,中国已经成为世界第二大经济体,随着"中国梦"的逐步实现,中国的全球影响力与日俱增,各个领域都迫切需要卓越的领导者。

领导学在中国的起步始于20世纪80年代,经过三十多年的发展,形成了初步的理论体系和研究方法。但我们对于现代商业组织的领导力和最新商业动态带来的新变化,以及中国企业高歌猛进的发展现状,还缺乏较为科学、系统、全面和前瞻的研究,还远远不能满足各方面组织对领导力发展的需求。

国家行政学院中国领导科学研究中心主任刘峰教授在为《领导力的本质》一书撰写的推荐序中指出:要真正实现中华民族的伟大复兴,最需要的就是领导力;中国治理体系和治理能力的现代化最需要的也是领导力,需要国家的领导力、组织的领导力和个人的领导力。在领导力研究和培训领域,我们迫切需要一大批有志于领导力研究和培训的同行加入,借助于当今中国经济社会发展天时地利人和的大舞台,运用科学的态度、科学的方法,方能总结出具有中国特色的科学的领导力理论。

在中国,作为商业教育旗舰的商学院,领导力教育的历史也仅十多年。以清华大学经济管理学院为例,1999年,杨斌教授第一个开设"道德领导力与组织信誉"课程,2003年开设"再造领导表现"(2004年改为"卓越领导之道")高管培训课程,以及"领导与变革"选修课。2009年,清华大学经济管理学院推出新版MBA,"领导力开发"成为必修课。今天,大多数商学院还缺乏领导力师资,难以满足MBA对领导力发展的需求,更不用说为企业提供急需的领导力培训支持了。

他山之石,可以攻玉。为了借鉴国际前沿的领导思想、理论、方法与最佳实践的精髓,拓宽我国领导力研究的全球视野,促进领导力的研究与实践,北京大学出版社与智学明德国际领导力中心联合策划了本丛书。

本丛书由国际最新领导力研究与实践著作精选而成,具有很好的代表性、学术性、实践性和前瞻性,反映了领导力的国际最新研究成果与未来趋势,对于中国领导力研究与实践具有积极的指导作用。

● 《领导力的本质》是二十多位领导力学者的智慧结晶,反映了领导力学术界研究的最新成果,深入探讨了领导力的过去、现在与未来,领导力:科学、本质与培养,领导力的主要学派,以及领导力与特殊领域。

● 《领导力教学手册:知识、技能和品格》由哈佛商学院组织全球顶尖领导力学者联合编写,从前沿理论、最佳实践和知识层面对领导力教育及研究领域所面临的问题以及挑战进行了论述与探讨,为领导力教育适应技术、组织与多样性的快速变化提供了一个思考及探讨的基础性平台。

● 《CCL领导力开发手册》多次被《商业周刊》评为领导力教育领域最重要的必读之书。第三版第一次囊括了培养教育行业领导者、在变革的时代培养领导者、领导者培养的民主化、团队领导力开发、全球领导力开发、战略领导力开发、跨团队领导力和互助型领导力开发等内容,并讨论了将领导力作为一种组织能力进行开发、跨文化领导力开发等新议题。

● 《美国陆军领导力手册:在任何情况下实施领导的技能、策略与方法》是美国陆军在领导人才培养方面的理论和实践总结,内容涵盖:领导力基础,陆军领导者,品格、风度与才智,以能力为基础的领导力:从直接层面到战略层面,在组织与战略层面上的领导。军队的领导力是企业领导力的重要来源,其特殊性对于领导力实践具有独特的价值。

本丛书的策划,源自2012年5月,我在美国创新领导力中心(CCL)朱成博士的引荐下前往CCL拜访其CEO约翰·瑞恩先生,在CCL,我看到了他们自1970年以来在领导力发展领域进行的大量的、杰出的研究与实践。回到北京,我与北京大学出版社的孙晔副社长进行了深入探讨,孙副社长当即表示支持,很快合作遴选了本丛书中的四本经典著作。孙副社长亲自主持编辑工作,并邀请北京大学出版社总编辑助理林君秀老师、编辑贾米娜老师参与相关工作。在两年多的策划和编辑工作中,孙副社长、林老师、贾老师多次提出宝贵的意见和建议,为本丛书的顺利推出做出了重要贡献,在此表示衷心的感谢!

感谢刘峰教授多次关心本丛书,并在百忙之中为《领导力的本质》撰写推荐序。感谢杨斌教授对《领导力教学手册:知识、技能和品格》的翻译给予的悉心指导,使得"Being/Knowing/Doing"(书中译为"品格/知识/技能")等关键词汇的翻译更加准确。感谢朱成博士对《CCL领导力开发手册》(第三版)的翻译给予的帮助和支持。

《美国陆军领导力手册：在任何情况下实施领导的技能、策略与方法》一书由北京大学国家发展研究院的宫玉振教授翻译，宫教授的军事背景为该书的翻译增色不少。《领导力的本质》（第二版）由中央财经大学的林嵩教授和徐中博士翻译，《领导力教学手册：知识、技能和品格》由徐中博士、刘雪茹女士和胡金枫女士翻译，《CCL领导力开发手册》（第三版）由徐中博士和胡金枫女士翻译。在此，对宫玉振教授、林嵩教授、刘雪茹女士和胡金枫女士表示衷心的感谢！

此外，我的同事杨懿梅、佛影、邓小淋、王少飞，以及刘兵同学等也在本丛书的翻译过程中给予了多方面的帮助和支持，在此一并表示感谢！

由于译者水平所限，不当之处，敬请指正！

2014年9月于北京清华大学科技园创新大厦

要以科学的态度和方法研究及实践领导力(推荐序)

国家行政学院中国领导科学研究中心主任刘峰教授

我很喜欢读徐中博士有关领导力方面的译作,一是因为他多年研究领导力,并且从事领导力的培训工作,是一个称职的领导力教练;二是因为他对领导力研究具有严谨科学的态度,又能运用理性的、科学的方法,对这一点我极为看重;三是因为他翻译的文笔平顺耐读,几近"信达雅"的境界。这次他送来与林嵩教授合译的《领导力的本质》一书让我能先睹为快,也就顺便谈点感受,与读者分享。

领导力既要研究更要实践,关键要以科学的态度和方法去研究、去实践。这样,领导力的实证研究就有了领导科学,领导力的实践应用就成了领导艺术,所以领导力既是科学,又是艺术。领导力之所以是科学,是因为它能够进行实证研究,研究领导者的特质,研究领导力的本质,以及领导力生成和作用的规律。领导力是可以被证实或证伪的。领导力之所以是艺术,是因为它的实践一定是具体的、特殊的,总是因人而异、因时而异、因情境而异。领导力是可以创新的。

要真正实现中华民族的伟大复兴,最需要的就是领导力;中国治理体系和治理能力的现代化最需要的也是领导力,需要国家的领导力、组织的领导力和个人的领导力。在领导力研究和培训领域,我们迫切需要一大批有志于领导力研究和培训的同行加入,借助于当今中国经济社会发展天时地利人和的大舞台,运用科学的态度、科学的方法,方能总结出具有中国特色的科学的领导力理论。

领导力是可以日常认知的。领导力大师沃伦·本尼斯曾说:领导力和爱情一样,大家都知道它的存在,但就是没人能够说清楚它是怎么一回事。过去数十年,学术界给领导力下的定义超过850种,光是在最近的75年里对领导者进行的实证调研就有几千个项目。由此可见,领导力研究是一件非常重要但又非常不容易的事情。我认为,对领导力不要误解,它没有那么神秘,它是可以观察、可以被日常认知的。其实,对政治学、社会学、经济学等热门学科和概念的定义同样众说纷纭。

我坚定地认为,至少领导与管理是可以区分的,是可以大致划界的,领导者与追随者也是易于区分的。领导力是目的驱动的行为,引发基于价值观、理想、愿景、标志以及情感的改变或者转型变革。而管理则是由目标驱动的,以理性、行政手段和履行合同(也就是交易)的方式最终实现稳定的结果。领导力和管理是相辅相成的,但是领导力的重要性显然要高于管理,领导力是获得超出预期结果的必要条件(Bass,1985,1998;Bass & Riggio,2006)。此外,领导力的"领"与"导"是柔隐的,而管理的"管"和"理"却是刚显的。

领导力是可以实证研究的。"旧时王谢堂前燕,飞入寻常百姓家。"今天,到处都有领导者,处处可见领导力。既然领导力随处可见,已被"祛魅",就可以被研究,用科学的态度和方法进行实证研究。大卫·V·戴和约翰·安东纳基斯主编的《领导力的本质》是国际上领导力研究领域最具影响力的著作之一,反映了领导力研究领域最新的研究趋势、研究方法和研究成果,为中国的领导力研究者提供了国际视野,提供了科学的领导力理论以及严谨的研究态度和方法。读者阅读本书要重点把握领导力的本质,把握领导力的生成和运用规律。

本书对领导力的概念进行了全面深入的探讨,有助于我们更好地理解领导力的本质。作者认为,领导力最常见的特征是:领导者的人性面(性格特征)、领导者的行为、领导者的影响、领导者与追随者间的互动过程,以及情境的重要性(Bass,2008)。书中对于领导力及其复杂性、研究中使用的科学方法、如何评估和开发领导力,以及领导力理论的演化观点进行了全面的介绍。本书的研究成果还包括领导力个体差异理论、领导力权变理论、变革型与魅力型领导力理论、关系型领导力理论、追随者中心视角理论,以及共享领导力理论等六个视角的理论模型。同时,作者还考察了文化、性别、个性以及道德伦理与领导力的关系。

领导力是可以实践应用的。领导力的生命在于实践应用。领导力是从群众中概括提炼得来,又到群众中去实践应用的;同时,领导力更是从领导活动的实践中得来,又回到领导活动的实践中去检验的。真正的领导力一定要能应用,便于实践,要有应用的科学态度和方法。领导力既有普适的一面、共性的一面,应用时又要特别注意本土化。对国外的领导力进行移植时更要加倍小心,避免水土不服。

领导力是可以学习培训的。我从事领导力培训工作三十年,经常和各行各业的领导者交流看法,对此有着深切的体会和坚定的信念,领导力是可以通过学习培训而得到提升的。领导力既有先天遗传的因素,但主要是后天训练习得的,参加培训对领导者和追随者来说不仅有用,而且效果是显著的。建议读者多读读领导力方面的书籍,多参加一些领导力方面的培训。

  是为序。

2014 年 12 月于皇苑

译者序

中央财经大学商学院林嵩教授

领导力的研究非常有价值。在过去数十年间,领导力始终是组织和管理领域的热点问题。当然,也是大众媒体的焦点话题。

与其他有关领导力的书籍相比,本书的特征非常明显,这是一本有关领导力学术研究的书。它论证了过去、当前、未来领导力的重点关注领域和研究议题。从学术价值上看,它为那些有志于在领导力领域开展深入研究的学者提供了一个类似"手册"的参考资料。这一点对于社会科学领域的研究来说非常重要!本书所收录的章节,以及各章后面所附的参考文献,可以说是领导力研究的文献库。也就是说,从本书出发,研究人员可以轻而易举地找到那些在领导力领域至关重要的经典和前沿文献,从而为学术研究奠定基础。

本书所涉及的章节内容为领导力这一既经典又新兴的领域提供了一个整体性的分析框架。这一意义尤其体现在全书的第一章。在通读全书之前,对第一章的认真阅读是非常有必要的。这一章指明了目前领导力的主要流派、领导力的前沿话题以及全书的组织结构。即使并没有致力于领导力的学术探索,仅仅需要了解领导力在整个组织领域的地位、它所使用的主流方法、领导力与其他组织话题的关系等内容,对这一章的仔细阅读都能够获得真知灼见。

从本书所涵盖的内容来看,领导力话题呈现巨大的多样化特征。领导力与信息处理、领导力的生物学特征、领导力与商业伦理……这些话题跨越不同学科,方法也有很大的不同。而且,随着这一领域的持续发展,随着更多不同背景的学者和业界人士参与到这一领域中,领导力研究的边界必将进一步扩大,内容也将更加繁杂多样。这一点体现了"领导力"这一核心概念的多面性,这也正是领导力研究的魅力所在。相信不仅是组织管理领域,其他不同领域的学者在翻阅这本书时也能够取得很多收获。

作为一直为不同层次学生讲授"管理研究方法"课程的老师,我尤其对第三章(领导力研究方法的进展)感兴趣。在这一章中,作者谈到了多样化的回归和拟合技术。这些技术的出现一方面表明了当前管理研究的最新进展,它们不仅是领导力研究的适用技术,同样应用于战略、组织、营销等不同领域;另一方面也彰显了领导力研究的复杂性,正是因为研究主题的复杂性,才需要在方法方面的不断突破和尝试,以开发有价值的创新结论。不过需要注意的是,在探讨各类方法时,这一章使用了非常简单的语言来描述它们的基本原理和分析技术,这对于学术实践来说是远远不够的,读者需要进一步查找相关文献,更加深入地了解这些方法和技术的细节。

我们重点强调本书的学术价值,并不意味着它仅仅适用于和我一样的科研人员。事实上,真正有价值的学术研究绝不是带有密封边界的,它面向所有人士敞开大门,不同的人从中得到不同的收获。这本书所涉及的很多命题、观点可以应用于商业实践,例如第四章(领导力发展的本质)所探讨的领导者是天生的还是后天造就的这一问题,为领导力开发提供了有力的理论依据;第七章(权变、语境、情境与领导力)所探讨的不同情境中的领导风格适用性,对于组织中的领导者和追随者都有充分的借鉴意义。

不仅如此,我还强烈推荐企业领导者认真阅读第十五章(伦理与领导者有效性:优秀领导力的本质)。这是由于当前商业伦理、管理道德、社会责任等话题在国内拥有充分的现实基础——每天都可以看到大量的相关报道。道德和伦理问题当然非常复杂,每个人都不能说这些问题与自己无关,不过领导者当然在其中扮演着关键性角色。这一章所探讨的很多问题都非常有现实意义,它尽管仍可能只是领导力道德问题的一个开端,不过沿着这一方向挖掘下去,将会取得很多正向的收获。可以预测的是,虽然本书将领导力道德问题作为前沿,但在未来,它一定是领导力研究的核心和主流。

我一直在高校从事组织和管理方面的教学及研究,当"领导力经典书系"策划人、领导力专家徐中博士邀请我翻译本书时,我既觉得激动,又感到巨大的压力。激动是因为领导力这一领域如此有魅力,难得自己能够有机会参与一些较基础性的工作;压力则主要体现在对于领导力及其研究议题的把握上,毕竟,现代组织和管理研究已经发展得非常迅猛,出现了极为复杂多样的研究技术和研究术语,对于这些内容的翻译实属不易。不过,在压力下开展工作,本身不也正是领导力的某种反映吗?

鉴于本书的专业性极强、工作量很大,我们的初译工作持续了大半年,之后,徐中博士对译稿进行了全面的审校。在翻译的同时,我们查找了大量资料,以确保相关术语和名词的准确性。不过由于本人才疏学浅,对于领导力的理解也并不充分到位,书中难免有各种错误,恳请读者谅解。

感谢北京大学出版社副社长孙晔、总编辑助理林君秀和编辑贾米娜的多次精心校对,在反复校对的过程中,我们看到了编辑老师在书稿上密密麻麻的批注,这使得本书能够避免很多错漏,并且顺利出版。

2015 年 2 月于北京

前言
——为什么要推出《领导力的本质》的第二版

为什么要推出《领导力的本质》第二版?这一问题的答案并不像"为什么不推出第二版"这样简单。虽然本书第一版涵盖了当时最前沿的知识,并作为教材和文献一直在教学与研究领域被广泛使用,但是自2004年第一版问世至今,领导力理论与研究已经取得了长足的发展。在与Lisa Shaw(Sage出版社执行编辑)和约翰·安东纳基斯(John Antonakis,本书第一版的主编)进行了深入讨论后,他们都认为《领导力的本质》一书对领导学领域贡献颇丰,修订本书可以使其成为一本更具影响力的领导力手册。为了实现这一目标,Lisa和约翰认为最佳方法是增强编辑团队的人员,吸纳一名将领导力作为主要研究方向,并在该领域有过突出贡献的学者作为编辑团队的新成员。最终,我们邀请大卫·V.戴(David V. Day)作为本书第二版的合编者。

作为合编者,我们计划在《领导力的本质》(第二版)中将领导力研究的最新潮流较好地反映出来。我们将最初的14章内容扩充到16章,调整了每个章节的内容,增加了部分新内容,这些新内容的作者都是各自领域的领军人物。本着与本书第一版相同的精神,第二版的目标是成为一本范围广泛、重点突出、对领导力的前沿发展进行综合性回顾的精编著作。

我们对本书的章节进行了修订,主要面向领导学专业高年级学生(本科生与研究生)和领导力学者。本书的初衷反映在如下几个方面:

(1) 连接和综合领导力领域内内容庞杂、看起来似乎是彼此分离的各种文献;

(2) 去芜存菁、消除领导力研究的神秘感。

为了实现这一目标,我们回顾了相关的文献资料,界定出领导力研究中最重要的领域,把它们综合起来,编订成一本体系完整、内容简明的手册。在第二版中,我

们简化了本书的结构,重点突出三个主题,对应本书的三个部分:

(1) 领导力:科学、本质与培养;

(2) 领导力的主要学派;

(3) 领导力与特殊领域。

接下来,我们将与23位熟悉这些领域的学者(从著名学者到崭露头角的新人)一起,带领读者领略这些主题的最新进展。通过这种方式,我们推出的这本书,在章节上整体互补、前后呼应。作为一本内容简明的文集,《领导力的本质》一书是独一无二的,无论从广度和深度上,还是在所关注的主题上都是无与伦比的。我们相信,本书填补了领导学文献的重要空白。

本书在内容上只包含重要的主题,区别于那些内容宽泛大部头式的百科全书。此外,本书也与只有一位作者的教科书不同,教科书通常会受到作者视野和知识面的限制。最重要的一点,我们所编订的这本书并不是对文献进行简单的集合。我们与文章作者的合作非常紧密,力图使他们了解整本书的战略性视角,以及他们的文章怎样发挥作用并如何帮助我们实现这些构想。每一章我们都会审核,旨在确保章节间前后呼应、连贯统一,从而为读者加强这种印象:本书是由一两个作者所编撰的。

我们相信,本书能让读者对领导力产生兴趣,而领导力本身就是最重要的社会功能之一。正如著名的领导力学者和政治家约翰·加德纳(John Gardner,1965)所说:

> 领导者在塑造社会思想方面起着举足轻重的作用。他们可以成为社会道德统一体的象征,可以表现出维系社会整体性的价值观。更重要的是,他们可以设想和倡导一些目标,使人们脱离那些微不足道的琐事,帮助他们脱离导致社会分裂的冲突,团结一致去追求那些值得为之付出一切的目标。(p. 12; The antileadership vaccine. In *1965 Annual Report*, *Carnegie Corporation of New York*, pp. 3—12)

至今,加德纳的观点仍然站得住脚,甚至在今天可能更具有价值。正如沃伦·本尼斯在本书结语中雄辩地指出,当今时代,我们仍然目睹着各种丑闻、破产、战争、苦难以及磨难,究其原因,大部分都是由腐败和道德败坏的领导者所造成的。从前言到本尼斯的结语部分,读者将学习并了解《领导力的本质》一书的诸多方面。

大卫·V.戴,约翰·安东纳基斯

致 谢

我们要感谢每个章节的作者,他们的文章都是世界级水平的,而且在本书的修订过程中也给予了我们充分的配合。我们非常感谢 Sage 出版社的工作人员,正是因为有了他们才使本书得以面世。特别要感谢 Lisa Shaw(资深高级编辑)、Mary Ann Vail(助理编辑)、Kelle Schillaci(责任印刷)和 Ellen Howard(文字编辑)。此外,还要感谢校对人员,针对第二版的初稿,他们给我们提供了非常有价值的反馈信息。最后,我们要感谢那些数不清的领导者,是他们在过去的几十年里,与领导力领域的学者们分享了他们的时间和珍贵经验。没有他们,就不会出现领导力这门科学。他们的世界便是我们的实验室。

大卫·V.戴非常感激 Bob Lord 这么多年对自己的不断教诲和两人之间的深厚友情,同时由衷地感激 Patricia O'Connor 给予自己的爱与耐心。

约翰·安东纳基斯一生也无法表达自己对 Bruce Avolio 和 Robert House 的感激之情,正是他们帮助自己形成了对领导力的观点和思想,在指导自己的职业发展上帮助极大。最重要的是,他对 Saskia、Athena、Artemis 和 Baerli 怀有最深切的爱与感激之情。

大卫·V.戴,约翰·安东纳基斯

目 录

第一部分 介 绍

第一章 领导力:过去、现在与未来 …… 3
- 什么是领导力 …… 5
- 领导力研究 …… 6
- 领导力研究简史 …… 7
- 生物与进化的观点 …… 12
- 新出现的问题 …… 13
- 本书的结构与概述 …… 15
- 参考文献 …… 21

第二部分 领导力:科学、本质与培养

第二章 作为领导力理论组织结构的聚合过程与分析层次 …… 31
- 分析层次与领导力理论 …… 33
- 领导力理论的分类 …… 38
- 限制与扩展 …… 58
- 总结 …… 60
- 讨论题 …… 61
- 补充阅读材料/案例分析 …… 61
- 参考文献 …… 62

第三章 领导力研究方法的进展 …… 71
讨论主题 …… 72
结构方程模型 …… 74
多层次模型 …… 80
潜变量增长模型 …… 84
多层次结构方程模型 …… 90
潜变量类群分析 …… 95
总结 …… 99
讨论题 …… 100
附录 A1 …… 101
附录 A2 …… 101
附录 B …… 103
附录 C1 …… 104
附录 C2 …… 105
附录 D1 …… 105
附录 D2 …… 106
附录 E …… 107
参考文献 …… 108

第四章 领导力发展的本质 …… 116
领导者是天生的还是后天造就的 …… 118
领导者得到发展了吗 …… 120
领导力发展过程涉及哪些内容 …… 127
如何最大限度地促进领导力发展 …… 132
如何完善领导力发展的科学与实践 …… 138
结论 …… 141
讨论题 …… 142
注解及案例研究 …… 142
补充阅读 …… 143
参考文献 …… 143

第五章　领导力的本质：基于进化、生物学与社会神经科学的视角 …… 151
　　领导力进化心理学 …… 153
　　领导力与社会脑的共同演化 …… 156
　　检验领导力进化假说：达尔文的工具箱 …… 159
　　领导力的博弈论分析 …… 164
　　领导力的自然简史 …… 169
　　领导力进化理论对研究与实践的意义 …… 172
　　结论 …… 180
　　讨论题 …… 181
　　补充阅读 …… 181
　　参考文献 …… 182

第三部分　领导力的主要学派

第六章　领导力中的个体差异 …… 193
　　进化论与特质矛盾 …… 197
　　领导力的个体差异模型 …… 201
　　领导者个体差异之矛盾 …… 201
　　作为中介变量的个体差异 …… 211
　　个体差异的调节变量 …… 216
　　领导力个体差异的测量和假设 …… 219
　　总结 …… 221
　　讨论题 …… 223
　　参考文献 …… 224

第七章　权变、语境、情境与领导力 …… 235
　　领导力的权变模型与权变理论 …… 236
　　权变、语境和情境 …… 248
　　权变研究中的方法论问题 …… 257
　　概述和总结 …… 259

讨论题 ································ 262
  扩展阅读 ································ 263
  案例研究 ································ 263
  参考文献 ································ 263

第八章　变革型与魅力型领导力 ································ 276
  变革型和魅力型领导力：发展简史 ································ 278
  Bass的变革型领导力和交易型领导力模型 ································ 284
  竞争性魅力-变革型模型 ································ 289
  未来的研究 ································ 294
  总结 ································ 300
  讨论题 ································ 301
  扩展阅读 ································ 301
  案例研究 ································ 302
  参考文献 ································ 302

第九章　关系型领导力的本质：领导力关系与过程的多理论视角 ································ 311
  领导者与追随者之间的关系：后实证主义观点 ································ 315
  领导力中的关系：构建主义的观点 ································ 326
  关系型领导力：一个研究方案 ································ 334
  总结 ································ 342
  讨论题 ································ 343
  参考文献 ································ 344

第十章　关注追随者：以追随者为中心的领导力 ································ 356
  追随力是什么 ································ 359
  我们为什么是以领导者为中心的思考者？我们何时成为这样的
    思考者 ································ 363
  社会认知方法 ································ 366
  总结 ································ 376
  讨论题 ································ 377
  扩展阅读 ································ 377

参考文献……378

第十一章　共享型领导力的本质……391
　　共享型领导力的历史基础……393
　　共享型领导力的前因后果的最新例证……396
　　共享型领导力的测量……401
　　共享型领导力的未来……404
　　共享型领导力与垂直式领导力之间的关系……404
　　共享型领导力的基础（或动态性）……405
　　组织领导力的未来……408
　　讨论题……412
　　扩展阅读……412
　　参考文献……412

第四部分　领导力与特殊领域

第十二章　领导力与文化……423
　　针对不同国家的领导力研究……426
　　与领导力有关的社会文化维度……430
　　发展中国家的文化和领导力……442
　　不同文化间的领导力认知……446
　　组织文化和领导力……451
　　总结……455
　　讨论题……456
　　扩展阅读……457
　　案例研究……457
　　参考文献……459

第十三章　领导力与性别……470
　　女性和男性的领导角色……471
　　人力资本投资和家庭责任的性别差异……472

女性和男性的领导风格 475
天性观点：男性在天性上占优 479
对女性领导者的偏见和歧视 483
女性领导的组织障碍 489
女性领导者的崛起 491
讨论问题 496
扩展阅读 496
案例研究 496
参考文献 497

第十四章 领导力与身份认同 511

社会身份认同和领导力 512
自我评估和领导力 527
追随者身份认同的时间维度 528
领导者身份认同 529
未来的路 532
讨论问题 533
扩展阅读 533
参考文献 533

第十五章 伦理与领导者有效性：优秀领导力的本质 544

伦理和道德 545
作为批判性理论的伦理 546
解释和理解 546
作为训诫的伦理 547
定义的规范化方面 548
希特勒问题 549
道德运气 551
伦理和有效性之间的关系 553
道义论和目的论 556
道德标准 557

利他主义 ··· 558
　为什么作为领导者不能仅凭个人兴趣 ······································ 560
　转型领导力 ··· 561
　变革型领导力 ··· 563
　对变革型领导力和魅力型领导力理论的批判 ································ 564
　使领导者丧失名望 ··· 565
　拔示巴症候群 ··· 568
　自律和美德 ··· 569
　结论 ··· 571
　讨论题 ··· 572
　扩展阅读 ··· 573
　案例研究 ··· 573
　参考文献 ··· 573

第五部分　结　　论

第十六章　真诚领导力的熔炉 ·· 581
　领导力研究的未来 ··· 591
　结论 ··· 593
　扩展阅读 ··· 594

第一部分

介绍

第一章

领导力:过去、现在与未来

大卫·V.戴
西澳大利亚大学
约翰·安东纳基斯
洛桑大学

> 在工业、教育和军事领域,以及在社会运动中,领导力若不是扮演着最重要的角色,那肯定也是至关重要的角色。因此,它是一个值得学习与研究的重要主题。
>
> (Bass,2008,p.25)

在那些著名的领导力学者们看来,领导力至关重要(参见 Bennis,2007)。不过什么是领导力呢?这是一个很有挑战性的问题。领导力是一个复杂且多元的主题,想要把领导力彻底研究清楚,所需付出的努力是惊人的。一本关于领导力的全面手册(Bass,2008),内容涵盖一个多世纪的科学研究成果,正文超过1 200页,另外还有200多页的参考文献!很显然,领导力理论以及相关的研究是一个非常庞大的学科体系,而且每年还在不断增长。

考虑到我们所能接触到的领导力知识的庞大体系,本书的目标并不是回顾所有的知识。这正是为什么,包括我们和各章节作者在内都认为,本书应将重点放在领导力的本质或实质上面。不过,想要全面理解和领会领导力的本质,对读者来说,了解一些相关背景知识是十分必要的,例如,领导力研究的历史,几十年来形成的各种理论学派,以及那些推动领导力研究不断发展的新问题,等等。

我们的工作难度非常大,究其原因是这100多年来,领导力研究经历了多次研究范式方面的变迁,并且形成了庞大的知识体系。很多时候,研究领导力的学者们会因大量在研究刚起步时犯下的错误、堆积如山的研究成果,以及自相矛盾的研究发现而倍感挫折,深陷其中无法自拔。正如沃伦·本尼斯(1959,pp. 259—260)在50多年前所言,"在所有最模糊和最混沌的社会心理学领域中,领导力理论无疑排在首位……对于领导力,几乎可以说,相对于任何其他行为科学而言,我们著述的内容更多,而真正了解的内容却更少"。Richard Hackman 和 Ruth Wageman(2007)最近也同样指出,领导力领域"仍展现出一种奇特的无序状况"(p. 43)。

对于那些还没有意识到可能存在的各种危机的领导力研究者而言,可以想象一下将不同的智力拼图混在一起,然后让人把它们拼成一张完整的图案时出现的情况。同样,在20世纪的大部分时间里,研究领导力的学者们竭力试图整合所有的知识,在理论上构建一个关于领导力本质前后统一的整体框架,无一例外,他们最终的结果都是失望。不仅如此,智力拼图自身也在发生着改变。最近便有人指出,领导力是一个不断演化的构念,反映了领导力所要求应对的挑战的不断变化(Day, in press)。基于上述这些原因,领导力研究领域的不满与悲观情绪四处弥漫(参见 Greens,1977;Schriesheim & Kerr,1977),甚至还有一些人声称应暂缓对领导力进行研究(Miner,1975)。

幸运的是,一幅更清晰的图画已经开始展现在研究者面前。新的领导力研究方向让他们重新抖擞精神,之前因明显缺少研究结论一致性而被放弃的研究领域又开始重新获得研究者的重视(例如,领导力特质理论)。如今,我们有了一些自信,已经开始能够利用积累的知识去解释领导力的本质(包括其生物学基础)、过去和影响。本书的内容便反映了这些积累下来的知识。通过阅读,读者能够对领导力及其复杂性、研究中使用的前沿方法、如何评估和发展领导力,以及领导力理论的演化观点(参见第二部分)有一个深入的全面了解。我们选取了六个主要理论视角来研究领导力,分别为**领导力个体差异理论、领导力权变理论、变革型与魅力型领导力理论、关系型领导力理论、追随者中心视角理论,以及共享领导力理论**(参见第三部分)。此外,本书还考察了某些特殊的要素,例如,文化、性别、个性以及道德伦理与领导力的关系(参见第四部分)。

为了让读者能够更好地理解后续章节的内容,作为必要的背景知识,我们首先需要读者熟悉领导力的概念,以及为什么说领导力是必需的。接下来,我们会概要性地回顾一下领导力的研究历史,以及领导力的主要学派。本书对大多数领导力研究学派都有所涉猎。历史回顾也是本书组织框架中的重要组成部分,因为每个章节的作者都会频繁地引用在领导力研究历史中涉及的诸多元素。此外,我们还会讨论在领导力研究过程中出现的新知识,以及如何巩固这些新知识。最后,我们会对本书进行全面回顾,并对每个章节的内容进行总结。

 什么是领导力

领导力是社会科学研究得最多的现象之一。鉴于在人类和动物种群中,领导力都是普遍存在且显而易见的,因此,对于领导力的深入研究并不会让人感到丝毫惊讶(Bass,2008)。领导力频繁出现于东西方经典文献资料中,并且被普遍认为对于组织和社会有效发挥其职能至关重要。领导力在实践中也很容易辨别,但是准确定义它却很困难。鉴于领导力的本质十分复杂,目前并没有一个具体的且被广为接受的领导力定义,而且恐怕以后也不会出现。例如,Fred Fiedler(1971)曾经说道,"领导力的定义有许多,其数量几乎与领导力理论的数量相当——而领导力理论的数量又几乎等同于该领域内心理学研究者的数量"(p.1)。尽管缺乏统一的意见,但是在将领导力作为一个学术研究领域引入之前,还是有必要确定一个宽泛的概念。

大多数领导力研究者可能都会同意,至少从原则上,领导力的定义可以根据以下两点来确定:(1)**领导者与追随者之间的相互影响过程,以及产生的结果**;(2)**通过领导者的性格特征与行为、追随者的认知与特质,以及影响过程发生时的情境来解释该影响过程**。我们认识到这种定义是多层面的,而且明显"以领导者为中心",它主要描述了与领导者个人特质相关的单方面效果。不过,定义也同时包含领导者与追随者间的互动(使用了"认知与特质"来描述),以及认为领导力会受到结果的影响(例如,目标的达成)。此外,我们还知道领导力根植于情境,情境可能会影响领导力的类型以及领导力的有效性(Liden & Antonakis,2009)。因此,我们在给领导力一个宽泛的定义时综合了一些最常见的特征:**领导者的人性面(性格特征)、领导者的行为、领导者的影响、领导者与追随者间的互动过程,以及情境的重要性**(Bass,2008)。

不论从哪个角度定义领导力,从概念上将其与权力和管理区分开都是非常重要的,而现实中,人们常常将这两个概念与领导力混为一谈。**权力是指领导者可以用来影响他人的手段**,例如,参考权力(也就是追随者对领导者的认同)、专业能力,对追随者的表现进行奖惩的能力,以及由角色合法地赋予的正式权力(Etzioni,1964;French & Raven,1968)。因此,领导力要求其拥有权力。

至于领导力与管理的区别,从"新的"观点来看(Bryman,1992),**领导力是目的驱动的行动,引发基于价值观、理想、愿景、标志以及情感的改变或者转型变革。而管理则是由目标驱动的,以理性、行政手段和履行合同(也就是交易)的方式最终实现稳定的结果**。尽管有些人将领导者和管理者视为不同的类型的人(Zaleznik,1992),但是另外一些人则认为,成功的领导同样需要成功的管理,领导力和管理是相辅相成的,但是领导力的重要性要高于管理,**领导力是获得超出预期结果的必要条件**(Bass,1985,1998;Bass & Riggio,2006)。

从本质上讲,领导力具有功能性,并且拥有很多使其必不可少的原因。从监督层面上看,需要领导力弥补组织体系的缺陷(Katz & Kahn,1978),建立并认清团体的价值与目标,在团体中认可和整合多种不同的个人风格与个性,将团体中成员的能力发挥到最大限度,帮助解决团体中出现的问题与冲突(Schutz,1961;也引用了Bass,2008)。因此,从功能角度来看,领导者是一个"完成者",他将要完成或被安排完成团体无法妥善处理的各种事务(McGrath,1962)。从战略层面上看,由于领导力与经常变化的外部环境发生交互作用,因此需要领导力确保组织的协调运作(Katz & Kahn,1978)。换句话说,组织必须适应它所处的情境。为了做到这一点,组织的领导者必须对组织的外部与内部环境进行监控,根据组织的优势和劣势,以及环境创造出的机会制订战略计划,同时监控结果,以便组织能够达成其战略目标(Antonakis,House,Rowold & Borgmann,2010)。因此,需要领导力指挥及引导组织资源和人力资源迎合组织的战略目标,以保证组织功能与其外部环境相适应(参见Zaccaro,2001)。

 ## 领导力研究

在这一部分中,我们将讨论领导力研究的演变过程。然后在随后的章节中对各种领导力理论进行详细描述和讨论,因此在这里只做一个粗略的介绍。我们的目的是让读者大致了解领导力理论如何演化成为本书中所描述的主要范式。随后,我们将讨论特殊领域中的领导力,以及在文化、性别、道德伦理和其他方面出现的与领导力相关的新问题。最后,我们将探讨如何将领导力的研究发现整合到一个综合的框架中(也就是混合路径)。

领导力研究简史

我们把领导力研究划分为九个主要学派(参见图1.1),然后将它们归为两个维度:初现期(也就是该学派刚出现的时期)和高产期(该学派对某些问题产生了研究兴趣,达到一定程度的特定时期)。我们会根据我们的专业判断来确定各学派的起源和高产期,不过也参考了最近发表于《领导力季刊》上的一篇文章,该文章对过去10年的文献进行了回顾(Gardner, Lowe, Moss, Mahoney & Cogliser, 2010)。我们还依靠一些历史事实的回顾(参见Bass, 2008;Day, in press;House & Aditya, 1997;Lowe & Gardner, 2000;Van Seters & Field, 1990)给读者以参考,旨在帮助读者更完整地理解领导力研究的历史脉络与发展状况。

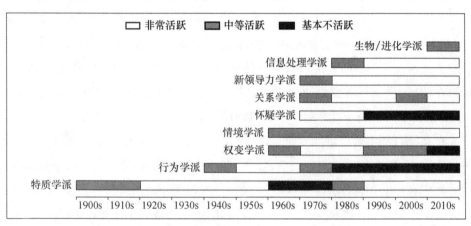

图1.1 领导力研究简史与领导力研究的未来

领导力特质学派

对领导力的科学研究始于20世纪初的"伟人"理论,或基于特质的研究视角。该理论认为,正是那些不寻常的个体改变了历史的进程。领导力特质学派(Trait School of Leadership)的观点认为,性格特征(稳定的个性特征或特质)是将领导者与非领导者区别开来的关键因素。因此,领导力研究者们非常关注个体特质中的差异,这些差异被认为与有效的领导力相关。在两个颇具影响力的文献综述(Mann, 1959;Stogdill, 1948)中,研究者确认了智力、优势等特质与领导力相关。然而，不论是出于什么研究动机和目的，由于多数领导力学者都对研究发现做出了相当悲观的解读，因此曾导致领导力特质理论的研究一度中断（参见 Day & Zaccaro，2007，其对领导力特质理论的历史进行了更全面的讨论）。

这是领导力研究遇到的第一次重大危机，直到三十多年后，该学派的研究才重现生机。领导力特质学派的重新崛起要归功于对 Mann 的数据资料进行的重新分析，这次分析采用了在当时比较先进的创新性分析方法——元分析（Lord, De Vader & Alliger, 1986）。元分析法采用了一种新的方法把不同研究所得到的影响作用汇总到一起，以便能够更准确地估算出该作用的大小（Hunter & Schmidt, 1990）。通过 Lord 等人从元分析得到的结果可以看出，智力这一特质与领导者的认知之间存在很强的相关性（$r = 0.50$），而且无论从 Mann 的数据资料还是继他之后其他研究者所发表的研究成果来看，这种效应都非常明显。近期有更多的元分析研究证实，通过客观方法测出的智力与领导力有效性之间也存在较好的关联（$r = 0.33$）（Judge, Colbert & Ilies, 2004）。Kenny 和 Zaccaro（1983）以及 Zaccaro、Foti 和 Kenny（1991）的研究都能够证明，稳定的领导者性格（如特质）与领导力的形成有关。与此同时，Darid McClelland（1985）则展开了另一项独立研究，他将领导者的潜在动机（也就是潜意识驱动力或愿望）与领导者的有效性联系起来进行研究（也可参见 House, Spangler & Woycke, 1991）。

在领导力特质理论研究方面，目前存在一些引人注目的评论，特别是"大五人格特质"与领导力的形成和有效性之间存在非常明显的相关性（参见 Judge, Bono, Ilies & Gerhardt, 2002; Zaccaro, 2007）。然而，就特质学派在《领导力季刊》上所发表的文章数量而言，其在所有文章中所占比例已经出现了下滑（Gardner et al., 2010）。尽管如此，由于已经在心理测试方面取得了大量进展，同时在个体差异的其他方面（例如性别、多样性等）的研究兴趣正不断增加，领导力特质学派的研究工作很可能还将持续下去。

领导力行为学派

20 世纪 50 年代，基于对领导力特质学派理论的悲观性评论，研究者们开始将目光投向对领导者行为风格的研究。正如 Lewin 和 Lippitt（1938）对民主型与专制型领导者所揭示的那样，领导力行为学派（Behavioral School of Leadership）的研究重点集中在领导者所表现出来的行为，以及他们对待追随者的方式上。俄亥俄州立大学（Stogdill & Coons，1957）及密歇根大学（Katz，Maccoby，Gurin & Floor，1951）的学者的著名研究确立了领导力的两个关键因素，即通常所说的体谅结构型（considreation，即支持型（supportive），以人为中心的领导力）与**主动结构型**（initiating structure，即指导型（directive），以任务为中心的领导力）。其他一些学者又将该研究进一步扩展到了组织层面（参见 Blake & Mouton，1964）。

然而，领导力行为研究再次陷入了危机，原因是领导者的行为"风格"与其实施效果之间的研究发现常常是自相矛盾的。没有一致的证据表明，存在一个普遍的领导力风格能够较好地适应各种不同的任务或情形。基于这些不一致的发现，研究者认为成功的领导行为风格必须能够因地制宜。因此，到了20世纪60年代，对领导力的理论研究开始转向领导力权变方向。而实际上，行为学派的理论研究工作目前仍处于低潮期（Gardner et al.，2010）。不过，领导力行为理论思潮的许多观点都被其他领导力理论吸收和借鉴了（例如权变理论和领导力变革理论）。另外，最近的一些元分析研究结果表明，在领导力结果的预测上，对关怀维度和主动结构型的支持性证据可能比我们通常了解的要更多（Judge，Piccolo & Ilies，2004）。

◆ 领导力权变学派

领导力权变理论运动的兴起很大程度上要归功于 Fiedler（1967，1971）所做的工作。他第一个提出领导者-成员关系、任务结构，以及领导者的职位权力决定了实践中不同领导力类型的有效性。另一个著名的权变理论由 House（1971）提出，他重点强调了领导者在帮助其追随者实现目标的过程中所担当的角色。Kerr 和 Jermier（1978）则进一步拓展了该理论的研究，引入了"领导的替代"理论，着重研究诸如追随者的能力、清晰的组织结构、工作的例行程序等因素的存在使得领导力不再必需的情形。包括 Vroom 和他的同事们在内的另一些学者，则对领导者的决策风格和各种权变因素展开了相关研究（参见 Vroom & Jago，1988；Vroom & Yetton，1973）。

尽管学者们对领导力权变理论的研究兴趣一直持续存在（参见 Fiedler，1993；House，1996），但是领导力权变学派（Contingency School of Leadership）的总体影响力似乎正在急剧下降。在最近10年的《领导力季刊》上，权变理论的相关文章仅占到文章总数的约1%（Gardner et al.，2010）。造成这种衰退的原因，一部分可能在于权变理论的研究成果带动了更宽泛的领导力情境理论的发展，这部分内容我们稍后探讨。

领导力关系学派

权变运动开始流行后不久,另一个专注于研究领导者与追随者之间关系(也就是领导力关系学派,Relational School of Leadership)的学派开始出现,吸引了大量学者的关注,并成为领导力研究的重要方向。该学派的理论基础是最初被称为垂直二元联结理论(Dansereau,Graen & Haga,1975)的学说,这一理论后来发展成为领导者-成员交换理论(LMX)(Graen & Uhl-bien,1995)。领导者-成员交换理论描述了领导者与追随者之间关系的本质。高质量的领导者与追随者关系(即"核心层")以相互信任和相互尊重为基础,而低质量的领导者与追随者关系(即"核心层外")则基于履行合同的义务。领导者-成员交换理论预测,在高质量的领导者与追随者关系下,领导者能够实现更大的成就。实践经验也恰恰证明了这一点(Gerstner & Day,1997;Ilies,Nahrgang & Morgeson,2007)。领导力关系学派如今仍然能够寻找到新的研究方向,学者们对该理论的总体兴趣似乎非常强烈。2000—2009年间,领导力关系学派在《领导力季刊》上发表的文章数量大约占到文章总数的6%($N=40$),文章的内容涵盖了各种关系理论视角,其中对追随者角色的研究兴趣正在逐步增加(Gardner et al.,2010)。

领导力怀疑学派

20世纪70年代和80年代,领导力研究又遇到了其他一系列挑战。领导力问卷调查的有效性遭到质疑,原因是评价者在回答问卷时会受到领导力理论的潜在影响,因而可能造成结果的偏差(参见 Eden & Leviathan,1975;Rush,Thomas & Lord,1977)。这一观点认为,领导者的绩效状况主要归因于其所作所为(即领导力),但这只是反映了人们"大脑中"所带有的领导力理论的暗示结果(Eden & Leviathan,p.740)。也就是说,人们只是在用领导力这种方式来解释观察到的结果,即使造成这些结果的原因并不属于领导者的控制范围。

在其他相关领域的研究中,研究者认为,对领导者的评估基于其追随者做出的归因,他们按照自己的要求理解和寻找组织取得成就的原因(Calder,1977;Meindl & Ehrlich,1987;Meindl,Ehrlich & Dukerich,1985)。这些研究者认为,领导者的所作所为在很大程度上可能是无关紧要的,而是领导者的成就(即领导者所在团体的成就)影响了追随者对领导者的评分结果(参见 Lord,Binning,Rush & Thomas,1978)。

还有一些研究干脆质疑领导力是否真的存在，人们是否需要领导力，甚至进一步质疑领导力对组织的成就到底能不能产生影响等问题（Meindl & Ehrlich，1987；Pfeffer，1977）。

上述这些观点，很多都是由这样一些领导力研究者提出的，把他们称为现实主义者，而非怀疑主义者可能更为恰当（参见 Barrick，Day，Lord & Alexander，1991；Day & Lord，1988；House et al.，1991；J. E. Smith，Carson & Alexander，1984）。尽管研究人员对追随者在领导力过程中所扮演的角色的研究兴趣正在不断增加，但是目前，他们对领导力怀疑学派（Skeptics-of-Leadership School）的总体兴趣正在减弱（Gardner et al.，2010）。在很多问题的解决过程中，怀疑学派都对领导力本身的研究做出了大量贡献：第一，采用了更加严格的研究方法；第二，区分了高层领导力和监督领导力；第三，重点研究了追随者及其感知现实的方式。不仅如此，通过对追随者的研究，以及从信息处理的角度考察领导力，研究人员在获得大量理论成果的同时，极大地巩固了领导力研究领域。

领导力信息处理学派

Lord 和其同事的工作，对从信息处理的角度研究领导力起到了主要的推动作用（参见 Lord，Foti & De Vader，1984）。他们的研究重点是领导者为何以及如何通过使自身的特征（即人格特质）与追随者对领导者的原型预期保持一致的方式使其领导身份合法化（即给予自己影响力）。

对于如何更好地理解认知与各种行为之间的关系，领导力信息处理学派（Information-Processing School of Leadership）也进一步拓展了人们的认识（参见 Balkundi & Kilduff，2005；Wofford，Goodwin & Whittington，1998）。值得注意的是，这种联系还被应用到了其他领域，例如原型及其与不同情境因素之间的关系（参见 Lord，Brown，Harvey & Hall，2001；Lord & Emrich，2000；Lord & Maher，1991）。领导力信息处理理论正在引起越来越多学者的兴趣，在《领导力季刊》收到的投稿当中，关注领导者/追随者认知的稿件比例正在不断上升（Gardner et al.，2010）。因此，在认知和信息处理（以及情感）领域的研究将不断为我们带来有关领导力理论的新知识。

新领导力(新魅力型/变革型/愿景型)学派

当领导力研究开始变得枯燥无味,缺乏任何理论成果或创见时,Bass 和他的同事们(Bass,1985,1998;Bass & Avolio,1994;Hater & Bass,1988)以及其他一些研究者提出了愿景型和魅力型领导力理论(参见 Bennis & Nanus,1985;Conger & Kanungo,1987),重新点燃了人们对领导力研究的总体兴趣(Bryman,1992;Hunt,1999),对于关系学派(以及特质学派)的兴趣也重新焕发。

在 Burns(1978)、House(1977)和其他人研究工作的基础上,Bass(1985)提出,以前的领导力模式主要关注了交易型的领导,换句话说,以前的研究重点都是双方对交易(即社会交换)义务履行的满意程度。Bass 认为,需要一种不同的领导力模式来解释**追随者是如何在目的和理想化使命的感召下取得成就的**。他把这种领导力模式称为变革型领导力,在这种领导力模式下,理想化和激励性的领导者行为能够促使追随者改变他们的兴趣,去追求更伟大的兴趣。Bass 的模型融合了该领域的许多研究成果(Antonakis & House,2002)。在过去 10 年中,变革型与魅力型领导力,以及可归类为"新魅力型"领导力的其他领导力模型在所有的领导力模式中一直占据主导地位。不过,该学派在《领导力季刊》上发表的文章数量占全部文章的总体比例,却已经由 1990—1999 年间的 34% 下降到了 2000—2009 年间的大约 13%(Gardner et al.,2010)。虽然该学派的文章数量在《领导力季刊》上仍一直占据首位。Gardner 等人将其文章比例的下降归因于被统称为"新领导力方向"的其他各学派文章数量的增加,这些学派的文章在《领导力季刊》中所占的比例在同一时期内由 14% 上升到了超过 44%。

生物与进化的观点

我们在本书第二版中引入了这个新的学派。由于生物与进化理论需要区分个体差异,因此该理论与领导力特质理论之间存在某种程度的联系。然而,生物与进化理论更偏向硬科学,它比较关心的是如何直接测量一些可观测的个体差异(例如生物变量或生物过程),以及某些特定的变量为什么能够为器官提供进化上的优势。生物与进化学派是一个崭新的学派,目前,该学派研究者的研究兴趣涉及从领导力形成的行为遗传学(Ilies,Gerhardt & Le,2004),到男性及女性的领导力能否发挥作用等多个层面(Arvey,Rotundo,Johnson,Zhang & McGue,2006;Arvey,Zhang,Avolio & Krueger,2007;Ilies et al.,2004)。其他一些研究者感兴趣的研究内容还包括荷尔蒙对领导力的影响,例如支配力(Grant & France,2001;Gray & Campbell,2009;Sellers,Mehl & Josephs,2007;Zyphur,Narayanan,Koh & Koh,2009)、领导力的神经学观点(Antonakis,Ashkanasy & Dasborough,2009;Chiao,Mathur,Harada & Lipke,2009;Villarejo & Camacho,2009)、领导力的进化观点(Antonakis & Dalgas,2009;Kramer,Arend & Ward,2010;K. B. Smith,Larimer,Littvay & Hibbing,2007;Van Vugt & Schaller,2008),以及领导力的整体生物学观点(Caldu & Dreher,2007)等。生物与进化理论的主要贡献是,它能够让人们更好地理解领导力的社会生物学因素。有越来越多的研究者开始关注生物与进化理论。即将出版的《领导力季刊》特刊的标题——"朝着领导力的生物学因素前进"恰好证明了这一点。

新出现的问题

目前,我们已经对领导力有了较为深入的了解,但是仍然存在许多领域需要进一步研究。接下来,我们将简要讨论一些这样的领域,包括领导力的情境、道德伦理、与领导力相关的多样性等问题。此外,还将探讨如何加强未来对领导力的研究。

领导力情境学派是与权变运动相关的一个学派(参见 Hannah,Uhl-Bien,Avolio & Cavaretta,2009;Osborn,Hunt & Jauch,2002;Porter & McLaughlin,2006;Shamir & Howell,1999)。该学派的理论认为,情境因素似乎能够引发或抑制某些领导者行为,甚至是作为行为前因的性格要素(Liden & Antonakis,2009)。情境因素包括领导者层级、民族文化、领导者或追随者的性别、组织特征等(Antonakis,Avolio & Sivasubramaniam,2003)。理解领导力所处的情境因素,对于更全面地理解领导力至关重要。简言之,领导力绝对不是凭空出现的(House & Aditya,1997),情境因素与领导力是交织在一起的。

道德伦理是在领导力研究中出现的另一个重要主题(Brown & Trevino,2006),但它却始终没有成为领导力研究的主流。事实上,作为最有影响力的领导力研究者之一,Bass(1985)直到在其发表了自己的理论十几年之后,才将可信赖的(符合道德伦理的)变革领导者和不可信赖的(不符合道德伦理的)变革领导者进行了区分(参见 Bass,1998;Bass & Steidlemeier,1999)。如今,领导力的道德伦理和领导者的道德发展水平,已经逐渐成为领导力研究与理论中的重要因素(Turner, Barling, Epitropaki, Butcher & Milner,2002)。未来,领导力模型还应当考虑领导者所采取的手段和产出方面的道德伦理,以及如何发展和提高领导者道德水平等问题(Day, Harrison & Halpin,2009)。

  涉及多样性与领导力之间关系等问题的文献数量非常有限(Eagly & Chin, 2010)。特别是与领导者和追随者在文化、性别、种族、民族或性取向的多样性方面相关的文献资料少之又少。其中,比较著名的理论和研究成果主要集中在文化——文化研究领域上所取得的成果在很大程度上要归功于 GLOBE 计划的实施(House, Hanges, Javidan, Dorfman & Gupta,2004)——与性别领域。而在性别研究领域,其成果的取得与 Alice Eagly 和她的同事们所做的工作密不可分(参见 Eagly & Carli,2007,对重要研究发现的总结与概述)。涉及领导力与种族、民族,尤其是性取向相关问题的研究文献资料,目前还相当不成体系。但是目前,已经有研究人员正在进行一些早期的探索性研究,旨在识别和描述在组织中面对种族差异时的相关领导问题(参见 Livers & Caver,2003)。很显然,研究者们还需要建立进一步的理论并进行实证研究,以解决涉及多样性与领导力方面的不同层面的问题。

  根据目前对领导力本质的理解程度,我们相信,学者们需要着手整合领导力理论中那些重叠和互补的概念了。Van Seters 和 Field(1990)认为,领导力研究的新时期将是一个汇聚证据并不断整合的时代。在时隔几乎 20 年后的今天,Avolio(2007)同样极力主张在创建领导力理论时,应当融入更多的综合性策略。从目前所积累的知识看,我们似乎已经具备了开始构建领导力混合理论甚至混合-综合理论(即将多种不同理论综合起来)的能力,在理论中不仅可以包含心理变量与情境变量,还可以包含生物学变量(Antonakis,2011)。House 和 Shamir(1993)所做的研究就是一个以综合性视角研究领导力的例子,他们将各种"新的"领导力理论放到一起进行研究。Zaccaro(2001)整合了一个高管领导力的框架,他吸收了认知、行为学派、战略领导力以及愿景型领导力等多种理论。由于整合了各种理论当中相互重叠的部分,因此,Zaccaro 所做的研究也属于混合-综合理论的范畴。最近一个混合-综合理论框架研究的例子当属戴等(2009)的领导者发展整合方案。该理论旨在将相对无关的不同领域,如专业知识与专家行为、身份认同与自我约束,以及成年人的发展等结合起来研究。

发展混合理论还有许多其他的途径。例如,包括领导者-成员交换理论在内的关系学派遭到了许多人的批评,批评者认为该理论不能详细说明导致高质量关系或低质量关系的行为前因(参见 House & Aditya,1997)。领导者-成员交换理论可能可以与变革-交易型领导力理论整合在一起,在这样的框架中,个体采用的领导力模式被认为与领导者-追随者之间的关系和交换存在联系(参见 Deluga,1990;Gerstner & Day,1997;Howell & Hall-Merenda,1999)。

只有通过不断的努力巩固目前获得的研究发现,领导力研究才能迈入下一个阶段。到那时,我们便具备了最终创建和检验更多一般性领导力理论的能力。之前的研究已经为一般性理论的出现奠定了基础。现在,领导力研究者们需要开始将研究方法概念化,把数量众多的不同研究发现融合并统一起来。类似的例子贯穿于本书的所有章节。

本书的结构与概述

在前面,我们已经向读者介绍了领导力的主要模式以及目前与领导力相关的研究问题。在本章的余下部分里,我们将对《领导力的本质》第二版中的各个章节进行逐一概述。

第二部分　领导力:科学、本质与培养

在**第二章**(作为领导力理论组织结构的聚合过程与分析层次)中,Lord 和 Dinh 建议,领导力研究领域中的理论整合需要一个更好的体系,以解决问题分析的层次问题。他们认为,由于每一个研究反映了不同层次的内容,因此对它们进行层级区分是非常有必要的。随后,Lord 和 Dinh 将这种区分融入事件、个人、团体以及组织层次的领导力研究中。在引入了该体系后,研究人员对各个领导力理论间的共享功能和前因有了一个全新的理解。该理论在探索作为领导力理论的基础结构的聚合过程和分析层次的过程中,对领导力理论的整合起到了重要的推动作用。

在**第三章**(领导力研究方法的进展)中,Zyphur、Barsky 和 Zhang 描述了 5 种先进的定量研究技术,希望能够给领导力的研究者带来帮助。这 5 种技术为:(1)潜在多项式回归,它引入了一个经过改进的新叠加模型;(2)多层次加权模型(MWM),在使用该模型估算整个团体的平均值时,研究者可以看到各个观测变

量是如何被用于对团体中每个成员的贡献进行加权的;(3)截距平均潜在增长模型(IGM),显示了研究者是如何设置潜在截距因素,以通过长时间的观察估计每个个体的平均值的;(4)多级结构方程模型,分别解决了一般的结构方程模型与多级模型中众所周知的嵌套限制;(5)潜在类群分析,用于检查多个观测变量,如领导力类型或个性特质的情况,Zyphur与他同事的工作证明了每个模型为研究者在提出新问题,以及用新方法研究传统的领导力问题方面带来了怎样的新思维模式。

在**第四章**(领导力发展的本质)中,戴研究了与领导力发展本质相关的一系列根本问题,并对每个问题的现有证据给出了自己的评价。对于领导者是天生的还是后天造就的这一问题,学者们对此进行了一系列同卵双胞胎与异卵双胞胎的比较研究。**研究结果表明,70%左右的领导能力是可以通过后天培养的(即能够借助经验获得)**。最近的一项长时间的研究成果对是否在一段时间内能够或确实培养出领导者这一问题的相关证据进行了总结,进而分析了"培养"作为领导力发展的一个功能,到底指的是什么(也就是,领导者哪些方面的能力或专业技能得到了培养)。随后,本章回顾了可利用的一些能够最有效促进领导力发展的实践活动。在全章最后部分,又从支持以事实为依据的研究方法的更佳角度,总结了如何促进领导力发展领域的研究与实践。

在**第五章**(领导力的本质:基于进化、生物学与社会神经科学的视角)中,Van Vugt提出了领导力进化理论(ELT),将其作为一种研究领导力的新方法,并与社会学、生物学、经济学以及认知科学中的多样性研究联系起来。该理论构建了一个与达尔文进化论相一致的总体框架,Van Vugt将之称为"达尔文的工具箱"。Van Vugt认为研究领导力的进化起源和进化功能是非常重要的,只有这样才能更好地理解领导力的真正"本质"。特别地,领导力进化理论与之前的许多研究发现之间都存在联系,能够帮助研究者提出新的假设,并借助从行为遗传学到神经科学、从实验研究到博弈论等多样性的研究方法对假设进行印证。

◆ 第三部分:领导力的主要学派

在**第六章**(领导力中的个体差异)中,Judge和Long主张领导力领域中的学者和学生在研究过程中要牢记三件事情:第一,个体差异很重要,在理论创建时由个体差异出发进行研究非常有效。第二,基于其个性以及其追随者的个体差异影响,不同的领导者会表现出不同的状态和风格。第三,领导者不是活在真空中的,因此情境对领导者的绩效会产生很重要的作用。基于上述三点假设,Judge 和 Long 提出了一个基于证据的个体差异模型并对其进行了评估。该模型作为预测领导力的形成与有效性的中介要素将领导者的特质与其状态和风格联系起来。领导者与追随者的个体差异以及情境因素也被纳入了模型作为调节变量。Judge 和 Long 还探讨了领导者个体差异的"阴暗面"对领导者的形成与有效性的矛盾影响。

在**第七章**(权变、情境、环境与领导力)中,Ayman 和 Adams 回顾了领导力的权变理论与情境理论,认为领导者的性格(例如,领导者的特质、行为等)和领导者成就之间的关系取决于影响过程发生时的形势。他们指出,成功的领导力是权变因素的函数,某些权变因素属于情境变量,某些属于个体变量,它们将会调节领导者的性格与领导者成就之间的关系。Ayman 和 Adams 还澄清了一个常见的误解——领导者的风格是一成不变的。他们将领导者的风格分为两类:以特质为基础(前后表现相当一致)和以行为为基础(具有可塑性),认为领导者具备监控环境的能力,能够通过调整自身反应以适应特定情境,将领导力技能与能力,如敏感性、响应度以及灵活性结合起来,能够帮助领导者展现"气质"——实现领导者性格与情境的最佳匹配。

在**第八章**(变革型与魅力型领导力)中,Antonakis 回顾了领导力"新魅力型"理论的现有证据,尤其是该理论有关变革型与魅力型领导的部分。在 Antonakis 对于该理论的历史的综合分析中,他对"新魅力型"理论如何出现,以及如何在目前的领导力领域占据主导地位做出了解释。他总结道,尽管该领域的研究已经非常成熟,但仍然有许多工作需要做,以进一步改善理论模型。Antonakis 还特别强调了一些急需处理的问题,包括:(1)加强纵向研究和多层次研究;(2)编制兼容性更强、偏差更少的调查问卷,同时在问卷中引入客观评测标准;(3)更全面地理解同时兼顾情境影响与个体差异作为前因的过程模型。以上这几个问题非常重要,因为历史证明,那些拥有魅力的领导者将在未来不断出现。

在**第九章**(关系型领导力的本质:领导力关系与过程的多理论视角)中,Uhl-Bien、Maslyn 和 Ospina 采用了一种多模式和多理论视角来研究领导者关系。他们从各种文献和理论中抽取与领导力关系相关的研究发现,站在领导者与追随者之间关系(例如领导者与追随者二元关系的质量)以及领导力"关系性"(例如关系过程和集体实践)的立场,对领导力关系理论进行了回顾。Uhl-Bien 和同事们正在展开一项范围广泛、采用多种方法的跨学科研究计划,项目的重点不仅包括领导者-成员交换理论，还着重对领导力关系（二元性与共同性）和关系过程与实践进行了广泛的检验。该计划的内容参考了建构主义方法，能够帮助研究者推进对领导力本质、领导力的发展，以及领导力关系组织（例如创建意义、联合机构以及协调行为的共享模型，通过这一模型来促进领导力发挥作用）的研究。最后，他们要求领导力学者在研究过程中认真考虑领导力的关系性。

在**第十章**（关注追随者：以追随者为中心的领导力）中，Brown 研究了有关追随者的关键假设，以及在之前发表的大多数领导力研究文献中，追随者所扮演的角色。在推动以追随者为中心的领导力理论研究过程中，Brown 认为，如果我们想了解追随者行为的动因，就必须首先了解他们的思维过程，其主要表现形式便是信息处理活动。本章详细讨论了两个核心问题：第一，为什么我们是通过领导者来了解世界的？第二，精神领袖的本质是什么，它是如何影响追随者对领导者的感受的？Brown 回顾了信息处理学派的一些基本理论与研究成果，对上述这些问题做出了解释。

在**第十一章**（共享型领导力的本质）中，Wassenaar 和 Pearce 对共享领导力提供了基础性介绍。共享领导力是指团体中的个体以实现团体或组织的目标为前提，彼此之间动态的相互影响的过程。共享领导力的研究重点不是以领导者为中心的理论中的支配型领导者，而是组织或团队中的个体如何与其他成员一起成为领导者。在本章中，Wassenaar 和 Pearce 对最近发表的一些有关共享领导力的前因和结果的证据进行了评价，随后又回顾了各种共享领导力的评测方法，并探讨了未来共享领导力理论与研究的发展方向。

▨ 第四部分：领导力与特殊领域

在**第十二章**（领导力与文化）中，Den Hartog 和 Dickson 在回顾领导力与国家文化（即社会文化）之间的关系时，运用了情境理论的方法。借助文化人类学与跨文化心理学领域的相关研究，他们指出，国家文化为个体提供了共同的感知与行为方式，系统性地反映了追随者对领导者的期望，并影响着领导者所做出的行为表现。他们认为，某些领导者的特质与行为可能是与情境相关的，而另一些虽然可能是普遍性的，但也都会因国家文化与情境的不同而显现出不同的表现方式。随后，Den Hartog 和 Dickson 指出，我们不应认为在某个文化环境中发展出来的领导力模型和理论，也适用于其他类似的文化环境。他们在社会与组织层面对文化进行了定义，同时解释了文化如何潜移默化地影响领导力理论与领导者行为。在本章的最后部分,两个人强调,学者们应当重点关注对发展中国家的领导力理论研究,因为在目前的研究当中,对文化的假设都是以所谓的发达国家为基础的。

在第十三章(领导力与性别)中,Carli 和 Eagly 重点考察了以性别为基础的情境理论,研究在该理论下对领导者的预期,以及性别如何限制领导者表现出来的领导力类型。他们运用多种理论,包括社会、变革、歧视等观点,探讨了与男性和女性差异相关的论述的有效性。文献综述的结果指出,相对于男性,女性获得的领导机会较少,在行为方面,女性受到的限制也多于男性。Carli 和 Eagly 探讨了造成女性很难获得高级领导职位的 5 个原因,并总结出造成这种情况唯一可解释的原因就是女性受到更多的歧视和偏见。尽管女性领导者通常处于不利地位,角色预期也受到更多限制,但是她们的领导有效性与男性领导者不相上下。实际上,其表现出来的某些领导力风格原型,在有效性上往往比男性领导者高出很多。最后,Carli 和 Eagly 指出,出于经济上的必要性以及公平等基础问题考虑,在未来应提倡并支持更多的女性走上领导岗位。

在第十四章(领导力与身份认同)中,Van Kippenberg 简要介绍了领导力的身份认同理论。身份认同理论中最根本的一点是,身份认同对于感知、态度和行为具有塑造作用。简单来说,身份认同可以产生一股强大的激励力量,而且,关注领导者与追随者之间的身份认同有助于更好地理解领导力的效果。研究显示,在理解领导力的过程与领导者的成就上,身份认同的作用至关重要,相关的研究证据非常一致。Van Knippenberg 主张进一步推动领导力身份认同理论的发展,将其作为推进多种领导力理论的整合,建立适用范围更广泛的领导力理论的可能方案。

在第十五章(伦理与领导者有效性:优秀领导力的本质)中,Ciulla 着重讨论了另一个新问题:伦理与领导者有效性。她从哲学家的独特视角撰写了这一章,阐明了传统领导力理论家在研究中的局限性,认为他们只是简单地通过宣称领导者的行为要符合伦理,从而试图将伦理纳入自己的理论体系的做法是行不通的。虽然一些领导力学者在这方面也做过类似的努力,但 Ciulla 尽量解释了如何运用哲学解决领导者在伦理上遇到的困境、怎样评判领导者的成果以及领导者与追随者之间的关系在伦理方面的表现。她认为领导者的伦理与其取得的成果是分不开的,同时她还提供了一个颇具说服力的论断,即除非领导者是符合伦理的,否则,就不能讨论他们的有效性。

第五部分：结论

在**第十六章**（真诚领导力的熔炉）中，本尼斯运用迷人的写作风格，带领读者跟随他展开一场关于领导力的奇幻旅行。他运用大量实例，巧妙地结合了本书中的诸多主题，用它阐明了什么是真正的领导力的本质。本尼斯在论述中涉及了众多问题，并指出这些问题是如何与领导者的形成和领导者有效性相联系的。其中，他着重探讨了领导者的特质、经验学习、联盟建设、情境与权变，以及民族文化等主题。他认为应当运用多学科范式将领导力的研究推进到下一阶段。本尼斯还将所讨论的问题与历史事件，以及"造就"领导者的各个因素联系起来。这就是领导力的"考验"，是领导者面对各种严峻考验与危机的外部条件。从"考验"中走出来的领导者将拥有可信赖的视野和价值观，可以激励他人从事合乎道德伦理的事业。

通过本书，我们把引人入胜的领导力理论文献呈现在读者面前。希望原先那些萦绕在领导力周围的复杂感与神秘感，会随着你读完本书而逐渐消失。在过去的一个世纪中，社会科学家们试图解释所有他们认为重要的事物，对领导力领域中经常被人误解的现象也进行了抨击，但是事实上，社会科学似乎并不能解决所有已经出现的问题。在谈论领导力研究者所面临的困难时，本尼斯（1959，p.260）指出："我们似乎永远无法明晰领导力这个概念，它总是复杂多变，每次都以不同的形式出现，并无情地嘲弄我们。"

今天，领导力这个概念依然很复杂，复杂程度甚至可能超过以往的任何时候，但已不像从前那样难以理解和把握了。对于领导力，我们依然还有许多东西需要学习。在我们之前的学者，经历了"熔炉"的锤炼，他们在研究发现中体现出来的乐观精神指引着我们继续前行。他们虽经历了无数的打击，但是仍百折不挠，坚持不懈地对领导力理论进行研究。这种精神激励着一代代科学家继续他们的探索。之前的研究者永远影响着追随者，并且将会一直影响下去，无论在领导力研究的道路上遇见高峰还是低谷，他们的奋斗都将永不停歇。

参考文献

Antonakis, J. (2011). Predictors of leadership: The usual suspects and the suspect traits. In A. Bryman, D. Collinson, K. Grint, B. Jackson & M. Uhl-Bien (Eds.), *Sage handbook of leadership*. Thousand Oaks, CA: Sage, 269–285.

Antonakis, J., Ashkanasy, N. M., & Dasborough, M. T. (2009). Does leadership need emotional intelligence? *The Leadership Quarterly, 20*, 247–261.

Antonakis, J., Avolio, B. J., & Sivasubramaniam, N. (2003). Context and leadership: An examination of the nine-factor full-range leadership theory using the Multifactor Leadership Questionnaire. *The Leadership Quarterly, 14*, 261–295.

Antonakis, J., & Dalgas, O. (2009). Predicting elections: Child's play! *Science, 323*(5918), 1183.

Antonakis, J., & House, R. J. (2002). An analysis of the full-range leadership theory: The way forward. In B. J. Avolio & F. J. Yammarino (Eds.), *Transformational and charismatic leadership: The road ahead* (pp. 3–34). Amsterdam, Netherlands: JAI.

Antonakis, J., House, R. J., Rowold, J., & Borgmann, L. (2010). *A fuller full-range leadership theory: Instrumental, transformational, and transactional leadership.* Unpublished manuscript.

Arvey, R. D., Rotundo, M., Johnson, W., Zhang, Z., & McGue, M. (2006). The determinants of leadership role occupancy: Genetic and personality factors. *The Leadership Quarterly, 17*, 1–20.

Arvey, R. D., Zhang, Z., Avolio, B. J., & Krueger, R. F. (2007). Developmental and genetic determinants of leadership role occupancy among women. *Journal of Applied Psychology, 92*, 693–706.

Avolio, B. J. (2007). Promoting more integrative strategies for leadership theory-building. *American Psychologist, 62*, 25–33.

Balkundi, P., & Kilduff, M. (2005). The ties that lead: A social network approach to leadership. *The Leadership Quarterly, 16*, 941–961.

Barrick, M. R., Day, D. V., Lord, R. G., & Alexander, R. A. (1991). Assessing the utility of executive leadership. *The Leadership Quarterly, 2*, 9–22.

Bass, B. M. (1985). *Leadership and performance beyond expectations*. New York: Free Press.

Bass, B. M. (1998). *Transformational leadership: Industrial, military, and educational impact*. Mahwah, NJ: Lawrence Erlbaum.

Bass, B. M. (2008). *The Bass handbook of leadership: Theory, research, and managerial applications* (4th ed.). New York: Free Press.

Bass, B. M., & Avolio, B. J. (1994). *Transformational leadership: Improving organizational effectiveness*. Thousand Oaks, CA: Sage.

Bass, B. M., & Riggio, R. E. (2006). *Transformational leadership* (2nd ed.). Mahwah, NJ: Lawrence Erlbaum.

Bass, B. M., & Steidlemeier, P. (1999). Ethics, character, and authentic transformational leadership behavior. *The Leadership Quarterly, 10,* 181–217.

Bennis, W. (1959). Leadership theory and administrative behavior. *Administrative Science Quarterly, 4,* 259–301.

Bennis, W. (2007). The challenges of leadership in the modern world. *American Psychologist, 62,* 2–5.

Bennis, W., & Nanus, B. (1985). *Leaders: The strategies for taking charge.* New York: HarperCollins.

Blake, R. R., & Mouton, J. S. (1964). *The managerial grid.* Houston, TX: Gulf.

Brown, M. E., & Treviño, L. K. (2006). Ethical leadership: A review and future directions. *The Leadership Quarterly, 17,* 595–616.

Bryman, A. (1992). *Charisma and leadership in organizations.* Newbury Park, CA: Sage.

Burns, J. M. (1978). *Leadership.* New York: Harper & Row.

Calder, B. J. (1977). An attribution theory of leadership. In B. M. Staw & G. R. Salancik (Eds.), *New directions in organizational behavior* (pp. 179–204). Chicago: St. Clair.

Caldu, X., & Dreher, J. C. (2007). Hormonal and genetic influences on processing reward and social information. In C. Senior & M. J. R. Butler (Eds.), *Social cognitive neuroscience of organizations* (Vol. 1118, pp. 43–73). Oxford, UK: Basil Blackwell.

Chiao, J. Y., Mathur, V. A., Harada, T., & Lipke, T. (2009). Neural basis of preference for human social hierarchy versus egalitarianism. In S. Atran, A. Navarro, K. Ochsner, A. Tobena & O. Vilarroya (Eds.), *Values, empathy, and fairness across social barriers* (Vol. 1167, pp. 174–181). Oxford, UK: Basil Blackwell.

Conger, J. A., & Kanungo, R. N. (1987). Toward a behavioral theory of charismatic leadership in organizations. *Academy of Management Review, 12,* 637–647.

Dansereau, F., Jr., Graen, G., & Haga, W. J. (1975). A vertical dyad linkage approach to leadership within formal organizations: A longitudinal investigation of the role making process. *Organizational Behavior and Human Performance, 13,* 46–78.

Day, D. V. (in press). Leadership. In S. W. J. Kozlowski (Ed.), *The Oxford handbook of organizational psychology.* New York: Oxford University Press.

Day, D. V., Harrison, M. M., & Halpin, S. M. (2009). *An integrative approach to leader development: Connecting adult development, identity, and expertise.* New York: Routledge.

Day, D. V., & Lord, R. G. (1988). Executive leadership and organizational performance: Suggestions for a new theory and methodology. *Journal of Management, 14,* 453–464.

Day, D. V., & Zaccaro, S. J. (2007). Leadership: A critical historical analysis of the influence of leader traits. In L. L. Koppes (Ed.), *Historical perspectives in industrial and organizational psychology* (pp. 383–405). Mahwah, NJ: Lawrence Erlbaum.

Deluga, R. J. (1990). The relationship of leader-member exchanges with laissez-faire, transactional, and transformational leadership in naval environments. In K. E. Clark, M. B. Clark, & D. P. Campbell (Eds.), *Impact of leadership* (pp. 237–247). Greensboro, NC: Center for Creative Leadership.

Eagly, A. H., & Carli, L. L. (2007). *Through the labyrinth: The truth about how women become leaders.* Boston, MA: Harvard Business School Press.

Eagly, A. H., & Chin, J. L. (2010). Diversity and leadership in a changing world. *American Psychologist, 65,* 216–224.

Eden, D., & Leviathan, U. (1975). Implicit leadership theory as a determinant of the factor structure underlying supervisory behavior scales. *Journal of Applied Psychology, 60,* 736–741.

Etzioni, A. (1964). *Modern organizations.* Englewood Cliffs, NJ: Prentice Hall.

Fiedler, F. E. (1967). *A theory of leadership effectiveness.* New York: McGraw-Hill.

Fiedler, F. E. (1971). *Leadership.* Morristown, NJ: General Learning.

Fiedler, F. E. (1993). The leadership situation and the black box in contingency theories. In M. M. Chemers & R. Ayman (Eds.), *Leadership theory and research: Perspectives and directions* (pp. 1–28). San Diego, CA: Academic Press.

French, J. R. P., & Raven, B. H. (1968). The bases of social power. In D. Cartwright & A. Zander (Eds.), *Group dynamics: Research and theory* (3rd ed., pp. 259–269). New York: Harper & Row.

Gardner, W. L., Lowe, K. B., Moss, T. W., Mahoney, K. T., & Cogliser, C. C. (2010). Scholarly leadership of the study of leadership: A review of *The Leadership Quarterly*'s second decade, 2000–2009. *The Leadership Quarterly, 21,* 922–958.

Gerstner, C. R., & Day, D. V. (1997). Meta-analytic review of leader–member exchange theory: Correlates and construct issues. *Journal of Applied Psychology, 82,* 827–844.

Graen, G. B., & Uhl-Bien, M. (1995). Relationship-based approach to leadership: Development of leader-member exchange (LMX) theory of leadership over 25 years: Applying a multi-level multi-domain perspective. *The Leadership Quarterly, 6,* 219–247.

Grant, V. J., & France, J. T. (2001). Dominance and testosterone in women. *Biological Psychology, 58,* 41–47.

Gray, P. B., & Campbell, B., C. (2009). Human male testosterone, pair-bonding, and fatherhood. In P. T. Ellison & P. B. Gray (Eds.), *Endocrinology of social relationships* (pp. 270–293). Cambridge, MA: Harvard University Press.

House, R. J., Hanges, P. J., Javidan, M., Dorfman, P. W., & Gupta, V. (Eds.). (2004). *Culture, leadership, and organizations: The GLOBE Study of 62 societies.* Thousand Oaks, CA: Sage.

House, R. J., & Shamir, B. (1993). Towards an integration of transformational, charismatic, and visionary theories of leadership. In M. M. Chemers & R. Ayman (Eds.), *Leadership: Perspectives and research directions* (pp. 81–107). New York: Academic Press.

House, R. J., Spangler, W. D., & Woycke, J. (1991). Personality and charisma in the U.S. presidency: A psychological theory of leader effectiveness. *Administrative Science Quarterly, 36,* 364–396.

Howell, J. M., & Hall-Merenda, K. E. (1999). The ties that bind: The impact of leader-member exchange, transformational and transactional leadership, and distance on predicting follower performance. *Journal of Applied Psychology, 84,* 680–694.

Hunt, J. G. (1999). Transformational/charismatic leadership's transformation of the field: An historical essay. *The Leadership Quarterly, 10,* 129–144.

Hunter, J. E., & Schmidt, F. L. (1990). *Methods of meta-analysis: Correcting error and bias in research findings.* Newbury Park, CA: Sage.

Ilies, R., Gerhardt, M. W., & Le, H. (2004). Individual differences in leadership emergence: Integrating meta-analytic findings and behavioral genetics estimates. *International Journal of Selection and Assessment, 12,* 207–219.

Ilies, R., Nahrgang, J. D., & Morgeson, F. P. (2007). Leader-member exchange and citizenship behaviors: A meta-analysis. *Journal of Applied Psychology, 92,* 269–277.

Judge, T. A., Bono, J. E., Ilies, R., & Gerhardt, M. W. (2002). Personality and leadership: A qualitative and quantitative review. *Journal of Applied Psychology, 87,* 765–780.

Judge, T. A., Colbert, A. E., & Ilies, R. (2004). Intelligence and leadership: A quantitative review and test of theoretical propositions. *Journal of Applied Psychology, 89,* 542–552.

Judge, T. A., Piccolo, R. F., & Ilies, R. (2004). The forgotten ones? The validity of consideration and initiating structure in leadership research. *Journal of Applied Psychology, 89,* 36–51.

Katz, D., & Kahn, R. L. (1978). *The social psychology of organizations* (2nd ed.). New York: John Wiley.

Katz, D., Maccoby, N., Gurin, G., & Floor, L. G. (1951). *Productivity, supervision and morale among railroad workers.* Ann Arbor, MI: Institute for Social Research, University of Michigan.

Kenny, D. A., & Zaccaro, S. J. (1983). An estimate of variance due to traits in leadership. *Journal of Applied Psychology, 68,* 678–685.

Kerr, S., & Jermier, J. (1978). Substitutes for leadership: Their meaning and measurement. *Organizational Behavior and Human Performance, 22,* 375–403.

Kramer, R. S. S., Arend, I., & Ward, R. (2010). Perceived health from biological motion predicts voting behaviour. *Quarterly Journal of Experimental Psychology, 63,* 625–632.

Lewin, K., & Lippitt, R. (1938). An experimental approach to the study of autocracy and democracy: A preliminary note. *Sociometry, 1,* 292–300.

Liden, R. C., & Antonakis, J. (2009). Considering context in psychological leadership research. *Human Relations, 62,* 1587–1605.

Livers, A. B., & Caver, K. A. (2003). *Leading in black and white: Working across the racial divide in corporate America.* San Francisco: Jossey-Bass.

Lord, R. G., Binning, J. F., Rush, M. C., & Thomas, J. C. (1978). The effect of performance cues and leader behavior on questionnaire ratings of leadership behavior. *Organizational Behavior and Human Performance, 21,* 27–39.

Lord, R. G., Brown, D. J., Harvey, J. L., & Hall, R. J. (2001). Contextual constraints on protoype generation and their multi-level consequences for leadership perceptions. *The Leadership Quarterly, 12,* 311–338.

Lord, R. G., De Vader, C. L., & Alliger, G. M. (1986). A meta-analysis of the relation between personality traits and leadership perceptions: An application of validity generalization procedures. *Journal of Applied Psychology, 71,* 402–409.

Lord, R. G., & Emrich, C. G. (2000). Thinking outside the box by looking inside the box: Extending the cognitive revolution in leadership research. *The Leadership Quarterly, 11,* 551–579.

Lord, R. G., Foti, R. J., & De Vader, C. L. (1984). A test of leadership categorization theory: Internal structure, information processing, and leadership perceptions. *Organizational Behavior and Human Performance, 34,* 343–378.

Lord, R. G., & Maher, K. J. (1991). *Leadership and information processing: Linking perceptions and performance.* Boston, MA: Unwin Hyman.

Lowe, K. B., & Gardner, W. L. (2000). Ten years of *The Leadership Quarterly*: Contributions and challenges for the future. *The Leadership Quarterly, 11,* 459–514.

Mann, R. D. (1959). A review of the relationships between personality and performance in small groups. *Psychological Bulletin, 56,* 241–270.

McClelland, D. C. (1985). How motives, skills, and values determine what people do. *American Psychologist, 40,* 812–825.

McGrath, J. E. (1962). *Leadership behavior: Some requirements for leadership training.* Washington, DC: U.S. Civil Service Commission, Office of Career Development.

Meindl, J. R., & Ehrlich, S. B. (1987). The romance of leadership and the evaluation of organizational performance. *Academy of Management Journal, 30,* 90–109.

Meindl, J. R., Ehrlich, S. B., & Dukerich, J. M. (1985). The romance of leadership. *Administrative Science Quarterly, 30*, 78–102.

Miner, J. B. (1975). The uncertain future of the leadership concept: An overview. In J. G. Hunt & L. L. Larson (Eds.), *Leadership frontiers* (pp. 197–208). Kent, OH: Kent State University Press.

Osborn, R. N., Hunt, J. G., & Jauch, L. R. (2002). Toward a contextual theory of leadership. *The Leadership Quarterly, 13*, 797–837.

Pfeffer, J. (1977). The ambiguity of leadership. *Academy of Management Review, 2*, 104–112.

Porter, L. W., & McLaughlin, G. B. (2006). Leadership and organizational context: Like the weather? *The Leadership Quarterly, 17*, 559–576.

Rush, M. C., Thomas, J. C., & Lord, R. G. (1977). Implicit leadership theory: A potential threat to the internal validity of leader behavior questionnaires. *Organizational Behavior and Human Performance, 20*, 756–765.

Schriesheim, C. A., & Kerr, S. (1977). Theories and measures of leadership: A critical appraisal. In J. G. Hunt & L. L. Larson (Eds.), *Leadership: The cutting edge* (pp. 9–45). Carbondale, IL: Southern Illinois University Press.

Sellers, J. G., Mehl, M. R., & Josephs, R. A. (2007). Hormones and personality: Testosterone as a marker of individual differences. *Journal of Research in Personality, 41*, 126–138.

Shamir, B., & Howell, J. M. (1999). Organizational and contextual influences on the emergence and effectiveness of charismatic leadership. *The Leadership Quarterly, 10*, 257–283.

Smith, J. E., Carson, K. P., & Alexander, R. A. (1984). Leadership: It can make a difference. *Academy of Management Journal, 27*, 765–776.

Smith, K. B., Larimer, C. W., Littvay, L., & Hibbing, J. R. (2007). Evolutionary theory and political leadership: Why certain people do not trust decision makers. *Journal of Politics, 69*, 285–299.

Stogdill, R. M. (1948). Personal factors associated with leadership: A survey of the literature. *Journal of Psychology, 25*, 35–71.

Stogdill, R. M., & Coons, A. E. (Eds.). (1957). *Leader behavior: Its description and measurement.* Columbus, OH: Ohio State University, Bureau of Business Research.

Turner, N., Barling, J., Epitropaki, O., Butcher, V., & Milner, C. (2002). Transformational leadership and moral reasoning, *Journal of Applied Psychology, 87*, 304–311.

Van Seters, D. A., & Field, R. H. G. (1990). The evolution of leadership theory. *Journal of Organizational Change Management, 3*, 29–45.

Van Vugt, M., & Schaller, M. (2008). Evolutionary approaches to group dynamics: An introduction. *Group Dynamics: Theory, Research, and Practice, 12*, 1–6.

Villarejo, A., & Camacho, A. (2009). Neuropoliticis: Neuroscience visits politics. *Neurologia, 5*(Suppl. 1), 8–11.

Vroom, V. H., & Jago, A. G. (1988). *The new leadership: Managing participation in organizations.* Englewood Cliffs, NJ: Prentice Hall.

Vroom, V. H., & Yetton, P. W. (1973). *Leadership and decision making.* Pittsburgh, PA: University of Pittsburgh Press.

Wofford, J. C., Goodwin, V. L., & Whittington, J. L. (1998). A field study of a cognitive approach to understanding transformational and transactional leadership. *The Leadership Quarterly, 9,* 55–84.

Zaccaro, S. J. (2001). *The nature of executive leadership: A conceptual and empirical analysis of success.* Washington, DC: American Psychological Association.

Zaccaro, S. J. (2007). Trait-based perspectives of leadership. *American Psychologist, 62,* 6–16.

Zaccaro, S. J., Foti, R. J., & Kenny, D. A. (1991). Self-monitoring and trait-based variance in leadership: An investigation of leader flexibility across multiple group situations. *Journal of Applied Psychology, 76,* 308–315.

Zaleznik, A. (1992, March/April). Managers and leaders: Are they different? *Harvard Business Review,* 126–133.

Zyphur, M. J., Narayanan, J., Koh, G., & Koh, D. (2009). Testosterone-status mismatch lowers collective efficacy in groups: Evidence from a slope-as-predictor multilevel structural equation model. *Organizational Behavior and Human Decision Processes, 110,* 70–77.

第二部分

领导力:科学、本质与培养

第二章

作为领导力理论组织结构的聚合过程与分析层次[①]

Robert G. Lord
Jessica E. Dinh
阿克伦大学

所有的理论都是为了实现科学上的两个目标：一是预测生活中的各种现象，二是帮助人们理解这些现象（Dubin，1969）。领导力研究在这两方面都取得了巨大的进步，在过去的100年里，这一领域见证了许多理论的建立与发展。这些理论都对领导力产生的前因和结果，或者更概括一些来说，对领导力的本质进行了尝试性的解释。然而，尽管这么多年以来，我们在领导力领域开展了不计其数的研究，但是对领导力的理解可以说仍然不够全面。领导力研究之所以复杂，其原因是我们缺少一个统一的领导力概念或理论（Hunt，2004）。而我们现在拥有的庞大的领导力理论体系，却涵盖了各种理论视角（例如特质理论、信息处理理论、系统性、复杂性等），横跨了不同的分析层次（例如宏观、中观和微观层次），同时综合了许多其他相邻学科的理论思想（例如社会学、心理学、经济学、政治学等）。重要的是，这些理论对于领导力研究的贡献都是基于各自独特的假设前提和研究视角。虽然它们带给领导力研究的推动作用不可小觑，也让人们对领导力有了更广泛的了解，但是，各个理论之间缺少内在联系，这让我们无法将它们视为一个整体去理解。

[①] 作者注：请将对本章的建议和意见发给 Robert G. Lord 和 Jessica E. Dinh，Department of Psychology, University of Akron, Akron, OH 44325-4301, USA。电话：44325-4301。电子邮箱：rlord@uakron.edu；jd62@zips.uakron.edu。

领导力是一种十分复杂的现象，这也是造成目前的研究现状的部分原因。尽管在多个层面（个体、群体和组织）上，领导者都可能有能力直接影响自己的领导成就，但是通常来说，这种影响都是在一段很长的时间内通过其他人以间接的方式实现的（Day & Lord,1988；Lord & Brown,2004）。因此，不同的领导力研究者关注的研究领域可能都位于同一条因果链之上，只是各自所处的位置不同，而且因果链又相对比较长罢了。举例来说，考虑这样一种情况：一位领导者所在的团队很能干，而另一位领导者所在的团队恰好相反，那么我们应当如何解释这种差别呢？典型的理论学者通常会从领导者的个性或行为入手来解释这一现象。但是更恰当的做法应当是从追随者的角度出发，探讨这两位领导者的行为是怎样获得和失去团体的认同的（Lord & Brown,2004），不同的身份认同层次是如何影响个人的自我调节过程，并促使个人在团体中选择采取竞争态度还是合作态度的（De Cremer & Van Knippenberg,2002），以及团体中不同的成员与成员互动模式是如何鼓励成员倾向于相互交流还是相互隔阂的。领导力被认为是一种复杂现象的另一个原因在于，我们已经知道了情境（例如民族文化、组织文化等）会对领导者造成影响，而且这种影响反过来可能会限制领导者所取得的成就（Jones & Olken,2005；Liden & Antonakis,2009）。正如上述例子所表明的那样，我们通常会高估领导者造成的直接影响（Meindl & Ehrlich,1987），而不去考虑领导者的行为如何改变了追随者在身份认同、社会交换以及动机过程上的属性。

尽管大多数领导力理论都强调不同层级领导者产生的自上而下的影响过程，但是在过去10年中，自下而上和包容性更强的领导力观点开始吸引越来越多研究者的关注。伴随着研究重点的改变，领导力目前已被视为一种共享过程（Carson, Tesluk & Marrone,2007；Day,2000；Pearce & Conger,2003）；追随者对领导力过程的贡献得到了更多学者的重视（Liden & Antonakis,2009；Shamir, Pallai, Bligh & Uhl-Bien,2007）；发展出了领导力与社交过程的关系理论（Balkundi & Kilduff,2005；Zohar & Tenne-Gazit,2008）；并且将复杂性科学应用到了对领导力的研究当中（Marion & Uhl-Bien,2001；Uhl-Bien, Marion & McKelvey,2007）。但是，在该领域的文献中谈到的基本上都是一些概念性的内容，而且也没有整合自上而下的过程和自下而上的过程的不同观点。我们在本章中的观点是，这一现象与问题的分析层次是有关联的，对分析层次的认真考察能够为我们提供一个创建更加全面的理论的基础，从而顺利地将自上而下的过程和自下而上的过程全都纳入领导力的研究体系当中。在本章中,我们将从阐明分析层次的关联开始,然后进一步介绍如何在不同的分析层次上发展更全面的理论方法。涉及的分析层次包括:事件层次、个人层次、群体层次和组织层次。

分析层次与领导力理论

分析层次与领导力理论的现状

和许多学者一样,我们也认为绝大多数的领导力研究都未能给予分析层次这个问题足够的重视,即使在很多文献中明确论述了理论的分析层次的重要性(Dansereau, Alutto & Yammarino, 1984; Klein, Dansereau & Hall, 1994; Rousseau, 1985),但是仍然无法改变这一现状。例如,最近由 Yammarino、Dionne、Chun 和 Dansereau(2005)所做的一项调查显示,在348篇关于领导力研究的文章中,只有不到30%的文章在讨论时明确说明了理论的研究层次,大约六分之一的实证研究文章在分析数据时使用了多层次技术。如果不指明研究者最感兴趣的问题分析层次,那么可能会造成混乱并影响从数据分析获得的最终结论或推论(Klein et al., 1994)。在最近发表的文章中,有不少都强调了对这一现象的担心(Bamberger, 2008; Hall & Lord, 1995; Klein et al., 1994; Kozlowski & Klein, 2000; Whetten, Felin & King, 2009; Yammarino et al., 2005)。特别是 Klein 等(1994)指出,"给予分析层次问题更多的关注,能够提高组织理论的清晰度、可测试性、全面性以及创造性"(p.224)。理清分析层次后,研究者能够将不同情境下的理论进行适当归纳,同时促进多层次理论的发展。

另外,Klein 等(1994)还强调,分析层次问题属于重要的理论问题,不过与更广泛领域的组织科学文献一样(Bamberger,2008),对分析层次的关注通常都是由研究人员目前所掌握的分析技术驱动的。在过去10年中,伴随着随机系数建模技术的普及,研究人员能够更加容易地观察到较高层次的过程是如何限制较低层次的过程的。类似地,我们使用统计工具来解决测量问题,以帮助研究者做出决定,从个体层次到团体层次获取数据是否恰当(Bliese,2000)。尽管这些都是非常重要的技术进步,但是我们并没有因此发展出整合理论。相反,在某种程度上,甚至有本末倒置的嫌疑。因为这样做因提高了技术问题的重要性而使理论问题变得更加模糊不清,而后者是理解什么是合适的分析层次的关键问题。

◼ 个体产出的结合与领导力

我们认为,通过解决一个根本性的问题能够提高人们对领导力理论的理解程度。这个根本性的问题是,怎样将子单元输入和过程结合在一起以生成单元层次上的输出,以及领导力通过怎样的方式对该过程产生影响?举例来说,变革型领导者通常认为,通过改变群体(而不是个体)的功能可以最大限度地发挥自己的影响力(DeGroot,Kiker & Cross,2000)。尽管实质性过程在组合较低层次的输入产生较高层次的输出时,会根据层次和工作任务性质的不同而发生变化,但是,当从一个抽象的层次上考虑这个问题时,研究者能够获得很多有用的信息。Kozlowski 和 Klein(2000)区分了组合模型和编译模型。在组合模型中,较低层次的输入在聚合过程中被组合起来,生成一个在本质上与较低层次输入形式相同的(即同构的)输出;而在编译模型中,现象的本质在向较高层次聚合的过程中发生了根本性改变。他们还发现,有些属性(例如全局单元属性)仅存在于某个具体的单元层次上。尽管 D. Chan(1998)已经证明,除了简单地将多个输入叠加起来之外,还存在另外一些有趣的替代方法可以用来解释组合过程,但是 Kozlowski 和 Klein 仍然坚持认为,研究文献中一直强调的是组合模型,通常认为通过将较低层次的输入简单地加在一起就可以生成一个较高层次的输出。共享领导力中的自我效能理论是一个组合模型的例子,在群体层次上的观点可以通过将群体成员对自身共享领导力能力的认识相加来充分表达。相反,编译模型强调的是,随着时间的推移,群体成员之间的互动是如何产生群体层次上的过程的,以及群体中每个成员所具备的独一无二的能力是如何与群体内其他成员的能力进行互补的。在这里,社会互动改变了每个人对集体效能的理解,并创造出另一种构念——对具体的群体过程进行评价,而不是将个体层次上的属性简单聚合。

我们还可以用这个例子来说明另外一个问题,该问题对理解领导力过程的核心非常重要。考虑这样一种情况,组织内的群体在共享领导力效能方面表现出高的群体内一致性,但是各组织之间却表现出明显的差异。造成这种情况的原因可能是,一些领导者将更多的权力授予了群体内的成员,鼓励他们发展自身在共享领导力方面的能力。与此同时,另一些领导者则自己把握权力,限制自己所在群体的其他成员发展领导能力。换句话说,这种群体内一致性、群体间存在差别的模式,反映了群体正式领导者的跨层次影响。或者说,在授权意愿方面,基本上所有领导者都是差不多的,但是在实现特定目标的过程中,一些群体可能具有多样化的偏好,而另一些群体的偏好则比较相似。Page(2007)注意到,多样化的偏好会导致群体内的冲突,共享领导力过程在高度冲突的群体内似乎难以奏效(Carson et al.,2007)。因此,由于会频繁发生冲突,随着时间的推移,多样化偏好程度较高的群体一般会发展出较低的共享领导力效能。而多样化程度较低的群体则会是另一种表现,其群体内的冲突程度较低,因此更有潜力发展出共享领导力。这种模式属于在共享领导力效能中群体间存在差异,而群体内保持一致的情况。不过,在第二种情形中,关键因素是由于群体成员偏好的一致性程度不同,从而在自下而上的过程中产生了差异,而不是因为群体领导者自上而下的影响而产生的差异。

上面这两个对比性的例子说明了关注输入因素是如何结合的,以及领导者在结合过程中的角色非常重要,而不是仅仅考察结果的描述方面,尽管后者能够用于推断个体是否得以聚合。值得注意的是,上面两个例子中,群体内关于共享领导力能力的一致性看法表明了这是一个群体层次的现象。在第一个例子中,正式领导者在组织过程出现时拥有较大的影响力,而在第二个例子中,正式领导者的作用可能被忽略了。

▨ 领导力、动态性与过程

我们重视有关领导力如何影响动态过程的研究,这有悖于领导力研究领域的主要趋势——它们不够重视从过程的角度理解领导者是如何实际影响团体层次的输出的(Kaiser,Hogan & Craig,2008)。在领导力研究领域,对过程的研究总是得不到应有的重视,其原因主要是研究者一般会依靠自己对领导力的潜在理解引导理论研究的方向(Calder,1977;Shondrick,Dinh & Lord,2010),而且对领导力的潜在理解通常强调的是个体层次的领导力效果,例如,个体的特质或个体行为趋势等。实际上,Yammarino 等(2005)指出,大多数领导力研究都将个体层次作为合适的分析层次,这反映了关注领导者的个人风格是目前领导力研究的主流方向。大体上说,凡是重点考察领导者个体的研究,都不会涉及跨层次影响或者能够产生更高分析层次上研究结果的组合过程或编译过程。

另外,在研究中关注领导者个人,会导致研究人员忽略领导者面临许多不同类型的事件。因此,可能需要在事件层次上,从人的角度(Klein et al.,1994)对与个体差异(Mischel & Shoda,1998)或领导者对群体结果的影响有关的重要因果关系动态进行检验。具有讽刺意味的是,尽管人们都普遍承认领导力技能的发展源于经验的积累(Day,Harrison & Halpin,2009;Lord & Hall,2005),但是,对"与事件相关的学习、实践如何在个体的素质和技能层面汇集"这一问题的重视程度大大低于分析个体层面的影响如何汇集成群体层面的影响的问题。然而,存在许多可以起到替代作用的组合过程或编译过程,它们的特征是从事件层面形成了技能的开发或行为的趋势。我们认为,凡是从分析层次角度理解领导力的框架,都应当向下拓展以涵盖涉及个体层次的事件。正如 Yammarino 等(2005)所指出的,科学上的理论革命,通常发生于科学家在大多数人的关注点之上或之下思考问题的时候。因此,这种忽略事件层次的趋势可能限制了领导力领域的进一步发展。例如,Avolio(2005)认为,那些不寻常和极端的事件(通常被称为触发事件),对于变革型领导者的发展至关重要。另外,那些有关领导者意义构建的文献(Weick,1995)都证明了领导者在塑造他人对事件的解释上扮演了重要的角色。

各种领导力理论并没有全面考虑分析层次的问题,部分原因在于领导力理论通常采用横截面研究方法,这是领导力研究领域中最基本的研究方法(Hunter,Bedell-Avers & Mumford,2007)。由于这种关注视角是静态的,所以在通常的领导力理论中,动态因果关系相当少见,它们更为关注个体领导者(Meindl & Ehrlich,1987),而不是经由合适的分析层次确定之后所形成的更为科学的因果分析。另外,由于在很大程度上依赖组织成员对领导力过程的随机记忆,而不是对具体领导力事件的实时观察,采用这种研究方法通常会错过领导力事件的即时动态关系。研究者在形成对领导力的整体感知时,通常根据评价者内心潜在的对领导力事件的聚合想法(Shondrick et al.,2010),而不是以每个事件对其他事件的影响的详细评估为依据。这种做法可能从根本上曲解了领导力过程的本质,得到的只是过分强调了领导者个人影响的简单结论。

简而言之,在组合个体输入产生集体输出的过程中,要想理解领导者是如何发挥作用的,需要在研究过程中包含个体层次事件,并考察出现的组合过程和编译过程。此外,还需要能够精确测量此类事件的替代方法。

■ 构建一个整合的类型框架

我们认为,可以将领导力理论按照事件、个体、群体和组织等不同的分析层次进行分类(Drazin,Glynn & Kazanjian,1999;Hall & Lord,1995;Klein et al.,1994;

Morgeson & DeRue,2006)。对于一个层次上的输入是如何结合产生另一个层次上的输入的问题,同样也需要同这些问题分析层次结合起来研究。在表 2.1 中,我们初步列出了这样一种分类体系,该体系由上述 4 种分析层次和在前面部分提到的 3 类单元层次属性构成。为了方便读者浏览这些分析层次和单元属性,我们将针对表中每个方格内的内容,从分析层次的全局属性到配置属性逐一进行介绍。表 2.1 不仅建立了一个检验领导力在聚合过程中产生的影响的框架,同时也建立了一个根据相似功能组合不同领导力理论的框架。正如我们将要在本章中所介绍的,这种分类将对理论构建和理论一般化产生重要影响(Whetten et al.,2009)。

表 2.1 按照分析层次划分的单元层次类别

分析层次	全局 ULP:单元的描述性特征,不适用于较低的分析层次	共享 ULP:由较低层次单元属性组合而成的属性	配置 ULP:由较低层次单元属性编译而成的属性
事件层次	1. 时间压力。	1. 通过事实积累扩展出来的知识结构; 2. 通过吸取以前的教训而习得的完美技能与能力。	1. 从不同事件的互动中得到有意识的理解; 2. 通过对情感事件的自我反省而提高自我复杂性。
从个体层次(部分)到个体层次(整体)	1. 特质。	1. 总体自我效能。	1. 通过 CAPS 和疏/密网络关系增加的自我复杂性; 2. 来自分层组织动机要素的自我调节; 3. 使用认知资源时,默认网络与情感网络的影响。
从个体层次到群体层次	1. 群体的人群特征/技能多样性和网络结构。	1. 通过对个体的技能、行动和思想的叠加而形成的团队心理模型与团队表现; 2. 群体的情感状态、任务知识与动机。	1. 需要成员间频繁互动的团队交互记忆以及具体的团体与成员功能; 2. 通过合作的方式,强烈的集体认同感所产生的群体过程(例如团队的有效性)。
从群体层次到组织层次	1. 组织特征(例如组织的结构、战略、劳动力的构成等)。	1. 组织的成员构成特征和网络密度; 2. 共同的价值观、目标以及人力资源。	1. 组织中道德文化的发展; 2. 组织的身份认同与复杂度。
各种理论之间的共同点	稳定的属性是每个层次过程的重要前因。	每个个体的功能相互独立;每个个体实现相似的功能。	领导力产出源自不同单元之间的互动;个体与群体实施不同的功能。

注:ULP = 单元层次属性;CAPS = 认知与情感处理系统。

领导力理论的分类

如表2.1所示,领导力理论可以被分为4个分析层次:事件层次、个体层次、群体层次和组织层次。根据Kozlowski和Klein(2000)的研究,我们还可以把每个分析层次再细分为3种属性类型:全局单元属性、共享单元属性和配置单元属性。全局单元层次属性(unit-level properties,ULP)反映的是单一分析层次的现象,例如组织的年龄等。而共享属性和配置属性所反映的则是源自较低的分析层次,但是体现在较高的分析层次上的单元属性。换句话说,它们所反映的是一个聚合过程。不同分析层次的共享单元层次属性比较相似,它们以组合的形式出现;而不同分析层次的配置单元层次属性则截然不同,它们以编译的形式出现。在对该框架进行讨论的过程中,我们将向读者介绍一些比较流行的领导力理论,并与表2.1每个方格中的内容对应,具体内容请参见表2.2。

表2.2 按照单元层次属性和分析层次划分的领导力理论类别

分析层次	全局ULP:单元的描述性特征,不适用于较低的分析层次	共享ULP:由较低的层次单元属性组合而成的属性	配置ULP:由较低的层次单元属性编译而成的属性
事件层次	1. 情感事件理论; 2. 对事件的适应性反应; 3. 与事件相关的动机过程。	1. 技能发展; 2. 对领导者的信任和依赖; 3. 情感诱导和意会过程。	1. 通过自我反省在伦理和道德方面得以提升; 2. 通过开发脚本、大纲、广义上的领导角色以及元认知结构来提升自我复杂性。
从个体层次(部分)到个体层次(整体)	1. 领导力特质理论; 2. 长期的自我调节过程以及领导力行为风格; 3. 领导力的基因决定因素。	1. 开发领导者的人力与社会资本; 2. 启动自我认同机制,并影响动机过程。	1. 自我复杂性和领导他人的意愿; 2. 领导者对其他人自我调节层次的影响; 3. 支持型领导力或威胁型领导力; 4. 领导者积极情感的扩大效应。

(续表)

分析层次	全局ULP:单元的描述性特征,不适用于较低的分析层次	共享ULP:由较低的层次单元属性组合而成的属性	配置ULP:由较低的层次单元属性编译而成的属性
从个体层次到群体层次	1. 作为领导力复杂性来源的群体成员多样化特征。	1. 建立一个安全的氛围/目标导向的氛围; 2. LMX理论和LMX关系理论,二元领导力过程; 3. 由个体层次的感知所引导的变革型领导力。	1. 关注群体的领导力共同性及复杂性理论; 2. 安全的氛围与目标取向的氛围; 3. 群体过程(例如群体的情感状态、意义构建、意义赋予、共享领导力等); 4. 社会认同理论。
从群体层次到组织层次	1. 间断平衡理论(例如合并、分拆、领导者做出的战略选择等); 2. 组织结构与组织文化理论。	1. 组织氛围的吸引—选择—磨合模型; 2. 组织学习的情感能力理论。	1. 组织的道德文化; 2. 领导力复杂性理论。
各种理论之间的共同点	稳定的属性是领导力的重要前因。	领导力重点考察个体层次;每个个体实现相似的功能。	领导力产出源自不同单元之间的互动;个体与群体实施不同的功能。

注:ULP = 单元层次属性;LMX = 领导者-成员交易。

◆ 微观-微观层次:事件的重要性与领导力

单元的类型

直到最近,事件层次过程才作为一个分析层次而得到领导力研究者的关注(Morgeson & De Rue,2006)。我们将事件定义为"**中断了组织的例行日程,并触发了受控过程的事件**"(Morgeson & De Rue,2006,p.272),它是我们这个框架中的一个重要组成部分。有些事件可能需要领导者的直接干预才能得到解决。关于事件会如何直接涉及领导者的例子,读者可以参考BP石油公司发生在墨西哥湾的事故,那次事故是近年来发生的最严重的环境灾难之一。从该事件的规模和严重性来看,下到地方,上到联邦政府机构,不同级别的领导者都通过各种方式对事件做出了回应,从而帮助解决那次严重的事故。尽管BP公司的该事件具有其特殊性,但是有一点非常值得注意,那就是在面对各种危害性、持续时间和紧急程度不同的较小事件时,所有的领导者都应当在相对较短的时间内对事件做出反应。

在详细说明领导者是如何将事件同一化并形成更高层次建构的方法之前,我们必须首先弄清将要涉及的领导力过程的类型。在领导力领域,理论研究的部分困难源于该领域范围的不断扩大——从领导者应如何发展自身素质,如技能、态度和价值观等,到领导者如何通过引导追随者的意义建构过程来影响事件的处理,再到追随者对领导者的感知等问题。在接下来的内容中,我们将只关注前面这两点。我们对事件的关注能够解决如何通过积累不同事件的经验产生行为趋势或领导技能这样的问题,以及领导者如何影响事件的结合方式——该方式是为了达成业绩产出。在本章的剩余部分,我们将简要讨论在事件中形成对领导力感知的聚合过程。

事件的全局单元层次属性

如表2.1所示,以一个整体为单元所共享是事件最基本的表现形式,例如时间压力。然而在理论上,事件(作为全局属性)本身能够对领导者和领导力过程产生重要的影响。举例来说,Weiss和Cropanzano(1996)的情感事件理论解释了对事件的情感反应是如何直接影响领导者的行为的。着重考察与事件相关的情感过程,而不是情感过程的积累怎样建立一个在个体层次上聚合性更强的框架,有助于更好地理解这种影响过程。其他与事件有关的全局层次理论还包括领导力的适应性反应理论。该理论指出,具体事件能够产生影响领导力行为的总体评价(Hannah, Uhl-Bien, Avolio & Cavarretta, 2009)。具体事件能够触发替代性的动机结构(即动机过程),它影响领导者的行为,最终导致不同的领导力产出(参见Lord & Brown, 2004,第六章)。尽管这些全局性理论(参见表2.2,第一行最左侧的方格)对单元结构的总体描述或者单一事件的功能提供了有效的解释,但是同时,它们却忽略了作为特征出现在许多领导力过程中的复杂性。为了对领导力过程有一个更加全面的理解,领导力理论必须同时考虑组合和编译这两种方法。在接下来的部分,我们将先讨论组合性聚合,重点考察事件是如何在领导者身上进行聚合的,以及领导者是如何通过影响事件在其他人身上的聚合创造出共享单元属性的。

通过记忆进行组合与领导力

横截面研究常见的一个问题是建立起来的理论在适用范围上是相互分离的,对现象解释从整体的角度出发,而不考虑不同要素或部分是怎样叠加产生更高层次的实体或现象的。总体来说,如果每个事件所起到的作用是相同的(Whetten et al.,2009),例如都增强了认知和情感趋势等,那么就可以认为这些事件是组合性质的。举例来说,通过回忆过去的经验和发生过的事件,领导者可能会不断回味相似的记忆,而这些记忆是通过不断累加形成的,例如毕生积累的与工作有关的知识等(参见表2.1,第一行中间方格的第1条)。从这个意义上讲,学习过程能够通过影响神经网络的传递模式(通过逐步增强该神经网络中的具体通路)创建一个组合性聚合过程(Hanges,Lord & Dickson,2000)。在领导力领域中,有些理论也认为不同事件的组合能够显著影响领导力的结果(参见表2.2,第一行中间方格的第1条和第2条)。例如,领导者通过不断努力重复某个具体的技能来实现技能提升(Lord & Hall,2005)。就像一位钢琴家可以通过几个小时的不间断的练习,把一首曲子牢牢记住一样,领导者通过勤奋工作,也能够发展出演讲或管理技能。由Dirks和Ferrin(2002)定义的信任发展理论与对领导者的依赖理论(即依附理论;Keller,2003;Popper & Amit,2009)也属于组合性质的。因为信任和依赖都需要通过领导者与追随者之间不断进行互动,经过一段时间后才逐步建立起来。

组合以及领导者对其他人的影响

我们对事件如何影响领导者技能的讨论同样也适用于其他人(或者追随者)。因为领导者的角色非常重要,他们能够对当前形势的走向产生影响,同时还可以直接影响其他人对不同事件的经历的积累(Zohar & Tenne-Gazit,2008)。领导者的重要影响之一,是能够让追随者从错误中吸取经验教训并得到发展。举个例子,相对于极力避免追随者犯错误而言,领导者更应当允许追随者犯错误,并鼓励他们将错误作为学习工具(Keith & Frese,2005)。这种导向也促进了元认知过程的进一步细化,同时还增加了认知的复杂程度,在业绩上呈现出非线性的变化(Keith & Frese,2005)。但是基本上来说,由于个体能够借助经验构建出许多具体的产出物("如果……那么……"规则),因此我们希望能够通过组合过程对技能的提高进行描述(Anderson,1987),如表2.1的相应方格所示(第一行中间方格的第2条)。

我们在前面提到过,事件能够通过自动学习的方式不断累加。例如,个体在某个具体的社交场合中做出积极反应的倾向,可能会因其过往经历中好的事件结果较多而得到强化,或坏的事件结果较多而得到削弱。因此,一个人在情感上的倾向,可以反映出这个人对许多事件做出类似反应的累积效应。然而,领导者仍然可以通过情感诱导或意义构建(参见表2.2,第一行中间方格的第3条)影响这一过程。情感诱导和意义构建能够变换关注的重点,选择着重考察积极事件还是消极事件(Pescosolido,2002)。因此,领导者的意义构建活动也能够影响对事件的解释,以及事件如何通过累积形成更高个人层次的结构。为了说明这一点,领导者能够提供反馈,通过强调个体之间的对比来促进学习过程,使在业绩上的目标导向呈现出更强的相关性;或者,领导者也可以将重点放在对任务技能的反馈上面,更加突出在学习上的目标导向(Dragoni,2005)。如果领导者通过这样的过程将某个个体的目标导向同他的个人趋向分离,我们期望在个人学习或业绩层面上能够反映出不连续的变化,以反映事件自下而上的不同组合类型。

在意义构建的过程中,其中重要的一点是领导者能够帮助其他人看到事件与其个人身份认同之间的相关性,加强事件对情感的潜在影响,同时与相关的认知结构发生联系(O'Malley,Ritchie,Lord,Gregory & Young,2009)。事实上,变革型领导者可能最适应这一过程,他们会不断塑造个体对效能既正确又错误的总体认识(Kark,Shamir & Chen,2003)。这样的过程很可能是组合性的,并可能通过有意识或无意识的社会交往发挥作用。皮格马利翁效应同样也是一个领导者影响事件怎样对其他人产生累积作用的例子,该效应是指,领导者对追随者的期望能够影响追随者自身的行为和自我效能(Eden,1992)。

总体来说,凡是拥有组合性影响的领导力理论,都包含作用于个体的过程和个体对事件的反应这两个方面。这类理论所涉及的过程有能力学习、反馈的使用、意义构建、情感反应或自我效能,等等。通过在具体事件上与领导者之间的不断互动,这些反应随着时间的推移会产生累积效应,而这种累积效应是组合性质的,因为追随者的认知或情感并没有发生本质性的变化。

编译、情感过程与领导力

虽然事件都是相互独立的,并且存在于某个具体的时间范围之内,但是不同的事件仍然能够通过人的记忆和其他认知系统与其他事件产生互动,从而发生编译性聚合并形成一个综合性的认知或情感。这与人们对具体构成事件的反应存在根本上的区别(参见表2.1,第一行中间方格的第1条)。当意识过程与不同的信息进行整合时,这类配置单元属性便会发挥作用,例如领导者是如何做到在一个事件发生后对下属进行鼓励,而在另一个事件发生后对下属进行批评的。如果事件比较引人注目而且在情感上会对人产生一定的影响,那么这种现象似乎就很容易出现,因为这类事件会被大脑自动编码进入情境记忆,且很容易被唤起(Allen,Kaut & Lord,2008)。

为了理解这类过程是如何作用并生成配置单元属性的,读者有必要先对意识过程有一个深入的了解。这样做是因为意识本身是一种整合来自大脑多个部分的各类信息的聚合过程。正如 Baars 在意识的全局工作空间理论(Baars,1983,2002;Dehaene & Naccache,2001;Newman,Baars & Cho,1997)中所指出的,意识是一种自然发生的状态,它存在于含有丰富连接的网络(用 Baars 的话来说就是"全局工作空间")中,由大脑的多个部分扩展而来。意识过程涉及该网络中能够瞬时达到较高激活状态的部分,它们与大脑中同样在瞬间被激活的其他部分建立连接并对信息进行整合。一旦信息发展成为意识,那么它就会扩散到其他单元,获取相关信息,然后与由意识控制的其他信息产生联系。因此,意识经验在理论上被认为具有协同效应,能够与诸如当前的感觉、过去的经验或记忆、目标、自我构建,以及经验情感等结构进行整合,最终形成一个紧密结合的整体。该体系的功能之一,可能是通过编译的方式将事件整合为一种聚合结构或一种可理解的总体,它与自身的组成部分之间存在根本上的不同,从而表现出配置单元的属性。例如,一个人可能会注意到,一位同事在整个早上对多个事件做出了反应,但是在情感或结果上却有着不同的表现,因此他总结后认为这位同事的心情很糟糕、压力太大或者感到很疲惫——这体现了意识的干涉作用强于对信息的感知。

该理论与领导力之间的关系在于,它阐明了自我反省是如何借助现有的理解整合过去的行为,然后推动技能(例如领导力)的形成的。例如,Avolio、Rotundo 和 Walumbwa(2009)发现,那些年轻时并不谦虚的人,在工作之后更有可能成为领导者。Avolio 及其同事认为,不谦虚的人需要迫使自己面对并克服由不谦虚的行为所造成的各种挑战和后果,这恰好为他们通过自我反省、从自身错误中吸取教训提供了机会。我们认为,自我反省(参见表 2.1,第一行最右侧方格的第 2 条)能够重新激活早期记忆,并通过编译作用提高自我复杂性、道德演绎以及容纳不同观点的能力。这类能力是领导力产生的前提条件(Avolio et al.,2009)。除此之外,挑战自我当前的思维模式、观点和假设的能力也是一种重要的领导力技能,同样可以通过自我反省而获得(Avolio et al.,2009)。实际上,Bray、Campbell 和 Grant(1974)也曾公布过类似的研究发现:那些在职业生涯早期经历过挑战的人之所以在 10 年后成为最成功的领导者,也正是因为他们经历了类似的编译过程。

上面这些例子都表明,不同的事件能够挑战个体的自我概念,影响领导者和追随者的个人成长以及未来的行为发展倾向(Joseph & Linley,2005),特别是当这种行为是鼓励性的而不是简单的打破规则时,影响尤其明显(Worline,Wrzesniewski & Rafaeli,2002)。如表2.2中的相应部分(第一行最右侧方格的第1条和第2条)所示,有些领导力理论对事件随着时间的推移是如何进行编译以及互动的现象做出了解释。举例来说,因为领导者在道德发展过程中会经历不同的阶段,因此其道德价值观和观点会通过不同的事件进行交互和累积(Day et al. ,2009)。由于融合了多个事件,所以质变是这类理论中最关键的概念。同样的互动过程也强调,不同的领导力脚本、大纲(Lord,Brown,Harvey & Hall,2001;Wofford & Goodwin,1994)以及广义的领导角色(Sluss & Ashforth,2007)是如何随着个体与其他人之间的互动以及向其他人学习的过程,在独特经验的基础上发展出来的。元认知结构(即更高层次的自我调节结构)的发展也源自对事件的整合性融合。这种个人自身非线性且常常是动态性的变化,同样也能增加领导者自我结构的复杂度(Hannah,Woolfolk & Lord,2009)。

简而言之,我们所要强调的是,事件能够以叠加、非线性或无法预测的方式,通过直接改变人的自我概念、情感倾向,或者那些通过意识记忆过程对事件进行聚合后而习得的各种技能和知识,从根本上改变个体。这些过程既影响领导者,也影响其他人的技能发展,但是对领导者的影响更为明显。

◼ 微观层次:个体、特质、个性、技能与领导力

作为领导者总体单元层次特征的特质

个性与个人特质经常被当作个体的全局属性来看待,无论经过多长时间或是在何种情境下,它们似乎都表现出稳定、恒定且不会发生改变的性质(McCrae et al. ,2000;McCrae & Terracciano,2005)。在分析层次上,它表现为一种整体性的视角(Klein et al. ,1994)。此外,当把这些概念应用于领导力领域时,该视角蕴含了一个重要的推断:领导者既无法影响其他人的个性"构成",也无法改变自己的个性。相反,个性被认为是引发领导者行为(Day,in press;Judge,Bono,Ilies & Gerhardt,2002)和其他人行为的根本性原因。

最近,戴回顾了认为特质是领导力起因的研究历史。实际上,大量元分析结果一致表明,有些特质(例如智力、魅力、友好、力量、诚信等)与感知到的领导力之间存在非常高的相关性(Lord,Foti & De Vader,1984;Offermann,Kennedy & Wirtz,1994)。但是戴指出,研究者需要仔细区分对领导者的感知(即形成)和领导者对组织产出的影响(即有效性),因为它们是两种完全不同的领导力作用模式,在研究中经常被研究者混淆。另外,对特质来说,其他的一些全局个体层次理论(参见表2.2,第二行最左边方格的第1条到第3条)还包括Kark和Van Dijk(2007)提出的理论框架,它阐明了领导者的长期自我调节的关注点如何影响追随者的成就,或者具体的领导者行为风格如何预测领导力的有效性等问题(Kerr,Schriesheim,Murphy & Stogdill,1974)。最近,已经有人开始对支持领导力形成的基因基础进行研究(Arvey,Zhang,Avolio & Krueger,2007),这是另一个全局(但属于内在的)个体层次属性的例子。所有这些领导力理论都具有一个共同点,那就是认为领导力的形成源于个体自身持久性的全局属性,其中最典型的是个体的特质,如表2.1和表2.2中第二行最左侧的方格所示。

与总体特质理论有关的问题。尽管对特质理论的研究十分重要,但是目前存在一些与该理论和其他类似领导力理论相关的问题。问题之一是特质理论是描述性理论,无法解释领导力过程(Calder,1977)。另外还有一点比较明确,就是对领导力行为与任务或组织产出之间关系的任何解释,都需要把领导者和追随者放在整体环境以及社会体系的情境之下来考虑(Liden & Antonakis,2009;Zaccaro,Kemp & Bader,2004)。特质理论存在的另一个问题是它忽略了重要的事件层次过程,而事件层次过程对于理解行为在不同时间点的变化性(而不是稳定性)至关重要(Fleeson,2001;Tett & Burnett,2003)。例如,Fleeson(2001)通过运用经验抽样方法研究发现,由于个体在日常生活中体现出了大五人格特质维度中的大多数特质,因此个体的许多行为都是与特质相关的。该研究发现之所以重要,是因为它认为非常有必要重新定义个性的概念,将其从一个静止和稳定的构成概念发展成为一个依赖微观层次过程的构成概念,而这种微观层次上的过程会依不同的情境而发生变化。

对变化的解释和举例。相对于特质理论的缜密而言,重新概念化后的个性既包括稳定的性格,也包括个体受外部和内部形势需求的影响的内在差异(Fleeson,2001;Mischel &Shoda,1998;Tett & Burnett,2003)。事实上,认知与社会认知科学的运用,为个性构建提供了一个调和个体倾向与个性之间差异的方法,即把个性看作一个稳定但动态并与其自我建构有关的内在联系网络(Hannah et al.,2009;Shoda,Tiernan & Mischel,2002)。从这个角度来讲,思考、观点和行动是人在具体情形与不同情境下做出的主动性反应,但是它们都基于被统称为"自我结构"的个体长期特征,这一结构反映了网络内单元之间稳定的互联关系(Mischel & Shoda,1998;Shoda et al.,2002)。因此,与其说个体的典型行为是其在大五人格特质维度的每一个维度上的具体表现的函数,不如更准确地说个体的行为是一种趋向,能够在不同的情境和形势提示下灵活地发生变化(Fleeson,2001;Tett & Burnett,2003)。这类情境与形势提示为稳定的处理结构提供了可变输入,而可变输入(即感觉信息)又允许同样的结构在不同的情况下生成可变输出(即行为)。由于信息处理理论中的神经网络模型属于通过组合过程或编译过程聚合输入的系统(相关内容我们会在后面的部分做详解介绍),因此它为这种灵活性提供了很好的解释。神经网络这种能够为不同过程类型建模的能力,使它的应用领域十分广泛,例如个性(Mischel & Shoda,1998)、情感系统与认知系统的整合(Metcalfe & Mischel,1999),以及层次调节系统(Lord,Hannah & Jennings,2011)等。

有一点非常重要,那就是这类研究体现的是不同的分析层次,而不是典型的特质理论,它正反映了Klein等(1994)提出的个人-部分特质观点,而不是个人-整体特质观点。然而,"部分"属于一个人的内部属性,而"事件"却是一个外部属性,不过二者都能够通过聚合形成包容性更强的实体,从而被当作整体来看待。另外还有一点也很重要,该特点适用于发生在某个时间段内的静态或动态聚合过程,聚合过程既可以是编composing性的,也可以是配置性的。我们将在后面部分对各种聚合过程类型进行介绍。

通过组合提升的个人能力与领导力

通过组合提升的个人能力可能有以下几种表现方式。我们在前文中提到,自我效能是一种共享的单元层次属性,将其运用到个体层次时,我们认为不同生活领域的自我效能体验能够相互叠加,创造出总体的个人效能结构(参见表2.1,第二行中间的方格)。组合观点还适用于对一般化的领导力能力的理解。例如,我们在考虑领导者的人力资本时,可以把它看作因提高(即叠加)了个体的不同能力而产生领导力技能的自动化程度。或者,在考虑领导者的社会资本(即嵌入社会关系网络中的个人资源)时,我们可以对领导者的社会关系进行聚合(Day et al.,2009;参见表2.2,第二行中间方格的第1条)。另外,领导者还可以通过明确指出实现目标的多种途径(House,1971),或者通过认知和主动性行为启动追随者的身份认同与自我概念(Lord & Brown,2004),对动机施以影响。由于对动机的影响和追随者身份认同机制的启动都要求领导者做出重复、持续的行为,因此我们认为,这些理论在形式上都是组合性的,并且能够对追随者产生累积性影响(参见表2.2,第二行中间方格的第2条)。不过,在个体差异方面更为有趣的理论观点都是从编合性聚合视角发展而来的。现在我们就来讨论一下编合性聚合视角。

通过编译提升的个人能力与领导力

网络模型如何解释个体差异。有多个理论都阐明了个体要素能够以聚合的方式形成个性和个体差异。例如,Mischel 和 Shoda(1998)的认知与情感处理系统(CAPS)理论将个性视为一个由相互关联的心理建构(包括人的观点、目标、期望、记忆和知识等)构成的网络,这些心理建构以组合的方式形成了诸如个体的行为或个性等聚合性更强的结构。由于这些网络的创建都基于个体的个人经验,因此也可以把它们看作稳定的内部结构,而且在不同的个体之间存在差异。然而,认知与情感处理系统网络的独特之处在于,它具有形成不同行为结果(即一个人的个性)的能力,这是因为随着不同情境的趋同化,许多截然不同的网络模式开始变得积极起来(Hannah et al.,2009)。

尽管认知与情感处理系统(参见表2.1,第二行最右侧方格的第1条)看起来像是一个简单的前馈网络,很少将与情形有关的输入模式转化为前后一致的行为反应输出,但是该模型的复杂性会因中间层(隐藏单元)的数量以及每一层次中单元的整合程度而增加。由于中间层或"隐藏层"能够体现神经网络中之前输入层行为的互动或非线性组合,因此,编译性聚合可以产生于多层次神经网络(Churchland & Sejnowski,1992)。这些网络还能构成更为复杂的模式以反映各个变量之间的相互作用,并根据具体情况"进行调整"。所以,即使塑造个体个性的主要网络在不同环境下保持相对不变,但是人们仍然可以根据网络内精确的激活模式,通过一种复杂的方式调整自己的行为以适应环境(Shoda et al.,2002)。

能够解释个体变化性的第二个理论是由 Metcalfe 和 Mischel(1999)提出的认知与情感整合方式理论。他们认为,热的情感系统和冷的认知系统在连接丰富的网络中不断相互作用,网络中的激活方向从热系统到冷系统(或者相反),然后再反过来。该过程能够创建一个瞬时的激活模式结构,它反映了热系统输入和冷系统输入的整合情况。另外,自我调节理论也运用了网络观点,通过诸如个体目标和自我结构等结构以分层形式对个体行为进行了解释(Hannah et al.,2009;Lord,Diefendorff,Schmidt & Hall,2010)。该理论不仅解释了行为的变化性,同时也说明了这种变化性能够适应周围情况的改变(参见表2.1,第二行最右侧方格的第1条和第2条)。

这类理论对于理解领导力是一种产出,以及领导者对他人的影响提供了重要的理论基础。对于前者,领导者的素质(例如个性、在认知和情感方面的整合情况、自我调节能力等)是领导力过程的输出,它涉及不同类型的内部输入;而对于后者,领导者能够影响他人对不同输入的处理方式(例如认知与情感处理系统、情感/认知、目标/身份认同等),或者直接对这类输入产生重要的影响(例如强调认知多于情感)。我们将在后面两个部分详细介绍这些领导力的影响。

领导者自我属性的聚合。 在领导力研究领域,相当一部分研究的重点都在于领导者对追随者自上而下的影响方面。然而,对于追随者对领导者自下而上的影响,却并没有获得研究者的同等关注。我们在前面的部分提到过,人是一个十分复杂的系统,随着领导者对各种不同情感的体验,或是在社交场合与他人的不断互动(Lord et al.,2011),各种不同的过程(例如自我调节、个人目标、情感等)会随之出现。对编译过程来说,社交过程显得尤为重要,因为领导者对其他人的影响能够启动个体不同的自我身份认同(例如对自我概念的认知;Lord & Brown,2004;Shah,2003)和心理结构(例如情感与认知系统),然后通过互动与聚合作用,形成区别明显的行为输出。

领导力中的自我复杂性研究详细说明了这个过程。在该研究中,自我被看作是"自我属性"(例如一个人获得的技能、记忆、行为能力等)的联合体,这些属性通常被认为是个人特质(例如对他人友善、有权威、可信赖、持支持态度等),并且对每个人来说都是独特的(Hannah et al.,2009)。一般来说,自我复杂性会因领导者自我属性数量的增长,以及自我属性之间相互联系的程度变得紧密而增加。因此,领导力涉及在特定角色(例如教师)内对这类特性的整合。此外,领导力还能够通过建立一般性的个人特质,如领导他人的意愿,反映不同角色的能力整合程度(K. Y. Chan & Drasgow,2001)。上述两类整合方式都能提高领导者的复杂性(参见表2.2,第二行最右侧方格的第1条)。

反过来,更高的自我复杂性能够使领导者具备应对更加广泛的情境需求与挑战的能力,并且做出有效的反应(Hannah et al.,2009)。因此,复杂的个体能够通过恰当地运用这种连接丰富的网络(编译过程),而不是仅仅依靠例如前文提到的如何成为一名工具型领导者(组合过程)等一般性的反应,对具体情况做出有针对性的回应。因此,该理论能够解释在面向不同的情境或事件时,行为或业绩如何发生变化(Tett & Burnett,2003)。类似的理论观点还被用来解释领导者对不明确或新出现的情况的创造性反应(Mumford & Peterson,1999;Mumford,Zaccaro,Harding,Jacobs & Fleishman,2000)。现在回想起来,从强调特质与行为之间严格的单向关系(即从特质到行为),到重新将人的自我调节结构看作一个应对其社会环境并适时调整的复杂系统,领导力领域的研究走过了很长的一段路。在后面的部分,我们将就这一点进行展开,介绍领导者是如何促进在其他人身上的聚合过程的。

领导力与在其他人身上的聚合过程。领导者对其他人在信息的整合和发展方面的影响有许多可行的途径。在有关事件聚合的章节里,我们已经介绍了许多相关内容,所以在这里我们只强调读者需要注意领导者能够对与意义构建(O'Malley et al.,2009;Weick,1995)和反馈解释(Levy,Cober & Miller,2002)相关的过程产生影响,这是因为新信息能够与已有的信息和经验产生交互作用,并建立新的内部结构。由于个体在自我调节时采用了松散连接的网络层次结构(Lord et al.,2010),并创造了指导信息处理和行为的瞬时结构,因此目标取向(Dragoni,2005)、调节重点(Kark & Van Dijk,2007)以及自我认同(Lord & Brown,2004;Van Knippenberg,Van Knippenberg,De Cremer & Hogg,2004)也都是通过个体进行编译性整合的(参见表2.2,第二行最右侧方格的第2条)。到目前为止,在对这些要素(目标取向、调节重点和自我认同)进行的孤立研究方面,领导力理论已经取得了很大的进展,但是对于领导者是如何指导这些要素进行组合的,研究人员尚未找到正确的答案。

对于思想和感觉是如何整合并产生行为的这个问题,与默认网络和情感网络(参见表2.1,第二行最右侧方格的第3条)相关的两个过程对此具有重要的潜在影响,值得研究人员关注它们与领导力的关系。其中一个过程是关于个体在产生行为时,是以自我为焦点的还是以任务为焦点的。正如Gusnard(2005)曾经指出的,神经认知学研究证明,人拥有一个大型的专用网络,被称为默认网络,它的作用是评估个人与任务之间的关系,并建立自传记忆。但是由于这些与自我相关的网络消耗了过多的代谢资源,因此必须禁止它们为其他任务分配注意资源和记忆资源。当任务被认为存在潜在的危害时会发生例外的情况,这些网络会在执行具体任务时保持自身的激活状态。该理论与领导力之间存在相关性。通过建立支持性情形或是威胁性情形,领导者能够影响个体在执行任务时对潜在的危害是否存在恐惧心理(参见表2.2,第二行最右侧方格的第3条)。因此,对于那些能够创造积极和支持性环境的领导者来说,由于这样的氛围可以使个体有效抑制自身的默认网络,因此他们能够提高下属处理复杂任务或从失败中汲取教训的能力。对个体创造性的研究也对这一论断提供了佐证。例如,George和Zhou(2007)发现,尽管积极情感和消极情感的经历对于创造过程来说是非常重要的输入要素,但是从个体将自身的创造潜力最大化的角度看,领导力的支持才是关键因素。通过创造无威胁的环境,领导者能够对个体能力产生深入的影响,调动他们的注意资源和工作记忆资源,进而影响他们的任务结果。对于复杂任务和新任务来说,领导者的这种间接影响可能都非常重要,而在任务的处理需要使用非常多资源的情况下,领导者影响的重要性可能就达到了它的顶峰。

领导者还能够通过情感沟通影响其他人组合信息的方式。情感具有传染性(Hatfield,Cacioppo & Rapson,1993),借助领导者与追随者之间的互动,领导者的积极情感表达能够对个体(Cherulnik,Donley,Wiewel & Miller,2001)、群体(Barsade,2002),最终对整个组织产生影响。在对追随者产生积极的情感影响方面,魅力型和变革型领导者被认为具有特别的优势(Bono & Ilies,2006;Naidoo & Lord,2008)。随后,积极的情感(例如喜悦)则能够拓展思维-行动组合,例如提高追随者对于多样化的偏好(Kahn & Isen,1993)、他们的创造性(Isen,Daubman & Nowicki,1987)和整合能力(Isen,Rosenzweig & Young,1991)、探索能力,以及运用其他世界观或从其他角度考虑问题的能力(Leslie,1987)。这类过程(参见表2.2,第二行最右侧方格的第4条)可以是情感短期效应的一部分,或者也能够引起螺旋效应,随着时间的推移能够提高如认知复杂性或自我复杂性等个体素质。Staw和Barsade(1993)的研究为螺旋式上升的影响提供了具体的说明。针对MBA学员,这些作者发现,积极的情感经历能够提高认知功能(例如在决策任务中)和人际交往技巧。从更广泛的意义上说,积极的情感同样也能够增强人对成为"务实之人"的短暂渴望(Haidt,2000,p.4),这最终会导致组织变化以及变革的发生(Fredrickson,2003)。

正如我们所表明的,有些理论可以借助与领导力相关的编译过程来解释(参见

表2.2,第二行最右侧方格的第1条到第4条)。经过一段时间后,还会出现更高层次的结构。拿经验抽样过程来说,Bledow、Schmidt和Frese(2010)研究发现,软件开发人员所具有的较高水平的工作积极性,源于他们在一天当中所经历的不同情感(即积极情感和消极情感)的相互作用。从这一点可以看出,在论及领导力形成问题的编译形式中,不仅配置模式本身非常重要,配置模式是如何出现和互动的也同样值得考虑。

综上所述,虽然个人的性格和特质在不同情境下被认为是稳定不变的,但是以过程为导向的个性观点具有更多的优势,它允许领导者对个体产生更大的影响。领导者能够通过影响个体如何组合不同的内部认知和情感结构,以及启动替代性的自我调节过程,对其他人产生重要影响。由于这类影响是间接性的,并且需要一段时间才能体现,因此研究人员很容易忽略它们,很难把它们当作领导力理论发展的潜在方向。

中观层次:群体过程、属性与领导力

总体群体属性与领导力

有些总体群体属性能够反映领导力决策。举例来说,群体成员多样性和技能或背景多样性通常会受到领导者支持或降低多样性的人事决策的影响。另外,个体在网络中的配置方式也会对领导力过程产生重要影响(Balkundi & Kilduff, 2005)。例如,领导者可以对能够促进多样化个体之间交流的拓展活动表示支持,也可以对能够起到类似效果的更为传统的交流方式进行鼓励。群体的网络属性可能反映了正式领导者的输入,以及个体交互结构的出现。虽然这样的全局属性非常重要(参见表2.1和表2.2,第三行最左侧的方格),但是我们开发的框架着重强调的是个体层次的输入是如何组合以形成群体层次的属性的。

组合过程、群体属性与领导力

群体的组合过程反映了思想、情感或行动的叠加,进而创造了群体层次的过程,如团队心理模型(DeChurch & Mesmer-Magnus,2010;Kozlowski & Ilgen,2006)或者团队业绩(Kozlowski & Klein,2000;参见表2.1,第三行中间方格的第1条)。个体层次能力与群体层次能力的同构性是组合性聚合的关键区分因素。例如,团队心理模型反映了在团队成员之间共享的信息,而团队的交互记忆则与分布在团队成员之间的信息有关,同时还需要团队成员之间存在互动(DeChurch & Mesmer-Magnus,2010;Kozlowski & Ilgen,2006;参见表2.1,第三行第三列的第1条)。因此,团队心理模型是组合性质的,而团队交互记忆则是编译性质的。Whetten 等(2009)认为,理解组合性聚合与编译性聚合之间区别的关键因素,是个体在其中所起的作用。如果个体表现出来的作用相同,则该聚合关系可能是组合性的;而如果个体表现出来的作用不同,则该聚合关系属于编译性的可能性更大。领导力理论关注的问题是个体输入组合并产生群体输出的过程如何反映不同类型的群体过程的实际效果。

一般来说,如果领导力过程单独影响个体,而不影响群体的其他成员,那么我们预期在群体特性或群体过程上,领导力会产生组合性影响。该过程说明了领导力层级上经典的自上而下影响,当领导者的复杂性(个体对情况进行感知,并做出充分反应的能力以及拥有的资源)与情境要求的复杂性相吻合时,这种影响作用便会发生(Lord et al.,2011)。个别的培训属于这类领导力过程的一个例子。由于群体成员会对领导者不断进行观察和模仿,因此对氛围(如安全的氛围)特定方面的个体层面的关注(Zohar & Tenne-Gazit,2008)也能够通过组合性聚合创造出群体性的安全氛围。虽然可能会受到群体属性和组织属性的影响(Henderson,Liden,Glibkowski & Chaudhry,2009;参见表2.2,第三行中间方格的第1条和第2条),但是二元领导力过程(即领导者-成员的交易过程)也属于上述这类情况,详细内容我们将在后面介绍。

Flynn(2005)认为,不同的交易类型与不同的身份认同水平有关,而且交易和身份认同都能够影响群体贡献的聚合方式。因为个体层次上的身份认同强调的是群体成员之间的差异,并通过良性的社会比较传递价值,所以很可能会导致群体内竞争氛围的形成,并使得个体被孤立。在这种情况下,组合过程看起来更为可能,诸如群体的情感状态(George,2002)、目标导向的氛围(Dragoni,2005)或任务知识与动机等方面的内容则可能反映出叠加的组合形式(参见表2.1,第三行中间方格的第2条)。此外,当个体的表现很出色时,他们倾向于凭借自己的贡献在每个事件上谋求更多的权益(Flynn,2005),因此,当遭遇不同的事件时,群体过程可能会发生根本性的变化。

或者,如果领导者通过启动关系认同的方式创造出了一个关系导向的氛围,那么群体内的成员会发展出对同伴的信任感,以及源自持久角色而不是与他人形成差异的价值感。这样能形成更为稳定的交易,避免了成员对每个事件都要进行谈判的情况,随着时间的推移还能够发展出差异化的群体内结构(Flynn,2005)。这正是在二元层次的领导力理论中,处理角色关系发展问题时需要涉及的结构类型与角色关系(Gerstner & Day,1997;Graen & Scandura,1987)。由于领导者-成员交易(LMX)理论重点考察的是不同层次之间的联系,因此我们认为,组合性聚合过程更可能发生;但是如果成员与成员之间的互动非常重要的话,那么编译性聚合过程更可能在团队协同作用得到提高的情况下作为团队层面的结构(例如,团队认知)而出现(DeChurch & Mesmer-Magnus,2010)。有意思的是,D. Chan(1998)注意到,在一些组合模型中,同样十分重视对个体与群体之间的比较。Henderson、Wayne、Shore、Bommer 和 Tetrick(2008)把这种"蛙池效应"称为领导者-成员关系交易模型。在该模型中,群体成员对心理契约履行的感受,受到内角色表现和组织成员行为的影响。因此,除了个体的领导者-成员交易影响外,还存在个体的群体内影响。不过,正如 D. Chan 所说的,它们都可被看作组合性聚合的不同类型(参见表2.2,第三行中间方格的第2条)。

总体来说,个体输入可以通过创造出群体层次的输出,例如安全的氛围和目标取向的氛围等,形成同构聚合。此外,个体输入还能够开发出自动化的团队过程,以及团队技能和动机结构。这些过程都受到领导者以及我们所强调的各类成员与成员之间交互作用的极大影响。虽然在一部分成员与其他成员保持相互独立的时期内,团队过程可能是组合性质的,但是有时候,为了更好地适应特别复杂的情况,团队必须要进行动态交互(DeChurch & Mesmer-Magnus,2010)。在这种情况下,更可能发生编译过程。这也正是接下来我们要讨论的。

编译影响、群体身份认同与领导力

在解决整合问题或在创造性的活动中,当群体输入以交互的方式结合时,可能会创造出全新的输出,其贡献超过任何一名成员的单独贡献。领导者能够通过强调集体输出而不是个体输出(参见表2.1,第三行最右侧方格的第2条)的方式,对这类贡献提供支持。举例来说,在领导者培养集体身份认同的过程中,群体成员会根据其在群体内的成员资格,以及由对群体的贡献而获得的价值感来定义自己。不仅如此,社会交换因此变得更加普遍,成员开始重点关注群体的集体价值(Flynn,2005),对个体在群体中的地位和个体之间的差异逐渐失去兴趣。在这种情况下，群体成员和领导者的行为通常都要受到群体规范的约束，群体中的个体倾向于受到领导者相同的对待（Hogg et al.，2005）——但是，这并不意味着个体的输入都是相同的，也不意味着个体的输入会以叠加的方式进行结合。另外，强烈的集体身份认同还可能导致合作性互动的产生，此时，随着时间的推移会出现在本质上区别于个体层次现象的新属性。例如，与个体层次过程相比，团队领导力或团队效能可能会发生根本性的变化，并表现出编译性聚合的特性。应用于群体层次上的领导力复杂性理论（Hogue & Lord，2007）就是以这些过程为特点的（参见表2.2，第三行最右侧方格的第1条）。重要的是，DeGroot等（2000）发现，对于变革型领导力来说，其在群体层次上的影响效果是在个体层次上效果的两倍，这表明领导力对与集体身份认同相关的群体层次过程具有潜在影响。

最近，在关于变革型领导者对组织的安全氛围的影响强度的研究中，研究人员发现了领导者影响的两个机制，这两个机制符合我们所提出的框架（Zohar & Tenne-Gazit，2008）。具体来说，其中一个机制使领导者能够影响群体氛围的感知，它包含变革型领导者对群体成员在个体层次上的氛围感知的直接影响。根据我们的讨论，该机制会形成组合性聚合过程（参见表2.2，第三行中间方格的第3条）。另一个机制则贯穿于变革型领导者对群体层次上的氛围感知的影响，并表现出编译性聚合的特性（参见表2.2，第三行最右侧方格的第2条）。除此以外，还存在许多其他强调群体内不同成员互动过程的领导力理论。例如，通过表现出同情和支持，个体之间的互动能够改变成员的情感状态，从而使在群体层次上表现出来的情感不同于某个个体的具体情感。群体成员的意义赋予和意义构建同样也反映了群体成员之间的互动（Foldy，Goldman & Ospina，2008；O'Malley et al.，2009；Weick，1995）。最后，领导力与社会认同理论（Van Knippenberg et al.，2004）、自我管理的工作团队（Carson et al.，2007），以及共享领导力的概念（Pearce & Conger，2003）也强调了群体中成员互动所创建的集体属性（参见表2.2，第三行最右侧方格的第3条和第4条）。

我们所开发的这种分类方法具有的潜在价值之一就是，按照表2.2每个方格的内容对领导力理论进行划分之后，读者能够从中发现各个理论之间的相似之处，否则就很容易把它们看成是毫无关联的。例如，虽然社会认同理论（Van Knippenberg et al.，2004）、安全氛围理论（Zohar & Tenne-Gazit，2008）、目标导向理论（Dragoni，2005），以及共享领导力理论（Pearce & Conger，2003）之间在内容上有很大的差别,但是它们都强调了为个体输入构成群体氛围创造条件的领导力过程,或是强调了通过组合性或编译性过程产生的身份认同,因此具有高度的相似性。其结果是,与强调共同目标、共享价值观、集体身份认同和共享领导力的领导者相比,那些强调个体目标和价值观、个体身份认同、个体安全和个体领导力的领导者,其创造出来的群体过程在形式上可能会非常不同。而且,那些在所有这些领域保持立场一致的领导者,其所具有的影响力可能最大。

可能领导者能够影响到的最为重要的过程之一就是他们的行为对群体成员身份认同的影响。这是因为身份认同是自我调节中的一个重要限制因素(Lord et al.,2010),它为意义构建提供了认知结构,是社会公正发挥影响的一个渠道(Johnson & Lord,2010),同时还与群体内社会交往的本质相联系(Flynn,2005)。所以,领导者借助自己的言行,通过启动在个人、关系或集体方面的身份认同,能够改变个体行为或素质在形成群体输出时的结合方式(Lord & Brown,2004)。

宏观层次:从组织的角度考察领导力理论

随着我们讨论的内容在表 2.1 中的位置不断下移,与领导力相关的自上而下影响的可能性正在不断增大。而且,领导者在聚合结构,如组织或群体的氛围上的影响,可能是其影响行为的主要方式。因此,宏观层次上的领导力能够向下触及群体与个体。道德氛围领域的研究(Brown & Trevino,2006)为此类影响提供了很好的例子。但是,对于许多宏观层次上的属性来说,其产生自下而上影响的可能性,以及领导者促进此类影响产生的可能性,直到最近才在领导力研究的相关文献中得到体现(Marion & Uhl-Bien,2001;Uhl-Bien et al.,2007)。尽管复杂性理论最符合编译性聚合的情况,但是其他聚合形式同样也很重要。在本部分,我们将对这些可能的情况做一个简单的介绍。

组织的全局单元属性

许多重要的组织特征都能够反映组织的聚合属性,例如组织的结构、战略,以及劳动力异质性,等等(参见表 2.1,最后一行最左侧的方格)。领导者能够通过过程方面的决策,如合并、分业、工厂停工、裁员和战略选择等(参见表 2.2,最后一行最左侧方格的第 1 条)对这些属性产生影响。此外,组织的结构属性可能还反映了高层管理者,特别是组织创始人的倾向和个性。例如,Miller 及其同事研究发现,

CEO的个性(例如控制欲)能够影响组织的战略和结构(Miller, Kets de Vries & Toulouse,1982;Miller & Toulouse,1986;参见表2.2,最后一行最左侧方格的第2条)。然而,在大多数情况下,组织的属性更多源自于集体活动,不过领导者仍然能够影响个体和群体输入的结合方式。

组织的组合属性与领导力

组织在许多成员构成方面的情况都反映了群体层次属性的聚合情况。例如,雇员的数量,或雇员在性别、年龄、民族以及种族上的异质性反映了存在于群体层次上的情况,并且能够通过聚合产生形式相同的组织层面属性(参见表2.1,最后一行中间方格的第1条和第2条)。领导者能够通过人事政策的制定和实施对这些变量施加影响,同时也能够通过创造出适宜的氛围来吸引、选择和留住特定类型的个体(Schneider,1987)。在技能、能力(例如情感能力)或个性上的个体差异也能够进行从群体层次到组织层次的同构性累积,并且正如我们已经讨论过的,领导者能够通过多种方式对这些变量产生影响(参见表2.2,最后一行中间方格的第1条和第2条)。

组织的编译属性与领导力

许多重要的领导力理论都探讨了个体或群体属性的编译性聚合过程,用以创建一个组织层面的建构。例如,Schein(1985)所做的研究显示,随着时间的推移,个体和群体层次上的交互能够使文化得到发展,因此这一过程被认为是编译性的。重要的是,多位领导者的累积性行为能够对这种类型的交互起到塑造作用,不过由于这些活动发生在不同的时间段和不同的组织单元,因此无法确定文化的演化轨迹。组织的道德文化是这类过程的一个例子(参见表2.1和表2.2,最后一行最右侧方格的第1条)。Ashforth、Gioia、Robinson和Trevino(2008)注意到,腐败的道德文化能够反映宏观属性,例如,高层管理者的行为,其行为会成为低级别人员的模仿对象,最后发展成为一种行为守则(用他们的术语叫作"坏桶")。另外,腐败的道德文化还能够反映具体个体的微观层次行为(用他们的术语叫作"坏苹果"),其行为被其他人模仿,并通过累积发展出与他们的道德导向不同的文化。因此,由于糟糕的领导力能够不断传播并形成一种集体性的文化,所以它的影响无处不在。

由于文化的这种多层次性、多方向性的特点,因此通过组织层次的活动很难使其发生改变,不过群体层次上的领导力活动也许能够极大地改变群体文化的形成(Schein,1985)。通常,人们期望魅力型或变革型领导者能够改变组织的属性,例如组织文化或其他组织特征等(Shamir & Howell,1999)。然而,尽管他们能够直接影响价值观或观点等个体层次属性,但是这些个体属性在通过聚合形成组织特性时,可能不仅仅通过同构性的组合过程这一种方式。相反,当个体价值观或观点通过累积形成了群体层次上的属性时,它们在这一过程中可能会发生改变。同样,当这些群体层次上的属性形成了组织特征时,它们可能也会随之发生极大的变化。所以,道德文化的改变可能需要多个层级上的多个领导者的长期干预措施(Ashforth et al.,2008)。不仅如此,这种多层次的编译性聚合可能会改变魅力型领导者带来的预期影响。基于这个原因,许多研究人员都认为,在复杂的组织中,领导力活动的后果通常无法预测(Cilliers,1998;Marion & Uhl-Bien,2001)。

组织的其他属性,例如组织的身份认同和复杂性可能也来自编译性过程(参见表2.1,最后一行最右侧方格的第2条)。虽然这些结构可能存在于个体或群体层次,但是它们通过累积过程所产生的组织层次现象可能具有完全不同的结构,其实现的功能也不相同。因此,由于在不同层次上功能的相异性限制了理论的普适性,所以研究人员可能很难发展出一套合适的理论,以帮助人们理解领导者是如何影响这些形成过程的(Morgeson & Hofmann,1999;Whetten et al.,2009)。

这些问题尤其与领导力复杂性理论之间存在密切关系(Marion & Uhl-Bien,2001;Uhl-Bien et al.,2007)。领导力复杂性理论(参见表2.2,最后一行最右侧方格的第2条)强调了多个层次上的编译性过程,但是因为该理论相对较新,因此其基本过程的细节尚不为人所知。例如,该理论通常认为,领导者需要对形成过程起到催化作用,以促进复杂性的发展,这样做反过来又能够让组织更好地适应环境的变化。然而,研究人员并不知道领导者应当怎样做才能达到这个目的。我们提出的框架表明,存在许多可能的方式,能够让不同属性通过不同类型的聚合方式出现。因此,使用该框架能够帮助研究人员弄清催化过程是如何运作的。

简而言之,由于组织层次上的属性不仅来自较低层次,还能够限制这些层次上的过程的运作,因此,要想发展出合适的理论是一件非常困难的事情。大多数领导力理论所强调的都是自上而下的影响,它们使用较低层次单元中存在的同质性作为自上而下影响的证据,这通常都要归因于在较高层次上的领导力实践。但是,我们坚持认为自下而上的过程可能与自上而下的过程同样重要,而且对于领导力研究者来说,领导者是如何影响这些过程的,同样也是一个很具有挑战性的问题。回忆一下我们前面介绍过的聚合过程,也许会对这个问题的解决提供一些帮助。

限制与扩展

考虑情境、时间与动态性

本章重点考察了领导者是如何对个体、群体和组织产生影响的,以及在这些影响过程中,关键的形成形式为何如此重要。虽然尚未彻底解决情境及其对领导力过程的影响问题,但是,如果在理解时将两者割裂开来,那就将是一种相当短视的行为。由于领导力是一个处在大社会背景下的产物,因此会受到来自宏观和微观层面力量(例如法律、经济、文化、国家政治等)的影响,这制约了领导者的有效性和对变革的影响能力。举例来说,有研究表明,不同的国家治理结构(例如民主制度与专制制度)能够对领导力过程产生影响,在一定程度上限制领导者的权力和自治权(Jones & Olken,2005)。同样,其他来自宏观层面的力量(例如企业治理结构的力量)也能够代替领导者直接影响重要的组织产出(Core, Holthausen & Larcker,1999)。因此,无论是宏观层次因素还是微观层次因素,都是产生不同聚合形式的重要来源,在研究时应当予以更为全面的考虑。

不管是自上而下的过程还是自下而上的过程,不同过程的出现所需要经历的时间也不同,这一点很重要。例如,对于通过领导者诱导而产生的动机或价值变化(Lord & Brown,2004)来说,这个过程可能很快就能发生,只需要几秒钟的时间。相反,如果要提高其他人的自我效能,则可能需要几周或几个月的时间(参见 Eden & Aviram,1993),而对于学习复杂的领导力技能来说,恐怕需要几年(Day et al.,2009;Lord & Hall,2005)。虽然我们还无法明确说明时间维度的问题,但是在理解领导力是如何影响聚合过程的时候,研究人员必须在头脑中同时考虑合适的时间框架。

此外,研究人员还需要考虑随着时间的推移而产生的变化的形式。许多编译性过程可以被看作不连续的,它们在很长一段时间内可能都不会发生任何变化,然后却在最后阶段突然改变。例如,在关于个体发展的一些模型中,研究者把发展过程分成不同的阶段,这可能就是一种不连续模式的表现(Day et al.,2009,第6章)。在成年人的发展过程中,对知识的组织和运用也体现出了这种本质上的差异(Ericsson & Charness,1994;Lord & Hall,2005)。不仅如此,群体在不同的阶段也表现出这种交错性的特点(Marks,Mathieu & Zaccaro,2001)。这类质变可能会形成不同类型的聚合,同时在领导力发展过程中对领导力提出不同的要求。例如,Nahrgang、Morgeson 和 Ilies(2009)在采用了潜在成长曲线模型后表明,在领导者-成员交易早期阶段,诸如下属性格外向和领导者平易近人等个性因素是交易中的决定性因素,但是在最初的互动阶段结束之后,下属和领导者的业绩决定了双方的交易行为。

对领导力的感知

限于篇幅,我们决定不把对领导力的感知作为实质性的问题来讨论。不过,贯穿于事件和个体层次的聚合过程与这个问题有着紧密的联系。个体在事件中会累积出对自身和其他人的感知,而且社会互动可能也会影响个体感知向群体层次的累积过程。事实上,实证结果表明,领导力本身并不是一种稳定的特征。相反,领导力是会发生变化的,个体感知者会调整自己的感知,以使其尽量能够与群体(Kenny & Zaccaro,1983)甚至更大的社会情境(例如一个组织)中的其他感知者保持一致。因此,将其他人感知为领导者(或追随者)的过程看似简单,但实际上,它可能只是一个表面现象,其背后隐藏着不断变化和重复的基本社交过程(DeRue & Ashford,2010)。

未来,那些重点研究聚合过程本质的理论将要解决这些问题。这类问题的解决不仅具有实践意义,而且具有研究意义。从实践的角度来看,领导力从本质上讲是一种影响过程,而且这种影响与对领导力的感知密不可分(Lord & Maher,1991)。因此,被其他人看作领导者,不仅能够对自己的职业生涯有所帮助(Kaiser et al.,2008),而且还能够使自己在组织中的影响力在更大范围内被其他人接受。从研究的角度来看,强调这个问题是很有价值的。在对领导力进行评测时,大多数情况下我们都会要求个体聚合自己在事件中的感知,然后在李克特量表上打分。但是,分数只有在聚合过程是组合性质时才是准确的。当聚合过程是编合性质时(例如,因单方面的违反行为导致领导者失去信任),分数将无法准确描述典型的领导力过程。事实上,要理解领导力过程是如何感知的,可能有必要将关注的重点降到事件层次,同时强调情境记忆而不是语义记忆(Shondrick et al.,2010)。

总结

我们认为,要想融合领导力领域中的各个理论,需要具备一个更好的体系来解决分析层次的问题。继 Kozlowski 和 Klein(2000)之后,我们认为,区分总体单元属性、共享单元属性和配置单元属性是非常必要的,每一类属性都反映了来自较低层次单元的聚合形式。如表 2.1 和表 2.2 所示,我们把这种分类引入领导力领域,在考虑问题时将其分为事件层次、个体层次、群体层次和组织层次这几大类。借助于该体系,我们从不同领导力理论的共享功能和前因方面获得了一些新的洞见。然而,像许多开发过程一样,该方法的全部价值,只有通过它对未来的领导力理论所产生的持续影响来体现了。

我们提出的框架的优势之一就是,它能够使领导力领域拥有一个包容性更强的结构,就像表 2.2 中所显示的一样。将该表格作为一个整体来考虑时,我们发现,某些问题并没有在之前的领导力研究中得到解决,同时,作为一个整体的表格,它突出了各理论之间重要的相似之处与不同之处。例如,从表 2.2 的三栏内容中我们发现,在全局属性这一栏,所有理论重点考察的都是特定的领导力前因或领导力过程发生时的情境等稳定属性。相比之下,在共享属性这一栏,重点考察的都是个体或独立单元的领导力理论;而配置属性这一栏重点考察的都是由个体或单元构成的群体。我们需要弄清楚这种区别是否是领导力理论的一个重要的边界变量。举例来说,考察重点放在个体层次,是共享属性这一栏内容的共同特点。因此,与之相关的领导力能力可能包括移情、理解和二元社会关系等。这种研究的导向不同于那些把重点放在事件、个体或组织体系如何互动之上的研究,它们是配置属性栏的共同思路。所以说,领导力的一般原则可能存在于那些位于表 2.2 相同竖列的理论当中,而不会来自位于不同竖列的理论。例如,与理解道德如何发展相比,理解领导力技能的发展与理解对领导者的信任或依赖的发展之间存在更多相似的地方。

类似的情况同样适用于表 2.2 中的每一行。能否借助关于外部事件如何累积的领导力理论,来指导重点考察个体如何整合内部属性(例如认知和情感反应等)的领导力理论?表 2.2 中的第一行和第二行内容是否反映了领导力理论的重要边界?同样,个体层次与群体层次之间的区别已经得到了领导力研究者的广泛关注,但是在群体层次与组织层次之间,是否存在类似的边界尚未获得研究人员的注意呢?我们认为,在发展整合性更强的领导力理论的过程中,首先要做的就是要仔细思考这类问题。

讨论题

1. 事件是如何在较高的分析层次(例如个人、群体、组织等分析层次)上影响组合过程和编译过程的?

2. 思考一下团队-领导者之间的动态关系。不同的事件能否在不同的时间点触发组合过程和编译过程?

3. 在决定由个人组成的协作群体(即工作小组)的有效性和成就时,组合过程和编译过程哪一个更重要?为什么?

4. 在事件、个人、群体和组织分析层次上,情境和状况因素是如何影响不同领导力形成的形式的?

5. 选择一个你感兴趣的领导力现象或理论。当考虑不同的领导力形成的形式时,如何在不同的分析层次上对该领导力过程进行检测,进而为理解该现象或理论提供帮助?

6. 案例分析:使用本章提出的理论框架,解释 Pixar 的领导者是如何培养创造力的(参见"补充阅读材料/案例分析")。换而言之,领导者是如何在事件、个体、群体和组织层次上影响创造力过程的?务必说明该过程中可能会涉及的与领导力形成相关的概念(例如组合过程和编合过程)。

补充阅读材料/案例分析

Catmull, E. (2008, September). How Pixar fosters collective creativity. *Harvard Business Review, 86*(9), 64–72.

参考文献

Allen, P., Kaut, K., & Lord, R. (2008). Emotion and episodic memory. In E. Dere, A. Easton, L. Nadel, & J. P Huston (Eds.), *Handbook of behavioral neuroscience: Vol. 18. Handbook of episodic memory* (pp. 115–132). Amsterdam, Netherlands: Elsevier Science.

Anderson, J. R. (1987). Skill acquisition: Compilation of weak-method problem solutions. *Psychological Review, 94,* 192–210.

Arvey, R. D., Zhang, Z., Avolio, B. J., & Krueger, R. F. (2007). Developmental and genetic determinants of leadership role occupancy among women. *Journal of Applied Psychology, 92,* 693–706.

Ashforth, B. E., Gioia, D. A., Robinson, S. L., & Trevino, L. K. (2008). Re-viewing organizational corruption. *The Academy of Management Review, 33,* 670–684,

Avolio, B. J. (2005). *Leadership development in balance: Made/Born.* Mahwah, NJ: Lawrence Erlbaum.

Avolio, B. J., Rotundo, M., & Walumbwa, F. O. (2009). Early life experiences as determinants of leadership role occupancy: The importance of parental influence and rule breaking behavior. *The Leadership Quarterly, 20,* 329–342.

Baars, B. J. (1983). Conscious contents provide the nervous system with coherent, global information. In R. J. Davidson, G. E. Schwartz, & D. Shapiro (Eds.), *Advances in Research and Theory, Vol. 3. Consciousness and self-regulation* (pp. 45–76). New York: Plenum Press.

Baars, B. J. (2002). The conscious access hypothesis: Origins and recent evidence. *Trends in Cognitive Sciences, 6,* 47–52.

Balkundi, P., & Kilduff, M. (2005). The ties that lead: A social network approach to leadership. *The Leadership Quarterly, 16,* 941–962.

Bamberger, P. (2008). Beyond contextualization—Using context theories to narrow the micro-macro gap in management research. *Academy of Management Journal, 51,* 839–846.

Barsade, S. G. (2002). The ripple effect: Emotional contagion and its influence on group behavior. *Administrative Science Quarterly, 47,* 644–675.

Bledow, R., Schmidt, A., & Frese, M. (2010). The affective underpinnings of work engagement: The dynamic interplay of positive and negative affect. Manuscript submitted for publication.

Bliese, P. D. (2000).Within-group agreement, non-independence, and reliability: Implications for data aggregation and analysis. In K. J. Klein & S.W.J. Kozlowski (Eds.), *Multilevel theory, research, and methods in organizations* (pp. 349–381).

San Francisco: Jossey-Bass.

Bono, J. E., & Ilies, R. (2006). Charisma, positive emotions and mood contagion. *The Leadership Quarterly, 17,* 317–334.

Bray, D., Campbell, R. J., & Grant, D. L. (1974). *Formative years in business: A long-term AT&T study of managerial lives.* New York: John Wiley.

Brown, M. E., & Trevino, L. K. (2006). Ethical leadership: A review and future directions. *The Leadership Quarterly, 17,* 595–616.

Calder, R. J. (1977). An attribution theory of leadership. In B. M. Staw and G. R. Salancik (Eds.), *New directions in organizational behavior* (pp. 179–204). Chicago: St. Clair Press.

Carson, J. B., Tesluk, P. E., & Marrone, J. A. (2007). Shared leadership in teams: An investigation of antecedent conditions and performance. *Academy of Management Journal, 50,* 1217–1234.

Chan, D. (1998). Functional relations among constructs in the same content domain at different levels of analysis: A typology of compositional models. *Journal of Applied Psychology, 83,* 234–246.

Chan, K. Y., & Drasgow, F. (2001). Toward a theory of individual differences and leadership: Understanding the motivation to lead. *Journal of Applied Psychology, 86,* 481–498.

Cherulnik, P. D., Donley, K. A., Wiewel, T. S. R., & Miller, S. R. (2001). Charisma is contagious: The effect of leaders' charisma on observer's affect. *Journal of Applied Social Psychology, 31,* 2149–2159.

Churchland, P. S., & Sejnowski, T. J. (1992). *The computational brain.* Cambridge, MA: MIT Press.

Cilliers, P. (1998). *Complexity and postmodernism: Understanding complex systems.* London: Routledge.

Core, J. E., Holthausen, R. W., & Larcker, D. F. (1999). Corporate governance, chief executive officer compensation, and firm performance. *Journal of Financial Economics, 51,* 371–406.

Dansereau, F., Alutto, J., & Yammarino, F. J. (1984). *Theory testing in organizational behavior: The variant approach.* Englewood Cliffs, NJ: Prentice Hall.

Day, D. V. (2000). Leadership development: A review in context. *The Leadership Quarterly, 11,* 581–613.

Day, D. V. (in press). Leadership. In S. W. J. Kozlowski (Ed.). *The Oxford handbook of industrial and organizational psychology.* Oxford, UK: Oxford University Press.

Day, D. V., Harrison, M. M., & Halpin, S. M. (2009). *An integrative approach to leader development.* New York: Routledge.

Day, D. V., & Lord, R. G. (1988). Executive leadership and organizational performance: Suggestions for a new theory and methodology. *Journal of Management, 14,* 453–464.

DeChurch, L. A., & Mesmer-Magnus, J. R. (2010). The cognitive underpinnings of effective teamwork: A meta-analysis. *Journal of Applied Psychology, 95*, 32–53.

De Cremer, D., & van Knippenberg, D. (2002). How do readers promote cooperation? The effects of charisma and procedural fairness. *Journal of Applied Psychology, 87*, 858–866.

DeGroot, T., Kiker, D. S., & Cross, T. C. (2000). A meta-analysis to review organizational outcomes related to charismatic leadership. *Canadian Journal of Administrative Sciences, 17*, 356–371.

Dehaene, S., & Naccache, L. (2001). Towards a cognitive neuroscience of conscientiousness: Basic evidence and a workspace framework. *Cognition, 79*, 1–37.

DeRue, D. S., & Ashford, S. J. (2010). Who will lead and who will follow? A social process of leadership identity construction in organizations. *Academy of Management Review, 35*, 627–647.

Dirks, K. T., & Ferrin, D. L. (2002). Trust in leadership: Meta-analytic findings and implications for research and practice. *Journal of Applied Psychology, 87*, 611–628.

Dragoni, L. (2005). Understanding the emergence of state goal orientation in organizational work groups: The role of leadership and multilevel climate perceptions. *Journal of Applied Psychology, 90*, 1084–1095.

Drazin, R., Glynn, M. A., & Kazanjian, R. K. (1999). Multilevel theorizing about creativity in organizations: A sensemaking perspective. *Academy of Management Review, 24*, 286–307.

Dubin, R. (1969). *Theory building*. New York: Free Press.

Eden, D. (1992). Leadership and expectations: Pygmalion effects and other self-fulfilling prophecies in organizations. *The Leadership Quarterly, 3*, 271–305.

Eden, D., & Aviram, A. (1993). Self-efficacy training to speed reemployment: Helping people to help themselves. *Journal of Applied Psychology, 78*, 352–360.

Ericsson, K. A., & Charness, N. (1994). Expert performance: Its structure and acquisition. *American Psychologist, 49*, 725–747.

Fleeson, W. (2001). Toward a structure- and process-integrated view of personality: Traits as density distributions of states. *Journal of Personality and Social Psychology, 80*, 1011–1027.

Flynn, F. J. (2005). Identity orientations and forms of social exchange in organizations. *Academy of Management Review, 30*, 737–750.

Foldy, E., Goldman, L., & Ospina, S. (2008). Sensegiving and the role of cognitive shifts in the work of leadership. *The Leadership Quarterly, 19*, 514–529.

Fredrickson, B. L. (2003). Positive emotions and upward spirals in organizations. In K. S. Cameron, J. E. Dutton, & R. E. Quinn (Eds.), *Positive organizational scholarship: Foundations of a new discipline* (pp. 163–175). San Francisco: Berrett-Koehler.

George, J. M. (2002). Affect regulation in groups and teams. In R. G. Lord, R. J. Klimoski, & R. Kanfer (Eds.), *Emotions in the workplace: Understanding the structure and role of emotions in organizational behavior* (pp. 183–218). San Francisco: Jossey-Bass.

George, J. M., & Zhou, J. (2007). Dual tuning in a supportive context: Joint contributions of positive mood, negative mood, and supervisory behaviors to employee creativity. *Academy of Management Journal, 50*, 605–622.

Gerstner, C. R., & Day, D. V. (1997). Meta-analytic review of leader–member exchange theory: Correlates and construct issues. *Journal of Applied Psychology, 82*, 827–844.

Graen, G. B., & Scandura, T. A. (1987). Toward a psychology of dyadic organizing. *Research in Organizational Behavior, 9*, 175–208.

Gusnard, D. A. (2005). Being a self: Considerations from functional imaging. *Consciousness and Cognition, 14*, 679–697.

Haidt, J. (2000). The positive emotion of elevation. *Prevention and Treatment, 3*, 1–5.

Hall, R. J., & Lord, R. G. (1995). Multi-level information-processing explanations of followers' leadership perceptions. *The Leadership Quarterly, 6*, 265–288.

Hanges, P. J., Lord, R. G., & Dickson, M. W. (2000). An information-processing perspective on leadership and culture: A case for connectionist architecture. *Applied Psychology: An International Review, 49*, 133–161.

Hannah, S. T., Uhl-Bien, M., Avolio, B. J., & Cavarretta, F. L. (2009). A framework for examining leadership in extreme contexts. *The Leadership Quarterly, 12*, 129–131.

Hannah, S. T., Woolfolk, R. L., & Lord, R. G. (2009). Leader self-structure: A framework for positive leadership. *Journal of Organizational Behavior, 30*, 269–290.

Hatfield, E., Cacioppo, J. T., & Rapson, R. L. (1993). Emotional contagion. *Current Directions in Psychological Science, 2*, 96–99.

Henderson, D. J., Liden, R. C., Glibkowski, B. C., & Chaudhry, A. (2009). LMX differentiation: A multilevel review and examination of its antecedents and outcomes. *The Leadership Quarterly, 20*, 517–534.

Henderson, D. J., Wayne, S. J., Shore, L. M., Bommer, W. H., & Tetrick, L. E. (2008). Leader–member exchange, differentiation, and psychological contract fulfillment: A multilevel examination. *Journal of Applied Psychology, 93*, 1208–1219.

Hogg, M. A., Martin, R., Epitropaki, O., Mankad, A., Svensson, A., & Weeden, K. (2005). Effective leadership in salient groups: Revisiting leader–member exchange theory from the perspective of the social identity theory of leadership. *Personality and Social Psychology Bulletin, 31*, 991–1004.

Hogue, M., & Lord, R. G. (2007). A multilevel, complexity theory approach to understanding gender bias in leadership. *The Leadership Quarterly, 18*, 370–390.

House, R. J. (1971). A path goal theory of leader effectiveness. *Administrative Science Quarterly, 16,* 321–338.

Hunt, J. G. (2004). What is leadership? In J. Antonakis, A. T. Cianciolo, & R. J. Sternberg (Eds.), *The nature of leadership* (pp. 19–46). Thousand Oaks, CA: Sage.

Hunter, S. T., Bedell-Avers, K. E., & Mumford, M. D. (2007). The typical leadership study: Assumptions, implications, and potential remedies. *The Leadership Quarterly, 18,* 435–446.

Isen, A. M., Daubman, K. A., & Nowicki, G. P. (1987). Positive affect facilitates creative problem solving. *Journal of Personality and Social Psychology, 52,* 1122–1131.

Isen, A. M., Rosenzweig, A. S., & Young, M. J. (1991). The influence of positive affect on clinical problem solving. *Medical Decision Making, 11,* 221–227.

Johnson, R. E., & Lord, R. G. (2010). Implicit effects of social justice on self-identity. *Journal of Applied Psychology, 95,* 681–695.

Jones, B. F., & Olken, B. A. (2005). Do leaders matter? National leadership and growth since World War II. *The Quarterly Journal of Economics, 120,* 835–864.

Joseph, S., & Linley, P. A. (2005). Positive adjustment to threatening events: An organismic valuing theory of growth through adversity. *Review of General Psychology, 9,* 262–280.

Judge, T. A., Bono, J. E., Ilies, R., & Gerhardt, M. W. (2002). Personality and leadership: A qualitative and quantitative review. *Journal of Applied Psychology, 48,* 765–780.

Kahn, B. E., & Isen, A. M. (1993). The influence of positive affect on variety seeking among safe, enjoyable products. *Journal of Consumer Research, 20,* 257–270.

Kaiser, R. B., Hogan, R., & Craig, S. B. (2008). Leadership and the fate of organizations. *American Psychologist, 63,* 96–110.

Kark, R., Shamir, B., & Chen, G. (2003). The two faces of transformational leadership: Empowerment and dependency. *Journal of Applied Psychology, 88,* 246–255.

Kark, R., & Van Dijk, D. (2007). Motivation to lead, motivation to follow: The role of the self-regulatory focus in leadership processes. *Academy of Management Review, 32,* 500–528.

Keith, N., & Frese, M. (2005). Self-regulation in error management training: Emotion control and metacognition as mediators of performance effects. *Journal of Applied Psychology, 90,* 677–691.

Keller, T. (2003). Parental images as a guide to leadership sensemaking: An attachment perspective on implicit leadership theories. *The Leadership Quarterly, 14,* 141–160.

Kenny, D., & Zaccaro, S. J. (1983). An estimate of variance due to traits in leadership. *Journal of Applied Psychology, 68,* 678–685.

Kerr, S., Schriesheim, C. A., Murphy, C. J., & Stogdill, R. M. (1974). Toward a contingency theory of leadership based upon the consideration and initiating structure literature. *Organizational Behavior and Human Performance, 12,* 62–82.

Klein, K. J., Dansereau, F., & Hall, R. J. (1994). Level issues in theory development, data collection, and analysis. *Academy of Management Review, 19,* 195–229.

Kozlowski, S. W. J., & Ilgen, D. R. (2006). Enhancing the effectiveness of work groups and teams. *Psychological Science in the Public Interest, 7,* 77–124.

Kozlowski, S. W. J., & Klein, K. J. (2000). A multilevel approach to theory and research in organizations: Contextual, temporal, and emergent processes. In S. W. J. Kozlowski & K. J. Klein (Eds.), *Multilevel theory, research and methods in organizations: Foundations, extensions, and new directions* (pp. 3–90). San Francisco: Jossey-Bass.

Leslie, A. M. (1987). Pretense and representation: The origins of "theory of mind." *Psychological Review, 94,* 412–426.

Levy, P. E., Cober, R. T., & Miller, T. (2002). The effect of transformational and transactional leadership perceptions on feedback-seeking intentions. *Journal of Applied Social Psychology, 32,* 1703–1720.

Liden, R. C., & Antonakis, J. (2009). Considering context in psychological leadership research. *Human Relations, 62,* 1587–1605.

Lord, R. G., & Brown, D. J. (2004). *Leadership processes and follower self-identity.* Mahwah, NJ: LEA.

Lord, R. G., Brown, D. J., Harvey, J. L., & Hall, R. J. (2001). Contextual constraints on prototype generation and their multilevel consequences for leadership perception. *The Leadership Quarterly, 12,* 311–338.

Lord, R. G., Diefendorff, J. M., Schmidt, A. M., & Hall, R. J. (2010). Self-regulation at work. *Annual Review of Psychology, 61,* 543–568.

Lord, R. G., Foti, R. J., & De Vader, C. L. (1984). A test of leadership categorization theory: Internal structure, information processing, and leadership perceptions. *Organizational Behavior and Human Performance, 34,* 343–378.

Lord, R. G., & Hall, R. J. (2005). Identity, deep structure and the development of leadership skill. *The Leadership Quarterly, 16,* 591–615.

Lord, R. G., Hannah, S. T., & Jennings, P. L. (2011). A framework for understanding leadership and individual requisite complexity. *Organizational Psychology Review 1,* 1–29.

Lord, R. G., & Maher, K. J. (1991). *Leadership and information processing: Linking perceptions and organizational performance.* Boston: Unwin Hyman.

Marion, R., & Uhl-Bien, M. (2001). Leadership in complex organizations. *The Leadership Quarterly, 12,* 389–418.

Marks, M. A., Mathieu, J. E., & Zaccaro, S. J. (2001). A temporally based framework and taxonomy of team processes. *The Academy of Management Review, 26,* 356–376.

McCrae, R. R., Costa, P. T., Jr., Ostendorf, F., Angleitner, A., Hrebickova, M. Avia, M. D., et al. (2000). Nature over nurture: Temperament, personality, and life span development. *Journal of Personality and Social Psychology, 78,* 173–186.

McCrae, R. R., & Terracciano, A. (2005). Universal features of personality traits from the observer's perspective: Data from 50 cultures. *Journal of Personality and Social Psychology, 88,* 547–561.

Meindl, J. R., & Ehrlich, S. B. (1987). The romance of leadership and the evaluation of organizational performance. *Academy of Management Journal, 30,* 91–109.

Metcalfe, J., & Mischel, W. (1999). A hot/cool-system analysis of delay of gratification: Dynamics of willpower. *Psychological Review, 106,* 3–19.

Miller, D., Kets de Vries, M. F. R., & Toulouse, J. M. (1982). Top executive locus of control and its relationship to strategy-making, structure, and environment. *Academy of Management Journal, 25,* 237–253.

Miller, D., & Toulouse, J. A. (1986). Chief executive personality and corporate strategy and structure of small firms. *Management Science, 32,* 1389–1409.

Mischel, W., & Shoda, Y. (1998). Reconciling processing dynamics and personality dispositions. *Annual Review of Psychology, 49,* 229–258.

Morgeson, F. P., & DeRue, D. S. (2006). Event criticality, urgency, and duration: Understanding how events disrupt teams and influence team leader intervention. *The Leadership Quarterly, 17,* 271–287.

Morgeson, F. P., & Hofmann, D. A. (1999). The structure and function of collective constructs: Implications for multilevel research and theory development. *Academy of Management Review, 24,* 249–265.

Mumford, M. D., & Peterson, N. G. (1999). The O*NET content model: Structural considerations in describing jobs. In N. G. Peterson, M. D. Mumford, W. C. Borman, P. R. Jeanneret, & E. A. Fleishman (Eds.), *An occupational information system for the 21st century: The development of O*NET* (pp. 21–30). Washington, DC: American Psychological Association.

Mumford, M. D., Zaccaro, S. J., Harding, F. D., Jacobs, T. O., & Fleishman, E. A. (2000). Leadership skills for a changing world: Solving complex social problems. *The Leadership Quarterly, 11,* 11–35.

Nahrgang, J. D., Morgeson, F. P., & Ilies, R. (2009). The development of leader-member exchanges: Exploring how personality and performance influence leader and member relationships over time. *Organizational Behavior and Human Decision Processes, 108,* 256–266.

Naidoo, L. J., & Lord, R. G. (2008). Speech imagery and perceptions of charisma: The mediating role of positive affect. *The Leadership Quarterly, 19,* 283–296.

Newman, J., Baars, B. J., & Cho, S. B. (1997). A neural global workspace model for conscious attention. *Neural Networks, 10,* 1195–1206.

Offermann, L. R., Kennedy, J. K., & Wirtz, P. W. (1994). Implicit leadership theories: Content, structure, and generalizability. *The Leadership Quarterly, 5,* 43–58.

O'Malley, A. L., Ritchie, S. A., Lord, R. G., Gregory, J. B., & Young, C. M. (2009). Incorporating embodied cognitions into sensemaking theory: A theoretical examination of embodied processes in a leadership context. *Current Topics in Management, 14,* 151–182.

Page, S. E. (2007). *The difference: How the power of diversity creates better groups, firms, schools, and societies.* Princeton, NJ: Princeton University Press.

Pearce, C. L., & Conger, J. A. (2003). *Shared leadership: Reframing the hows and whys of leadership.* Thousand Oaks, CA: Sage.

Pescosolido, A. T. (2002). Emergent leaders as managers of group emotion. *The Leadership Quarterly, 13,* 583–599.

Popper, M., & Amit, K. (2009). Attachment and leader's development via experiences. *The Leadership Quarterly, 20,* 749–763.

Rousseau, D. (1985). Issues of level in organizational research: Multilevel and cross-level perspectives. In L. L. Cummings & B. M. Staw (Eds.), *Research in organizational behavior* (Vol. 7, pp. 1–37). Greenwich, CT: JAI Press.

Schein, E. (1985). *Organizational culture and leadership.* San Francisco: Jossey-Bass.

Schneider, B. (1987). The people make the place. *Personnel Psychology, 4,* 437–453.

Shah, J. (2003). The motivational looking glass: How significant others implicitly affect goal appraisals. *Journal of Personality and Social Psychology, 85,* 424–439.

Shamir, B., & Howell, J. M. (1999). Organizational and contextual influences on the emergence and effectiveness of charismatic leadership. *The Leadership Quarterly, 10,* 257–283.

Shamir, B., Pallai, R., Bligh, M. C., & Uhl-Bien, M. (2007). *Follower-centered perspectives on leadership: A tribute to the memory of James R. Meindl.* Greenwich, CT: Information Age.

Shoda, Y., Tiernan, S. L., & Mischel, W. (2002). Personality as a dynamical system: Emergence of stability and distinctiveness from intra- and interpersonal interactions. *Personality and Social Psychology Review, 4,* 316–325.

Shondrick, S. J., Dinh, J. E., & Lord, R. G. (2010). Developments in implicit leadership theory and cognitive science: Applications to improving measurement and understanding alternatives to hierarchical leadership. *The Leadership Quarterly, 21,* 959–978.

Sluss, D. M., & Ashforth, B. E. (2007). Relational identity and identification: Defining ourselves through work relationships. *Academy of Management Review, 34,* 533–551.

Staw, B. M., & Barsade, S. G. (1993). Affect and managerial performance: A test of the sadder-but-wiser vs. happier-and-smarter hypothesis. *Administrative Science Quarterly, 38,* 304–331.

Tett, R. P., & Burnett, D. D. (2003). A personality trait-based interactionist model of job performance. *Journal of Applied Psychology, 88,* 500–517.

Uhl-Bien, M., Marion, R., & McKelvey, B. (2007). Complexity leadership theory: Shifting leadership from the industrial age to the knowledge era. *The Leadership Quarterly, 18,* 298–318.

van Knippenberg, D., van Knippenberg, B., De Cremer, D., & Hogg, M. A. (2004). Leadership, self, and identity: A review and research agenda. *The Leadership Quarterly, 15,* 825–856.

Weick, K. (1995). *Sensemaking in organizations.* Thousand Oaks, CA: Sage.

Weiss, H. M., & Cropanzano, R. (1996). Affective events theory: A theoretical discussion of the structure, causes and consequences of affective experiences at work. In B. M. Staw & L. L. Cummings (Eds.), *Research in organization behavior* (Vol. 19, pp. 1–74). Greenwich, CT: JAI Press.

Whetten, D. A., Felin, T., & King, B. G. (2009). The practice of theory borrowing in organizational studies: Current issues and future directions. *Journal of Management, 35,* 537–563.

Wofford, J. C., & Goodwin, V. L. (1994). A cognitive interpretation of transactional and transformational leadership theories. *The Leadership Quarterly, 5,* 161–186.

Worline, M., Wrzesniewski, A., & Rafaeli, A. (2002). Courage and work: Breaking routines to improve performance. In R. G. Lord, R. Klimoski, and R. Kanfer (Eds.), *Emotions in the workplace: Understanding the structure and role of emotions in organizational behavior* (pp. 295-330). San Francisco: Jossey-Bass.

Yammarino, F. J., Dionne, S. D., Chun, J. U., & Dansereau, F. (2005). Leadership and levels of analysis: A state-of-the-science review. *The Leadership Quarterly, 16,* 879–919.

Zaccaro, S. J., Kemp, C., & Bader, P. (2004). Leader traits and attributes. In J. Antonakis, A. T. Cianciolo, & R. J. Sternberg (Eds.), *The nature of leadership* (pp. 101–123). Thousand Oaks, CA: Sage.

Zohar, D., & Tenne-Gazit, O. (2008). Transformational leadership and group interaction as climate antecedents: A social network analysis. *Journal of Applied Psychology, 93,* 744–757.

第三章
领导力研究方法的进展[①]

Michael J. Zyphur

墨尔本大学

Adam P. Barsky

墨尔本大学

Zhen Zhang

亚利桑那州立大学

在描述、预测和测量优秀及糟糕的领导力(它们的表现形式通常是多种多样的)方面,领导力研究方法已经取得了很大的进展(参见 Antonakis et al.,2004)。其中的许多研究方法都是在领导力研究思潮中,对领导力概念化和(或)概念重建的产物。本章的目的,是通过对定量分析方法的讨论推动领导力研究,为研究者提供一种检验领导力问题的新方法。特别是,我们希望研究者能够重新思考现有的研究技术并学习新的研究技术,这样可能将:(1)改变他们"分析问题的思维方式"(Zyphur,2009);(2)转变与特定定量技术相关的理论和研究的框架。这样一来,那些之前因在统计方面的局限性而被放弃或没有设想到的理论模型将会被重新建立,同时,以新的统计模型为起点,将允许研究人员通过推断的方式提出新的理论假设,然后试着理解如何用它去解决领导力方面的问题(Edwards,2008)。

虽然研究人员目前使用了许多研究技术,包括用于测试领导力复杂性理论的智能主体仿真(agent-based simulation)(参见 Dionne & Dionne,2008)、共享领导力

[①] 作者注:请将对本章的意见和建议发给 Michael J. Zyphur, Department of Management and Marketing, Level 10,198 Berkeley Street, University of Melbourne, Victoria 3010, Australia。电话:+61-3-90355826;电子邮箱:mzyphur@unimelb.edu.au。

研究中的社会网络方法(参见 Carson, Tesluk & Marrone, 2007; Ensley, Hmieleski & Pearce, 2006)、用于检验领导力发展的生命叙事方法(life narrative method)(参见 Ligon, Hunter & Mumford, 2008),以及各种生物学方法(参见 Zhang, Ilies & Arvey, 2009),但是在本章的讨论中,我们将不会涉及这些技术。

讨论主题

我们首先将要讨论的是结构方程模型(SEM)。然后将介绍结构方程模型在功能上的最新进展,即增加了对潜变量交互作用的描述,使研究人员能够借助该模型对不同潜变量之间的调节关系,以及对我们称之为潜变量多项式回归(LPR)的潜变量的非线性影响进行分析。随后,我们将向读者展示潜变量多项式回归是如何为领导力研究中的叠合现象提供一个更加完备的解决方法的。

接下来,我们将介绍多层次模型(MLM),以及研究人员如何使用该模型预测多个分析层次上的领导力产出。然后介绍一个很少有人知道且未得到充分利用的模型技术,该模型允许群体成员之间存在不同的联系,并且使用随机系数来反映较高分析层次上的群体。

再接下来介绍的是潜变量增长模型(LGM),它是一种随时间变化的建模方法。研究人员在领导力研究中很少使用这个模型。我们注意到,潜变量增长模型可以实现在多个分析层次上的假设检验。在介绍该模型时,我们先以前面提到的结构方程模型和多层次模型作为基础,向读者说明类似问题的同等解决方案。然后我们会引入一个新的潜变量增长模型,在该模型中,所有观测数据随时间推移的平均值作为每个人的"截距因子"。我们把这种模型称为平均截距增长模型(IGM)。由于多个数值的平均值是最可靠的,而且是它们的最大似然估计,因此该模型具有十分重要的意义。

然后,我们借助多层次结构方程模型(MSEM)来讨论一下结构方程模型与多层次模型的交集,该模型结合了上述两个模型的优点。我们会看到,完整的多层次结构方程模型在解决领导力研究中遇到的问题时,是如何体现出超越结构方程模型和多层次模型的能力的。我们还特别注意到,多层次结构方程模型还能够实现对较高层次结果变量的建模(即除了典型的自上而下的关系外,还增加了自下而上的关系; K. J. Klein & Kozlowski, 2000),这在传统的多层次模型中是无法实现的。

此外，该模型还能够实现横跨不同分析层次的复杂中介作用分析。

在最后的部分，我们将探讨潜在类群分析（LCCA），它是潜剖面分析（LPA）的一个变体。我们注意到，领导力研究者在剖析个性时运用了和潜在类群分析类似的逻辑，并把它作为理解领导力风格与有效性的一种方法（Michael, 2003）。我们将向读者展示如何将潜在类群分析与已被广泛承认的个性分类（例如大五人格特质维度）结合在一起使用，而且以存在于数据中的模式作为分析基础，而不是其他的做法，例如把构成个体差异结构的各个维度分为两个部分（例如"高"外向型个性对"低"外向型个性）。贯穿于整个讨论的一个关键性论点，是潜在类群分析能够让研究人员进行更多的以人为中心的分析，而不是以变量为中心的分析。

在本章中，我们假设预测变量都是外生性的，也就是它们不受那些能够影响预测变量（predictior）与标准变量（criterion）之间关系的因果要素的影响。换句话说，当只考虑预测变量对于标准变量的因果效应时，预测变量与标准变量的误差项之间没有联系。正如 Antonakis、Bendahan、Jacquart 和 Lalive（2010）所讨论的，如果预测变量是内生性的，那么对观察到的预测变量与标准变量之间的关系而言，存在各种各样的解释，例如变量遗漏（如"第三变量"或者"共同原因"问题）、样本选取、联立性以及常见的方法差异等。当内生性成为问题的时候，模型估计将会出现自相矛盾的情况，随着样本规模的扩大，这些估计值将无法收敛为正确的总体参数。这样的话，模型的估计值既不能被看作对假说的支持，也不能被看作对假说的不支持。事实上，即使不是大多数情况，在部分情况下，这些估计结果也根本无法获得任何有意义的解释。Antonakis 等（2010）详细讨论了在领导力研究中普遍存在的内生性问题，并提出了解决该问题的多种方法（例如，两阶段最小二乘估计、断点回归模型、双重差分模型、选择模型等），它们偶尔也能在某些情况下用相关数据获得因果推论。尽管我们强调了内生性能够引起的严重问题以及内生性的处理（有好几种办法可以实现，参见 Hamilton & Nickerson, 2003；Wooldridge, 2002）将带来的好处，但是为了简单起见，我们假定本章所有例子中的预测值都是外生性的。

除此之外，在统计建模程序 Mplus 中，我们为图中所示的所有模型的估计都提供了一个代码（L. K. Muthén & Muthén, 1998—2008）。我们之所以选择 Mplus 这个程序，主要是考虑到它能够对多种模型（例如混合模型、多层次结构方程模型以及包括潜变量交互的模型，等等，这里不再赘述）中的变量进行建模，这些变量常符合各种不同的分布，并且伴有各种估计量（例如渐进自由分布和贝叶斯）。

结构方程模型

模型简介与形式

在结构方程模型出现之前,研究人员始终受到现有统计方法自身缺陷的限制,例如最小二乘法(OLS)回归、方差分析(ANOVA)、探索性因子分析(EFA)等,即以验证的方式指定潜变量(即不可观测的变量)之间的复杂关系是无法实现的(Bollen,1989)。原因是最小二乘法回归和方差分析对结果中出现的测量错误无法给出说明,而且不允许变量之间存在复杂的结构路径。虽然探索性因子分析能够说明测量错误,但是它不属于验证技术,也不允许因子之间存在复杂的结构路径。结构方程模型由 Jöreskog 和 Sörbom(1979)等学者提出,该模型以允许研究者通过多个可观测的指标来测量潜变量以及指明了潜变量之间在结构上的复杂关系(参见 Kline,2005)的方式解决了这一问题。

在因子分析中,对潜变量的解释是它们体现了导致可观测变量的数值的建构,例如个性方面的变量(参见 Bollen,2002 对这个问题的讨论)。在结构方程模型中,潜变量说明或解释了可观测变量之间的协方差。但是,与因子分析不同,对潜变量和可观测变量进行回归是可以实现的。这样做能够降低在确定的建构下(也就是借助潜变量的设定)的测量错误,同时允许变量之间存在复杂的结构路径。

简单来说,结构方程模型允许研究人员指定可观测变量与潜变量之间的关系(通过因子载荷),以及各个潜变量之间的关系(通过回归或协方差分析)。在参数估计过程中,与每个估计参数相关的似然度是相对可观测数据的最大化——似然度是观测数据的条件概率(D),在模型估计参数(M)是真的(Bollen,1989)的前提下,我们可以把它写作 $P(D|M)$。最大数据拟合度的参数是以迭代的方式估计出来的,直到似然度得到了充分的最大化(也就是围绕一个假设的全局最大值,似然度的变化最小化)。

结构方程模型的一种形式如下所示:

$$y_i = \Lambda \eta_i + K x_i + \varepsilon_i, \quad 以及 \tag{3.1}$$

$$\eta_i = \alpha + B\eta + \Gamma w_i + \zeta_i, \tag{3.2}$$

式中,y_i 表示个体 i 的可观测变量的矢量;Λ 表示潜变量的因子载荷矩阵;η_i 表示

个体 i 的潜变量矢量;K 表示 y_i 在可观测的外生性预测变量 x_i 矢量上的回归系数矩阵;ε_i 表示个体 i 的残差项矢量;α 表示潜变量平均值的矢量;B 表示潜变量的回归矩阵;Γ 表示潜变量可观测预测变量的回归矩阵;w_i 表示可观测外生性预测变量的矢量;ζ_i 表示个体 i 潜变量扰动项的矢量。残差项的方差和协方差由矩阵 Θ 指定,而潜变量的方差和协方差则由矩阵 Ψ 指定。在这里,方程(3.1)中包含测量模型,而方程(3.2)中则包含结构模型。

由于结构方程模型属于一个描述了可观测变量和潜变量之间回归路径的系统,因此它包含许多其他的统计技术,例如最小二乘法回归、方差分析和多变量方差分析(MANOVA)、路径分析、因子分析,以及用于处理纵向数据的各种模型等,这些方法都是方程(3.1)和方程(3.2)所示模型的一个特例(Bollen,1989)。考虑最小二乘法回归、方差分析和协方差分析(ANCOVA)的情况,指代群体成员的连续预测变量和虚拟变量可以用 x_i 表示,系数的影响用 K 表示,方程(3.2)中的矢量和矩阵为空。对于因子分析,因子载荷用 Λ 表示,与在探索性因子分析中相同,解释 y_i 中变量协方差的多个因子用 η_i 表示,它允许使用 Ψ 中因子的协方差,因此 η_i 可能非正交。图 3.1a 显示的是一个结构方程模型的例子,它使用了方程(3.1)和方程(3.2)中的所有项(有关 Mplus 代码的内容请参见附件 A1。感叹号"!"表示不属于程序代码的注释内容)。

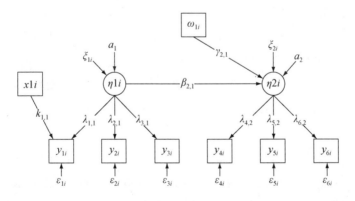

图 3.1a

注:根据方程(3.1)和方程(3.2)绘制的基本结构方程模型。其中,观测项 y_i 所反映的潜变量 η_i 的程度用 Λ 中的载荷因子表示;y_i 同时被预测变量 x_i 影响,其回归系数用 K 表示,残差项为 ε_i;α 表示潜变量的截距;B 表示潜变量的回归系数;潜变量同时受到了预测变量 w_i 的影响,其回归系数用 Γ 表示,残差扰动项为 ζ_i。上述说明适用于本章中所有的图。

采用最大似然估计的结构方程模型基本假设包含大样本容量以及包括独立变量在内的多元正态性(Bollen,1989)。在这些假设不成立的情况下,可能会使用变量标准化、自扩展法、适用于非正态数据的最大似然估计、诸如加权最小二乘法之类的渐进自由分布估计值(介绍性的内容请参见 Kline,2005)。此外,分类变量(例如计数变量、有序变量、分类变量、二分变量以及正态变量)通过指定混合多元分布函数,并使用加权最小二乘法或引入使用数值积分的最大似然估计法予以估计。

在模型识别和拟合度检验方面有许多需要注意的事项。简单来说,"全局"识别需要比估计参数更多的信息(此时自由度是正的),而"本地"识别则需要足够的信息来估计模型给定部分中的参数(参见 Bollen,1989)。对模型的拟合度来说,通常使用带有卡方分布的似然率检验来检测模型隐含的协方差与观测到的协方差之间的差异,还用来评估模型隐含的协方差矩阵之间的差别,例如在多组不变性比较检验中比较嵌套模型的情况。检验结果显著表明估计模型不适用于观测数据。

有关结构方程模型存在的一个普遍争论的焦点是,这一技术对于样本规模的增加非常敏感——尽管其他检验技术中更大规模的样本也总是会带来更有力的检验结果。通常正是由于这个原因,其他拟合指数,如近似/标准指数和非标准指数,也常常使用,不过,它们都基于对数似然值。关于这些指数的含义、内容以及报告标准超出了本章所讨论的范围(读者可以参见 Chen,Curran,Bollen,Kirby & Paxton,2008;McDonald & Ho,2002;"Structural",2007;Yuan,2005)。

重要的是,每个变量 y 的模型估计平均值都可通过固定 Λ 中的某一行来统一。其中,对应的 η_i 元素表示每个个体 i 的平均值;对应的 α 元素表示所有个体的总平均值;对应的 ζ_i 表示每个个体 i 与总平均值的偏差。这一点很重要,后面将进一步探讨多层次模型和结构方程模型是如何允许在潜变量增长模型中实现同等的拟合效果的。

在理解各种潜变量测量方法和潜变量之间的相互关系上,使用结构方程模型有许多用途(Williams,Edwards & Vandenberg,2003)。例如,Antonakis、Avolio 和 Sivasubramaniam(2003)的研究表明,多因素领导力问卷(MLQ-5X)的测量属性在不同性别和情境下是无差异的。Barling、Loughlin 和 Kelloway(2002)的研究表明,专注于安全的变革型领导力能够通过安全氛围和其他变量预测职业伤害。

潜变量的交互项

尽管结构方程模型的使用十分普遍,但是学者们认为其存在缺陷,那就是对各个潜变量之间交互作用(即调节关系)的检验非常困难——即使能够实现(Edwards,2008)。长期以来,研究人员始终对各个变量与领导力过程的交互作用十分感兴趣,这或多或少属于领导力权变理论的整个研究范围(Howell, Dorfman & Kerr,1986),检验模型中各个潜变量之间的交互作用(它们常常是潜变量)是领导力研究人员的普遍做法(参见 Ng, Ang & Chan,2008)。另外,那些需要将设定的潜变量相乘的分析方法也很流行,但是它们不属于交互作用检验的范畴,例如叠合模型中的曲线关系(参见 Colbert, Kristof-Brown, Bradley & Barrick, 2008)。

检验潜变量交互作用和二次效应的能力至关重要,原因有许多:首先,观测项的信度,是其自身可靠性和它们之间相关性的函数,而且二次项也存在相似的关系(Dimitruk, Schermelleh-Engel, Kelava, Moosbrugger, 2007)。无论是什么情况,结果变量的信度都要低于原始变量的信度,它们的存在降低了模型效应的检验力。其次,由于研究人员很少将结构方程模型作为解决交互关系和二次效应的模型,因此他们很难用于处理结构更复杂的回归模型(Edwards & Lambert,2007)。

为了解决这一问题,我们引入了包含潜变量调节作用的结构方程模型(LMS;A. Klein & Moosbrugger,2000)和准极大似然法(QML;A. Klein & Muthén,2007),它们能够确定那些代表其他潜变量乘积的潜变量。重要的是,这类交互作用不仅能够简化不同潜变量之间以及潜变量与观测变量之间的交互作用,而且还适用于潜变量的二次项。尽管存在其他用于估计此类潜变量的方法(参见 Bollen, 1996; Jöreskog & Yang,1996,1997),但是那些方法使用起来都非常不便,而且自身还具有一些缺点,例如低估了残差标准差、不够便利且解释力不足,以及围绕多重共线性产生的问题等(Kelava, Moosbrugger, Dimitrik & Schermelleh-Engel, 2008; Moosbrugger, Schermelleh-Engel & Klein, 1997; Schermelleh-Engel, Klein & Moosbrugger, 1998),究其原因,是由于乘积项、二次项以及内生变量的非正态性。而这些缺点在 LMS 和准极大似然法上已经得到了改进。考虑到 LMS 在 Mplus 中的应用(参见 B. Muthén & Asparouhov,2003),在本部分我们将以 LMS 作为参考。

由于 LMS 十分复杂,因此在这里我们只是简单地在矢量 η_i 和矩阵 Λ、B 和 Ψ 中任意地添加交互作用或二次潜变量,它们都会被当作潜变量对待。与其他用于估计交互作用的方法相同（参见 Cohen,Cohen,West & Aiken,2003），潜变量的影响和交互作用都是估计值，可能还会用于描述交互作用的影响和估计 R^2 的变化。此外，变量之一是可以观测到的，关于不含潜变量的交互作用的讨论，请参见 Edwards 和 Lambert(2007)的论述。研究人员可以将 Edwards 和 Lambert(2007)中的所有变量简单地替换为潜变量，以求掌握 LMS 方法的诸多用途。

■ 对领导力研究者的启示

除了检验潜变量之间的交互作用外，LMS 还能够解决领导力研究者所面临的另一个问题，即领导者与追随者之间的一致程度（也就是适合度、相似度等）。解决这一问题的常见方法是使用多项式回归（参见 Edwards,1993,1995,2002,2007；Edwards & Parry,1993）。但是 Cheung(2009)研究发现，该方法有以下几个缺陷：(1)存在测量误差；(2)无法检验领导者与追随者之间的测量等价性；(3)不允许变量之间存在复杂的关系。

为了解决这些问题，Cheung(2009)提出了潜变量叠合模型（LCM），旨在测算领导者与追随者建构的平均水平，同时对远离平均值的偏差值进行建模。然而 Cheung 认为，考虑到在更普遍的潜变量二项式回归模型（LPR；例如潜变量响应面模型）中存在的诸多可能性，以及在潜叠合变量之间的潜变量交互作用，如果不具备对潜变量交互作用和二次项的建模能力，那么潜变量叠合模型的应用将受到许多限制。

通过使用 LMS 方法，能够解决研究人员在研究含有潜变量的叠合模型时会遇到的以下问题：(1)由 Cheung(2009)确认的所有多项式回归所具有的缺陷；(2)潜变量叠合模型在对潜变量的交互作用和二次项进行建模的过程中所遇到的局限性；(3)内生潜变量和观测到的交互项（以及潜变量的幂）的非正态性所带来的问题。

Edwards 和 Parry(1993)用于叠合建模的经典多项式回归模型形式如下：

$$y_i = b_0 + b_1 x_i + b_2 z_i + b_3 x_i z_i + b_4 x_i^2 + b_5 z_i^2, \qquad (3.3)$$

限制方程中的系数可以用于检验领导者与追随者之间的平方差。对于与 LPR 模型等价的其他模型，可以使用 LMS 过程进行估计（Dimitruk et al.,2007）。其中，方程(3.2)中内生变量 η_1（参见图 3.1b；有关 Mplus LPR 代码的内容参见附录 A2）的结构部分可以表示为：

$$\eta_{1i} = \alpha_1 + \beta_{1,2}\eta_{2i} + \beta_{1,3}\eta_{3i} + \beta_{1,4}\eta_{2i}\eta_{3i} + \beta_{1,5}\eta_{2i}^2 + \beta_{1,6}\eta_{3i}^2 + \zeta_{1i}, \quad (3.4)$$

这里可以对感兴趣的模型参数加以限制,似然率测试可以通过嵌套模型进行。通过引入这类参数,作为在 SEM 程序中适宜的方程估计结果,研究人员能够节约在响应面模型中计算参数所需的时间(例如,附录 A2 中的"模型限制"(model constraint)部分)。此外,可能会出现多个追随者嵌套在同一个领导者身上的情况。为了适应这种观察结果的非独立性,可以借助稳健估计量(也就是 Huber-White 或 sandwiched 估计量)来计算标准差。在 Mplus 中,需要将"分析"命令下的"类型"选项设置为"复杂",并在"变量"命令下设置分组变量(参见附录 A2)。另外,典型的多元正态性假设不适用含有潜变量交互项的模型,研究人员在零假设显著性检验中可以使用自扩展的置信区间来代替参数方法。

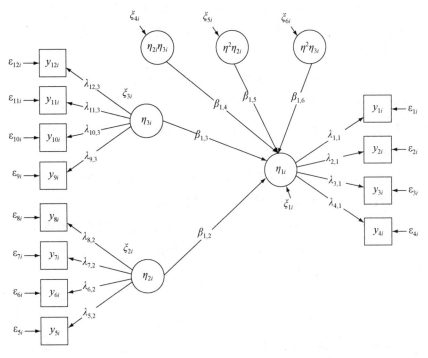

图 3.1b

注:如方程(3.4)所示的潜变量多项式回归模型(LPR),方程中的所有项如图 3.1a 所示。图中,三个潜变量的作用是获取作为预测值的两个潜变量之间的交互作用及其平方。该模型能够在潜变量框架下实现拟合度和一致性的检验。

概括来说,LMS 框架为领导力研究者提供了构建模型的广阔空间。它解决了在结构复杂的方程中,潜变量的交互作用与二次项的结合问题以及低可靠性。此外，LMS 还能够检验叠合情况，它通过将逻辑整合到一个结构关系复杂的潜变量框架的方式，提供了优于多项式回归和潜变量叠合模型的检验方法。

多层次模型

和结构方程模型一样，多层次模型的出现也是为了解决研究人员遇到的统计问题（详细讨论内容，请参见 Searle，Casella & McCulloch，1992）。特别是，多数研究人员所收集和用于分析的数据相互之间都以某种方式存在嵌套关系。举例来说，多层次模型领域的两位先驱人物——Raudenbush 和 Bryk（1986，2002），经常将嵌套在教室中的学生作为研究对象，而教室又进一步嵌套于学校，学校又嵌套于学区。这些观测量从某种程度上来说都是非独立的，类似单元内的个体分数具有相关性（即当单元间方差存在显著量时）。在这种情况下，研究人员既要面对威胁，同时又面临机遇。

威胁之一是偏小的标准差，其原因是过多估计了独立观测量的数量，从而导致了较高的第一类错误率。另一个威胁则是较低层次的观测量在较高层次上表现为潜变量，从而在使用单元平均值作为观测变量时无法考虑到抽样误差（Raudenbush & Bryk，2002）。

与此同时，研究人员同样面临机遇，观测变量在不同的分析层次上可以被划分为不同的部分，其影响可以通过较低层次的输出变量和在相同或较高层次上的预测变量估计得出。另一个机遇则意味着通过较高层次的变量能够预测单元内变量的较低层次关系（也就是随机斜率或斜率预测模型）。

MLM 的一种表现形式如下所示：

$$y_j = x_j \eta_j + \varepsilon_j, \tag{3.5}$$

$$\eta_j = \alpha + B \eta_j + \Gamma W_j + \zeta_j, \tag{3.6}$$

式中，y_j 代表群体 j 中的所有成员 n_j 的观测数据矢量；x_j 表示预测变量矩阵，矩阵中对应随机截距的列的所有值都设置为 1；η_j 表示由随机回归系数构成的矩阵，不同群体对应不同的矩阵，其中的一个元素为群体 j 的"随机截距"，而其他随机系数则为"随机斜率"（需要注意的是，所有的变量均为潜变量，与结构方程模型中的情况一致）；ε_j 表示残差项矢量；α 是随机系数平均值的矢量；B 表示 η_j 中变量的回归系数矩阵，典型的多层次模型并不包括该项，在这里写出来是为了表明多层次模型与结构方程模型之间的关系；Γ 表示观测到的随机系数预测变量的回归矩阵，既包括随机截距也包括随机斜率；W_j 表示观测到的预测变量矢量；ζ_j 表示群体 j 的扰动项。方程(3.5)可以看作一级方程，而方程(3.6)可以看作二级方程。后面我们将会讨论到，多层次模型的方程在结构上与结构方程模型的方程是等价的(Curran, 2003; Mehta & Neale, 2005)，因此在概念上，结构方程模型和多层次模型可以作为解决同一个潜变量问题的替代方法。

领导力研究者已经开始使用这种功能强大的建模工具，从而在避免了威胁的同时也有利于自己获得上述机遇。例如，Hofmann、Morgeson 和 Gerras(2003)认为，领导者-成员交易与成员的安全公民行为(个体层次变量)之间的关系为安全的氛围(群体层次变量)所调节。

根据前面对内生性问题的相关讨论，Antonakis 等(2010)认为，在对面板数据进行多级和纵向分析时，人们经常会忽略一个非常重要的问题，那就是残差/扰动项与较低层次预测变量(x_j 中的元素)之间可能存在相关性。这种情况是有可能发生的，因为许多一级变量能够同时具有群体内和群体间方差，而当 x_{ij} 对 y_{ij} 的群体间和群体内影响不一致时(也就是情境影响或组合影响)，对单一回归系数的估计会导致预测变量与残差/扰动项之间存在相关关系(参见 Zhang, Zyphur & Preacher, 2009 在此方面的类似讨论)。在其他回归形式中，这种相关关系违反了多层次模型中的关键假设，它表明对一级预测变量的估计存在前后不一致的情况。研究人员可以对单个或多个变量进行 Hausman(1978)测试，以确定较低层次的估计是否前后一致。如果不一致，研究人员可以运用形式多样的固定效应模型进行估计：用虚拟变量来表示群体，用群体平均值来中心化较低层次的预测变量(可能还可以用更高分析层次上的群体平均值)，同时还包括在较高层次上未经中心化的群体平均值(参见 Raudenbush & Bryk, 2002)。(需要注意的是，在随后讨论的多级结构方程模型中，层次内变量不包含群体间的方差，因此，层次内的估计量始终是前后不一致的。)

另一个重要问题是，多层次模型的研究人员一直忽略了该模型特性的一个重要可能情况。传统的多层次模型表达式(参见 Raudenbush & Bryk, 2002)漏掉了方程(3.5)中的一个重要元素：群体成员与其在较高层次上的表现形式之间的联系，并不一定需要借助个体来实现统一。可以通过设置权重 x_j 来对较低层次的值进行加权，从而改变 y_j 对随机截距的贡献值。换句话说，要改变每个个体对模型估计的群体平均值的贡献值,可以通过与结构方程模型中因子载荷改变观测变量对潜变量的贡献值相同的方式来实现。在多层次模型中,标准 y_j 是 $x_j \times \eta_j$ 的函数——也就是说,当 x_j 的值较小时,η_j 的值必须较大才能够预测 y_j。因此,加权变量应当反向设定,或者使用非线性变换,例如 x_j 的倒数(也就是 $1/x_j$)。

这种思想可以通过传统表示法以图表的形式描述(参见 McDonald & Ho, 2002)。如图 3.2a 所示,每个群体包含 4 个人,该图显示了在传统的多层次模型中,在估计群体的平均值时,为什么每个群体成员的得分是同等重要的(即每个成员的得分对于随机截距的回归系数都是1)。但是,考虑到方程(3.5),图3.2b 表明这种情况并不是必需的(有关 Mplus 代码的内容,请参见附录 B)。通过抑制随机截距,研究人员能够将其自身与群体成员得分有关的权重,强加到通过模型估计出的群体平均值上(即模型估计出的加权平均值)。在图 3.2b 中,潜变量为一个随机斜率,它表示了通过模型估计出的加权平均值,其中,权重为 $x_j(1/x_j)$,y_i 为对 x_j 的回归。

传统多层次模型(图3.2a)适用于处理待考察的群体变量每个群体成员的影响力都相同的情况,而多层次模型的另一种替代形式(图3.2b)则适用于每个群体成员的影响力存在差别的情况,这一影响力为 x_j 的函数。在这里,我们把这种形式称为多级成员加权模型(MWM),相关的详细内容我们会在后面的内容中介绍。

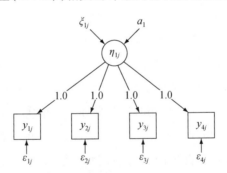

图 3.2a

注:遵照方程(3.5)和方程(3.6)所设立的多层次模型,所不同的是个体 i 嵌套于群体 j 内,而不是嵌套在个体之间。在这种情况下,潜变量为传统多层次模型的随机截距。

群体成员与作为整体的群体之间具有不同类型关系的可能性,这是领导力研究所要考察的内容。例如,相对于当时占据统治地位的领导力模型——平均领导力风格(ALS)模型(Kerr, Schriesheim, Murphy & Stogdill, 1974)而言,垂直对偶关联

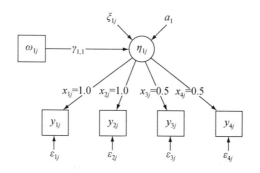

图 3.2b

注:遵照方程(3.5)和方程(3.6)所设立的多级成员加权模型(MWM),其中,个体的得分由变量 x_j 加权得出,同时随机截距受到抑制。

(VDL)方法(Dansereau,Graen & Haga,1975)认为,上级领导将自己的下属分成群体内和群体外两个部分,他们自己成为群体内的领导者,而不是群体外的成员。

垂直对偶关联、领导者-成员交易的后继理论(Graen & Uhl-Bien,1995)以及个性化领导力(Dansereau et al. ,1995)都接受了这样一个基本前提,即领导者与不同的下属之间存在不同类型的关系,但是该领域的研究课题都倾向于重点研究个体或二元关系,并将其作为核心的分析层次。问题在于,这样一来,研究并没有考虑这样一种情况,即在一个工作组内,领导者与由下属构成的子群体之间存在不同类型的关系。在某种程度上,领导者与追随者之间的互动和领导者对追随者的了解之间存在差异,理解多层次模型中如何处理这种差异非常重要。另外,多级成员加权模型可能是一种为此类关系进行建模的方法。

不仅如此,群体成员的权力、地位和影响力分布通常都是唯一的,而且他们往往都会明显或不明显地注意到这种群体内的分布情况(Fiske,1993)。例如,对企业董事会组成的研究表明,群体成员在权力和地位上存在差异,而这种差异已经得到了研究人员的认知(R. C. Anderson,Mansi & Reeb,2004)。即使群体中不存在明显掌控权力和地位的个体,随着时间的推移,这样的个体也终将会出现,控制群体的运行(Yukl & Van Fleet,1992)。

权力和地位上的差异能够导致一些重要的后果,例如发言权和支配行为(C. Anderson & Berdahl,2002;Kipnis,1976,1984),以及对资源的控制(Keltner,Gruenfeld & Anderson,2003)等,从而进一步导致群体成员对群体产生不均衡的影响(参见 Salancik & Pfeffer,1977)。由此产生的后果就是并不是群体中的每个成员都能够对群体过程和群体产出做出同等程度的贡献(Tiedens, Ellsworth & Mesquita, 2000)。在群体身份认同、网络中心度等其他相似的建构中也能够得到类似的观点。在估计这些变量的平均值 η_{1j} 时,研究人员可以使用任意感兴趣的变量 y_j,用它们表示群体成员在 x_j 中的加权得分。

考虑一个应用实例的情况(参见图 3.2b),对个体的测量可以借助其自身的表现 y_j 来得到,研究人员希望能够使用每个群体管理者的领导力风格 w_j 预测个体层次上的个体表现。但是问题在于,一些群体成员的工作性质可能是全职的,而另一些则可能是兼职的。在这种情况下,当把个体的表现当作一个整体 η_{0j} 看待时,合理的做法是给予全职群体成员相对于兼职群体成员更多的权重。图 3.2b 便显示了这样一种情况,其中,全职群体成员为群体成员中的前两位,他们的权重是兼职群体成员的两倍。

重要的是,研究人员可以将 x_j 设为任意值。如前文所述,x_j 可以表示来自领导者-成员交易、群体身份认同以及关于群体内地位和权力的任意数据。然后,使用由模型估计出的加权平均值 η_{0j},考虑每个群体成员与群体作为一个整体所体现出的表现 y_j 之间的不同关系。

最后,需要注意的是,一种类似的方法是研究人员还可以使用 x_j 乘以 y_j 或 x_j 除以 y_j 作为权重,并将得到的结果作为多层次模型的结果变量。这样做能够有效地通过 x_j 对 y_j 加权。但是如果这样做的话,结果变量将是这两个变量的可靠性以及它们之间关系的函数,而这并不是我们想得到的理想情况(Cohen et al.,2003)。而且,通过保持 x_j 和 y_j 在模型中相互独立,并将它们加入方程(3.5)和方程(3.6)中使 x_j 表现为结果变量,研究人员能够同时使用 x_j 和 y_j 进行动态预测,或通过其他的潜变量、观测变量来预测 x_j 和 y_j。因此,在不直接改变 y_j 的情况下估计群体的平均值时,多级成员加权模型在对个体得分加权方面具有独一无二的优势。

潜变量增长模型

长久以来,模型与预测过程随时间的变化问题始终是研究人员面临的一个主要挑战。考虑到这类数据是多层次的,因此这种变化主要与模型在统计学上的变化有关(Singer & Willett,2003)。通过运用现代统计技术,研究人员能够使用通用的结构方程模型对随时间发生的变化进行建模(Bollen & Curran,2006)。

在对变化进行建模方面,最新的技术为潜变量增长模型(LGM),也被称为潜变量变化模型(Hertzong,Dixon,Hultsch & MacDonald,2003)、增长轨迹模型(Stoolmiller,Kim & Capaldi,2005)和潜变量曲线模型(McArdle & Epstein,1987)。LGM 使用较长时间内的观测值,能够预测:(1)潜变量的截距,它可以估计出变量在具体时间点上的得分;(2)潜变量的线性系数、二次系数和高阶斜率因子,它可以捕捉与截距的距离随时间的变化。变化是线性的还是非线性的取决于模型的特征。此外,研究人员还可以将预测值和观测变量的表现,以及这些潜变量的截距和斜率因子都添加到一个结构方程模型中去。

许多模型还存在扩展模型,例如自回归潜变量轨迹(ALT)模型(Bollen & Curran,2004;Curran & Bollen,2001;Zyphur,Chaturvedi & Arvey,2008),该模型为二阶因子模型,潜变量被用作潜变量增长模型的指标;分段增长模型(参见 Bollen & Curran,2006);以及生存模型(参见 Singer & Willett,2003)。在这里,我们将先介绍通用的潜变量增长模型,然后介绍一个新的潜变量增长模型的扩展模型,我们称其为平均截距增长模型(IGM),它对领导力研究者非常有用。

◆ 模型的形式

我们注意到,结构方程模型和多层次模型能够为研究人员提供等价的解决方案(Curran,2003;Mehta & Neale,2005)。让我们回顾一下方程(3.1)、(3.2)、(3.5)和(3.6),其中,方程(3.1)和(3.5)表现为测量模型,等价于一级模型;而方程(3.2)和(3.6)则表现为结构模型,等价于二级模型。在这里,观测变量(结构方程模型)从属于个人的关系(多层次模型),就好比个体(结构方程模型)从属于群体(多层次模型)。方程(3.1)中的因子载荷 Λ 相当于方程(3.5)中 x 的值——唯一的区别是 Λ 的值是允许随个体的不同而变化的,而 x 的值对个体来说则是固定的。不仅如此,方程(3.1)、(3.2)、(3.5)和(3.6)中的 η 为潜变量。因此,潜变量增长模型(以及其他的结构方程模型和多层次模型)是结构方程模型或多层次模型的特定形式。

在多层次模型中,经过一段时间后得到的观测数据被认为是内嵌于个体内部的,而在结构方程模型中,这类观测数据被当作观测变量来对待。在这两种情况下,潜变量都能够捕获个体层次上的参数。我们仍然借助多层次模型的表示法,并假设有 5 个测量数据的情况(参见图 3.3),观测数据 y 是一个变量随时间变化的数据矢量。观测的起始时间为第一个数据点,它可能是在雇员被雇用后,对其表现的第一次观测。为了估计截距因子,我们将矢量 x 固定为单位矢量(如同结构方程模型中的 Λ)。随后用 x 确定潜变量的斜率,以捕捉不同类型的变化。对随时间推移的线性变化建模时,需要指定起始值为0,并将每个观测变量随时间变化的增量设置为1.0(例如 $0,1,2,3,\cdots,T$),其中,每个观测数据之间的差别都被认为是等价的,这是因为在所有的观测过程中,时间编码的增加量都是一样的,即每个观测数据的增量均为 +1.0。对于变化的二次形式和三次形式,可以通过增加新的矢量 x 的方式实现。例如,在对二阶增长进行建模时,与线性斜率相关的 x 值应为平方(例如 $0,1,4,9,\cdots,T^2$),而对于三阶变化的情况,x 的值应为立方(例如 $0,1,8,27,\cdots,T^3$)。而构成 η 的潜变量则描述了数据的线性、二阶以及三阶趋势(参见图3.3)。

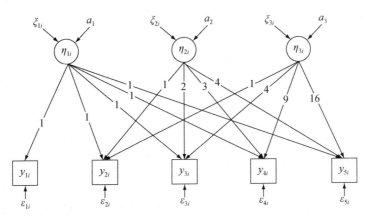

图 3.3

注:遵照方程(3.7)所设立的潜变量增长模型,显示了在方程(3.9)中,估计平均截距增长模型(IGM)所需的模型特性。当随时间推移的观测数据被视为结构方程模型中的观测变量时,该模型如方程(3.1)和方程(3.2)所示。当随时间推移的观测数据被视为内嵌于个体层次时,该模型如方程(3.5)和方程(3.6)所示。

对读者来说,用短暂的时间来考虑一下该模型是如何发挥功能的非常有益处。我们重点要强调的是考虑"="号右侧的模型是如何重新构建"="号左侧的观测数据的——结构方程模型、多层次模型将 η 和 ε 的取值似然最大化。所使用的数据如下:

$$\begin{bmatrix} 4 \\ 5 \\ 6 \\ 7 \\ 8 \end{bmatrix} = \begin{bmatrix} 1 & 0 & 0 \\ 1 & 1 & 1 \\ 1 & 2 & 4 \\ 1 & 3 & 9 \\ 1 & 4 & 6 \end{bmatrix} \begin{bmatrix} 4 \\ 1 \\ 0 \end{bmatrix} + \begin{bmatrix} 0 \\ 0 \\ 0 \\ 0 \\ 0 \end{bmatrix}, \qquad (3.7)$$

式中,第一列 y 表示通过观测得到的每个月的表现;时间编码用矩阵 x 表示(其中,每行上的值与观测到的表现值相关,每列上的值与潜变量相关);第二列的矢量 η 表示个体的潜变量值;最后一列为残差矢量 ε。矢量 η 和矢量 ε 通过估计得到。时间编码矩阵 x 中的第一行,使用矢量 η 中的第一个潜变量估计出第一个表现观测值——除矩阵 x 的第一个潜变量外,其余所有的值均为0。第一个观测数据最有可能的取值为4(也就是说,当分别乘以矩阵 x 中的1,0和0时,矢量 η 中的第一项应为何值,才能够使将得到的乘积求和后等于 y 中的4?)。

矩阵 x 与矢量 η 相乘表明,从观测数据4开始,由矩阵 x 的第二行得到的线性时间编码显示了随时间推移的所有 y 值。矢量 η 第二行的数值1与矩阵 x 的第二列相关,它显示了表现随时间推移的平均变化,即在每个时间点上的增量为1个单位。矢量 η 的其他值则表示二次变量,与 y 中的任何值无关。此外,矢量 ε 中的0值表示 y 中的所有数据都通过潜变量的得分得到了反映。

该示例还表明,可以通过调整时间编码来设置不同的时间点,从而形成潜变量的截距,但是要保持同等水平的模型拟合度(Hancock & Choi,2006)。例如:

$$\begin{bmatrix} 4 \\ 5 \\ 6 \\ 7 \\ 8 \end{bmatrix} = \begin{bmatrix} 1 & -2 & 4 \\ 1 & -1 & 1 \\ 1 & 0 & 0 \\ 1 & 1 & 1 \\ 1 & 2 & 4 \end{bmatrix} \begin{bmatrix} 6 \\ 1 \\ 0 \end{bmatrix} + \begin{bmatrix} 0 \\ 0 \\ 0 \\ 0 \\ 0 \end{bmatrix}, \qquad (3.8)$$

上式得到的结果不变。所不同的是,潜变量的截距因子现在捕捉到的表现值变为 y 中的第三个观测数据。通过保持矩阵 x 中的时间编码的间距不变(即每个时间点间的间距为1.0),能够使斜率因子保持不变。

潜变量矢量 η 现在被用作模型结构部分的结果变量或预测变量。在分析过程中,研究人员几乎都会将这些变量作为结果变量使用,例如在使用性格变量预测表现随时间推移的变化时(参见 Zyphur,Bradley,Landis & Thoresen,2008)。不过,这些潜变量可能还会被用作诸如人员流失或提升之类的因变量的预测变量。

可以将一级变量(即随时间变化的变量)添加到矩阵 x 中来预测 y——这些变量被称为随时间变化的协变量。相关的潜变量为传统的多层次模型的随机斜率。例如,把在培训上的时间花费作为表现的预测变量,这里每个月的培训时间是变化的。与该预测变量相关的潜变量平均值为培训对表现的总体影响,在这种关系下,潜变量的方差在不同的个体身上是不同的。培训对表现的影响可以通过个体层次变量或二级变量来预测——这些变量被称为时间恒定的协变量。例如,对智商水平较高的个体来说,培训对其表现具有较大的影响。该个体层次变量能够预测表现与培训之间随时间推移的关系。

■ 模型特性

如果想要了解潜变量增长因子是否合理(即对于 y 的增量变化的解释力),我们推荐使用嵌套模型的似然比差异检验。例如,可以比较包含二阶增长因子的模型与不包含二阶增长因子的模型的拟合度。在检验中,通过观测得到的 p 值应当减半,因为约束模型的方差处于其空间的临界位置(即方差为零,并且方差本身是无法小于零的;参见 Self & Liang, 1987)。不仅如此,还应当对不同类型的协方差结构进行建模,并进行比较测试(Singer & Willett, 2003)。

接下来,可能需要改变所使用的时间度量。在上面的例子中,线性增长因子在矩阵 x 中的时间编码增量为 1.0,它使得潜变量矢量 η 的值为从一个观测数据到另一个观测数据的增量。在示例中,观测数据的间隔时间为 1 个月,因此矢量 η 中的 1.0 表示每个月的变化为 +1.0 个单位。不过,如果时间编码的增量为 0.50(即 $-1.0, -0.50, 0, 0.50, 1.0$),那么矢量 η 中的结果值将变为每半个月的平均增长量(也就是观测数据之间的间隔减半)。这些设定叫作基线缩放系数,其中 0.0 处的截距位置称为基线位移系数(Hancock & Choi, 2006)。

接下来,该模型还能够合并在不同观测频率下分别得到的数据。例如有两个人,对其中一个人的测量频率为每月一次,对另一个人的测量频率为每月两次。第一个人的时间编码可以设置为 1.0,而第二个人的时间编码则应当设置为 0.50。这样的时间编码能够让这两个人在潜增长变量上可比较(因为半个月之于 1 个月,相当于 0.50 之于 1.0)。

接下来,在结构方程模型框架下,可以通过估计 Λ(与现在所讨论的矩阵 x 是相同的)来自由估计时间编码。所得到的"因子载荷"是对随时间变化的属性的最佳估计(B. Muthén & Curran,1997)。最后,潜变量增长模型的二阶因子形式是可行的,其中用于表示每个测量值的变量为通过多个观测指标的测量得到的潜变量——例如,可以用多指标的量表在不同时间对领导力进行评分,其中的时间编码指标是反映每次观测结果的潜变量因子。在所有情况下,传统的模型拟合度指标都可以用于模型评估。

◼ 使潜变量增长模型中的均值具有意义

对于如何通过设置有意义的截距因子来估计每个个体的平均值的问题,至今尚未获得人们的关注。用于预测观测变量的最大似然的估计值是该变量的均值。另外,对于在多个场合下对个体进行测量的情况,均值也是可靠性最强的估计。

虽然在潜变量增长模型中,随时间推移的变化表明了个体的位置在模型结构中的不确定性,但是在结构模型中,每个个体的均值仍然是有用的。例如,可以通过回归截距因子的斜率,控制在随时间推移的变化中的平均值差异。此外,随时间推移的变化还可以通过预测得到,或者作为预测变量来使用。在这里,我们将介绍如何使用平均截距增长模型(IGM)设定一个模型,该模型使用截距因子估计观测变量随时间推移的变化的平均值。

使用方程(3.9)设定一个平均截距增长模型的步骤如下:

1. 个体 i 在 y 上的平均值,记作 μ,为:

$$10 = (2 + 7 + 12 + 12 + 17)/5.$$

2. 找到当 μ 处于两个观测间隔之间时,y 的位置:

(1) 较小值记作 y_L,对应方程(3.9)中的 y_2,第 2 个观测值为 7;

(2) 较大值记作 y_U,对应方程(3.9)中的 y_3,第 3 个观测值为 12。

3. 用 y_U 减去 y_L,所得到的差记作 Δ_{U-L},其值为 $12 - 7 = 5$。

4. 用 y_L 减去 μ,所得到的差记作 $\Delta_{L-\mu}$,其值为 $7 - 10 = -3$。

5. 用 $\Delta_{L-\mu}$ 除以 Δ_{U-L},所得到的商记作 x_L,其值为 $-3/7 = -0.6$,即为 y_L 的时间编码。

6. 在所得到的时间编码上增加 1.0,记作 x_U,即为 y_U 的时间编码。

7. 对于每个新增加的变量 x 来说,若其时间编码小于 x_L,则只需要在其时间编码上减去 1.0 即可;若其时间编码大于 x_U,则只需要在其时间编码上增加 1.0 即可。

至此,示例中的每个个体都拥有了一个能够预测自身平均值的截距,而且每个人在矩阵 x 中的时间编码的差值都为一个单位量(假设已经通过计算得到了每个人在每个时间点上的时间编码;有关平均截距增长模型作为多层次模型的 Mplus 编码,请参见附录 C1;有关平均截距增长模型作为结构方程模型的 Mplus 编码,请参见附录 C2)。研究人员可以借助该设计通过截距因子获得每个个体的模型估计平均值,从而能够进一步在复杂的结构模型中使用它们。此外,对于可能存在有两个点能够作为平均值的情况(例如 y 上的值为 3,9,3),无论研究人员选择将 x 上的零值设置在 y_1 和 y_2 之间,还是 y_2 和 y_3 之间,都不会影响平均值,最后得到的结果都是等价的。

$$\begin{bmatrix} 2 \\ 7 \\ 12 \\ 12 \\ 17 \end{bmatrix} = \begin{bmatrix} 1 & -1.6 \\ 1 & -0.6 \\ 1 & 0.4 \\ 1 & 0.4 \\ 1 & 2.4 \end{bmatrix} \begin{bmatrix} \text{Intercept} \\ \text{Linear Slope} \end{bmatrix} + [\text{Residual}]. \tag{3.9}$$

多层次结构方程模型

如前文所述,多层次模型和结构方程模型的出现,其目的是解决研究人员面临的各种统计建模问题。借助多层次模型框架,研究人员能够对嵌套观测数据和其他层次分布观测数据之间的依存关系进行正确建模,同时还能够验证"跨层次"假说(Raudenbush & Bryk,2002)。不过问题在于,该方法既无法估计复杂的结构参数,也无法估计测量模型。另外,虽然结构方程模型解决了上述问题,却无法像多层次模型那样,直接将群体间和群体内成分的方差区分开。这样一来,迫使研究人员不得不在这两个模型中做出选择:是选择能够对数据的多层次影响正确建模的多层次模型,还是选择能够消除由测量误差造成的影响并可用于复杂结构关系的结构方程模型?

多层次结构方程模型的出现,不仅解决了上面两个模型的问题(参见 B. Muthén,1994;Skrodal & Rabe-Hesketh,2004),同时也在各种软件中得到了广泛应用(参见 Mplus,L. K. Muthén,1998—2008)。结构方程模型和多层次模型是多层次结构方程模型的特殊形式,多层次结构方程模型的使用者能够在多个层次上进行测量和建立结构模型(参见 Zyphur, Narayanan, Koh & Koh, 2009),以及处理随机斜率和基础变量的混合分布(Rabe-Hesketh, Skrondal & Pickles, 2004)。多层次结构方程模型表达式的简化形式如下:

$$y_{ij} = Y_{Bj} + \Lambda_W \eta_{Wij} + \varepsilon_{Wj}, \tag{3.10}$$

$$y_{Bj} = \alpha_B + \Lambda_B \eta_{Bj} + \varepsilon_{Bj}, \tag{3.11}$$

$$\eta_{Wij} = B_W \eta_{Wij} + \Gamma_W W_{Wij} + \zeta_{Wij}, \quad 以及 \tag{3.12}$$

$$\eta_{Bj} = \alpha + B_B \eta_{Bj} + \Gamma_B W_{Bj} + \zeta_{Bj}. \tag{3.13}$$

在上述方程中,除下脚标 W 和 B 分别表示群体内项及群体间项外,其他所有项的含义与在方程(3.1)和方程(3.2)中的含义相同。其中,群体内项用于预测模型估计的群体均值之外的偏差,而群体间项预测的是模型估计的均值。

在继续说明后面的内容之前,有必要先介绍一下有关该结构的几点意见。首先,在去掉了测量部分后,模型变成了一个多层次路径模型。此外,与 y_{ij} 相联系的模型之间的变量为潜变量(即"随机截距"y_{Bj}),这与多层次模型中的情况一致。同时,可以把 B_W 的系数看成在不同群体间随机变化的量,即随机斜率作用于模型之间的部分(有关该模型的详细讨论,请参见 Preacher, Zyphur & Zhang, 2010)。不仅如此,在方程(3.13)的扩展形式中,由观测得到的结果变量能够用于群体间的分析(在多层次模型中不可用),这就生成了 1-1-2 和 1-2-2 中介模型(Preacher et al., 2010)。

在结构方程模型中,y 的方差被分解成潜变量的"真实"和"错误"方差以及残差方差两个部分(Lord & Novick, 1968),而现在,方差 y 被分割为群体间和群体内两个部分。因此,通过对 B、W 中相同的 p 在 Λ 和 ε 上的等式约束,该模型便成了一个"多层次方差成分模型"(Rabe-Hesketh et al., 2004),其中,潜变量因子的方差被分成了群体间和群体内两个部分(参见图 3.4a,图中的实心圆表示随机系数,即潜变量;有关 Mplus 代码的内容,请参见附录 D1)。使用该模型,研究人员能够对群体内和群体间的潜变量进行比较,这对于估计多层次可靠性和无残差的组内相关(ICC)情况十分有用。

信度为真实得分与总方差的比值(Lord & Novick, 1968)。然而,在处理多层次数据时,如果不分解为群体内和群体间两个部分的话,信度计算中会混淆群体内和群体间方差。为了避免出现这一问题,可以计算出一个群体内和群体间方差共用的信度系数(B. Muthén, 1991),其中,潜变量 η_1 的信度为:

$$\text{Reliability}_W = \text{VAR}(\eta_{W1})/(\text{VAR}(\eta_{W1}) + \text{VAR}(\varepsilon_{W1}\cdots P)), \text{以及} \quad (3.14)$$
$$\text{Reliability}_B = \text{VAR}(\eta_{B1})/(\text{VAR}(\eta_{B1}) + \text{VAR}(\varepsilon_{B1}\cdots P)). \quad (3.15)$$

计算过程请参见 Raykov 和 Shrout(2002)。由于在群体内分析层次上存在大量的残差方差,因此通过上述方式确定可靠性非常重要(B. Muthén,1991)。值得注意的是,使用方程(3.15)估计出的信度已经考虑了抽样误差,即群体平均值的非可靠性,可通过组内相关(2)测量得到,因为群体层次上的每个项都是一个潜变量,都是对群体均值的精确加权估计。

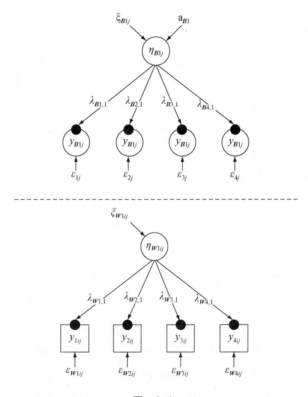

图 3.4a

注:遵照方程(3.10)—(3.13)所设立的多层次验证性因子分析模型。其中,个体分析层次上的变量方差通过随机截距被分解为群体内和群体间两个部分。

在组内相关方面,研究人员通常希望了解方差在聚类间层次上的构成,它可以被看作对个体分数信度的测量,用作对群体平均值的估计(Bliese,1998)。该组内相关(1)如下:

$$\rho = \sigma_B^2/(\sigma_B^2 + \sigma_W^2), \quad (3.16)$$

式中,σ^2表示变量的方差值。不过,实际使用中的方差项包含真实方差和错误方差两部分。当使用尺度聚合而不是潜变量的方差时,测量误差会使组内相关估计产生偏误。同样,造成该问题的原因还是在于群体内层次上存在大量的残差方差,从而使组内相关估计产生较大偏误。计算组内相关真实得分的方法如下(B. Muthén,1991;详细内容请参见附录 D1):

$$\rho_{1T} = \mathrm{VAR}(\eta_{B1})/[\mathrm{VAR}(\eta_{B1}) + \mathrm{VAR}(\eta_{W1})]. \tag{3.17}$$

◼ 对领导力研究者的意义

正如 Liden 和 Antonakis(2009)所指出的,多层次结构方程模型在解决与情境相关的问题方面是独一无二的(还可以参见 Marsh,Lüdtke,Robitzsch,et al.,2009)。这一点至关重要,因为如前文所述,情境化领导力风格及其有效性一直以来始终是领导力研究领域的重点内容。由于多层次结构方程模型能够在群体间的部分引入情境变量,因此,领导力研究者获得了难得的机会,从而能够检验较高层次变量对较低层次关系的调节效应,以及复杂的多层次交互作用。考虑到潜变量的交互作用与多元正态分布的假设相矛盾,研究人员可以使用 bootstrapped 置信区间代替基于正态分布的假设检验——尽管这种做法在目前现有的统计模型中还无法实现。

例如,考虑这样一个模型,情境变量被作为领导力风格与个体层次上的表现之间的调节量,我们把这种情况称为 2*2-1 模型。另外,情境还可以作为对领导者领导风格的预测变量,而后进一步用于预测个体的表现,我们把这种情况称为 2-2*2-1 模型——如图 3.4b 所示(有关 Mplus 代码的内容,请参见附录 D2)。需要注意的是,像 2-1-1 和 2-2-1 这样的中介模型永远都是出现在分析的群体间层次上(Preacher et al.,2010)。最后,在该模型中,情境变量能够预测较低层次预测变量与个体表现之间的关系,从而有效地调节了在较低层次上的联系。领导者-成员交易相对理论与个体表现之间的联系可以作为这类群体内关系的一个实例。领导者-成员交易相对理论指的是,考虑到自身的领导者-成员交易特性,群体内某个成员在群体内的相对位置(Henderson,Liden,Glibkowski & Chaudhry,2009)。根据该定义,对变量的前因和结果的检验自然应当位于分析的群体内层次上。

该模型如图 3.4b 所示。图中,情境变量(w_{B1})通过观测得到;领导力风格(η_{B2})为潜变量,并通过中间层次的多个变量测量得到(例如对领导者的同行评分);个体表现指标为在群体间层次上的潜变量,用于说明群体层次上的潜变量因子(η_{B1})。在群体内层次上,个体表现的预测变量(即领导者-成员相对交易理论)为潜变量(η_{W2}),而表现变量(η_{W1})也同为潜变量。它们之间的联系为与之相关的随机斜率,该斜率是在群体间层次上的潜变量(η_{B4})。为了清楚起见,我们忽略了中间层次上的所有均值和方差。

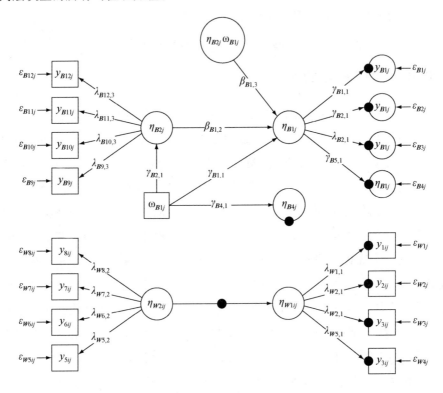

图 3.4b

注:遵照方程(3.10)—(3.13)所设立的多层次结构方程模型。其中,在个体分析层次上由观测得到的变量方差,通过随机截距被分解为群体内和群体间两个部分;随机斜率和潜变量之间的交互作用都是指定的;此外,图中还包括一个在群体层次上的预测量。

最后,研究人员还应当注意多层次结构方程模型在实际应用中可能会遇到的一些问题。例如,当变量的群体间方差非常小、随机斜率的方差非常小、模型非常复杂、残差/扰动的方差趋于零(通常位于群体间层次)以及群体间的样本容量较小时,模型估计将变得十分困难。这些问题已经超出了本章的讨论范围,但是在样本容量足够充分、中间分析层次上的方差足够明显的情况下,多层次结构方程模型仍然是研究人员的得力工具。

潜变量类群分析

研究社会现象的方法可以分成两类:以研究变量为主的方法和以研究人为主的方法(B. Muthén & Muthén,2000)。以研究变量为主的方法主要考察的是各个变量之间的关系,例如个性对领导力产出的影响;而以研究人为主的方法主要考察的则是人与人之间的关系,例如哪些个体具有相似的性格特征,以及人们总体上倾向于经历哪种类型的领导力产出等(参见 Foti & Hauenstein,2007)。对于第二种研究方法,几乎从来没有研究人员采用过。究其原因主要是:(1) 不熟悉当前的聚类技术,不了解该技术是如何嵌入较大的以变量研究为主的结构模型中的;(2) 在很大程度上,聚类技术具有探索性质和归纳性质,研究人员对此抱有惧怕心理。对演绎法的执迷和对第一类错误率的惧怕驱使着研究人员更愿意使用其他更为成熟的技术。

在这里,我们认为潜变量类群分析(LCCA,或潜变量剖面分析)是解决上述两个问题的最佳方案。对于第一个问题,可以通过在潜变量类群分析中引入连续的观测变量来解决,从而使其能够适应复杂的结构模型。对于第二个问题,我们可以引入参数约束,并针对约束的正确性以及新增的潜变量类别(全部都是以演绎为导向且经过验证的实践方法)进行嵌套模型验证,此外我们还注意到,潜变量类群分析的性能通常要优于其他的聚类技术。

潜变量类群分析技术是适用范围更广的潜变量类别分析技术(参见 Gibson,1959;Lazarsfeld & Henry,1968),该技术是在 Lazarsfeld(1950)和 Goodman(1974)等研究人员所做工作的基础上发展而来的,主要用于解释社会、医学和心理学数据中不同亚群体的异质性(有关潜变量类群分析的发展历史以及名称沿革(如潜变量剖面分析)的讨论,请参见 Vermunt & Magidson,2002)。潜变量类群分析建立在传统聚类分析方法的基础上,更加注重概率方面的研究,而且以模型为基础,适用面更加广泛(DiStefano & Kamphaus,2006)。潜变量类群分析指定了一个明确的潜变量,用于聚合群体中那些在不同观测变量上具有相似潜在剖面的个体——该剖面之所以是潜在的,原因是它并不是通过直接观测的方式得到的(参见图 3.5;图中,模型中的第一个潜变量为潜类别变量,它为每个潜在类别 k 提供了一个均值)。

正如 Vermunt 和 Magidson(2002)所讨论的那样,在使用正态分布变量的情况

下,该模型的表达式如下:

$$f(\mathbf{y}_i \mid \theta) = \sum_{k=1}^{K} \pi_k f_k(\mathbf{y}_i \mid \theta_k) \qquad (3.18)$$

式中,如前文所述,y_i 表示个体在多个变量 y 中的位置;K 表示指定的聚类总数;π_k 表示属于第 k 个聚类的概率(在给定的样本容量下,个体在聚类 k 中的估计数量);θ 表示模型参数。

在这里,变量 y 的均值、方差和协方差均为估计值,其中,每个类别的协方差包含在矩阵 Σ_k 中。矩阵本身可能有多种表现形式。最值得注意的一点是,所有变量的协方差可能都会被限制为零。由于所有的变量都在潜类别变量之下相互独立,因此这种常见的模型被称为局部独立模型。对该模型可以这样理解:所有观测变量的协方差均由潜类别变量测算并解释——这类似于验证性因子分析模型,模型中的项的协方差通过验证性因子解释,而协方差约束的正确性则通过嵌套模型来检验。

在继续后面的讨论之前,需要指出该模型与其他比较常见的聚类形式之间存在的几点区别。第一,潜变量类群分析是基于模型的。在为模型指定类别 K 的同时,还需要指定方差和协方差。然后,最大化模型估计参数的似然值,以达到与观测数据之间的最大拟合度。举例来说,这样做能够使研究人员对在所有类别 K 上,或给定类别上具有不同 Σ_k 的嵌套模型进行比较,或者通过传统的似然比差异检验跨类别的均值等式约束。

例如,虽然模型简化非常重要,但是同时还要保持足够的自由度,方差 Σ 要能够根据不同的类别发生改变,以反映跨类别同质性不同程度的可能性。不仅如此,研究人员还能够估计每个类别中传统的因子分析模型和结构方程模型。

另外,由于潜变量类群分析是基于模型的,因此它能够比较类别数量不同的模型,并以最大拟合度确定类别的结构。值得注意的是,该类别的枚举过程通常具有主观性质,而且取决于通过非标准化拟合指数(即贝叶斯信息标准)、bootstrapped 似然比差异检验、熵统计量,以及大量实质性检查的比较结果(参见 B. Muthén,2003;Nyland, Asparouhov & Muthén, 2007)。

第二,潜变量类群分析属于概率聚类方法,也就是说,潜变量类群分析的结果所反映出的聚类成员资格并不是完全确定的。在给定了模型估计参数和个体原始数据的情况下,研究人员能够估计出每个个体属于某个给定类别的可能性。借助这样的后验概率,通常的做法是将个体分配到成员资格可能性最大的类别中去,这个过程被称作模型分配(Vermunt & Magidson,2002)。当个体在单一类别中具有非常大的成员资格可能性,并且在其他类别中的可能性很小时,给定模型的分类质量较高——通过熵统计量测出,可接受的值应大于0.80(B. Muthén & Muthén,2000)。

第三,潜变量类群分析的结果对变量的测量不敏感。很明显,变量测量会影响均值和变量方差的估计结果,但是对任意给定的 y 进行线性变换既不会影响 π_k,也不会影响类别 k 中任意给定个体的概率。这一点与其他的聚类方法不同,比如 k-平均值聚类分析,其变量的方差能够显著影响结果(DiStefano & Kamphaus,2006),从而给不连续变量的分析带来严重问题。

第四,潜变量类群分析模型可以扩展,引入任意给定 y 的基本分布混合,从而使特定的混合多元分布函数成为可能。相应的表达式形式如下:

$$f(\bm{y}_i \mid \bm{\theta}) = \sum_{k=1}^{K} \pi_k \prod_{p=1}^{P} f_k(y_{ip} \mid \theta_{pk}), \qquad (3.19)$$

式中,P 表示指标变量的总数;p 表示任意给定的指标;y_{ip} 表示 y_i 的一个元素(Vermunt & Magidson,2002)。该方程使几乎所有的基本分布变量都能够纳入模型当中,而且如同大多数聚类分析所要求的那样,不对测量做出任何主观判断,以便将其与其他变量等同起来。

接下来,有趣的是,潜变量类群分析模型在扩展后还可以在每个类别内包含观测变量和潜变量的协方差,以及传统的结构方程模型形式,它们带有复杂的量度和多种含义的结构路径。例如,聚类成员资格取决于协方差,相应的表达式由方程(3.19)扩展而来,如下所示:

$$f(\bm{y}_i \mid \bm{x}_i, \bm{\theta}) = \sum_{k=1}^{K} \pi_{k \mid \bm{x}_i} \prod_{p=1}^{P} f_k(y_{ip} \mid \theta_{pk}), \qquad (3.20)$$

式中,任意给定变量 x 的值通过多项式 logit 函数与潜类别变量相联系。在这种情况下,类别成员资格可以通过个体在变量 x 上的位置来预测,以便由 x "通知" 聚类。该模型还能够在 x_i 位置上扩展出更加复杂的特性来,例如结构方程模型中典型的测量方法和结构成分,从而通过潜变量因子或者潜多项式回归模型中的潜变量交互项来预测类别成员资格。

在每个类别内,也可以通过方程(3.1)和方程(3.2)中的结构方程模型元素来设定这样的结构,然后将它们纳入潜变量类群分析中,使其在类别上相互依赖。这类模型被称为混合模型、因子混合模型,或者结构方程混合模型。随后,在这些模型的基础上又衍生出了许多新模型,例如潜变量增长混合模型。该模型将潜变量增长模型的增长轨迹方差聚类在一起,将随着时间的推移变化水平相似的个体组合成一个群体(B. Muthén,2004;Wang,2007)。

最后,潜变量类群分析模型还可以扩展成个体嵌套在群体内的多层次形式。在与结构方程模型结合后,这一模型将是一个多层次结构方程混合模型。模型中个体的类别成员资格概率以及结构方程模型参数,都允许在不同的分析层次之间发生改变(Lubke & Muthén,2005)。

对领导力研究者的启示

即使潜变量类群分析的最简单的形式对研究人员来说都是非常有用的,更何况它还可以扩展出许多复杂的形式来。考虑这样一种情况,通过分为"高"和"低"类,把个体划入不同的性格类型——目前在实践中使用的 MBTI 就是为了达到这样的目的(Michael,2003),不过效果并不太好(Garden,1991;McCrae & Costa,1989;Pittenger,1993;Sipps & DiCaudo,1988)。这对研究人员具有很大的诱惑性,因为这样做不需要再提供多个维度上的连续值来描述个性,个体已经被纳入单一特征或个性类型当中,这显然具有很大的吸引力。试想,如果将两个类型混在一起,那么研究人员该如何解释个体 3.85 的亲和性得分,以及 2.86 的尽责性得分呢?

借助潜变量类群分析,研究人员能够使用有效的个性测量方法,如大五人格特质,将个体聚类到不同剖面上。这样既保留了个性分离的剖面对研究人员的吸引力,又去除了一些诸如"高"和"低"之类专断的分类标准,它们是由数据驱动的与个性剖面相关的各种属性(Marsh,Lüdtke,Trautwein & Morin,2009)。然而,像大五人格特质这样的变量可以用于预测个体的潜变量类别成员资格。例如,研究人员希望通过多因素领导力问卷(MLQ)获得个体的性格特征,考察在多因素领导力问卷变量中个体亚群体的共同性格趋势。然后,再从理论角度考虑一下这种情况,像大五性格特质这样的变量,可能部分反映了个体在多因素领导力问卷上所测量的建构上的位置。有了这样的想法,研究人员便能够设定潜变量类群分析,以根据多因素领导力问卷创建特征剖面,并以个体在大五性格特质中的位置来显示这些特征剖面的创建情况。重要的是,这一过程是通过潜变量完成的(参见图 3.5;图中,第一个潜变量为潜类别变量(η_1),该变量的预测变量可以为个体的个性变量;有关

Mplus 代码的内容,请参见附录 E。)

最后,尽管我们对潜变量类群分析的上述探讨显示出该方法具有广阔的应用前景,但是需要着重强调的是,必须在同时考虑了相关理论和观测数据的基础上,研究人员才能够做出关于模型配置的重要决定(例如,确定类别的数量),换句话说,就是必须从真实性和统计性的角度出发(B. Muthén, 2003)。如果研究人员希望检验正规的假设,而不是简单地考察另一种汇报数据的替代方式,或者以一种纯粹的探索心态对数据进行建模的话,这一点对他们来说尤其重要。

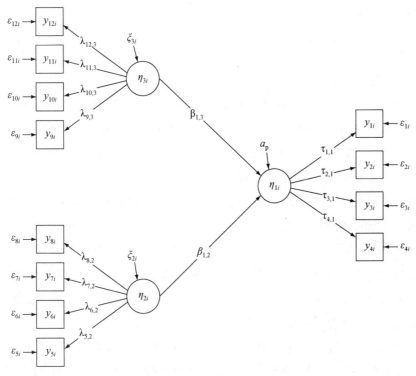

图 3.5

注:如方程(3.20)所示的潜变量类群分析。图中,潜变量用于预测聚类的成员资格。该模型还被称为有限混合模型、因子混合模型,或者结构方程混合模型。

总结

本章所提到的这些方法旨在为读者提供一些见解,便于他们了解研究人员是如何以一种新的方式使用现有技术的,以及未被完全利用的技术是如何发挥其最大功用的。无论再怎样强调理解统计模型及其基本假设的重要性都不为过（Antonakis et al.，2010）。在理解了如何运用定量技术实践理论和假设后，研究人员不仅获得了以更精确的方式检验现有技术的机会，而且具备以下能力：(1)不必再担心无法使用统计分析方法检验新提出的复杂理论；(2)可以使用统计模型内嵌的概率作为归纳理论建构的基础（Zyphur，2009）。前面所讨论的各种统计技术能够让研究人员实现这些想法。

讨论题

1. 定量技术是领导力研究中常用的问题解决方法。你认为在领导力研究各领域中，哪些领域目前而且以后也无法使用定量技术？

2. 在大多数情况下，团队成员对团队的贡献并不是等同的。其中一些成员可能比较引人注目，而另一些成员则可能获得了更多的领导者关注。然而多数情况下，这种影响力的差异并不是由向上直接贡献的多少决定的，而是由团队成员之间横向的非正式影响决定的。那么团队成员之间的哪些横向、社会、政治影响能够导致他们对团队成就做出更多或更少的贡献？另外，这些影响又是如何使团队成员认可或者不认可优异绩效的？

3. 绩效、凝聚力和许多其他因素决定着整个团队随时间变化的趋势。虽然我们能够描述一个团队在绩效或凝聚力上的平均水平，但是测量和描述团队内部现象随时间推移而发生的变化有何意义？对于随时间推移而发生的显著变化，怎样才是描述一个团队特点的最佳方式？

4. 人们倾向于在一个属性集合中描述彼此，例如："她工作非常努力，是一位目标驱动的管理者，她的人格魅力和奉献精神值得称道，并乐于帮助团队内最需要帮助的人。"这表明我们所描述的个体性格由多种属性构成。有趣的是，用来描述个体的属性会因人而异。例如，我们会倾向于在描述男性（女性）时使用更多的男性（女性）性格特征。考虑到管理职位通常更多地需要男性特征这一事实，那么在描述男性和女性时，使用不同的性格特征有何意义？

5. 无论是科学家还是实践者，他们都对如何充分解释不同的人或情况之间的区别十分感兴趣。例如，我们对于团队或组织绩效的起伏了解得越多，就越能管理好它们。我们在试图解释那些自己感兴趣的现象时会遇到许多问题，其中之一就是它需要处理大量的变量。变量的数量太多,以至于我们用于解释的模型不仅变得十分笨重,而且复杂到难以实现。那么我们应当怎样确定已经获得了足够用于解释的模型变量?对于我们要解释的不同情况和现象类型来说,这些变量是怎样发挥作用的?

 附录 A1

(在整个附录部分,感叹号"!"后面的文本是说明性文字)

(Throughout appendices, text following an exclamation mark "!" refers to a comment.)

TITLE: A Structural Equation Model;

DATA: FILE IS …; ! insert data file here

VARIABLE: NAMES ARE y1-y6 x1 w1; ! all observed variables

USEVARIABLES ARE y1-y6 x1 w1; ! indicates variables to use in the model

MODEL: ! portion where model is specified

y1 ON x1;

n_1 BY y1-y3; ! indicates first latent variable Eta_1 is measured by y1-y3

n_2 BY y4-y6; ! indicates second latent variable Eta_2 is measured by y4-y6

附录 A2

TITLE: A Latent Polynomial Regression (LPR) Model;

DATA: FILE IS …; ! insert data file here

VARIABLE: NAMES ARE y1-y12 cluster; ! all observed variables

USEVARIABLES ARE y1-y12; ! indicates variables to use in the model

CLUSTER = cluster; ! defines variable indicating group membership

ANALYSIS: TYPE = RANDOM; ! indicates random variables will be modeled

TYPE = COMPLEX; ! indicates that standard errors are computed with a sandwich estimator

! to accommodate the nonindependence of followers of the same leader

ALGORITHM = INTEGRATION; ! indicates numerical integration will be used

MODEL: ! portion where model is specified

n_1 BY y1-y4; ! indicates first latent variable Eta_1 is measured by y1-y4

n_2 BY y5-y8; ! indicates second latent variable Eta_2 is measured by y5-y8

n_3 BY y9-y12; ! indicates third latent variable Eta_3 is measured by y9-y12

n_2Xn_3 | n_2 XWITH n_3; ! defines the interaction between Eta_2 and Eta_3

n_2Xn_2 | n_2 XWITH n_2; ! squares Eta_2

n_3Xn_3 | n_3 XWITH n_3; ! squares Eta_3

n_1 ON ! regresses n_1 on all latent variables and labels the coefficients as beta2–beta6

n_2 (beta2)

n_3 (beta3)

n_2Xn_3 (beta4)

n_2Xn_2 (beta5)

n_3Xn_3 (beta6);

MODEL CONSTRAINT: ! portion of the model where labeled parameters may be used

NEW (slope_c slope_i curv_c curv_i); ! name the newly generated parameters, "c" refers to

! the congruence line and "i" refers to incongruence line

slope_c = beta2 + beta3; ! slope along the congruence line when n_2 = n_3 = 0

slope_i = beta2—beta3;

curv_c = beta4 + beta5 + beta6; ! curvature along the congruence line when n_2 = n_3 = 0

curv_i = – beta4 + beta5 + beta6;

附录 B

TITLE: A Multilevel Member Weighted Model (MWM);

DATA: FILE IS …; ! insert data file here

VARIABLE: NAMES ARE y x w cluster; ! all variables

USEVARIABLES ARE y x w; ! indicates variables to use in the model

CLUSTER = cluster ! defines variable indicating group membership

WITHIN = x y; ! indicates both variables will only be used on the lower level of analysis

ANALYSIS: TYPE = TWOLEVEL RANDOM; ! indicates multilevel model with random slope

MODEL: ! portion where model is specified

%WITHIN% ! lower level of the model

S | y on x; ! defines regression of y on x as random slope (i.e., weighted average)

%BETWEEN% ! higher level of the model

S on w; ! regresses observed variable on the random slope (i.e., weighted average)

! note that the random intercept (i.e., model-estimated mean) of y is suppressed by not

! mentioning it in the Between portion of the model

附录 C1

TITLE: An Intercept as Mean Growth (IGM) Model setup as a multilevel model

DATA: FILE IS …; ! insert data file here

VARIABLE: NAMES ARE y x cluster; ! variable names, where x is the time codings

USEVARIABLES ARE y x; ! indicates variables to use in the model

CLUSTER = cluster ! defines variable indicating group membership

WITHIN = x ; ! indicates time codes only used at the lower level of analysis

ANALYSIS: TYPE = TWOLEVEL RANDOM; ! indicates multilevel model with random slope

MODEL: ! portion where model is specified

%WITHIN% ! lower level of the model

S | y on x; ! defines regression of y on x as a random slope, which is the linear slope factor

%BETWEEN% ! higher level of the model

y S; ! specifies the intercept in "y" and the linear slope factor in "S" as existing at the higher level

附录 C2

TITLE: An Intercept as Mean Growth (IGM) Model setup as a structural equation model

DATA: FILE IS …; ! insert data file here

VARIABLE: NAMES ARE y1-y5 a1-a5; ! variable names

USEVARIABLES ARE y1-y5 a1-a5; ! indicates variables to use in the model

TSCORES = a1-a5; ! indicates which variables have the time codings for each individual

MODEL: i s | y1-y5 AT a1-a5; ! defines an intercept and slope factor, using the time codings

附录 D1

TITLE: Multilevel Model with a Latent Factor

DATA: FILE IS …; ! insert data file here

VARIABLE: NAMES ARE y1-y4 cluster; ! variable names, where x is the time codings

USEVARIABLES ARE y1-y4; ! indicates variables to use in the model

CLUSTER = cluster; ! defines variable indicating group membership

ANALYSIS: TYPE = TWOLEVEL; ! indicates multilevel model

MODEL: ! portion where model is specified

%WITHIN% ! lower level of the model

n_w1 BY y1-y4; ! defines Eta_W1

n_w1 (W); ! labels the within group variance of the latent variable as "W"

%BETWEEN% ! higher level of the model

n_b1 BY y1-y4; ! defines Eta_B1

n_b1 (B); ! labels the between-group variance of the latent variable as "B"

MODEL CONSTRAINT: ! portion of the model where labeled parameters may be used

NEW (ICC) ! defines a new variable that will not explicitly be a part of the estimated model

ICC = B/(B+W); ! Computes the ICC(1) of the latent variable

附录 D2

TITLE: Multilevel Structural Equation Model with a random slope and latent interaction

DATA: FILE IS …; ! insert data file here

VARIABLE: NAMES ARE y1-y12 w cluster; ! variable names

USEVARIABLES ARE y1-y12 w; ! indicates variables to use in the model

BETWEEN = y9-y12 w; ! indicates variables measured at the between level, no within variance

CLUSTER = cluster; ! defines variable indicating group membership

ANALYSIS: TYPE = TWOLEVEL RANDOM; ! indicates multilevel model with random slope

MODEL: ! portion where model is specified

%WITHIN% ! lower level of the model

n_w1 BY y1-y4; ! defines Eta_W1

n_w2 BY y5-y8; ! defines Eta_W2

S | n_w1 ON n_w2; ! defines the regression of Eta_W1 on Eta_W2 as a random slope

%BETWEEN% ! higher level of the model

n_b1 BY y1-y4; ! defines Eta_B1

n_b2 BY y9-y12; ! defines Eta_B2

n_b1Xn_b2 | n_b1 XWITH n_b2; ! defines interaction between Eta_B1 and Eta_B2

n_b1 ON n_b2 n_b1Xn_b2 w; regresses n_b1 on other variables

S ON w; ! regresses the random slope on w

附录 E

TITLE: LCCA with 2 classes, membership informed by latent variables

DATA: FILE IS …; ! insert data file here

VARIABLE: NAMES ARE y1-y12; ! variables names

USEVARIABLES ARE y1-y12; ! indicates variables to use in the model

CLASSES = c (2); ! number of classes to be estimated

ANALYSIS: TYPE = MIXTURE; ! mixture model specified

ALGORITHM = INTEGRATION; ! numerical integration used

MODEL:

%OVERALL% ! indicates overall model, no variance within classes is specified here

n_2 BY y5-y8; ! defines Eta_2

n_3 BY y9-y12; ! defines Eta_3

c ON n_2 n_3; ! regresses the latent variable Eta_1 on Eta_2 and Eta_3

! note that the latent class variable as indicated by y1-y4 need not be specified directly

! by not using y1-y4 in the model they are used as indicators for the latent class variable

 参考文献

Anderson, C., & Berdahl, J. L. (2002). The experience of power: Examining the effects of power on approach and inhibition tendencies. *Journal of Personality and Social Psychology, 83*, 1362–1377.

Anderson, R. C., Mansi, S. A., & Reeb, D. M. (2004). Board characteristics, accounting report integrity, and the cost of debt. *Journal of Accounting & Economics, 37*, 315–342.

Antonakis, J., Avolio, B. J., & Sivasubramaniam, N. (2003). Context and leadership: An examination of the nine-factor full-range leadership theory using the Multifactor Leadership Questionnaire. *The Leadership Quarterly, 14*, 261–295.

Antonakis, J., Bendahan, S., Jacquart, P., & Lalive, R. (2010). On making causal claims: A review and recommendations. *The Leadership Quarterly, 21*, 1086–1120.

Antonakis, J., Schriesheim, C. A., Donovan, J. A., Gopalakrishna-Pillai, K., Pellegrini, E. K., & Rossomme, J. L. (2004). Methods for studying leadership. In J. Antonakis, A. T. Cianciolo, & R. J. Sternberg (Eds.), *The nature of leadership* (pp. 48–70). Thousand Oaks, CA: Sage.

Barling, J., Loughlin, C., & Kelloway, E. K. (2002). Development and test of a model linking safety-specific transformational leadership and occupational safety. *Journal of Applied Psychology, 87*, 488–496.

Bliese, P. D. (1998). Group size, ICC values, and group-level correlations: A simulation. *Organizational Research Methods, 1*, 355–373.

Bollen, K. A. 1989. *Structural equations with latent variables.* New York: John Wiley.

Bollen, K. A. (1996). An alternative two-stage least squares (2SLS) estimator for latent variable equations. *Psychometrika, 61*, 109–121.

Bollen, K. A. (2002). Latent variables in psychology and the social sciences. *Annual Review of Psychology, 53*, 605–634.

Bollen, K. A., & Curran, P. J. (2004). Autoregressive latent trajectory (ALT) models: A synthesis of two traditions. *Sociological Methods & Research, 32*, 336–383.

Bollen, K. A., & Curran, P. J. (2006). *Latent curve models: A structural equation perspective.* Hoboken, NJ: John Wiley.

Carson, J. B., Tesluk, P. E., & Marrone, J. A. (2007). Shared leadership in teams: An investigation of antecedent conditions and performance. *Academy of Management Journal, 50,* 1217–1234.

Chen, F., Curran, P. J., Bollen, K. A., Kirby, J., & Paxton, P. (2008). An empirical evaluation of the use of fixed cutoff points in RMSEA test statistic in structural equation models. *Sociological Methods and Research, 36,* 462–494.

Cheung, G. W. (2009). Introducing the latent congruence model for improving the assessment of similarity, agreement, and fit in organizational research. *Organizational Research Methods, 12,* 6–33.

Cohen, J., Cohen, P., West, S. G., & Aiken, L. S. (2003). Applied multiple regression/correlation analysis for the behavioral sciences (3rd ed.). Hillsdale, NJ: Lawrence Erlbaum.

Colbert, A. E., Kristof-Brown, A. L., Bradley, B. H., & Barrick, M. R. (2008). CEO transformational leadership: The role of goal importance congruence in top management teams. *Academy of Management Journal, 51,* 81–96.

Curran, P. J. (2003). Have multilevel models been structural equation models all along? *Multivariate Behavioral Research, 38,* 529–569.

Curran, P. J., & Bollen, K. A. (2001). The best of both worlds: Combining autoregressive and latent curve models. In L. M. Collins & A. G. Sayer (Eds.), *New methods for the analysis of change* (pp. 107–135). Washington, DC: American Psychological Association.

Dansereau, F., Alutto, J. A., Nachman, S. A., Alkelabi, S. A., Yammarino, F. J., Newman, J., et al. (1995). Individualized leadership—A new multiple-level approach. *The Leadership Quarterly, 6,* 413–450.

Dansereau, F., Graen, G., & Haga, W. J. (1975). Vertical dyad linkage approach to leadership within formal organizations: A longitudinal investigation of role making process. *Organizational Behavior and Human Performance, 13,* 46–78.

Dimitruk, P., Schermelleh-Engel, K., Kelava, A., & Moosbrugger, H. (2007). Challenges in nonlinear structural equation modeling. *Methodology, 3,* 100–114.

Dionne, S. D., & Dionne, P. J. (2008). Levels-based leadership and hierarchical group decision optimization: A simulation. *The Leadership Quarterly, 19,* 212–234.

DiStefano, C., & Kamphaus, R. W. (2006). Investigating subtypes of child development: A comparison of cluster analysis and latent cluster analysis in typology creation. *Educational and Psychological Measurement, 66,* 788–794.

Edwards, J. R. (1993). Problems with the use of profile similarity indices in the study of congruence in organizational research. *Personnel Psychology, 46,* 641–665.

Edwards, J. R. (1995). Alternatives to difference scores as dependent variables in the study of congruence in organizational research. *Organizational Behavior and Human Decision Processes, 64,* 307–324.

Edwards, J. R. (2002). Alternatives to difference scores: Polynomial regression analysis and response surface methodology. In F. Dragsow & N. Schmitt (Eds.), *Measuring and analyzing behavior in organizations: Advances in measurement and data analysis* (pp. 350–400). San Francisco: Jossey-Bass.

Edwards, J. R. (2007). Polynomial regression and response surface methodology. In C. Ostroff and T. A. Judge (Eds.), *Perspectives on organizational fit* (pp. 361–371). Mahwah, NJ: Lawrence Erlbaum.

Edwards, J. R. (2008). To prosper, organizational psychology should . . . overcome methodological barriers to progress. *Journal of Organizational Behavior, 29,* 469–491.

Edwards, J. R., & Lambert L. S. (2007). Methods for integrating moderation and mediation: A general analytical framework using moderated path analysis. *Psychological Methods, 12,* 1–22.

Edwards, J. R., & Parry, M. E. (1993). On the use of polynomial regression equations as an alternative to difference scores in organizational research. *Academy of Management Journal, 36,* 1577–1613.

Ensley, M. D., Hmieleski, K. M., & Pearce, C. L. (2006). The importance of vertical and shared leadership within new venture top management teams: Implications for the performance of startups. *The Leadership Quarterly, 17,* 217–231.

Fiske, S. T. (1993). Social cognition and social perception. *Annual Review of Psychology, 44,* 155–194.

Foti, R. J., & Hauenstein, N. M. A. (2007). Pattern and variable approaches in leadership emergence and effectiveness. *Journal of Applied Psychology, 92,* 347–355.

Garden, A. (1991). Unresolved issues with the Meyers-Briggs Type Indicator. *Journal of Psychological Type, 22,* 3–14.

Gibson, W. A. (1959). Three multivariate models: Factor analysis, latent structure analysis, and latent profile analysis. *Psychometrika, 24,* 229–252.

Goodman, L. A. (1974). Exploratory latent structure analysis using both identifiable and unidentifiable models. *Biometrika, 61,* 215–231.

Graen, G. B., & Uhl-Bien, M. (1995). Relationship-based approach to leadership: Development of leader-member exchange (LMX) theory over 25 years: Applying a multi-level multi-domain perspective. *The Leadership Quarterly, 6,* 219–247.

Hamilton, B. H., & Nickerson, J. A. (2003). Correcting for endogeneity in strategic management research. *Strategic Organization, 1,* 51–78.

Hancock, G. R., & Choi, J. (2006). A vernacular for linear latent growth models. *Structural Equation Modeling, 13,* 352–377.

Hausman, J. A. (1978). Specification tests in econometrics. *Econometrica, 46,* 1251–1271.

Henderson, D. J., Liden, R. C., Glibkowski, B. C., & Chaudhry, A. (2009). LMX differentiation: A multilevel review and examination of its antecedents and outcomes. *The Leadership Quarterly, 20,* 517–534.

Hertzog, C., Dixon, R. A., Hultsch, D. F., & MacDonald, S. W. S. (2003). Latent change models of adult cognition: Are changes in processing speed and working memory associated with changes in episodic memory? *Psychology and Aging, 18,* 755–769.

Hofmann, D. A., Morgeson, F. P., & Gerras, S. J. (2003). Climate as a moderator of the relationship between leader-member exchange and content specific citizenship: Safety climate as an exemplar. *Journal of Applied Psychology, 88,* 170–178.

Howell, J. P., Dorfman, P. W., & Kerr, S. (1986). Moderator variables in leadership research. *Academy of Management Review, 11,* 88–102.

Jöreskog, K. G., & Sörbom, D. (1979). *Advances in factor analysis and structural equation models.* Cambridge, MA: Abt Books.

Jöreskog, K. G., & Yang, F. (1996). Nonlinear structural equation models: The Kenny-Judd model with interaction effects. In G. A. Marcoulides & R. E. Schumacker (Eds.), *Advanced structural equation modeling* (pp. 57–88). Hillsdale, NJ: Lawrence Erlbaum.

Jöreskog, K. G., & Yang, F. (1997). Estimation of interaction models using the augmented moment matrix: Comparison of asymptotic standard errors. In W. Bandilla and F. Faulbaum (Eds.), *SoftStat '97: Advances in Statistical Software* (6th ed., pp. 467–478). Stuttgart, Germany: Lucius.

Kelava, A., Moosbrugger, H., Dimitrik, P., & Schermelleh-Engel, K. (2008). Multicollinearity and missing constraints: A comparison of three approaches for the analysis of latent nonlinear effects. *Methodology, 4,* 51–66.

Keltner, D., Gruenfeld, D. H, & Anderson, C. (2003). Power, approach, and inhibition. *Psychological Review, 110,* 265–284.

Kerr, S., Schriesheim, C. A., Murphy, C. J., & Stogdill, R. M. (1974). Toward a contingency theory of leadership based upon the consideration and initiating structure literature. *Organizational Behavior and Human Performance, 12,* 62–82.

Kipnis, D. (1976). *The powerholders.* Chicago: University of Chicago Press.

Kipnis, D. (1984). The use of power in organizations and in interpersonal settings. In S. Oskamp (Ed.), *Applied social psychology annual* (Vol. 5, pp. 172–210). Beverly Hills, CA: Sage.

Klein, A., & Moosbrugger, H. (2000). Maximum likelihood estimation of latent interaction effects with the LMS method. *Psychometrika, 65,* 457–474.

Klein, A., & Muthén, B. O. (2007). Quasi maximum likelihood estimation of structural equation models with multiple interaction and quadratic effects.

Multivariate Behavioral Research, 42, 647–673.

Klein, K. J., & Kozlowski, S. W. J. (2000). From micro to meso: Critical steps in conceptualizing and conducting multilevel research. *Organizational Research Methods, 3,* 211–236.

Kline, R. B. 2005. *Principles and practice of structural equation modeling.* New York: Guilford Press.

Lazarsfeld, P. F. (1950). The logical and mathematical foundation of latent structure analysis & The interpretation and mathematical foundation of latent structure analysis. In S. A. Stouffer et al. (Eds.), *Measurement and prediction* (pp. 362–472). Princeton, NJ: Princeton University Press.

Lazarsfeld, P. F., & Henry, N. W. (1968). *Latent structure analysis.* Boston: Houghton Mifflin.

Liden, R. C., & Antonakis, J. (2009). Considering context in psychological leadership research. *Human Relations, 62,* 1587–1605.

Ligon, G. S., Hunter, S. T., & Mumford, M. D. (2008). Development of outstanding leadership: A life narrative approach. *The Leadership Quarterly, 19,* 312–334.

Lord, F. M., & Novick, M. R. (1968). *Statistical theories of mental test scores.* Reading, MA: Addison-Wesley.

Lubke, G. H., & Muthén, B. (2005). Investigating population heterogeneity with factor mixture models. *Psychological Methods, 10,* 21–39.

Marsh, H. W., Lüdtke, O., Robitzsch, A., Trautwein, U., Asparouhov, T., Muthén, B., & Nagengast, B. (2009). Doubly-latent models of school contextual effects: Integrating multilevel and structural equation approaches to control measurement and sampling error. *Multivariate Behavioral Research, 44,* 764–802.

Marsh, H. W., Lüdtke, O., Trautwein, U., & Morin, A. J. S. (2009). Classical latent profile analysis of academic self-concept dimensions: Synergy of person- and variable-centered approaches to theoretical models of self-concept. *Structural Equation Modeling, 16,* 191–225.

McArdle, J. J., & Epstein, D. (1987). Latent growth curves within developmental structural equation models. *Child Development, 58,* 110–133.

McCrae, R. R., & Costa, P. T. (1989). Reinterpreting the Meyers-Briggs Type Indicator from the perspective of the five-factor model of personality. *Journal of Personality, 57,* 17–40.

McDonald, R. P., & Ho, M. H. R. (2002). Principles and practice in reporting structural equation analyses. *Psychological Methods, 7,* 64–82.

Mehta, P. D., & Neale, M. C. (2005). People are variables too: Multilevel structural equation modeling. *Psychological Methods, 10,* 259–284.

Michael, J. (2003). Using the Myers-Briggs Type Indicator as a tool for leadership development? Apply with caution. *Journal of Leadership & Organizational*

Studies, 10(1), 68–81.
Moosbrugger, H., Schermelleh-Engel, K., & Klein, A. (1997). Methodological problems of estimating latent interaction effects. *Methods of Psychological Research, 2*, 95–111.
Muthén, B. O. (1991). Multilevel factor analysis of class and student achievement components. *Journal of Educational Measurement, 28*, 338–354.
Muthén, B. O. (1994). Multilevel covariance structure analysis. *Sociological Methods and Research, 22*, 376–398.
Muthén, B. O. (2003). Statistical and substantive checking in growth mixture modeling. *Psychological Methods, 8*, 369–377.
Muthén, B. (2004). Latent variable analysis: Growth mixture modeling and related techniques for longitudinal data. In D. Kaplan (Ed.), *Handbook of quantitative methodology for the social sciences* (pp. 345–368). Newbury Park, CA: Sage.
Muthén, B.O., & Asparouhov, T. (2003). Modeling interactions between latent and observed continuous variables using maximum-likelihood estimation in Mplus. Mplus Web Notes No. 6.
Muthén, B. O., & Curran, P. J. (1997). General longitudinal modeling of individual differences in experimental designs: A latent variable framework for analysis and power estimation. *Psychological Methods, 2*, 371–402.
Muthén, B., & Muthén, L. K. (2000). Integrating person-centered and variable-centered analyses: Growth mixture modeling with latent trajectory classes. *Alcoholism: Clinical and Experimental Research, 24*, 882–891.
Muthén, L. K., & Muthén, B. O. (1998–2008). *Mplus user's guide: Statistical analysis with latent variables* (5th Ed.). Los Angeles, CA: Muthén & Muthén.
Ng, K. Y., Ang, S., & Chan, K. Y. (2008). Personality and leader effectiveness: A moderated mediation model of leadership self-efficacy, job demands, and job autonomy. *Journal of Applied Psychology, 93*, 733–743.
Nyland, K., Asparouhov, T., & Muthén, B. O. (2007). Deciding on the number of classes in latent class analysis and growth mixture modeling: A Monte Carlo simulation. *Structural Equation Modeling, 14*, 535–569.
Pittenger, D. J. (1993). The utility of the Myers-Briggs Type Indicator. *Review of Educational Research, 63*, 467–488.
Preacher, K. J., Zyphur, M. J., & Zhang, Z. (2010). Testing multilevel mediation in the social sciences: A complete theoretical and empirical framework. *Psychological Methods, 15*, 209–233.
Rabe-Hesketh, S., Skrondal, A., & Pickles, A. (2004). Generalized multilevel structural equation modeling. *Psychometrika, 69*, 167–190.
Raudenbush, S. W., & Bryk, A. S. (1986) A hierarchical model for studying school effects. *Sociology of Education, 59*, 1–17.

Raudenbush, S. W., & Bryk, A. S. (2002) Hierarchical linear models: Applications and data analysis methods (2nd ed.). Thousand Oaks, CA: Sage.

Raykov, T., & Shrout, P. E. (2002) Reliability of scales with general structure: Point and interval estimation using a structural equation modeling approach. *Structural Equation Modeling, 9,* 195–212.

Salancik, G., & Pfeffer, J. (1977). Who gets power—and how they hold on to it: A strategic contingency model of power. *Organizational Dynamics, 5,* 2–21.

Schermelleh-Engel, K., Klein, A., & Moosbrugger, H. (1998). Estimating nonlinear effects using a latent moderated structural equations approach. In. R. E. Schumacker & G. A. Marcoulides (Eds.), *Interaction and nonlinear effects in structural equation modeling* (pp. 203–238). Mahwah, NJ: Lawrence Erlbaum.

Searle, S. R., Casella, G., & McCulloch, C. E. (1992). *Variance components.* New York: John Wiley.

Self, S. G., & Liang, K.-Y. (1987). Asymptotic properties of maximum likelihood estimators and likelihood ratio tests under nonstandard conditions. *Journal of the American Statistical Association, 82,* 605–610.

Singer, J. D., & Willett, J. B. (2003). *Applied longitudinal data analysis: Modeling change and event occurrence.* New York: Oxford University Press.

Sipps, G. J., & DiCaudo, J. (1988). Convergent and discriminant validity of the Meyers-Briggs Type Indicator as a measure of sociability and impulsivity. *Educational and Psychological Measurement, 48,* 445–451.

Skrondal, A., & Rabe-Hesketh, S. (2004). *Generalized latent variable modeling: Multilevel, longitudinal and structural equation models.* Boca Raton, FL: Chapman & Hall/CRC.

Stoolmiller, M., Kim, H. K., & Capaldi, D. M. (2005). The course of depressive symptoms in men from early adolescence to young adulthood: Identifying latent trajectories and early predictors. *Journal of Abnormal Psychology, 114,* 331–345.

Structural equation modeling [Special issue]. (2007). *Personality and Individual Differences, 42*(5).

Tiedens, L. Z., Ellsworth, P. C., & Mesquita, B. (2000). Stereotypes about sentiments and status: Emotional expectations for high- and low-status group members. *Personality and Social Psychology Bulletin, 26,* 560–574.

Vermunt, J. K., & Magidson, J. (2002). Latent class cluster analysis. In J. A. Hagenaars & A. L. McCutcheon (Eds.), *Applied latent class analysis* (pp. 89–106). Cambridge, UK: Cambridge University Press.

Wang, M. (2007). Profiling retirees in the retirement transition and adjustment process: Examining the longitudinal change patterns of retirees' psychological well-being. *Journal of Applied Psychology, 92,* 455–474.

Williams, L. J., Edwards, J. R., & Vandenberg, R. J. (2003). Recent advances in causal modeling methods for organizational and management research. *Journal of Management, 29*, 903–936.

Wooldridge, J. M. (2002). *Econometric analysis of cross section and panel data.* Cambridge, MA: MIT Press.

Yuan, K. H. (2005). Fit indices versus test statistics. *Multivariate Behavioral Research, 40*, 115–148.

Yukl, G. & Van Fleet, D. D. 1992. Theory and research on leadership in organizations. In M. D. Dunnette and L.M. Hough (Eds.), *Handbook of industrial and organizational psychology* (Vol. 3, pp. 147–197). Palo Alto, CA: Consulting Psychologists Press.

Zhang, Z., Ilies, R., & Arvey, R. D. (2009). Beyond genetic explanations for leadership: The moderating roles of the social environment. *Organizational Behavior and Human Decision Processes, 110*, 118–128.

Zhang, Z., Zyphur, M. J., & Preacher, K. (2009). Testing multilevel mediation using hierarchical linear models: Problems and solutions. *Organizational Research Methods, 12*, 695–719.

Zyphur, M. J. (2009). When mindsets collide: Switching analytical mindsets to advance organization science. *Academy of Management Review, 34*, 677–688.

Zyphur, M. J., Bradley, J. C., Landis, R. S., & Thoresen, C. J. (2008). The effects of cognitive ability and conscientiousness on performance over time: A censored latent growth model. *Human Performance, 21*, 1–27.

Zyphur, M. J., Chaturvedi, S., & Arvey, R. D. (2008). Job performance over time is a function of previous performance and latent performance trajectories. *Journal of Applied Psychology, 93*, 217–224.

Zyphur, M. J., Narayanan, J., Koh, G., & Koh, D. (2009). Testosterone-status mismatch lowers collective efficacy in groups: Evidence from a slope-as-predictor multilevel structural equation model. *Organizational Behavior and Human Decision Processes, 110*, 70–79.

第四章

领导力发展的本质[①]

大卫·V. 戴

西澳大利亚大学

识别领导力发展的本质,不是一件容易的事情。领导力本身是一个复杂的结构,一些评论人士认为,作为一个学科领域,领导力"令人好奇地尚未得到充分发展"(Hackman & Wageman, 2007, p. 43)。发展是一种与研究同样复杂的结构,特别是由于发展在本质上涉及变化,同时还需要在基本理论和研究中考虑时间因素。尽管在关于变化的统计建模方面,目前我们已取得了显著的成果(参见 McArdle, 2009; Nagin, 1999; Raudenbush, 2001),但是在与时间相关的发展和事件发生的时机方面,目前的理论仍不成熟,而且在理论和研究中经常无法得到精确的确定(Mitchell & James, 2001)。

考虑到目前市面上存在大量有关领导力发展的出版物,很容易假设人们已经从科学的角度对领导力发展有了较为全面的认识。遗憾的是,事实并非如此。正如该领域的其他一些学者所言,当谈到领导力发展领域的文献时,其数量与质量之间并不存在必然联系(Avolio, Sosik, Jung & Berson, 2003)。一般来说,从历史上讲,领导力理论与实践之间一直存在显著的鸿沟(Zaccaro & Horn, 2003)。这种鸿沟的存在,部分导致了领导力发展领域的主要活动是收集不同类型的最佳实践(例如,360度反馈、训练、从业经验、指导等),而非以实证为基础、以理论为指引的过程(Day, 2000)。正是由于这样或那样的原因,许多人都认为对领导力发展的研究

[①] 作者注:请将对本章的建议和意见发给 David V. Day, University of Western Australia Business School, 35 Stirling Highway(M261), Crawley, WA 6009, Australia。电话: +61-8-6488-3516;电子邮箱: david.day@ uwa. edu. au。

"正在无目标地缓慢前进"(Howard & Wellins,2008,p.4)。

虽然在领导力发展领域存在如此悲观的观点,但是与仅仅几年前相比,我却对把领导力发展建为一门以实证为基础的学科充满了信心。尽管目前在该领域内,那些实践者和具有可疑动机的研究人员仍占据着主导地位,他们限定着如何更好地发展组织中的领导者与领导力的答案,或是使用着有效性值得怀疑的评价工具来断定领导力的需要,但是其他一些研究者却已经开始从理论和实证上着手探索一些相关的过程问题了。其中,近期在有关领导力干预的影响评估方面所做的200项实验室和现场研究的元分析便是一个很好的例子(Avolio,Reichard,Hannah,Walumbwa & Chan,2009)。研究结果表明,领导力培训和发展的干预措施能够产生整体性的正面效果,但是运用不同的基本理论方法,所产生的影响在程度上呈现出显著的差别。本章的目的之一,是带领读者回顾新近发表的理论文献,并将它们与关于领导力发展本质的一些关键问题和基本假设联系起来。首先,我们从领导力发展的定义这个相关问题开始。

关于具有可操作性的领导力发展的定义,研究人员对其所做的假设次数要比明确说明的次数更多,其频繁程度令人吃惊,甚至可能会令人感到一丝不安。人们的想法似乎是,对领导力发展的定义必须看上去相当直白,即领导力发展就是开发领导力。然而,我们有许多理由来质疑这样简单的定义。虽然业已证明,准确定义领导力是非常困难的事情,但还是存在一种被广泛认可的描述——尽管算不上定义——**领导力是由领导者、追随者以及他们的共同目标所构成的**(Bennis,2007)。从另一个角度来看,领导力必须涉及在追求共同目标的过程中,两个或两个以上个体之间的社交互动。基于这个原因,已经有人提出,考虑到在领导力发展过程中所发生的大部分事件的内容,用领导者发展这一术语取代领导力发展更为恰当(Day,2000)。领导者能够努力发展出自身与领导力相关的知识、技能和能力。由于领导力具有人际交往和关系的性质,因此除非将完整的二元关系、工作群体或组织作为一个整体来重点发展,否则领导力无法达到直接的发展。

根据领导者发展与领导力发展之间存在的这种区别,一些学者给出了以下定义:**领导者发展是指个体能力的拓展,使其在处于领导角色和实施领导过程中更加有效;而领导力发展则是指组织在执行基本的领导任务方面的能力拓展,这些能力是为了完成共同的集体性工作所必需的**(Van Velsor & McCauley,2004)。角色和过程的概念并非聚焦于代表领导力的组织定位、层级结构或者现状,而是指任意个体所表现出来的行为或实施的其他行动——无论该个体是否被认为是一位正式领导者——这些因素将设定组织的发展方向、建立组织同盟以及做出组织承诺。研究人员将这些根本性的"领导力任务"视为一种适应性很强的领导力本质,它能够更好地适应在协作型领导力要求下不断增长的各种挑战(Drath et al.,2008)。在了解领导者发展与领导力发展之间的区别后,我们在本章中将会使用领导力发展这一术语作为总结性或包容性更强的建构。

这样一来,有关领导力发展的第一个一般性问题或根本假设便呈现在我们面前:有哪些现有的证据能够表明一个人可以成为一名出色的领导者?可能的情况是,伟大的领导者都是天生的,没有天分是很难成为一名出色的领导者的。最终又会归结到这样一个古老的辩题上面:**领导者是天生的(与生俱来的),还是后天造就的(习得的)**。典型的结论是,领导者似乎是先天和后天相结合的产物,不过这却是文献中一个有趣并与领导力相关的问题。具体而言,领导力在多大程度上取决于遗传因素(即基因),又在多大程度上取决于环境因素?从现实来讲,领导力方程在多大比例上可以通过结构化的干预措施和经历得到发展?

领导者是天生的还是后天造就的

据估计,仅在美国,各个组织一年用于领导力发展项目和其他管理教育活动上的投资就达到 200 亿—400 亿美元(Lamoureux,2007;O'Leonard,2008)。鉴于投资的数量如此巨大,显然各个组织都确信领导力是可以通过发展而获得的。否则的话,何苦要大费周章,把这么多的精力放在完全由基因和其他遗传特征决定的事情上呢?尽管如此,推断领导力可以通过财务投资在某种程度上获得潜在发展,与使用确定的数据来证明这一推断之间还是存在差别的。

虽然目前尚未有人能够分离出领导力基因,但是对单合子(同卵)双胞胎、双合子(异卵)双胞胎进行的比较研究已经得出了一些有趣和振奋人心的研究结果。在先进的行为遗传学研究方法和分析过程的基础上,Arvey 和同事(Arvey, Rotundo, Johnson, Zhang & McGue, 2006)成功地估算出了在男性双胞胎样本中,领导角色的遗传力(即 h^2)。从该研究的角度来看,领导力的定义、测量是通过双胞胎在工作和其他专业领域上的各种自陈性正式与非正式的角色达成来实现的。这一测量可以通过生物学的方法实现,在该方法中,个体需要报告自身过去或目前在领导角色中的参与情况。需要注意的是,由于不需要收集这些个体在各自领导角色中与实际有效性相关的数据,因此可以考虑将该方法作为测量领导力形成的主要方法。我们所面临的另一个挑战是该方法基本上把领导力等同于地位。然而研究结果显示,对于个体在领导角色中所表现出来的差别,其中大约30%可以归结于潜在的基因因素(即 $h^2=0.30$)。在后来对单独的女性双胞胎样本所做的研究中,研究人员得到了同样的估计值(Arvey, Zhang, Avolio & Krueger, 2007)。其他研究分析表明,在领导角色的方差中,大约11.5%可以从工作经验的角度来解释,剩下的部分可以归结为其他的环境影响(和残差)。

在后续研究中,研究人员都使用了这种通用的双胞胎研究方法(Zhang, Ilies, & Arvey, 2009),旨在检验环境对于基因影响与领导角色之间关系的潜在调节作用。该通用方法以基因与环境之间的相互作用理论和相关研究为基础,其中的社会环境因素能够改变因个体的基因构成而产生的影响,即增强或减弱基因对表现型的影响(Plomin, DeFries & Loehlin, 1977)。研究结果显示,**对那些生长在优越的社会环境中的个体来说,基因对他们领导角色产生的影响较小**。优越的社会环境指的是家庭具有较高的社会经济地位,能够得到父母更多的支持,以及与父母之间的冲突更少。相反,**对成长环境总体上较差的双胞胎来说,其基因对领导角色产生的影响较大**。

对于那些对领导力发展领域感兴趣的科学家和实践者而言,上述研究发现似乎是一个不错的消息。虽然在遗传能力中有不小的比例都与领导角色有关(大约占30%),但是领导角色的方差中的很大比例与非共享的环境影响有关。换句话说,凭借着"优秀的基因",一些个体在涉及领导角色的形成和领导角色的上升时似乎具有更大的优势。不过,研究结果还表明,通过实践和其他干预措施,任何人都有可能成为一名优秀的领导者,并提高其成功实施正式或非正式领导者角色的概率。相对于那些在领导力方面天生具有较好基因结构的个体而言,缺乏基因优势的个体可能需要付出更多的努力才能获得同样的结果。然而证据同样表明,是否有可能成为一名领导者与遗传特征无关。

另外,由 Zhang 等(2009)所做的研究在领导力发展方面也表现出了一些复杂的实践意义。从积极的一面讲,无论个体的基因背景如何,那些旨在改善家庭环境的干预措施,如提高父母的支持程度,同时降低与父母之间的冲突等,都能够提高其在未来发展成为一名成功领导者的可能性。研究还表明,环境对领导力产出的影响可能在生命的早期就已经形成,而借助于生命周期方法,我们能够更好地理解家庭对领导力和领导力发展所产生的早期影响(参见 Avolio & Gibbons,1988;Avolio,Rotundo & Walumbwa,2009;Cox & Cooper,1989)。在优越的社会环境条件下成长起来的个体,在面对领导力发展时,是否会准备得更加充分;或者,那些在青春期生活环境优越的个体,在他们长大后接受与工作相关的培训项目时,培训效果是否会更为成功?这些问题的答案需要等待未来的实证工作予以验证。幸运的是,这些重要问题的答案并不需要通过同卵双胞胎和异卵双胞胎实验来解答。

在肯定性地回答了领导力发展不仅仅取决于基因因素这个问题之后,下一个需要考虑的问题是,有哪些可得的证据能够表明领导者确实能够随着时间的推移而得到发展?

领导者得到发展了吗

随着时间的推移,领导者的能力是否能够得到发展?如果答案是肯定的,那么哪些因素又能够预测这一发展过程?虽然对于这些问题的研究的基础算不上雄厚,但是在纵向研究方面,我们正在获得一些新出现的证据。在本部分内容中,所回顾的研究均采用纵向角度,并重点考察各种领导力形成和(或)领导者有效性指标的发展。由于在案例研究过程中会遇到一些难题,因此我们决定在检验领导者纵向发展的证据时,将这些难题和其他形式的轶事证据(例如领导者的传记)剔除(对该方法有兴趣的读者,请参见示例案例的说明和案例分析部分)。

■ AT&T 公司的管理过程研究

对 AT&T 公司的管理过程研究(Bray,Campbell & Grant,1974)是最早发表的有关领导力提升(领导力形成的一种形式)的心理学因素的文献,其开拓性地将评估中心用于领导者选择和发展。该研究始于 1956 年,且在随后的几十年里从未中断。这一纵向研究的重点是解决以下三个核心问题(Bray,1982):

- 在大型企业里,个体在发展过程中发生了哪些重要的变化?
- 哪些预计会发生的变化最后却没有发生?
- 这些变和不变的背后隐藏着怎样的事实?

该研究的负责人(Douglas W. Bray)曾这样写道,他认为"最重要的发现是……

管理者的成功是高度可预测的"(1982,p.183)。需要注意的是,Bray 是从预测管理者而非领导者的成功的角度来建立研究框架的;而现在的研究人员则是从领导角色的角度,对类似的职业发展问题建立研究框架的(参见 Arvey et al.,2006;2007)。不论怎样,研究中最重要的性格因素是**领导动机**,它与**管理技能、领导技能、上进心、总体智力水平、表现稳定、工作动机和独立性**这七个评价因素之间都存在重要的联系。与上述评价因素中的至少五个有关的其他性格因素还包括**抱负**和**乐观情绪**。有趣的是,需要注意上述结果与近期在发展和检验动机-领导这一建构方面所做的研究相类似(Chan & Drasgow,2001),另外,乐观情绪作为积极的心理能力,被认为是发展真诚领导力的一部分(Luthans & Avolio,2003)。

西点军校的研究

让我们把目光从商业转向军事,在军事组织中,理解哪些因素与领导者的发展相关是至关重要的。所有穿制服的领导者的发展都是在体制内部进行的,没有人来自体制之外,而且其发展也是一个伴随一生的过程。军官和士官在其成年阶段的大部分时间里都属于各自的组织。正如美国前陆军参谋长埃里克·辛塞奇将军所言:军队每天所做的就是训练士兵和培养领导者。

一项旨在调查军队中与领导力的形成和领导者有效性相关的因素的研究,对西点军校(United States Military Academy,USMA)的 236 名男性学员的发展情况进行了长达四年的跟踪(Atwater,Dionne,Avolio,Camobreco & Lau,1999)。在研究开展的第一年,根据对认知能力、身体素质、以前的领导力(即影响力)经历,以及自尊心的测量结果,研究人员预测了哪些学员将成为领导者,并在第四年时迈入正式的领导者岗位。不仅如此,借助第一年的身体素质和以前的经历这两项测量数据,研究人员还预测出了学员在第四年时的领导力有效性评分。通过确定问题测验(Defining Issues Test)测得的道德理性随时间的推移而提高(Rest,1986),但与领导力的形成和领导者有效性之间均不存在联系。不存在联系的研究发现还包括:无法通过勇气来区分领导者的有效性是更强还是更弱,或者预测出谁会进入领导角色当中,而且勇气本身也不会像预期那样随时间的推移而得到提高。同对 AT&T 所做的研究(Bray,1982;Bray et al.,1974)一样,目前的研究表明,尽管用来解释发展成效的方差总量相对较小,但是可以通过对个体差异的测量来预测领导力的形成和有效性。

另一个在西点军校所做的关于领导者发展的纵向研究是基层军官领导者发展研究(Baseline Officer Leader Denelopment Study,BOLDS)。在该研究中,研究人员对一队学员($N=1143$)进行了跟踪调查,从1994年他们进入西点军校开始,一直到四年之后他们毕业(学员人数减少了)。在第一年里,研究人员针对这队学员的潜在的领导力预测变量收集了大量测量数据(例如个人资料、认知与解决问题的能力、性格、社会心理水平等)。四年后,领导力有效性评分会以整体军事发展水平的形式进行统计,它能够反映学员作为领导者的整体表现,同时形成一份学员表现报告,报告中包含来自不同来源(例如上司、同事、指导员、下属等)针对学员多种领导力素质(例如对他人的影响、监督、授权、发展其他人等)的评分。

在建立在认知和个性(即大五人格特质)方面有关领导者有效性更清晰的预测变量的努力过程中,研究人员将整体的基线军官领导者发展研究样本分割成了单独的测试样本和验证样本,并在检验低年级和高年级学员的平均领导者表现(军事发展水平)的潜在关系时,对领导者的性别进行控制(Bartone, Snook & Tremble, 2002)。总体而言,从测试和验证样本中得到的结果并不一致,而且相对较弱(R^2的变化范围为0.01—0.03)。在评估了整体的样本结果之后,研究人员认为,性别(女性的表现更优秀)、学院入学考试(认知能力)、社会判断(在自我、社会和组织关系方面进行合理判断的能力),以及大五人格特质中的责任感因素都是重要的领导者表现预测变量。此外,R^2的变化估计值相对较小(0.01—0.02),但是在统计学上很重要,因为总共的R^2仅为0.05。虽然各种影响的大小看起来都是适度的,但是需要注意的是,在收集到的预测变量和因变量之间有2—3年的时间间隔。

第二个发表的与基层军官领导者发展研究有关的研究主要针对的是学员心理发展水平的评价,并将其与领导者的有效性结合起来(Bartone, Snook, Forsythe, Lewis & Bullis, 2007)。该研究以Kegan的人类发展理论(Kegan, 1982, 1994)为基础,该理论是以理解领导力和领导者发展为目的的结构-发展理论的一种理论类型(McCauley, Drath, Palus, O'Conner & Baker, 2006)。在评估学员的发展水平时,采用的是集中式主体-客体访问技术,在访问过程中,受访者需要对采访者给出的一系列提示做出描述和详细阐述,同时采访者还会提出进一步的探讨性问题,引出隐藏在叙述内容背后的潜在的意义结构(Lahey, Souvaine, Kegan, Goodman & Felix, 1988)。由于一对一访问(每个人1—2小时)以及随后整理访问材料所需要的时间太久,因此Bartone等(2007)从较大的基层军官领导者发展研究样本中随机选取了一些一年级学生（$N=38$），并在第二年和第四年对他们进行了重新访问。尽管在测量期间受限于相对较小的样本规模，但是 Bartone 等人发现，在大约一半的样本中"呈现出了显著的心理发展"（Bartone et al.，p.498）。研究人员发现，发展水平的增长与同事和下属给出的领导力有效性整体得分（学员表现报告）之间存在显著的正相关关系，但是与上司给出的领导力得分之间不存在联系。

已经发表的两项与基层军官领导者发展研究有关的研究（Bartone et al.，2002；2007）中，都存在一些证据（虽然较微弱）表明，领导者的有效性能够通过测量个体在认知和个性因素上的差异来预测，此外，至少在职业发展早期阶段，心理发展在有效的领导者发展中也发挥着重要的作用。Atwater 等（1999）的研究指出，一般的军队以及较为特殊的西点军校，对在 AT&T 研究之后在领导者纵向发展方面的研究都起到了推动作用。鉴于领导者的发展和领导者的有效性对军队的重要性，这是有一定道理的。采用非军队样本的纵向研究能够进一步增强我们对领导者发展过程的了解。

Fullerton 纵向研究

Fullerton 纵向研究（Fullerton Longitudinal Study，FLS）是一项正在进行中的长期研究项目，旨在从青少年时期到成年时期来研究儿童的发展。该研究始于 1979 年，共有 130 名被试参加，研究人员分别在他们 17 岁、24 岁和 29 岁时对其发展状况进行年度评估，并在最后一次数据采集（即被试 29 岁）时评估被试的领导力水平。该研究为研究人员提供了一个独一无二的机会，跟踪个体从早期的儿童期个体差异，到自我评估的成人领导潜力与领导角色的发展路径（被试自我报告其参与和工作有关的领导角色的频率）。分析结果表明，在 2—16 岁期间喜欢接触陌生人、新场所和尝试新鲜体验的儿童，日后会发展成为比较外向的青少年（17 岁时），并在成年期（29 岁时）掌握更丰富的社交技巧，在工作中更频繁地承担领导者角色，同时成为变革型领导者的潜力更大（Guerin et al.，in press）。

FLS 的第二个研究目标（Gottfried et al.，in press）是尝试寻找智力、儿童期内在动机、青年期内在动机以及领导动机之间存在的潜在关系（Chan & Drasgow，2001）。研究表明，智力与任何一项动机产出（内在动机或领导力动机）之间都不存在重要的关系；但是儿童期内在动机与青年期内在动机之间存在联系，这反过来可以预测领导动机中的情感认同（"我喜欢扮演领导者角色"）和非功利性（"即使我得不到任何个人利益,也愿意扮演领导者角色")部分。另外,在青年期动机和领导动机的社会规范("我有担任领导者角色的义务")之间没有联系。

总体而言,这些基于 FLS 的成果让人们对领导者发展的早期影响有了进一步的理解。儿童期内在动机、喜欢新鲜事物的气质似乎与青年期动机和性格(外向性)有关,进而能够预测领导动机和成年期自我评价的领导者潜在能力。上述发现的一个潜在意义是,那些性格内向的儿童和青少年也许可以从针对青年的领导力培训计划中获得帮助,使他们变得更加外向,并为在未来承担领导角色做好准备。从这一点来说(与在个性和领导力方面的文献相一致;Judge & Bono,2000;Judge,Bono,Ilies & Gerhardt,2002),虽然对他们后来的有效性的影响可能不大,但是**外向性格的个体在领导力表现方面拥有一定的优势**。随着 FLS 这个引人注目的项目的不断进行,随着研究中被试向其成年期迈进,并且有了承担其他领导力职责的机会,研究人员正在急切地收集这些独立的领导力评分。

◆ 发展轨迹研究

发展轨迹是用来描述结果随时间发展的通用术语(Nagin,2005)。轨迹之所以与对领导者的发展研究相关,原因是领导技能、能力和有效性都会随着时间的推移而发展,并且贯穿成年生活的大部分时期(Day,Harrison & Halpin,2009)。由于不同的个体不太可能按照相同的轨迹在同样的时间发展出领导力,因此绘制并预测领导者的发展轨迹,不仅能够让人们对不同形式或形状的轨迹有更进一步的深入了解,而且还可以识别能够预测轨迹内和轨迹间差别的个体因素。研究人员在预测和比较发展轨迹中使所用的统计程序目前尚不够成熟,而且在领导者发展领域中的应用范围也比较有限。不过,在领导力发展的纵向研究中,至少有两项研究采用了上面这种方法。

借助在 1979 年全国青年纵向调查(美国劳工部)中获得的数据,研究人员选取了一组有全职工作的成年人作为样本($N = 1\,747$),并调查了在 10 年的时间里,该样本在领导力表现(即领导角色和领导者的进步)方面的情况(Li,Arvey & Song, in press)。研究人员分别检查了一般心理能力、自尊心和家庭社会经济地位对这两种领导力表现形式的影响,同时还检查了性别的调节作用。领导力数据分别来自五个不同的场合,并使用二部分随机效应模型处理半连续纵向数据(Muthén,2004)。研究结果显示,与其他方案(例如非增长模型、二次模型等)相比,线性增长模型与数据的拟合程度最好,而且并没有证据显示存在其他潜在的轨迹形式的子类型。无论是对男性领导角色、女性领导角色,还是在领导力的进步方面,在女性的管理范围(即管理的雇员数量)随着时间的推移而扩大的过程中,自尊心都能够发挥极其重要且积极正面的作用。另外,研究还发现,家庭的社会经济地位对女性的领导力进步会产生负面影响;而无论对于男性还是女性,心理能力在领导者随着时间的推移而形成方面一般都不会起到重要作用。

在该研究的结果中,最能够引起我们兴趣的恐怕要算在优越的社会经济环境下成长起来的女性,与那些在家庭社会经济条件不太好的环境下成长起来的女性相比,她们在职业生涯中作为领导者的职业发展会比较差。虽然该研究结果很有趣,但是 Li 等(刊印中)并没有对其给出更进一步的解释。由于样本中的每个人在 10 年间都是全职工作者,因此这并不是因为生活较富裕的女性选择离开工作岗位。相反,作者指出,儿童发展(Luthar,2003;Luthar & Becker,2002)和心理咨询(Lapour & Heppner,2009)领域的工作表明,特权是需要付出代价的,在职业发展方面,其对女性的影响可能要超过男性。目前尚不清楚造成这种情况的具体原因。

一般心理能力无法用来预测领导者角色占用或领导者进步的发展轨迹。由于无法轻易剔除其他解释,因此研究人员很难解释形成这种现象的原因。不过,研究中的大容量样本表明,这不太可能是由统计方面的原因造成的。此外,一般心理能力的这种零影响与 Gottfried 等(刊印中)在 FLS 中得到的结果相一致。在该研究中,样本的智力与他们的内在动机或领导动机之间不存在任何联系。综合考虑上述两项研究的结果,这种耐人寻味的零影响表明,领导动机和远期领导者的形成可能不仅简单地与智力相关。这进一步强调了在对领导者发展的纵向研究中,研究人员需要将领导者的有效性而不是领导者的形成作为标准。此类研究还表明,即使通过领导者的智力无法预测出领导者的形成是以领导角色的形式还是以领导者进步的形式,但是从领导者的有效性来说,领导者的智力仍然是一个可靠的预测变量。

另一项研究采用发展轨迹估计和预测的一般方法,考察了参与社区服务活动学习项目的高校大学生($N = 1\,315$),这些项目结合了领导力和团队建设课程(Day & Sin,in press)。项目组成员历时 13 个星期,构思、设计、实施并评估了这一可能使当地社区以某种形式获益的服务项目。每个团队由大约 6 名成员加上 1 名高年级学习顾问(即辅导员)组成。每一个团队中都没有正式指派的领导者。除其他事情外，高年级学习顾问还要根据每名成员在团队中所表现出来的领导者有效性进行4次评分。该研究是近期提出的领导者发展整合模型的组成部分（Day et al.，2009）。该模型的核心由设定的领导者身份构建和自我调节这两个基本过程构成，而与Baltes及其同事提出的选择性适应和补偿有关的成人发展过程，又从更深的层次对其提供了进一步的支持（Baltes，1997；Baltes & Baltes，1990）。

从戴和Sin（刊印中）的研究中，我们可以找到令人惊讶的结论：目前流行的领导者有效性轨迹基本上都是负的，然后在最后的评分阶段出现轻微的正向反转（二次模型）。这进一步强化了一个非常重要的观点，即普遍来讲，或从根本上说，发展并不是一个正的线性函数。在目前的情况下，将青少年放入一个既需要他们表现又需要他们学习的团队环境当中，通过提供一个在时间上有紧迫要求的压力环境，能够锻炼他们作为领导者的有效性。然而，要调节整体发展轨迹还需要一些条件。具有更强烈的成为一位领导者的意愿，以及较强的学习目标导向（Dweck，1986；Dweck & Leggett，1988；Elliott & Dweck，1988）被认为与较为有效（负的部分更少）的轨迹之间存在相关性。借助于混合增长模型的方法（Wang & Bodner，2007），研究人员能够在10%的样本中识别出第二类轨迹，它由领导力有效性的正的线性发展轨迹构成。有其他证据表明，成人发展过程的某些方面在发展轨迹的两个子类型中呈现出显著的差别。

这一点明确说明，个体从领导者发展中获益的方式与体验领导者发展的方式是不同的。不仅如此，在领导者身份构建、目标驱动以及成人发展过程中由理论驱动的个体差异，都被证明与较有效的领导者发展轨迹之间存在联系。这些个体差异因素以及在本部分中回顾的那些其他纵向研究中得到验证的因素（例如个性、社会心理发展水平、领导动机、自尊心等），可能最终都会被证明在提高和促进有效领导者的发展方面发挥着重要的作用。

本部分所回顾的纵向研究证明，领导者能够并且确实可以随着时间的推移而得到发展，而个体差异变量则可以用于预测领导者的发展情况以及发展形式（即发展轨迹）。在后面的内容中，我们要考察通过领导力发展计划能够发展哪些比领导力的形成或有效性更加具体的内容。换句话说，如果领导者通过参加发展计划而形成，或者变得更有效，那么哪些与领导力形成和有效性相关的内容得到了发展？

领导力发展过程涉及哪些内容

确定领导力发展计划能够发展哪些因素,这一问题无论对于研究还是实践都是至关重要的。从研究方面看,该问题的答案决定了在评估所发生的变化程度时研究人员可能感兴趣的结果变量。此外,它还能够反映发展计划所秉持的变化理论,这是任何发展计划都需要的,而且在路径映射中也是必不可少的。路径映射指的是指定计划的期望结果,并将期望结果与计划的活动和策略联系起来的过程(Gutiérrez & Tasse,2007)。从实践方面看,在选择或设计合适的发展干预措施之前,首先确定标准或期望达到的结果是非常重要的。当你在实施像领导力发展这样复杂(和昂贵)的任务时,应当始终牢记你的目标是什么。

尽管这一点无论从科学角度还是实践角度看都十分重要,但是应当注意的是,需要考虑的潜在标准范围十分广泛。一直都备受研究人员喜爱(也极具争议)的是领导者胜任力模型。虽然很显然,胜任力这个术语"除了说话人给出的具体定义外,没有任何意义"(Schippmann et al.,2000,p.706),但是其中一种考虑胜任力的方式,是把它当作一个与领导力相关的知识、技能和能力的综合体看待。批评者则一直认为,胜任力模型只能算作所谓的最佳实践模型,因为"它既不符合逻辑和经验,也无视数据"(Hollenbeck,McCall & Silzer,2006,p.399),不过对该模型持支持态度的一方(参见 Silzer 在 Hollenbeck 等人的文章中的论述)则反击道,胜任力模型为研究人员提供了一个总体性框架,能够协助他们将研究重点放在个体和组织的领导技能发展方面。特别是胜任力模型能够通过概括出(在其他事项中提炼出)领导力框架为个体提供帮助。其作用包括:(1)帮助个体选择、发展和理解领导力的有效性;(2)作为组织内部领导力培训和发展计划的基础。此类模型还能够为组织提供潜在的帮助,这是通过传达哪些领导行为的一般形式是重要的,以及提供与职位和情况相关的领导力框架来实现的(Hollenbeck et al.,pp.402—403)。

培养专家型领导者

无论人们认为领导者胜任力模型的优点是什么,他们都会支持的一点是该模型为研究人员提供了一个针对领导力相关技能、子技能和技能组合的分类方法(即胜任力)。领导技能的"层次"是对跨组织层次领导力技能要求的通用模型的一个例子(T. V. Mumford, Campion & Morgeson, 2007)。该模型的核心部分,是从四个一般类别的角度来理解对领导力的技能要求,它们分别是:(1)认知能力;(2)人际交往能力;(3)业务技能;(4)战略技能。此外,模型还建议并测试了每个一般类别的各个子技能(参见表4.1)。

表4.1 关于基本领导技能的两种不同观点

领导力分层	T. V. Mumford, Campion & Morgeson (2007)	可发展的领导能力	Van Velsor & McCauley (2004)
通用技能	子技能	通用能力	子能力
认知能力	表达能力 积极倾听能力 写作能力 阅读能力 主动学习能力	自我管理能力	自我觉察能力 平衡冲突需求的能力 学习能力 领导价值观
人际交往能力	社会洞察力 协调能力 说服能力	社交能力	建立并维系关系的能力 建立高效工作团队的能力 沟通技巧 培养他人的能力
业务技能	物质资源管理能力 运营分析能力 人力资源管理能力 财务管理能力	促进工作的能力	管理技能 战略性思考和行动能力 创造性思考能力 发动和实施变革的能力
战略技能	愿景 系统感知能力 结果识别能力 关键原因识别能力 问题识别能力 解决方案评估能力		

针对培养领导力,并且能够得到发展的个体能力,研究人员还提出了另外一个模型(Van Velsor & McCauley, 2004)。"可发展的"能力或胜任力可以被分为三个一般类别,它们分别是:(1)自我管理能力;(2)社交能力;(3)促进工作的能力。此外,针对每个一般类别的支持性能力,可参见表4.1中的内容。有趣的是,上述两个框架之间的内容重叠的部分相对较少。

现在的问题是,上述两个模型到底哪一个是正确的?答案是要么模型都是正确的,要么其中一个是错误的,要么两个可能都是错误的。需要说明的一点是,试图将领导力分离为一组技能或胜任力很可能是徒劳的,而且还会遗漏掉重要的内容。这让人不禁联想到在大五人格特质框架出现之前,在领导力特质理论身上所发生的事情。当时,研究人员提出了各种各样的特质理论,而且没有任何一种方法能够将它们合并缩减成为那些对领导力来说普遍最重要的特质。同时,这也强化了这样一个观点,即对于领导力发展计划能够解决和应该解决哪些问题,学界存在许多不同的观点。

不过,将领导力理解成一组技能或胜任力也有其优点。一方面,以技能为基础的方法与个体的领导能力是可以得到发展的这一假设相一致(Lord & Hall,2005)。此外,技能还在领导力的特质理论和行为理论之间架起了一座桥梁,有助于识别那些能够让有效的领导者在正确的时间做出正确的行为却被忽略的要素(M. D. Mumford,Zaccaro,Connelly & Marks,2000)。相对于其他建构(例如特质),研究人员能够比较容易地对技能进行评估这一点也算是一个理想的优势。

以技能为基础的领导力观点需要解决的一个问题是,针对如此复杂的技能和胜任力发展,预期的时间框架是怎样的?最近出现的一些方法,按照专业领域的表现的模型的思想对领导技能的发展进行了概念化(Day et al.,2009;Lord & Hall,2005)。也就是说,领导技能和胜任力的发展,与在其他领域(例如科学、音乐、国际象棋以及体育运动)中专业技能的发展是可以比较的(Bloom,1985;Chi,Glaser & Farr,1988;Ericsson,Charness,Feltovich & Hoffman,2006)。从有关专业表现的文献中,我们可以找到一个可靠的结论,即在某个领域中,若想达到初级专家的能力水平,则至少需要 10 年的时间或者 10 000 小时的专业训练(Ericsson et al.,2006;Ericsson,Krampe & Tesch-Römer,1993)。如果在领导力领域确实如此的话,那么在成为一名专业领导者的漫长道路上,哪些要素有利于激励这种刻意的实践活动?这正是戴等(2009)所提出的领导者发展的综合方法的基础。

在技能的习得和发展领域中,针对包括领导者发展在内的成人发展存在两种不同的传统方法。其中一种传统方法起源于行为主义,主要从微观层次上考察技能和能力的习得。该方法的重点是通过可观察到的任务表现来证明技能的习得。而另一种传统方法则与格式塔心理学之间存在历史渊源,主要考察的是在抽象推理和社会心理自我发展中发生的变化。该方法几乎只关心心理过程和心理结构,并不注重可观察到的行为。该方法的一个例子是结构-发展理论,正如在本章前面部分所提到的,该理论是成人发展理论中的一个一般类别,重点关注的是对个体理解自我和更广阔的世界的方式的成长与完善（McCauley et al., 2006）。一个综合性的领导力发展方法需要同时结合上述这两个传统方法。因此，一位专业领导者不仅需要具备熟练的推理能力和复杂的知识结构，同时还需要具备一套既有深度又有广度且可观察到的技能和胜任力。

身份认同、自我调节与成人发展的基本过程

为了尝试在理论上将两种传统技能发展方法综合起来，戴等（2009）建议，通过与格式塔心理结构和框架有关的较深层次过程，为可观测到的领导力技能和胜任能力（即专业技能）提供支持。特别是，在形成正面的身份认同和领导者发展曲线方面，领导者身份认同的发展看起来非常重要。身份认同的形成是一个关键过程，它促使一个人针对期望获得的领导技能、胜任力寻求获得发展经历和实践的机会。如果一个人不把自己当作一名领导者，或者没有领导其他人的意愿，那么这个人发展成为一名领导者或者像一名领导者一样行动的动机就会很小（Chan & Drasgow，2001）。另外，自我调节（例如自我调节的强度、目标导向、领导力的自我效能等）能够通过为特定的或不同的发展经历提供激励性资源，为想要达成的领导者发展曲线提供支持。正的领导者发展曲线将延展至毅力因素也被纳入领导力发展过程中并且获得更加专业或精英级别的领导者表现的状态。在这种情况下，个体在自我调节强度上的差异，被认为对于形成和保持身份认同-发展曲线，以及决定能否达到更高的领导者发展层次至关重要。

成人发展是领导者发展的一个重要背景（Day et al., 2009）。而儿童发展则主要受以生理为基础的生长发育过程的驱动，该过程能够促进正面成长及发展的出现。成人相对于儿童和青少年而言，具有独特的发展特点。在成人发展中，经验是一个强大的力量，此外，成年时期的生理变化也会对整个证明周期内的领导者发展产生重要的影响。某些因年龄增长而出现显著衰退的处理能力（例如基本信息的处理能力、敏捷的思维等）可能会成为成年时期领导者能力发展的障碍。因此，在提高领导者的发展水平时，了解如何弥补这样的不足并优化可用的资源，将成为极其重要的事情。不过正如我们将要看到的那样（同时也像我们当中的一些人可能已经从个人经验上了解到的那样），在年龄增长的过程中，努力将发展成果最大化同时尽可能减少损失，将是一场持久战。

著名的发展心理学家 Paul Baltes 注意到，"任何（成人）发展过程都会带来获

得与失去之间固有的动态关系,(而且)不存在任何只包含成长或进步的发展过程"(Baltes,1987,p.611)。这段话是人生发展心理学的基石。另外,它所表达的同样也是一个重要的事实,因为任何与领导力发展有关的成长或进步,都是在年龄增长和器官功能下降这样一个大背景下发生的。在如此恶劣的条件下,发展是如何做到的呢?

为了解答这一问题,Baltes 和同事把成人发展描述成一个选择性适应和转变的过程。具体而言,个体在发展的"策划过程"上的差异(如选择、优化和补偿等),被认为在前面提到的获得和失去之间固有的动态关系上,发挥着关键性的作用。选择-优化-补偿(SOC)元模型把这样一个基本假设作为基础:在人类发展过程中的所有阶段,那些成功管理自己生活的个体都会经历选择、优化和补偿这些过程。总体来说,选择-优化-补偿过程是个体在成年时期发展性调节的根本内容(Baltes,1997;Baltes & Baltes,1990;Freund & Baltes,1998,2002)。

在发展的策划过程中,选择指的是在设定目标的同时,面对损失重新构建自己的目标系统;优化包括在时间和精力的资源分配、有意图的实践方面获得与目标相关的手段并实施该手段,以及获得新的技能/资源;而补偿指的则是当与目标相关的具体方法无法再使用时,使用其他替代方法以保持特定的功能水平(Freund & Baltes,2002)。正向发展的关键,包括选择合适的目标、优化对资源的管理,以及当在追求目标的过程中受到挫折时,进行补偿和适应。

总体来说,现在在研究人员面前有一个曾经被错过的机会,来推进内嵌于成人发展过程中的领导者发展这一概念(也可参见 M.D.Mumford & Manley,2003)。这是一个很严重的疏忽,它会导致过于简单的假设,即在领导力发展过程中出现的变化,仅与具体的、可观察到的技能和胜任力有关。它忽略了知识结构和心理模型(例如领导者的身份认同)的作用、与自我调节有关的支持过程,以及与衰老和成功的成人发展有关的更深层次的调节过程(例如选择-优化-补偿过程)的影响。对这样或那样更深层次潜在资源的考虑,为推进领导者发展理论和研究提供了新的途径,它能够潜在地促进或以其他方式加快专业领导者成长的发展过程。

在回答了前面提出的领导力的发展是否会发生这个问题,并通过评估纵向证据来说明领导力确实能够得到发展,以及了解了在这一过程中得到发展的是哪些能力之后,本章的下一部分将重点考察个体和组织培养领导力发展的方式,尤其是用来发展领导技能与胜任力以及个体知识结构的方法都有哪些。

如何最大限度地促进领导力发展

大多数有关领导力发展的文献都将重点放在改善领导力发展过程上。这使得研究人员更加关注发展计划、实践以及主要源自实践者角度的其他经验。另外一种观点则认为,想要促进领导者和领导力发展这门学科(Day & Zaccaro,2004)的发展,还需要在基本过程方面投入更多的精力(Day & O'Connor,2003;Van Velsor,Moxley & Bunker,2004)。另外,虽然怎样发展领导者和领导力的问题很重要,但是它需要更好地与理论和实证相结合。在本部分中,我们首先将回顾两类发展实践:(1)结构化培训;(2)经验。然后针对如何更好地理解领导者发展过程、如何对实践进行整合给出了一些建议。

培养领导人才的结构化培训

在讨论结构化培训时,我们所指的是持续时间可以从几个小时到几个月的正式计划,而培训内容也会根据重点的不同而发生变化。Conger(2010)已经提出建议,将领导力发展计划分为四个一般类别,即:(1)个体技能的发展;(2)组织愿景和价值观的社会化;(3)促进大规模变化的战略性发展计划;(4)以处理组织遇到的挑战和机遇为目标的行动学习计划。

个体技能的发展是在领导者发展领域中非常受研究人员喜爱的一种方法,许多组织、咨询公司都提供异地或现场的注册和培训服务。针对这类计划的其他术语还包括发展评估与集中反馈式培训(Guthrie & King,2004)。它们之所以被这样称呼,是因为参与者需要完成若干针对个体差异的测量项目(例如性格、价值观、对领导力技能的评估等),同时还要接受来自自己、下属、同行以及上司(也可能是其他人)的360度评估。这些计划的目的,旨在建立关于个体优势和发展需求的自我意识,从而加深对一个人如何为他人所感知方面的理解。特别是在涉及训练和以行动为导向的发展计划中(Day,2000),这些计划为建立个体所需的领导力技能,同时认清和利用自身的确定优势提供了一份蓝图。

然而,对于成功的技能发展培训来说,有几点事项需要注意。在一份针对反馈干预措施的综合性元分析回顾文献中,我们发现,有接近40%的干预措施会对个体的表现产生负面影响,并且还有几乎15%的干预措施起不到任何作用(Kluger &

DeNisi,1996)。上述研究结果表明,仅仅提供反馈,无法保证积极的发展结果。虽然研究显示,在培训人员的帮助下,随着时间的推移,领导者能够提高360度反馈的评分(Smither,London,Flautt,Vargas & Kuchine,2003),而且借助于直接报告以讨论其向上的反馈也与后续改进之间存在正相关(Walker & Smither,1999),但是这些都无法保证最终能够得到积极的变化。举例来说,如果向上反馈的直接报告采取实名评分的形式,那么很可能出现上级表现得分虚高的情况(Antonioni,1994)。只有在满足了下列条件的情况下,改进才最有可能得到实现。这些条件是:(1)反馈表明改变势在必行;(2)个体具有积极的反馈导向(也就是积极看待反馈这件事情);(3)改变具有可行性;(4)设定了合理的行为规范目标;(5)采取的行动能够使技能获得发展(Smither,London & Reilly,2005)。

针对最后一点,另一项研究表明,不仅采取的行动能够使技能获得发展,有目的的实践也能够起到相同的效果(Ericsson & Charness,1994;Ericsson et al.,1993;Ericsson,Prietula & Cokely,2007)。正如本章前面部分所提到的,有目的的实践被认为对发展领导者的技能和专业能力起到至关重要的作用(Day et al.,2009)。因此,有目的的实践并不是仅仅发生甚至主要发生在培训过程中的事情,同样重要的还有在较长一段时间内,针对期望的技能进行不断实践的动机和毅力。

领导力发展培训还用于使得新入职或刚晋升的员工适应组织的愿景与价值观。除了设定目标和做出承诺外,研究人员还认为,创造一致性也是一个关键性的领导力过程(Drath et al.,2008)。一致性的一个重要形式,是发展对组织使命以及组织如何运作的共同理解(Conger,2010)。与领导力技能发展培训相比,这类培训倾向于在现场进行(即内部发展与交付),同时让公司的领导者扮演教师的角色。虽然此类培训项目受欢迎的程度正在不断提高,但是与其他的领导力发展培训方式相比,其普及面仍然相对较窄。不管普及程度如何,该方法表明了如何设计一个使领导者参与基本价值观的过程,以及公司的运营哲学是如何不断演化进入领导力发展过程中的。

在解决实施大范围变革时所需的必要的领导能力变化方面,组织的积极战略变革管理也成为领导力发展背后的驱动因素。通常这类计划都是专门为组织的战略目标定制的,重点放在战略目标的沟通(特别是当战略目标正在发生变化的时候)、在组织的领导者之间建立关于战略目标的一致性上——Conger(2010)将其称为建立"战略统一体"(p.301),同时发展跨组织层次的变革机构,它有助于促进变革并能够加速具有战略优先级事项的进展。此类培训方案对于个体、组织建立与变革相关的技能和胜任力非常有效,但是该方法能否成功的关键因素是,高级领导力团队是否具备一个清晰的变革时间表,同时非常清楚组织对哪些领导力有要求。(几乎)不言而喻,这并不总是能够具备的条件。

领导力结构化培训的最后一个类别是行动学习项目。正如类别的名称所揭示的,该培训主要涉及通过在团队中的协同工作来解决战略重要性的问题(行动),在建立自我意识的同时通过个体和群体的反应了解什么是领导力(学习)。此类计划重点关注的是领导者的全面发展,而与之相比,活动培训(Frese, Beimel & Schoenborn,2003)重点关注的则是通过参与更多的结构化实践的方式进行学习。例如角色扮演,通过给出反馈意见来发展具体的技能和胜任力。关于活动学习的起源,可以追溯到 Revans(1980)的开创性工作,从本质上讲,它属于一种借助实践进行学习的半结构化形式。自从其早期出现在英国以来,行动学习过程始终处在不断进化当中,但是为了最大化其发展效果,研究人员认为某些核心部分是必不可少的(Marquardt, Leonard, Freedman & Hill,2009),它们是:

- 重要或棘手的战略重要性问题;
- 群体由 4—8 名成员组成,每名成员最好拥有不同的背景;
- 以质疑(而不是断言)和反思性沟通为主;
- 发展行动战略,并向高级管理层呈现,可能还需要实施;
- 个体和群体做出的学习承诺;
- 由一名独立的团队教练促进学习过程。

行动学习过程的另一个有用构成是指定一名项目的发起人。发起人通常都是由能够从该团队正在处理的问题或项目中获得利益的高级领导者来担任的。

行动学习可以成为领导者和领导力发展的有力工具,但是它也存在一些潜在的弱点。如果想要使培训获得理想的效果,必须投入大量的时间和其他资源,不过大部分参与者都是通过行动学习来履行其日常工作职责的。如果基本上只关心项目的完成(行动),而不在发展(学习)中投入相应的精力,那么就会损失或严重削弱领导力发展的价值。这正是建议在行动学习中设置一个独立的团队教练的原因。尽管行动学习存在这样的潜在不足,但是有证据表明,在以领导力的发展为目的的培训中,此类计划被广泛采用(有 76% 的被调查者报告为"广泛使用")(Conger & Xin,2000)。

总体来说,结构化培训是在组织内部解决领导力发展需求的一种常见方法。虽然各种培训方案可能会合并为四个一般类型,但是在培训项目的长度、强度、重点等方面,每个类型内部也存在巨大的差异。此外,从计划性的角度考虑,领导力的发展也存在很大的风险,它会导致情境化思考的趋势。换句话说,如果发展被认为只发生在指定的正式培训中的话,那么则忽视或低估了个体回到日常工作后必须继续发展的关键能力。正如在专业绩效领域中的研究所表明的那样,个体的改变和发展需要长时间的有目的的实践(参见 Ericsson et al.,1993)。也就是说,如果一个人只是尝试在正规的培训中发展能力,那么很可能出现的结果就是,你将无法达到高级领导角色所需要的领导技能与专业能力水平。

在经验中培养领导力

尽管领导力发展项目在组织中很流行,但是当你向成功的高级管理人员问及他们是怎样发展成为一名领导者的时候,研究人员发现,从经验中发展是得到最多的答案。具体而言,经验课程在调查中被认为是最强有力的发展要素(McCall,Lombardo & Morrison,1988)。这些发现与在有关工作表现的文献中所描述的情况一致,即工作经验能够通过对工作知识的影响,对工作表现产生实质性的间接影响(Schmidt,Hunter & Oouterbridge,1986)。

借助经验发展领导者才能的理念,几乎已经达到了"公认的学说"的状态,成为一批学者不加以分析的信条(Means,1965)。在提倡以经验为基础的发展方法时,往往被忽视的问题是,经验是一种极其复杂的结构,它同时结合了定性与定量两个维度(Tesluk & Jacobs,1998)。更为复杂的情况是,具有相同经验的两个个体,如果他们能够从经验中有所收获的话,通常两个人的收获是不一样的(Day,2010)。另一个与此相关的问题是,许多在工作中的学习因为其非结构化的本质,是非正式的。

为了提供一些用于确定和测量管理工作的发展成分的有用结构,McCauley 和同事提出了发展挑战档案(McCauley,Ruderman,Ohlott & Morrow,1994)。通过对近700名管理人员的反馈所做的因素分析显示,存在三种一般性的发展工作挑战类别,分别为:(1)工作调动(例如不熟悉的工作职责、证明自己等);(2)与任务相关的特征(例如推动变化、处理外部压力、非权力式的影响力等);(3)障碍(例如缺少最高管理层的支持、老板不好相处等)。如前面所述,这些一般类别在本质上都是多维度的。后续研究证明,在所报告的工作挑战中存在明显的性别差异,其中,男性管理者报告了更多与任务相关的挑战,而女性管理者则更多地报告了在工作中遇到的发展障碍(Ohlott,Ruderman & McCauley,1994)。

最近关于借助经验发展领导者能力的研究,对与极具挑战性的经验相关的潜在边界条件进行了检验。借助发展挑战档案(McCauley et al.,1994),研究人员将领导力技能的发展与经验中的挑战数量联系了起来(DeRue & Wellman,2009)。正如假设的那样,发展挑战与领导力技能发展之间的关系表现为效果递减的形式。也就是说,在达到某个点后,为发展经验增加更多的挑战,将会降低它所能够带来的技能发展水平。但是研究人员还发现,如果能够获得反馈,那么与高水平发展挑战有关的效果递减能够得到一定的补偿。

这些实证结果与已有的领导者发展模型相一致。在该模型中,任何经验都可以在发展方面起到重要的作用,它可以包括评价、挑战以及支持等多个方面(Van Velsor & McCauley,2004)。可以这样说,优秀的反馈信息是一种重要的支持性资源(例如强化、有关结果的知识等),以至于在遇到非常强烈的发展挑战时,以反馈形式出现的资源能够帮助个体进一步促进领导力技能的发展。如果无法获得反馈信息,那么挑战可能会变得过于强大而无法应对,进而变成在借助经验发展领导者能力过程中的障碍。

最近,McCall(2010)提出要重新思考领导力发展,使其能够更好地利用经验。同时他还指出,"有效地借助经验发展领导才能,比表面上看上去要复杂和困难得多"(p.3)。经验的范围如此之广是造成这种复杂性的部分原因,它可以包括工作轮换、战略工作分配、行动学习项目,以及以经验为基础的发展培训等内容。换句话说,什么不算是经验呢?为了应对这一挑战,有些研究人员认为,组织需要发展出能够识别和联系经验、胜任力、关系,以及学习能力的框架或分类系统。因为在组织中,个体因工作分配而调动岗位时需要发展这些能力(Yost & Mannion Plunket,2010)。

发展这种综合性的分类系统是一项非常重要的工作。这类框架的优势是研究人员能够将其用于:确定哪些经验对于发展是最重要的,通过重新设计某些工作使其在发展方面更有力,以及在领导才能的广度和深度方面评估组织内领导能力的总体水平。虽然拥有如此重要的潜在用处,但是这种分类方法似乎忽略了学习过程中人的因素。具体而言,从经验中学习并不总是一件确定的事情。

　　Brehmer(1980)对以经验为基础的学习方法与更加正式的学习方法(例如以教学为基础的方法)进行了比较。他的研究结果表明,相比之下,在借助经验进行学习时遇到的困难更大,这是因为:(1)并不是任何时候都能够意识到有值得学习的内容;(2)即使存在这种意识,也并不是任何时候都很清楚需要学习什么内容;(3)在确定学习过程是否发生以及何时发生上,存在很大的模糊性和不确定性(也可参见 Feldman,1986)。其他研究证明,如果缺少及时的反馈,经验将无法提升专业表现(Summers,Williamson & Read,2004)。当面对具有挑战性的、对职业生涯有重要影响,且主要关注表现好坏而非学习好坏的弹性工作时,这类问题会被放大。

　　总体来说,经验通常被认为是最有前景、最具潜力的强大的领导者发展要素(McCall,2010)。这在一般水平上来说是正确的,但是在尚未了解经验本质的情况下,实际情况是它比听上去要复杂得多。首先,所有与领导者发展相关的事物都可以被看作经验,从持续时间最短的课堂研讨到紧张的弹性工作或当前的工作经历。如果任何事物都可以被看作经验的话,那么通过在评价、挑战、支持等方面的整合和提高,能够使其更具发展性(Van Velsor & McCauley,2004)。其次,由于经验是复杂的,并且涉及多个方面,因此很难对其进行量化和分类(Tesluk & Jacobs,1998)。然而,研究人员已经证明,获得对工作经验中的发展挑战程度的估计值,并将其与相关的产出联系起来是可行的(DeRue & Wellman,2009;McCauley et al.,1994)。最后,从经验中学习并不总是一件做起来容易或直截了当的事情(Brehmer,1980;Day,2010;Feldman,1986;Summers et al.,2004),因此需要投入更多的注意力,才能帮助学习者获得作为发展过程组成部分所需的经验。

　　在本章的最后一个部分中,我们将要讨论未来领导力发展的科学与实践方向。具体而言,如果要进一步提高和发展这一领域,还需要去做哪些事情?在我们已经了解和需要了解的知识之间,存在哪些主要的障碍?

如何完善领导力发展的科学与实践

理论方面

研究人员已经意识到,需要促进在领导力领域内形成整合性更强的理论构建战略(Avolio,2007),而且这种需要同样也适用于领导力发展。在迈向更高整合水平的过程中,研究人员应当全面考虑领导者与追随者之间的动态交互作用,另外还应当更多地考虑交互作用发生的情境因素(Avolio & Gardner, 2005; Gardner, Avolio, Luthans, May & Walumbwa, 2005)。从包容性的角度来考虑是对该整合战略的另一种思考方式。历史上,领导力理论的主要研究对象都是领导者。整合程度更高的理论认为,领导力的范围应当包括领导者、追随者以及情境,它们都是动态交互过程的重要组成部分。

新的领导力本体论还有助于促进领导力的发展。Drath等(2008)的研究工作是一个很好的例子,他们围绕方向、协同性以及承诺等基本任务,重新构建了领导力的基本参数。作为传统的领导力"三因素"——领导者、追随者和他们的共同目标(Bennis,2007)的可能替代者,领导力的另一种本体论来自与下面几个方面有关的领导力产出,即:(1) 在集体内部,对整体目标、宗旨和使命达成了广泛的一致(方向);(2) 在集体内部,对知识和工作的组织与协调(协同性);(3) 个体将自身的兴趣和利益纳入整个集体的兴趣与利益中的意愿(承诺)。

Drath等(2008)认为,传统的三因素本体论的适用面过于狭窄,已经无法适应目前新出现的与共享或分布式领导、复杂性科学的应用,以及领导力关系学说有关的领导力理论。另外,新的本体论框架也为领导力发展的概念化提供了新的方法。任何有利于在个体、群体或组织层次上提升方向、一致性或者承诺的方式,都是可行的领导力发展方法。

另一个未来理论感兴趣的方向,将是整合性和包容性更强的领导力发展理论。领导力是一个动态和进化的过程。正因为如此,它集成了行为、认知、决策和一系列其他建构。所以领导力从本质上来讲是一种折中现象,而且任何从某个单一的理论角度(例如动机、情感、行为等)概念化和研究领导力发展的尝试,都只能得到有限的结果。研究人员需要包容性和整合性更强的视角以跨越多个理论领域。在领导者发展方面的整合性理论方法便是一个很好的例子,它将其他不同的领域,如成人发展、身份认同与自我调节以及专业技能获取联系在了一起(Day et al.,2009)。这只是其中的一个例子,通过更加多元和折中的方式整合不同的领域与学科,领导力发展理论将继续发展下去。

研究方面

领导力发展领域综合了许多具有挑战性的特点,需要在日后的研究中予以考虑。其中之一便是*层次*。例如,Avolio(2004)评论道,从本质上讲,领导力发展是一个多层次的过程。需要考虑的相关层次包括:个体自身层次和个体之间层次;包括追随者、同行以及下属之间关系的更高的二元关系层次;团队与组织层次。在未来,研究人员需要十分清楚合适的分析层次,在该层次上开展工作,并选择最适合各自研究重点的研究设计、测量和分析方法。特别是那些跨层次的方法(例如组织和团队对个体产生的影响),对于我们进一步理解发展过程来说,似乎拥有更美好的发展前途。

此外,领导力发展还是一个动态和纵向的过程,并在本质上涉及对时间的考虑。正如本章开始部分所述,当事情发生时,我们需要更优秀的理论以及更多的研究,来明确其发生的时间和具体情况(Mitchell & James,2001)。没有任何一个研究领域能够比领导力发展领域更强调这一点。如前文所述,领导者的发展可以被概念化为一个横跨整个成年时期的过程(Day et al.,2009)。很显然,任何一名研究者在追溯时间进程时都会遇到限制。然而,在看到诸如FLS(Gottfried等,刊印中;Guerin等,刊印中)这样的研究后,研究人员还是备受鼓舞。该研究在解决与领导力发展相关的问题时,更多地采用了毕生发展的角度。在未来,承认领导者发展的纵向特征,将督促研究人员加强理想化的研究设计,使他们更多地关注何时测量事件、测量事件的频率,以及测量事件的次数,同时将这些测量结果与指明发展方面的变化何时(如何)开始的理论框架联系起来。对研究者来说,这确实是比较高的要求,但是它很可能会在更好地理解领导者的发展,以及最终创造出能够加速发展过程的方法上,让研究人员获得巨大的回报。

另外一个研究的建议是更全面地考虑发展的个性化特质。领导者们并不是按照同一种方式进行发展的,或者遵循一致的成长模式(参见Day & Sin,in press)。人们通常从相同的经历里学习到不同的事物,一些人可能会更快地从经历中里学习到关键的经验。如果方法论和分析性方法采取更多关于领导力发展的个性化角度,那么,相对于那些只尝试在一个既定样本中对平均趋势进行建模的方法,这种更加注重个性化的方法将能产生更多的启发(有关领导力研究方法的其他信息,请参见本书的第三章)。

Raudenbush(2001)针对领导力发展研究提出了一个个人发展轨迹的方法。虽然为每一位正在发展过程中的领导者建立独立的发展轨迹看起来并不可行,但是还存在其他的个性化方法,例如基于群体的发展模型(Nagin,2005)以及混合成长模型(Wang & Bodner,2007),这些方法可以找到,并且有可能预测出不同的和潜在的轨迹类别。这些都是可以帮助研究者更好地了解领导力发展个性化特质的强有力的工具,尤其是在做出有关关键过程的时间和时机的决定时,以及在对即将形成的发展行为所处的适当层次进行严格理论化的情况下。

与发展的个性化特质相关的,是个人是否准备好,或者足够积极地充分把握发展机遇。这种状态的一般性说法叫作发展准备,遗憾的是,在领导者发展的文献中,鲜有关于这一方面基于实证的研究。如果重点是提升从发展经历中学习经验的可能性,那么拥有一个相对较为坚定的学习目标导向非常重要(Dweck,1986)。现在尚不清楚的一点是,学习目标导向在哪个程度上算是一种特质(一直较为稳定),或是一种状况(根据实际情况发生变化)(DeShon & Gillespie,2005)。理想的情况是,与发展准备相关的因素是那些可以在个人参与发展项目之前进行介入的事项,这能使一般认知能力或者个人特质不合适的候选人退出项目。但是首先需要的是以理论为支撑的研究,这个研究要将不同的具有延展性的个体差异,与发展轨迹的初始层次(截距)和轨迹(斜率)联系起来。

实践方面

长期以来人们都有一个观点,那就是领导者并没有做好准备去应对未来的挑战。Drucker(1995)在早些时候注意到,只有不到 1/3 的高管人员的选拔决策是正确的,1/3 的决策的有效性极低,剩下 1/3 则是彻底的失败。这种评估令人十分沮丧的一点是,尽管领导力发展是很多组织在人力资源方面的战略性问题,但是现在和过去的数据都表明,这一工作还存在很大的问题。

其中有一个问题影响了领导力发展计划的有效性,那就是强调对如何发展这一问题进行相对短期的、基于情境的思考。在大多数情况下,关于领导力发展的思考将其视为一系列互不相干、相互独立的项目，认为把它们整合在一起帮助不大（Vicere & Fulmer, 1998）。现在关于领导力发展的思考将其视为一种在成人一生中持续进行的过程（Day et al., 2009）。简而言之，就是任何经验都有可能帮助学习和发展，并且这种经验可能会融合评估、挑战和支持的很多方面（Van Velsor & MaCauley, 2004）。

该领域需要关注的重点是发展领导者个体的技能，但是，这也不能保证一定能够培养出更好的领导力。毕竟领导力是一个在现有的社会情境下，动态的社会交互产物。因此，高效的领导者还需要高效的下属进行配合（Hollander, 2009）。另外，领导力发展有可能会要求在集合度更高的群体、团队和组织层次上进行干预。即使我们在这里以及其他地方对领导者发展和领导力发展做出了区分（参见 Day, 2000），但是它仍旧不是一个非此即彼的问题。相反，那些一流的计划会找到方法将领导者个人的发展与更高层面的领导力发展联系起来，以提升团队和组织的整体领导能力。

结论

我们有理由对领导力发展的未来，尤其是科学家-实践者模式的科学性的一面充满希望。在上一个十年，人们越来越关注领导力发展过程的理论化，尤其是突破任何单一的、有界限的使领导力概念化的理论方法。这是一个具有活力、在多层次多学科内进行的过程，因此要建立一个反映所有这些特质的理论框架是非常合理的。

虽然建立在实证基础之上、有关领导力发展一般性主题的出版物的绝对数量相对较少，但这是一个正在发展的领域，它正在开始对领导力发展过程的一些重要方面提供一些基于实证的更坚实的解释。还有一点非常值得注意，那就是大家越来越关注在领导力发展研究中使用纵向的设计。但是，这项任务如果继续深入将会变得非常艰巨，因为领导者发展需要很长时间，而且还牵涉所有与领导者发展相关的事项。但是无论如何，这始终向研究者们展示了大量的机遇，而绝不是威胁。现在有无数可能的事项需要进行调查，但是有一件事是肯定的，那就是一次性的、基于调查的研究设计不太可能给领导力发展这种新兴学科增加很大的价值。融合多种测量角度、多种研究方法，以及纵向构成部分的研究设计，则更有可能为领导力发展过程提供更多的科学启发。

鉴于目前在组织的感知质量和附加值方面，领导力发展的实践有所缺失（Howard & Wellins, 2008），所以我们可能需要向后退一步，重新思考到底什么才能更好地支持基于证据的领导力发展方法。确切地说，我们最需要的不仅是对该领域在理论和实证上的强烈且持续的兴趣，还需要更加系统投入地将理论变为行动，将科学变为坚实有力的实践。

讨论题

1. 有没有某些类型的领导者是"高潜能"领导者？如果有，他们具有哪些特质？相对于其他人，他们有哪些特定的知识、技能、能力和其他特质？

2. 在领导力发展方面，你是否有获益匪浅的独特经验？如果有，这种经验是什么？它们为什么使你受益良多？在从经验中学习的过程中，你觉得最难的部分是什么？

3. 在领导力发展领域有哪些未解答的问题？换句话说，还有哪些关于领导力发展的问题我们需要了解但目前并不了解？

4. 按照你的理解，从财务和非财务角度，领导力发展合理的投资回报（ROI）是怎样的？理由是什么？

注解及案例研究

Datar, S. M., Garvin, D. A., & Knoop, C.-I. (2009, May). *The Center for Creative Leadership.* Harvard Business School note (#9–308–013).

Snook, S. A. (2008, June). *Leader(ship) development.* Harvard Business School note (#9–408–064).

Leadership Development in the Military:
http://www.slideshare.net/hcsugarman/a-case-study-in-leadership-development-u-s-navy

Leadership Development in the Private Sector:
http://www.thiagi.com/leadership-development-case-study.html

Leadership Development in the Public Sector:
http://www.idea.gov.uk/idk/core/page.do?pageId=7116876

补充阅读

Conger, J. A., & Fulmer, R. M. (2003). Developing your leadership pipeline. *Harvard Business Review, 81*(12), 56–64.

Hannah, S. T., & Avolio, B. J. (2010). Ready or not: How do we accelerate the developmental readiness of leaders? *Journal of Organizational Behavior.* Retrieved from www.interscience.wiley.com; DOI: 10.1002/job.675

Ready, D. A., & Conger, J. A. (2003). Why leadership development efforts fail. *MIT Sloan Management Review, 44*(3), 83–88.

Thomas, R. J. (2008). Crucibles of leadership development. *MIT Sloan Management Review, 49*(3), 15–18.

参考文献

Antonioni, D. (1994). The effects of feedback accountability on upward appraisal ratings. *Personnel Psychology, 47,* 349–356.

Arvey, R. D., Rotundo, M., Johnson, W., Zhang, Z., & McGue, M. (2006). The determinants of leadership role occupancy: Genetic and personality factors. *The Leadership Quarterly, 17,* 1–20.

Arvey, R. D., Zhang, Z., Avolio, B. J., & Krueger, R. F. (2007). Developmental and genetic determinants of leadership role occupancy among women. *Journal of Applied Psychology, 92,* 693–706.

Atwater, L. E., Dionne, S. D., Avolio, B., Camobreco, J. F., & Lau, A. W. (1999). A longitudinal study of the leadership development process: Individual differences predicting leader effectiveness. *Human Relations, 52,* 1543–1562.

Avolio, B. J. (2004). Examining the Full Range Model of leadership: Looking back to transform forward. In D. V. Day, S. J. Zaccaro, & S. M. Halpin (Eds.), *Leader development for transforming organizations: Growing leaders for tomorrow* (pp. 71–98). Mahwah, NJ: Lawrence Erlbaum.

Avolio, B. J. (2007). Promoting more integrative strategies for leadership theory-building. *American Psychologist, 62,* 25–33.

Avolio, B. J., & Gardner, W. L. (2005). Authentic leadership development: Getting to the roots of positive forms of leadership. *The Leadership Quarterly, 16,* 315–338.

Avolio, B. J., & Gibbons, T. C. (1988). Developing transformational leaders: A life span approach. In J. A. Conger, R. N. Kanungo, & Associates (Eds.), *Charismatic* leadership: The elusive factor in organizational effectiveness (pp. 276–308). San Francisco: Jossey-Bass.

Avolio, B. J., Reichard, R. J., Hannah, S. T., Walumbwa, F. O., & Chan, A. (2009). A meta-analytic review of leadership impact research: Experimental and quasi-experimental studies. *The Leadership Quarterly, 20,* 764–784.

Avolio, B. J., Rotundo, M., & Walumbwa, F. O. (2009). Early life experiences as determinants of leadership role occupancy: The importance of parental influence and rule breaking behavior. *The Leadership Quarterly, 20,* 329–342.

Avolio, B. J., Sosik, J. J., Jung, D. I., & Berson, Y. (2003). Leadership models, methods, and applications. In W. C. Borman, D. R. Ilgen, & R. J. Klimoski (Eds.), *Handbook of psychology: Industrial and organizational psychology* (Vol. 12, pp. 277–307). Hoboken, NJ: John Wiley.

Baltes, P. B. (1987). Theoretical propositions of life-span developmental psychology: On the dynamics between growth and decline. *Developmental Psychology, 23,* 611–626.

Baltes, P. B. (1997). On the incomplete architecture of human ontogeny: Selection, optimization, and compensation as foundation of developmental theory. *American Psychologist, 52,* 366–380.

Baltes, P. B., & Baltes, M. M. (1990). Psychological perspectives on successful aging: The model of selective optimization with compensation. In P. B. Baltes & M. M. Baltes (Eds.), *Successful aging: Perspectives from the behavioral sciences* (pp. 1–34). New York: Cambridge University Press.

Bartone, P. T., Snook, S., Forsythe, G. B., Lewis, P., & Bullis, R. C. (2007). Psychosocial development and leader performance of military officer cadets. *The Leadership Quarterly, 18,* 490–504.

Bartone, P. T., Snook, S. A., & Tremble, J. T. R. (2002). Cognitive and personality predictors of leader performance in West Point cadets. *Military Psychology, 14,* 321–338.

Bennis, W. (2007). The challenges of leadership in the modern world. *American Psychologist, 62,* 2–5.

Bloom, B. S. (Ed.). (1985). *Developing talent in young people.* New York: Ballantine.

Bray, D. W. (1982). The assessment center and the study of lives. *American Psychologist, 37,* 180–189.

Bray, D. W., Campbell, R. J., & Grant, D. L. (1974). *Formative years in business: A long-term AT&T study of managerial lives.* New York: John Wiley.

Brehmer, B. (1980). In one word: Not from experience. *Acta Psychologica, 45,* 223–241.

Chan, K.-Y., & Drasgow, F. (2001). Toward a theory of individual differences and leadership: Understanding motivation to lead. *Journal of Applied Psychology,*

86, 481–498.

Chi, M. T. H., Glaser, R., & Farr, M. J. (Eds.). (1988). *The nature of expertise.* Hillsdale, NJ: Lawrence Erlbaum.

Conger, J. A. (2010). Developing leadership talent: Delivering on the promise of structured programs. In R. Silzer & B. E. Dowell (Eds.), *Strategy-driven talent management: A leadership imperative* (pp. 281–311). San Francisco: Jossey-Bass.

Conger, J. A., & Xin, K. (2000). Executive education in the 21st century. *Journal of Management Education, 24,* 73–101.

Cox, C. J., & Cooper, C. L. (1989). The making of the British CEO: Childhood, work, experience, personality, and management style. *Academy of Management Executive, 3,* 241–245.

Day, D. V. (2000). Leadership development: A review in context. *The Leadership Quarterly, 11,* 581–613.

Day, D. V. (2010). The difficulties of learning from experience and the need for deliberate practice. *Industrial and Organizational Psychology: Perspectives on Science and Practice, 3,* 41–44.

Day, D. V., Harrison, M. M., & Halpin, S. M. (2009). *An integrative approach to leader development: Connecting adult development, identity, and expertise.* New York: Routledge.

Day, D. V., & O'Connor, P. M. G. (2003). Leadership development: Understanding the process. In S. Murphy & R. Riggio (Eds.), *The future of leadership development* (pp. 11–28). Mahwah, NJ: Lawrence Erlbaum.

Day, D. V., & Sin, H.-P. (in press). Longitudinal tests of an integrative model of leader development: Charting and understanding developmental trajectories. *The Leadership Quarterly.*

Day, D. V., & Zaccaro, S. J. (2004). Toward a science of leader development. In D. V. Day, S. J. Zaccaro, & S. M. Halpin (Eds.), *Leader development for transforming organizations: Growing leaders for tomorrow* (pp. 383–399). Mahwah, NJ: Lawrence Erlbaum.

DeRue, D. S., & Wellman, N. (2009). Developing leaders via experience: The role of developmental challenges, learning orientation, and feedback availability. *Journal of Applied Psychology, 94,* 859–875.

DeShon, R. P., & Gillespie, J. Z. (2005). A motivated action theory account of goal orientation. *Journal of Applied Psychology, 90,* 1096–1127.

Drath, W. H., McCauley, C. D., Palus, C. J., Van Velsor, E., O'Connor, P. M. G., & McGuire, J. B. (2008). Direction, alignment, commitment: Toward a more integrative ontology of leadership. *The Leadership Quarterly, 19,* 635–653.

Drucker, P. F. (1995). *Managing in a time of great change.* New York: Truman Talley Books/Dutton.

Dweck, C. S. (1986). Motivational processes affecting learning. *American Psychologist, 41,* 1040–1048.

Dweck, C. S., & Leggett, E. L. (1988). A social cognitive approach to motivation and learning. *Psychological Review, 95,* 256–273.

Elliott, E. S., & Dweck, C. S. (1988). Goals: An approach to motivation and achievement. *Journal of Personality and Social Psychology, 54,* 5–12.

Ericsson, K. A., & Charness, N. (1994). Expert performance: Its structure and acquisition. *American Psychologist, 49,* 725–747.

Ericsson, K. A., Charness, N., Feltovich, P. J., & Hoffman, R. R. (Eds.). (2006). *The Cambridge handbook of expertise and expert performance.* New York: Cambridge University Press.

Ericsson, K. A., Krampe, R. T., & Tesch-Römer, C. (1993). The role of deliberate practice in the acquisition of expert performance. *Psychological Review, 100,* 363–406.

Ericsson, K. A., Prietula, M. J., & Cokely, E. T. (2007, July-August). The making of an expert. *Harvard Business Review, 85,* 114–121.

Feldman, J. (1986). On the difficulty of learning from experience. In H. P. Sims, Jr. & D. A. Gioia (Eds.), *The thinking organization: Dynamics of organizational social cognition* (pp. 263–292). San Francisco: Jossey-Bass.

Frese, M., Beimel, S., & Schoenborn, S. (2003). Action training for charismatic leadership: Two evaluations of studies of a commercial training module on inspirational communication of a vision. *Personnel Psychology, 56,* 671–697.

Freund, A. M., & Baltes, P. B. (1998). Selection, optimization, and compensation as strategies of life management: Correlations with subjective indicators of successful aging. *Psychology and Aging, 13,* 531–543.

Freund, A. M., & Baltes, P. B. (2002). Life-management strategies of selection, optimization, and compensation: Measurement by self-report and construct validity. *Journal of Personality and Social Psychology, 82,* 642–662.

Gardner, W. L., Avolio, B. J., Luthans, F., May, D. R., & Walumbwa, F. (2005). "Can you see the real me?" A self-based model of authentic leader and follower development. *The Leadership Quarterly, 16,* 343–372.

Gottfried, A. E., Gottfried, A. W., Reichard, R. J., Guerin, D. W., Oliver, P. H., & Riggio, R. E. (in press). Motivational roots of leadership: A longitudinal study from childhood through adulthood. *The Leadership Quarterly.*

Guerin, D. W., Oliver, P. H., Gottfried, A. W., Gottfried, A. E., Reichard, R. J., & Riggio, R. E. (in press). Childhood and adolescent antecedents of social skills and leadership potential in adulthood: Temperamental approach/withdrawal and extraversion. *The Leadership Quarterly.*

Guthrie, V. A., & King, S. N. (2004). Feedback-intensive programs. In C. D. McCauley & E. Van Velsor (Eds.), *The Center for Creative Leadership handbook of leadership development* (2nd ed., pp. 25–57). San Francisco: Jossey-Bass.

Gutiérrez, M., & Tasse, T. (2007). Leading with theory: Using a theory of change approach for leadership development evaluations. In K. M. Hannum & J. W. Martineau (Eds.), *The handbook of leadership development evaluation* (pp. 48–70). San Francisco: Jossey-Bass.

Hackman, J. R., & Wageman, R. (2007). Asking the right questions about leadership. *American Psychologist, 62,* 43–47.

Hollander, E. P. (2009). *Inclusive leadership: The essential leader-follower relationship.* New York: Routledge.

Hollenbeck, G. P., McCall, M. W., Jr., & Silzer, R. F. (2006). Leadership competency models. *The Leadership Quarterly, 17,* 398–413.

Howard, A., & Wellins, R. S. (2008). *Global leadership forecast 2008|2009: Overcoming the shortfalls in developing leaders.* Pittsburgh, PA: Development Dimensions International.

Judge, T. A., & Bono, J. E. (2000). Five-factor model of personality and transformational leadership. *Journal of Applied Psychology, 85,* 751–765.

Judge, T. A., Bono, J. E., Ilies, R., & Gerhardt, M. W. (2002). Personality and leadership: A qualitative and quantitative review. *Journal of Applied Psychology, 87,* 765–780.

Kegan, R. (1982). *The evolving self: Problem and process in human development.* Cambridge, MA: Harvard University Press.

Kegan, R. (1994). *In over our heads: The mental demands of modern life.* Cambridge, MA: Harvard University Press.

Kluger, A. N., & DeNisi, A. (1996). The effects of feedback on performance: A historical review, a meta-analysis, and a preliminary feedback intervention. *Psychological Bulletin, 119,* 254–284.

Lahey, L., Souvaine, E., Kegan, R., Goodman, R., & Felix, S. (1988). *A guide to the subject-object interview: Its administration and interpretation.* Cambridge, MA: Harvard University Graduate School of Education.

Lamoureux, K. (2007, July). *High-impact leadership development: Best practices, vendor profiles and industry solutions.* Oakland, CA: Bersin & Associates.

Lapour, A. S., & Heppner, M. J. (2009). Social class privilege and adolescent women's perceived career options. *Journal of Counseling Psychology, 56,* 477–494.

Li, W.-D., Arvey, R. D., & Song, Z. (in press). The influence of general mental ability, self-esteem and family socioeconomic status on leadership role occupancy and leader advancement: The moderating role of gender. *The Leadership Quarterly.*

Lord, R. G., & Hall, R. J. (2005). Identity, deep structure, and the development of leadership skill. *The Leadership Quarterly, 16,* 591–615.

Luthans, F., & Avolio, B. (2003). Authentic leadership development. In K. S. Cameron,

J. E. Dutton, & R. E. Quinn (Eds.), *Positive organizational scholarship: Foundations of a new discipline* (pp. 241–258). San Francisco: Berrett-Koehler.

Luthar, S. S. (2003). The culture of affluence: Psychological costs of material wealth. *Child Development, 74,* 1581–1593.

Luthar, S. S., & Becker, B. E. (2002). Privileged but pressured? A study of affluent youth. *Child Development, 73,* 1593–1610.

Marquardt, M. J., Leonard, H. S., Freedman, A. M., & Hill, C. C. (2009). *Action learning for developing leaders and organizations: Principles, strategies, and cases.* Washington, DC: American Psychological Association.

McArdle, J. J. (2009). Latent variable modeling of differences and changes with longitudinal data. *Annual Review of Psychology, 60,* 577–605.

McCall, M. W., Jr. (2010). Recasting leadership development. *Industrial and Organizational Psychology: Perspectives on Science and Practice, 3,* 3–19.

McCall, M. W., Jr., Lombardo, M. M., & Morrison, A. M. (1988). *The lessons of experience: How successful executives develop on the job.* Lexington, MA: Lexington Books.

McCauley, C. D., Drath, W. H., Palus, C. J., O'Connor, P. M. G., & Baker, B. A. (2006). The use of constructive-developmental theory to advance the understanding of leadership. *The Leadership Quarterly, 17,* 634–653.

McCauley, C. D., Ruderman, M. N., Ohlott, P. J., & Morrow, J. E. (1994). Assessing the developmental components of managerial jobs. *Journal of Applied Psychology, 79,* 544–560.

Means, R. L. (1965). Weber's thesis of the Protestant ethic: The ambiguities of received doctrine. *Journal of Religion, 45,* 1–11.

Mitchell, T. R., & James, L. R. (2001). Building better theory: Time and the specification of when things happen. *Academy of Management Review, 26,* 530–547.

Mumford, M. D., & Manley, G. R. (2003). Putting the development in leadership development: Implications for theory and practice. In S. E. Murphy & R. E. Riggio (Eds.), *The future of leadership development* (pp. 237–261). Mahwah, NJ: Lawrence Erlbaum.

Mumford, M. D., Zaccaro, S. J., Connelly, M. S., & Marks, M. A. (2000). Leadership skills: Conclusions and future directions. *The Leadership Quarterly, 11,* 155–170.

Mumford, T. V., Campion, M. A., & Morgeson, F. P. (2007). The leadership skills strataplex: Leadership skill requirements across organizational levels. *The Leadership Quarterly, 18,* 154–166.

Muthén, B. (2004). Latent variable analysis: Growth mixture modeling and related techniques for longitudinal data. In D. Kaplan (Ed.), *Handbook of quantitative methodology for the social sciences* (pp. 345–368). Thousand Oaks, CA: Sage.

Nagin, D. S. (1999). Analyzing developmental trajectories: A semiparametric, group-based approach. *Psychological Methods, 4,* 139–157.

Nagin, D. S. (2005). *Group-based modeling of development*. Cambridge, MA: Harvard University Press.

Ohlott, P. J., Ruderman, M. N., & McCauley, C. D. (1994). Gender differences in managers' developmental job experiences. *Academy of Management Journal, 37*, 46–67.

O'Leonard, K. (2008). *The corporate learning factbook 2008: Statistics, benchmarks, and analysis of the U.S. corporate training market*. Oakland, CA: Bersin & Associates.

Plomin, R., DeFries, J. C., & Loehlin, J. C. (1977). Genotype-environment interaction and correlation in the analysis of human behavior. *Psychological Bulletin, 84*, 309–322.

Raudenbush, S. W. (2001). Comparing personal trajectories and drawing causal inferences from longitudinal data. *Annual Review of Psychology, 52*, 501–525.

Rest, J. R. (1986). *Moral development: Advances in research and theory*. New York: Praeger.

Revans, R. W. (1980). *Action learning*. London: Blond & Briggs.

Schippmann, J. S., Ash, R. A., Battista, M., Carr, L., Eyde, L. D., Hesketh, B., et al. (2000). The practice of competency modeling. *Personnel Psychology, 53*, 703–740.

Schmidt, F. L., Hunter, J. E., & Outerbridge, A. N. (1986). Impact of job experience and ability on job knowledge, work sample performance, and supervisory ratings of job performance. *Journal of Applied Psychology, 71*, 432–439.

Smither, J. W., London, M., Flautt, R., Vargas, Y., & Kuchine, I. (2003). Can working with an executive coach improve multisource feedback ratings over time? A quasi-experimental field study. *Personnel Psychology, 56*, 23–44.

Smither, J. W., London, M., & Reilly, R. R. (2005). Does performance improve following multisource feedback? A theoretical model, meta-analysis, and review of empirical findings. *Personnel Psychology, 58*, 33–66.

Summers, B., Williamson, T., & Read, D. (2004). Does method of acquisition affect the quality of expert judgment? A comparison of education with on-the-job learning. *Journal of Occupational & Organizational Psychology, 77*, 237–258.

Tesluk, P. E., & Jacobs, R. R. (1998). Toward an integrated model of work experience. *Personnel Psychology, 51*, 321–355.

Van Velsor, E., & McCauley, C. D. (2004). Our view of leadership development. In C. D. McCauley & E. Van Velsor (Eds.), *The Center for Creative Leadership handbook of leadership development* (2nd ed., pp. 1–22). San Francisco: Jossey-Bass.

Van Velsor, E., Moxley, R. S., & Bunker, K. A. (2004). The leader development process. In C. D. McCauley & E. Van Velsor (Eds.), *The Center for Creative Leadership handbook of leadership development* (2nd ed., pp. 204–233). San

Francisco: Jossey-Bass.

Vicere, A. A., & Fulmer, R. M. (1998). *Leadership by design*. Boston: Harvard Business School.

Walker, A. G., & Smither, J. W. (1999). A five-year study of upward feedback: What managers do with their results matters. *Personnel Psychology, 52,* 393–423.

Wang, M., & Bodner, T. E. (2007). Growth mixture modeling: Identifying and predicting unobserved subpopulations with longitudinal data. *Organizational Research Methods, 10,* 635–656.

Yost, P. R., & Mannion Plunket, M. (2010). Developing leadership talent through experiences. In R. Silzer & B. E. Dowell (Eds.), *Strategy-driven talent management: A leadership imperative* (pp. 313–348). San Francisco: Jossey-Bass.

Zaccaro, S. J., & Horn, Z. N. J. (2003). Leadership theory and practice: Fostering an effective symbiosis. *The Leadership Quarterly, 14,* 769–806.

Zhang, Z., Ilies, R., & Arvey, R. D. (2009). Beyond genetic explanations for leadership: The moderating role of the social environment. *Organizational Behavior and Human Decision Processes, 110,* 118–128.

第五章

领导力的本质:基于进化、生物学与社会神经科学的视角[①]

Mark Van Vugt
阿姆斯特丹自由大学
牛津大学

蜜蜂在采蜜结束返回蜂巢后,会在其他蜜蜂面前跳上一支舞。它在空中不断地跳出8字形,同时抖动着自己的腹部。2005年,科学家发现,蜜蜂这样做是为了通过自己的移动,向同伴表明觅食地的位置和花粉的质量(Riley, Greggers, Smith, Reynolds & Menzel, 2005)。蜜蜂的朝向表明了食物源相对于太阳的方向,而舞蹈持续时间的长短则代表了觅食地的距离以及花粉的质量。科学家在通过设置人工食物源,并仔细观察蜜蜂跳舞时的行为后得出了上述结论。如果研究人员把蜂巢移动250米,则跟随蜂会飞到距离人工食物源250米的位置,这表明跟随蜂是按照摇摆舞提供的导航信息去寻找食物源的。这个实验证明了之前由诺贝尔生物学奖得主卡尔·冯·弗里希(Karl von Frisch)于20世纪60年代首先提出的理论。事实上,跳舞的那只蜜蜂通过外出为蜂巢寻找食物源扮演了领导者的角色。舞跳得最好的蜜蜂会吸引最多的追随蜂,而且这种相互作用能够形成非常有效的群体产出。

蜜蜂的摇摆舞是发生在动物界中众多领导与追随的现象之一,从思维比较简单的物种,比如鱼类的迁徙,一直到智能更高的灵长类——我们的表亲黑猩猩之间的食物分享。

[①] 作者注:请将对本章的建议和意见发给Mark Van Vugt, VU University Amsterdam/University of Oxford, van der Boechorsstraat 1, 1081 BT Amsterdam, the Netherlands。电子邮箱:m.van.vugt@psy.vu.nl。

人类也是动物王国中的一员。虽然在许多方面,我们的领导力模式比其他动物更加复杂,但是,如果我们从领导力进化历史的角度近距离考察一番,可能也会有不少收获。在本章中,我将向读者阐明为什么在各种不同的物种(例如我们人类)当中,领导力都有可能形成,以及领导力是以哪些形式形成的。研究领导力的社会科学家们很少问及有关领导力的起源,以及领导力功能进化方面的问题。他们更加倾向于关心领导力自身的机制——领导力是如何发挥作用的——而不是领导力的本质问题。

不过现在,已经有越来越多的领导力理论学家开始注意到借助来自自然界、生物学以及社会科学等方面既有趣又与领导力相关的知识来建立综合性理论的重要性(Antonakis, 2011; Bennis, 2007; Hogan & Kaiser, 2005)。例如,人类学家、生物学家、认知神经科学家、经济学家、政治学家、灵长类动物学家、心理学家以及动物学家,他们都在自己的领域内研究着有关领导力形成的各个方面,但是到目前为止,上述领域之间还很少能够发展出相互一致的领导力模型和理论(King, Johnson & Van Vugt, 2009)。此外,从事领导力研究的社会科学家们已经提出了许多优秀的中间层次理论,例如领导力的个性理论、认知理论、情境理论以及权变理论等(有关近期发表的精彩的综述性文章,请参见 Avolio, Walumbwa & Weber, 2009; Graen & Uhl-Bien, 1995; Hackman & Wageman, 2007; Yukl, 2006),不过,它们与更高层次理论之间的联系并不是很理想(参见 Bennis, 2007; Van Vugt, Hogan & Kaiser, 2008)。

针对这种情况,进化论(我随后将会给出解释)也许能够提供一个可以将上述独立的理论联系起来的总体框架。达尔文提出的自然选择进化论(Darwin, 1871)明确指出,人类心理学最终也是生物进化的产物——如同我们的身体也是进化的产物一样,它由不同的经过进化的特质构成,使我们的祖先能够更好地适应生存环境的需要。

在本章中,我将提出一个新的领导力理论视角——领导力进化理论(或称为ELT),它以达尔文的进化论为基础,揭示了在自然选择的压力下,我们的领导与追随心理学是如何形成的。在这里,我将对领导力给出广泛的定义,即是**在个体追求共同目标的过程中实现相互协作的影响过程**。另外在本章中,第一,我将简单介绍一下进化论,并将内容的重点放在日益发展的进化心理学领域,该领域是达尔文思想在人类心理学和人类行为学上的实际应用。第二,我将解释为什么说进化心理学对于我们理解领导力是非常重要的。第三,我根据从不同行为科学——从生物学到心理学,再从认知神经科学到博弈论中得到的各种证据,指出领导和追随可能是用于处理个体之间的协调问题的心理适应元素(进化而来的机制)。这方面的大部分研究都是由我和同事完成的,我们是一个由全世界在领导力进化理论各个领域的研究者所组成的跨学科科研团队。第四,我将提出一个由推理得出的领导力自然简史,以解决领导力是如何逐渐进化的问题,即领导力如何从一个同步简单有机体行为的相对原始的机制,发展为一个能够对散布在不同时空中数以百万的个体的行为进行协调的复杂结构。第五点也是最后一点,为了进一步促进领导力研究和优秀领导力实践的发展,我将解决一些领导力进化理论的应用问题。

领导力进化心理学

　　领导力进化理论始于人们对与人类行为相关的生理学、神经系统以及心理学过程都是生物进化的产物这一理论的认识。因此,它在概念上继承了进化论的主要观点,如果抱着严格与谨慎的态度,研究人员也能够获得在人类行为方面的新发现(Buss,2005;Nicholson,2000;Van Vugt & Schaller,2008)。查尔斯·达尔文是现代进化理论之父。19世纪时,在乘坐"贝格尔号"前往加拉帕戈斯群岛的途中,达尔文注意到,不同的物种都能够很好地适应它们的生存环境。在进行了深入研究之后,他认为,**不同的物种并不是由上帝之手创造的,而是所处环境对它们产生影响的结果**。一个物种中表现出特定特征的群体,比如长脖子的长颈鹿,在环境中的繁衍能力要强于该特征较弱的同类,即短脖子的长颈鹿。长脖子的长颈鹿能够获得更多的食物(位于树顶端位置较高的叶子),这种优势赋予了长脖子的长颈鹿在生存上的优势。这种情况会导致差异化的繁殖:长脖子的长颈鹿的繁殖数量要多于短脖子的长颈鹿,而且如果时间足够长的话,长脖子将会成为长颈鹿的一般特征。这一特征被认为是适应的结果。达尔文推断,这便是物种看上去对所处环境适应能力极好的原因。

　　达尔文推测,自然选择发挥作用要遵守三条非常简单的规则:(1)同一物种内的不同个体之间存在特质上的差异;(2)这些差异中的一部分是遗传性的(这也是后代与父母很像的原因);(3)这些特征上的差异能够给个体在资源竞争中带来优势。上述三条规则构成了进化论的主要内容。

　　达尔文观点的正确性已经得到了无数次的证明,进化论已经不再被当作一种理论上的假设,而是被奉为自然法则。理解进化论并不需要具备生物学、遗传学或基因方面的任何知识。不过,如果能够了解物种的适应性(例如上例中长颈鹿的脖子)是以基因为基础的话,那就再好不过了。任何基因第一次都是以随机变异的方式出现的,而且如果这种变异能够为生物体带来资源竞争方面的优势,那么它通常都会在这个种群中传播开来。因此,在历史上的某个时间,一只长颈鹿宝宝在出生时携带了自发性变异基因,使它的脖子要长于其他的长颈鹿。由于该基因的出现,这只长颈鹿具备了对环境更好的适应能力,因此这种变异的基因便开始在种群内传播,从而使今天的长颈鹿都具备了"长脖子"基因——从进化的角度来看,该特质已经固定了下来。另外,还有一点很重要,当进化生物学家提到"特质 X 的基因"时,这种说法其实是过于简化了,因为大多数特质都是由多个基因共同作用的结果。最后,当进化生物学家提到"特质"时,他们所指的是,当生物体的基因与其所在的环境发生作用时所表现出来的任意生物体特征。这种环境包括它们的形态(例如身高、眼睛的颜色等)、神经生理学特征(例如脑区、神经递质、荷尔蒙等),以及行为(例如风险承担、社交性、领导力等)。自然选择在基因的控制下,能够作用于生物体的任意方面。关于进化论、生物学以及进化的证据等更详细的内容,我推荐读者阅读由杰出的进化论学家,如 Richard Dawkins(2009)和 David Sloan Wilson(2007)所编写的科普读物。

领导力进化理论受到了进化心理学的启发。进化心理学是一门相对年轻的学科,它将生物学上的进化理论运用到了对人类心理学的研究当中(Barkow, Cosmides & Tooby, 1992; Buss, 2005; Schaller, Simpson & Kenrick, 2006)。进化心理学具备将不同心理学分支的理论与研究整合起来的能力,然后把它们与来自生物学和行为科学的知识联系起来,形成一个以进化论为基础的统一理论框架。其核心的宗旨是,人类的思想是通过自然选择进化而来的结果:进化塑造人脑(以及在荷尔蒙和行为方面的其他产物)的方式,与它塑造人类身体以及其他动物的身体和大脑的方式相同。在效果上看,这意味着人类被看作动物王国中的一分子,并且也遵守着同样的生物与进化法则。

进化心理学认为,人类的大脑包含许多特殊的认知机制(或适应能力),能够帮助人类解决影响自身成功繁殖的许多问题(Buss, 2005; Kenrick, Li & Butner, 2003)。举例来说,人类可能在调节体温、寻找食物、躲避天敌、寻找伴侣、面部识别、闲聊、赢得声望,以及与陌生人交流等方面具备专门的机制。这些心理机制可能不仅具有功能性,而且还是与特定领域相关的,因为它们善于解决某些特定的问题,而对于其他问题则不起作用(Barrett & Kurzban,2006)。例如,对于闲聊来说,语言是非常高效的工具,但是对于调动积极的情绪而言,语言很可能就显得有些力不从心了,而笑声在这方面却是最合适不过的了。

我们可以将这些机制看作"如果—那么"决策规则的进化版本,它们在恰当的情形下被选择并产生与该情形相适应的行为。一个经过进化的社会决策规则的例子可能会是这样的:"跟随你信任的人。"(很容易就能够看出,这个决策规则比"跟随任何一个人"要更优一些,因此它更有可能是一个经过进化的决策规则。)这些心理机制都是在原始的环境下,通过自然选择的压力形成的,也就是说在现代环境中,它们并不一定能够产生适应性行为。例如,在原始时代,跟随身体强壮的领导者可能会为你带来优势,但是在目前的社会,身体力量的重要性已经没有那么突出了,因此它可能不再具备适应性,甚至会让人产生适应不良的效果。这构成了我们称之为"进化不当"的现象(Van Vugt,Johnson,Kaiser & O'Gorman,2008)。

进化心理学在生物学和心理学层面寻找适应现象的证据时,经常会用到四问题方法,它由亚里士多德首次提出,随后又得到了诺贝尔奖得主、荷兰行为学家尼可·丁伯根(Niko Tinbergen)(1963)的进一步发展。例如,对于动物为什么具有视觉这一问题,其中一种答案可能是视觉能够帮助动物寻找食物并躲避危险。这便是一个有关视觉进化功能的问题。另外一个问题关注视觉的进化有哪些具体步骤(系统发育)。其他问题则关注眼睛的机制(形式),甚至个体的视力在一生中的变化过程(个体发育)。前面两个问题是从进化的角度解释具体的现象(终极原因),后面两个问题给出的则是近似解释。虽然这些问题的答案很可能是不同的,但是却相得益彰。

以同样的方式,我们可以提出关于领导力在功能、系统发育、形式以及个体发育方面的问题,从而获得一个完整的现象解释(Van Vugt,Hogan, et al. ,2008)。例如,第一个问题是,为什么领导和追随对原始环境下人类的存活率与繁殖率有促进作用,以至于它们成了我们目前心理学的一部分。那些具有进化论思想的生物学家和心理学家对这个问题非常着迷。第二个问题是,在人类和其他动物身上,领导力的形成经过了哪些步骤,这些特质在共同的祖先身上体现在什么地方(Brosnan, Newton-Fisher & Van Vugt,2009)。而这个问题则吸引着那些研究领导力的生物学家、灵长类动物学家以及动物学家。第三个问题是关于领导力的机制的——领导力是如何发挥作用的？这是研究领导力的社会心理学家以及工业/组织心理学家最关心的问题。举例来说，哪类人群能够成为最佳领导者或者最佳追随者，以及某个特定的领导力风格在哪种情况下最为有效？在近因机制方面，我们还可以研究关于领导力的神经科学，研究哪些大脑区域、荷尔蒙因素与领导和追随行为的产生有关。例如，个体在睾丸素上的差异是领导者有效性的基础（Josephs, Sellers, Newman & Metha, 2006），领导者对群体背叛者的惩罚，能够使大脑的奖惩区域产生较高的兴奋度（Fehr & Camerer, 2007）。

最后一个问题是有关领导力发展方面的，例如，是否有些人天生就是领导者——考虑到这一特质的复杂性，领导力不太可能只是由单一基因决定的！——或者，领导力是不是习得的，或者领导力的风格是不是一个关于年龄、经验等变量的函数。研究领导力的发展心理学家和人格心理学家对这个问题有很高的研究兴趣（Hogan, 2006; Simonton, 1994）。

丁伯根四问题方法中的每一个问题都从不同角度对领导力进行了分析，而把它们放在一起，又为研究人员提供了一个完整的视角。不过不要把这几个问题混淆了。例如，许多完备的心理学理论都假定，领导力涉及对群体与群体目标之间障碍的识别，然后再找到合适的方法去克服这些障碍（Hackman & Walton, 1986; House, 1971）。由于这些理论识别的是在特定情形下，哪类领导者会形成并发挥有效性，因此它们为领导力提供的是一种近似解释。例如，工具型领导者在面对压力巨大或模棱两可的任务时具有更高的有效性。通过询问领导力经过进化之后在功能方面的问题，能够为这些理论提供有益的补充，例如，工具型领导者的能力是如何进化，又是为什么会进化的呢？我需要再次强调，一定不能混淆对这些不同层次的问题的解释。举例来说，如果我们发现人们对魅力型领导力非常感兴趣，那么我们仍然需要首先解释魅力型领导力形成的原因以及它是如何进化的。魅力型领导力是不是在10万—20万年前，随着语言能力一同进化而来的呢（Van Vugt, 2006）？

领导力与社会脑的共同演化

人类是一种超社会动物（Baumeister & Leary, 1995; E. O. Wilson, 1975）。人作为一个物种已经存在了200万—250万年，在人类历史的大部分时间里，我们的祖先都生活在非洲大草原，以一个小的、高度相互依存、相互关联、彼此平等的狩猎-

采集社会的形式生活(Richerson & Boyd,2006)。群居是一种适应性行为。对于许多物种来说,群居能够在面对自然环境的干扰时为自己提供一种缓冲,因此这也形成了对于促进社会交往和群体协作机制的选择压力。对个体来说,在群体中生活是一个重要的挑战,为了适应这种情况,需要发展出相对较大的大脑。

社会脑假说(Dunbar,2004;Van Vugt & Kameda,in press)认为,早期人类进化出较大的大脑是为了生存和发展成为一个复杂、庞大的社会群体。为了支持社会脑假说,研究人员通过比较人类与其他灵长类动物,以及灵长类动物与其他哺乳动物发现,大脑皮层(大脑中用于思考的部分)与群体规模之间存在正相关的关系(Dunbar,2004)。人类的优势很明显,不仅具有相对发达的大脑皮层,而且社会网络的规模也比较大。从大脑数据来看,**研究人员推断出人类社会网络的最大规模为 150 个个体左右,这一数字也被称为邓巴数**。这大致对应于小型团体,如邻居关系或者宗教社团的规模,它们能够通过非正式的社会控制保持稳定。顺便说一句,150 也是荷兰这个高度平等的国家议会中的席位数。同时,根据对英国所做的一项研究表明,150 也是在圣诞节中,人们寄送圣诞贺卡名单人数的中位数(Hill & Dunbar,2003)。

早期的人类在食物的获取与分享、获得保护、共享信息,以及社区子女教育方面,都从较大的社会网络中得到了许多利益(Kenrick et al.,2003)。不过,伴随着这些利益的获得,人们也需要付出巨大的成本,管理和维持这个较大的社会网络。为了在获得利益的同时避免形成日益庞大和复杂的社会网络,许多心理适应机制可能开始出现进化,其中包含一些人类独有的特质,例如语言能力和宗教能力。其他的特质则被选出来服务于新的目的,例如在智能、笑声、文化,可能还包括领导力方面的能力。

早期的人类为什么需要领导力?从系统发育的角度讲,原始人类遇到的最大的领导力问题可能算是群体的迁徙了(作为游牧种族,早期人类的群体总是在不断地迁徙当中)。House(1971)的路径-目标理论承认领导力的如下主要功能:有效的领导者会明确指出路径,帮助追随者从原先的位置到达想要的位置,同时清除沿途的障碍,使追随者能够更容易地到达目标。我们的祖先需要迁徙来寻找资源,而遇到肉食动物的风险使他们以一个群体的形式迁徙的效果会更好(King et al.,2009)。但是一个群体是如何决定在什么时间出发并前往哪里的呢?这种协调问题很容易解决,只需要群体中的一些个体采取主动措施,而其他个体只需要跟随其脚步即可。在群体迁徙中体现出的领导力贯穿于从群居的昆虫到鱼类、鸟类和哺乳类动物等整个动物王国(相关的评论内容请参见 King et al., 2009),表明该行为并不需要许多脑力即可完成。简单的决策规则——例如"如果其中一个个体迁徙,我就跟着迁徙"——能够产生类似于追随的行为,以及默认的领导行为。如果我们假定,在该决策规则中体现出来的个体差异是固定的,即有些个体总是会首先迁徙,那么这便自动形成了"领导者"和"追随者"。

有了这些基本机制,聪明的物种就可以利用它们解决范围更广的问题。领导力进化理论认为,在原始环境中,至少存在六个关键问题需要运用领导力来解决,它们是:(1) 寻找资源;(2) 冲突管理;(3) 战争;(4) 建立同盟;(5) 资源分配;(6) 教育(Van Vugt & Ahuja, 2010)。第一个问题涉及资源机会的探索,前文中提到的蜜蜂的例子表明,工蜂的领导角色主要体现为为群体探索新的觅食地所承担的侦查行为。与侦查领导者类似的情况还发生在狩猎-采集社会中(这被认为是早期人类群居生活的模板),狩猎队伍中的个体在队伍周围巡视来寻找食物。

第二个问题是有关冲突管理以及和平领导者的选择的。在规模相对较大的群体中生活会加剧个体之间的冲突。我们以狩猎-采集方式生活的祖先,他们的社会生活中包含持续的冲突,杀人肯定是造成死亡的最主要的原因(Alexander, 1979; Chagnon, 1997; Van Vugt, De Cremer & Janssen, 2007)。人类的近亲——类人猿(包括黑猩猩、倭黑猩猩和大猩猩)在生活中也在努力保持着和平。因此我们认为,这一点几乎可以被断定为早期人类群体的特点之一(Boehm, 1999; De Waal, 1996)。De Waal(1996)给出了一个保持和平领导者的例子:"Mama 和 Spin 之间的争吵逐渐失控,最后开始互相扭打和撕咬起来。许多大猩猩也赶过来加入这两只雌性大猩猩的争斗当中。于是顿时发展成了一起群架,嘶吼着的大猩猩在沙地上翻滚着,直到 Luit(雄性首领)跳到大猩猩群中,将它们一个个打散开。Luit 没有支持冲突的任何一方,它一视同仁,那些继续打架的家伙则又挨了 Luit 一拳。"(p.129)

我们的祖先下一个要面对的适应性问题则是处理群体以外的事务,这需要一位能够指挥战争以及建立同盟的领导者(外交官)。在人类进化史中,日益增长的庞大群体将会与其他群体针对稀缺资源展开竞争,例如水坑、食物和配偶等,而这能够引起严重的群体间冲突(Van Vugt et al., 2007)。考古学家和人类学家认为,战争能够对一系列重要群体行为的进化产生强大的选择压力,例如联合侵略、利他主义、忠诚以及群体间行为等(Van Vugt & Hart, 2004)。领导力可能会起到协调群体行动,以战胜其他群体的作用。在面临战争以及其他外部威胁的情况下,群体中的成员遵从领导者的指挥是有道理的(Vroom & Jago,1978)。像在美洲土著部落这样的传统社会中,战争时期或和平时期会出现不同的部落首领,这主要取决于该部落与其他部落之间的关系(Johnson & Earle,2000)。

第五个领导力问题涉及稀缺资源,如食物和水等在群体内的分配。举例来说,如果一只体型较大的动物被杀死后,得到的肉应该如何分配才能确保人人有份?这样一来,就给个体成为资源分配者提供了机会。在传统社会中,通常都是大人物出来担任这样的角色(Van Vugt,Hogan et al.,2008)。

最后一个适应性问题是如何培养个体使他们能够适应社会生活,成为优秀的群体成员并为群体的生存和有效性贡献力量?这就要求领导者能够教会新成员在物理和社会环境方面的相关知识,同时向他们介绍群体的文化和社会规范。

总体而言,领导力进化理论(Van Vugt & Ahuja,2010)假定,领导力的进化是为了解决一系列不同的协调问题,这些问题包括群体为了寻找觅食地的迁移(侦查)、维持群体内的治安(保持和平)、组织对群体外势力的进攻(战争领袖)、与其他群体建立同盟(外交官)、管理群体资源(管理者),以及将新成员培养成为对群体有用并忠诚的成员(教师)。

在上述各领域中成功行使领导与追随角色,能够提高个体和所在群体的繁殖能力。让我们来设想一种情况,有两个人类群体,他们生活在同一片区域,彼此竞争相同的资源,比如水坑、食物和安全的栖息地。其中一个群体经常发生内部纷争和群体内暴利,决策能力和社会化实践能力都很差。而第二个群体的群体内关系则相对和睦,对群体外的威胁都采取抗争的态度,并且社会化实践能力较强。毫无疑问,经过一段时间,第二个群体将在竞争中获得胜利,从而与这些适应性行为相对应的遗传物质将会在种群内一代代传播下去——可能会通过个体选择与群体选择相结合的方式(D. S. Wilson,Van Vugt & O'Gorman,2008),从而使这些特质逐渐固定下来。

检验领导力进化假说:达尔文的工具箱

进化心理学包含一套在内容上差别非常大的理论、方法和分析视角(Buss,2005;Van Vugt & Schaller,2008)。进化心理学吸引了众多学术背景差异很大的科学家们的研究兴趣,他们不仅来自心理学内的不同领域,还来自生物学、灵长类动物学、动物学、人类学、经济学、政治学以及其他许多学科,因此这也是造成进化心理学在概念和方法论上包罗万象的部分原因。这种多样性是进化心理学理论与假说对证据的标准要求较高而产生的功能性反应。关于领导力在进化理论或假说方面具有真正说服力的支持性证据,不仅需要表明它是在与进化相关的情境下被触发的,而且还需要表明它能够提高原始时期个体的繁殖率。前半部分比较容易,而后半部分就比较困难了。

除非有时间机器这种不太可能发明出来的东西,否则我们不可能收集到原始环境下的行为数据,或者去跟踪被称为适应性行为的实际进化情况。相反,进化心理学必须依靠许多其他通常是间接获得的证据,才能建立领导力进化理论(Schmitt & Pilcher,2004)。

研究进化的科学家们经常都是从一个一般性理论起步,一般是从进化生物学的核心原则开始,然后试探性地将研究方向引向潜在的心理适应性行为。进化心理学家经常用到的普通理论包括亲代投资理论、内含适应性理论、生命史理论、成本信号理论,以及进化博弈论(Gangestad & Simpson,2007)。如果假说中存在的适应性行为,例如领导力,直接来自一般进化范式下的理论,那么进化心理学家就能够更加信心十足地确定适应性行为的存在。举例来说,更高的来自女方的亲代投资能够引出这样一种假说,即女性对能够提供资源的异性伴侣感兴趣,而男性则通过实现较高的地位来显示自身的男性价值,因为这种地位是与资源的获得能力相联系的。这样便形成了能够检验的领导力行为预测,例如:(1)女性应当认为男性领导者(在性方面)更具有吸引力;(2)男性在(吸引)女性面前应当会表现出领导力行为。目前我们正在阿姆斯特丹自由大学的进化社会与组织心理学实验室(Evolutionary Social and Organizational Psychology Laboratory,ESOP)开展对这些预测结果的检验。

第二,进化理论学家能够运用计算机模拟技术来研究各种群体动态过程的进化情况,比如领导与追随。模拟研究认为,当个体间的兴趣一致而非冲突时,领导力的进化速度会加快(Van Vugt & Kurzban,2007)。计算机模拟还能够帮助研究人员识别在哪种条件下,民主领导者与专制领导者相比能够产生更好的结果——比如在追随者拥有退出群体的选择的时候(Van Vugt,Jepson,Hart & De Cremer,2004)。

第三,行为经济学与社会心理学中的实验方法也能够帮助研究人员验证领导力的进化假说。实验(经济学)博弈论方法研究的是博弈参与者之间的相互作用,例如,囚徒困境博弈、最后通牒博弈、独裁者博弈,以及参与者投入了金钱的公共品博弈等。它能够让研究人员对许多问题有更深入的认识,例如在博弈各方存在或不存在利益冲突的情况下,哪些人格类型更有可能在博弈中占据主动。

第四,最近在神经科学领域取得的进展,都可能成为有关领导与追随适应性行为假说的证据。神经经济学的新兴领域在经济博弈研究中运用了神经科学的研究工具(Fehr & Camerer,2007)。比如,大脑成像研究具备提供能够证明与特定社会行为类型相关的特定生理学结构的潜在证据(Adolphs,1999)。再比如,核磁共振成像研究可以用来检测领导者在成功协调群体活动,做出公平的资源分配方案,或者对危害群体目标的个体实施惩罚时,大脑的活动区域(Fehr & Camerer,2007)。最近出现的一项新技术——经颅磁刺激(TMS)能够被用来扰乱大脑当中被认为负责社会与经济决策区域的大脑活动。举例来说,该技术发现,扰乱大脑的左额叶前皮层阻碍了人形成良好信誉的能力,这对于领导力的形成具有重要的影响(Knoch, Schneider,Schunk,Hohmann & Fehr,2009)。

荷尔蒙研究能够帮助研究人员识别与特定的领导或追随经历相关的荷尔蒙水平。基础水平上的荷尔蒙个体差异,例如睾丸素,能够预测个体在地位较高的位置的表现。Josephs 等(2006)在一项实验研究中证明,睾丸素含量较高的个体,在地位较高的位置上处理复杂的认知任务的能力更强,而睾丸素含量较低的个体,在地位较低的位置上处理任务的能力更强。另外,研究还认为,当个体取得了所在群体的较高地位时,其睾丸素水平会随之上升,使他们看上去更像是领导者(Van Vugt,2006)。我们预测,组织在报酬和领导力压力方面的竞争性越强,个体睾丸素水平的上升幅度可能越大。目前,我们正在进化社会与组织心理学实验室中对这一推断进行验证。

第五,行为遗传学研究能够帮助研究人员确定领导力的形成是否与遗传学因素有关。较高的遗传指数表明,在这些特质中可能存在重要的个体差异。虽然我们不太可能找到控制领导力的单一基因,但我们还是获得了一些令人振奋的研究结果,这些结果表明与领导力的形成之间存在系统性关系的个性差异(例如性格外向性、智力水平等)与遗传学因素有关(Ilies,Arvey & Bouchard,2006)。

第六,进化心理学家也经常使用实验认知心理学中的方法寻找适应性行为的证据。例如,研究人员通过认知实验认为,在空间旋转方面的任务上,男性的平均表现较好,而在空间记忆方面的任务上,女性则具有较好的平均表现(Buss,2005)。从进化角度对该发现的一种解释是,原始时期的男性(主要的狩猎者)为了能够在不熟悉的地理环境下识别方向,并在迁徙的过程中追踪猎物而进化出了这些能力。而原始时期的女性(主要的采集者)则是为了记住水果和坚果的采集地点而进化出了这些能力。

在领导力方面,认知实验可以用来寻找人们是否进化出了关于在具体情形下应该由哪个个体来领导的认知领导力原型。在目前的研究中,我们对人们在审视其他人的面部时,是否会自动与领导力相联系进行了检验。研究表明,在战争时期,人们更喜爱面部看起来肌肉感较强的领导者,而在和平时期,人们则更偏向于面部具有女性化特征的领导者(Van Vugt & Spisak,2008)。如果这种原型是跨文化出现的,同时我们又能够在儿童和青年中找到这种原型,那么就能够有力地证明这些原型是进化而来的决策规则,而不是后天习得的,这与内隐领导力理论的观点相矛盾(Lord,De Vader & Alliger,1986)。事实上,最近有研究发现,5岁大的儿童能够根据候选人的面部特征选出政治选举中的获胜者(Antonakis & Dalgas,2009)。不仅如此,这种对领导者面部特征的看法是跨文化的(Berggren, Jordahl & Poutvarra,2010),表明了这种原型是进化而来的。

第七,心理调查能够通过检验答卷者在现实世界中对领导和追随的切身体验的自我报告数据,为研究人员提供领导力进化假说方面的支持。例如,来自全球的调查数据都显示,有些特质例如愿景、正直和值得信赖等,普遍被认为与优秀的领导力相关(Den Hartog, House, Hanges, Ruiz-Quintanilla & Dorfman,1999)。另外,有些特质在一些文化背景中表现得比较重要,而在另一些文化背景中却相反,例如领导者的慷慨大方以及支配力(Den Hartog et al.,1999)。这说明有些决策规则在生物学上是相对固定的,比如"我只跟从自己信任的领导者"。而另一些决策规则则更具灵活性,并受到文化的影响(例如"跟随慷慨的领导者"这样的规则)。

此外,人类学与人种学数据库也可以为研究人员提供有关领导力进化假说的证据,检验各种领导力现象在不同人类文化中的普遍程度。这类证据对于区分哪些是进化适应性现象,哪些是表面性的、与特定文化有关的特定表现是很有必要的。举个例子,对东西方文化的研究表明,虽然对领导力的需求是普遍现象,但是在不同的文化之间,人们对领导者的期望却存在差别(Dorfman, Hanges & Brodbeck,2004;Hofstede,1980)。

第九,跨物种的研究证据也能够帮助研究人员验证对任何适应性行为——例如领导力——的进化历史的各种推测。举例来说,对于人类和大象来说,当遇到与知识有关的问题时,年纪较长的个体会承担领导职责——母象带领大家前往遗忘已久的水源地(King et al.,2009)。这一发现表明,经过进化的根本性的心理机制或决策规则(例如,在整个群体不知道应当去哪里的时候跟随年纪较长的个体)的形成,要早于灵长类动物和大象从它们直接的共同哺乳动物祖先那里开始产生差异的时间。

当综合起来考虑时,从上述不同角度得到的发现能够让人们对领导力和领导力的进化功能产生新的理解。进化方法的效果对那些认真采用此类方法的人来说会显得比较明显。为了更好地说明情况,我将最近的 10 个实证研究结果列了出来,它们都属于运用从数学模型到行为与神经科学研究等不同的方法,从生物角度对领导力进行研究的项目。尽管在这些发现中,没有任何一个能够告诉你一个确定的、关于领导力进化重要性的故事,但是把它们放在一起,却表明了在处理领导力问题时存在专门的认知机制。换句话说,有越来越多的经验证据显示,采用进化方法研究领导力所获得的成果越来越丰富。

1. 数学模型表明,在许多个体都能够获得信息的群体中,民主领导者与专制领导者相比能够拥有更好的表现(Conradt & Roper,2003;Van Vugt,2009)。

2. 实验室实验表明,当睾丸素水平较高的个体担任领导职务时,其在认知性任务方面能够有较好的表现,而睾丸素水平较低的个体则在处于追随者的位置时能够有较好的表现(Josephs et al.,2006)。

3. 脑成像研究显示,在最后通牒博弈中,当追随者从领导者那里收到了一个不公平的要求时,其大脑中负责情感部分的区域会出现活动反应(前脑岛),表明了在决定是否跟随一个领导者时,情感发挥了一定的作用(Sanfey,2007)。

4. 来自传统社会的存档数据表明,专制的领导者,例如皇帝和暴君,与民主领导者相比,拥有更强的繁殖成功的能力(Betzig,1986)。

5. 对人类进行的群居实验表明,只需要一小部分知识较丰富的个体,由个体组成的规模较大的群体便能够协调自身的活动(Couzin, Krause, Franks & Levin, 2005)。

6. 对卷尾猴进行的实验表明,它们对实验者(人类)的不公平分配会表现出负面情绪,这说明了在与领导者交互过程中对不公平的厌恶的早期进化起源(Bros-

nan, Newton-Fisher & Van Vugt, 2009)。

7. 来自传统的狩猎-采集型社会的数据表明,他们拥有一系列不同的方法,例如通过流言、嘲笑、排斥和暗杀等来约束那些专横的领导者(Van Vugt, Hogan, et al., 2008)。

8. 调查数据显示,在西方社会中处于高层管理者位置的男性与组织中级别较低的男性相比,在性方面的私通情况更为普遍(Perusse, 1993)。

9. 实验室实验表明,与没有领导者的群体相比,拥有领导者(能够惩罚搭便车的个体)的群体能够表现得更好。不仅如此,与所有成员都有权惩罚的群体相比,拥有领导者的群体能够达到同样协作的水平(O'Gorman, Henrich & Van Vugt, 2009;Van Vugt & De Cremer, 1999)。

10. 当男性和女性面对因表现出不公平行为而受到惩罚的个体时,只有男性负责奖励的大脑区域会出现活动反应,而这伴随着复仇的情绪在里面(Singer et al., 2006)。

领导力的博弈论分析

有时,进化科学家会用博弈论作为工具来推断特定社会现象的进化起源。我借助博弈论对领导和追随做了一项研究,研究结果为我们理解领导力的起源和形成提供了一些有趣的观点(Van Vugt, 2006;Van Vugt, Hogan, et al., 2008)。博弈论源自第二次世界大战时期对战斗部队之间战略关系的分析,不过它现在已经成为在行为科学中研究人类选择的一个基本模型(Gintis, 2007)。博弈论在识别某些社会特质(或策略)在哪些条件下会产生进化方面很有帮助,特别是当这些特质与替代特质(策略)存在竞争关系的时候。

举例来说,著名的囚徒困境博弈被用于模拟合作的进化过程。该模型显示了占优策略(这是最有可能进化的特质)是存在缺陷的,它会导致非合作均衡。只有给出额外的假设,例如重复博弈(Axelrod, 1984)或者建立声誉(Hardy & Van Vugt, 2006),才能促使合作策略的达成。

领导和追随也可以被建模为一个(进化)博弈策略模型。建立领导者-追随者的博弈论关系框架,能够检验领导和追随作为实现社会合作的两种互补策略而得到进化这一想法(Van Vugt, 2009)。事实上,**领导力的关键是对合作的需求**。

图 5.1a 显示了一个简单的合作博弈,能够清楚地表明领导力是如何进化的。该图描述的是一个纯合作博弈,博弈双方拥有相同的利益。用一个例子来说明的话效果最好。(虽然我在这里给出的是一个简单的二元情况,但是相同的分析方法可以简单地扩展到更大、更复杂的群体。)假设 Jamie 和 Pat 都生活在我们祖先的原始环境——非洲大草原上。他们必须从两个水坑 A 和 B 当中选择一个。为了免受肉食动物的袭击,他们必须一起迁徙。这时领导力提供了一种解决方案。他们应该前往哪个水坑呢?如果他们当中的一个人承担了领导角色,并选择朝自己喜欢的水坑前进,那么另一个人则别无选择必须跟随。只要他们在一起,无论去水坑 A 还是 B 都没有什么关系。这种协作型领导力在许多定期迁徙的群居动物中都有所体现,比如水牛、狒狒以及人类。这并不需要任何的脑力,只需要其中一个个体移动而另外一个跟随即可。从本质上说,独裁者能够解决这类博弈(Van Vugt,2009)。图 5.1a 显示,领导者和追随者都从协作行为中获得了利益,这也是这类策略最终都会发展成为串联关系的原因(Van Vugt,2006)。

		Pat	
		水坑 A	水坑 B
Jamie	水坑 A	1,1*	0,0
	水坑 B	0,0	1,1*

图 5.1a　纯合作博弈

注:这是一个简单的合作博弈,博弈双方 Jamie 和 Pat 的支付情况如图所示。图中,如果 Jamie 和 Pat 选择同一个水坑,那么他们将各得 +1 的支付值。博弈均衡状态用星号(*)表示。他们在实现博弈均衡的单元内均能够得到 +1 的支付值。

进化博弈论(Maynard-Smith,1982)是博弈论的一个特殊分支,它假定博弈策略是由在达尔文竞争中相互竞争的等位基因支持的。获胜的策略(基因)在后代中传播,而失败策略的代价则是经历自然选择的过程而消亡。这个简单的模型表明,**在合作的利益高于合作成本的情况下(或物种中),都有可能发现领导力的影子**。研究人员对动物领导力的研究综述支持了这一理论(King et al.,2009)。

在自然界里,经常出现博弈者之间利益不同的现象。事实上,在像人类所处的这类复杂的社会群体中,冲突一般都是家常便饭而不是少有的事情。那么领导力是如何发生的呢?整个情况更为复杂。图 5.1b 中给出了一个例子,我将其称为领导者博弈(也被称为性别战博弈或最后通牒博弈)。例子中假定 Jamie 和 Pat 的支付是不相等的。Jamie 可能倾向于前往水坑 A,这样他得到的结果为 3,而 Pat 则倾向于前往水坑 B,这样他得到的结果同样为 3。博弈的得失表明,如果 Jamie 和 Pat 前往同一个水坑就能够得到比较好的结果(结果为 1 或者 3),不过在去哪个水坑的问题上则存在冲突。那么这种情况对于领导力协商的意义是什么呢?

		Pat	
		水坑 A	水坑 B
Jamie	水坑 A	3,1*	0,0
	水坑 B	0,0	1,3*

图 5.1b　领导者博弈(性别战博弈)

注:这是一个领导者博弈,博弈双方 Jamie 和 Pat 的支付情况(繁殖成功率)如图所示。图中,如果 Jamie 和 Pat 前往水坑 A,则 Jamie 得到的支付值(+3)要高于 Pat(+1)。博弈均衡状态用星号(*)表示。

首先,在利益存在冲突的情况下,我们预计领导力的形成会相对缓慢一些,由于两个人都能够从前往自己倾向的水坑中获得更多利益,因此他们都有承担领导职责的动机(Van Vugt & Kurzban,2007)。从历史上看,领导者们都希望自己的身体更健康,拥有更多的财富,并且与追随者相比具有更高的繁殖成功率(Betzig,1986;Chagnon,1997;Perusse,1993)。领导者与追随者在支付上的不平衡是造成持续紧张的原因,而且越来越大的支付差距会产生不情愿的追随力。因此在人类的领导力中,慷慨和公平是领导者得到信任的关键因素也就不奇怪了(De Cremer & Van Vugt,2002;Dorfman et al.,2004;Epitropaki & Mattin,2004)。

其次,对领导力的博弈分析表明,前面两种博弈情形都与采取主动措施相关,因为首先采取行动的一方更有可能成为领导者。作为对此分析的支持,领导力与采取主动的各种指标都有关联,例如大胆、有抱负、自尊心强、寻求刺激以及性格外向等——这些都与领导力的形成有关(Judge, Bono, Ilies & Gerhardt,2002)。此外,智力较高的个体更善于"阅读"其他人的支付偏好,也更善于使用公平的、使群体能够持续发展的先动策略和后动策略(Burks, Carpenter, Goette & Rustichini,2009)。研究发现,领导力与一般智力测量结果之间存在一致性,这一点并不奇怪(领导力的有效性与用客观方法测出的智力的平均相关系数为

0.33；Judge，Colbert & Illies，2004）。此外，领导力与社会感知之间也存在联系，表明领导者在社交场合中能够表现得更加灵活（Kellett，Humphrey & Sleeth，2002；Zaccaro，Gilbert，Thor & Mumford，1991）。不过，与非领导者相比，领导者是否更具有同情心还有待观察（Antonakis，Ashkanasy，Dasborough，2009）。比较前面两种博弈情形后得到的最后一个结论是，**当存在较大的利益冲突时，与侵略性、支配力和权威性有关的个性因素将会变得越来越重要，因为迫使其他个体去做你想要的事情是需要刺激的。**

由于一种策略可能适合某一种情形，而另一种策略则适合另外一种情形，因此博弈分析还解释了各种领导力风格和领导力策略的进化情况。博弈论方法表明，不同的领导者策略代表了具有（略微）不同支付结构的情况，它能够影响领导者与追随者之间的动态关系（Van Vugt，2009）。当领导者与追随者的支付情况是确定的，并且领导者的主要任务是协调群体活动时，任务型领导力可能会发展成为能够解决如图5.1a所示情况的一种方案。当支付差异比较显著，并且存在领导者可以剥夺和追随者可以叛离的机会时，关系型领导力则更为有效。在这种情况下，领导者的主要任务是保持群体的凝聚力（Fiedler，1967；Van Vugt，2009）。

支付差异（图5.1b）表明了交易型领导力与变革型/魅力型领导力之间的区别。作为对支持的回报，交易型领导者能够通过为追随者提供对他们有利的结果来唤起追随者对自身利益的追求（Bass，1985；Hollander & Offermann，1990）。交易型关系符合领导者博弈中的支付矩阵，追随者在博弈中能够得到来自领导者的奖励，而且他们得到的奖励越丰厚就越愿意跟随领导者。变革型领导者则通过自身魅力和愿景来激励追随者，而不是借助对追随者自身利益的直接刺激来达到目的（Bass，1985；Burns，1978）。语言在这类领导力中是一个先决条件，它表明了语言是人类所独有的（魅力型领导者在演讲中经常会运用许多隐喻；Mio，Riggio，Levin & Reese，2005）。

变革型领导者能够有效地改变博弈中的支付情况，以便使追随者能够表现得比领导者更优秀——自我牺牲是变革型领导力中的一个重要方面（De Cremer & Van Knippenberg，2002）。当然，魅力型领导者也可能通过巧妙地运用语言使追随者相信自己会表现得更好，而实际情况则是领导者才是掌控着局面的人。具有"黑暗三合一"人格（由权谋主义、自恋癖和心理变态构成的致命组合，而且在三个方面都很突出）的领导者都具有魅力，他们可能会运用自身的吸引力来操纵群体成员,使他们相信领导者是把群体成员的兴趣放在首位的,而实际上,领导者所追求的仅仅是一己私利。

交易型领导力与变革型领导力之间的区别类似于自私领导力与公仆型领导之间的区别(Giller,Cartwright & Van Vugt,2010;Greenleaf,2002)。在某些情况下,个体可能会选择向其他个体倾向的水坑处迁徙,从而获得领导地位——Jamie 可能会建议 Pat 一起前往 Pat 喜欢的水坑。这在本质上属于公仆型领导,因为这样做包含了牺牲的成分在里面。这种情况在其他动物当中也会出现,例如当鬣狗共享一具尸体的时候,其中一只鬣狗会承担领导角色,负责驱赶其他肉食动物,防止它们靠近食物。由于公仆型领导这种策略在成本方面的原因,因此发现它是怎样进化的并不容易。公仆型领导有可能是通过亲缘选择进化而来的,用自我牺牲行为来帮助亲戚;或者是通过互惠利他进化而来的,比如鬣狗轮流承担领导角色保护食物。在人类社会中,英雄地位是一种替代的报偿,个体会因为自己的英勇行为而获得报偿。

针对这一想法,我们在实验室里进行了实证验证,考察一个由四名成员组成的群体如何在冲突水平不断变化的情况下解决合作的博弈问题(这很像图 5.1b 中的情形)。我们在该博弈中(参与者都是匿名的,而且不存在建立声誉的情况)发现了公仆型领导的证据。与采取后动策略的参与者相比,那些在合作博弈中采取了先动策略的参与者最终获得了较低的支付。不仅如此,在博弈中体现出来的领导力与亲社会人格之间存在正相关关系,而与自私人格之间则存在负相关关系(Gillet et al. ,2010)。

最后,博弈论分析还能够说明专制领导力与民主领导力的起源。当博弈各方之间不存在利益冲突的时候(如图 5.1a 所示),任何一个个体都能够承担领导角色,而且个体的选择并不重要。因此,纯合作问题可以借由专制领导者来解决。而在领导者博弈中,报偿上的差异不可避免地会使参与者相互之间产生怨恨。而一旦个体获得了领导地位,那么他在放弃的时候就可能会很不情愿(Kipnis,1972)。如果追随者威胁要离开或者反抗,那么领导者将会被迫在权力上做出让步,他们可以许诺让追随者共享更多的成果,但是追随者可能(而且通常)会担心领导者不会履行诺言。追随者可能会要求在群体的决策上掌握一定的控制权,以便保护自己的长期利益不受损害。

总之,博弈论分析有助于说明领导力与不同领导力风格的进化起源。在最简单的合作博弈中都能体现出领导力的存在,这就解释了为什么在动物王国中领导力是一种普遍存在的现象(King et al.,2009)。任何首先采取措施的个体都会成为领导者,而且他实际上扮演了一名独裁者的角色。在群体成员之间频繁发生利益冲突的情况下(或物种中),例如人类社会,领导力会变得比较复杂。这样一来便产生了各种各样的领导力风格,并且根据不同的情况,会出现关系型、魅力型、变革型或公仆型等各种领导者来保持大型群体中个体的团结。目前,我们对这些领导力风格的进化情况,以及它们会在何种情况下出现的了解还比较有限,但是看起来语言似乎是支持这些领导力的一种重要的进化机制。

 ## 领导力的自然简史

介绍完领导力的进化功能后,我们对领导力的系统发育又有多少了解?在整个人类进化过程中领导力是如何发展的?我们对于人类和非人类领导力的进化又了解多少?在对有关人类和非人类领导力的文献进行回顾之后我们发现,在领导力进化中至少存在四种主要的转变(King et al.,2009;Van Vugt,Hogan,et al.,2008):(1)在人类出现之前,领导力在物种中主要是以一个解决简单的群体合作问题的机制而形成的,在这种机制下,群体内的任意一个个体首先采取行动,然后其他的个体进行追随即可;(2)如果存在重要的利益冲突,例如需要维护群体内部和平,那么领导者会在成员的共同选择中形成以促进集体行动,在这种情况下,群体支配者或在社会交往中地位比较重要的个体将会承担领导职责;(3)在人类早期的平等社会中,支配者的重要性会下降,这为民主领导力和以声誉为基础的领导力的形成奠定了基础;(4)农业革命后,社会复杂性的不断提高催生了对更加强大和正式领导者的需要,需要他们管理复杂的群体内和群体间关系,即酋长、国王、总统和CEO们。这些人既能够提供重要的社会服务,也能够滥用权力,支配和利用他们的追随者(参见表5.1)。在这里,我将对上述几个不同阶段做一个简要的讨论(有关领导力自然史的详细内容,请参见Van Vugt,Hogan,et al.,2008)。

表 5.1 领导力的自然史

阶段	时间	社会	群体规模	领导力结构	领导者	领导者-追随者之间的关系
1	早于 250 万年前	前人类社会	不确定	基于情境的	任意个体,通常为具有支配力的群体成员	基于情境的或等级制的(非人类哺乳动物)
2	250 万年前至 1.3 万年前	团队、氏族、部落	几十到几百	非正式、基于专门技能	大人物、首领	平等
3	1.3 万年前至 250 年前	部落、王国、军阀社会	数以千计	集权、世袭	酋长、国王、军阀	等级
4	250 年前至今	民族、国家、大型企业	几千到数百万	集权、民主	国家首领、CEO	等级,但是提供参与的机会

资料来源：M. Van Vugt, R. Hogan, and R. Kaiser(2008). Leadership, followership, and evolution: Some lessons from the past. *American Psychologist*, 63, 182—196。

◼ 第一阶段：动物的领导力

系统发育方面的证据表明,早在人类和非人类哺乳动物之前,认知预适应行为就已经存在了。在不同的社会性物种中,研究人员都能够观测到协调群体行动的简单的**领导者-追随者结构**,例如许多昆虫的觅食模式、鱼群的游动模式,以及迁徙候鸟的飞行模式等。重要的一点是,这些物种缺乏比较发达的大脑和复杂的社会认知能力来展现追随力,只能采取类似于"跟随首先移动的个体"这样的简单的决策规则。首先移动的个体自动成为领导者。

◼ 第二阶段：团队与部落领导力

人类独有的进化历史进一步塑造了领导力。人类的出现在 200 万—250 万年前,从那时一直到大约 1.3 万年前最后一个冰河时期的结束,人类大脑容量的不断增加和社会网络规模的不断扩大对领导力的发展起到了本质上的推动作用。在这个阶段,人类在更新世时期以半游牧的狩猎-采集的团队和氏族方式生活，成员由 100—150 名关系亲密的个体构成（Dunbar,2004）。像居住在卡拉哈里沙漠的昆申人和澳大利亚北部的土著居民这样的现代狩猎-采集生活方式，为我们提供了人类社会组织在该阶段的最佳模型。由于没有资源剩余，这一时期的人类生活条件可能是相当平等的，没有形成能够正式确认的领导者。（世上流传着许多关于白人传教士在异域传教时发生的奇闻轶事。在遇到当地人时，传教士们一般都会要求当地人带自己去见他们的领导，但是这却把当地人难住了，因为他们根本不明白领导是什么意思。）这一阶段随着 1.3 万年前农业的出现而终结。

第三阶段：酋长、国王与军阀

自从农业时期起，人类经过进化的领导力心理似乎就没有发生太大的改变。而我们的社会结构却从农业革命后发生了某种程度的变化。农业的出现和可靠的食物供给使人类群体能够定居下来，同时也使人口呈现指数级的增长。人类历史上首次在社区中出现了剩余资源，领导者在资源的再分配中发挥着重要的作用（Diamond,1997；Johnson & Earle,2000）。随着社区规模的扩大，在群体内部和群体之间发生冲突的可能性也越来越大。领导者因此获得了处理此类威胁的额外权力，这造成了更为正规的权威结构的出现，为后来部落和王国的产生奠定了基础（Betzig,1996；Johnson & Earle,2000）。在扩展的角色中，领导者可以带走资源并用它们建立由更忠诚的追随者组成的群体——有时领导者会通过世袭领导力的形式来实现这一目标。

第四阶段：现代国家与商业领导力

第四个领导力阶段是从 18 世纪工业革命开始后到现在的这段时间。人类社区逐渐合并成国家和民族，同时也发展出了大型企业，这些都显示了领导力实践的存在。国家的公民和组织中的雇员相对来说比较自由，很少受到来自领导者的掠夺，而且还能够选择投奔其他的国家或组织。这种自由改变了权力的平衡，使其远离领导者，同时也产生了与原始时期支配等级相反的类似（但不等同的）情况。尽管现代官僚主义能够在商业上行得通，但是它们可能会受到人类经过进化的领导力心理的约束。

领导力进化理论对研究与实践的意义

在最后这部分内容中,我将给出领导力进化理论(ELT)对于领导力的研究与实践的一些意义。当然,这些意义中的一部分内容可能源自其他一些类似的领导力心理学理论,例如路径-目标理论、领导者-成员交易理论(LMX),以及变革或领导力类别理论(Avolio et al.,2009;Graen & Uhl-Bien,1995)。不过,这些理论最终都必须转向进化角度来解释自身的假设(例如,为什么人类群体会拥有魅力型领导力?认知领导力的原型来自什么地方?)。不仅如此,领导力进化理论还阐明了在文献中尚未被充分解决的核心的领导力问题,例如:为什么人们要跟随第一个行动的领导者?为什么领导力与智力之间存在一致性?领导者何时会将自身的需要凌驾于群体的需要之上?为什么人们一致对于那些个子高、看上去健康的领导者有所偏好?为什么女性 CEO 会遇到更多的敌意……最后,考虑到应当进化的领导力心理学的局限,在如何设计组织结构的问题上,与其他的理论观点相比,进化框架似乎也能够具备更多的实践意义。

为什么要跟随领导者

首先,领导力进化理论强调了研究追随力起源的重要性。与领导力相比,追随力的自然心理学更加复杂和有趣,但是研究起来也更加困难(有关以追随者为中心的领导力方法的内容,请参见本书的第十章)。领导力进化理论认为,追随力的进化是为了适应例如群体迁徙、群体防御、维护群体内部的和平以及教学等具体的原始协调问题。这暗示了在这些与进化有关的情况下,**追随力应当出现得更快、表现得更有效,而且还暗示了追随者可分为不同的风格**。

虽然该假说尚未被明确证实,但是它与之前的研究发现相吻合。在受到外界威胁,例如自然灾害或旁观者紧急情况时,人们更有可能追随领导者(Baumeister,Chesner,Senders & Tice,1989;Hamblin,1958)。群体之间发生的冲突也为领导和追随的形成奠定了基础。在著名的罗伯洞穴(Robber Cave)实验中,彼此不认识的个体聚集在一起,而且还会迅速选出领导者来代表他们(Sherif,1966)。最后,从众研究认为,**当人们不确定要做什么时,很可能会听从另一个体的建议,而这一个体随后便成了领导者**。著名的米尔格拉姆和阿希的从众实验证明,在此类情形下,即便人会做出(在道德上)错误的选择,追随力也会自然出现。这暗示了我们的大脑能够有效地调整来适应追随力——这是我们祖先的遗产——这也符合领导力进化理论的观点。

领导力进化理论意义的一个不寻常之处在于,当个体面临一个在进化上的新问题(例如全球变暖)或一个简单的合作问题时,他可能并不想追随任何一个人。后者与在领导力替代理论方面的研究发现相一致(Kerr & Jermier,1978)。在这些适应性问题领域之外行使领导力甚至可能会破坏团队表现。举例来说,具有高度凝聚力的群体在正式任命的领导者的带领下很难在执行例行任务时有出色的表现(Haslam et al.,1998)。从中我们能够得到的重要启示是,除非在某些重要并且明确的情况下,否则任命正式领导者既没有必要,又存在危害。

通过研究在不同情况下追随的动机以及与优秀和糟糕的追随相关的人格,领导力研究能够从采用进化方法中获益(Altemeyer,1981;Wayne & Ferris,1990)。追随力风格可能至少会像领导力风格一样复杂多变,充满差异(Kellerman,2008)。例如,人们可能会在不同程度的承诺下追随领导者,从一个漠不关心的追随者一直到一个铁杆追随者(Kellerman,2008)。另外,追随者的动机也可能各不相同,有些人追随领导者是因为他们自己想成为领导者(学徒),而另一些人追随领导者则是因为他们不确定(信徒),或者只是简单地因为群体中等级较高的个体告诉他们做什么他们就做什么(下属)。进化方法将追随力摆在了领导力研究的前沿位置,同时它也是作为发展新型追随力理论和研究的一个很好的起点(Van Vugt & Ahuja,2010)。

谁来担任领导角色?领导力的稀树草原假说

领导力进化理论的第二个意义是,我们今天的领导者以及我们需要的领导者都可能受到了祖先在原始时期生活的影响。在回顾了人类和非人类的相关文献后我们发现,个体在性情、动机、支配力和知识上的差异——这些都与个性相关——在不同物种中都与领导力的形成有关(King et al.,2009)。这对领导力进化的博弈论分析很有意义。领导力进化理论预测在合作博弈中采取先动策略的参与者将会成为领导者。最近的一项元分析显示,在大五人格维度中,**性格外向(是性情与动机的标志)与领导力形成的概率之间的关系最为密切**(Judge et al.,2002)。其他一些研究则报告了领导力与果断、大胆、主动性、成就需要、积极性以及风险承担等特质之间存在关系(参见 Ames & Flynn,2007;Bass,1990;House & Aditya,1997)——所有这些特质都增大了个体首先采取行动的可能性。在认知问题方面,学识渊博的人能够迅速识别需要合作的情形,因此他们成为领导者的可能性比较大。这解释了一般智力与领导力之间的可靠关系(即平均相关系数为 0.33;Burks et al.,2009)。在进化过程中,随着群体规模的日益扩大和社会的日益复杂,协作任务也变得越来越复杂,这对智力特别是对领导者的智力提出了更高的要求。因此我们发现,**随着任务复杂程度的提升(例如成为更大国家的总统),智力是一个更好的领导力预测量。**

领导力进化理论的另一个意义是优秀的领导者(能够吸引追随者的领导者)应当被认为是既有能力又让人感到亲切的,因为追随者希望领导者能够获得资源并愿意将资源与他们分享。研究表明,任务方面的专业技能与领导力之间存在联系(Bass,1990),而专业技能水平较低的个体则会远离领导岗位(Hollander & Offermann,1990)。这些研究都为第一点要求提供了支持。**领导者乐于与追随者分享的意愿可以通过诚信、公平、慷慨和自我牺牲等特质体现出来,这些都被普遍认为是理想的领导者素质**(Dorfman et al.,2004;Epitropaki & Martin,2004;Hardy & Van Vugt;2006;Lord et al.,1986)。

最后,领导力进化理论还解释了为什么领导力(仍然)与个体的年龄、身高、体重和健康程度等因素有关——这些都无法通过现有的领导力理论来解释。鉴于追随了错误的领导者而带来的风险,人们应当倾向于那些看起来具备至少在原始时代能够带来利益的素质的领导者。我将其称为领导力的稀树草原假说(Van Vugt & Ahuja,2010)。举例来说,在原始的大草原环境中,具备专门的知识,比如在干旱期间知道水坑的位置可能是至关重要的(Boehm,1999)。对于狒狒和大象来说,群体的迁徙也是由年纪较长而不是最具支配力的成员决定的(King et al.,2009)。年纪较长的个体更有可能具备专门的知识。这解释了为什么至少在知识领域,年龄与领导力之间存在关系(例如大学里的教授)。

相比之下,当群体活动需要力量和耐力时(原始时期的群体防御、现代商业中疲惫的商务行程等),像精力水平和健康程度这样的身体指标将是更好的领导力形成的预测指标(Nicholson,2000;Van Vugt,2006)。现代选民更喜欢身体健康的政治候选人(Simonton,1994)。有趣的是,看上去毫不相干的身体指标——身高,甚至在今天依然被用来预测领导者的地位(Judge & Cable,2004)。在原始时期,身材较高的领导者在组织内通常都是比较优秀的和平维护者,对敌对群体来说也是比较具有威慑力的领导者。

与稀树草原假说一样,领导力进化理论也认为,自然选择已经对我们内隐的领导力理论进行了改造,而且在不同的进化情形下,不同的认知原型都体现得非常明显。举个例子,在遭受战争威胁时,美国选民倾向于选举强硬派的总统(McCann,1992),而意识到战争会带来的死亡率后,他们对魅力型领导者的喜好会增强,同时对参与型领导者的喜好会减弱(Cohen,Solomon,Maxfield,Pyszczynski & Greenberg,2004)。同样,CEO 的魅力也与组织的有效性之间存在正相关的关系,不过这仅限于下属遇到不确定的情况时(Waldman,Ramirez,House & Puranam,2001)。最后,在与另一个群体产生冲突时,群体成员倾向于选择肌肉强壮的领导者,但是当希望与另一个群体建立和平关系时,他们则更倾向于选择面部具有女性化特征的领导者(Spisak & Van Vugt,2010;Van Vugt & Spisak,2008)。

领导力的权变方法

领导力进化理论的另一个优势是它为领导力的权变方法提供了坚实的基础,它表明了不同的原始适应性问题能够引发不同的领导力风格。从狩猎-采集方面的证据可以推断出领导力是十分灵活的,而且根据情况的不同会形成不同风格的领导者,例如最好的猎手将统领狩猎的同伴,最睿智的长者能够化解群体的内部冲突,而最凶猛的战士将成为战斗的领袖等(Van Vugt,Johnson et al.,2008)。这表明尽管在各种情境下,个体(遗传)差异在领导和追随形成的可能性中表现得比较稳定,但是领导和追随也能够变得很灵活。对双胞胎的研究显示,实际上,**人格中的遗传差异对于领导力形成的差异所起到的作用只占 25% 左右**(Ilies,Gerhardt & Le,2004)。另外,领导力进化理论认为不同的领导力风格反映了个体对报偿(稍有)不同的各种情况的适应能力,例如任务型领导力与关系型领导力、变革型领导力与交易型领导力,以及专制领导力与民主领导力之间的区别等。

领导力进化理论还说明了这样一个事实,即有些领导力素质对所有的领导者来说都是重要的(例如正直和公平等),它们属于经过进化的认知原型;而另外一些素质的重要性会因不同的文化背景而有所区别,主要是因为它取决于一个组织的物理与社会环境面临的特定挑战(Dorfman et al.,2004;Hofstede,1980;Richerson & Boyd,2006)。例如,在荷兰和澳大利亚,参与型领导力风格盛行,那里严酷的自然环境迫使当权者与公民共享权力,这便造就了一个强调平均主义的社会风气(参见 Den Hartog et al.,1999)。与此相反,权威型领导力风格在传染病多发地区(例如非洲的撒哈拉以南地区)比较常见,严格的社会规范、从众和惩罚措施是降低感染风险的必要手段(Fincher,Thornhill,Murray & Schaller,2008)。

领导力的矛盾心理模型

领导力进化理论的另一个意义是,它解释了领导者在什么时候以及为什么会将自己的个人目标置于群体目标之上,以及群体可以采取哪些措施避免这种情况的出现。进化方法认为,在动物世界中实际上存在两种群体层级结构。第一种是支配型层级结构,它源于对稀缺资源的竞争,在这个过程中,那些最强壮和最坚决的个体将占据优势地位,从而控制群体的资源和行动(E. O. Wilson,1975)。当层级结构被认为对群体有益时,第二种层级结构便在成员的共识当中产生了。上述两种层级结构提供了非常不同的领导力类型。支配模型的特征是群体中的男性领袖控制着群体的活动,而其他成员则在恐吓和强迫下默许这种行为。这与在人类社会中发生的情况截然不同,因为我们的层级结构要平坦得多,而且通常以声誉而不是支配力作为基础(Henrich & Gil-White,2001)。从支配型领导力到以声誉为基础的领导力的进化过渡是关键性的,它使得人类能够以一个高度协作、凝聚力更强、更加民主的群体发挥作用。

然而,支配力是我们灵长类动物遗产的一部分,而且领导者在强迫追随者服从时永远都存在风险(Betzig,1986;Boehm,1999;Padilla,Hogan & Kaiser,2007)。不仅如此,支配力经常也被看作胜任力的一种表现(Anderson & Kilduff,2009)。这使得领导者-追随者关系存在固有的问题,我认为这两种层级结构催生出了一系列不同的适应行为。一方面,由于支配是让其他人听从自己的最简单的方式,因此当个体处在领导者的位置时,总是愿意表现出支配力,所以人类应当进化出一套包含各种决策规则的领导力心理学,以便能够在适合的情况下引导领导者做出支配行为(例如当掌握权力的时候)。另一方面,我们也应当拥有一套经过进化的、包含各种机制和决策规则的追随力心理学,以便我们在追随领导者时避免被支配和利用。

这种源自领导者与追随者之间利益冲突的紧张关系,很可能会在人类进化的各种适应性行为中产生一种在提高本人权力的同时削弱他人权力的"军备竞赛"。人类学、人种学和心理学文献揭示了许多个体能够拥有更多权力基础的机制。众所周知，**领导者应当在资源再分配的过程中表现出公平和慷慨（都属于人们普遍认为的理想的领导力素质），这样能够提高他们的影响力**（Brown，1991；Dorfman et al.，2004）。有时领导者会通过引入一些来自外部群体的威胁来巩固自己的权力（Cohen et al.，2004），有时也会通过裙带关系和腐败行为"购买"对自己的支持（Altemeyer，1981），而且在人类和我们的灵长类近亲黑猩猩中，任人唯亲也是一种用于保持权力的常用策略（De Waal，1982；Gandossy & Sonnenfeld，2004）。最后，随着语言的出现，另一种提高权力的强大工具出现了——意识形态。纵观历史，领导者曾经使用甚至创造信仰来保持自己的权力（例如，Kemal Ataturk 的太阳语言教），他们将统治变为一种世袭制度为自己的亲人提供利益，这是一种明显的裙带关系行为（Betzig，1986；Diamond，1997）。

人类在进化过程中形成了各种避免被剥削的机制，保证能够在从追随中获得利益的同时不被别人利用。第一点就是只在确认领导者具备专业能力的领域内接受和信任权威。第二个机制是语言，它使个体有能力嘲笑和对当权者说长道短，并将他们置于公众的监督之下。例如，在狩猎-采集群体中，如果酋长的行为不当，那么他会受到公开指责；而如果他试图向其他成员下达命令，那么通常都会遭到拒绝（Boehm，1999）。

躲避剥削型领导者对于平衡关系来说也是一个强有力的工具。在过去，流放可能会对被流放者的身体和安全带来严重后果，这也是在今天，尽管流放的后果已经大大减轻（人们不会再因为被驱逐出群体而死亡），但是人们依然对其抱有负面态度的原因（Williams & Sommer，1997）。另一个决策规则则是抛弃那些专横的个体。Van Vugt 等（2004）认为，在减员率方面，由独裁者统治的群体是由民主领导者统治的群体的 4 倍。避免被剥削的最后一个机制是谋杀。在狩猎-采集社会里，支配他人的个体始终冒着被杀害的风险。在美国，**心怀不满的公民曾经对 43 位总统中的 15 位实施过行刺，这也使美国总统成了世界上最危险的职业之一。**

这些平衡机制对于群体的繁荣至关重要。历史上的证据表明，当追随者没有能力保护自己不受领导者的剥削时，暴君和独裁者就会出现（Betzig，1986；Padilla，et al.，2007）。

不匹配假说

最后,领导力进化理论对现代领导力为什么经常失效这个问题给出了答案,它认为我们经过进化的领导力心理学与面临的现代环境的挑战之间有可能存在不匹配现象。人类的领导力心理学经历了数百万年的进化,在这段时间里,我们的祖先生活在由亲戚组成的小型平均主义团体中,这时的领导力具有非正式、两厢情愿以及情境化的特点。领导力进化理论认为,这样的心理状况可能至今仍然影响着我们对领导者的反应,而这有时会在经过进化的心理学与对现代领导力的要求之间形成不匹配。下面我将举几个存在潜在不匹配情况的例子(Van Vugt, Hogan, et al. ,2008;Van Vugt,Johnson,et al. ,2008)。

首先,原始环境下的领导力具有分布式、民主和情境化的特点。最符合任务要求的个体对集体行动能够产生最大的影响。很少出现一个个体的决定会影响每一位群体成员的情况。而官僚主义中的正式领导角色负责管理组织内的所有职能。我们不适合担任太多不同的正式领导角色。少部分领导者具备行使广泛职责的合适技能——这常被称为领导者的多面性(即承担多个角色甚至竞争角色的能力;Kaiser,Lindberg & Craig,2007)。这可能说明了高级管理人员的失败率会比较高的原因,在现代商业领域中,这一比率为50%—60%(Hogan & Kaiser,2005)。另外,这可能也解释了人们对分布式领导力(distributed leadership)这个概念的兴趣日益提高的原因。分布式领导力认为,由于它与我们的领导力进化原型很接近,因此可以把领导力看作一个共享的过程。

现在的领导者选举过程可能会造成另一种不匹配的情况。在原始时期,领导者凭借自身的技能、个性或抱负从群体中以自下而上的方式产生。在现代工业与官僚组织中,领导者是由组织层次结构中级别更高的管理者任命的。相对于取悦下属来说,取悦上级领导对于个体的职业发展更加重要,而这一点与我们进化的领导力心理学存在矛盾。值得注意的是,如果将下属也包含到选举过程当中,那么高管们职业生涯成功的可能性会更大(Sessa, Kaiser, Taylor & Campbell, 1998),这与领导力进化心理学的观点相符。

在当今时代,领导者与追随者的报酬差异可能也与我们经过进化的领导力心理学之间存在矛盾。在原始时期,尽管在战争或贸易中成功的领导者可能拥有更高的繁殖成功率,但是他们与其他人在地位和财富上的差异很小(Chagnon,1988)。

在现代商业环境中，CEO 的平均薪酬几乎相当于工人平均薪酬的 200 倍。研究显示，这种差异扩大了潜在的各种弊端（Kipnis，1972），同时也降低了与下属感同身受的能力（Galinsky，Magee，Inesi & Gruenfeld，2006）。现代商业领导者在支付情况上的高度不对称可能与人类的自然属性相违背，同时也鼓励了那些雇员自然会抵制的管理方法。

变革型领导力与魅力型领导力会怎样呢？随着在人类进化中社会规模的不断扩大，在推行社会规范和促进社会凝聚力方面产生了对领导力的需要。而在今天，当在基因上没有任何关系的陌生人必须在同一个大型群体中共同工作，并且企业的规模和其他类型的组织使群体的身份认同变得困难时，人们对这类领导力活动的需求可能会变得越来越强烈。有趣的是，研究表明，部分来说，**变革型领导力是通过影响追随者对群体的认同，以及通过在情感上把追随者留住的方式发挥作用的**（Van Vugt & De Cremer，1999）。**变革型领导者通过强调群体成员之间的相似性和共同命运来改变追随者对自己的看法（从关注自身利益的个体到成为群体的一员）**，在整个过程中领导者与群体成员的关系几乎像亲人一样。在人类进化的过程中，变革型领导力对于从小型群体到大型群体的飞跃可能是必要的。虽然这些个体在目前的世界中比较少见（Bass，1985；Burns，1978），但是他们的成功表明，人们会受到此类领导者的自然吸引。我们目前正在研究变革型/魅力型领导力是否能够增强个体与群体在感情上的联系，以及这种影响是不是通过在追随者中释放内啡肽和催产素而发挥作用的。

另一个不匹配的情况是现代组织规模与小型狩猎-采集社会规模之间的比例。有趣的是，像丰田、戈尔和维珍这样的组织，它们在设计和结构上与狩猎-采集群体是类似的。例如，这些企业将决策权力交由管理链末端的管理者负责，从而使得功能单位的规模与狩猎-采集队伍的规模相仿（正如邓巴数预测的那样，无论哪里的个体数量都不超过 150 人）。另外，分散决策与雇员更高的士气、参与性和对承诺的遵守之间存在联系，反过来又与更高的生产率、更好的财务结果和顾客满意度相联系。

◼ 男性与女性领导力的偏见

最后一个潜在的不匹配情况是人们对身材较高、年纪较长和肌肉发达的领导者的偏好，这可能是另一个人类从过去的进化中继承下来的遗产（参见稀树草原假说部分的内容)。人们对这些大草原特质的偏好可能为当前的一个社会问题提供了线索,即人们对女性领导力的偏见。尽管在维护和平时肯定需要女性领导者,但是男性领导是原始环境下领导力的标准(Van Vugt & Spisak,2008)。对于在日益强调人际交往能力和网络建设的组织中如何能形成有利于男性领导力的倾向这一问题还有待研究,这也是一个可能出现不匹配的地方(Eagly & Carli,2003)。尽管存在许多相似之处,但是从生物学角度讲,男性和女性之间还是存在差异的,而且由于在原始时期男性和女性面对不同的适应性问题(例如配偶选择、亲代抚育、狩猎等),因此可能也会进化出不同的心理学(Geary,1998)。因此,与社会角色理论学家认为的不同,一些社会行为上的性别差异是天生的,而不是通过学习或由社会塑造而来的(Pinker,2002)。**平均来说,女性具备更好的文字记忆能力、同情心和沟通技巧**——这大概是进化选择压力的结果,出于保护和养育子女的目的,女性需要维持亲密的社会网络关系(Van Vugt,2006)。女性领导者通常也更为民主,这与维护和平的假说相一致(Eagly & Carlil,2003),而**男性领导者则更为专制和好战**——男性进化出了专门的战士心理学,以面对原始时期群体之间发生冲突的挑战(Van Vugt et al.,2007;Van Vugt & Spisak,2008)。

平均来说,男性受到地位和权力的驱使更加强烈,因此他们会比较早地承担起领导者的角色。特别是当与领导角色有关的利益和特权显得非常重要的时候,男性偏见可能很难被克服。由于在亲代投资上的差异,女性往往会选择那些能够提供足够资源的男性,这也导致男性进化出了对地位拥有更强烈的渴望。因此,当领导力与地位联系在一起时,男性应当会对获得领导地位产生更大的兴趣。事实上,确实有证据表明,当男性和女性共同在群体任务中工作时,即使女性更适合成为领导者,男性还是会先于女性要求承担领导角色(Mezulis,Abramson,Hyde & Hankin,2004)。另外,无论是否具有天赋,在被女性观察时,男性都更可能承担领导角色,这可能是因为女性比较倾向于有地位的潜在配偶。玻璃天花板效应可能是这种男性领导力偏见的一种表现,它源自我们祖先过去的生活经历。

结 论

领导力进化理论(ELT)是一种研究领导力的新方法,它把来自社会学、生物学、经济学以及认知科学的不同研究视角联系起来,并最终提出了一个与达尔文进化论相一致的总体框架。我在本章中讨论了研究进化起源和领导力功能的重要性，并指出进化心理学能够为领导力科学做出哪些贡献，它能够把以前的诸多发现联系起来并形成一系列新的假说，然后运用从行为遗传学到神经科学，再从实验法到博弈论等各种不同的方法对这些假说进行验证。我希望这个新的研究领域能够吸引那些和我一样对领导力的本质感兴趣的领导力研究学者和实践者。

讨论题

1. 非人类的动物是否具有领导力？如果有，那么它与人类领导力之间有什么区别？
2. 神经科学研究是如何帮助人们理解领导力的？
3. 权力是否会导致腐败？请运用进化心理学的观点，分别提出支持和反对这一说法的证据。
4. 在原始时期，人们为什么偏好身材高大的领导者？你将如何对此展开调查？

补充阅读

Antonakis, J., & Dalgas, O. (2009). Predicting elections: Child's play. *Science, 323,* 1183.
Fehr, E., & Camerer, C. (2007). Social neuroeconomics: The neural circuitry of social preferences. *Trends in Cognitive Sciences, 11,* 419–427.
King, A. J., Johnson, D. D. P., & Van Vugt, M. (2009). The origins and evolution of leadership. *Current Biology, 19,* R911–R916.
Van Vugt, M., & Ahuja, A. (2010). *Naturally selected: Why some people lead, why others follow, and why it matters.* London: Profile
Van Vugt, M., & De Cremer, D. (1999). Leadership in social dilemmas: The effects of group identification on collective actions to provide public goods. *Journal of Personality and Social Psychology, 76,* 587–599.
Van Vugt, M., Hogan, R., & Kaiser, R. (2008). Leadership, followership, and evolution: Some lessons from the past. *American Psychologist, 63,* 182–196.

参考文献

Adolphs, R. (1999). Social cognition and the human brain. *Trends in Cognitive Sciences, 3*, 469–479.

Alexander, R. D. (1979). *Darwinism and human affairs.* Seattle: University of Washington Press.

Altemeyer, B. (1981). *Right-wing authoritarianism.* Winnipeg, Canada: University of Manitoba Press.

Ames, D. R., & Flynn, F. J. (2007). What breaks a leader? The curvilinear relation between assertiveness and leadership. *Journal of Personality and Social Psychology, 92*, 307–324.

Anderson, C., & Kilduff, G. J. 2009. Why do dominant personalities attain influence in face-to-face groups? The competence-signaling effects of trait dominance. *Journal of Personality and Social Psychology, 96*, 491–503.

Antonakis, J. 2011. Predictors of leadership: The usual suspects and the suspect traits. In A. Bryman, D. Collinson, K. Grint, B. Jackson, & M. Uhl-Bien, *Sage Handbook of Leadership* (pp. 269–285). Thousand Oaks, CA: Sage.

Antonakis, J., Ashkanasy, N. M., & Dasborough, M. (2009). Does leadership need emotional intelligence? *The Leadership Quarterly, 20*, 247–261.

Antonakis, J., & Dalgas, O. (2009). Predicting elections: Child's play. *Science, 323*, 1183.

Avolio, B., Walumbwa, F. O., & Weber, T. J. (2009). Leadership: Current theories, research, and future directions. *Annual Review of Psychology, 60*, 421–449.

Axelrod, R. (1984). *The evolution of cooperation.* New York: Basic Books.

Barkow, J., Cosmides, L., & Tooby, J. (1992). *The adapted mind: Evolutionary psychology and the generation of culture.* New York: Oxford University Press.

Barrett, H. C., & Kurzban, R. (2006). Modularity in cognition: Framing the debate. *Psychological Review, 113*, 628–647.

Bass, B. M. (1985). *Leadership and performance beyond expectations.* New York: Free Press.

Bass, B. M. (1990). *Bass and Stogdill's handbook of leadership: Theory, research, and managerial applications* (3rd ed.). New York: Free Press.

Baumeister, R. F., Chesner, S. P., Senders, P. S., & Tice, D. M. (1989). Who's in charge here? Group leaders do lend help in emergencies. *Personality and Social Psychology Bulletin, 14*, 17–22.

Baumeister, R. F., & Leary, M. (1995). The need to belong: Desire for interpersonal attachments as a fundamental human motivation. *Psychological Bulletin, 117*, 497–529.

Bennis, W. (2007). The challenges of leadership in the modern world. *American Psychologist, 62,* 2–5.

Berggren, N., Jordahl, H., & Poutvaara, P. (2010). The looks of a winner: Beauty and electoral success. *Journal of Public Economics, 94,* 8–15.

Betzig, L. (1986). *Despotism and differential reproduction: A Darwinian view of history.* New York: Aldine.

Boehm, C. (1999). *Hierarchy in the forest.* London: Harvard University Press.

Brosnan, S. F., Newton-Fisher, N. E., & Van Vugt, M. (2009). A melding of minds: When primatology meets personality and social psychology. *Personality and Social Psychology Review, 13,* 129–147.

Brown, D. (1991). *Human universals.* Boston: McGraw-Hill.

Burks, S. V., Carpenter, J. P., Goette, L., & Rustichini, A. (2009). Cognitive skills affect economic preferences, strategic behavior, and job attachment. *Proceedings of the National Academy of Sciences, 106,* 7745–7750.

Burns, J. M. (1978). *Leadership.* New York: Harper & Row.

Buss, D. M. (2005). *Handbook of evolutionary psychology.* Hoboken, NJ: John Wiley.

Chagnon, N. A. (1988). Life histories, blood revenge, and warfare in a tribal population. *Science, 239,* 985–992.

Chagnon, N. A. (1997). *Yanomamo.* London: Wadsworth.

Cohen, F., Solomon, S., Maxfield, M., Pyszcynski, T., & Greenberg, J. (2004). Fatal attraction: The effects of mortality salience on evaluations of charismatic, task-oriented, and relationship-oriented leaders. *Psychological Science, 15,* 846–851.

Conradt, L., & Roper, T. (2003). Group decision-making in animals. *Nature, 421,* 155–158.

Couzin, I. D., Krause, J., Franks, N. R., & Levin, S. A. (2005). Effective leadership and decision-making in animal groups on the move. *Nature, 433,* 513–516.

Darwin, C. (1871). *The descent of man.* London: Appleton & Co.

Dawkins, R. (2009). *The greatest show on earth: The evidence for evolution.* New York: Free Press.

De Cremer, D., & van Knippenberg, D. (2002). How do leaders promote cooperation? The effects of charisma and procedural fairness. *Journal of Applied Psychology, 87,* 858–866.

De Cremer, D., & Van Vugt, M. (2002). Intra- and intergroup dynamics of leadership in social dilemmas: A relational model of cooperation. *Journal of Experimental Social Psychology, 38,* 126–136.

Den Hartog, D. N., House, R. J., Hanges, P. J., Ruiz-Quintanilla, S.A., & Dorfman, P. W. (1999). Culture-specific and cross-culturally generalizable implicit leadership theories: A longitudinal investigation. *The Leadership Quarterly, 10,* 219–256.

De Waal, F. B. M. (1982). *Chimpanzee politics: Power and sex among apes.* New York:

Harper & Row.

De Waal., F. B. M. (1996). *Good natured: The origins of right and wrong in humans and other animals.* Cambridge, MA: Harvard University Press.

Diamond, J. (1997). *Guns, germs, and steel.* London: Vintage.

Dorfman, P. W., Hanges, P. J., & Brodbeck, F. C. (2004). Leadership and cultural variation: The identification of culturally endorsed leadership profiles. In R. J. House, P. J. Hanges, M. Javidan, P. W. Dorfman, & V. Gupta (Eds.), *Culture, leadership, and organizations: The GLOBE study of 62 societies* (pp. 669–719). Thousand Oaks, CA: Sage.

Dunbar, R. I. M. (2004). *Grooming, gossip, and the evolution of language.* London: Faber & Faber.

Eagly, A. H., & Carli, L. L. (2003). The female leadership advantage: An evaluation of the evidence. *The Leadership Quarterly, 14,* 807–834.

Epitropaki, O., & Martin, R. (2004). Implicit leadership theories in applied settings: Factor structure, generalizability, and stability over time. *Journal of Applied Psychology, 89,* 293–310.

Fehr, E., & Camerer, C. (2007). Social neuroeconomics: The neural circuitry of social preferences. *Trends in Cognitive Sciences, 11,* 419–427.

Fiedler, F. E. (1967). *A theory of leadership effectiveness.* New York: McGraw-Hill.

Fincher, C., Thornhill, R., Murray, D., & Schaller, M. (2008). Pathogen prevalence predicts human cross-cultural variability in individualism/collectivism. *Proceedings of the Royal Society B, 275,* 1279–1285.

Foley, R. A. (1997). The adaptive legacy of human evolution: A search for the environment of evolutionary adaptedness. *Evolutionary Anthropology, 4,* 194–203.

Galinsky, A. D., Magee, J. C., Inesi, M. E., & Gruenfeld, D. H. (2006). Power and perspectives not taken. *Psychological Science, 17,* 1068–1077.

Gandossey, R., & Sonnenfeld, J. A. (2004). *Leadership and governance from the inside out.* London: Wiley.

Gangestad, S., & Simpson, J. A. (2007). *The evolution of the mind.* New York: Guilford.

Geary, D. (1998). *Male/female: The evolution of human sex differences.* Washington, DC: APA Press.

Gillet, J., Cartwright, E., & Van Vugt, M. (2010). Selfish or servant leadership? Leadership personalities in coordination games. *Personality and Individual Differences.* doi:10.1016/j.paid.2010.06.003

Gintis, H. (2007). A framework for unifying the behavioral sciences. *Behavioral and Brain Sciences, 30,* 1–16.

Graen, G. B., & Uhl-Bien, M. (1995). Development of leader-member exchange (LMX) theory of leadership over 25 years: Applying a multi-level domain perspective. *The Leadership Quarterly, 6*, 219–247.

Greenleaf, R. (2002). *Servant leadership*. Google Books.

Hackman, J. R., & Wageman, R. (2007). Asking the right questions about leadership. *American Psychologist, 62*, 43–47.

Hackman, J. R., & Walton, R. E. (1986). Leading groups in organizations. In P. S. Goodman (Ed.), *Designing effective work groups* (pp. 72–119). San Francisco: Jossey-Bass.

Hamblin, R. L. (1958). Leadership and crises. *Sociometry, 21*, 322–335.

Hardy, C., & Van Vugt, M. (2006). Nice guys finish first: The competitive altruism hypothesis. *Personality and Social Psychology Bulletin, 32*, 1402–1413.

Haslam, A., McGarty, C., Brown, P., Eggins, R., Morrison, B., & Reynolds, K. (1998). Inspecting the emperor's clothes: Evidence that random selection of leaders can enhance group performance. *Group Dynamics, 2*, 168–184.

Henrich, J., & Gil-White, F. (2001). The evolution of prestige: Freely conferred deference as a mechanism for enhancing the benefits of cultural transmission. *Evolution and Human Behavior, 22*, 165–196.

Hill, R. A., & Dunbar, R. (2003). Social network size in humans. *Human Nature, 14*, 53–72.

Hofstede, G. (1980). *Culture's consequences: International differences in work-related values*. Beverly Hills, CA: Sage.

Hogan, R. (2006). *Personality and the fate of organizations*. Hillsdale, NJ: Lawrence Erlbaum.

Hogan, R., & Kaiser, R. (2005). What we know about leadership. *Review of General Psychology, 9*, 169–180.

Hollander, E. P., & Offermann, L. (1990). Power and leadership in organizations: Relationships in transition. *American Psychologist, 45*, 179–189.

House, R. J. (1971). A path-goal theory of leader effectiveness. *Administrative Science Quarterly, 16*, 321–339.

House, R. J., & Aditya, R. N. (1997). The social scientific study of leadership: Quo vadis? *Journal of Management, 23*, 409–473.

Ilies, R., Arvey, R., & Bouchard, T. (2006). Darwinism, behavioral genetics, and organizational behavior: A review and agenda for future research. *Journal of Organizational Behavior, 27*, 121–141.

Ilies, R., Gerhardt, M., & Le, H. (2004). Individual differences in leadership emergence: Integrating meta-analytic findings and behavior genetics estimates. *International Journal of Selection and Assessment, 12*, 207–219.

Josephs, R. A., Sellers, J. G., Newman, M. L., & Metha, P. (2006). The mismatch effect: When testosterone and status are at odds. *Journal of Personality and Social Psychology, 90*, 999–1013.

Johnson, A. W., & Earle, T. (2000). *The evolution of human societies*. Stanford, CA: Stanford University Press.

Judge, T. A., Bono, J., Ilies, R., & Gerhardt, M. (2002). Personality and leadership: A qualitative and quantitative review. *Journal of Applied Psychology, 87,* 765–780.

Judge, T. A., & Cable, D. M. (2004). The effect of physical height on workplace success and income: A preliminary test of a theoretical model. *Journal of Applied Psychology, 89,* 428–441.

Judge, T. A., Colbert, A. E., & Ilies, R. (2004). Intelligence and leadership: A quantitative review and test of theoretical propositions. *Journal of Applied Psychology, 89,* 542–552.

Kaiser, R., Lindberg, J., & Craig, S. (2007). Assessing the flexibility of managers: A comparison of methods. *International Journal of Selection and Assessment, 16,* 40–55.

Kellerman, B. (2008). *Followership.* Boston: Harvard Business School Press.

Kellett, J. B., Humphrey, R. H., & Sleeth, R. G. (2002). Empathy and complex task performance: Two routes to leadership. *The Leadership Quarterly, 13,* 523–544.

Kenrick, D., Li, N. P., & Butner, J. (2003). Dynamical evolutionary psychology: Individual decision rules and emergent social norms. *Psychological Review, 110,* 3–28.

Kerr, S., & Jermier, J. (1978). Substitutes for leadership: Their meaning and measurement. *Organizational Behavior and Human Performance, 22,* 374–403.

King, A. J., Johnson, D. D. P., & Van Vugt, M. (2009). The origins and evolution of leadership. *Current Biology, 19,* R911–R916.

Kipnis, D. (1972). Does power corrupt? *Journal of Personality and Social Psychology, 24,* 33–41.

Knoch, D., Schneider, F., Schunk, D., Hohmann, M., & Fehr, E. (2009). Disrupting the prefrontal cortex diminishes the human ability to build a good reputation. *Proceedings of the National Academy of Sciences of the United States of America, 106,* 20895–20899.

Lord, R. G., De Vader, C. L, & Alliger, G. M. (1986). A meta-analysis of the relation between personality traits and leadership perceptions: An application of validity generalization procedures. *Journal of Applied Psychology, 71,* 402–410.

Maynard-Smith, J. (1982). *Evolution and the theory of games.* Cambridge, UK: Cambridge University Press.

Mezulis, A., Abramson, L., Hyde, J. S., & Hankin, B. L. (2004). Is there a universal positivity bias in attributions? A meta-analytic review of individual, developmental, and cultural differences in the self-serving attributional bias. *Psychological Bulletin, 130,* 711–746.

McCann, S. J. H. (1992). Alternative formulas to predict the greatness of U. S. presidents: Personological, situational, and zeitgeist factors. *Journal of Personality and Social Psychology, 62,* 469–479.

Mio, J. S., Riggio, R. E., Levin, S., & Reese, R. (2005). Presidential leadership and charisma: The effects of metaphor. *The Leadership Quarterly, 16,* 287–294.

Nicholson, N. (2000). *Managing the human animal.* New York: Thomson.

O'Gorman, R. O., Henrich, J., & Van Vugt, M. (2009). Constraining free-riding in public goods games: Designated solitary punishers can sustain human cooperation. *Proceedings of Royal Society B, 276,* 323–329.

Padilla, A., Hogan, R., & Kaiser, R. B. (2007). The toxic triangle: Destructive leaders, vulnerable followers, and conducive environments. *The Leadership Quarterly, 18,* 176–194.

Perusse, D. (1993). Cultural and reproductive success in industrial societies: Testing the relationship at the proximate and ultimate levels. *Behavioral and Brain Sciences, 16,* 267–322.

Pinker, S. (2002). *The blank slate.* London: Penguin Classics.

Richerson, P. J., & Boyd, R. (2006). *Not by genes alone: How culture transformed human evolution.* Chicago: Chicago University Press.

Riley, J. R., Greggers, U., Smith, A., Reynolds, D., & Menzel, R. (2005). The flight paths of honey bees recruited by the waggle dance. *Nature, 435,* 205–207.

Sanfey, A. (2007). Social decision making: Insights from game theory and neuroscience. *Science, 318,* 598–602.

Schaller, M., Simpson, J., & Kenrick, D. (2006). *Evolution and social psychology.* London: Psychology Press.

Schmitt, D. P., & Pilcher, J. J. (2004). Evaluating evidence of psychological adaptation: How do we know one when we see one? *Psychological Science, 15,* 643–649.

Sessa, V. I., Kaiser, R., Taylor, J. K., & Campbell, R. J. (1998). *Executive selection.* Greensboro, NC: Center for Creative Leadership.

Sherif, M. (1966). *In common predicament.* Boston: Houghton Mifflin.

Simonton, D. K. (1994). *Who makes history and why?* New York: Guilford.

Singer, T., Seymour, B., O'Doherty, J. P., Stephan, K. E., Dolan, R. J., & Frith, C. D. (2006). Empathic neural responses are modulated by the perceived fairness of others. *Nature, 439,* 466–469.

Spisak, B., & van Vugt, M. (2010). *Face masculinity and femininity as predictors of electoral success.* Unpublished manuscript.

Tinbergen, N. (1963). On the aims and methods in ethology. *Zeitschrift für Tierpsychology, 20,* 410–433.

Van Vugt, M. (2006). The evolutionary origins of leadership and followership. *Personality and Social Psychology Review, 10,* 354–372.

Van Vugt, M. (2009). Despotism, democracy, and the evolutionary dynamics of leadership and followership. *American Psychologist, 64,* 54–56.

Van Vugt, M., & Ahuja, A. (2010) *Naturally selected: Why some people lead, why others follow, and why it matters*. London: Profile.

Van Vugt, M., & De Cremer, D. (1999). Leadership in social dilemmas: The effects of group identification on collective actions to provide public goods. *Journal of Personality and Social Psychology, 76*, 587–599.

Van Vugt, M., De Cremer, D., & Janssen, D. (2007). Gender differences in cooperation and competition: The male warrior hypothesis. *Psychological Science, 18*, 19–23.

Van Vugt, M., & Hart, C. M. (2004). Social identity as social glue: The origins of group loyalty. *Journal of Personality and Social Psychology, 86*, 585–598.

Van Vugt, M., Hogan, R., & Kaiser, R. (2008). Leadership, followership, and evolution: Some lessons from the past. *American Psychologist, 63*, 182–196.

Van Vugt, M., Jepson, S. F., Hart, C. M., & De Cremer, D. (2004). Autocratic leadership in social dilemmas: A threat to group stability. *Journal of Experimental Social Psychology, 40*, 1–13.

Van Vugt, M., Johnson, D., Kaiser, R., & O'Gorman, R. (2008). Evolution and the social psychology of leadership: The mismatch hypothesis. In J. B. Ciulla (Set Ed.) and C. R. Hoyt, G. R. Goethals, & D. R. Forsyth (Vol. Eds.), *Leadership at the crossroads: Vol. 1. Leadership and psychology* (pp. 267–282). London: Praeger.

Van Vugt, M., & Kameda, T. (in press). Evolutionary approaches to group dynamics. In J. Levine (Ed.), *Handbook of group processes*. London: Sage.

Van Vugt, M., & Kurzban, R. K. (2007). Cognitive and social adaptations for leadership and followership: Evolutionary game theory and group dynamics. In J. Forgas, W. von Hippel, & M. Haselton (Eds.), *Sydney Symposium of Social Psychology: Vol. 9. The evolution of the social mind: Evolutionary psychology and social cognition* (pp. 229–244). London: Psychology Press.

Van Vugt, M., & Schaller, M. (2008). Evolutionary perspectives on group dynamics: An introduction. *Group Dynamics, 12*, 1–6.

Van Vugt, M., & Spisak, B. R. (2008). Sex differences in leadership emergence during competitions within and between groups. *Psychological Science, 19*, 854–858.

Vroom, V. H., & Jago, A. G. (1978). On the validity of the Vroom-Yetton model. *Journal of Applied Psychology, 63*, 151–162.

Waldman, D. A., Ramirez, G. G., House, R. J., & Puranam, P. (2001). Does leadership matter? CEO leadership attributes and profitability under conditions of perceived environmental uncertainty. *Academy of Management Journal, 44*, 134–143.

Wayne, S. J., & Ferris, G. R. (1990). Influence tactics, affect and exchange quality in supervisor-subordinate interactions: A laboratory experiment and field study. *Journal of Applied Psychology, 75*, 487–499.

Williams, K. D., & Sommer, K. L. (1997). Social ostracism by co-workers: Does rejection lead to loafing or compensation? *Personality and Social Psychology Bulletin, 61,* 570–581.

Wilson, D. S. (2007). *Evolution for everyone.* New York: Delta.

Wilson, D. S., Van Vugt, M., & O'Gorman, R. (2008). Multilevel selection theory and major evolutionary transitions: Implications for psychological science. *Current Directions in Psychological Science, 17,* 6–9.

Wilson, E. O. (1975). *Sociobiology: The new synthesis.* Cambridge, MA: Harvard University Press.

Yukl, G. A. (2006). *Leadership in organizations* (6th ed.). Englewood Cliffs, NJ: Prentice Hall.

Zaccaro, S. J., Gilbert, J. A., Thor, K. K., & Mumford, M. D. (1991). Leadership and social intelligence: Linking social perceptiveness and behavioral flexibility to leader effectiveness. *The Leadership Quarterly, 2,* 317–342.

第三部分

领导力的主要学派

第六章
领导力中的个体差异[1]

Timothy A. Judge
圣母大学
David M. Long
佛罗里达大学

尽管存在很大的差异,但是总体上所有的哺乳动物都属于社会性动物(即哺乳动物个体都属于氏族和集体的一员)。那么这些集体是如何组织形成的呢?是什么决定了它们的行为高于昆虫动物?与群体相比,又是什么决定了个体的动机?如何解释成功率在集体或群体内部以及在集体或群体之间的不同?**领导力(我们将其定义为针对集体目标,管理、控制或影响群体行为的个体行为)**虽然可能不是解决这些问题的唯一答案,却可能是最重要的一点。可以这么推断,无论何时只要发生了社会活动,就会发展出社会结构,一种被界定好的社会结构特征(可能)就意味着单个或多个领导者的形成。因此,领导者被认为是人类社会中的一种普遍现象:只要有人类,就会存在集体性的社会结构;而只要有社会结构,在社会结构的顶端或中心位置就会存在领导者。

然而,如同许多复杂的社会现象一样,回答一个问题只能刺激其他问题的出现。正如 R. Hogan 和 Kaiser(2005)所指出的,这些问题中的其中两个是:"谁会掌管权力?"和"谁应当掌管权力?"(p.169)更一般的情况是,在研究群体时,研究人员首先会想到的问题是,是什么导致了这种领导力结构的形成?为什么在动物群

---

[1] 作者注:请将对本章的建议和意见发给 Timothy A. Judge, Mendoza College of Business, University of Notre Dame, Notre Dame, IN46556, USA。电子邮箱:tjudge@ nd. edu。

体中,其中的一个个体(首领)会成为集体的领导者? 这种领导力又是如何促使集体繁荣或衰落的?

鉴于这些问题,最早的领导力概念主要关注的重点是个体差异也就不足为奇了。其中最著名的要算是 Thomas Carlyle 的"伟人"理论了。Thomas Carlyle 在该理论中说:"依我看,在世界史中,人类在这个世界上的历史在本质上是伟人的历史。"(Carlyle,1840/2008,p.1)尽管该理论看上去很有吸引力,但是这种"伟人"(或者更确切地说,当代社会中的"了不起的人")方法,以及总体上的特质理论视角已经失宠。在回顾了相关文献后,研究人员认为这种方法"过于简单化"(Conger & Kanungo,1988,p.38)、"毫无价值"(House & Aditya,1997,p.410),甚至"是危险的",并且是"自我欺骗"的产物(参见 Andersen,2006,p.1083)。①

是什么导致了如此明显的失败? 在某种程度上,这种方法是时代的产物。在 20 世纪中期的智力运动中,心理学——包括人类心理学、行为理论、认知革命,以及最终也是最重要的社会心理学,不仅在研究中强调个体差异,而且在某些情况下还对个体差异理论表示公开反对。行为遗传学针对在研究中忽视个体差异的情况做出了令人印象深刻且持久的反驳,并提出许多概念上的进步来回应 Mischel (1968)的批评。尽管如此,智力传统还是江河日下,而且对特质研究的抵制也依然存在(R. Hogan,2005)。科学研究存在无法避免的限制,认为正确的理论并不一定永远能够得到验证,特别是在获得的证据无法符合合理关系的时候(在社会科学研究中总是会出现这样的情况)。

特质理论受到抵制的另一个原因是由该理论自己在无意中造成的。无论在过去还是现在,人格理论都为实务上(如何测量人格)和哲学上(应当侧重个体差异(普遍特点)还是侧重个体发展(个体特点))的问题所割裂。在如何定义人格、如何区分相关术语(特质、气质等)、人格心理学的构成,以及如何测量人格等问题上,学界始终未能(很可能将来也无法)达成一致。虽然这表现为一种"弱的范式"(Kuhn,1970),但由于人类行为变化的本质和起源十分复杂,无法找到合理解释,因此所有的社会科学都是"弱的"或者非确定性的。在我们看来,对于这种"弱的"学科的解决方法是不要去尝试达成错误的一致观点,或提出在数学上严格但缺乏

---

① House 和 Aditya(1997)没有支持这一点。而且,他们总结了什么是他们所感知的领导力领域的一般观点。

现实意义的方法或模型(如经济学中的主要方法——萨缪尔森模型中存在的问题(McCloskey,2002))。相反,那些欢迎争论并致力于解决分歧的学科才是最健康的。人格心理学最好应当这样做,不过这一过程的收获会出现得比较缓慢,并且付出与回报不均等。

特质理论在领导力研究方面受到限制的另一个原因是非常实用和深层次的,即相对于"中心特质"或"辅助特质"而言,哪种特质属于"基本特质"(Allport,1937)? 20 世纪中叶一些最重要的人格研究都是以测验为基础的(参见 Gough 的加州心理测验,Cattell 的 16 PF,基晋二氏气质调查)。虽然这些测验有一部分内容是重叠的,但是在大部分情况下,从这些测验中提取共同的基本特质和中心特质都是一件让人相当困惑的事情。无论批评家们如何抨击,但是五因素模型,或者说"大五特质"都是一条能够化解这一问题的出路(Costa & McCrae,1992;Digman,1990;Goldberg,1990;Norman,1963;Tupes & Christal,1961)。虽然目前尚未形成正式或综合性的人格理论(是否真的存在?),但是五因素分类法为研究人员提供了一种可组织的结构和可靠的测量方法。事实上,这种结构与所有的应用标准都有关系。

研究人员对五因素模型的运用越来越广泛,而且在应用中还采用了元分析的方法。对不同主题展开元分析会使研究人员对之前做出的许多假设进行重新检验——一般来说,元分析的结果表明,对不同研究数据的主观目测,通常会造成研究者过高估计数据的变化性,同时过低估计中心趋势。这些趋势的交集(元分析运用五因素模型作为其组织框架)为研究人员提供了许多(如果不是大多数的话)组织行为的强有力的洞见(参见 R. Hogan,2005;Ones,Dilchert,Visvesvaran & Judge,2007)。

Judge、Bono 和 Gerhardt(2002)运用这两种趋势对领导力的特质方法展开了一项元分析研究,并根据五因素模型对特质进行了分类。Judge 等(2002)对 73 份样本中的 222 种相关关系进行了元分析研究。他们发现大五特质中的四种特质与领导力的形成和有效性之间存在不同寻常的关系,它们是**外向性、责任感、情绪稳定性和开放性**。在五因素模型中,将大五特质作为标准时,它与领导者的形成和领导力的有效性之间的多重相关系数分别为 $R = 0.53$ 和 $R = 0.39$。虽然研究人员在这方面做出的努力,以及在试图将五因素模型与组织标准联系起来方面取得了显著的研究成果,但是对特质方法的批评仍不绝于耳,而且尽管这些批评并不是直接针对领导者特质方法的,但是其中与之相关的批评还是占了一定的比重。

第一,一些人仍然对效度系数的大小无动于衷。这些批评主要集中在大五特质与工作表现之间的关系方面,不过既然领导者特质之间不存在明显的差异,那么这些批评也同样适用。在比较了人格方面的文献与经常被引用的更早期的综述(Guion & Gottier, 1965)之后,针对工作表现,Murphy 和 Dzieweczynski(2005, p.345)总结道:"一个主要的问题是,人格测验作为个体工作表现和其他组织性相关标准的效度似乎比较低。对最近发表的文献的一项检验结果表明,这个问题依然存在。"Andersen(2006)在具体评论领导者特质方法时指出(p.1088):"主要的一点是关系(测量得到的相关关系)不够紧密。因此人格的解释和预测能力也比较弱。"

第二,批评集中在领导力的测量方法上。一些研究者认为,虽然人格测量能够揭示一个个体是否具有成为领导者的潜力,但是它却无法从客观角度确定该个体能否成为一名成功的领导者。Kaiser、Hogan 和 Craig(2008)针对这一(失败的)区别对 Judge 等(2002)的研究提出了批评,指出该研究着重考察的是"领导者应该是什么样子的,而没有说明如何领导高效的团队",或者这些特质"如何能够帮助组织蓬勃发展"(p.102)。同时,Morgeson、Campion、Dipboye、Hollenbeck、Murphy 和 Schmitt(2007)也在这一点上对 Judge 等(2002)的元分析研究提出了批评,他们认为"感受到的影响力不等同于有效性,而且人格维度与感受到的影响力之间所存在的关系并不能作为选择可能具有有效性的管理人员的坚实基础"(p.1044)。尽管 Judge 等(2002)对领导者的形成(即谁被认为是群体的领导者)和领导力的有效性(即该个体在领导者位置上的表现如何)进行了区分,但是可以这样说,在他们所做的大多数有关领导力有效性的研究中,依靠的始终是主观性的评价。当然,客观测量领导力也需要解决一些存在的问题,包括其他因素干扰(领导者所在团体在财务上的成功,可能取决于许多与其领导力有效性无关的因素)和虚假的客观性(历史学家对美国历届总统所取得的成就的评分是否做到了真正的客观?)。

第三,也是最后一点,五因素模型并不是对人格结构的唯一解释。针对该模型的认知起源和本体状态存在许多批评(Block, 1995, 2001; McAdams, 1992)。虽然并没有与五因素模型完全对立,但是另一个理论则认为核心因素的数量应该更少

(参见 Digman,1997)或者更多(参见 Benet-Martinez & Waller,1997)。例如,虽然 Goldberg 是最显著的个体差异内嵌于自然语言(即词汇假设)这一概念最忠实的支持者,但是他更喜欢描述特质间相互关系的环形模型(简化的大五维度环形模型(AB5C),Hofstee,De Raad & Goldberg,1992)。五种特质在该模型中被混合在一起,与相互独立的五因素相比,是更为有效的人格预测指标。此外,尽管五因素模型的使用范围很广,甚至包括了五种因素的子维度层面(参见 DeYoung, Quilty & Peterson,2007),但是在低阶层面的使用上仍然未能达成广泛的一致。

本章的目的是通过组织读者思考、采取一种理论视角,然后提出对未来研究建议的方式来回顾领导力特质模型。在这个过程中,除了要解决上述批评外,我们还将引入在人格研究领域最近提出的两个观点。首先,我们不仅需要关注大五人格特质,而且还需要考虑不仅更严密而且可能更强大的人格特质的领导力意义;其次,我们从最近对于合适特质的矛盾含义的研究中获得了启示(Nettle,2006)。我们确实考虑了积极("正面")特质的优势以及消极("负面")特质的劣势。不过,我们也考虑了"负面"特质可能存在的优势,以及"正面"特质可能存在的劣势(Judge & LePine,2007)。

在具体讨论特质之前,我们首先要回顾一个作为后续讨论基础的重要理论观点。具体来说,我们首先会对进化论与进化心理学的研究成果做一个简要的回顾,并且会将重点特别放在特质矛盾的问题方面,然后借助该观点引出后面对特质的讨论。届时我们将从每个特质的正面和负面两个角度分别进行分析。

进化论与特质矛盾

进化论在许多方面都与领导者的特质理论有联系,包括:(1)为人类(或其他物种)在领导力方面的某些特质的存在提供了理论依据(Gosling,2008;Van Vugt, Hogan & Kaiser,2008);(2)为某些领导力特质的效能提供了解释,即使该解释是部分成立的(Van Vugt et al.,2008);(3)至少以一种通用的形式为特质矛盾提供了一种预测。由于本书在其他章节会对进化方法进行详细讨论(参见 Van Vugt 所写的那一章),因此在这里,我们仅将重点放在与我们的方法有关的问题即特质矛盾上。

特质矛盾

物种与环境之间的交互通常都具有矛盾性。在某一时间或某种情形下具有适应性的交互关系,在不同的时间或情形下很可能就会发生逆转。另外,进化选择的两个过程——生存适应性和性别适应性也可能会相互矛盾。有时男性会在交配仪式中死亡或受伤,而怀胎会给女性在产前和产后这段时间带来危险(M. Kirkpatrick & Ryan,1991)。在这里,我们将主要考察与领导者特质理论有关的三个进化矛盾:(1)当时间或情形发生变化时,原本在某个时间或情形下由特质带来的益处可能会发生逆转;(2)即使在单一的时点和情形下,特质也很少具有纯粹的优势(或劣势);(3)在适应性或领导力的产出方面,特质的影响是非线性的。

第一,在某个时间(或某个情形下)能够促进适应性的特质,当情况发生变化时,可能会变得与适应性无关,或者更糟糕,即起到相反的作用。在食物匮乏的情况下,新陈代谢率较低或贪吃的个体能够较好地适应。但是当食物充足的时候,同样的个体可能会变得极度肥胖。当把这一点应用到领导者的特质理论上时,该矛盾表明了领导者的特质与当代需求之间可能存在不匹配现象。进化与生命的长度相比,是一个极其漫长的过程。尽管在进化过程中人类的突变率很高(Penke, Denissen & Miller,2007),但是我们人类今天拥有的特征大部分都经历了数亿年的进化。而今天的人类文明与1万年之前相比已经发生了翻天覆地的变化——1万年对人类文明来说是个漫长的过程,而对于进化来说只是短短的一瞬间而已。人类无论在身体(例如良好的视力)还是心理(例如警觉性)上的某些特征,对于生存来说可能都已经不再那么重要了,因此其他的一些特征直到最近才开始变得越来越重要(例如优雅、端庄等)。简言之,那些使我们处于食物链顶端以及让领导者不断提升地位的特质,可能并不是非常适合当代的社会情况(Van Vugt et al., 2008)。

第二,即使限制在某个时间的单一环境下,也会发生特质矛盾的情况。这种形式的矛盾可以被称为"拮抗多效性"(Penke et al.,2007),其中的多态性(即可识别的具体基因变异或突变)表现为,对与适应性相关的某一种特质产生积极影响,而对另一种特质产生消极影响。考虑到一系列复杂行为是解决适应性问题的基础,一些研究人员可能期望大多数特质(即使它们对适应性很有帮助)都能够包含拮抗多效性。个体对配偶的吸引力通常意味着要承担风险,在这个过程中个体需要在一种适应性(繁殖)与另一种适应性(生存)之间进行权衡。此时,有人可能会有这样的疑问:"在交配仪式中考虑繁殖适应性是没有什么问题的,不过这个主题与组织的领导力之间却没有任何联系。"我们觉得之所以有这种想法是因为误解了基因的本质。我们偏爱身材高大的领导者(Judge & Cable,2004),不仅是因为这样做是合理的,还因为身材高大在某些时候能够解决适应性问题,或是有益于繁殖适应性。自然选择促使人类产生了某些本能,但是即使它们对人类的适应性已经不再那么重要了,这些本能也需要很长时间才会逐渐消失(当然,有些特质对人类的生存和繁殖适应性仍然十分重要)。人们不会因为迈入了工作场合就放弃自己的本能。

如果把这一点应用到我们现在讨论的问题上,那么观察表明,由于某些特征可能会对适应性产生抵消效应,那么它们对领导者的有效性可能也会产生同样的效果。一个有礼貌的、富有同情心的并且值得信任的领导者也许会受到追随者的仰慕,但同时也可能容易受到其他人的利用和欺骗。而一个精明的、诡计多端的、狡猾的领导者可能被了解他的人鄙视而且得不到信任,但对于新手来说,他却可能获得许多优势。

第三,无论对于适应性还是领导力的产出,特质可能都不具有线性影响。在比较两名领导者的开放性时,如果他们的开放性指数均低于总体平均值,可能意味着某种情况,而如果他们的开放性指数均高于总体平均值,则可能意味着另一种情况。得分较高的领导者在第一种情况下可能被认为更具有创新性、创业精神和自主性,而在第二种情况下则可能被认为更追求感官刺激、激进或难以管理。类似地,大胆、自信的行为能够帮助个体和所在的氏族"声明拥有"宝贵的资源(Ames & Flynn,2007),而且采取先动策略往往对于群体的生存至关重要(Van Vugt et al.,2008)。不过,过分胆大的行为会变成鲁莽行为,同时还会使自己或所在的群体引起不必要的注意、出现反击和资源枯竭的情况。因此,有些特质应当具有曲线关系。

同样,特质的适应性含义可能比较复杂,同时也会受到其他特质存在或不存在的影响。进化生物学家 Ernst Mayr 曾说道:"遗传型……总是存在于其他基因的背景之下,而且与其他基因的相互作用能够使某个具体基因受到人们的偏好,或者相反。"(Diamond,2001,p.39;也可参见 Mayr,2001)在责任感方面的基因倾向也许能够以许多不同的方式揭示显性表现,这可能要取决于其他特质的存在情况。具有责任心的领导者的表现是否有效,可能要取决于这种责任感是如何表现的。

◼ 对行为遗传学的说明

目前,人类已经建立了比较好的人格特质的遗传资源,有些人可能会因此将其视为一种法则(Turkheimer,2000)。领导者是天生的,分开抚养的同卵双胞胎在领导力的形成方面表现出来的相似性令人吃惊。大量研究表明,各种领导力测量方法——从领导力表现的指示变量(拥有的领导力职位数量)到领导力有效性的测量(对变革型领导力行为的测量)都显示出了重要的遗传特性,**它通常处于30%—60%这个范围**(Arvey, Rotundo, Johnson, Zhang & McGue, 2006; A. M. Johnson, Vernon, Harris & Jang, 2004; A. M. Johnson et al., 1998)。领导力的遗传性在很大程度上无疑是因为与领导力有关的个体差异具有遗传性(Ilies, Gerhardt & Le, 2004)。

提出进化论与行为遗传学是如何整合在一起的这个问题是合乎情理的。毕竟,如果一种表现型有利于成功繁殖或生存,那么这种特质的变异就应当随着时间的推移而减弱,而那些该特征不明显的表现型则被淘汰掉。换句话说,如果突变增加了特质的变异,那么进化过程就会(通过选出那些不利于适应性的变异)把该特质去除掉。

但是,进化选择是有其自身过程的,而且个体在基因上的差异持续存在是有许多方面的原因的(Penke et al., 2007)。第一,存在选择中性问题,也就是选择对个体差异来说是随机的(即特征与适应性无关)。例如,研究人员在一些领导者身上观察到的特征(比如说对批评的敏感度)很少能够反映出他的有效性或进化适应性。第二,存在突变选择平衡问题,通常由于情境会发生改变(例如在人类早期,一些有助于增强适应性的特征可能在现代生活中已经不再与适应性有关了),因此选择无法完美地消除个体差异。第三,存在平衡选择问题,选择自身也与遗传变异之间存在关系(也就是说,在有些环境或情境下,某个特征可能与适应性是正相关的,但是在另一些环境或情境下,这种相关性可能却是负的)。此外,还存在更复杂的机制促使遗传突变和进化适应维持个体之间的差异。一些研究人员在之前可能提到过频率依赖选择,这指的是某个具体特质的适应性意义取决于它在物种中其他成员间出现的普遍程度(参见 Ilies et al., 2004)。例如,随着物种或子群体内集体主义的增加,心理集体主义也会随之增加,即集体主义的支付值会因为种群内其他个体是类似的集体主义而增加(正面的频率依赖选择)。

在领导力特质理论中,行为遗传学的意义是什么?如前所述,在领导者为何是天生的这一问题上行为遗传学至少提供了部分解释。从更深的角度来说,领导力根植于个体的基因。换句话说,个体的基因倾向于使个体拥有追寻领导力地位、促使他人将自己选为领导者,以及在成为领导者后能够取得成功的心理特质(个性、智能等)和身体特质(身高、魅力等)。

领导力的个体差异模型

基于前面的回顾内容和之前的研究成果(Judge, Piccolo & Kosalka, 2009),图6.1展示了一个概念性模型。根据之前研究人员对领导者特质所做的研究(Judge et al., 2002),该模型对领导者的形成和领导力的有效性进行了区分。针对批评者对领导者特质范式的不满(Kaiser et al., 2008),该模型还区分了**领导力的主观有效性(追随者对领导者的评分、追随者对领导者的情感反应等)和客观有效性(群体表现、群体生存等)**。该模型假定特质对领导者的形成和领导力的有效性都会产生影响。由于个体必须先作为领导者出现然后才能考察其有效性,因此该模型还展示了从领导者的形成到领导力的有效性之间的联系。此外,由于领导者的形成和成为一名高效的领导者这两个过程都依赖于行为,因此领导者的地位和风格都能够调节特质的影响。最后,该模型还显示了各种调节所产生的影响。

在了解了模型的一般情况后,我们把注意力转移到模型的核心部分。具体来说,我们将详细讨论:(1)领导者个体差异的矛盾——领导者的个体差异(个性、能力等)对领导者的形成、领导力的状态和风格以及领导力的有效性产生的矛盾影响;(2)个体差异的中介变量——领导力的状态和风格可以作为领导者特质对于领导者的形成和领导力有效性的中间变量的解释;(3)个体差异的调节变量——追随者和领导者的个体差异以及情境在什么程度上调节了模型中的联系。在后面的内容中,我们将逐一讨论这些过程。

领导者个体差异之矛盾

正如之前的定量研究综述所显示的(Judge et al., 2002),很多在社交上受欢

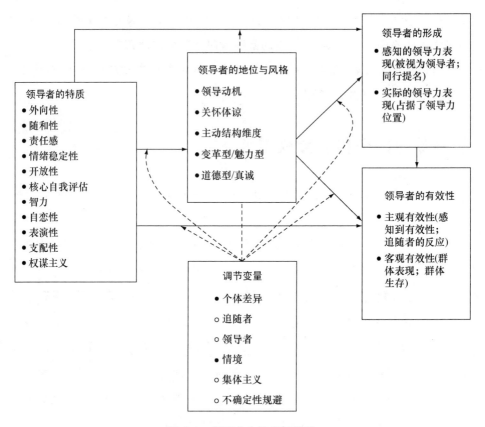

图 6.1 领导力个体差异模型

注:实线表示领导者的特质对领导者的形成和有效性产生的直接影响。虚线表示调节影响。

迎的人格特征,所谓的"正面"特征,对不同情境下领导者的形成及领导力有效性是非常有价值的。但是这些特质在某些情况下可能会带来负面效果。因此,一般来说,对领导力有利的正面特征,通常带有与自身相矛盾的效果。我们同样将看到社交上不受欢迎的特征("负面"特质)也会有类似的现象,这些特质一般来说可能会影响领导者的有效性,但实际上却会增强某些群体的生存能力和适应性。

因此,表6.1中显示的特质矛盾框架考虑了领导力的形成和领导力有效性特质的四种可能的含义:(1) 社交上受欢迎的特质在大多数情况下具有积极意义;(2) 社交上不受欢迎的特质在大多数情况下具有消极意义;(3) 社交上受欢迎的特质在某些特定的情况下以及在极端的层面上具有消极意义;(4) 社交上不受欢迎的特质在某些特定的情况下具有积极的意义。因此，我们按照行为、表现的个人-环境交互模式来描述特定人格特质和领导者有效性之间产生关联的条件。我们考察七种"正面"的个体差异：大五特质、核心自我评估和智力。按照 Judge 等（2009）的理论，我们考察被研究最多的四种"负面"特质——自恋性、支配性、表演型人格和权谋主义者。当然，我们也可能会考虑其他类型的正面和负面特质（表 6.2 和表 6.3 强调了这些特质和它们可能隐含的意义）。

表 6.1 领导者在领导力形成或领导力有效性上的个体差异的矛盾效果

社交特质	在具体情境或环境下的实际效果	
	正面效果	负面效果
正面特质	在社交上受欢迎的特质对领导者和利益相关方来说具有积极的意义。 案例：有责任心的领导者在执行对组织长期发展有益的计划上显示出高度的道德标准。	在社交上受欢迎的特质对领导者和利益相关方来说具有消极的意义。 案例：有责任心的领导者在遇到环境变化时不能顺利地对策略进行修正。
负面特质	在社交上不受欢迎的特质对领导者和利益相关方来说具有积极的意义。 案例：自恋型领导者拥有极强的自信心，这会使得他在大家都不愿意承担责任的情况下主动站出来。	在社交上不受欢迎的特质对领导者和利益相关方来说具有消极的意义。 案例：自恋型领导者会操纵奖励结构（例如建立在授予的期权上的股价）来满足自己的利益需求，而不顾及组织的长期发展。

表 6.2 牵涉"正面"五个因素的模型特质可能出现的领导者特质矛盾

		领导力优势和劣势	
		领导力优势	领导力劣势
大五"正面"特质	外向性	更有可能成为领导者，更有个人魅力和启发性，更具雄心壮志。	更冲动，更可能做出高风险的决定，不愿意听取同事的意见，可能缺乏持久性，较难坚持一个长期的计划。
	随和性	思考更全面，更积极的人际互动，愿意帮助别人，社交冲突更小，较少出现偏轨和反常行为。	领导欲望不足，缺少超越自己的动力，缺乏创新性，容易受到影响力追随者的左右而偏离既定路线。
	责任感	更愿意担当领导者角色，在设置和保持目标上更有有效性，更有道德感。	适应性较弱，更多的控制欲，更有可能缺乏远见（更愿意进行微观管理）。

(续表)

		领导力优势和劣势	
		领导力优势	领导力劣势
大五"正面"特质	情绪稳定性	更愿意担当领导者角色,拥有更积极的愿景,更有道德感。	较不容易发现风险,较少考虑危险情况(容易受幻觉支配),更有可能选择那些能够证实自我概念的较为"容易"的工作。
	开放性	更具创新性,更有远见,适应性更强。	不符合传统规范,更有可能将团队带入危险或者过于独立的方向,更不愿意接受上级的领导。

表6.3 牵涉"负面"特质的可能的领导者特质矛盾

		领导力优势和劣势	
		领导者优势	领导者劣势
"负面"特质	自恋性	更有可能成为领导者,面对威胁更愿意保护自己的势力范围,更有魅力。	自视过高,支配欲和操纵欲过高,对潜在竞争对象具有破坏性。
	表演性	更有可能成为领导者;更有魅力和创新意识;拥有更好的社交技巧,尤其是身处新环境之中时。	更虚荣(过分关注外表,对不同意见过于敏感,寻求关注等),过于戏剧化,情感缺乏稳定性,对压力的耐受值较低。
	支配性	更愿意成为领导者,更有可能成为领导者,在行使领导职责时更有效。	看起来控制欲强或过于强势,可能会导致冲突,与性格强势的追随者交流较为困难。
	权谋主义者	更愿意成为领导者,在政治手段上更为灵活,可能会为团队带来更多的胜利。	思考不够全面,操纵欲更强,过分关注政治性和"分布式"(得-失)领导力。

◆ 正面特质的正面意义

因为大五人格特质都属于"正面"或在社交上受欢迎的特质,因此它们对领导者来说都具有正面的效果。

责任感: 因为具有责任感的人会关注细节,并且在做决定的时候会考虑得比较细致(Costa & Hogan, 2001),因此责任型人格可能会通过创建结构的活动来提升领导者的有效性。另外,责任型领导者在实现目标方面更为严格,这就意味着责任型领导者将会清晰且持续地定义各个角色的职责,提供更公平的非正式合同(Bass, 1985)。责任型领导者在实现组织的目标上将展示出更多的道德性(J. Hogan &

Ones,1997)和责任感(Goldberg,1990),这可能就解释了为什么责任型领导能创造出公平公正的工作环境了(Mayer,Nishii,Schneider & Goldstein,2007)。

外向性: 因为在大五人格特质中拥有外向型人格的人更自信,因此拥有外向型人格的人应该最有可能成为领导者,而事实上也是如此(Judge et al.,2002)。因为拥有外向型人格的人更有活力、更积极乐观,更愿意交谈并且极具热情(Costa & McCrae,1992),因此他们同样更具魅力。这就是为什么Bono和Judge(2004)将外向型人格视为"变革型领导力最强有力且最持续的相关特质"(p.901)。

随和性: 随和性表现为谦逊和利他性的行为(Costa & McCrae,1992),这就意味着随和型领导者应该更细心慎重。随和型领导者有可能会在团队成员之间培养合作和互助的工作氛围(Hurtz & Donovan,2000),在表达批评意见时会更注意对方的感受,鼓励形成一种愉快、友好和公平的工作环境(Mayer et al.,2007)。

情绪稳定性: 情绪稳定型领导者在表达情感的时候冷静、放松且态度一致,不太可能出现负面的情绪,例如压力、焦虑或者嫉妒等(Judge & LePine,2007)。展示出稳定情绪的领导者可能会在危机时刻保持冷静,并能较快地从团队和组织的失败中恢复过来。

开放性: 对于经验的开放性一般与创造力、想象力和洞见相联系(John & Srivastava,1999),这就意味着开放型的个人更有可能成为具有远见的领导者。Bono和Judge(2004)在他们的元分析综述中发现,开放型的个人在变革型领导力的智力刺激和鼓励性激励方面能够获得较高的分数,这些领导者想象力生动丰富,能够在关键事件上挑战常规经验,为组织勾画一个极具吸引力的未来。

核心自我评估: 大五人格特质当然不会详尽描述相关领导力的"正面"个体差异。其中一个这样的个体差异就是核心自我评估(CSE)。按照Judge(2009)的观点,"核心自我评估是一种根本且基本的自我评估"(p.58)。Hiller和Hambrick(2005)提供了一篇有关核心特质和高管领导力联系的全面综述,他注意到,在很多情况下,积极的自我概念是高管领导力所需的很多行为的基础,包括创新和冒险。另外,Hiller和Hambrick(2005)也指出,CEO们所获得的核心评估的高分会和更简单快速的战略决定程序、更多的重要创意以及实现这些创意所需的更为持久的组织韧性相关。为了支持这一推理,最近的一项研究发现,核心自我评估与主要的棒球联盟的CEO的成功有所关联(Resick,Whiteman,Weingarden & Hiller,2009)。

智力: 我们认为最后一个正面的个体差异并不是一个人格特质,而是一种能力,也就是常见的思维能力或者智能。认知能力是现代西方社会非常注重的几种能力之一(即智力,Judge,Colbert & Ilies,2004)。Judge 和他的同事发现,虽然并没有像智力和工作表现之间的关系那么重要,但是智力和领导力之间的关系确实也非常重要。当然,智力能够帮助领导者解决他们所在组织遭遇的困难,而且可能会决定一项非常有效且对利益相关方来说非常具有吸引力的长期计划和任务。

◆ 负面特质的负面意义

自恋性:自恋是一种人格特质,其特点是傲慢、自私自利、权力欲和敌意(Rosenthal & Pittinsky,2006)。作为针对一种浮夸但是浅薄的自我概念的自动调节防御机制(Morf & Rhodewait,2001),自恋者倾向于轻视他人,并且贬损自己的竞争对象。自恋型领导者更有可能按照自己的需求来处理和理解信息,并且根据自己声誉的需要来做出决定。Van Dijk 和 De Cremer(2006)发现,相对其他一般类型的管理者来说,自恋型管理者更关注自己的利益,他们倾向于按照自己的利益来分配组织的资源。然而自恋型领导者可能会提升领导力、吸引力和影响力的自我评定,他人对这些领导者的评价通常为负面的,表现为工作绩效不高,追随者之间缺乏良好的工作合作关系(Judge,LePine & Rich,2006)。

表演型人格:拥有表演型人格的人通常比较具有戏剧性、活泼、有吸引力、喜爱社交、具有控制欲、爱表现并且情绪化。读者可能会想,这些特质是否也可以用来形容那些魅力型领导者。最近的一些证据确实显示,在表演型人格测试中得分较高的人在变革型领导力的测评中通常也能得到高分(Khoo & Burch,2008)。R. Hogan 和 Kaiser(2005)描述了领导力中的表演型人格的优势,其中包括娱乐性和积极性。另外一项研究显示,具有创新意识的管理者更有可能在表演型人格测试(控制欲、戏剧化和偏执)中获得高分(Zibarras,Port & Woods,2008)。这意味着,拥有表演型人格的人更有可能被视为领导者,因此也就可能变成领导者。

支配性:支配性通常被视为外向型的一种较低层面(Judge et al.,2002),但是它一般不是,也不需要成为外向型的下级层面(Judge et al.,2009)。支配型的人喜欢掌权,控制对话,并且指导他人。正如 Judge 等(2009)所指出的,支配型领导者可能通过强权来进行领导,有可能让他们的追随者感觉观点不被支持,甚至没有得到考虑。在一项关于家庭中的人格和权威的研究中,Altemeyer(2004)发现,那些占绝对控制地位的人被认为是渴望权力和极具控制欲的。Nicol(2009)发现,支配型领导者通常不会被追随者视为细致周到的人。Van Vugt(2006)在发展心理学中挑战了这一常规认识,那就是领导力来自支配、顺从和争辩,"文献显示,人们不支持支配型领导者,其中的原因很有可能是害怕被这种领导者压迫利用"(p.359)。

权谋主义:权谋主义是用来形容某种人格的专用词汇,这种人格的特征是拥有两种能力,一是政治谋略,二是使用这种谋略来达到自己目的的能力。其他隐含在这种人格特质中的特点还有决策能力、控制欲以及强势地劝说他人来实现领导者的目标。权谋主义领导者更有可能采取"强硬"的政治行动(Reimers & Barbuto,2002),并且倾向于避免考虑组织的利益需求和亲社会型价值(Becker & O'Hair,2007)。权谋主义者不太可能会与其他人分享知识(Liu,2008)。虽然权谋主义领导者对他人有更大的影响力(Goldberg,1999),但是这种影响力通常被用于实现个人的权力需求,而不是集体的利益。

正面特质的负面意义

责任感:具有高度责任感的个人通常比较谨慎并且具有较强的逻辑性,因此,他们进行创新和冒险的可能性也就相对较小。谨慎的领导者会避免创新,抵触变化,并延迟关键的决策程序,因为他们需要收集到足够具有说服力的信息、证据来支持他们的倾向和喜好,他们的工作也会受到这种情况的干扰和阻挠(R. Hogan & Hogan,2001)。高度责任型的领导者可能会受到剧烈变化的环境以及组织变化的威胁和干扰,在遭遇紧张的时间期限时会感觉到压力,繁重的工作量会导致他们不太愿意遵循严格的组织程序。责任型的个人确实不太适应变化的环境(LePine,Colquitt & Erez,2000),这就意味着,责任型领导者可能并不擅长处理他们所需要预测、参加以及/或面对的变化。另外,高度责任型的领导者可能比较难以取悦,喜欢进行微管理,在程序和政策上比较官僚主义(R. Hogan & Hogan,2001)。

外向性:首先,外向型的人一般比较大胆且激进。因此,外向型的人更有可能与其他人发生冲突(Bono, Boles, Judge & Lauver, 2002),这意味着外向型的领导者可能会与追随者及同事产生更多的矛盾和冲突。其次,因为外向型领导者善于社交,有着更为广阔的社交网络(Forret & Dougherty,2001),所以他们可能会与组织中的很多人发生短暂而浅层的沟通,因而无法为追随者提供一个清晰的战略重点。再次,外向型团队更有可能发生风险(Rim,1982),也就是说,为外向型领导者工作的团队可能会做出具有风险的决定。最后,外向型领导者作为感官情绪的追求者,会对项目、人和观点保持一种短期的热情(Beauducel, Brocke & Leue, 2006),他们因此就有可能做出仓促或过于激进的决定,或者没有足够的耐心来负责一项长期的项目。

随和性:因为随和型的个人比较容易合作,他们亲切、温和而且倾向于避免冲突(Graziano & Eisenberg,1997),所以随和型领导者可能会避免做出艰难的决定,并且尽力减少与追随者之间的冲突。另外,因为随和型管理者倾向于给予较为宽容的绩效评估(Bernardin, Cooke & Villanova, 2000),所以其追随者可能不会得到对于自己工作表现的公正评价,也因此无法从批评中获益。如果领导者通过他们提供的反馈传达他们的偏向和喜好(Kaiser et al., 2008),那么随和型领导者们提供的温和宽容的反馈就显示了其相对其他氛围(竞争性的、想要获得成就的、为生存而做出了艰难决策等)而言对和谐友好氛围的重视。使用非对抗性方式的随和型领导者可能适合那些需要保持现状的职位。因此,你可能很难发现那些非常随和的领导者提出极端的创新程序或者对现有状况提出质疑。当然问题在于领导者们必须愿意去挑战现有状况。R. Hogan、Curphy 和 Hogan(1994)描述了一项研究结果,这项研究发现,管理失职的最常见的原因是"管理者不愿意行使他们的权力"(也就是"不愿意面对问题和冲突")(p.494)。

情绪稳定性:领导力从内在来看就是一个情绪过程(Dasborough & Ashkanasay, 2002)。情绪非常稳定的领导者较少把鼓励型机制作为一种影响力策略(Cable & Judge, 2003),而是使用客观和理性的分析。但是在管理者们使用的所有影响力策略中,在从追随者那里获得承诺方面鼓励性机制是最有效的一种(Yukl & Tracey, 1992)。情绪稳定型领导者的另外一个潜在的劣势就是他们不太可能从环境中发现威胁。D. D. P. Johnson(2004)记录了许多领导者是如何盲目地跟随自己对未来乐观的预期来决定参与一场战争的,这通常会给他的追随者带来灾难性的后果。

开放性:McCrae(1996)将那些在经历开放性测试中获得高分的人定义为不合常规的人,他们为自己反权威和反体制的态度而骄傲,但是 Judge 和 LePine(2007)将高度的开放性视为阶层性、常规性或者传统的工作环境中的一个潜在威胁。因为开放型领导者为了实现组织的成功愿意尝试任何方法和策略,这些领导者可能很容易就受到模糊想法的干扰,因此他们会追求一种短期的策略,而这种短期策略则会在深层次上破坏公司价值观和传统,对组织的长期稳定性造成潜在破坏。对经历的开放性确实会和持续的承诺负相关(Erdheim, Wang & Zickar, 2006)。开放型领导者可能对组织的目标缺乏关注,反而强调那些有疑点的或者非传统的观点。因此,开放型领导者可能会破坏一个团队在更大范围集体内的适应能力(Judge et al.,2009)。

核心自我评估:极端正面的自我评价——Hiller 和 Hambrick(2005)将其描述为超级核心自我评估,他们认为,这对于一位领导者来说是非常致命的。超级核心自我评估可能会使领导者低估风险或者对未来抱有不切实际的幻想。因此,过分自信的领导者可能会做出风险很大的决定,因为他们否认存在某种风险(Simon & Houghton,2003)。核心自我评估很高的领导者可能会高价收购其他公司,因为他们对未来的预期会过分乐观(Hayward & Hambrick,1997)。虽然正面的自我认知对一般的人际关系和领导力运作来说是有益的,但是超级核心自我评估很可能会妨碍策略判断的客观性,因此那些进行超级核心自我评估的领导者可能会按照自己的最佳利益而不是利益相关方的利益来操纵组织的策略。最后,因为自我评价很高的个人会对批评性的反馈做出防御性的反应(Baumeister, Campbell, Krueger & Vohs,2003),所以核心自我评估较高的领导者面对负面的回馈时会质疑评估者的资质、评估技术和合理性(Kernis & Sun,1994)。

智力:虽然智力与领导力的形成及领导力有效性正相关(Foti & Hauenstein,2007),但是正如 Judge 等(2009)所指出的那样,"非常常见的是,那些拥有超高智商的人会被视为异类并被工作团队排斥在外"(p. 869)。Bass(1990)和 Stogdill(1948)假设,如果团队领导者的智商远远高于团队其他成员,那么对团队来说则是非常有害的。这一猜想启发了 Judge 等(2004),他们指出,团队的智力,也就是一个团队集体的智慧,将会缓和领导者智商和领导者有效性之间的关系,这样,一个拥有高智商的团队对于高智商领导者的接纳度相对于低智商的团队来说要高一些。因此,智力本身可能并不是完全有效的,尤其是在团队成员和领导者的智商匹配度较差的情况下。最后,高智商的个人对认知有较高的需求(Cacioppo, Petty, Feinstein & Jarvis,1996),这就意味着高智商的领导者可能会缺乏决断力,因为他们思虑较重,可能会使问题变得复杂化。

❈ 负面特质的正面意义

自恋性:自恋型的人对自我价值有较为夸张的认知,但是这种多维度的特质其实和领导过程之间拥有一些正面的关联。自恋人格中的权威性构成部分(Emmons,1984)在四个人组成的无领导讨论团队中对领导力的形成有促进作用（Brunell et al.,2008）。Deluga(1997)在一份关于美国总统人格分析的报告中指出，自恋型人格和独立人格与魅力型领导力以及管理业绩有直接关联。因为自恋型领导者喜欢采取大胆且激进的行动，他们更有可能将精力放在愿景规划和领导力之上，有时这种行为对领导者所在的组织是有益的。例如，Chatterjee 和 Hambrick(2007)在111位CEO中间使用了一个用于测试自恋人格的无干扰测试方法，并在12年的期间内对战略创新和绩效做出评估。自恋型人格与公司收购的规模有正面关联，而公司收购的规模则被作者认为是战略动态性的一个指代。虽然这些自恋型CEO最终所取得的组织绩效会有所变动，但是他们所在公司的绩效与那些不那么自我的领导者相比并无太大差别。

表演性： 正如 Conger(1993)所指出的，魅力型领导力是建立在自我构建的"英雄主义"心态之上的，在这种心态之下，领导者们一定会向他人证明自己的"与众不同"(p.285)。这种对英雄特质的自我构建符合表演型人格的特征，这种人会将自己放在一个基座之上，他们需要成为他人关注的焦点。另外，表演型的人通常被认为拥有吸引人的社交技巧，虽然他们使用这种技巧的目的只是吸引他人关注并按照自己的目的来操纵他人。最后，R. Hogan 和 Kaiser(2005)指出，表演型领导者可能会比较冲动并且渴求关注，也因此会导致一些危机。就像 Willner(1984)所说的那样，如果目前没有危机，那么一个魅力型的领导者通常会制造一个出来。

支配性： 支配型人格是与领导力和领导力的形成最具关联的特质之一（Mann, 1959）。支配型的人要求别人关注自己，并始终保持对他人的强大影响力（Anderson & Kilduff,2009）。因此，在支配型人格中获得高分的人更有可能成为领导者，而且更有可能被提升至领导者的位置（Foti & Hauenstien,2007；Hing, Bobocel, Zanna & McBride,2007；Judge et al.,2009）。另外，社交上处于控制地位的领导者展现出一种强烈的进取心和控制欲（Cozzolino & Snyder,2008），这对于那些愿意跟随他的追随者来说十分具有吸引力。例如，Anderson 和 Kilduff(2009)认为支配型人格和竞争力是相关的，这可能解释了为什么 Hare、Koenigs 和 Hare(1997)在一项关于260名管理者的实地研究中报告说，管理者和追随者都认为"模范"型管理者应该比通常对他们的预期更霸道一些。

权谋主义： 虽然对于权谋主义者的大多数描述都不可避免地具有贬低的意味，但是 Machiavelli 所撰写的 *The Prince* 中对于权谋主义者所隐含的能力的讨论却不那么消极。另外,有证据显示,权谋主义领导者也具有一些有益的特质。权谋主义者有非常高的领导意愿(Mael, Waldman & McQueen, 2001)。另外,这种领导者在处理结构化和非结构化的任务时展示了很大的灵活性(Drory & Gluskinos, 1980)。此外,权谋主义者会积极使用各种影响力策略,例如策略性的自我暴露,这对建立政治联系是非常有益的(Dingler-Duhon & Brown, 1987)。也许是因为这些原因,Simonton(1986)指出,权谋主义者在国家选举办公室服务的年限最长,而且美国总统的权谋主义水平也和他们在议会立法方面的成就有直接关联。

作为中介变量的个体差异

对于领导者个体差异的研究来说,很重要的一点是对连接领导者特质和产出的机制的调查。我们的模式显示,领导者特质与领导者的形成之间的关系不仅是直接的,也是间接的。这些间接的连接帮助我们解释领导者的个性是如何影响到他们的行动并最终影响了他们的产出的。如果说宽泛的人格特质在某种程度上可以看成形成个体如何以及为何行动的脊柱,那么那种具体的特质就是脊柱的脊髓。实际上,学者们认为,具体的领导者特质在预测领导者行为和产出方面确实非常重要(S. A. Kirpatrick & Locke, 1991)。领导者的行为包括在做出决定、执行战略和与他人交往时的行为、状态和风格。我们会在下面讨论这些行动和行为是如何在我们的模式中调节这种连接的。

初始结构和员工关怀

在20世纪40和50年代,领导力学者们在俄亥俄州立大学进行了一项合作,目的是研究越来越多的领导者行为。俄亥俄州立大学的研究者们采纳了一个包含1 000多个行为维度的全面列表,并将这张表合并成两个彼此分离但又不是完全不相关的类别。在第一个类别中,初始结构,被定义成领导者在什么程度上定义自己的角色和追随者角色,这个概念是以目标为导向的,并建立了一个明晰的沟通标准(Bass, 1990)。在这个方面获得高分的领导者们通常强调任务策略、工作与角色组织、最后期限、工作关系和目标。第二类是关注,它被定义成领导者对追随者的关心和尊重的程度,是否关注他们的福利或者向追随者表达欣赏和支持(Bass, 1990)。细致的领导者们通常会强调人际关系的策略,并会向追随者表达尊重、关心和感激。这两个类别形成了领导力行为学理论的核心部分,它们经过元分析之后(Judge,Piccolo & Ilies,2004)被认为与重要的领导力产出有关联。

虽然我们并不知道已发表的研究是否将领导者在大五人格特质上的位置和他的初始结构联系起来,但就像前面所说的那样,人格学者已经将大五人格特质和那些看起来包含一个结构成分的行为联系起来。例如,研究已经将责任感和团队中的进谏行为(LePine & Van Dyne,2001)、自发的目标设定(Barrick,Mount & Strauss,1993),以及目标设定动机(Judge & Ilies,2002)联系起来。这三个结果在提议、组织和生产方面有共通性,这意味着领导者的责任感可以作为初始结构的一个重要预测因素。即使用一个不同的大五人格特质模型来分析,如果没有安全感的领导者(一种神经质的表现)展示出一种企图控制员工或者抵制新想法的倾向,那么,还可能产生另一种中介机制。这些行为是那些在结构建构方面得到高分的领导者的典型行为。类似的论点也适用于负面特质。举例来说,在支配性方面得分较高的人就有强烈的控制欲(Cozzolino & Snyder,2008)。可能支配型领导者也很重视控制。控制行为在层级较高的领导者身上将变得更为典型。

我们也不知道有任何发表的研究将领导者的大五人格特质和他的员工关怀联系起来。但是,研究者已经指出,大五人格特质确实和类似关怀的行为有关联。例如,研究已经展示了随和性与人际互动(Hurtz & Donovan,2000)以及友好度(Roccas,Sagiv,Schwartz & Knafo,2002)之间的正面关联,以及随和性与报复性之间的负面关联(McCullogh,Bellah,Kilpatrick & Johnson,2001)。这些结果显示,随和性与领导者的关怀之间有潜在的联系,因为这些结果与那些具有同情心而且更温和的领导者的行为有紧密关系,这些领导者更注重成员关系、融合以及代表性。作为另外一种可能性,自我中心的领导者(例如,自恋性、表演性、超级核心自我评估或自负的)显示出一种强调重大效果和令人瞩目的管理能力的倾向,他们很注重赞扬和认可(Chatterjee & Hambrick,2007;Hayward & Hambrick,1997;Judge et al.,2009)。可以想到的一点就是,这些领导者将通过展示自己的关怀行为来提升追随者对自己的印象。对于更受欢迎的领导者和更大胆的领导者(外向型的不同面)来说,相关的论点同样也成立。实际上,研究已经显示,外向型对那些要求社交的工作来说就意味着成功的工作表现(Mount & Barrick,1998)。[①]

◆ 变革型和魅力型领导力

领导者们通常会面对那些难以预测或者看起来难以解决的困境。因此,领导者们必须把追随者动员起来,超越他们的能力极限。变革型领导者鼓励自己的追随者,使他们了解自己工作的意义,从而获得动力,同时,自己也担当角色示范,帮助追随者发现自己的潜能,并从新的角度看待问题(Bass,1985;J. M. Burns,1978)。不断提高的参与度和有效性程度(Avolio,1999)所区分的变革型领导力的四种行为维度包括个性化的关注(领导者指导追随者)、智力刺激(领导者挑战追随者的创造力)、启发式鼓励(领导者启发产生新的想法)和理想化影响力(领导者作为一个受崇拜的模范)。最后一种理想化影响被很多人视为魅力(Judge & Piccolo,2004)。根据社会学家马克思·韦伯先前的著作,House(1977)指出,魅力型领导者通常拥有超常规的或英雄主义式的行为方式。魅力型和变革型领导力测量方法与各种指标之间的功能对应引起了很多争论,也就是这两种类型是否相同,或者魅力型领导力只是范围更广的变革型架构的一个方面(Bass,1985;Conger & Kanungo,1998)。这种争论已经超出了本章的讨论范围,我们对人格特质和大五人格特质之间关联的讨论将它们视为可互换的(请参见 Yukl,1999)。

从实证角度考虑,我们有理由相信变革型领导者和魅力型领导者的行为是领导者特质与产出之间的中介变量。首先,就像先前所说的那样,大五人格特质维度已经显示了与领导者成果的密切联系。其次,大五人格特质维度与变革型领导力及魅力型领导力之间的关系(Bono & Judge,2004)也有密切的联系。虽然哪些维度的联系最强以及哪些维度的联系最弱等问题上的结论是混合的,所有五种类型都与两种领导力类型相关联(Bono & Judge,2004;Judge & Bono,2000)。最后,变革型领导力和魅力型领导力都和领导者成果存在紧密联系。在一个针对600个关系的元分析中,Judge 和 Piccolo(2004)发现了一种全面的适度关系($r = 0.44$),这

[①] 图 6.1 指出中介作用也可能因为特质的矛盾而产生(例如负面特质的正面含义)。例如,研究显示负面特质自恋导致领导者的勇敢行为(Chatterjee & Hambrick,2007)。人们可能认为这一联系受到结构的中介作用,因为一个自恋的领导者有强烈的需要来让自己的权威得到重新肯定(Chatterjee & Hambrick,2007),这通常是通过坚持和界定追随者的角色或是组织任务、目标来实现的。限于篇幅,这里及下面的部分我们不再详细论述这一特质矛盾的推论。

概括了暂时性的和多源性的情况。

变革型和魅力型行为的中介作用也存在概念方面的原因。例如,外向性的多个方面包括一些和魅力类似的关键点,其中包括果断、健谈和活力(Saucier,1994)。这些方面可以使得领导者在危机时刻或遭遇无法预测的情况下帮助追随者减少不确定性。实际上,按照元分析(Bono & Judge,2004)的结果,**外向性是大五人格特质中与理想化影响力(魅力)关联最大的一种特质**。我们还有理由认为变革型领导力可以作为情绪稳定性与领导者有效性的中介变量。情绪稳定(神经质程度较低)的领导者通常表现平静,有安全感,这在追随者看来是非常值得敬佩和吸引人的,尤其是在他们身处不确定之中的时候。外向性有助于领导力的形成,和外向性相反,情绪稳定性帮助领导者在是否形成和展现出有效性两个方面均衡分配自己的魅力(Judge et al.,2002)。另外,变革型领导力也可以作为拥有重要追随者的开放式的领导者与领导者成果之间的中介变量。开放型的领导者具有创新性和好奇心,他们通常也很有经验。这些领导者一般来说更愿意冒险,对追随者的意见和建议保持开放的态度。这些特质和变革型领导力有效性方面有紧密关联。

◆ 道德型领导力和真诚领导力

那些臭名昭著的领导者的言行,例如安然的 Jeffrey Skilling、世通的 Bernard Ebbers 和 Bernard Madoff(这些人现在都在监狱中),无疑都使得大家更加关注领导者的道德问题。道德型领导力已经被定义为"**在个人行为和人际关系中展示标准的行为规范,并通过沟通、强化和决策促使追随者践行这种行为**"(Brown, Trevino & Harrison, 2005, p.120)。真诚领导力虽然和道德型领导力在道德支持方面有关联,但它却是独特的,因为它强调了自我意识、自我表达应该与内心的想法和感觉相一致,而不是仅仅强调对他人进行的道德管理。正如文献中所定义的那样,真诚领导者能够敏锐地感觉到他人是如何看待自己的所想所为的,因为他们能意识到自己与他人的道德、价值角度、知识和力量(Avolio & Gardner, 2005)。这两种领导力类型都能使追随者在某种层面上模仿领导者的言行,如果换作一位不那么具有道德感的领导,就不太可能出现这种效果。因为两者之间的共通性,在论证它们的中介作用时,我们认为道德型领导力和真诚领导力对领导者成果具有相似的影响力。

学者们已经指出,**道德型领导者值得信赖、公正、有同理心并且有利他性**(Trevino, Hartman & Brown, 2006)。另外,量化和质化研究都显示,这些领导者尝试通过以身作则、奖励和制定规则在道德上影响他们的追随者（Sosik，2005；Trevino，Brwon & Hartman，2003）。Brown 和 Trevino（2006）在一个理论框架中提出，道德型领导力应该与追随者的满意度、动力和责任心正相关。另外，他们认为，道德型领导力会减少追随者的行为偏差。学者们已经提出，真诚领导力与追随者的可信性、行为的自我约束以及情感和价值的自觉有关（Gardner，Avolio，Luthan，May & Walumbwa，2005）。真诚领导力还与追随者的责任心和文明行为相关（Walumbwa，Avolio，Gardner，Wernsing & Peterson，2008）。

我们有理由认为领导者个体差异和道德行为之间有关联。责任型领导者应具有较强的自我管理和约束意识（Costa & McCrae，1992；John & Srivastava，1999）。这种倾向通常传达出一种构成真诚和道德型领导力的基础的自我意识。另外一种特质，也就是情绪稳定性，可以使领导者在情绪方面保持一致性，在表达情绪方面更加坚定（John & Srivastava，1999），这两点都和真诚以及自我觉知有紧密关系。先前的发现也显示，随和的人通常较为友善并且有同情心（Costa & McCrae，1992；Saucier，1994），如果把他们放置在领导者角色之中，就会与领导力的道德层面产生联系（Judge & Bono，2000）。这样的领导者通常值得信任，有利他意识，他们会经常启发追随者去模仿这些行为。这种模仿会使得追随者做出具有道德意识的决定，增加亲社会型行为并减少负面行为的发生（Brown & Trevino，2006）。最后，在核心自我评估上获得高分的领导者可能对他们的任务和职责非常有信心。这些领导者因为自我评价很高并且普遍非常自信，不太会使用非道德的策略作为获得成功的方式。

领导者动机

社会分析理论（R. Hogan，1983，1986）认为，个体差异通过人际关系行为和成功或产出产生关联。就像这种理论所论述的那样，个体的人际关系行为表现为并行（共享资源）和超越（层级差异）的个人动机，因为社会和工作团队就是以位置和阶层建构起来的（请见 Judge，Piccolo & Kosalka，2009）。这种双重的动机理论已经被拓展到第三个动机，也就是发现意义，这是一种受到个人意愿驱动的动机，个人想要在喧闹混乱的时候发现秩序和意义（R. Hogan & Shelton，1998）。作为一种关于社会地位和成就追求的理论，我们认为社会分析理论是一种将领导者特质和领导力的形成联系起来的机制，这主要是通过某种特质引出的动机来实现的。实际上,社会分析理论帮助我们解释了"为什么"领导者的行为和产出是他们个性的结果。

社会分析理论的前两个动机,也就是相处和出人头地,与特质的联系非常清晰。研究显示,随和的个人更愿意与其他人相处(交流),责任型和外向型的人都更愿意出人头地(agency;Barrick,Stewart & Piotrowski,2002)。虽然这些动机通常与影响力结果有正面关联,但是也存在一个潜在的负面效果。我们可以很清楚地预见到,过度具有合作性和野心的人对于组织来说将是有害的,他们会破坏组织的道德性(Uhl-Bien & Carsten,2007)。最后一个动机——发现意义,同样与领导者的个体差异有直接关联。研究者已经注意到,人们尝试避免混乱、随机和不确定性,想要追求秩序、稳定性和可预见性(R. Hogan & Shelton,1998)。这些需求都是具有高度责任感的人的典型特质,它们会导致满足这些需求的行动。

个体差异的调节变量

除了将领导者特质和领导者成果联系起来的中介机制,可能还存在能够影响我们的模型连接的调节变量。我们在本章中将我们的调节变量划分成三类。第一类,领导者的个体差异,包括调节领导者特质和领导者风格或行为之间连接的变量。第二类,追随者的个体差异,其中包括影响领导者行为如何与领导者成果相关联的变量。最后一类,情境差异,讨论了可能会影响特质到行为的路径以及行为到特质的路径的条件。

❖ 领导者的个体差异

我们认为,智力或创造力都会和领导者的个性——例如外向性——互相影响来调节领导者实际的和想象的变革型领导力行为。我们将提供三种论证来支持我们的论点。首先,Schmidt 和 Hunter(1998)发现,智力是工作绩效的一个重要预测指标($r = 0.51$),它与更复杂工作的关联度更高。智力可以使外向型领导者在表达一种愿景时更游刃有余,因而增加他们的变革型行为。其次,一般人都倾向于认为典型的领导者的智商都是很高的(Rubin,Bartels & Bommer,2002)。因此,领导者的外向型人格和他的变革型行为之间的关系可能会因为领导者的智力水平而放大。最后,研究者已经指出,智力和创造力是紧密联系的(Rushton,1990)。我们认为,显示出高度创造力的外向型领导者通常会反过来刺激和鼓励追随者的创造力。变革型行为(Bass,1990)的一个关键特点就是鼓励创造力和智力发展。

潜在调节存在于一位领导者的性别及其个性发生交互的时候。举例来说,一位很随和的领导者很可能在人际关系上表现出互相信任、尊敬和顾及追随者感受的特质,这些行为是和关怀紧密关联的。如果这位领导者是女性,她就可能比男性领导者表现出更高水平的关怀,这可能是一种保持距离的机制或是作为区别于前任领导者的特点。实际上,研究结果确实显示,女性倾向于使用更民主和合作性的风格,相对于男性,女性较少展示权威感和指令式领导风格(Eagly & Johnson,1990)。其他可能性还包括,随和的女性领导者会尝试改变针对她的负面态度(Eagly & Johnson,1990),或者通过展现比男性领导者更多的关怀来提升士气(O'Leary,1974)。

◼ 追随者的个体差异

我们也有理由相信,追随者的个体差异可以调节图6.1中的关系。社会定位的研究显示,当自我按照集体的意义进行定义时(集体性的自我诠释),集体利益就变成自我利益,个人就会经历内在的动力,以为了集体的目标和任务而努力(Van Knippenberg,Van Knippenberg,De Cremer & Hogg,2004)。另外,集体性的自我诠释在针对领导者成果的研究中被认为是一个重要的方面(Lord & Brown,2004);Conger、Kanungo和Menon(2000)的研究指出,魅力型领导力和授权都与集体性自我诠释有关。Bass(1985)和其他人的研究与论断认为,追随者从自我到群体的利益认知的转变是变革型领导力和魅力型领导力的核心,在这个论点的基础之上,我们认为集体性自我诠释调节了领导者行为和领导者成果之间的关系。具体来看,我们认为,从有效性角度来看,变革型行为的益处对那些把自己与群体定位在一起的追随者来说将得到放大。其他具有高度集体自我认知的追随者会意识到领导者尝试满足群体需求的努力,因为这些追随者对群体的自我定位高于对自身的定位。因此,满足集体需求的领导者们就会被群体和团队视为更富有有效性(Jung & Sosik,2002)。

另外一种可能调节领导者状态、风格和产出关系的追随者个体差异是追随者的工作知识。追随者的工作知识根据个人或者任务的复杂程度而有所不同(Kerr,Schrieshiem,Murphy & Stodgill,1974)。Kerr等人概括道,具有较低水平工作知识的个人认为结构比关怀更重要。另外,他们也关注了其他相关研究,这些研究显示,如果具备最基本的工作知识,追随者则更喜欢较低水平的结构(也就是更高的关怀)。另外,House(1971)预测,当一项任务非常清楚的时候,结构就是多余的,因此也就没有有效性。根据 Kerr 和他的同事的研究以及 House 的思考,我们预测领导者行为和领导者成果之间的关系会被高水平的个人工作知识抵消。举例来说,责任心很强的领导一般来说应该显示出一种清楚反映结构的风格。如果追随者的工作知识水平较高,那么领导者的建构行为就会降低追随者的工作满意度,因而弱化领导者行为和领导者有效性之间的关系。

情境差异

我们有充分的理由相信,文化在我们的模式中起到了调节连接的作用。作为全局研究项目(请见 House,Hanges,Javidan,Dorfman & Gupta,2004)的一部分,研究者们调查了国家文化在九个维度上的差异。其中一个文化维度是不确定性规避,这个层面描述了某个社会的成员受到不确定性和模糊状况威胁并尝试规避的程度。我们认为,不确定性规避有可能调节了领导者行为和产出之间的关系。举一个例子,智商高的领导者可能会了解,如果追随者来自一种倾向于不确定性规避的文化,那么可能会更欣赏道德型领导者。因此,这些领导者可能会展示出更高道德水准的行为,目的是降低对其追随的风险。另外,道德型领导者可能会被认为更像领导者,并具有高水平的领导力表现和有效性。

第二个全局研究项目的维度是集体主义,研究显示,这个维度在领导者特质和领导者成果之间的关系中起到了重要的调节作用。集体主义是一个国家文化特质,它描述了一个紧密交织的社会框架,在这个框架中,群体中的个人希望群体里的其他成员保护并且照顾自己(House et al.,2004)。举例来说,随和的领导者在集体主义的社会环境中可能会表现出更具变革型的特质。这种情况发生的原因是,集体主义群体中的成员更有可能受到那些友好合作的领导者的激励。集体主义同时也放大了变革型行为和领导者有效性之间的关系。例如,实验室研究已经指出,集体主义社会中的变革型领导者会激励其追随者进行更高水准的长期规划和创意行为(Jung & Avolio,1999)。另外,Schaubroeck、Lam 和 Cha(2007)进行了一项实地研究,研究显示,集体主义强化了变革型领导力和团队潜能之间的关系(即集体效能)。

除了文化,组织内部和组织之间的变量同样可能会调节我们模型中的联系。其中的一个例子就是 T. Burns 和 Stalker(1963)描述的组织结构。机械性结构是集权性且类似机器的,其特点是严格性和程序的标准化。另一个极端是有机结构,它和生物组织有类比关系,原因是它们具有灵活性和适应环境的能力。这些结构类型有可能会影响特质和行为之间的关系。例如,开放型的领导者会有一种适应环境的自然本能,因为他们的个性与其追随者想要适应的欲求交织起来,他们在有机组织中甚至看起来更具远见。相反,权谋型领导者在机械型组织中看起来有些变革型的特点,因为他们运用政治手段来征服那些欣赏权谋手段的追随者。

另外一个可能的情境调节变量是领导者的等级水平。举例来说,外向型组织的领导者如果处于高层管理职位,他们可能会表现得不那么值得信赖和可靠,追随者们会觉得他们只是爱说话或者喜欢逢迎而已。但是外向型的直接上司则有可能更值得信赖。Dirks 和 Ferrin(2002)的研究显示,直接上司是追随者最信任的对象,如果领导者和成员之间沟通增加,这种信任也会升级。

领导力个体差异的测量和假设

对领导力研究的批评绝不是新鲜事物。最近关于领导力研究的批评不仅强调了领导力变量是如何测量的,而且还强调了关于领导者和他们所处环境的整体假设。这些批评给出了所提问题的解决方案,最终强化了领导力的研究。下文就可能的解决方案的三个重点进行论述。第一种批评是特质的测量,这种批评强调,有些人认为领导力在研究领域和大众出版物中被过分地美化了。第二种批评是行为测量,这种批评讨论了某些人提出的问题,他们认为学者有时误导大家去尝试捕捉有效的领导力行为建构。第三种批评是成果测量,这一批评论述了一种观点,这种观点认为,领导力研究过于重视主观性或不重要的成果,而没有足够重视客观和更重要的成果。

 ### 特质的测量

我们的第一个问题强调了某些人提出的观点,他们认为研究者们一般都受到影响,而只去测量领导者的正面成果,他们通常会放弃一些可能会导致负面成果的特质。我们认为,这种影响在一定程度上受到社会上对领导力的美好幻想的驱动,这种幻想使得很多人将领导者视为英雄人物（Meindl, Ehrlich, Dukerich, 1985）。这种"美好"的观点可能会使很多人迷信书本或流行杂志上所描述的关于领导者"杰出的"和"天生的"特征（Intrator & Scribner, 2007; Zenger & Folkman, 2002）。这些描述虽然读起来很有趣，或者说在某些方面也比较重要，但是它可能造成我们对可能影响领导者、追随者和组织的"其他特质"的认识不足，这些特质应该被纳入研究之中，它们属于狭隘的特质、负面的特质以及图 6.1 中包含的特质矛盾。另外，捕捉这些矛盾信息的量表的进一步发展以及对于这些特质的测量能使我们开发出一种对内在特质的影响的更全面的理解（Arvey et al., 2006）。

行为的测量

领导力研究的批评已经指出，在典型的领导力研究中，追随者们被要求填写问卷，以评估他们领导者行为的有效性。这些批评认为，这种方法会导致两个问题。第一，研究者们通常假设追随者们需要或者渴望领导力（Hunter, Bedell-Avers & Mumford, 2007）。根据他们的观点，可以很轻易地想象下面的场景：拥有高级技能和高度自觉的员工会对一位关心下属的领导者保持冷漠；身处十分公正的工作环境中的员工可能并不需要一位总是标榜自己的道德性的领导者，因为在这种环境中，所有的领导者都自动被认为是具有道德性的。第二，批评指出，研究者们假设领导者行为总是能够被观察到。但是情况并不是这样的。在一些诸如外部销售和电信等的行业中，领导者-追随者之间的互动几乎为零。另外，我们不难想象一个场景，一位领导者花费过长的时间来制订计划或者预算，这些都有可能是在孤立、封闭的情况下或是不被追随者关注的时候发生的。作为这两种情况的一种基本解决方案，批评认为，研究者们不应该过分依赖追随者对领导者行为的认知（Hunter et al., 2007），我们应该将追随者的信息和其他更恰当的绩效测量结合起来。另外，我们认为，研究应该通过测量追随者观察其领导者的频率来控制领导者和追随者之间的交互时间。

结果的测量

很多批评指出，领导力研究太重视追随者和同事对领导者的看法，而不够重视组织实际上是如何运作的。实际上，很多研究已经以领导力的有效性及其形成的主观测量方法作为标准，且很少关注客观的测量（请见 Judge et al., 2002）。批评认为,这些主观的测量实际上是另外一种捕捉领导者如何"出类拔萃"的方式(也就是有效性),或者领导者能保证多少"许可"(即"形成")(Kaiser et al.,2008)。另外,这些测量容易受到评价人的影响,因为主观测量的变量通常会受到人际关系喜好的支配(Tsui & Barry,1986)。最后的结果是,与领导者们在组织中的实际绩效相比,政治和社交对于领导者成果来说更具影响力。Kaiser和他的同事(2008)承认,了解这些特点与领导们被如何看待之间的关系非常有用,但是一般与管理者的个体发展更有关联。因此,一个更有用的方法就是研究领导者对组织程序、团队成果以及组织的成功所造成的实际影响。实际上,图6.1确实纳入了主观和客观的领导者成果来响应这种建议。

批评指出的第二点是,测量领导者对绩效成果的影响的研究者们通常不能区分群体程序和目标实现(Kaiser et al.,2008)。Kaiser等人将过程产出定义为:"团队如何运作?"将目标实现成果定义为:"团队是否获得成功?"大多数包括过程和绩效测量的研究都更强调领导者是如何影响个体追随者的(Bass,1990),而较少强调实际的绩效。这些批评向研究者们提出了三个建议用于缓和"过程对结果"的争论。首先,他们应该调查和采用组织使用的综合测量手段(也就是综合评价卡)来捕捉多种领导者成果(Kaiser et al.,2008)。其次,使用外部资源和视角(如标杆对照)来测量绩效,可以缓解很多研究的内部关注视角的困扰。最后,他们应该保证研究中适当的时滞,这是测量客观的领导者成果的最佳实践方式。

总结

总体来看,学界的关注在领导者的风格和特质间不断转换,原先学界认为,领导力是可锻炼的且可学的,而后他们总结认为,领导力是内嵌在我们的基因构成之中的。这种变化富有成果,并且产生了丰富且重要的理论,研究者们正在不断推进我们对领导者、追随者以及周围环境的认知。因为我们正在不断获得新的理解,所以我们要始终保持上文中提及的三个重要的视角。第一,个体差异确实很重要,他们提供了一个有用的起点,这个起点可以用于开发新的模式来测量领导力研究中主观和客观的成果。重要的个体差异不仅包括典型的和预期的领导力情境(也就是正面特质等于正面行为),还包括矛盾性关系(也就是负面特质等于正面行为)。第二,领导者们确实根据他们的个性展现出不同的状态和风格。这些行为不仅受到领导者特质的影响,还受到其追随者的个体差异的影响。第三,领导者们并不是在孤立的环境中工作,他们必须和不同个性的人、不同的群体在多样且复杂的组织中一起工作。因此,环境很重要,而且在领导力产出中扮演着极其关键的角色。

未来的研究

如图 6.1 所示,我们的模型包含多种结构。这些结构为研究人员研究特质与行为和产出之间的联系提供了多种可以选择的方法。我们有意识地让模型拥有比较广泛的适用范围,这并不是说应当把模型看作存在不确定性,而应当将其看作具有灵活性,从而不会受到具体情况的限制。我们的模型可以作为研究参考或者指导和预测未来研究的起点。我们对未来领导者个体差异的研究提出两点建议。第一点,不同领导者特质不同时期的显著性,我们认为随着时间的推移和情形的改变,那些促进(或违背)领导力的形成和有效性的各种特质会发生变化。第二点,领导者-追随者特质匹配状况,我们建议研究人员对领导者和追随者特质匹配(或不匹配)的情形进行检验。[①]

特质随时间推移的显著性

研究人员认为,在任期内随着时间的推移,领导者的行为和行动会发生改变(Hambrick & Fukutomi,1991)。根据这一理论,我们认为随着时间的推移和情形的变化,领导者特质的显著性也会发生潜在的改变。尽管我们坚持认为在有些时候,领导者可能认为自己表现出来了某种特质(例如,外向性),而追随者感受到的则是另外一种特质(例如,支配性),但是我们粗略地认为,领导者和追随者通常对哪种特质最为显著会达成一致意见。除这一点外,作为我们主要论点的证据,外向性和责任感得分都很高的领导者在尝试成为领导者时可能会表现出过度引起他人注意的行为。随着时间的推移,在该个体获得了领导者的位置之后,在其设定目标和组织任务的过程中,责任感可能会扮演非常重要的角色。或者,同样的外向型领导者也可能不表现出责任感,而是做出权谋主义行为。在成为领导者后,该领导者可能会通过操纵他人和采取狡猾的策略谋求个人利益——成为披着羊皮的狼。

---

① 我们同样建议读者阅读本书中 Roya Ayman 撰写的章节。Ayman 博士提供了一个有关交互观点的详细展示。本章可以看成她在领导力研究中有关关系的探讨方面的一个补充。

另外，还是从特质的显著性和时间的角度来看，我们认为研究人员在预测领导力的产出时应当考虑特质的聚类或者多种特质的配置。事实上，Foti 和 Hauenstein（2007）所做的纵向研究表明，和领导者的形成有关的领导者个体差异模式，与随时间推移的领导者有效性模式相同。由于许多关于领导者的形成和有效性的测量方法都是主观性的，因此特质配置的显著性可能也会影响追随者的感知和对领导成果的评分。

特质匹配状况

我们还建议研究人员在研究中将涉及领导者与追随者特质的两个不同场景结合起来。在第一个场景中，特质是匹配的。研究主要考察领导者的特质与其追随者的特质相同的情况。例如，随和的追随者与随和的领导者由于很少产生冲突，因此会产生增量的表现提升，还是这种情况会导致过于相似并可能损害工作关系？在第二个场景中，特质则失去匹配。研究主要考察领导者的特质与其追随者的特质不同的情况。例如，责任感较差的自负的追随者与责任感较强的领导者共同工作会发生什么情况，而且谁会对细节和任务的准确性给予更多的关注？特质的这种非冗余性是否能够真正促进团队表现，或者特质不匹配是否会形成不利于团队表现的压力源？类似这样或那样的研究将有助于拓展我们对在工作环境中特质调节和特质失调的进一步理解。

讨论题

1. 请给出一个能够从图 6.1 中添加（或删除）路径或变量的有力证据。哪些理论、研究发现或猜测能够支持你的观点？

2. 为什么有些人会认为某种特质是"负面的"，而另一些人却认为这种特质是"正面的"？联系本章的内容，你如何看待领导者骄傲自负这一特质？

3. 你是否赞同一些研究人员（比如 Robert Hogan）的观点，即负面特质就是简单地将正面特质发挥到极致（换句话说，例如，责任感对领导者来说是一种优秀的特质，除非领导者表现出过度的责任感（严格、拘于形式、控制））？如果赞同，为什么？如果不赞同，又是为什么？

4. 你是否同意，组织或行业的稳定性应当被看作是一种能够调节图 6.1 中各种变量之间关系的一种"情境"？在决定领导者的特质、风格、行为和产出之间关系的强度上，还有哪些情境能够发挥作用？

5. 说明——参见 Liden 和 Antonakis（2009）对情境与领导力的相关讨论。

6. 你是否能够找出将变革型领导力与主观性产出和客观性产出潜在联系起来的其他中介机制？

参考文献

Allport, G. W. (1937). *Personality—A psychological interpretation.* New York: Holt Henry.

Altemeyer, B. (2004). Highly dominating, highly authoritarian personalities. *Journal of Social Psychology, 144,* 421–447.

Ames, D. R., & Flynn, F. J. (2007). What breaks a leader: The curvilinear relation between assertiveness and leadership. *Journal of Personality and Social Psychology, 92,* 307–324.

Andersen, J. A. (2006). Leadership, personality and effectiveness. *The Journal of Socio-Economics, 35,* 1078–1091.

Anderson, C., & Kilduff, G. J. (2009). Why do dominant personalities attain influence in face-to-face groups? The competence-signaling effects of trait dominance. *Journal of Personality and Social Psychology, 96,* 491–503.

Arvey, R. D., Rotundo, M., Johnson, W., Zhang, Z., & McGue, M. (2006). The determinants of leadership role occupancy: Genetic and personality factors. *The Leadership Quarterly, 17,* 1–20.

Avolio, B. J. (1999). *Full leadership development: Building the vital forces in organizations.* Thousand Oaks, CA: Sage.

Avolio, B. J., & Gardner, W. L. (2005). Authentic leadership development: Getting to the root of positive forms of leadership. *The Leadership Quarterly, 16,* 315–338.

Barrick, M. R., Mount, M. K., & Strauss, J. P. (1993). Conscientiousness and performance of sales representatives: Test of the mediating effects of goal setting. *Journal of Applied Psychology, 78,* 715–722.

Barrick, M. R., Stewart, G. L., & Piotrowski, M. (2002). Personality and job performance: Test of the mediating effects of motivation among sales representatives. *Journal of Applied Psychology, 87,* 43–51.

Bass, B. M. (1985). *Leadership and performance beyond expectations.* New York:

Free Press.
Bass, B. M. (1990). *Bass and Stogdill's handbook of leadership.* New York: Free Press.
Baumeister, R. F., Campbell, J. D., Krueger, J. I., & Vohs, K. D. (2003). Does high self-esteem cause better performance, interpersonal success, happiness, or healthier lifestyles? *Psychological Science in the Public Interest, 4,* 1–44.
Beauducel, A., Brocke, B., & Leue, A. (2006). Energetical bases of extraversion: Effort, arousal, EEG, and performance. *International Journal of Psychophysiology, 85,* 232–236.
Becker, J. A. H., & O'Hair, H. D. (2007). Machiavellians' motives in organizational citizenship behavior. *Journal of Applied Communication Research, 35,* 246–267.
Benet-Martinez, V., & Waller, N. (1997). Further evidence for the cross-cultural generality of the Big Seven Model: Indigenous and imported Spanish personality constructs. *Journal of Personality, 65,* 567–598.
Bernardin, H. J., Cooke, D. K., & Villanova, P. (2000). Conscientiousness and agreeableness as predictors of rating leniency. *Journal of Applied Psychology, 85,* 232–236.
Block, J. (1995). A contrarian view of the five-factor approach to personality description. *Psychological Bulletin, 117,* 187–215.
Block, J. (2001). Millennial contrarianism: The five-factor approach to personality description 5 years later. *Journal of Research in Personality, 35,* 98–107.
Bono, J. E., Boles, T. L., Judge, T. A., & Lauver, K. J. (2002). The role of personality in task and relationship conflict. *Journal of Personality, 70,* 311–344.
Bono, J. E., & Judge, T. A. (2004). Personality and transformational and transactional leadership: A meta-analysis. *Journal of Applied Psychology, 89,* 901–910.
Brown, M. E., & Treviño, L. K. (2006). Ethical leadership: A review and future directions. *The Leadership Quarterly, 17,* 595–616.
Brown, M. E., Treviño, L. K., & Harrison, D. (2005). Ethical leadership: A social learning perspective for construct development and testing. *Organizational Behavior and Human Decision Processes, 97,* 117–134.
Brunell, A. M., Gentry, W. A., Campbell, W. K., Hoffman, B. J., Kuhnert, K. W., & DeMarree, K. G. (2008). Leader emergence: The case for the narcissistic leader. *Personality and Social Psychology Bulletin, 34,* 1663–1676.
Burns, J. M. (1978). *Leadership.* New York: Harper & Row.
Burns, T., & Stalker, G. M. (1961). *The management of innovation.* London: Tavistock.
Cable, D. M., & Judge, T. A. (2003). Managers' upward influence tactic strategies: The role of manager personality and supervisor leadership style. *Journal of Organizational Behavior, 24,* 197–214.
Cacioppo, J. T., Petty, R. E., Feinstein, J. A., & Jarvis, W. B. G. (1996). Dispositional differences in cognitive motivation: The life and times of individuals varying in need for cognition. *Psychological Bulletin, 119,* 197–253.

Carlyle, T. (1840/2008). *On heroes, hero-worship, and the heroic in history.* Retrieved from http://www.gutenberg.org

Chatterjee, A., & Hambrick, D. C. (2007). It's all about me: Narcissistic chief executive officers and their effects on company strategy and performance. *Administrative Science Quarterly, 52,* 351–386.

Conger, J. A. (1993). Max Weber's conceptualization of charismatic authority: Its influence on organizational research. *The Leadership Quarterly, 4,* 277–288.

Conger, J. A., & Kanungo, R. N. (1998). *Charismatic leadership in organizations.* Thousand Oaks, CA: Sage.

Conger, J. A., Kanungo, R. N., & Menon, S. T. (2000). Charismatic leadership and follower effects. *Journal of Organizational Behavior, 21,* 747–767.

Costa, P. T., & McCrae, R. R. (1992). *Revised NEO Personality Inventory (NEO-PI-R) and NEO Five Factor (NEO-FFI) Inventory Professional Manual.* Odessa, FL: PAR.

Cozzolino, P. J., & Snyder, M. (2008). Good times, bad times: How personal disadvantage moderates the relationship between social dominance and efforts to win. *Personality and Social Psychology Bulletin, 34,* 1420–1433.

Dasborough, M. T., & Ashkanasy, N. M. (2002). Emotion and attribution of intentionality in leader–member relationships. *The Leadership Quarterly, 13,* 615–634.

Deluga, R. J. (1997). Relationship among American presidential charismatic leadership, narcissism, and rated performance. *The Leadership Quarterly, 8,* 49–65.

DeYoung, C. G., Quilty, L. C., & Peterson, J. B. (2007). Between facets and domains: 10 aspects of the Big Five. *Journal of Personality and Social Psychology, 93,* 880–896.

Diamond, J. (2001). *Ernst Mayr: What evolution is.* Retrieved from http://www.edge.org/3rd_culture/mayr/mayr_print.html

Digman, J. M. (1990). Personality structure: Emergence of the five-factor model. *Annual Review of Psychology, 41,* 417–440.

Digman, J. M. (1997). Higher-order factors of the Big Five. *Journal of Personality and Social Psychology, 73,* 1246–1256.

Dingler-Duhon, M., & Brown, B. B. (1987). Self-disclosure as an influence strategy: Effects of Machiavellianism, androgyny, and sex. *Sex Roles, 16,* 109–123.

Dirks, K. T., & Ferrin, D. L. (2002). Trust in leadership: Meta-analytic findings and implications for research and practice. *Journal of Applied Psychology, 87,* 611–628.

Drory, A., & Gluskinos, U. M. (1980). Machiavellianism and leadership. *Journal of Applied Psychology, 65,* 81–86.

Eagly, A. H., & Johnson, B. T. (1990). Gender and leadership style: A meta-analysis. *Psychological Bulletin, 108,* 233–256.

Emmons, R. A. (1984). Factor analysis and construct validity of the Narcissistic Personality Inventory. *Journal of Personality Assessment, 48,* 291–300.

Erdheim, J., Wang, M., & Zickar, M. J. (2006). Linking the Big Five personality constructs to organizational commitment. *Personality and Individual Differences, 41,* 959–970.

Forret, M. L., & Dougherty, T. W. (2001). Correlates of networking behavior for managerial and professional employees. *Group & Organization Management, 26,* 283–311.

Foti, R. J., & Hauenstein, N. M. A. (2007). Pattern and variable approaches in leadership emergence and effectiveness. *Journal of Applied Psychology, 92,* 347–355.

Gardner, W. L., Avolio, B. J., Luthans, F., May, D. R., & Walumbwa, F. (2005). "Can you see the real me?" A self-based model of authentic leader and follower development. *The Leadership Quarterly, 16,* 343–372.

Goldberg, L. R. (1990). An alternative "description of personality": The Big-Five factor structure. *Journal of Personality and Social Psychology, 59,* 1216–1229.

Goldberg, L. R. (1999). A broad-bandwidth, public-domain, personality inventory measuring the lower-level facets of several five-factor models. In I. Mervielde, I. J. Deary, F. De Fruyt, & F. Ostendorf (Eds.), *Personality psychology in Europe* (pp. 7–28). Tilburg, Netherlands: Tilburg University Press.

Gosling, S. D. (2008). Personality in non-human animals. *Social and Personality Psychology Compass, 2,* 985–1001.

Graziano, W. G., & Eisenberg, N. H. (1997). Agreeableness: A dimension of personality. In R. Hogan, J. A. Johnson, & S. R. Briggs (Eds.), *Handbook of personality psychology* (pp. 767–793). San Diego, CA: Academic Press.

Guion, R. M., & Gottier, R. F. (1965). Validity of personality measures in personnel selection. *Personnel Psychology, 18,* 135–164.

Hambrick, D. C., & Fukutomi, G. D. S. (1991). The seasons of a CEO's tenure. *Academy of Management Review, 16,* 719–742.

Hare, A. P., Koenigs, R. J., & Hare, S. E. (1997). Perceptions of observed and model values of male and female managers. *Journal of Organizational Behavior, 18,* 437–447.

Hayward, M. L. A., & Hambrick, D. C. (1997). Explaining the premiums paid for large acquisitions: Evidence of CEO hubris. *Administrative Science Quarterly, 42,* 103–127.

Hiller, N. J., & Hambrick, D. C. (2005). Conceptualizing executive hubris: The role of (hyper-) core self-evaluations in strategic decision-making. *Strategic Management Journal, 26,* 297–319.

Hing, L. S., Bobocel, D. R., Zanna, M. P., & McBride, M. V. (2007). Authoritarian dynamics and unethical decision making: High social dominance orientation leaders and high right-wing authoritarianism followers. *Journal of Personality*

Journal, 26, 297–319.

Hing, L. S., Bobocel, D. R., Zanna, M. P., & McBride, M. V. (2007). Authoritarian dynamics and unethical decision making: High social dominance orientation leaders and high right-wing authoritarianism followers. *Journal of Personality and Social Psychology, 92*, 67–81.

Hofstee, W. K. B., de Raad, B., & Goldberg, L. R. (1992). Integration of the Big Five and circumplex approaches to trait structure. *Journal of Personality and Social Psychology, 63*, 146–163.

Hogan, J., & Ones, D. S. (1997). Conscientiousness and integrity at work. In R. Hogan, J. A. Johnson, & S. R. Briggs (Eds.), *Handbook of personality psychology* (pp. 849–870). San Diego, CA: Academic Press.

Hogan, R. (1983). A socioanalytic theory of personality. In M. M. Page (Ed.). *1982 Nebraska symposium on motivation* (pp. 55–89). Lincoln, NE: University of Nebraska Press.

Hogan, R. (1986). A socioanalytic perspective on the five-factor model. In J. S. Wiggins (Ed.). *The five-factor model of personality* (pp. 163–179). New York: Guilford Press.

Hogan, R. (2005). In defense of personality measurement: New wine for old whiners. *Human Performance, 18*, 331–341.

Hogan, R., Curphy, G. J., & Hogan, J. (1994). What we know about leadership: Effectiveness and personality. *American Psychologist, 49*, 493–504.

Hogan, R., & Hogan, J. (2001). Assessing leadership: A view from the dark side. *International Journal of Selection and Assessment, 9*, 12–23.

Hogan, R., & Kaiser, R. (2005). What we know about leadership. *Review of General Psychology, 9*, 169–180.

Hogan, R., & Shelton, D. (1998). A socioanalytic perspective on job performance. *Human Performance, 11*, 129–144.

House, R. J. (1971). Path-goal theory of leadership effectiveness. *Administrative Science Quarterly, 16*, 321–339.

House, R. J. (1977). A 1976 theory of charismatic leadership. In J. G. Hunt & L. L. Larson (Eds.), *Leadership: The cutting edge* (pp. 189–207). Carbondale, IL: Southern Illinois University Press.

House, R. J., & Aditya, R. N. (1997). The social scientific study of leadership: Quo vadis? *Journal of Management, 23*, 409–473.

House, R. J., Hanges, P, J., Javidan, M., Dorfman, P., & Gupta, V. (2004). *Culture, leadership, and organizations: The GLOBE study of 62 societies.* Thousand Oaks, CA: Sage.

Hunter, S. T., Bedell-Avers, K. E., & Mumford, M. D. (2007). The typical leadership study: Assumptions, implications, and potential remedies. *The Leadership Quarterly, 18*, 435–446.

Hurtz, G. M., & Donovan, J. J. (2000). Personality and job performance: The Big Five revisited. *Journal of Applied Psychology, 85,* 869–879.

Ilies, R., Gerhardt, M. W., & Le, H. (2004). Individual differences in leadership emergence: Integrating meta-analytic findings and behavioral genetics estimates. *International Journal of Selection and Assessment, 12,* 207–219.

Intrator, S. M., & Scribner, M. (2007). *Leading from within: Poetry that sustains the courage to lead.* San Francisco: Jossey-Bass.

John, O. P., & Srivastava, S. (1999). The Big Five trait taxonomy: History, measurement, and theoretical perspectives. In E. Pervin & O. John (Eds.), *Handbook of personality* (pp. 102–138). New York: Guilford Press.

Johnson, A. M., Vernon, P. A., Harris, J. A., & Jang, K. L. (2004). A behavioral investigation of the relationship between leadership and personality. *Twin Research, 7,* 27–32.

Johnson, A. M., Vernon, P. A., McCarthy, J. M., Molso, M., Harris, J. A., & Jang, K. J. (1998). Nature vs. nurture: Are leaders born or made? A behavior genetic investigation of leadership style. *Twin Research, 1,* 216–223.

Johnson, D. D. P. (2004). *Overconfidence and war: The havoc and glory of positive illusions.* Cambridge, MA: Harvard University Press.

Judge, T. A. (2009). Core self-evaluations and work success. *Current Directions in Psychological Science, 18,* 58–62.

Judge, T. A., & Bono, J. E. (2000). Five-factor model of personality and transformational leadership. *Journal of Applied Psychology, 85,* 751–765.

Judge, T. A., Bono, J. E., Ilies, R., & Gerhardt, M. (2002). Personality and leadership: A qualitative and quantitative review. *Journal of Applied Psychology, 87,* 765–780.

Judge, T. A., & Cable, D. M. (2004). The effect of physical height on workplace success and income. *Journal of Applied Psychology, 89,* 428–441.

Judge, T. A., Colbert, A. E., & Ilies, R. (2004). Intelligence and leadership: A quantitative review and test of theoretical propositions. *Journal of Applied Psychology, 89,* 542–552.

Judge, T. A., & Ilies, R. (2002). Relationship of personality to performance motivation: A meta-analytic review. *Journal of Applied Psychology, 87,* 797–807.

Judge, T. A., & LePine, J. A. (2007). The bright and dark sides of personality: Implications for personnel selection in individual and team contexts. In J. Langan-Fox, C. Cooper, & R. Klimoski (Eds.), *Research companion to the dysfunctional workplace: Management challenges and symptoms* (pp. 332–355). Cheltenham, UK: Edward Elgar.

Judge, T. A., LePine, J. A., & Rich, B. L. (2006). The narcissistic personality: Relationship with inflated self-ratings of leadership and with task and contextual performance. *Journal of Applied Psychology, 91,* 762–776.

Judge, T. A., & Piccolo, R. F. (2004). Transformational and transactional leadership: A meta-analytic test of their relative validity. *Journal of Applied Psychology, 89,* 755–768.

Judge, T. A., Piccolo, R. F., & Ilies, R. (2004). The forgotten ones? The validity of consideration and initiating structure in leadership research. *Journal of Applied Psychology, 89,* 36–51.

Judge, T. A., Piccolo, R. F., & Kosalka, T. (2009). The bright and dark sides of leader traits: A review and theoretical extension of the leader trait paradigm. *The Leadership Quarterly, 20,* 855–875.

Jung, D. I., & Avolio, B. J. (1999). Effects of leadership style and followers' cultural orientation on performance in group and individual task conditions. *Academy of Management Journal, 42,* 208–218.

Jung, D. I., & Sosik, J. J. (2002). Transformational leadership in work groups: The role of empowerment, cohesiveness, and collective-efficacy on perceived group performance. *Small Group Research, 33,* 313–336.

Kaiser, R. B., Hogan, R., & Craig, S. B. (2008). Leadership and the fate of organizations. *American Psychologist, 63,* 96–110.

Kernis, M. H., & Sun, C. R. (1994). Narcissism and reactions to interpersonal feedback. *Journal of Research in Personality, 28,* 4–13.

Kerr, S., Schriesheim, C. A., Murphy, C. J., & Stogdill, R. M. (1974). Toward a contingency theory of leadership based upon the consideration and initiating structure literature. *Organizational Behavior and Human Performance, 12,* 62–82.

Khoo, H. S., & Burch, G. J. (2008). The "dark side" of leadership personality and transformational leadership: An exploratory study. *Personality and Individual Differences, 44,* 86–97.

Kirkpatrick, M., & Ryan, M. J. (1991). The evolution of mating preferences and the paradox of the lek. *Nature, 350,* 33–38.

Kirkpatrick, S. A., & Locke, E. A. (1991). Leadership: Do traits matter? *Academy of Management Executive, 5,* 48–60.

Kuhn, T. S. (1970). *The structure of scientific revolutions* (2nd ed.). Chicago: University of Chicago Press.

LePine, J. A., Colquitt, J. A., & Erez, A. (2000). Adaptability to changing task contexts: Effects of general cognitive ability, conscientiousness, and openness to experience. *Personnel Psychology, 53,* 563–593.

LePine, J. A., & Van Dyne, L. (2001). Voice and cooperative behavior as contrasting forms of contextual performance: Evidence of differential relationships with Big Five personality characteristics and cognitive ability. *Journal of Applied Psychology, 86,* 326–336.

Liden, R. C., & Antonakis, J. (2009). Considering context in psychological leadership research. *Human Relations, 62,* 1587–1605.

Liu, C. C. (2008). The relationship between Machiavellianism and knowledge sharing willingness. *Journal of Business and Psychology, 22*, 233–240.

Lord, R. G., & Brown, D. J. (2004). *Leadership processes and follower self-identity.* Mahwah, NJ: Lawrence Erlbaum.

Mael, F. A., Waldman, D. A., & Mulqueen, C. (2001). From scientific careers to organizational leadership: Predictors of the desire to enter management on the part of technical personnel. *Journal of Vocational Behavior, 59*, 132–148.

Mann, R. D. (1959). A review of the relationships between personality and performance in small groups. *Psychological Bulletin, 56*, 241–270.

Mayer, D., Nishii, L., Schneider, B., & Goldstein, H. (2007). The precursors and products of justice climates: Group leader antecedents and employee attitudinal consequences. *Personnel Psychology, 60*, 929–963.

Mayr, E. (2001). *What evolution is.* New York: Basic Books.

McAdams, D. P. (1992). The five-factor model in personality: A critical appraisal. *Journal of Personality, 60*, 329–361.

McCloskey, D. N. (2002). Other things equal: Samuelsonian economics. *Eastern Economic Journal, 28*, 425–430.

McCrae, R. R. (1996). Social consequences of experiential openness. *Psychological Bulletin, 120*, 323–337.

McCullough, M. E., Bellah, C. G., Kilpatrick, S. D., & Johnson, J. L. (2001). Vengefulness: Relationships with forgiveness, rumination, well-being, and the Big Five. *Personality and Social Psychology Bulletin, 27*, 601–610.

Meindl, J. R., Ehrlich, S. B., & Dukerich, J. M. (1985). The romance of leadership. *Administrative Science Quarterly, 30*, 78–102.

Mischel, W. (1968). *Personality and assessment.* New York: John Wiley.

Morf, C. C., & Rhodewait, F. (2001). Unraveling the paradoxes of narcissism: A dynamic self-regulatory processing model. *Psychological Inquiry, 12*, 177–196.

Morgeson, F. P., Campion, M. A., Dipboye, R. L., Hollenbeck, J. R., Murphy, K., & Schmitt, N. (2007). Are we getting fooled again? Coming to terms with limitations in the use of personality tests for personnel selection. *Personnel Psychology, 60*, 1029–1049.

Mount, M. K., & Barrick, M. R. (1998). Five reasons why the "Big Five" article has been frequently cited. *Personnel Psychology, 51*, 849–858.

Murphy, K. R., & Dzieweczynski, J. L. (2005). Why don't measures of broad dimensions of personality perform better as predictors of job performance? *Human Performance, 18*, 343–357.

Nettle, D. (2006). The evolution of personality variation in humans and other animals. *American Psychologist, 61*, 622–631.

Nicol, A. A. M. (2009). Social dominance orientation, right-wing authoritarianism, and their relation with leadership styles. *Personality and Individual Differences, 47,* 657–661.

Norman, W. T. (1963). Toward an adequate taxonomy of personality attributes: Replicated factor structure in peer nomination personality ratings. *Journal of Abnormal and Social Psychology, 66,* 574–583.

O'Leary, V. E. (1974). Some attitudinal barriers to occupational aspirations in women. *Psychological Bulletin, 81,* 809–826.

Ones, D. S., Dilchert, S., Viswesvaran, C., & Judge, T. A. (2007). In support of personality assessment in organizational settings. *Personnel Psychology, 60,* 995–1027.

Penke, L., Denissen, J. J. A., & Miller, G. F. (2007). The evolutionary genetics of personality. *European Journal of Personality, 21,* 549–587.

Reimers, J. M., & Barbuto, J. E. (2002). A framework exploring the effects of the Machiavellian disposition on the relationship between motivation and influence tactics. *Journal of Leadership & Organizational Studies, 9*(2), 29–41.

Resick, C. J., Whitman, D. S., Weingarden, S. M., & Hiller, N. J. (2009). The bright-side and the dark-side of CEO personality: Examining core self-evaluations, narcissism, transformational leadership, and strategic influence. *Journal of Applied Psychology, 94,* 1365–1381.

Rim, Y. (1982). Personality and risky shift in a passive audience. *Personality and Individual Differences, 3,* 465–467.

Roccas, S., Sagiv, L., Schwartz, S. H., & Knafo, A. (2002). The Big Five personality factors and personal values. *Personality and Social Psychology Bulletin, 28,* 789–801.

Rosenthal, S. A., & Pittinsky, T. L. (2006). Narcissistic leadership. *The Leadership Quarterly, 17,* 617–633.

Rubin, R. S., Bartels, L. K., & Bommer, W. H. (2002). Are leaders smarter or do they just seem that way? Exploring perceived intellectual competence and leadership emergence. *Social Behavior and Personality: An International Journal, 30,* 105–118.

Rushton, J. P. (1990). Creativity, intelligence, and psychoticism. *Personality and Individual Differences, 11,* 1291–1298.

Saucier, G. (1994). Mini-markers: A brief version of Goldberg's unipolar Big-Five markers. *Journal of Personality Assessment, 63,* 506–516.

Schmidt, F. L., & Hunter, J. E. (1998). The validity and utility of selection methods in personnel psychology: Practical and theoretical implications of 85 years of research findings. *Psychological Bulletin, 124,* 262–274.

Schaubroeck, J., Lam, S. S. K., & Cha, S. E. (2007). Embracing transformational leadership: Team values and the impact of leader behavior on team performance. *Journal of Applied Psychology, 92*, 1020–1030.

Simon, M., & Houghton, S. M. (2003). The relationship between overconfidence and the introduction of risky products: Evidence from a field study. *Academy of Management Journal, 46*, 139–149.

Simonton, D. K. (1986). Presidential personality: Biographical use of the Gough Adjective Check List. *Journal of Personality and Social Psychology, 51*, 149–160.

Sosik, J. J. (2005). The role of personal values in the charismatic leadership of corporate managers: A model and preliminary field study. *The Leadership Quarterly, 16*, 221–244.

Stogdill, R. M. (1948). Personal factors associated with leadership: A survey of the literature. *Journal of Psychology, 25*, 35–71.

Tett, R. P., & Burnett, D. D. (2003). A personality trait-based interactionist model of job performance. *Journal of Applied Psychology, 88*, 500–517.

Treviño, L. K., Brown, M., & Hartman, L. P. (2003). A qualitative investigation of perceived executive ethical leadership: Perceptions from inside and outside the executive suite. *Human Relations, 56*, 5–37.

Treviño, L. K., Hartman, L. P., & Brown, M. (2006). Moral person and moral manager: How executives develop a reputation for ethical leadership. In W. E. H. Rosenbach & R. L. Taylor (Eds.), *Contemporary issues in leadership* (pp. 45–62). Boulder, CO: Westview Press.

Tsui, A. S., & Barry, B. (1986). Interpersonal affect and rating errors. *Academy of Management Journal, 29*, 586–599.

Tupes, E. C., & Christal, R. E. (1961). *Recurrent personality factors based on trait ratings*. USAF ASD Tech. Rep. No. 61–97, Lackland Air Force Base, TX: U. S. Air Force.

Turkheimer, E. (2000). Three laws of behavior genetics and what they mean. *Current Directions in Psychological Science, 9*, 160–164.

Uhl-Bien, M., & Carsten, M. K. (2007). Being ethical when the boss is not. *Organizational Dynamics, 36*, 187–201.

Van Dijk, E., & De Cremer, D. (2006). Self-benefiting in the allocation of scarce resources: Leader-follower effects and the moderating role of social value orientations. *Personality and Social Psychology Bulletin, 32*, 1352–1361.

van Knippenberg, D., van Knippenberg, B., De Cremer, D., & Hogg, M. A. (2004). Leadership, self, and identity: A review and research agenda. *The Leadership Quarterly, 15*, 825–856.

Van Vugt, M. (2006). Evolutionary origins of leadership and followership. *Personality and Social Psychology Review, 10*, 354–371.

Van Vugt, M., Hogan, R., & Kaiser, R. B. (2008). Leadership, followership, and evolution: Some lessons from the past. *American Psychologist, 63*, 182–196.

Walumbwa, F. O., Avolio, B. J., Gardner, W. L., Wernsing, T. S., & Peterson, S. J. (2008).

Authentic leadership: Development and validation of a theory-based measure. *Journal of Management, 34,* 89–126.

Willner, A. R. (1984). The *spellbinders: Charismatic political leadership.* New Haven, CT: Yale University Press.

Yukl, G. (1999). An evaluation of conceptual weaknesses in transformational and charismatic leadership theories. *The Leadership Quarterly, 10,* 285–305.

Yukl, G., & Tracey, J. B. (1992). Consequences of influence tactics used with subordinates, peers, and the boss. *Journal of Applied Psychology, 77,* 525–535.

Zenger, J., & Folkman, J. (2002). *The extraordinary leader: Turning managers into great leaders.* New York: McGraw-Hill.

Zibarras, L. D., Port, R. L., & Woods, S. A. (2008). Innovation and the "dark side" of personality: Dysfunctional traits and their relation to self-reported innovative characteristics. *Journal of Creative Behavior, 42,* 201–215.

第七章
权变、语境、情境与领导力[①]

Roya Ayman

伊利诺伊理工大学

Susan Adams

东北伊利诺伊大学

在领导力研究领域,我们发现存在两条平行的总体研究路线。一方面,许多研究在考察领导者的特质或行为与组织的产出之间的关系时,运用了权变(Contingencies)、语境(Context)和情境(Situation)理论来解释研究发现(参见 Judge, Bono, Ilies & Gerhardt, 2002; Judge & Piccolo, 2004)。这表明尽管研究人员在试图寻找一个领导力的简单解释,但是需要实际考察的内容要复杂得多。另一方面,还有一些学者始终将研究重点放在语境和权变方面(参见 Liden & Antonakis, 2009; Porter & McLaughlin, 2006),这表明语境和权变因素在领导力研究中的重要地位。正如 Fiedler(1992)所评论的那样,生命存在于一个饼干形的宇宙当中,因此需要运用饼干形的理论来解释它。这恰恰表明了当前领导力研究领域的现状。

从历史上看,20世纪的心理学对领导力的研究始于"伟人理论",它将领导力看作个体自身具有的素质(参见 Ayman, 1993; Chemers, 1997; Zaccaro, Kemp & Bader, 2004)。该哲学流派主宰了后来的大部分理论发展、实证研究以及在组织中选择领导的实践过程。另一方面,马克思和恩格斯提出的思潮或"时代精神"哲学范式认为,领导力并不存在于领导者自身,而存在于领导者所处的情境和时间之中。

[①] 作者注:请将对本章的建议和意见发给 Roya Ayman, College of Psychology, Illinois Institute of Technology, 3105 South Dearborn, 2nd floor, Chicago, IL 60616, USA。电话:312-567-3516。电子邮箱:ayman@iit.edu。

因此,该方法重点考察的是领导力和领导力有效性的情境影响(Ayman,1993;Chemers,1997),并且为20世纪领导力权变方法的产生做了铺垫。然而,即使在权变方法出现之后,将领导力过程中的领导者作为研究重点的情况仍然十分普遍。这一点在有关大五人格特质和领导力(Hogan,Curphy & Hogan,1994)、所有领导力理论(Antonakis,Avolio & Sivasubramaniam,2003),以及领导者与成员交易(Graen & Uhl-Bien,1995)的研究中表现得非常明显。尽管如此,实证证据表明,研究人员对权变和语境方法的兴趣依然存在(Porter & McLaughlin,2006)。

在本章中,我们将首先回顾一下目前领导力权变方法中的理论和模型,然后对领导力研究中的权变、语境和情境概念,以及各种变量和方法进行分析。在这个过程中,我们会将这些变量在个体之间和个体内部层次上的概念具体化,从而便于构建有关权变、语境和情境的模型。此外,我们还将讨论在促进人们对领导力的理解方面加强这些概念的作用的方法问题。

领导力的权变模型与权变理论

从历史上看,领导力模型和理论在20世纪60年代到70年代这段时间内的发展情况表明,领导力的有效性是领导者的特征与情境之间相互作用的结果(Fiedler,1978)。其中一些模型着重考察领导者的内在状态与特质,例如,领导力有效性的权变模型和认知资源理论(Fiedler,1978;Fiedler & Garcia,1987)。而另一些模型的考察重点则放在了领导者被他人感知的行为方面,例如,规范决策模型(Vroom & Jago,1978;Vroom & Yetton,1973)、路径-目标理论(House,1971;House & Mitchell,1974)以及领导力情境理论(Hersey & Blanchard,1969)。最近,领导力分类呈现出另一种新的权变理论。该理论在我们现有的领导力特质与行为权变方法中所处的位置还不是非常明确,不过领导力分类的研究重点似乎既包括领导者的特质(参见Offermann,Kennedy & Wirtz,1994),也包括领导者的行为(Lord,Foti & DeVader,1984)。我们后面会解释该方法是如何证明了人们对领导者的期望会因为领导者角色或情境的变化而改变。在后面一小节的内容中,我们将简要介绍每一种模型,并根据它们评价领导者、情境和领导力有效性时运用的方法对这些模型及理论进行比较(参见表7.1)。

表 7.1 不同权变模型在领导者、情境和产出方面的比较

	领导力有效性的权变模型	认知资源理论	领导力的规范决策模型	路径-目标理论	情境领导理论
领导者					
来源	领导者	领导者	大部分来自领导者,有的来自下属	下属	下属
性格特征	特质(最难相处同事量表):任务和人际交往取向	智力与经验	决策策略(五种表现出的风格:专制Ⅰ&Ⅱ;协商Ⅰ&Ⅱ;群体Ⅱ)	监督行为:参与型;支持型;成就取向型;指导型	监督行为(领导力有效性与适应性描述):推销型;告知型;参与型;授权型
情境					
来源	领导者与体验者	领导者	领导者与体验者	下属	领导者与体验者
变量	领导者与成员的关系;任务结构;地位权力	来自老板的压力;来自同事的压力;来自任务的压力	信息的可用性;团队支持与凝聚力;时间的可用性(11种条件的简化表示)	下属的需要、价值观和能力;下属的任务结构和任务难度	下属的意愿和能力(追随者成熟指数)
产出					
群体	绩效满意度(对领导者与下属)	实际表现	表现的满意度	总体满意度	总体满意度
个体	领导者的压力			团队成员的压力	

◼ 领导者特质权变模型

领导力有效性的权变模型。Fielder(1964)第一个建立了关于领导力有效性的特质权变模型,该模型后来被人们称为领导力有效性权变模型。在该模型中,Fielder(1978)根据领导者的导向与领导者所处的情境之间的相互作用,对领导者或群体能否成功给出了预测。由于领导者的导向属于领导者的内部状态,与观察到的行为之间没有直接联系(Ayman,2002),因此该导向能力是相对稳定的,并且能够用于与其他个性特质进行比较。该模型在测量领导者的工作导向能力时使用的是最难相处同事(LPC)量表(参见 Ayman & Romano,1998)。该范式的早期研究

都是实验性质的,而且在选取实验对象作为领导者时,以他们在最难相处同事量表中的得分决定,选择的范围分别为得分最高(以关系为导向)和最低(以任务为导向)的 1/3 人群。这种选取两端人群的方法能够使研究人员在评估该特质对其与情境和群体产出之间相互作用的影响时方便一些。

在最难相处同事量表中得分较低的个体以任务为导向,而在最难相处同事量表中得分较高的个体以关系为导向,这一点可以通过许多方法来证实。为了更好地说明这两种情况,研究人员针对在最难相处同事量表中的得分对工作满意度和表现评估之间相互关系的影响开展了两项相关研究(Chemers & Ayman,1985;Rice,Marwick,Chemers & Bentley,1982)。他们发现,与在最难相处同事量表中得分较高的领导者相比,得分较低的领导者对工作的满意度与自身表现评估之间的关系表现出了更高的相关性。这说明在最难相处同事量表中得分较低的领导者更像是以任务为重的个体,而那些在最难相处同事量表中得分较高的领导者则可能更看重关系。这些研究发现进一步证实了最难相处同事量表是一种基于任务完成情况测量个体关注点和自我价值的方法。

在领导者匹配概念的基础上,领导力有效性权变模型认为,与以任务为导向的领导者相比,以关系为导向的领导者在中等情境控制的情况下更有效;而与以人际交往为主的领导者相比,注重任务的领导者在高情境控制和低情境控制这两种情境下都更为有效。如果模型预测领导者在某个情境下能够发挥其最大有效性,则我们认为其属于匹配领导者;而如果模型预测领导者在某个情境下的有效性不足,则我们认为其属于不匹配领导者(Ayman,2002)。

根据领导者特质权变模型,Fiedler 和 Chemers(1984)设计了一个领导力培训模型,该模型得到了后续研究的普遍支持(Burke & Day,1986)。不仅如此,研究人员开展的三个单独的元分析研究也为该模型的一般预测结果提供了支持(Peters,Hartke & Pohlman,1985;Schriesheim,Tepper & Tetrault,1994;Strube & Garcia,1981),从而促进了模型的进一步发展和扩展(Ayman,2002)。对领导者特质权变模型的回顾以及该模型的优缺点的详细讨论可参见其他研究结果(Ayman,2002;Ayman,Chemers & Fiedler,1998)。

模型中的领导者情境控制指的是领导者预测群体表现的能力,并且以情境的以下三个方面为基础:**团队氛围、领导者-任务结构以及领导者-地位权力**。情境定义了领导者在影响群体完成任务方面的能力。团队氛围也可以理解为领导者与群体成员之间的关系,可以借助它评价团队成员与他们的领导者之间的凝聚力程度。任务结构包括领导者任务的两个方面:任务-结构维度以及领导者的背景(即领导者的经验和培训情况)。最终的任务-结构得分将根据领导者的经验和培训情况水平通过调整任务结构来确定。地位权力反映了领导者的合法性,以及领导者惩罚或奖励团队成员的权威性(Ayman,2002;Fiedler,1978)。情境的重要性顺序以其对领导者控制和情境预测的贡献作为基础。在数十年的研究过程中,Fiedler(1978)总结后认为,**领导者与成员之间关系的重要性是任务结构重要性的两倍**。此外,**任务结构的重要性同时又是地位权力重要性的两倍**(Ayman, Chemers & Fiedler,1995;1998)。因此,Ayman(2002)认为,对情境的控制感赋予了个体以权力。根据Fiedler 所述,在情境控制方面的重要性顺序很好地体现了与由 French 和 Raven(1959)提出的权力来源相关的相对重要性(Podsakoff & Schriesheim,1985)。

最后,模型中主要将群体表现作为领导者有效性的标准(Fiedler,1978)。针对那些批评该模型只能预测表现的说法,Rice(1981)回应道,领导者特质权变模型还能够预测团队的满意度,这一点从后来的实证研究中得到了印证(Ayman & Chemers,1991)。另外,Chemers、Hays、Rhodewalt 和 Wysocki(1985)还发现,如果领导者属于不匹配领导者,那么他们会体验到较高的压力水平,同时团队会出现极端的问题。

领导者特质权变模型主要在群体分析层次上得到了确证(Ayman et al.,1995,1998)。不过,研究人员注意到该模型的设计也能够让其在诸如个体分析层次和二元分析层次等其他分析层次上起作用。举例来说,在 Chemers 等(1985)所做的研究中,其分析层次即为个体领导者层次。另外两项研究——一项实验室研究(Chemers, Goza & Plumer,1978)和一项现场研究(Tobey-Garcia, Ayman & Chemers,2000)的成果也初步为模型在二元分析层次上的应用提供了佐证。这些研究都表明,在中等情境控制的条件下,以关系为导向的领导者和以任务为导向的下属在一起工作时,能够得到最高的工作满意度和最好的工作表现。但是在相同的条件下,以任务为导向的领导者和以任务为导向、拥有重要但是相互冲突信息的下属在一起工作时,最终的结果可能会是最差的。造成这种情况的部分原因可能在于以任务为导向的领导者缺乏处理此类情况的匹配经验,他们往往会感受到很大的压力,进而对新想法采取不接受的态度。在这种情况下,如果下属否定了以任务为导向领导者的结构和(或)想法,那么领导者自然会感受到进一步的威胁,很可能会拒绝接受那些至关重要的信息，从而失去获得成功的潜在机会。

认知资源理论。认知资源理论(Congitine Resource Theory,CRT)是第二个以领导者的特质和性格作为基础的权变模型(Fiedler & Garica,1987)。该理论认为，领导者的有效性可以根据在具体情境下个体的两个内在特征——智力和经验来进行预测。其中，智力是被研究得最多的领导者特征之一(Stogdill,1974)。不过，对于智力的预测效度，研究的结构却表现出一定的矛盾性。不仅如此，虽然Lord、DeVader和Alliger(1986)发现智力能够对感知的领导力具有较强的预测性，但是需要注意的是，这种预测性是针对领导力出现的，而不是领导者的有效性。

认知资源理论的核心内容是，情境因素能够决定领导者的智力或经验是否能够预测领导力的有效性。Fiedler(2002)结合了Sternberg(1995)对智力(即"流动的"智力)和经验(即"明确的"智力)的解释。前者指的是处理新鲜事物的认知能力，而后者指的则是对经验和掌握程度的自动化反应。该理论中的情境由领导者感受到的压力水平确定。领导者可以从诸如角色冲突和超负荷工作等多种途径，或者从诸如同事、任务或领导者自己的上司等多种来源感受到工作压力(Fiedler,1993)。实证研究在检验该理论时，将领导者从上司那里感受到的压力作为情境约束条件(压力来源列表请参见表7.1)。

Fiedler(1993,1995)在总结了多个实验室研究(参见Murphy,Blyth & Fiedler,1992)和现场研究(Potter & Fiedler,1981)的发现后指出，在压力条件下，领导者的表现与其经验呈正相关，而与其智力呈负相关。相反，在压力较小的情形下，领导者的智力与其表现呈正相关，而其经验对表现的影响很小。Fiedler(2002)进一步总结道："一个人可能既有经验又聪明，也可能既有经验又愚蠢。但是，具体工作的表现则要求领导者在处理具体问题时，需要决定是优先考虑经验，还是优先考虑分析性或创新性的分析方法。"(p.102)

领导力有效性权变模型结合认知资源理论可以表明，不匹配的领导者会承担较大的压力。因此他们可能会更加依赖经验，而不是智力，使自己的工作表现得更好。Zaccaro(1995)认为认知资源理论是一个很有前途的研究起点，他鼓励理论学家们在研究中考虑诸如自我复原力和社会智能等多种特质的作用。最近，Judge、Colbert和Ilies(2004)在定量回顾中发现了一些能够为该模型提供支持的证据。

领导者行为权变方法

领导者决策规范模型。Vroom 和 Yetton(1973),以及后来的 Vroom 和 Jago(1988)都提出了领导者决策的权变模型。该描述性模型与其他领导力权变方法相比,焦点更为集中,更关注领导者的决策过程(Vroom & Jago,1998)。规范决策模型还有其他一些名字,如参与型领导力模型、Vroom 与 Yetton 规范模型和 Vroom-Jago 模型等。Vroom 承认,该模型主要关注的重点是情境以及领导者的反应(Sternberg & Vroom,2002),而不在于领导者的特征和这些特征与情境之间的相互作用(参见 Fiedler 的权变模型)。尽管 Vroom 及其同事并不使用"权变"这个术语,但是他们依然认为,领导者对决策风格的选择或决策策略都是由情境支配的。

总体而言,规范模型着重考察的是领导者对决策策略的选择与决策情境之间的交互作用。Vroom 和 Jago(1998)提出了领导者的五种决策策略(参见表 7.1)。这些策略涵盖的范围从领导者决策,到部分下属参与决策,再到全部下属参与决策。启发式决策所描述的情形以下列四个标准为基础:**提高决策的质量、提高下属的参与度、减少时间支出,以及发展下属的能力**(Vroom & Jago,1998)。这些标准同时也是测量决策有效性的基础。领导者通过用"是"或"否"回答决策树上的问题来反映这种启发式方法。有关此类决策过程的完整流程图可以参考其他资料(参见 Vroom & Jago,1998)。

如果决策质量非常重要,那么领导者不得对自己的知识水平、问题的结构化程度、下属的随和性高低,以及决策所需具备的知识进行评估。举例来说,针对某个具体问题,当下属的知识比领导者更丰富时,提高群体的参与性是一个比较好的策略。如果时间是决策中最重要的因素,那么群体的参与性便显得相对不那么重要了。因此,在时间紧迫的情形下,大多数领导者似乎都会采取专制性的决策策略。最后,如果发展下属的兴趣、接受度和责任感对于决策的顺利执行至关重要,那么领导者需要扩大下属的参与程度。在这种情况下,领导者可能必须要花费更多的时间,甚至牺牲决策的质量来确保团队对自己的支持,同时保持团队的凝聚力。以追求质量、时间和团队支持之间的平衡为目标,将会影响领导者是否将实现高质量的决策而不是团队成员对自己高度的接受性作为首要任务,或者正好相反。

根据规范决策模型,人们可以通过让领导者在 30 种不同的情境下选择一种合适的行为来评估领导者的决策风格趋势。该模型主要是描述性的,它能够帮助领导者学习如何在特定的情形下做出适当的反应。在描述性研究中,情形对领导者反应的影响程度似乎要高于领导者决策风格对领导者反应的影响程度(Vroom & Jago,1998)。正如该模型的提出者曾经所说的,情形对模型的驱动作用要远大于领导者性格所起到的作用。

研究显示,下属的参与对于获得他们对决策的支持,以及对执行决策的承诺来说至关重要(Vroom & Jago,1995)。但是,如果将标准换成决策质量或者决策过程的有效性,那么下属参与决策过程可能就不是非常合适了,特别是在下属不了解必要信息的情况下。因此,我们建议领导者的风格应当根据领导力有效性标准的不同而变化。

一些学者在使用该模型的变体时,对领导者应当在何种程度上遵循描述性风格表现出了一定的关注(Jago & Vroom,1980)。缺乏引导技巧的领导者可能需要在群体问题解决和团队引导方面进行有针对性的培训。经过培训,领导者能够判断合适的决策策略,并决定实施策略的最佳方法。

有两份研究报告都表示了对参与型决策风格能够带来正面感受的支持,而且无论对男性还是女性都是如此(Heiman, Hornstein, Cage & Herschlag,1984;Jago & Vroom,1983)。不过,Jago 和 Vroom(1983)同时也发现,对于男性领导者来说,专制决策风格被认为带有轻微的正面色彩,而如果女性领导者表现出专制决策风格,那么则会被认为是负面的。因此,在决策风格与产出之间的关系中似乎存在潜在的性别权变现象。

以检验该模型为目的的跨文化研究表明,社会环境下的文化因素同样也会影响领导者的决策策略。在其中一项研究中,研究人员将波兰共产主义破产之前和之后的研究结果进行了比较。数据显示,市场经济改革后出现了参与型实践逐渐增多的趋势(Jago, Maczynski & Reber,1996)。然而在另一项研究中,研究人员在比较了波兰的管理者与奥地利和美国的管理者之后发现,波兰管理者的日子要更艰辛一些,这与模型的描述相一致。随着问题的日益严峻,波兰管理者采取了更为专制的决策风格(Maczynski, Jago, Reber & Boehnisch,1994)。

许多研究人员还对感知者的角色影响,以及对决策有效性的感知开展了有针对性的研究(Field & House,1990;Heilman et al.,1984)。这些研究的结果都表明,对领导者决策风格的描述以及对策略的偏爱会根据感知者的角色(即角色为领导者还是下属)的不同而有所变化。例如,一些人认为领导者角色会倾向于使用专制的决策风格(Heilman et al.,1984)。Field 和 House(1990)总结后认为,如果数据是从领导者的角度获取的,那么模型会得到支持;而如果数据是从下属的角度获取的,那么模型就得不到支持了。因此,感知者的角色看上去属于相关的权变因素。

参与型领导力模型或领导力的规范决策模型得到了大量研究的支持。有证据显示,该模型证明了决策的参与水平应当根据情境和使用指标的有效性标准来进行测量。另外,可能还存在能够监测领导者所选择的决策风格的有效性的其他权变方法(例如性别、文化价值等)。

路径-目标理论。Evans(1970)进一步拓展了 Georgopoulus、Mahoney 和 Jones(1957)的研究,而 House(1971)在受到了 Evans 的启发后,提出了领导者有效性的路径-目标理论(参见 House,1996)。该理论起源于俄亥俄州领导者-行为方法(Stogdill & Coons,1957)和动机期望理论(Vroom,1964)。为了回应 Korman(1966)、House(1971)以及 House 和 Mitchell(1974)提出了新的观点,以试图调和在领导者-行为研究中得到的不一致的研究发现。House(1974)将指导型、成就取向型、支持型和参与型领导力行为定义为该理论的自变量(参见表 7.1)。需要注意的是,前面两个变量偏重于任务(例如分配任务、日程安排、强调最后期限等),而后面两个变量则偏重于对其他人的关怀(例如让他人感到轻松、乐于接受建议、鼓励团队成员等)。

根据 Evans(1996)的观点,大多数在路径-目标理论方面的研究都涵盖了对指导型/指示型和支持型/关怀型领导力风格的测量。Schriesheim 和 Neider(1996)指出:"环境特征和下属特征对这类领导力(行为)的需求发挥了调节作用。"(p.317)Schriesheim 和 Neider(1996)还引证了两项对路径-目标理论进行了验证的元分析研究(Indvik,1986;Wofford & Liska,1993)。Wofford 和 Liska(1993)在回顾了时间跨度长达 25 年的 120 项研究后指出:"经分析表明,许多验证路径-目标理论的研究都存在缺陷。"(p.857)

在该范式中,被研究得最多的工作-环境调节变量是下属的任务结构(Evans,1996)。Wofford 和 Liska(1993)并没有在对于领导者主动结构维度和下属的满意度、表现以及角色清晰之间的关系方面,发现任务结构能够起到调节作用的支持性证据。而且,各个研究在任务结构对关怀型领导者的行为与下属满意度之间的关系方面,也没有发现任何支持性证据(Indvik,1986;Wofford & Liska,1993)。但是研究人员发现,下属的任务结构对关怀型领导者的行为与表现之间的关系能够产生积极影响。而且与具有结构的任务相比,没有结构的任务对关怀型领导者的行为与有效性之间的关系的影响更为明显。

少数研究对作为调节变量的下属的性格特征(例如能力、控制源等)进行了检验。Schriesheim 和 Schriesheim(1980)的研究证明了下属对参与的需要、下属的权威,以及能力和经验,对领导者行为和产出之间的关系能够起到调节作用。一项研究表明,相对于指导型领导者,具有外部控制倾向的下属对参与型领导者的满意度更高,而且他们在参与型领导者带领下的生产率更高(Algattan,1985)。不过,当领导者的行为为任务导向的时候,内部控制倾向的下属的生产率会更高,而且更容易感受到快乐。总体而言,Wofford 和 Liska(1993)的元分析研究结果显示,能力是下属性格特征中唯一能够调节领导者行为和产出之间关系的变量。与能力较强的下属相比,能力较差的下属更倾向于参与结构建设以及表现出与任务相关行为的领导者。

许多学者都强调路径-目标理论中存在明显的局限性。其中之一似乎与在测量领导者行为时采用的工具有关(Fisher & Edwards,1998;Schriesheim & Von Glinow,1977)。另一个局限则是大多数研究所检验的都是任务或下属的性格特征中的其中一个方面。不仅如此,Stinson 和 Johnson(1975)以及 Wofford 和 Liska(1993)都建议在检验中使用多调节变量模型。最后,Wofford 和 Liska(1993)对于大多数研究在理论检验时都受制于同源偏差(即共同方法变异)表现出了关注。Evans(1996)总结道:"鉴于缺少对理论中关键的动机假说的检验研究,我们很难认为该理论已经得到了合理的检验。因为事实上也确实没有。"(p.307)

从积极的方面看,路径-目标理论是领导力理论的重要发展,它促进了领导力概念化的新发展。路径-目标理论是性格领导力理论和领导力替代理论的发展基础(House,1996),同时也潜在地推动了垂直对偶关联模型的发展(Dansereau,Graen & Jaga,1975)。虽然实证研究对该模型的支持是不一致的,但是这样有助于启发人们对领导力的新思考。

情境领导理论。 Hersey 和 Blanchard(1969)认为,四种领导力行为——推销型、告知型、参与型和授权型的有效性,取决于它们是否能够与下属和任务相关的性格特征(例如,能力、教育、经验等)及心理成熟程度(例如,意愿、自尊心、动机等)互补。虽然该理论已经包含了一套用于评估领导者风格的方法——领导力有效性与适应性描述(LEAD),但是许多针对该模型的实证研究在测量领导者的行为时,采用的都是领导者行为描述问卷(LBDQ)(参见 Case,1987;Vecchio,1987;Vecchio & Boatwright,2002)。

根据情境领导理论的主要原则,在下属有意愿并且能够同时也具备了有效完成任务的能力和动机的情形下,领导者应当表现出"授权型"领导力(即表现出较低水平的关怀和较低的结构行为);而在下属有意愿但是不具备完成任务的能力的情形下,领导者应当表现出"推销型"领导力(即表现出较高水平的关怀和较高的结构行为)。在下属没有意愿但是具备完成任务的能力的情形下,领导者应当采取"参与型决策"策略(即表现出较高水平的关怀但是较低的结构行为);而在下属没有意愿且不具备完成任务的能力的情形下,领导者需要"告知"他们去完成任务(即表现出较低水平的关怀和较高的结构行为)。虽然领导力情境理论展现出了对研究人员的直觉上的吸引力,但是该理论只是经历了有限的实证验证。遗憾的是,大多数对该模型非常重要的回顾都没能发现足够的实证证据来支持它(参见 Fernandez & Vecchio,1997;Graeff,1997;Vecchio,1997;Vecchi & Boatwright,2002;York,1996)。

本章中的领导力权变模型和权变理论表明,虽然所有的领导力有效性模型都承认情境的作用,但是各个模型之间还是存在区别。路径-目标理论和领导力情境理论在关于领导者行为的范围上与领导力决策规范模型有所不同。在规范模型中,着重考察的是领导者的决策策略,而路径-目标理论和情境领导力理论重点关注的则是领导者的监督行为。领导力有效性权变模型与路径-目标理论之间的不同之处在于,对领导者的评价方式以及在其他因素中,情境是如何发挥作用的。对于路径-目标理论,重点是感知到的领导者行为,而在领导力有效性权变模型中,领导者的特质和内在状态是重点内容。在路径-目标理论中,情境是根据下属的感知来评估的,而在领导力有效性权变模型中,情境是从领导者的角度来描述的。最后,Evans(1996)根据起源的不同对各个理论进行了区分。他指出,Fiedler 的模型是由实证数据驱动的,而 House 则是"从前后不一致的实证研究结果和理论观点两个方面推进权变理论的发展"(p.307)。

内隐领导力理论(implicit leadership theory,ILT)和领导力分类。从信息处理角度介绍了领导力之后,一种建立在内隐领导力理论基础之上的新模型开始被大家关注(Eden & Leviantan,1975)。早期的研究显示了关于领导者的预期影响对该领导者行为的认知(Lord & Emrich,2001;Lord & Maher,1991)。该研究的下一阶段强调对一位领导者的预期内容以及该内容的普遍性。Fischbein 和 Lord(2004)承认,在研究影响内隐领导力理论的因素的时候,我们需要考虑具体的领导力语境(例如,政治上的、商业上的、军事上的)以及观察者的个人特征(例如,性别和个性)。另外,虽然一些研究者认为理想的形象就是典型的领导者形象(Epitropaki & Martin, 2004),但是其他人认为,人们对于一位理想的和典型的领导者的形象认知有很大的差别。例如,Heilman、Block、Martell 和 Simon(1989)发现,当不同组的观察者在描述他们对于一位典型的女性管理者(a)、一位典型的男性管理者(b)和一位成功的管理者(c)的时候,后面两类拥有很多相同的特质。然而,一位典型的女性管理者则和典型的男性管理者以及成功的管理者没有相同的特质。但是在比较成功的(理想的)女性管理者与成功的(理想的)男性管理者的时候,性别的差异却消失了。

在跨文化研究中出现了两个主要的研究方法(参见 Ayman & Korabik, 2010):一是强加客位(imposed-etic)法,这种方法将一种文化的方法的概念运用到另一种文化中,二是主位研究法,这种方法是在文化内部发展方法和概念。

有两种考察跨文化内隐领导力理论的研究使用了强加客位法(Epitropaki & Martin, 2004; Gerstner & Day, 1994)。Gerstner 和 Day(1994)使用了由 Lord 等(1984)在美国开发的测量工具,他们测量了来自不同文化的人在他们心目中典型的领导者的平均得分(例如,中国大陆、法国、德国、洪都拉斯、印度、日本和中国台湾)。这其中的差别与不同文化间文化价值的差别是统一的。另外,Epitropaki 和 Martin(2004)在英国进行了他们的研究,研究显示出与 Offermann 等(1994)的初探研究类似的因子结构。

在考察观察者特质对内隐领导力的影响的时候,因子分析研究显示出在跨越文化、年龄、层级的组织和组织类型中,在内隐领导力的高层结构上的某些一致性(Den Hartog, House, Hanges, Ruiz-Quintanilla & Dorfman, 1999; Epitropaki & Martin, 2004; Offermann et al., 1994)。在所有这些研究中,观察者类别之间的差异决定了领导力的因子。例如,Epitropaki 和 Martin(2004)使用 Offerman 等(1994)的方法发现了英国参与研究者(不考虑年龄、组织层次和类型)之间的普遍的内隐领导力结构。但是,他们发现,女性心目中理想的领导者比男性心目中理想的领导者"更善解人意、真诚、诚实,不那么霸道、咄咄逼人且有控制欲"(p.307)。这显示了在英国女性和男性心目中理想领导者的差别。

上面的研究在研究跨国家的内隐领导力理论时使用了一种强加客位法。如果使用一种跨文化的主位研究法,我们就会得出不同的结果。这里以两个研究为例来说明这一点。其中一个是跨性别和国家的针对儿童的系列研究(Ayman-Nolley & Ayman,2005),这些儿童被要求画出一个领导者的形象。针对儿童内隐领导力理论的研究提供了一个机会来了解这些概念在个人成长的多早的时期内就形成了,它为可能的干预行为提供了理论指导。其他系列研究采用了 Offermann 等(1994)在中国和伊朗使用的方法(Bassari & Ayman,2009;W. Ling,Chia & Fang,2000)。

针对儿童的研究在不同的国家进行:中国(Liu,Ayman & Ayman-Nolley,2009)、哥斯达黎加(Ayman-Nolley,Ayman & Leone,2006)和美国(Leffler,Ayman & Ayman-Nolley,2006)。结果显示,大部分儿童都画了男性领导者,而美国的女孩则比其他国家的儿童画出了更多的女性领导者。

Leffler 等(2006)的研究也表明,虽然白种儿童将领导者的肤色保留为空白(也就是白色,纸的颜色为白色),美国黑人儿童则倾向于使用黑色或者棕色。美国黑人女孩既不喜欢"和我类似"的领导者形象,也不喜欢男性领导者的形象。这一发现需要进行进一步的调查才能进行综述:观察者的性别和种族会影响观察者对领导者形象的认知。

另外,中国儿童所画的领导者形象大多是管理人员(Liu et al.,2009),这在哥斯达黎加或者美国儿童的画中几乎没有出现。哥斯达黎加儿童相对于美国儿童来说更倾向于视军事领导者为领导者(Ayman-Nolley et al.,2006)。这一点非常有趣,因为哥斯达黎加并没有军事力量。一个可能的解释是,加入雇佣军在各地征战是一种职业选择,雇佣军报酬丰厚,而且穿着军装走在街上非常引人注目。这些发现表明,如果儿童可以自由表达自己的观点,那么文化确实会影响儿童对内隐领导力理论的认识。因此,不同国家的儿童对领导者的认知不尽相同。

关于成年人的内隐领导力理论,两个使用了与 Offermann 等(1994)类似方法的研究发现了相似和不同的结果(Bassari & Ayman,2009;W. Ling et al.,2000)。例如,在中国,用于描述领导者的特质包括道德、目标效能、人际关系协调和能力多样性(W. Ling et al.,2000)。最后一个特质没有出现在先前关于内隐领导力理论的研究中,它略等于"全才"的概念或者某人知识面广、学识渊博、通晓艺术和科学并使用多种语言。

Bassari 和 Ayman(2009)对在伊朗搜集的数据进行了初步因素分析,分析结果表明,领导者和老板的内隐领导力理论结构在某种程度上是不同的。用于描述领导者的因素包括自信、目标导向、关怀和敏感。而针对老板的特质则包括了"严厉",这在描述一位领导者时是不曾出现的,在描述老板的时候,则更注重信心的因素(Bass ari & Ayman,2009)。这些发现和 Offerman 等(1994)的内隐领导力理论内容(即敏感、专注、支配、魅力、吸引力、男性化、智力和力量)有相似之处,同时也显示了因文化和角色不同所产生的明显差异。因此,领导者的形象受到领导者和观察者的偶然因素及情况的影响,而领导者和观察者又受到自身特质的影响(例如性别、种族和文化)。

权变、语境和情境

在上一部分,我们介绍了传统的领导力权变模型和理论,权变理论认为领导力取决于语境。在大多数权变模型中,权变的操作性和 John(2006)的语境概念类似。John 指出,语境包括对行为的限制和机遇,它围绕着现象,是个体的外部条件。对领导力权变有所研究的学者们对强调语境的权变有类似的概念化过程(Antonakis et al.,2003,2004;Avolio,2007;Chemers,2000;Diedorff, Rubin & Morgeson,2009;Liden & Antonakis,2009)。

一些研究者将领导者性别作为一种权变变量(Antonakis et al.,2003;Eagly, Johannesen-Schmidt & Van Engen,2003)。领导者性别不是外部情境或语境,所以,这种情况下对权变的定义就包括了一个更注重个体之间的层面。在这个层面,权变可能是领导者的各个方面(特质或特点),这些方面相互提升或遏制,因为它们与领导者的行为和有效性相关。在这一部分,我们认为领导力的权变可以位于个体之间和个体内部层面。大多数研究都强调个体之间的层面,但是我们认为,未来的研究应该会更加关注个体内部层面的权变。

人际层面

在人际层面,领导力有效性的权变被定义为一种语境,这种语境主要通过下属的观点进行评估(例如,路径-目标、情境领导和领导力替代品)。研究已经使用组织层面、行业类型和下属的特征(参见 Antonakis et al.,2003;Lowe,Kroeck & Siva-subramaniam,1996)以及领导者与追随者之间的距离(参见 Antonakis & Atwater,

2002）对语境进行了评估。在讨论目前框架中的领导力情境因素中获得承认的各种因素之前,我们将简单研究一下领导力替代品理论。这一理论开发了一个更具包容性的领导力情境因素列表,并为遏制或提升领导力影响力的情境因素提供了一个框架,因而扩展了经典的权变模型。

领导力替代品理论（substitutes for leadership theory）。这一理论建立在Jermier和Kerr（1997）的讨论之上,也就是在预测相关领导力产出的时候,一般来说,领导者的行为对该产出的变异所能解释的比例比情境因素（即领导力替代品）更小。Kerr和Jermier（1978）提出了一个包含了14种情境权变因素的分类法,这14种要素可以分为三大类:（1）下属特征;（2）下属任务的本质;（3）组织特征。Podsakoff、Mackenzie和Bommer（1996）也总结道:"一般来说,领导力替代品比领导者的行为能够解释更多产出方面的变异。"（p.380）

在这项工作中需要记住的关键一点是,权变一开始被视为领导者行为的替代品或中和剂。为了进一步廓清这些概念,Schriesheim（1997）将替代品描述成和员工产出直接相关的因素,这种因素替代了对领导者行为的需要。中和剂指的是那些遏制领导者行为对产出产生影响的因素。这两种因素之间的区别建立在形势因素和领导者行为之间的关系上。在领导力替代品的条件下,不考虑领导者的行为,情境因素和产出变量是直接相关的。然而,中和剂与领导者的行为和产出都不相关,但它们将抵消领导者行为对产出的影响。

正如Podsakoff和Mackenzie（1997）所指出的,关于领导力替代品理论的研究支持了一个观点,即领导者的行为不会对产出造成普遍的影响。领导力替代品理论的实证检验结果也是杂乱的。Podsakoff等（1996）通过一个元分析对22项研究进行了检验,并发现了支持这一理论的证据;然而Dionne、Yammarino、Atwater和James（2002）没有发现支持这一结果的类似证据。Dionne等（2002）认为,领导力替代品对产出的影响的正面发现可能是受到同源评价的影响。虽然对这一模型的支持受到质疑,但是它也从下属角度对权变变量进行了更清晰的概念化。这一模型对领导力研究中中介变量和调节变量的研究也有所帮助。

领导的情境。自20世纪70年代以来,情境因素就在领导力研究中扮演了重要的角色,但是情境因素的概念化却比较滞后。有人认为（Sternberg & Vroom, 2002）,"我们需要一种关于情境的分类法,或者至少一种用以区分情境的维度。Fiedler是提供描述情境和个体差别的语言的少数心理学家之一"（p.317）。Fiedler

(1978)提出了一种分类法(Ayman,2002;Sternberg & Vroom,2002),这种分类法强调领导者的情境。一个领导者通过将情境清晰化,从而在小组的语境下获得控制权和力量。在路径-目标和后来的领导力替代品理论中,重点是下属的情境。

早期的权变理论主要强调在工作群体中或小群体模型中的领导力。领导力替代品理论考虑了动态组织和文化情境下的领导力。大多数作者似乎同意对语境的主要分类:**下属的特征、下属任务的本质和组织特征**。这种描述更多地强调围绕在领导力过程周围的空间。但是,在这个空间,大多数研究主要关注面对面的接触。随着信息技术和虚拟团队的发展,空间的概念已经得到了延展,现在包括"领导者距离"。这一概念包括领导者和下属之间心理与物理的距离(Antonakis & Atwater, 2002)。

Porter 和 McLaughlin(2006)认为,不仅是空间的概念得到了延展,时间的概念及其对领导力的影响也得到了领导力研究领域的关注。涉及时间概念的理论包括交易型领导力、变革型领导力和领导者-成员互动。但是时间在领导力中的角色需要进一步的研究支持。不仅要通过跨领域的研究,更重要的是,要通过考察使用纵向方法检测在一定时间段内所取得的进展。

最近,Ayman(2004)指出,文化和领导力存在一种共生的关系,两者互相依存,因此,领导力和文化息息是相关的。在这种研究方法中,文化指的是公司和社会层面的文化,包括价值观、政策和规范(Liden & Antonakis,2009)。一些作者进一步考察了关系的概念和领导力的社会情境。从历史上看,Fiedler(1978)是第一个通过群体氛围或领导者-成员关系构建来强调这一概念的。近期,Liden 和 Antonakis(2009)将这一概念进行扩展,涵盖了社会网络,并展示了更大范围内的社会文化在群体关系动力中的角色。这为更多关于不同情境因素之间交互的研究奠定了基础。

下面我们使用一种针对群体的系统方法,也就是将输入—过程—输出(I-P-O)模型(Hackman & Morris,1975)作为情境因素概念化的一种探索方法。我们选择 West、Borrill 和 Unsworth(1998)提出的团队有效性模型来引导这一过程,这部分是因为他们采用的是一个动态过程的角度,这种角度能够实现输入和过程以及过程和输出之间的互动效果。在我们的讨论中,领导力过程是重中之重。我们使用 West 及其同事(1998)的模型的另外一个原因是他们明确地想要将组织情境纳入团队有效性的 I-P-O 框架之中。作为对群体输入的一部分,他们对组织情境的定义包括奖励结构、以回馈和培训机遇为形式出现的对团队的支持、群体成员的位置、沟通媒介以及完成工作所安排的时间。这个模型还承认,输出或产出可以是态度上的(例如,满意度和压力),也可以是行为上的(例如,营业额、绩效和组织成员身份等),它可以发生在领导者层面,也可以发生在下属个体和群体层面。从领导力角度来看,输入变量和产出都会对领导者的特征以及他选择何种行为来取得成功产生很大的影响。West 等(1998)的团队有效性模型中的四个输入因素的每一个(文化情境、组织情境、群体构成和任务特征)都可以作为调节变量,也就是说,他们建立了领导力和组织产出之间的权变机制。我们使用这个团队有效性模型来激发对更大范围内个体之间层面情境变量的考虑,从而便于领导力和语境的研究以及模型开发。为了进一步展示这四种输入因素对领导力的影响,下面的部分将强调组织气候、群体构成以及任务本质的实证案例在领导力特质和行为中的角色。

文化情境。Ayman 和 Korabik(2010)承认了文化定义的多样性。但是为了实现文化在领导力研究中的可操作性,他们确定了两个类别:第一,文化的可见指数,这由按照国家划分的群体之间的差异展现出来;第二,文化的不可见指数,这通过某个社会群体在一段时间内达成的关于价值观和规范的一致性表现出来。

学者们同意文化对个体行为是否强大(Mischel,1977)或是否严格(Pelto,1968)有很大的影响。Mischel(1977)指出,强大的环境(例如军队组织,限制了自我表达的范围),与平民组织这样相对较弱的环境相比,拥有更多可以控制个体行为的规范和要求。类似地,Pelto(1968)将文化定义成严格和宽松两种。文化规范越清晰,文化环境就越严格,个体差异在反应和行为上的表达就越受限。

Hall 和 Hall(1990)进一步解释了文化对沟通的影响。在一些文化里,沟通可以是高语境的,也可以是语情境的。例如,在日本和中东国家这样的高语境文化中,人们在一个非常紧密的社会网络中进行沟通,他们在相互联系的时候就不需要提供详细的信息,人们依靠他们分享的语境的共同知识进行沟通。而在德国、斯堪的纳维亚或美国这样的低语境文化中,人们倾向于分离自己工作和个人生活的社会沟通,因此他们在沟通的时候就需要向对方解释背景信息。这种行为规范会对一个领导者的沟通习惯或与其团队成员沟通时所使用的社交风格产生影响。

类似 GLOBE 的研究项目通过展示不同国家和区域领导者行为的不同表现提供了关于文化对领导力的影响的进一步的证据(House,Hanges,Javidan,Dorfman & Gupta,2004)。其他的学者也承认了文化在通过社会认知了解领导力方面产生的影响(Ayman,1993;Chemers,2000;Hanges,Lord & Dickson,2000)。

Avolio(2007)、Ayman(2004)和Chemers(2000)提出了一些关于如何将文化纳入领导力理论与模型的观点。我们可以研究三个潜在角色来考察领导力中的文化因素:(1)它可以被视为领导力行为的一种前因变量,来自不同文化的领导者可能会被认为采取不同的行动;(2)文化作为一种领导力(特征或行为)和产出(例如员工参与或绩效)之间关系的调节变量;(3)团队和领导者的文化多样性对他们的关系及有效性的影响。Ayman和Korabik(2010)在他们的评论中展示了文化是如何在领导力研究和理论开发中受到忽视的。他们指出,虽然大多数的领导力模型都显示了它们在不同文化间的有效性,但没有将文化完全纳入它们的设计和概念化中。Ayman和Korabik在他们的文章中进一步讨论了文化在领导力不同层面的角色的复杂性。他们最终的结论是,领导力和文化之间存在一种共生关系,而领导力理论则在这种共生关系中发展成一种更具包容性的领导力文化形象。

因此,这样看来,情境作为一种语境,起到了非常重要的作用。例如,在一些文化中,情境对领导者的行为提出了要求,他们没有足够的自由来表达自己的价值观和信仰。文化情境提供了限制性规范,这种规范可能不允许领导者个人做出完全代表自己的行为抉择。这一点非常重要,因为领导力需要在一个文化情境下进行研究,情境影响了领导者个人的行为(Rousseau & Fried,2001)。

组织情境。组织情境围绕着工作团队及其领导者。组织气候反映了组织情境,其中包括规范性的社交、政策和程序。组织气候可以进行客观的定义,例如按照组织的高度和广度或者通过它的大小进行定义。组织也可以通过共同的信仰和沟通规范进行主观性定义(Dennison,1996)。

组织规范对领导力的影响已经在一些研究中得到证实。例如,Shartle(1951)展示了组织中某位领导者的行为模式的最佳预测因素就是其上司的行为,而不是这位领导者的个性,这解释了工作环境中的规范对领导者行为的重要性。Lowe等(1996)指出,领导者的职位对其领导力风格和有效性并没有影响。另一方面,Lowe等人确实发现变革型领导者的行为在公共组织中的影响力比在私人企业中要大一些。这证明,虽然在组织中的位置不会影响领导者的行为,但是组织类型却会产生影响。

在West等(1998)的团队有效性模型中,组织情境变量包括对工作组和整个组织的物理条件和情感性反应状态。虽然在领导力研究中只将一小部分这种变量视为调节变量。为了详细研究空间和物理环境的影响，先前关于沟通模式的研究（Leavitt,1951）和座位配置（Howells & Becker,1962）显示，这种情境性因素影响了对领导者的辨别及其形成。这种发现之后的主要逻辑可能是，更多的眼神接触能够产生更多的控制，因此，他们更容易被确认为领导者（Chemers,1997;Shaw,1981）。

现在的领导者可能不会总是进行面对面的沟通，尤其是在工作的主要媒介是计算机的条件下。随着虚拟工作场所的延伸，电子领导力开始获得更多的关注（Antonakis & Atwater,2002;Avolio,Kahai & Dodge,2000）。因此，最近研究者们正在将沟通媒介视为一种与电子领导力相关的组织情境因素。一些研究已经显示，面对面的沟通和通过计算机进行的沟通在领导力出现方面没有太大的区别（参见Adams,Ayman & Roch,2010）。从整体上来看，差异大多出现在领导力感知方面。例如，Puranova 和 Bono(2009)指出，虽然变革型领导者在面对面的沟通和以计算机为媒介的沟通条件下都非常有价值，但它的影响在虚拟环境中其实更大一些。另外，Hoyt 和 Blascovich(2003)指出，面对面的沟通增加了团队成员对领导者的满意度，不管这位领导者是变革型还是交易型。我们还需要更多的研究才能更好地了解沟通的距离和模式对领导力及其产出的影响。

群体构成。群体构成的输入变量（West et al.,1998）包含了考察工作群体大小和群体成员异质性对于竞争性群体优势的影响的研究。在当今不同的劳动力中，群体构成对领导力的影响的研究具有十分重要的价值。群体构成可以从群体层面或者二元层面进行考察。

有一小部分研究显示了群体大小和构成对领导力与产出之间关系的影响。例如，为了确定群体效果或工作群体大小对领导力和产出的影响，Y. Ling、Simsek、Lubatkin 和 Veiga(2008)发现，变革型领导力对组织的客观绩效的影响在小型组织中要大于在大型组织中。另一方面，群体的文化和性别构成可能会影响群体气氛并调节领导者对它的影响。

下面的发现就是不同领导力模型中群体沟通和领导力有效性角色的例子。在群体层面，Fiedler(1978)报告说，在一个群体中，如果领导者和群体成员来自不同的文化，就会导致较差的领导者-成员关系或者群体气氛，这会阻碍领导者有效性的发现。与此类似，Bass、Avolio、Jung 和 Berson(2003)也指出团队效力和凝聚力在部分程度上能够作为上级领导力风格与模拟的团队绩效之间的中介变量。在一定层面上,领导者-成员的关系和群体凝聚力可以与群体构成相关,这些发现可以说明,一个群体的社交可能会影响领导者的行为和群体绩效之间的关系。在这一点上,将群体构成作为一种领导力语境进行考察的研究并没有很多。但是 Jung 和 Avolio(1999)指出,变革型领导者在集体文化上更具效力,而交易型领导者则在个人化的文化中更有效力。因此,群体的多样性和张力可能会影响某种领导力风格与特定产出的关系。

在二元层面上,Ayman、Korabik 和 Morris(2009)指出,二元的性别构成调节了领导者的变革型领导力和他们的领导力绩效之间的关系。相对于男性变革型领导者,男性下属更轻视女性变革型领导者。Ayman、Rinchiuso 和 Korabik(2004)也发现,拥有女性下属的男性领导者如果进行了适度的领导者-成员交易(LMX),那么他将拥有对其最不满意的下属。这些发现说明,领导者和追随者的二元性别调节了领导力行为及产出的效果。另外,Polyashuk、Ayman 和 Roberts(2008)发现,领导者与下属的种族相似和不同将会形成不同程度的领导者-成员交易。除了美国黑人的二元性别特征之外(在这些人群中关系质量持续提升),相互之间的关系超过五年的人之间就会呈现较低质量的领导者-成员交易。这些例子表明,双方或群体的构成可能会对领导力以及它与产出之间的关系产生重要影响。

任务的性质。群体任务的性质对工作的程序和产出有重要意义。任务的性质可以通过很多方式进行评估(查询关于任务类型的详细信息,请参见 Hackman,1968 和 McGrath,1984)。例如,任务在类型、难度、为了完成任务对沟通的依赖程度(Hollingshead & McGrath,1984),甚至性别取向(Wentworth & Anderson,1984)等上都存在差别。

任务性质本身也会影响领导力。举例说明,一项任务的性别取向,即任务是女性化或男性化的,已经被发现会影响男性和女性成为领导者的概率(参见 Wentworth & Anderson,1984),还有一些证据表明(参见 Gershenoff & Foti,2003),性别和智力对领导力形成的影响受到任务性质的调节(例如,主动结构型任务和共识建立任务)。在 Eagly 和 Karau(1991)的元分析中,他们发现,男性倾向于成为全面的或者任务的领导者,而女性更有可能成为社会性领导者。但是,任务性质和领导力持续时间影响了混合性别的小型群体中领导者的形成。也就是说,如果任务要求更强的社会交互,并提供更长时间来确定领导者,那么男性成为领导者的可能性就会降低(Eagly & Karau,1991)。最后,Eagly、Karau 和 Makhijani(1995)在研究中指出,在男性化任务情境下的女性领导者的价值会被忽视。更具体地看,Becker、Ayman和 Korabik(2002)发现,相对于在商业组织中的女性领导者,在教育机构中工作的女性领导者更愿意与其下属在领导力行为上达成一致。而任务环境对男性领导者的影响则没有这么大。因此,任务的性别异质性影响了领导者及其工作和发挥有效性的方式。

不同的权变模型都从领导者和下属的角度对任务的复杂性及其对领导力的影响进行了考察(例如领导力有效性和路径-目标理论的权变模型)。另外,被高级管理层意识到的组织任务环境的复杂性和确定性能调节 CEO 的魅力型领导力对财务成果的影响(Waldman,Ramirez,House & Puranam,2001)。因此,我们可以看出,不管我们如何定义领导力,目标或者任务的性质可能都会影响领导者的成功。

组织和群体产出。正如"个际层面"开始部分所提到的,West 等(1998)的团队有效性模型意识到产出可能是态度性的(例如满意度)或行为性的(例如营业额),它可能发生在领导者层面,也可能发生在下属个体以及群体层面。领导力和产出的关系的重要性也可能受到组织产出的影响。正如表 7.1 所显示的,一些权变模型使用更多主观性产出测量方法,例如满意度、承诺和压力(例如路径-目标理论、规范化模型以及领导力有效性权变模型);其他的则使用了更多的客观性测量方式,例如达到目的和实现目标(例如领导力有效性权变模型)。因此,产出的实际定义可能会被视为领导力和领导力有效性关系的权变。

从整体上看,除了鼓励研究者们考虑其他权变变量,例如文化情境,团队有效性模型还提供了一个可能替代或提升领导力的群体分析视角。另外,研究者们需要重点关注当今更具现实意义的情境因素,例如,沟通媒介,领导力行为在不同层面的影响(参见 Kane & Tremble,2000),以及远端(间接)和近端(直接)领导力(参见 Avolio,Zhu,Koh & Puja,2004)。

■ 个体内部层面

在个体内部层面,相关权变因素包括不同的领导者特征,这些特征可能会互相影响,从而影响个人的领导能力。例如,在考察个体差异的时候,我们可以考虑社会人口学和社会心理学特征。如果要进行一个关于不同的领导者特质和个人特征的更详细的讨论,请参考 Timothy Judge 和 David Long 撰写的第六章。作为一个例子，我们认为，一个领导者的性别和自我监测水平在领导力程序中可能成为权变因素。

性别是一个复杂的现象。Korabik 和 Ayman（2007）展示了社会人口学的性别角色是如何对领导力过程产生影响的。例如，Eagly 和 Carli（2007）提供了挑战大五人格特质适用于女性领导者和男性领导者的有效性的证据。Ayman 和 Korabik（2010）提出了一个领导力个人内部模型，他们证明了性别和文化是如何影响领导力行为，并且调节某些与领导行为相关的特质之间的关系，或者调节某些特质与带有产出的领导行为的关系的。虽然男性和女性可能在不同领导力风格上没有差别，但是两种性别中的女性化个体和男性化个体确实会在他们的领导力行为和有效性上出现差别。

从多特质的角度来看，Zaccaro（2007）指出，一个人个性的不同方面和资质在塑造领导者有效性方面会相互产生影响。他提出的模型对传统的二元线性方法进行了提升。Zaccaro（2007）的模型讨论近端技能和行为作为中介变量的角色，但没有涉及调节变量。

一种可以在领导者个体内部特质中起到调节作用的特质是自我监测。Gangestad 和 Snyder（2000）指出，在深度研究的基础上，在 18 项自我监测的测试中获得高分能反映一个人能够很好地协调自己的态度和行为。这对特质、领导者行为和绩效之间的关系具有重要意义。Ayman 和 Chemers（1991）研究了自我监测对领导者匹配及有效性的调节作用，因而对这个概念进行了深度探索。他们指出，自我监测得分较低的匹配领导者比那些得分较高的匹配领导者表现得更好。但是，自我监测较高的领导者在不匹配的时候能进行一些补偿。例如，一个自我监测程度较高、以任务为导向的领导者，如果拥有适度的情境控制，就会比自我监测程度较低的领导者表现得更好。也就是说，以任务为导向的，并且具有较高自我监测程度的领导者一旦出现不匹配的情况将更关注情境的提示因素，会调整自己的应对方式来对新的情况做出适当反应。如果能出现更多探索自我监测在调节个性和领导力行为上的影响的研究将会大有裨益。

权变研究中的方法论问题

要解释领导力特征、产出和权变之间的关系模式是非常具有挑战性的。我们需要对不同的复杂设计和方法进行检验来研究这样的关系。在这一部分,我们要提醒这种研究的研究者们和消费者们几个问题的潜在影响,例如研究设计、数据来源和分析层面。

研究设计

关于研究设计,我们鼓励研究者们探索纵向研究的可能性。大多数关于领导力的研究都是跨领域的,因为关于领导者、语境和产出的信息都在同一时间收集并取自同一个来源。纵向设计和实验性研究允许使用更强有力的因果推理,但遗憾的是,这在领导力研究文献中都不常见。时间对领导力过程有着潜在的巨大的影响,但是事件发生的时机的影响在理论上仍然没有进行解释(Mitchell & James, 2001)。我们认为时间包括领导力产出相对于其他变量进行测量的时间以及领导者和追随者关系的长久度。下面我们把关注的重点放在时间作为一种重要的权变因素方面。

产出测量的时机指的是领导者特质和/或行为测量与相关领导力产出测量之间的时间。这样的做法可以为领导者特征和权变之间的关系提供预测有效性。然后问题就变成:适当的时间差是多少?这在 Schneider 和 Hough(1995)的著作中得到了证实,他们认为,如果任务很简单,那么只需要短暂的时间就可以得到相关产出。但是,如果任务复杂,那么标准测量可能就不那么容易预测了。作为一种相对的现象,领导力的影响在表现为特定产出之前可能需要较长的时间。例如,Waldman 等(2001)认为,他们需要考察五年内的净利润来建立魅力型领导力、环境不确定性以及组织的财务产出之间的关系。戴和 Lord(1988)指出,通过持续性进行测量的 CEO 领导力和组织绩效之间的关系在两年的时间差范围内要比没有时间差强烈很多。

就像前面提到的一样,虽然考察领导力职位的时间长度或任期的研究相对较少,但一些在领导者-成员交易模型中的研究认为,领导力关系只能通过时间变得成熟(Graen & Uhi-Bien, 1995)。但是,在近期的一项关注美国黑人和白人领导者及追随者的研究中,Polyashuk 等(2008)发现,只有美国黑人领导者-下属的双向关系在超过五年的时间内显示出信任度和领导者-成员交易的增加。其他种族搭配的双向关系一直到五年的时候都显示出领导者和追随者之间的信任度增加,五年之后,这种关系的质量就开始下降了。从这个数据可以看出,这种差异产生的原因并不清晰。但是,仍然有两点非常重要:(a) 时间长度和双向关系构成可能在协调领导者信任度上互相影响;(b) 如果假设领导者和追随者的关系时间越长,他们的关系就越成熟,那么就是过分简化了。时间对领导力的影响显然还需要进一步的调查。

数据来源

Yukl 和 Van Fleet(1992)将同源偏差视为领导力研究中的地方性问题。也就是说,搜集的关于领导者、语境和产出的信息不应该来自同一个来源(例如下属),因为这会导致受评估关系的虚假膨胀。数据来源在特质和行为之间的关系或在行为和产出之间的关系中起到了一定的作用。我们可以在领导力研究中看到这种问题所产生影响的例子。正如我们所提到的,Field 和 House(1990)考察了 Vroom 与 Jago 的模型,他们发现,领导者决定策略和自我描述以及下属对领导者决定策略的描述会产生不同的结果。如果调查者将调研作为数据收集的唯一途径,那么这就是领导力研究的所有方面都要面临的挑战,因此,我们必须要谨慎设计领导力研究的方法。

分析层面

当领导力研究者在他们的研究中纳入多层变量的时候,例如组织情境(参见 Porter & McLaughlin,2006),他们就需要进行一个合适的多层面分析。研究者们必须要决定他们是否在个人层面、双元层面或群体层面考察领导力。这会影响研究的设计和数据收集策略。Klein 和 Kozlowski(2000)对这种分析方法进行了扩展,编辑了一本具有影响力的著作,帮助研究者们概念化和分析多层面的数据。关注语境、情境或权变的研究者需要熟悉多层面设计,分析多方面的问题以便更好地考察这些关系的复杂性(Kozlowski & Klein,2000;也可参见 Rousseau,2000)。

Yammarino 和 Dansereau(2009)讨论了关于领导力和组织行为的多层面问题。有证据显示,领导力模型可以在多个层面上运作(Dansereau & Yammarino,1998a;1998b)。他们提供了证据用以支持这种现象及其重要性,也就是说,在领导力的所有方法中多层面分析都适用。但是问题还在：领导力是否最好被概念化为一个群体、双向关系或者个人现象？例如，Mumford、Dansereau 和 Yammarino(2000)讨论了领导力中的个体问题是如何在多个层面进行研究的。在考察 CEO 领导力的时候，Waldman 和 Yammarino(1999)认为，纳入组织层面的权变和下属的认知需要进行多层面分析并需要建立模型。类似地，Schyns 和 Van Veldhoven(2010)提出，领导力氛围的层面和力量都会影响员工个体对氛围的认知。在对个人层面氛围环境进行控制之后，领导力氛围的易变性和层面就会对员工的承诺度产生影响。他们的研究显示，支持性领导力不仅是双向的，而且受到领导者的资源和他们所处的文化的影响。

在考察权变和语境的时候，如果一项研究关注的是组织氛围对领导力和产出之间的关系的影响，那么分析层面就变得更重要了，每一个变量都可能发生在分析的不同层面。为了考察这样的关系，关键的是，要么考虑跨层次的分析，要么将分析集中在一个层面上。在领导力研究中，变量的关系和性质不会作用在同一层面。研究者们最近采用的有效的方法学方向包括多层面调节方法（参见 Chen & Bliese，2002；Chen，Kirkman，Kanfer，Allen & Rosen，2007）以及调节的中介模型。例如，Chen 等(2007)研究了多层面的授权，他们发现，在团队层面进行测量的领导力氛围能够积极地调节领导者-成员交易和个体授权之间的关系。另外，使用调节中介模型正在变得越来越被接受（参见 Edwards & Lambert，2007；Preacher，Rucker & Hayes，2007）。在学者们化解了领导力的复杂性的时候，我们也需要方法学来检验这些假设和理论。

概述和总结

本章在介绍领导力的权变与语境方法时区分了两个主要的部分。第一部分由对经典的领导力权变模型的回顾构成，第二部分则对检验领导力研究中权变现象的变量类型，以及与该方法有关的方法学问题进行了概念化。在回顾经典的领导力权变理论的过程中，我们将相关的理论分成了两类：(1) 以领导者的特质和产出之间的关系为基础的理论（即领导力有效性权变模型和认知资源理论）；(2) 与领导者的行为和产出相关的理论（即规范决策模型、领导力情境理论以及路径-目标理论）。

在大多数的早期研究中,权变通常被看作情境的一个方面,即领导力过程的语境。在本章中,我们建议读者考虑两种不同类型的权变:个体内部层次的权变(不同方面的领导者特质和价值的相互作用)和个体之间层次的权变(在社会情境内,二元或群体层次上的相互作用)。对于个体内部层次的权变,我们认为相关的概念包括领导者的性别、自我监督以及文化价值。对于个体之间层次的权变,我们建议读者参考 West 等(1998)的团队有效性模型,该模型建议将群体的输入和产出看作潜在的情境因素。

另外,我们认为还可以从方法学的角度来讨论权变现象。在研究设计阶段强调与角色相关的时间、来源和数据收集方法。不仅如此,我们还提出了通过使用诸如分析层次模型、调节模型以及中介检验模型等,来检验权变现象与领导力之间关系模式的分析模型。从而我们证明了领导力权变理论的进化过程,以及人们对权变作用理解的不断成熟。我们回顾的各种理论方法以及新的方法学无一例外地证明了领导力无处不在的复杂性及其与权变现象之间的关系。

在思考领导力的权变方法时,关键的一点是要牢记该方法是以个人与情境的拟合概念为基础的。该方法中的模型证明,高效的领导者会以多种方式对情境做出反应:通过改变自身的行为,通过让他人感受到的自身行为的不同,或者通过选择和管理所处的情境。这种情况与 Sternberg(1988)对智力功能的定义类似,他认为智力功能是个体"有目的地适应、选择以及改造与自身生活和能力相关的真实世界的环境的能力"(p.65)。

领导者与情境的最佳匹配被 Chemers(1997)称为"气质"。正如 Chemers 所述,"自信和乐观的领导者具有气质,他们的感知、思想和情绪为迎接领导力任务提出的挑战积蓄了热情与能量"(p.166)。这种情况在某种程度上与 Csikszentmihalyi(1990)提出的"福流"(flow)的概念相似,"福流"指的是个体具备的技能和知识与情境任务的需要基本匹配。在这种情况下,领导者展现出了自身的潜力,同时也表现出乐观的态度并感受到了效果(Chemers,2002)。Fiedler(1978)将这种情况下的领导者看作是匹配的领导者。当领导者的性格特征适合于所处的情境时,他们不仅能够获得最佳表现,而且在表现中还不会感受到太大的压力。

乍看起来,一些人可能会认为领导者需要保持稳定性和前后一致,与领导者需要根据情境表现出灵活性之间存在矛盾。但实际上,这两者之间的要求是一致的。无论在哪一种情况下,领导者的角色都没有发生改变。例如,一个自我监督性较高的领导者绝不会变成一个自我监督性较低的领导者；而在最难相处同事量表中得分较高的领导者也绝不会变成一个得分较低的领导者。相反，领导者会参与使其能够更接近与情形相匹配的行为和策略，同时体会到福流与气质。

举例来说，在中等情境控制（不匹配）的情况下，最难相处同事量表中得分较低的领导者可能会意识到其在决策过程中需要其他团队成员的参与，这一点可以通过 Vroom 的决策树看出。随后，该领导者可能会采用规范的群体管理技术来形成一个管理这种情形的结构化方法。另一种方法是采用咨询型领导力风格而不是群体决策策略，以便在产出过程中能够保持一定的控制，这一点要求领导者具备某些性格特质。所以这只是一个简单的问题：是选择接受突然而来的方法，还是按照事先的约定方法来做，不过这可能会对领导者是否与情境相匹配产生影响。因此，当我们谈到灵活性时，指的是管理情境的行为，而不是改变某个人的特质和性格。

在之前的许多研究中，调整能力和灵活性被看作领导者的一项重要竞争力（参见 Lord et al. ,1986）。这种竞争力同时也出现在社会/情感智力（Van Rooy & Viswesvaran,2004）与文化智力当中（Triandis,2006）。灵活性可以看作一种个体内部的权变。那些经常要面对各种不同工作环境的领导者，发现他们只有通过调整自身的行为才能满足所处情境与语境的需要。

■ 未来研究建议

情境、语境和权变对于人们对领导力的理解与学习来说十分重要，在我们掌握了有力且前后一致的相关证据之后，领导者的特质、行为是否对与领导者和追随者有关的组织及个体产出具有直接影响？未来，研究人员在探索新的领导力行为范式，例如真诚领导力或公仆型领导力时应当考虑这一问题。在检验特质与产出之间的关系以便获得更大的研究意义时，特质研究者们可能会想要考虑情境因素的影响。

■ 对实践者的意义

实践者在培训和自身发展时，或者在选择和绩效回顾的评估过程中可能会用到领导力方面的知识。在考虑情境的情况下，为了确认竞争力和能力所做的工作分析可能会明确工作的本质以及职位的职责范围，这些都属于权变的内容。因此，这一过程可能能够确定竞争力、技能和能力的更准确的优先次序（Dierdorff, Rubin & Morgeson, 2009）。在评估领导者的表现时，实践者可能需要留意其他的权变因素，例如领导者的性别和种族等。一些研究表明，管理者业绩所体现的胜任力会因为领导者性别的不同而发生变化（Frame, Roberto, Schwab & Harris, 2010; Ostroff, Atwater & Feinberg, 2004）。详细内容请参见本章后面的案例分析，该案例为读者提供了一个机会，以探索该方法对于领导者和实践者在日常工作中的实践意义。

总体而言，领导力的权变方法暗示了这样一个事实，即领导者会通过了解所处的情境并根据情况做出相应的反应，有意识或无意识地尝试实现自身表现的最佳水平。因此，出现了诸如领导者匹配（Fiedler & Chemers, 1984）和情境领导力（Hersey & Blanchard, 1982）等这类领导力培训计划，旨在促使领导者变得更加敏感、反应更敏捷，同时更具灵活性。另外，360度反馈实践作为一种发展领导者能力的方法，为领导者提供了一个从其他人的角度（即在人际层面的语境下）看待自己的机会。培训的成果既可以通过从下属的角度描述领导者行为的调整的方式获得，也可以通过领导者描述他们如何控制情境的方式获得。

概括来说，在我们培训和选择领导者时，权变、语境和情境是非常重要的考虑因素。在我们的领导力理论中，我们需要更有效地整合和概念化这些因素。技能和竞争力的组合（例如敏感性、反应性、灵活性等）也许能够帮助领导者体现气质（Chemers, 2002）。这些竞争力能够通过多种方式，根据个体、评价方法以及领导力情境的不同，通过具体的特质、技能或行为来证明。由于它们必然与人们对领导力过程的充分了解相联系，因此我们无法忽视领导力中的权变因素。

 讨论题

1. 在了解了权变和语境的作用之后，我们在选择领导者时应当考虑哪些问题？请在讨论中运用特质与行为方法。

2. 为了考虑权变因素，领导力研究应当如何设计？在设计中又有哪些选择，以及有哪些策略可以使用？

3. 请选择并考虑一位领导者，描述在不同的情境下，他的性格特征和行为如何能够导致他获得成功或走向失败。

扩展阅读

Hannah, S. T., Uhl-Bien, M., Avolio, B. J., & Cavarretta, F. L. (2009). A framework for examining leadership in extreme contexts. *The Leadership Quarterly, 20*, 897–919.

James, E. H., & Wooten, L. P. (2005). Leadership as (un)usual: How to display competence in times of crisis. *Organizational Dynamics, 34*, 141–152.

Kaplan, R. E., & Kaiser, R. B. (2003). Developing versatile leadership. *MIT Sloan Management Review, 44*(4), 19–26.

Sally, D. (2002). Co-leadership: Lessons from republican Rome. *California Management Review, 42*(4), 84–99.

Snowden, D., & Boone, M. (2007). A leader's framework for decision making. *Harvard Business Review, 85*(11), 68–76.

案例研究

Sims, H. P., Jr., Faraj, S., & Seokhwa, Y. (2009, March 15). When should a leader be directive or empowering? How to develop your own situational theory of leadership. *Harvard Business Review*. Available from http://www1.hbr.org/product/when-should-a-leader-be-directive-or-empowering-ho/an/BH318-PDF-ENG?N=516191%204294934782&Ntt=leadership

参考文献

Adams, S., Ayman, R., & Roch, S. (2010, August). *Communication frequency and content on leader emergence: Does communication medium matter?* Paper presented at the annual Academy of Management Conference, Montreal, Canada.

Algattan, A. R. A. (1985, August). *Test of the path-goal theory of leadership in the multinational domain.* Paper presented at the annual Academy of Management Conference, San Diego, CA.

Antonakis, J., & Atwater, L. (2002). Leader distance: A review and a proposed theory. *The Leadership Quarterly, 13*, 673–704.

Antonakis, J., Avolio, B. J., & Sivasubramaniam, N. (2003). Context and leadership: An examination of the nine-factor full range leadership theory using the Multifactor Leadership Questionnaire. *The Leadership Quarterly, 14*, 261–295.

Antonakis, J., Schriesheim, C. A., Donovan, J. A., Gopalakrishna-Pillai, K., Pellegrini, E. K., & Rossomme, J. L. (2004). Methods for studying leadership. In J. Antonakis, A. T. Cianciolo, & R. S. Sternberg (Eds.), *The nature of leadership* (pp. 48–70). Thousand Oaks, CA: Sage.

Avolio, B. J. (2007). Promoting more integrative strategies for leadership theory building. *American Psychologist, 62,* 25–33.

Avolio, B. J., Kahai, S., & Dodge, G. E. (2000). E-leadership: Implications for theory, research, and practice. *The Leadership Quarterly, 11,* 615–668.

Avolio, B. J., Zhu, W., Koh, W., & Puja, B. (2004). Transformational leadership and organizational commitment: Mediating role of psychological empowerment and moderating role of structural distance. *Journal of Organizational Behavior, 25,* 951–968.

Ayman, R. (1993). Leadership perception: The role of gender and culture. In M. M. Chemers and R. Ayman (Eds.), *Leadership theory and research: Perspectives and directions* (pp. 137–166). New York: Academic Press.

Ayman, R. (2002). Contingency model of leadership effectiveness. In L. L. Neider & C. A. Schriesheim (Eds.), *Leadership* (pp. 197–228). Greenwich, CT: Information Age.

Ayman, R. (2004). Culture and leadership. In C. Spielberger (Ed.), *Encyclopedia of applied psychology* (Vol. 2, pp. 507–519). San Diego, CA: Elsevier.

Ayman, R., & Chemers, M. M. (1991). The effects of leadership match on subordinate satisfaction in Mexican organizations: Some moderating influences of self-monitoring. *Applied Psychology: An International Review, 44,* 299–314.

Ayman, R., Chemers, M. M., & Fiedler, F. (1995). The contingency model of leadership effectiveness and its levels of analysis. *The Leadership Quarterly, 6,* 147–168.

Ayman, R., Chemers, M. M., & Fiedler, F. (1998). The contingency model of leadership effectiveness and its levels of analysis. In F. Yammarino and F. Dansereau (Eds.), *Leadership: The multi-level approaches* (pp. 73–96). New York: JAI Press.

Ayman R., & Korabik, K. (2010). Leadership: Why gender and culture matter. *American Psychologist, 65,* 157–170.

Ayman, R., Korabik, K., & Morris, S. (2009). Is transformational leadership always perceived as effective? Male subordinates' devaluation of female transformational leaders. *Journal of Applied Social Psychology, 39,* 852–879.

Ayman, R., Rinchiuso, M., & Korabik, K. (2004, August). Organizational commitment and job satisfaction in relation to LMX and dyad gender composition. Paper presented at the International Congress of Psychology, Beijing, China.

Ayman, R., & Romano, R. (1998). Measures and assessments for the contingency model of leadership. In F. Yammarino and F. Dansereau (Eds.), *Leadership: The multi-level approaches* (pp. 97–114). New York: JAI Press.

Ayman-Nolley, S., & Ayman, R. (2005). Children's implicit theory of leadership. In J. R. Meindl and B. Schyns (Eds.), *Implicit leadership theories: Essays and explorations, A volume in the leadership horizons series* (pp. 189–233). Greenwich, CT: Information Age.

Ayman-Nolley, S., Ayman, R., & Leone, C. (2006, July). Gender differences in the children's implicit leadership theory: Costa Rican and American comparison. In R. Littrell (Convener), *Empirical studies: Qualitative and quantitative analyses of leadership and culture.* Symposium conducted at the International Congress of Cross-Cultural Psychology, Isle of Spetses, Greece.

Bass, B. M., Avolio, B. J., Jung, D. I., & Berson, Y. (2003). Predicting unit performance by assessing transformational and transactional leadership. *Journal of Applied Psychology, 88,* 207–218.

Bassari, A., & Ayman, R. (2009, May). Implicit leadership theory of Iranians. Paper presented at the meeting of the Leadership Trust Symposium, Ross-upon-Rye, UK.

Becker, J., Ayman, R., & Korabik, K. (2002). Discrepancies in self/subordinates' perceptions of leadership behavior: Leader's gender, organizational context, and leader's self- monitoring. *Group & Organizational Management, 27,* 226–244.

Burke, M. J., & Day, R. R. (1986). A cumulative study of the effectiveness of managerial training. *Journal of Applied Psychology, 71,* 242–245.

Case, B. (1987). Leadership behavior in sport: A field test of the situation leadership theory. *International Journal of Sport Psychology, 18,* 256–268.

Chemers, M. M. (1997). *An integrative theory of leadership.* Mahwah, NJ: Lawrence Erlbaum.

Chemers, M. M. (2000). Leadership research and theory: A functional integration. *Group Dynamics: Theory, Research, and Practice, 4,* 27–43.

Chemers, M. M. (2002). Efficacy and effectiveness: Integrating models of leadership and intelligence. In R. E. Riggio, S. E. Murphy, & F. J. Pirossolo (Eds.), *Multiple intelligences and leadership* (pp. 139–160). Mahwah, NJ: Lawrence Erlbaum.

Chemers, M. M., & Ayman, R. (1985). Leadership orientation as a moderator of the relationship between performance and satisfaction of Mexican managers. *Personality and Social Psychology Bulletin, 11,* 359–367.

Chemers, M. M., Goza, B., & Plumer, S. I. (1978, August). *Leadership style and communication process.* Paper presented at the annual meeting of the American Psychological Association, Toronto, Canada.

Chemers, M. M., Hays, R., Rhodewalt, F., & Wysocki, J. (1985). A person–environment analysis of job stress: A contingency model explanation. *Journal of Personality and Social Psychology, 49,* 628–635.

Chen, G., & Bliese, P. D. (2002). The role of different levels of leadership in predicting self and collective efficacy: Evidence for discontinuity. *Journal of Applied Psychology, 87,* 549–556.

Chen, G., Kirkman, B. L., Kanfer, R., Allen, D., & Rosen, B. (2007). A multilevel study of leadership, empowerment, and performance in teams. *Journal of Applied Psychology, 92*, 331–346.

Csikszentmihalyi, M. (1990). *Flow: The psychology of optimal experience.* New York: Harper Perennial.

Dansereau, F., Graen, G. B., & Haga, W. (1975). A vertical dyad linkage approach to leadership in formal organizations: A longitudinal investigation of the managerial role-making process. *Organizational Behavior and Human Performance, 13*, 46–78.

Dansereau, F., & Yammarino, F. J. (Eds.). (1998a). *Leadership: The multiple-level approaches—Classical and new wave.* Stamford, CT: JAI Press.

Dansereau, F., & Yammarino, F. J. (Eds.). (1998b). *Leadership: The multiple-level approaches—Contemporary and alternative.* Stamford, CT: JAI Press.

Day, D. V., & Lord, R. G. (1988). Executive leadership and organizational performance: Suggestions for a new theory and methodology. *Journal of Management, 14*, 453–464.

Den Hartog, D. N., House, R. J., Hanges, P. J., Ruiz-Quintanilla, S. A., & Dorfman, P. W. (1999). Culture specific and cross-culturally generalizable implicit leadership theories: Are attributes of charismatic/transformational leadership universally endorsed? *The Leadership Quarterly, 10*, 219–256.

Dennison, D. R. (1996). What is the difference between organizational culture and organizational climate? A native's point of view on a decade of paradigm wars. *Academy of Management Review, 21*, 619–654.

Dierdorff, E. C., Rubin, R. S., & Morgeson, F. P. (2009). The milieu of managerial work: An integrative framework linking work context to role requirements. *Journal of Applied Psychology, 94*, 972–988.

Dionne, S. D., Yammarino, F. J., Atwater, L. E., & James, L. R. (2002). Neutralizing substitutes for leadership theory: Leadership effects and common-source bias. *Journal of Applied Psychology, 87*, 454–464.

Eagly, A. H., & Carli, L. L. (2007). *Through the labyrinth: The truth about how women become leaders.* Boston, MA: Harvard Business School Press.

Eagly, A. H., Johannesen-Schmidt, M. C., & van Engen, M. L. (2003). Transformational, transactional, and laissez-faire leadership styles: A meta-analysis comparing women and men. *Psychological Bulletin, 129*, 569–591.

Eagly, A. H., & Karau, S. J. (1991). Gender and the emergence of leader: A meta-analysis. *Journal of Personality and Social Psychology, 60*, 685–710.

Eagly, A. H., Karau, S. J., & Makhijani, M. G. (1995). Gender and leader effectiveness: A meta-analysis. *Psychological Bulletin, 117*, 125–145.

Eden, D. & Leviantan, U. (1975). Implicit leadership theory as a determinant of the factor structure underlying supervisory behavior scales. *Journal of Applied Psychology, 60,* 736–741.

Edwards, J. R., & Lambert, L. S. (2007). Methods for integrating moderation and mediation: A general analytical framework using moderated path analysis. *Psychological Methods, 12,* 1–22.

Epitropaki, O., & Martin, R. (2004). Implicit leadership theories in applied settings: Factor structure, generalizability, and stability over time. *Journal of Applied Psychology, 89,* 293–310.

Evans, M. G. (1970). The effects of supervisory behavior on the path-goal relationship. *Organizational Behavior and Human Performance, 5,* 277–298.

Evans, M. G. (1996). R. J. House's "a path-goal theory of leader effectiveness." *The Leadership Quarterly, 7,* 305–309.

Fernandez, C. F., & Vecchio, R. P. (1997). Situational leadership theory revisited: A test of an across-jobs perspective. *The Leadership Quarterly, 8,* 67–84.

Fiedler, F. E. (1964). A contingency model of leadership effectiveness. In L. Berkowitz (Ed.), *Advances in experimental social psychology* (Vol. 1, pp. 149–190). New York: Academic Press.

Fiedler, F. E. (1978). The contingency model and the dynamics of the leadership process. In L. Berkowitz (Ed.), *Advances in experimental social psychology* (Vol. 11, pp. 59–112). New York: Academic Press.

Fiedler, F. E. (1992). Life in a pretzel-shaped universe. In A. Bedeian (Ed.), *Management laureates: A collection of autobiographical essays* (Vol. 1, pp. 301–334). Greenwich, CT: JAI Press.

Fiedler, F. E. (1993). The leadership situation and the black box in contingency theories. In M. Chemers and R. Ayman (Eds.), *Leadership theory and research: Perspectives and directions* (pp. 2–28). New York: Academic Press.

Fiedler, F. E. (1995). Cognitive resource and leadership performance. *Applied Psychology: An International Review, 44,* 5–28.

Fiedler, F. E. (2002). The curious role of cognitive resources in leadership. In R. Riggio, S. Murphy, & F. Pirozzolo (Eds.), *Multiple intelligences and leadership* (pp. 91–104). Mahwah, NJ: Lawrence Erlbaum.

Fiedler, F. E., & Chemers M. M. (1984). *Improving leadership effectiveness: The leader match concept* (2nd ed.). New York: John Wiley.

Fiedler F. E., & Garcia, J. E. (1987). *New approaches to effective leadership: Cognitive resources and organizational performance.* New York: John Wiley.

Field, R. H. G., & House, R. J. (1990). A test of the Vroom-Yetton model using manager and subordinate reports. *Journal of Applied Psychology, 75,* 362–366.

Fischbein, R. & Lord, R. G. (2004). Implicit leadership theory. In G. Goethale, G. Sorenson, & J. McGregor-Burns (Eds.), *Encyclopedia of Leadership* (Vol. 2, pp. 700–705). Thousand Oaks, CA: Sage.

Fisher, B. M., & Edwards, J. E. (1988). Consideration and initiating structure and their relationships with leader effectiveness: A meta-analysis. *Academy of Management Best Paper*, 201–205.

Frame, M. C., Roberto, K. J., Schwab, A. E., & Harris, C. T. (2010). What is important on the job? Differences across gender, perspective, and job level. *Journal of Applied Social Psychology, 40*, 36–56.

French, J. R., & Raven, B. (1959). The basis of social power. In D. Cartwright (Ed.), *Studies in social power* (pp. 150–167). Ann Arbor, MI: Institute for Social Research, University of Michigan.

Gangestad, S. W., & Snyder, M. (2000). Self-monitoring: Appraisal and reappraisal. *Psychological Bulletin, 126*, 530–555.

Georgopoulus, B. S., Mahoney, G. M., & Jones, N. W., Jr. (1957). A path-goal approach to productivity. *Journal of Applied Psychology, 41*, 345–353.

Gershenoff, A. B., & Foti, R. J. (2003). Leader emergence and gender roles in all female groups: A contextual examination. *Small Group Research, 34*, 170–196.

Gerstner, C. R., & Day, D. V. (1994). Cross-cultural comparison of leadership prototypes. *The Leadership Quarterly, 5*, 121–134.

Graeff, C. L. (1997). Evolution of situation leadership theory: A critical review. *The Leadership Quarterly, 8*, 153–170.

Graen, G. B., & Uhl-Bien, M. (1995). Relationship-based approach to leadership: Development of leader-member exchange (LMX) theory of leadership over 25 years: Applying a multi-level multi-domain perspective. *The Leadership Quarterly, 6*, 219–247.

Hackman, J. R. (1968). Effects of task characteristics on group products. *Journal of Experimental Social Psychology, 4*, 162–187.

Hackman, J. R., & Morris, C. G. (1975). Group task, group interaction process, and group performance effectiveness: A review and proposed integration. In L. Berkowitz (Ed.), *Advances in experimental social psychology* (Vol. 8). New York: Academic Press.

Hall, E. T., & Hall, M. R. (1990). *Understanding cultural differences*. Yarmouth, ME: Intercultural Press.

Hanges, P. J., Lord, R. G., & Dickson, M. W. (2000). An information-processing perspective on leadership and culture: A case for connectionist architecture. *Applied Psychology: An International Review, 49*, 133–161.

Heilman, M. E., Block, C. J., Martell, R. F., & Simon, M. (1989). Has anything changed? Current characterizations of men, women, and managers. *Journal of Applied Psychology, 74*, 935–942.

Heilman, M. E., Hornstein, H. A., Cage, J. H., & Herschlag, J. K. (1984). Reaction to prescribed leader behavior as a function of role perspective: The case of the Vroom-Yetton model. *Journal of Applied Psychology, 69*, 50–60.

Hersey, P., & Blanchard, K. (1969). Life cycle theory of leadership. *Training and Development Journal, 23*, 26–34.

Hersey, P., & Blanchard, K. (1982). *Management of organizational behavior* (4th ed.). Englewood Cliffs, NJ: Prentice Hall.

Hogan, R., Curphy, G. J., & Hogan, J. (1994). What we know about leadership: Effectiveness and personality. *American Psychologist, 49*, 493–504.

Hollingshead, A. B., & McGrath, J. E. (1995). Computer-assisted groups: A critical review of the empirical research. In R. A. Guzzo, E. Salas, & Associates (Eds.), *Team effectiveness and decision-making in organizations* (pp. 46–78). San Francisco: Jossey-Bass.

House, R. J. (1971). A path-goal theory of leadership effectiveness. *Administrative Quarterly, 16*, 312–338.

House, R. J. (1996). Path-goal theory of leadership: Lessons, legacy, and a reformulated theory. *The Leadership Quarterly, 7*, 323–352.

House, R. J., Hanges, P. M., Javidan, M., Dorfman, P., & Gupta, V. (2004). *Culture, leadership, and organizations: The GLOBE study of 62 societies.* Thousand Oaks, CA: Sage.

House, R. J., & Mitchell, T. R. (1974). Path-goal theory of leadership. *Journal of Contemporary Business, 9*, 81–97.

Howells, L. T., & Becker, S. W. (1962). Seating arrangement and leadership emergence. *Journal of Abnormal and Social Psychology, 64*, 148–150.

Hoyt, C. L., & Blascovich, J. (2003). Transformational and transactional leadership in virtual and physical environments. *Small Group Research, 34*, 678–715.

Indvik, J. (1986). Path-goal theory of leadership: A meta-analysis. *Proceedings of the Academy of Management Meeting, Chicago, IL* (pp. 189–192).

Jago, A. G., Maczynski, J., & Reber, G. (1996). Evolving leadership styles? A comparison of Polish managers before and after market economy reforms. *Polish Psychological Bulletin, 27*, 107–115.

Jago, A. G., & Vroom, V. H. (1980). An evaluation of two alternatives to the Vroom/Yetton normative model. *Academy of Management Journal, 23*, 347–355.

Jago, A. G., & Vroom, V. H. (1983). Sex differences in the incidence and evaluation of participative leader behavior. *Journal of Applied Psychology, 67*, 776–783.

Jermier, J. M., & Kerr, S. (1997). "Substitutes for leadership: Their meaning and measurement"—Contextual recollections and current observations. *The Leadership Quarterly, 8*, 95–102.

Johns, G. (2006). The essential impact of context on organizational behavior. *Academy of Management Review, 31*, 386–408.

Judge, T. A., Bono, J. E., Ilies, R., & Gerhardt, M. W. (2002). Personality and leadership: A qualitative and quantitative review. *Journal of Applied Psychology, 87*, 765–780.

Judge, T. A., Colbert, A. E., & Ilies, R. (2004). Intelligence and leadership: A quantitative review and test of theoretical propositions. *Journal of Applied Psychology, 89,* 542–552.

Judge, T. A., & Piccolo, R. F. (2004). Transformational and transactional leadership: A meta-analytic test of their relative validity. *Journal of Applied Psychology, 89,* 755–768.

Jung, D. I., & Avolio, B. J. (1999). Leadership style and followers' cultural orientation on performance in group and individual task conditions. *Academy of Management Journal, 42,* 208–218.

Kane, T. D., & Tremble, T. R. (2000). Transformational leadership effects at different levels of the Army. *Military Psychology, 12,* 137–160.

Kerr, S., & Jermier, J. M. (1978). Substitutes for leadership: Their meaning and measurement. *Organizational Behavior and Human Performance, 22,* 375–403.

Klein, K. J., & Kozlowski, S. W. J. (Eds.). (2000). *Multilevel theory, research, and methods in organizations: Foundations, extensions, and new directions.* San Francisco: Jossey-Bass.

Korabik, K., & Ayman, R. (2007). Gender and leadership in the corporate world: A multiperspective model. In J. C. Lau, B. Lott, J. Rice, and J. Sanchez-Hudes (Eds.). *Transforming leadership: Diverse visions and women's voices* (pp. 106–124). Malden, MA: Blackwell.

Korman, A. K. (1966). Consideration, initiating structure, and organizational criteria—A review. *Personnel Psychology, 19,* 349–361.

Kozlowski, S. W. J., & Klein, K. J. (2000). A multilevel approach to theory and research in organizations: Contextual, temporal, and emergent processes. In K. Klein & S. Kozlowski (Eds.), *Multilevel theory, research, and methods in organizations: Foundations, extensions, and new directions* (pp. 3–90). San Francisco: Jossey-Bass.

Leavitt, H. J. (1951). Some effects of certain communication patterns on group performance. *Journal of Abnormal and Social Psychology, 46,* 38–50.

Leffler, H., Ayman, R., & Ayman-Nolley, S. (2006, July). *Do children possess the same stereotypes as adults? An exploration of children's implicit leadership theories.* Poster session presented at the 26th International Congress of Applied Psychology, Athens, Greece.

Liden, R. C., & Antonakis, J. (2009). Considering context in psychological leadership research. *Human Relations, 62,* 1587–1605.

Ling, W., Chia, R. C., & Fang, L. (2000). Chinese implicit leadership theory. *Journal of Social Psychology, 140,* 729–739.

Ling, Y., Simsek, Z., Lubatkin, M. H., & Veiga, J. F. (2008). Impact of transformational CEOs on the performance of small to medium firms: Does organizational context matter? *Journal of Applied Psychology, 93,* 923–934.

Liu, L., Ayman, R., & Ayman-Nolley, S. (2009, May). *Children's implicit leadership in China.* Paper presented at the meeting of the Leadership Trust Symposium, Ross-upon-Rye, UK.

Lord, R. G., DeVader, C. L., & Alliger, G. M. (1986). A meta-analysis of the relation between personality traits and leadership: An application of validity generalization procedures. *Journal of Applied Psychology, 71,* 402–410.

Lord, R. G., & Emrich, C. G. (2001). Thinking outside the box by looking inside the box: Extending the cognitive revolution in leadership research. *The Leadership Quarterly, 11,* 551–579.

Lord, R. G., Foti, R. J., & DeVader, C. L. (1984). A test of leadership categorization theory: Internal structure, information processing, and leadership perceptions. *Organizational Behavior and Human Performance, 34,* 343–378.

Lord, R. G., & Maher, K. J. (1991). *Leadership and information processing: Linking perceptions and performance.* Boston: Routledge.

Lowe, K. B., Kroeck, G., & Sivasubramaniam, N. (1996). Effectiveness correlates of transformational and transactional leadership: A meta-analytic review of the MLQ literature. *The Leadership Quarterly, 7,* 385–425.

Maczynski, J., Jago, A. G., Reber, G., & Boehnisch, W. (1994). Culture and leadership styles: A comparison of Polish, Austrian, and U.S. managers. *Polish Psychological Bulletin, 25,* 303–315.

McGrath, J. E. (1984). A typology of tasks. *Groups, interaction and performance* (pp. 53–66). Englewood Cliffs, NJ: Prentice Hall.

Mischel, W. (1977). The interaction of person and situation. In D. Magnusson and D. Endler (Eds.), *Personality at the crossroads: Current issues in interactional psychology* (pp. 333–352). Hillsdale, NJ: Lawrence Erlbaum.

Mitchell, T. R., & James, L. R. (2001). Building better theory: Time and the specification of when things happen. *Academy of Management Review, 26,* 530–547.

Mumford, M. D., Dansereau, F., & Yammarino, F. Y. (2000). Followers, motivations, and levels of analysis: The case of individualized leadership. *The Leadership Quarterly, 11,* 313–340.

Murphy, S. E., Blyth, D., & Fiedler, F.E. (1992). Cognitive resource theory and the utilization of the leader's and group members' technical competence. *The Leadership Quarterly, 3,* 237–255.

Offermann, L. R., Kennedy, J. K., Jr., & Wirtz, P. W. (1994). Implicit leadership theories: Content, structure, and generalizability. *The Leadership Quarterly, 5,* 43–58.

Ostroff, C., Atwater, L. E., & Feinberg, B. J. (2004). Understanding self-other agreement: A look at rater and ratee characteristics, context, and outcomes. *Personnel Psychology, 57,* 333–375.

Pelto, P. J. (1968, April). The influence between "tight" and "loose" societies. *Transactions*, 37–40.

Peters, L. H., Hartke, D. D., & Pohlmann, J. F. (1985). Fiedler's contingency theory of leadership: An application of the meta-analysis procedures of Schmitt and Hunter. *Psychological Bulletin, 97*, 274–285.

Podsakoff, P. M., & Mackenzie, S. B. (1997). Kerr and Jermier's substitutes for leadership model: Background, empirical assessment, and suggestions for future research. *The Leadership Quarterly, 8*, 117–125.

Podsakoff, P. M., MacKenzie, S. B., & Bommer, W. H. (1996). Meta-analysis of the relationships between Kerr and Jermier's substitutes for leadership and employee job attitudes, role perceptions, and performance. *Journal of Applied Psychology, 81*, 380–399.

Podsakoff, P. M., & Schriesheim, C. A. (1985). Field studies of French and Raven's bases of power: Critique, reanalysis, and suggestions for future research. *Psychological Bulletin, 97*, 387–411.

Polyashuk, Y., Ayman, R., & Roberts, J. L. (2008, April). *Relationship quality: The effect of dyad composition diversity and time.* Poster session presented at the meeting of the Society of Industrial and Organizational Psychology, San Francisco, CA.

Porter, L. W., & McLaughlin, G. B. (2006). Leadership and the organizational context: Like the weather? *The Leadership Quarterly, 17*, 559–576.

Potter, E. H., III, & Fiedler, F. E. (1981). The utilization of staff members' intelligence and experience under high and low stress. *Academy of Management Journal, 24*, 361–376.

Preacher, K. J., Rucker, D. D., & Hayes, A. F. (2007). Addressing moderated mediation hypotheses: Theory, methods, and prescriptions. *Multivariate Behavioral Research, 42*, 185–227.

Puranova, R. K., & Bono, J. E. (2009). Transformational leadership in context: Face to face and virtual teams. *The Leadership Quarterly, 20*, 343, 357.

Rice, W. R. (1981). Leader LPC and follower satisfaction: A review. *Organizational Behavior and Human Performance, 28*, 1–25.

Rice, W. R., Marwick, N. J., Chemers, M. M., & Bentley, J. C. (1982). Task performance and satisfaction: Least Preferred Coworker (LPC) as a moderator. *Personality and Social Psychology Bulletin, 8*, 534–541.

Rousseau, D. (2000). Multilevel competencies and missing linkages. In K. Klein & S. Kozlowski (Eds.), *Multilevel theory, research, and methods in organizations: Foundations, extensions, and new directions* (pp. 557–571). San Francisco: Jossey-Bass.

Rousseau, D., & Fried, Y. (2001). Location, location, location: Conceptualizing organizational research. *Journal of Organizational Behavior, 22*, 1–13.

Schneider, R. J., & Hough, L. M. (1995). Personality and industrial/organizational psychology. In C. L. Cooper and I. T. Robertson (Eds.), *International review of industrial and organizational psychology* (Vol. 10). New York: John Wiley.

Schriesheim, C. A. (1997). Substitutes-for-leadership theory: Development and basic concepts. *The Leadership Quarterly, 8*, 103–108.

Schriesheim, C. A., & Neider, L. L. (1996). Path-goal leadership theory: The long and winding road. *The Leadership Quarterly, 7*, 317–321.

Schriesheim, C. A., & Schriesheim, J. F. (1980). A test of the path-goal theory of leadership and some suggested direction for future research. *Personnel Psychology, 33*, 349–370.

Schriesheim, C. A., Tepper, B. J., & Tetrault, L. A. (1994). Least preferred coworker score, situational control and leadership effectiveness: A meta-analysis of contingency model performance predictions. *Journal of Applied Psychology, 79*, 561–573.

Schriesheim C. A., & Von Glinow, M. A. (1977). The path-goal theory of leadership: A theoretical and empirical analysis. *Academy of Management Journal, 20*, 398–405.

Schyns, B., & Van Veldhoven, M. J. P. M. (2010). Group leadership climate and individual organizational commitment: A multilevel analysis. *Journal of Personnel Psychology, 9*, 57–68.

Shartle, C. L. (1951). Studies of naval leadership, part I. In H. Guetzkow (Ed.), *Groups, leadership and men: Research in human relations* (pp. 119–133). Pittsburgh, PA: Carnegie Press.

Shaw, M. E. (1981). *Group dynamics: The psychology of small group behavior* (3rd ed.) New York: McGraw-Hill.

Sternberg, R. J. (1988). *The triarchic mind: A new theory of human intelligence.* New York: Penguin Books.

Sternberg, R. J. (1995). A triarchic view of "cognitive resource and leadership performance." *Applied Psychology: An International Review, 44*, 29–32.

Sternberg, R. J., & Vroom, V. (2002). The person versus situation in leadership. *The Leadership Quarterly, 13*, 301–323.

Stinson, J. E., & Johnson, T. W. (1975). The path-goal theory of leadership: A partial test and suggested refinement. *Academy of Management Journal, 18*, 242–252.

Stogdill, R. M. (1974). *Handbook of leadership.* New York: Free Press.

Stogdill, R. M., & Coons, A. E. (1957). *Leader behavior: Its description and measurement.* Columbus, OH: Ohio State University, Bureau of Business Research.

Strube, M. J., & Garcia, J. E. (1981). A meta-analytical investigation of Fiedler's contingency model of leadership effectiveness. *Psychological Bulletin, 90*, 307–321.

Tobey-Garcia, A., Ayman, R., & Chemers, M. (2000, July). *Leader-subordinate trait dyad composition and subordinate satisfaction with supervision: Moderated by task structure.* Paper presented at the XXVII International Congress of Psychology, Stockholm, Sweden.

Triandis, H. C. (2006). Cultural intelligence in organizations. *Group & Organizational Management, 31*, 20–26.

Van Rooy, D. L., & Viswesvaran, C. (2004). Emotional intelligence: A meta-analytic investigation of predictive validity and nomological net. *Journal of Vocational Behavior, 65*, 71–95.

Vecchio, R. P. (1987). Situational leadership theory: An examination of a prescriptive theory. *Journal of Applied Psychology, 72*, 444–451.

Vecchio, R. P. (1997). Situational leadership theory: An examination of a prescriptive theory. In R. P. Vecchio (Ed.), *Leadership: Understanding the dynamics of power and influence in organizations* (pp. 334–350). Notre Dame, IN: University of Notre Dame Press.

Vecchio, R. P., & Boatwright, K. J. (2002). Preferences for idealized styles of supervision. *The Leadership Quarterly, 13*, 327–342.

Vroom, V. H. (1964). *Work and motivation.* New York: John Wiley.

Vroom V. H., & Jago, A. G. (1978). On the validity of the Vroom-Yetton model. *Journal of Applied Psychology, 63*, 151–162.

Vroom, V. H., & Jago, A. G. (1988). *The new leadership: Managing participation in organizations.* Englewood Cliffs, NJ: Prentice Hall.

Vroom, V. H. & Jago, A. G. (1995). Situation effects and levels of analysis in the study of leader participation. *The Leadership Quarterly, 6*, 169–181.

Vroom V. H., & Jago, A. G. (1998). Situation effects and levels of analysis in the study of leader participation. In F. Yammarino and F. Dansereau (Eds.), *Leadership: The multi-level approaches* (pp. 145–159). Stamford, CT: JAI Press.

Vroom, V. H., & Yetton, P. W. (1973). *Leadership and decision-making.* Pittsburgh, PA: University of Pittsburgh Press.

Waldman, D. A., Ramirez, G. G., House, R. J., & Puranam, P. (2001). Does leadership matter? CEO leadership attributes and profitability under conditions of perceived environmental uncertainty. *Academy of Management Journal, 44*(1), 134–143.

Waldman, D. A., & Yammarino, F. J. (1999). CEO charismatic leadership: Levels-of-management and levels-of-analysis effects. *Academy of Management Review, 24*, 266–285.

Wentworth, D. K., & Anderson, L. R. (1984). Emergent leadership as a function of sex and task type. *Sex Roles, 11*, 513–524.

West, M. A., Borrill, C. S., & Unsworth, K. L. (1998). Team effectiveness in organizations. In C. L. Cooper & I. T. Robertson (Eds.), *International review of industrial and organizational psychology* (pp. 1–48). Chichester, UK: Wiley.

Wofford, J. C., & Liska, L. Z. (1993). Path-goal theories of leadership: A meta-analysis. *Journal of Management, 19*, 857–876.

Yammarino, F. J., & Dansereau, F. (Eds.) (2009). *Multi-level issues in organizational behavior and leadership (Vol. 8 of Research in multi-level issues)*. Bingley, UK: Emerald.

York, R. O. (1996). Adherence to situational leadership theory among social workers. *Clinical Supervisor, 14,* 5–26.

Yukl, G., & Van Fleet, D. D. (1992). Theory and research on leadership in organizations. In M. D. Dunnette and L. M. Hough (Eds.). *Handbook of industrial and organizational psychology* (2nd ed., Vol. 3, pp. 147–198). Palo Alto, CA: Consulting Psychologist Press.

Zaccaro, S. J. (1995). Leader resource and the nature of organizational problems. *Applied Psychology: An International Review, 44,* 32–36.

Zaccaro, S. J. (2007). Trait-based perspectives of leadership. *American Psychologist, 62,* 6–16.

Zaccaro, S. J., Kemp, C., & Bader, P. (2004). Leader traits and attributes. In J. Antonakis, A. T. Cianciolo, & R. J. Sternberg (Eds.) *The nature of leadership* (pp. 102–124). Thousand Oaks, CA: Sage.

第八章

变革型与魅力型领导力[1]

约翰·安东纳基斯

洛桑大学

> 领导者在塑造社会思想方面起着举足轻重的作用。他们可以成为社会道德统一体的象征,可以表现出维系社会整体性的价值观。更重要的是,他们可以设想和倡导一些目标,使人们脱离那些微不足道的琐事,帮助他们摆脱导致社会分裂的冲突,团结一致去追求那些值得为之付出一切的目标。
>
> ——J. W. Gardner,1965

这段在前言中出现过的引言很好地归纳了领导力的重要性;而且,领导者如何利用道德伦理,并运用象征性影响手段使追随者追求集体目标,也从一个侧面突出了魅力的重要作用。人类的历史是由许多伟大的男性和女性构成的,他们既能做成伟大的事业,同时又有能力造成大规模的破坏。如果人类没有发展出变革型和魅力型[2]领导力的相关理论来解释领导力的影响手段,那么很难想象领导力研究领域会是怎样一种现状。当然,变革型和魅力型领导者在理论提出之前就已经存在了,而且也将在未来继续存在下去。这便是研究人员所探讨的魅力型领导者对个体、组织和社会产生的影响;哲学家、历史学家、心理学家和其他社会学领域的科学家们都在尝试寻找一种有力的解释,在我看来,这是领导力研究领域最有趣的未解之谜之一。

---

[1] 作者注:请将对本章的建议和意见发给 John Antonakis, University of Lausanne, Internef 618, CH-1015 Lausanne-Dorigny, Switzerland。电话:++41(0)21 692-3438。电子邮箱:john.antonakis@unil.ch。

[2] 后面的内容会比较明显,我把魅力型视为变革型领导力的一部分。但是,我还是会使用"魅力型"和"变革型"这两个术语来分别表示这两个术语或重点考察魅力型领导力的不同研究流派。

变革型和魅力型领导力理论对于将领导力作为一门科学领域来研究具有深远的影响。这种领导力方法被 Bryman(1992)称为"新型领导力",它打破了与现有领导力模型之间的关系。从某种角度来说,当变革型和魅力型领导力理论出现在研究人员面前的时候,他们禁不住惊呼,因为这正是他们等待多年的理论;而几乎具有讽刺意味的是,根据这种救世主式的解释,该理论研究的是魅力型领导者在其追随者眼中的形象(参见 Hunt,1999)。换句话说,该理论将领导力研究者们从悲观和无从下手的绝境中解救了出来,他们甚至曾经一度声称要放弃对领导力领域的研究(Greene,1977;Miner,1975)。领导力作为一个学科,在研究当中不受重视是难以想象的,因此当变革型和魅力型领导力理论出现之后,学者们对它投入了极大的热情。正如我将在后面所讨论的,也许人们对变革型和魅力型领导力理论投入了太多,以至于忽视甚至可能阻碍了其他理论的重要贡献。

变革型和魅力型领导力是许多研究的重点内容(Yukl,1999),借助这些研究,领导力范式逐渐发展成了今天的样子(Antonakis,Cianciolo & Sternberg,2004;Conger,1999;Hunt,1999;Lowe & Gardner,2000)。至少根据领导力领域最专业的学术期刊——《领导力季刊》(*The Leadership Quarterly*)最近十年(Lowe & Gardner,2000)以及最新一期(W. L. Gardner,Lowe,Moss,Mahoney & Cogliser,2010)发表的文章来看,不管是否当之无愧,该研究流派已经主导了领导力的研究发展方向。

变革型和魅力型领导力理论是如何发展的?该理论为何如此受到研究人员的欢迎?它们将朝什么方向继续发展?在本章,我将尝试着回答这些问题。首先,我将回顾一些历史上的重要研究成果,它们为目前的变革型和魅力型领导力的发展提供了基础。在现代理论方面,我将重点讨论 Bass(1985)提出的理论——"全面领导力理论"(full-range leadership theory),也被称为"变革-交易型"领导力理论(Avolio & Bass,1991),它是变革型和魅力型领导力运动中的标志性理论(Antonakis & House,2002)。尽管我的工作的一部分内容就是针对变革型和魅力型领导力的(Antonakis,2001;Antonakis & Atwater,2002;Antonakis,Avolio & Sivasubramaniam,2003;Jacquart & Antonakis,2010),但是在这里我将对该理论流派,特别是它的前身——Bass 的理论进行谨慎回顾,同时还将突出该理论中的一些优势和弱点。鉴于我是"该领域的一员",一些魅力型领导力的反对派如 Gemmill 和 Oakley(1992)可能会认为,回过头来用批判的态度审视该理论对我来说可能不是一件简单的事情。虽然我对变革型和魅力型领导力理论怀有敬意,但是我还是会使用我的"友军火力"指出全范围理论中存在的空白和前后矛盾之处（Antonakis & House, 2002；Antonakis, House, Rowold & Borgmann, 2010）；只有经受过挑战的理论才能得到发展，正是怀着这样一种心态，我要在变革型和魅力型领导力模型身上戳出几个洞来。最后，我还将简要回顾一下竞争变革型和魅力型领导力范式，并在最后总结一下目前变革型和魅力型领导力研究的方向，以及未来应当朝哪个方向继续发展。

变革型和魅力型领导力：发展简史

大多数人都认为是韦伯（1947）创造了"魅力型"这一术语，并首次对魅力型领导者对其追随者产生的影响给出了解释。稍后，我将向大家展示韦伯的思想是如何渗透到领导力研究当中的。然而，对于类似魅力型领导力现象的理论解释，以及领导者使用有力的说服手段影响追随者的方式，在很早之前就已经存在了。事实上，在公元前4世纪，亚里士多德就在自己的著作（译本，1954）中首次记述了这些内容以及修辞学领域的基础内容——这是魅力型领导力的重要基础。

在《修辞学》中，亚里士多德认为，**一位领导者必须通过创新的修辞方法（即魅力型和变革型领导力）来获取追随者对自己的信任**。这些方法包括激发追随者的情感（"情感"）、通过领导者的人格特征提供一种道德视角（"品格"），以及运用理性辩论（"理性"）。很明显，上述三个维度以及亚里士多德认为的其他非艺术方法（即强化交易型和厌恶型领导力的行为），包括签订契约、依靠法律、拷问、召集证人以及宣誓等，可以被看作 Bass（1985）全面领导力理论的简化版本。为了更好地理解亚里士多德不仅在魅力型领导力领域，而且在情感与认知心理学以及其他科学领域中惊人的洞察力，我将引用他在第一本书第二章中有关三种修辞的影响的一段话，如下：

> 第一类（说服他人的）方法以演讲者的个人特征为基础；第二类方法则是将听众置于某种思维模式之中；而第三类方法是由演讲本身通过文字提供证据或明显证据。当演讲者在演讲中通过个人性格使听众相信自己可以信赖时，便达到了说服的目的。与其他人相比，我们更容易充分地相信优秀的人：一般来说，无论面临怎样的问题这都是正确的，而且在不存在绝对的确定性以

及意见存在分歧的时候，这样是绝对正确的。这类说服像其他种类的说服一样，应当是通过演讲者所讲的内容来实现的，而不是通过人们在演讲开始之前，对演讲者个人性格的认识来实现的。正如一些学者在自己的修辞学论文中所假设的那样，演讲者表现出来的美德无法提高说服力的观点是错误的；相反，演讲者的性格特征可能几乎是其所掌握的最有效的说服手段。第二，当演讲的内容能够引起听众的情感共鸣时，他们便能够被说服。当人处在高兴和友好的情绪中时，其判断力与他处在痛苦和敌意的情绪中时截然不同。我们始终认为演讲能够产生这样的效果，今天的修辞学学者们正全身心地投入这方面的研究中。当我们讨论情感的时候会详细讨论这个主题。第三，当我们通过适用于问题的有说服力的论证方法证明某个真理或一个明显的事实时，说服会通过演讲本身发挥作用。(p.7)

我建议读者们在读到本章，特别是有关"全面领导力模型"那部分的内容时，回过头来阅读一下上面的段落（甚至是亚里士多德的整本书）。阅读亚里士多德的著作和柏拉图的《理想国》（译本，1901）等其他经典著作，真是让人大开眼界；这些著作是西方在有关领导力、道德和优秀政府方面的重要思想基础。在阅读中我还感到困惑的是，既然我们在很久之前就已经了解了这么多，为什么人性并没有发展得比现在更加复杂和可靠？为什么国家之间还会发动战争？为什么腐败依旧盛行？为什么仍然存在大范围的贫穷和疾病？我们的生态系统为什么面临威胁？为什么人们容易受到糟糕领导者的欺骗？

在本质上，这些问题大多都属于领导力问题。直到最近，在经历了黑暗时代因科学与理性被禁止而出现的衰退期后，这些人性方面的问题才得到了研究人员的格外重视，任何形式的科学与理性都必须引到众人面前，并且使人们能够更好地理解领导力过程。沃伦·本尼斯（见本书）在过去几十年中展现出了在领导力问题上非凡的洞察力，他指出："很重要的一点是，**我们的生活质量取决于我们的领导力质量**。领导力的研究情境与其他学科，比如天文学的研究情境相比是非常不同的。从定义上说，**领导者掌握着权力**，因此我们研究领导力的兴趣大小与研究糖尿病和其他危及生命的疾病是一样的。只有当我们能够控制领导者的时候才能够了解他们。"

事实上，作为最有力的领导者，尽管魅力型和变革型领导者拥有能够做出可怕事情的能力,但是此类领导者同时也能够带来人们需要的社会变化,这一点解释了本尼斯的担心。当然,我不会在本章讨论有关领导力的选择、发展和产出,以及其他相关问题的内容,因为这些内容可以从本书的其他章节读到。我重点考察的是魅力型和变革型领导力,同时可能还会讨论一些与其相关的重要问题。接下来,我将(按照年代次序)讨论该研究流派中最重要的一些贡献。

韦伯的研究

韦伯(1947)是第一位使用"魅力型"这个术语,并且认为魅力型领导者能够带来社会变化的学者。他发现这类领导力表现在"当心理、身体、经济、道德、信仰(或)政治面临危险之时"(Weber,1968)。对韦伯(1968)来说,领导者的魅力"并不是每个人都能拥有的特殊的身体与精神礼物"(p.19)。这类领导者具有"超自然、超人类,或者至少非常特殊的能力或素质"(Weber,1947,p.358),并且能够从事伟大的事业。韦伯(1968)认为,魅力型领导者的追随者愿意将自己的命运交到领导者手中,同时还会因为产生了"热情,或者绝望和希望"的情绪而支持领导者的任务(p.49)。韦伯(1968)认为,魅力型权威不同于官僚型权威,魅力型领导者的核心是对追随者情感的感召,"他们的态度是革命性的,能够改变任何事物的价值,并且打破了所有的传统或理性规范"(p.24)。最后,韦伯(1968)还说道,魅力的影响和领导者的遗产可能会继续成为组织或者社会文化的一部分,然后由于组织或社会被官僚的理性和有条不紊的过程包围而逐渐变得衰微。

在韦伯的研究中,关于魅力型领导力最有趣的一点是情境的重要性以及魅力型领导者所表现出来的明显的拯救气质。魅力型权威与其他类型权威之间的区别也非常值得注意。特别是,韦伯并没有十分清楚地表明魅力型领导者做了什么,他更关心的是结果而不是意义。其他社会学家继续了韦伯的研究(参见 Shils, 1965)。比较有名的是 Etzioni(1964)的结构主义研究,该研究着重考察了正式领导对个体产生的影响,以及对追随者产生影响的力量来源问题。Etzioni(1964)区分了领导者可能使用的三类力量基础,即:(1) 身体力量:使用威胁或胁迫手段;(2) 物质力量:使用奖励手段;(3) 象征力量:使用规范性或社会性力量(也可以参见 French & Raven, 1968)。象征力量即为 Etzioni(1961)所指的"魅力力量"(p.203)。根据 Etzioni(1964)的研究,当领导者运用象征力量超过物质力量或身体力量,以及运用物质力量超过身体力量时,其追随者会表现出更多的承诺性和更少的分裂性。

■ Downton 的反叛型领导力

与韦伯对魅力的解释一样,Downton(1973)根据反叛型政治领导人(rebel political leader)提出了交易型、魅力型与鼓舞型领导力理论。这是继亚里士多德之后,首次将合同型(交易型)委托-代理类型影响过程置于魅力型权威的对立位置。奇怪的是,这项研究工作要比 Bass(1985)的研究早十几年,但是 Bass 并没有在自己最初发表的文章中提到这一点。Burns(1978)在自己的变革-交易型领导力二分理论中间接(关于进化领导力方面)提到了反叛型领导力。不过后来 Bass 还是承认了这一点(Hater & Bass,1988)。

Downton(1973)将交易定义为"一种交换过程,它类似于经济生活中的合同关系,(并且)以参与者的诚信为基础"(p.75)。Downton 认为,交易双方承诺的履行构成了领导者及其追随者之间的信任基础,促进了双方的关系,同时为未来进一步的交易创造了互惠互利的氛围。Downton 还区分了正面交易和负面交易。正面交易指的是追随者因实现了预期结果而获得奖励的情况,而负面交易指的是追随者不听从领导者的要求,最后导致受到惩罚的情况,详细内容将在后面的部分讨论,这种对正面交易和负面交易的准确解释,正是 Bass(1985)创建权变奖励与例外管理领导者行为理论的基础。

Downton 认为,魅力型领导者对追随者具有强大的影响力,因为他们超越他人的理想和权威能够促进追随者对领导者的身份认同。在这种情况下,伴随着心理交换过程产生了信任。我们将在鼓舞型领导力部分进一步讨论这种承诺与信任。鼓舞型领导者是很有说服力的,他们鼓励追随者投入认同的理想中去并牺牲自己,赋予了追随者追求的目标,创造出了区别于魅力型领导力的行为意义。追随者与这些类型的领导者产生联系,但他们并不需要对这些领导者产生尊敬之感。因此很明显,鼓舞型领导力独立于魅力型领导力。根据 Downton(1973)的观点,鼓舞型领导力无法培养出追随者对领导者的依赖性。不仅如此,"鼓舞型领导者的承诺,始终会根据领导者对于追随者的世界观的不断象征性展示而发生权变"(p.80)。

Downton 进一步认为,虽然领导者与追随者之间的魅力型关系最终会导致鼓舞型关系,但并不是所有的鼓舞型关系都会导致魅力型关系。最后 Downton 提出,所有的领导力来源,无论是交易型、鼓舞型还是魅力型,都应当不同程度地运用到实践中(这与Bass的观点一致,1985)。总而言之,根据Downton(1973)的观点,"个人规则系统的合法性可能源自对奖励和惩罚的运用(即交易型领导力),对赋予行动、痛苦以意义的虚构故事和符号的运用(即鼓舞型领导力),以及能够为那些心理状况或社交活动要求遵守秩序的人提供安全感、新身份认同或文化强化的领导者的形成(即魅力型领导力)"(pp.284—285)。虽然Downton创建了变革型和魅力型领导力理论的基础,但是他对该研究领域的影响甚微——这大概是由于20世纪80年代,心理学家们在研究领导力时没有提及他的研究造成的,而Bass的理论在那时已经深入人心了。

魅力理论的心理学理论

House(1977)第一个提出了用于解释魅力型领导者行为的整合性理论框架和可测试假设,他还重点分析了魅力型领导者对追随者在心理层面的影响。同样重要的是,House对魅力型领导者影响追随者的手段(并由此控制了追随者的感知)给出了理论解释;同时他还指出,魅力型领导者拥有影响他人所必备的说服技巧。此外,House还介绍了魅力型领导者的性格特征,并认为魅力型领导者的个体差异是可以测量的。该理论可能算是我们今天研究魅力的最重要的理论基础,然而House告诉我他也会感到一些遗憾,其中之一就是对该理论的"贱卖"——只是把它作为一本书的一个章节,而没有作为学术论文来发表。

House(1977)认为,魅力的基础是发生在追随者及其领导者之间的情感互动。根据任务要求的不同,魅力型领导者会激发追随者的动机以实现领导者的理想和价值,而反过来追随者会表现出对领导者的情感和敬佩,同时也表达了自己的情绪和理想。House认为,魅力型领导者是那些"因个人能力而能够深远并显著影响追随者的人"(p.189)。根据House的理论,魅力型领导者会表现出对自身能力和对追随者的信心,对自己和追随者有着很高的期望,同时对期望的达成也会表现出很大的信心。对于这些行为会产生的结果,House认为,魅力型领导者会成为追随者的榜样和认同的目标,他们会效仿领导者的理想和价值观,同时在热情的激励和鼓舞下会最终实现卓越的目标。这类领导者被认为是具有胆识的,因为他们敢于挑战那些并不令人满意的状况。而且,"由于领导者还具备如卓越的能力等其他'天赋',因此追随者相信领导者能够带来社会变化,并因此带领他们脱离困境"(House,1977,p.204)。

House(1977)指出,"实际上,这种所谓的'天赋'很可能是个人特征、领导者的行为、追随者的特征,以及当时假设的领导力风格的特定情境因素之间的复杂交互作用"(p.193)。最后,针对魅力型领导者的个人特征,House 认为,他们通常会表现出高度的自信、有利于社会的果断性(支配力),以及坚定的道德信念。这些领导者会塑造追随者去做自己期望的事情,通过自我牺牲体现奋斗的努力,并且借助形象塑造与自我宣传行为给人一种强大和极具竞争力的印象。

House(1977)具有敏锐的洞察力和先见之明。他的理论不仅清晰、令人赏心悦目,而且使领导力研究者在领导力非常不受重视时摆脱了当时对于领导力的一贯看法(Antonakis et al.,2004)。

政治科学中的转换-交易型领导力(Transforming-Transactional Leadership)

Burns(1978)出版了他关于政治环境下领导力的巨著。他的研究成果为 Bass(1985)的研究提供了基础,尤其是在领导者对追随者产生的变革性影响方面。Burns 将领导力定义为"**引导追随者为了某些体现了领导者、追随者双方价值观和动机(即欲求和需要、愿望和期望等)的目标而采取行动**"(p.19)。虽然领导者和追随者在这些目标上有着密切的联系,但是领导者在指导追随者实现这些目标时却发挥着独立的作用。领导者与追随者之间的相互作用可以定义为以下两种方式中的一种:(1)交易型领导力:形成一种以诸如政治、经济或情感上有价值的物品交易为基础的关系;(2)转换型领导力:使领导者和追随者双方的动机、道德和伦理诉求都得到提升。

根据 Burns 的观点,与交易型领导力(专注于提高自身利益,并因此限制了范围和影响力)相比,转换型领导力(专注于卓越和远大的目标与理想)对追随者和集体能够产生更大的影响。理论上说,转换型领导者能够提升追随者在事物重要性方面的意识,尤其是在道德和伦理意义方面,同时使他们超越自身利益,投身于更加有益的事业中去。虽然交易型和转换型领导力都能够对实现人的目标做出贡献,但是 Burns 却将它们看作是相对的两个部分。正如 Burns 所说,"交易型领导力的主要体现是道德价值,也就是方法的价值……而变革型领导力则更关心最终价值"(p.426)。Burns 将这两种领导力风格看作是一种权衡,一种零和游戏。

本质上,Bass(1985)是在 Burns(1978)的模型的基础上建立自己的模型的。他对模型进行了扩展,涵盖了他称之为"变革型"领导力(取代了转换型领导力)的子维度。此外,尽管 Bass 在最初的变革型领导力概念中并没有关注道德和伦理方面的含义,但最终他还是赞同了 Burns 的观点,即像希特勒那样的领导者属于伪变革型领导者,真正的变革型领导力的核心应当是"正确的"价值观(参见 Bass & Steidlmeier,1999)。

Bass 的变革型领导力和交易型领导力模型

Bass(1985)的变革-交易理论既包括"新领导力"(即魅力、愿景和爱好)的元素,也包括"旧领导力"(即交易型领导力行为,强调角色和任务要求)的元素。我在这里提到"一些元素",原因是这个理论已经超越了领导力的行为学二因素理论(参见 Selter & Bass,1990)。这些理论(参见 Fleishman,1953,1957;Halpin,1954,Stogdill,1963;Stogdill & Coons,1957)将领导力概念化成强调任务(结构维度)或强调人(关怀),这是 20 世纪 50 年代和 60 年代占主导地位的领导力模型。但是,我在下面会提到,Bass 的模型忽视了和任务相关的领导者行为。

Antonakis 和 House(2002)鼓励研究者们把 Bass 的全面领导力理论(1985)作为一种建立更完整的领导力理论的平台,但是,他们也提出,这个理论不包括工具型领导力(主动结构型),虽然 Bass 也曾指出这一点。Antonakis 和 House 通过将 Bass 的理论和其他"新"理论进行对比得出了这个结构,我在下面也会谈到这一点。他们的建议最近得到了检验,有充分的证据显示,所谓的全面领导力理论并不像最初被提出的那样"全面"(Antonakis & House,2004;Antonakis,House,et al.,2010),尤其是在工具型领导者行为的战略以及工作促进方面。我将在后面考察与魅力-变革型领导力理论竞争的一些理论的时候对这几点进行简单讨论,尤其是关于指示型行为的战略性方面。

我首先给出 Bass 理论的当前形式(Avolio & Bass,1991;Bass & Avolio,1997),该理论自从 Bass、Avolio 及其同事的著述之后已经发展了较长的时间(Avolio & Bass,1995;Avolio,Bass & Jung,1999;Bass,Avolio & Bebb,1987;Hater & Bass,1988;Waldman,Bass & Yammarino,1990;Yammarino & Bass,1990)。这一理论已经投入实践,并经过多因素领导力问卷(MLQ)的测试,这已经在样本异质性建模的大型研究中得到了展示(Antonakis et al.,2003;Antonakis,House,et al.,2010)。关于多因

素领导力问卷因素结构的有效性存在很多争议,这里要注意一点,那就是样本异质性是构想效度所忽视的一个方面。例如,如果两个因素在一个情境中发生了正的共变,而在另一个情境中发生了负的共变,那么将样本混合会打乱因素结构的稳定性(Antonakis et al. ,2003)。心理计量学领域对此已经进行了大量研究(Muthen,1989),但是理解样本异质性以及将其建模只是刚刚缓慢进入应用心理学和领导力研究领域。例如近期关于多因素领导力问卷有效性的大型研究以及模型的延伸(工具型领导力加入其中)。Antonakis、House 等(2010)指出,使用 MIMIC 模型(多个指标,多个原因)实际上排除了语境因素的影响,这种影响是和多因素领导力问卷模型的变量相关的,因此能够提高模型的适用性。另外,他们还指出,在特别大的样本中,尽管因素之间的关系非常紧密,因素的独特影响还是可以进行评估的,也就是说,缓解影响效果的共线性的最简单的办法就是增加样本的数量(Kennedy,2003)。我尽量清楚地解释后面这一点,其原因是一些研究者指出,即使构成理论的因素在理论上足够独特,它们之间高的相关性还是使其在回归模型中变得多余。实际上,只要样本足够大,一般的最小二乘或最大似然估计量在具有高度关联的独立变量的评估模型中都没有问题。然而,到底多大才算是"足够大"只能通过 Monte Carlo 分析才能确定(Antonakis,House,et al. ,2010)。

虽然关于多因素领导力问卷模型的因素结构存在很多争议,但是多因素领导力问卷的预测效度(现时效度)却很少或几乎不存在争议,这一点已经由多次元分析得到证明(DeGroot, Kiker & Cross, 2001;Dumdum, Lowe & Avolio, 2001;Gasper,1992;Judge & Piccolo,2004;Lowe, Kroeck & Sivasubramaniam, 1996)。在当前的形式中,多因素领导力问卷测量了九个领导力因素。前五个(理想化影响力特质、理想化影响力行为、鼓励型激励、智力刺激和个性化关怀)测量变革型领导力,后三个(权变奖励、主动例外管理和被动例外管理)测量交易型领导力;最后一个因素关注的是非领导力(即放任式领导力)。下面即开始解释变革型因素。

魅力-特质及行为式理想化影响

理想化影响,或魅力,最早由 Bass(1985)所定义,理想化影响是领导力的情感构成部分,用于"描述那些因其自身魅力对其追随者产生深刻影响的领导者"(p.35)。从理论上看,这些领导者受到追随者的敬重,追随者无私忠诚于并投身于领导者的事业。正如 Bass(1998)所强调的,"变革型领导者将(追随者)的目标从个人安全和稳定转变为成就、个人实现和更好的品质"(p.41)。追随者会理想化这些领导者,领导者是他们的榜样,为他们指明方向和目标,领导者们充满力量和信心,充分考虑决策的伦理性和道德性。从理论上说,这些领导者会激发追随者对成就、归属感或权力的渴望从而使得他们关注群体的任务。魅力型领导者进行符号化的沟通方式,喜欢使用形象以辅助说明,在传达对未来的畅想时非常具有说服力。通过这种方式,他们与追随者建立了一种紧密的情感连接。

理想化影响最早被称作魅力。但是,正如 Bruce Avolio 向我指出的,魅力这个词暗含了对领导者进行偶像化的倾向,所以我们需要一个更加中性的词。因此这个因素在后来的出版物(Avolio, Waldman & Yammarino, 1991; Bass & Avolio, 1994)中被重新命名为理想化影响(即暗示了理想化)。理想化影响后来被分为行为式和特质式两个部分,以应对先前出现的批评意见(Hunt, 1991; Yukl, 1998, 1999),因为量表没有说明"建立在行为基础之上的魅力型领导力……它关注的是对追随者的影响,这被称作理想化影响"(Avolio, Bass & Jung, 1995, p.7)。特质式理想化影响指的是追随者对于领导者的感知结果所能形成的领导者属性。行为式理想化影响指的是追随者可以直接观察到的领导者的具体行为。虽然两个因素实际上都和领导者的魅力有关,但是它们的执行和测量却是不同的。研究者们有时将这两个因素捆绑起来;变革型领导力量表的所有五个因素通常会被集合起来,因为它们有相似的效果且高度关联(Judge & Piccolo, 2004)。但是,正如前面所提到的,样本足够大的时候,它们不同的效果是可以进行评估的(Antonakis, House, et al., 2010)。

与多因素领导力问卷中魅力项有关的一个问题是,通常对它的描述都过于概括,例如,对理想化影响属性量表来说,一个人如何对一个看起来"充满力量和自信"的领导者进行客观测量呢?在未来多因素领导力问卷特质量表(参见对未来领导力研究的讨论)中,我们需要考虑更多具体的行为指标。

鼓励型激励

鼓励型激励是一种激励并推动追随者实现自己看似不可能完成的目标的领导力。这一因素和理想化的魅力的效果不同,"在影响过程中使用或增加了非智力的情感因素"(Bass, 1985, p.63)。在这里,领导者提高追随者对自己的期望值,并鼓励追随者,说他们可以实现这些目标,通过这种方式激励追随者采取积极的行动,这种过程被 Bass 描述成皮革马利翁效应(参见 Eden, 1998; Eden et al., 2000)。领导者预测其追随者有能力完成某个目标,然后显示出绝对的信心,并保证一定能实现目标,于是追随者受到鼓励,积极行动去超水平地完成这一目标,这样就实现了一个自我实现的预言。

◼ 智力刺激

智力刺激在大多数情况下是变革型领导力的一种"理性"的和"非情感"的构成,它与其他变革型构成因素截然不同。在这里,领导者通过创造"对想法、想象、信仰和价值观的问题意识与问题解决方式"来启发追随者的智力(Bass,1985, p.99)。Bass进一步指出,经过智力刺激,"追随者对他们所面对的问题的性质所进行的概念化、理解和认识"都发生了彻底的变化(Bass,1985,p.99)。因为个体身处问题解决的过程之中,他们会受到鼓励并努力实现目标。智力刺激包括挑战追随者的假设、总结和模式化并刺激追随者们去探索改善当前绩效的方法。

◼ 个性化关怀

Bass(1985)指出,使用个性化关怀的领导者会向其追随者提供社会情感的支持,并且会帮助下属开发自己的最高潜能,给予其鼓励。在这种情况下,领导者向追随者提供"个性化的关注和发展性或顾问性的指南"(p.83)。领导者通过指导追随者,定期与其接触,帮助他们实现自我以完成个性化关怀。按照Bass和Avolio(1993)以及Seltzer和Bass(1990)的观点,个性化关怀不应和俄亥俄州立大学领导者行为研究(Stogdill & Coons,1957)的"领导者关怀"量表混淆,后者将领导者分为友好型和可接近型。但是数据显示,这个量表可能可以测量大多数关怀,这也不是一件坏事(虽然为了避免建构的扩散化使用,科学家们不应该为现有的建构起新的名字)。除了Seltzer和Bass(1990)的有限研究之外,目前还没有其他研究对领导者关怀和个性化关怀之间的关联强度进行评估。在Seltzer和Bass(1990)的研究中,这两种建构的关联度是0.60,但是,这种关联的测量错误未加修改,研究的样本规模也相对较小($n=138$)。此外,个性化关怀不能预测除初始结构和关怀之外的产出;Bass和Seltzer使用了一个分割样本的研究设计(这个研究缩小了样本规模进而降低了样本的可靠性),发现了难以理解的结果(例如智力刺激和产出有负面联系,这可能是因为小规模样本带来的多重共线性)。

下面我要提出三种交易型因素。

权变奖励

Bass(1985)指出,权变奖励领导力是建立在经济利益和情感沟通基础上的领导力,这种领导力将角色要求明晰化并对优秀产出给予奖励。因此,Bass 提出,权变奖励领导力和 House(1971)提出的路径-目标理论在作用上有相似之处。权变奖励是一种建设性交易(Bass,1998),它在鼓励追随者方面具有一定的效果,但是相较于变革型领导力行为,效果稍差一些。领导者将任务分配给追随者,向其提供帮助,对他们所取得的进步进行表扬和肯定(Bass & Avolio,1997)。

但是,Bass 指出,这种因素和初始结构(是路径-目标理论中的因素之一)在运作上有相似之处,权变奖励更关注角色要求和奖励,而较少关注结构。事实上,Antonakis、House 等(2010)最近指出,指导型领导者因素(比亲力亲为更有效果)超越了权变奖励。

(积极)例外管理和(消极)例外管理

按照定义,例外管理是一种负面交易,因为领导者要对偏轨行为进行监管(Bass,1998)。例外管理在强调产出方面和权变奖励类似,但是在例外管理中,领导者对错误和偏差做出反应。根据 Hater 和 Bass(1998)的实证研究,例外管理被分成积极和消极两种。按照 Bass 的理论(1998),采用积极例外管理的领导者会观察偏离规范的行为,采用消极例外管理的领导者会一直等到偏轨行为出现之后才进行干预。因此例外管理的消极形式通常与模型的最后一个因素相关,也就是放任式领导力(研究者们通常将这两种形式称作被动-逃避式领导力)。

作为交易型领导力的一部分,例外管理被认为涵盖初始结构的多个方面。例如,一些初始结构的概念化,如 Fleishman(1953)的 SBDQ(领导行为描述问卷),包含权变负强化(参见 Schriesheim,House & Herr,1976)的各个方面。因此,这种纠正性交易型因素和权变奖励分开进行测量是一件好事。但是,建立在预防错误发生基础之上和任务相关的发展反馈的积极方面(例如提供有关如何纠正错误的信息,提供学习反馈并进行持续的提升指导)并不是在这个因素中进行测量的(Antonakis,House,et al. ,2010)。

放任型领导力

为了充分解释所有潜在的全面领导力行为,我们增加了一个非领导力的量表来表明领导力的缺乏(即无交易行为;Bass,1998;Bass & Avolio,1994;1997)。这些类型的领导者会避免表态或做出决定,他们放弃了自己的权威。在消极例外管理之后,这个因素是领导力最不积极的形式。

正如上面提及的,几种元分析已经确定,这些因素能够预测产出。最近的一次元分析显示,变革型领导力、权变奖励领导力、积极例外管理和领导者成果有正面关联,而消极例外管理、放任型领导力则与产出有负面关联(Judge & Piccolo,2004);相似的多变量回归结果也显示了该效果。

竞争性魅力-变革型模型

我在这里要讨论几个多变量模型,这些模型具有一个变革-魅力或愿景型构成部分。其中的一些在理论上、在本质上都是整合性和命题性的(例如 Shamir,House & Arthur,1993)。至于实证性的理论,只有 Podsakoff 及其同事(Podsakoff,MacKenzie & Bommer,1996;Podsakoff,MacKenzie,Moorman & Fetter,1990)的模型显示出一些实质性的研究兴趣。虽然 Podsakoff 的变革型领导力问卷并不像多因素领导力问卷那么审慎,但是研究人员对它还是大加赞赏,因为它并不是一个使用礼节性问题的测量工具(这正如多因素领导力问卷一样)。

魅力的特质理论

Conger 和 Kanungo(1988,1998)提出了一种魅力型领导力理论,按照这种理论,一个领导者通过一种基于追随者对其行为的认知之上的属性过程而被合法化。因此,领导力就是"一种关系性的和特质的现象",它存在于领导者与追随者的互动之中(Conger & Kanungo,1998,p.38)。Conger 和 Kanungo(1998)指出,个人通过一个三阶段的行为过程被其追随者确认为领导者。这个过程并不一定是线性的,这三个阶段可以按照任何顺序进行,也可能同时进行。

第一,高效的魅力型领导者会对现状进行评估以确定追随者的需求,他会在可选范围内评估可用资源,提出具有说服力的观点引起追随者的兴趣。第二,领导者提出引发追随者行动的愿景,追随者在实现客观目标的过程中完成了对愿景的追求。理想化的愿景使追随者发现自我,并对领导者的好感增加,因为愿景中包含追随者所向往的状态。第三,领导者通过向追随者强化一种"任务是一定可以完成的"的概念而增加追随者的信心,提升其竞争力。领导者使用非常规的方式和技术来激发行动并展示该如何完成目标。按照这种方式,他们起到了一种强有力的示范作用,进一步激发追随者行动起来。这种三阶段的过程被假定可以增加对领导者的信任,提高追随者的工作绩效,从而使组织实现自己的目标。

按照Conger和Kanungo(1998)的观点,前面提及的程序可以在Conger Kanungo量表(CKS)这样一个行为量表中得以体现,这个量表包含下面五个因素:(1)战略性愿景的制定和表达;(2)对环境的敏感性;(3)对成员需求的敏感性;(4)个人风险;(5)非常规性行为。和全面领导力理论相比,多因素领导力问卷量表并不能直接体现对环境的敏感性、个人风险以及非常规性行为。从理论上说,个人风险和非常规性行为看起来与全面领导力理论(FRLT)的理想化影响(属性)量表相重叠,因此,它不应该解释未来领导力与该量表无关的产出变化。最近的研究确实表明CKS和变革型领导力高度相关($r=0.88$,测量错误未纠正)。更重要的是,CKS未能预测客观绩效产出中超越变革型和交易型领导力的增量变化(Rowold & Heinitz,2007)。另外,虽然Conger和Kanugo确实提供了一些支持他们的五因素模型的证据,但是这些证据缺乏说服力,并且独立的研究样本也没有对此进行大量的有效研究。

■ 自我概念和魅力

House和Shamir(1993)在他们所谓的"新类型"魅力理论基础之上提出了一种领导力的整合性理论。House和Shamir的整合框架在很大程度上是建立在领导者如何启发追随者的自我概念的基础之上的。这个理论基于Shamir、House和Arthur(1993)的观点,即魅力型领导者以他们的愿景和任务作为一种启发追随者自我概念的平台。领导者按照这种方式对追随者产生了特别的影响,追随者的自信心,以及对自我价值、自我效能、集体效能和领导者的认同、社会认同及价值的内化都得到了提升。Shamir等人指出,这些特别的领导者通过激励型机制(由领导者的行为引发)对追随者产生了很大的影响。这些行为包括为行动提供理念性的解释,强调集体性的目标,引用与理想相关的历史性事件,提及追随者的自我价值和效能,使追随者们相信他们有能力实现目标,增强他们的信心。这种领导者的行为,即激励性机制引发了一种自我概念的效果,使得追随者们更加投入于领导者的任务,出现自我牺牲式的行为,更加认同组织身份和任务的意义。这些效果在追随者的自我表达及坚持之后得到了进一步的加强。作为这些效果的复杂性的一个例子,Shamir 等人指出,"魅力型领导者……通过强调努力和重要价值之间的关系增加追随者的自我价值,一般意义上的自我价值会增强自我效能;道德的正确性是力量和信心的来源。对自己信念的道德正确性的完全信仰会给人信心和力量,让他们按照适当的方式行事"(p.582)。

根据 McClelland(1975,1985)数十年的研究,House 和 Shamir(1993)进一步指出,除了唤起追随者的自我概念,领导者们还会根据环境因素选择性地激发追随者关于成就、归属感和权力的动机。例如,在强调任务的环境中,领导者们会激发关于成就的动机。在对追随者的竞争性有要求的环境中,领导者们会激发关于权力的动机。House 和 Shamir 认为,这种激发的过程其实存在于追随者的下意识之中,"因为激发了动机,个体变得更加投入,他们对于自我概念和自我效能的认知也会根据激起的动机发生变化"(p.92)。House 和 Shamir 的理论进一步指出,领导者在成就、归属感或权力方面的理想行为上为追随者树立了榜样,追随者从领导者那里进行了间接的学习,并模仿这些行为。因此,House 和 Shamir 指出,领导者"帮助追随者定义了那些有助于发展的特质、价值观、信仰和行为"(p.95)。

根据以上论述,House 和 Shamir(1993)在确定他们评述过的理论框架中的模式和理论缺口时提出了一个七因素的领导力模型,其中包括:(1)愿景行为;(2)积极的自我展示;(3)授权行为;(4)谨慎的风险和自我牺牲的行为;(5)智力刺激;(6)支持性领导者行为;(7)适应性行为。可能除了积极的自我展示、谨慎的风险、自我牺牲的行为和适应性行为之外,这些因素在某种程度上和多因素领导力问卷因素是重叠的。风险和自我牺牲式的行为在追随者对领导者的理想化影响的属性中非常明显,因为领导者展示出一种高度的道德和伦理模式,是一个倾向于冒风险的人,并对任务有很强的责任感(Bass,1998)。因此,按照定义,领导者会谨慎地冒风险并做出个人牺牲。适应性行为来自 Conger 和 Kanungo(1998)的理论,反映了我们先前讨论的环境监测因素。积极的自我展示可能在多因素领导力问卷的指标中非常明显(例如一位领导者所展示的权力和信心),并且可以从两个角度进行测量:第一,追随者是否尊重他们的领导者;第二,追随者是否因和领导者有关联而感到骄傲（Bass & Avolio,1995）。换句话说，领导者进行积极自我展示的程度将在追随者对其做出的魅力型属性评估中表现得很明显。House 和 Shamir 还指出，积极的自我展示和信誉的构建相关。尊重领导者、为领导者感到骄傲、认为领导者有权威且自信的追随者（多因素领导力问卷直接捕捉的因素）必然认为领导者是可信且可靠的。因此领导者必须为自己打造一个适当的形象来促成这一过程的发生。

愿景型领导者

Sashkin(1988)的理论框架强调高层领导者的愿景型领导力的关键构成部分。Sashkin 指出，领导者展示出对情境限制的敏感性并倾向于按照直觉而不是智力来工作。愿景型领导者对社会化的权力（McClelland,1985）和特定领域的知识（例如何种愿景在特定的环境条件下可以发挥作用）有较高的需求。也就是说，愿景型领导者因其在认知领域的技能能够充分利用情境条件，并且"能够根据机会的构成特征调适自己，他们在适应未来的同时也在创造未来"（p. 128）。Sashkin 认为，愿景型领导者能够表达自己的愿景，向他人解释这个愿景，并将其延展到其他情境之中，最后拓宽愿景的时空影响力。他们可以启发性地处理不确定的条件并在他们的愿景中增加一些灵活性以应对和处理不熟悉的情况。Sashkin 同时也指出，愿景型领导者使用他们的观察力使组织适应环境的变化，他们推崇那些有利于实现愿景的价值观和理想。另外，他们利用愿景将追随者团结起来，为一个共同的目标而努力。

愿景型领导者知道如何将愿景塑造成一种可运作的构成部分，可以将愿景变成组织所有层面的行动。这些构成部分涉及影响组织及其运作者的战略和战术层面。愿景型领导者通过个人持续的努力，使得追随者更加关注关键的事务，并保证追随者理解这些事务。最后，这些领导者对自己和他人都非常尊重，他们能增加追随者的信心，使他们谨慎地冒风险，并将追随者纳入他们的任务之中。这些可操作的行为可以实现双向的关联和加强。

Sashkin(1988)的论点和多因素领导力问卷的模型支持在实质上存在部分重合，相对于道理或道义，前者更强调理想，并且以战略为导向，更接近 Westley 和 Mintzberg(1998)的战略愿景理论。虽然 Sashkin 对愿景的"功能"做出了详尽的解释，但他的模型还是和环境敏感性以及 FRLT 中支持的因素的结合（例如理想化影响、启发式鼓励和个性化关怀)存在一定的重合。他关于领导者战略性功能的观点看起来并没有为其他方法所证明,而且它们在多因素领导力问卷模型中填补了一个空缺。但是,Antonakis 和 House(2002)指出,Sashkin 的其他观点、Conger 和 Kanungo(1998)的对环境敏感的因素以及 House 和 Shamir(1993)的适应性行为因素可以作为一种有用的基础,在这个基础上可以为环境监测的行为量表创建明显的分析指标。

Podsakoff 的变革-交易型领导力模型

这个模型在概念上和 Bass(1985)的模型原型类似。Bass 的模型之后,Podsakoff 的模型是应用最广的变革-交易型领导力模型(Bass & Riggio,2006)。Podsakoff 及其同事(Podsakoff et al.,1990,1996)提出的模型包括变革型和交易型领导力的因素。变革型因素包括:(1)确定和表达一个愿景——寻找新的机会,为未来确立一个愿景,知晓要选择的方向,启发他人,使追随者聚集到任务中来;(2)提供一个适当的模型,树立榜样,通过行动进行领导(而不是说教),成为一个优秀的模范;(3)培养群体共同目标,促进群体内的合作和团结,使得群体成员团结在共同的目标之下,确立一种团队精神;(4)高度的绩效预期——设立一个具有挑战性的目标,传达对优秀绩效的期望;(5)提供个人化的支持,考虑他人的感受,尊重他人,为他人着想;(6)智力刺激——激励追随者从不同角度思考问题,使其重新思考自己的想法。

Podsakoff 模型还包括一个交易型领导者因素:权变奖励,即经常给予正面的回馈,对优秀的表现特别肯定,对取得优秀成绩的人给予表扬和赞赏。这些因素在 Bass 的变革-交易模型中尤其明显,而 Podsakoff 的模型没有包括积极和消极例外管理以及放任式领导力。对那些想要将类似的因素纳入这些被忽视的风格中的人来说,Podsakoff 及其同事制作的权变和非权变惩罚量表可能会有用处(参见 Podsakoff,Todor,Grover & Huber,1984;Podsakoff,Todor & Skov,1982)。这些建构已经显示出相对较高的有效性(Podsakoff,Bommer,Podsakoff & MacKenzie,2006)。

其他模型

除了我已经讨论的这些模型,学界还在使用其他较不知名的模型。Raffery 和 Griffin(2004)最近提出了一个五因素的变革型领导力模型,这个模型看起来有一些潜力,但是这个工具还没有经由独立的研究群体进行广泛研究,而且它忽视了领导者成果的一些重要关联。变革型领导力问卷(TLQ)最近提出一种方法作为以美国为中心的多因素领导力问卷模型的替代品(Alimo-Metcalfe & Alban-Metcalf,2001)。但是我没能找到很多支持这个变革型领导力问卷有效性的证据。现在没有多少研究使用这种方法,也没有大型的具有说服力的心理测试来支持它的结构有效性。

我还应该提及其他几种测量方法,但是它们对于研究和实践的影响力不大。其中一种方法看起来好像对实践具有重大意义,那就是 Kouzes 和 Posner(1978)的领导力实践测试(Leadership Practices Inventory,LPI)。虽然这种测试非常直观,而且他们的书也很流行,但是我对领导力实践测试的验证结果的印象并不深刻(而且有关这个模型的心理测量特征也鲜有研究)。

未来的研究

变革型和魅力型领导力研究看起来已经较为成熟(参见 Hunt,1999)。我和领导力学者的非正式讨论让我开始思考,这些研究者中谁将像 Robert House 和 Bernard Bass 那样领导当前的变革-魅力领导力研究运动呢？Bass 的长期合作伙伴 Bruce Avolio 已经在其他研究领域取得了一些进展(例如权威领导力和领导力发展),Francis Yammarino 也是如此(他更关注方法论和分析层次的问题)。也许这一领域最具竞争力的人就是 Boas Shamir,他可能是魅力型领导力领域最有建树的学者,同时也是一位深刻且具有创造力的思考者(Howell & Shamir,2005;Shamir,1995;Shamir et al.,1993)。Shamir 在变革型领导力领域也涉猎广泛并著述颇丰(Dvir,Eden,Avolio & Shamir,2002;Kark,Shamir & Chen,2003)。但是,因为 Shamir 的视野较 House 和 Bass 更加广阔,所以,他进入了一个发展较为成熟的领域,也就没有 Bass 或者 House 那样备受崇拜的地位了。

从整体上来看,这一领域的研究可以说是生机勃勃,不仅在传统的管理、应用心理学、商务、普通心理学和社会心理学领域,而且在其他领域(包括护理、教育、政治科学、公共健康、公共管理、社会学、伦理学、运作研究、计算机科学、工业工程学和其他学科)都是如此,这是一个好消息。正如图 8.1 所显示的,该领域的论文水平和引用次数都在不断上升。也许这种"分布式领导力"结构是不错的,因为各个领域的很多研究群体遍布全球,它们都反映了先驱式的"距离"领导力。

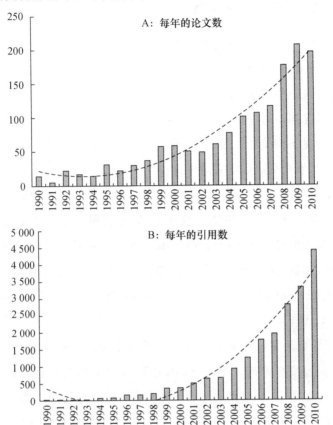

图 8.1　魅力型和变革型领导力理论的计量分析

注:该研究者在知识主题领域的 ISI 网站上使用了"变革型领导者"或"魅力型领导者"这样明确的词汇(第一阶段,1990—2010)。图 A 指的是发表论文的数量或在 ISI 中索引的会议论文集的回归趋势线(以 1990 年作为基准年,即 1,每年的引用数量按照下面的回归模型进行预测:$Y_{论文} = 27.15 - 5.63 \times 年 + 0.66 \times 年^2$)。图 B 指的是 ISI 论文和会议论文集中收录论文的引用数量的回归趋势线(以 1990 年作为基准年,即 1,每年的引用数量按照下面的回归模型进行预测:$Y_{引用} = 560.80 - 216.58 \times 年 + 17.56 \times 年^2$)。注意,我使用带有 robust 标准误的最大似然多变量回归模型对回归模型进行了评估;二次项的系数在两个模型中都很显著,不管是单独还是同时观察都是如此($p < 0.001$)。2011 年 3 月所取得的数据。

当然,关于魅力型领导力的测量,还有很多工作需要做,例如下面我将要讨论的正确地为领导力风格建模(以及确定模型的个体差异预测指标)以及在过程理论中开发过程领导力模型。

是什么使领导者变得有魅力

我们仍然不知道是什么使得领导者看起来有权威、自信且具有魅力(反映了多因素领导力问卷量表的理想化影响)。实际上,针对多因素领导力问卷的其中一种常见批评就指出,一些因素实际上可能反映了产出(Yukl,1999),也就是说,它们是内生的,这种情况并不是我们想要看见的,尤其是当这些因素被建模成一种独立的变量的时候(请见下面关于"正确的建模事件"的讨论)。当然,魅力型领导者必须使用某些沟通和形象建立战略来表现出权威及自信的形象(House,1977)。研究者们已经确定了一些确立形象的策略、它的框架结构以及传递模式(Den Hartog & Verburg,1997;Shamir et al. ,1993)。实际上,魅力型领导者通过使用一系列的"招数"来提升追随者的自我概念(Shamir, Arthur & House,1994;Shamir et al. ,1993)。我想要将这些"招数"称为魅力型领导力的策略,研究者们已经能够在实验室实验中对其进行操控(Antonakis, Angerfelt & Liechti, 2010; Awamelh & Gardner, 1999; Howell & Frost,1989)。

魅力型领导者通常喜欢冒险且不遵循常规(Conger & Kanungo,1998;House, 1977)。他们会设立较高的目标(House,1977),为更高的目标做出牺牲(Shamir et al. , 1993)。最重要的是,魅力型领导者知道如何进行适当的沟通(例如充满感情的),因此他们能够使他人很清楚地了解自己的意图和想法(Frese, Beimel & Schoenborn,2003;Wasielewski,1985);他们使用积极的(Bono & Ilies,2006)和消极的情感(Wasielewski,1985)以及各种非预言的策略(Cherulnik, Donley, Wiewel & Miller,2001)。他们很擅长讲述故事,知道如何使用声音和肢体语言(Frese et al. , 2003;Towler,2003)。这些领导者尤其擅长辞令,他们使用对比、列举、重复、押韵和反问手法(Den Hartog & Verburg,1997;Willner,1984)。他们还经常使用隐喻。这些沟通的方法将信息变得简单清晰,使其更易理解且更直观(Charteris-Black, 2005; Emrich, Brower, Feldman & Garland, 2001; Mio, 1997; Mio, Riggio, Levin & Reese,2005)。

这些魅力型领导力策略使这种无形的魅力因素变得更直观,这可以用于测量更纯粹形式的魅力(而非属性)的基础,可以通过他人的报告进行直接测量,也可以使用机器编码(可以可靠地编码出特定的文本主题)(Hart,2000),甚至是文本中的语义意义(Landauer,1999;Landauer,Foltz & Laham,1998;Landauer,Laham & Derr,2004);还有使用自动技术来测量情感的(Sorci et al.,2010)。现在极其需要使用客观手段来测量魅力的研究;是时候突破 MLQ 风格的问卷测量方式了。

■■ 正确地为领导力风格建模

这里的讨论针对的不仅是变革型和魅力型领导力理论,它还与所有的领导力理论相关,尤其是领导者-成员交互关系的建构,它不仅是领导力风格的产出,更是领导力本身的产出(House & Aditya,1997)。简单地说,研究者们在进行交叉领域研究或纵向研究时所遇到的问题是,用于建模的自变量,例如变革型领导力(x),并不是外生的。下面我将要展示使用稳定的个体差异或其他情境因素来估计领导力风格对产出的因果效应的重要性。我将在下面详细讨论这个问题,因为它不仅对正确的实证检验来说很重要,而且对有关领导力效果的性质的理论建构来说也非常重要。

在实验研究中,实验人员通常确定,x 对 y 的影响需要通过控制相关变量得到。通过获取随机样本,回归模型中的残差项就与模型中的主要关系或与 y 相关的系统变异无关(详细情况请参考 Antonakis,Bendahan,Jacquart & Lalive,2010)。但是,在非实验性研究中,实验人员有一个问题,那就是 x 可能与影响 y 的未被观察的变异有关(这个问题被称作内生性问题的一种),或者 y 可能同时对 x 也有影响。这样当 x 实际上是内生性的时候将其作为自变量,将会使得 x 对 y 的影响的估计出现偏差。也就是说,系数可能会更高、更低或出现新的变动趋势。很多研究者并不理解内生性的问题会导致估计结果出现致命性的错误。例如,他们通常会注意到,这种关系可能是因为 x 对 y 的影响所导致的,因此假定系数的估计是正确的(但是他们并不肯定因果关系的方向)。而这正是问题所在:系数的评估有误,不值得报告,甚至仅仅作为关联性的说明都不合适。这种关系可能是零,可能是负数,也可能是正数。

下面我简单举两个例子来说明内生性问题。第一,如果给领导力风格评分的个体知晓领导者成果(例如非常清楚领导者的公司的运作状况),那么在给领导者打分的时候就会因为程序问题打出有偏见的分数(Lord,Binging,Rush & Thomas,1978;Rush,Thomas & Lord,1977)。也就是说,良好的绩效一般会被归功于优秀的领导力,这样评分者就会认为领导者在与良好(或不好的)绩效联系在一起的领导力方面更为优秀。鉴于这种带有偏见的结果,领导力的测量实际上是按照追随者的认识和看法,与领导者本身的行为关系不大!对领导力研究来说,这种发现确实非常令人遗憾,但是,从理论上说,这种作用机制在邻近的领导者-追随者距离的情况下却更为常见(Antonakis,2011;Antonakis & Atwater,2002;Shamir,1995)。在与距离相关的情境下,追随者在给领导者评分的时候必须借助些什么,他们会使用任何可用的信息来帮助自己正确地为领导者归类,这些信息包括绩效提示(Jacquart & Antonakis,2010)。实际上还有很多明显具有偏误的机制,包括其他类似于面容、性别、身高、喜好的因素(Antonakis,2011;Antonakis & Dalgas,2009)。另外,一旦一个人被归为某种类别,观察者就很难改变这种归类(Cantor & Mischel,1977)。

当然,领导者也会影响领导者成果。但还不能正确地对这种相互的关系进行建模(即一个双向的因果模型,在这个模型中,领导力导致产出,产出也"导致"领导力),或者"锁定"这种因果关系的一个方向可能会产生可疑的评估结果。我必须强调,理解领导力调查问卷测量方法的有限性(比如 MLQ 或其他方法),然后使用正确的设计条件和统计模型来克服这些限制是非常重要的。

为了更好地理解这种并行的因果关系问题,在经济学领域有一个非常著名的例子(参见 Levitt,1997,2002)。有人可能会认为,雇用更多的警察应该会减少犯罪事件。但是,用犯罪事件和警察进行回归产生了一个正的系数(因为当犯罪事件增加的时候就需要雇用更多的警察)。这样的结果确实会让研究者感到困惑。但是,一旦对这种模型进行正确的评估,也就是说当变异的外部来源用于"清理"x 的内生性的时候,就会翻转被评估系数的特征。因此,在这种情况下,被评估的模型就是 $z \rightarrow x \rightarrow y$($z$ 在这种情况下被称为工具变量,它在预测 y 和 x 的时候的变化独立于残差)。在这种情况下,Levitt 使用选举的时机(这会导致雇用更多的警察,被预测的 x 值与含 y 的方程中的残差项没有关联,因此会产生正确的系数)。当 x 和 y 都与一个常见的忽略因素(例如,对领导者的影响)相关时,情况也是如此。正如 Antonakis、Bendahan 等(2010)所指出的,这种被忽略的变异偏差(常见的方法变异也是其中一种情况)可能会增加或减少系数(参见 Podsakoff, MacKenzie, Lee & Podsakoff,2003);另外,Spector(2006)指出,这种常见方法所造成的变异问题并不是一个传言。

这些内生性的问题可以通过对变化的变异来源进行建模来解决,这种建模技术首先对 x 进行预测,然后相关要素通过 x 影响 y。这样的例子包括可以进行可靠测量(理想情况下可以进行客观测量)的先天决定的个体差异(例如智商和个性),领导者的固定影响(即在一段时间内进行重复测量或得到很多评估者提供的数据),情境性因素(国家、行业和公司),或者外来的冲击(参见 Antonakis,Bendahan et al.,2010)。虽然个体差异领域已经进行了一些研究(Bono & Judge,2004;Judge & Bono,2000),但是这些研究还不足以预测全范围模型的因素,而且这已经考虑了语境因素(Lim & Ployhart,2004)。现在还很少有研究将认知能力和变革型领导力联系起来。这个因素应该是正确的模型规范中的一个"疑犯"(Antonakis,2011)。在变革型和魅力型领导者的伦理发展领域的研究也较少(例如 Turner,Barling,Epitropaki,Butcher & Milner,2001),更不用说生物学的关联了(Antonakis,2011)。

最后,我经常发现的另外一个问题是被检验的模型公然忽视一些变量,例如,仅仅用魅力型领导力对 y 进行回归(参见 Keller,1992;Koene,Vogelaar & Soeters,2002)。如果回归方程中忽略了一些与 y 以及其他回归方程中的预测变量相关的变量,那么这将带来一些有偏的估计结果(Antonakis,Bendahan et al.,2010;Cameron & Trivedi,2005)。因此,控制那些可能与 y 相关的变量的理论起因(例如,以任务为导向的领导力,交易型领导力)是非常重要的。这种被检验的全面领导力理论必须是真正意义上"完整"的理论,不能带入多余因素。

领导力过程模型

正如很多研究者所指出的,为了完整地了解领导力现象,建立一个能实现领导力产出的完整的领导力过程是很重要的(Antonakis et al.,2004;Antonakis,House,et al.,2010;Lim & Ployhart,2004;Zaccaro,Kemp & Bader,2004)。也就是说,我们必须将领导者个体差别、领导者风格和领导者成果联系起来,同时还要考虑分析层次的问题(Antonakis & Atwater,2002;Waldman & Yammarino,1999),以及情境因素作为调节变量和预测因素的影响(Liden & Antonakis,2009)。这样做将会保证我们不仅能够对内生的变量进行正确的评估,而且能够更好地了解领导力的重要性。这个领域需要更多的研究才能出现真正新的和重要的发现。

总结

从本章内容中可以清楚地看出,变革型领导力和魅力型领导力已经成为领导力理论不可或缺的一部分;这种领导力方法就讲到这里。但是我必须承认,这个领域已经被这个理论稍稍带偏了方向。仍旧有一些不合时宜的论调将要出现,而且有些已经零星出现了(Antonakis, House et al., 2010; Hunt, 2004; Judge, Piccolo & Ilies, 2004; Yukl, 1999)。虽然被叫作"全范围理论",但它仍然忽略了经典的任务领导力(Hunt, 2004)以及变革型领导力和魅力型领导力方法固有的战略型领导力方面(Antonakis, House et al., 2010)。

还有一点,House 和我在十几年前曾向变革-魅力型领导力学者发出了一个挑战,至今我们还没有看见有人应对这个挑战。在向 Bernard Bass 在领导力理论所做出的杰出贡献致敬(我们从其纪念册中辑选文章编成书)之后,我们在结论部分指出(Antonakis & House, 2002):

> 我们希望看到纵向的研究,这种研究能够确定变革型领导者是否有能力真正对个人和组织进行变革。这种概念潜伏在领导力新范式的学者的理论和假设之中(Beyer, 1999; House, 1999)。我们有证据证明变革型领导者的行为和改善的组织效能、追随者满意度以及追随者动机激发有关联,但是这种证据并不意味着变革型领导者导致了组织和追随者的变革。虽然这种因果关系可以从理论上阐明,但是目前我们还没有实证证据来支持这种推论(p.27)。

我们仍然在等待。概括而言,我相信总结部分不会留给读者这样一种印象,即我对领导力领域目前的研究现状感到失望。我并不失望,事实上正相反,针对领导力领域的研究的数量之多给我留下了很深刻的印象,而且正是由于数以百计的研究人员的不懈努力,才使我们对领导力现象有了更深入的了解。我很乐观地相信,未来我们会从该流派中得到更多的研究发现。在我的回顾中最明确的一点是,即使目前我们在变革型和魅力型领导力领域的研究已经很成熟了,但是仍然有许多工作需要去做。这就好像在医学中一样,研究人员要不停地更新疾病的治疗方法,因此我们必须找到更优秀的测量方法和更合适的干涉手段。总体来说,我们还需要:(1)开展更多的纵向研究和多层次研究;(2)开发出包容性更强同时偏差更小的测量问卷;(3)开发出客观性的领导力测量方法;(4)同时考虑了情境影响和个体差异前因的对过程模型更全面的理解。

领导力,特别是变革型和魅力型领导力是非常重要的,因此不能交由随机的程序或者薄弱的制度来处理。一旦社会、企业或团队任命了具有魅力影响力的领导者,那么他们就要与该领导者共同工作一段时间,因此最好的办法就是在一开始就任命正确的领导者。我们必须更好地了解产生这类领导者的过程,历史将会一次又一次地为我们带来那些具有魅力的领导者。

讨论题

1. 请运用全面领导力风格,比较和对照高效领导者和低效领导者的领导力风格。

2. 变革型领导力是否属于道德型领导力?也就是说,对于集体来说,听从对其施加某种"法术"的领导者在道德上是否正确?请讨论。

3. 请深入剖析 Vivendi 的前 CEO Jean-Marie Messier。为什么说 Vivendi 在他任期内的巨额亏损可能是由于他的魅力型领导力风格造成的?

扩展阅读

Antonakis, J. (2006). Leadership: What is it and how it is implicated in strategic change? *International Journal of Management Cases, 8*(4), 4–20.

Antonakis, J., & Hooijberg, R. (2008). Cascading a new vision: Three steps for real commitment. *Perspectives for Managers, 157*, 1–4.

Bass, B. M. (1985). Leadership: Good, better, best. *Organizational Dynamics, 13*(3), 26–40.

Bass, B. M. (1990). From transactional to transformational leadership: Learning to share the vision. *Organizational Dynamics, 18*(3), 19–31.

Berlew, D. E. (1974). Leadership and organizational excitement. *California Management Review, 17*(2), 21–30.

Nadler, D. A., & Tushman, M. L. (1990). Beyond the charismatic leader: Leadership and organizational change. *California Management Review, 32*(2), 77–97.

案例研究

Film Case: *12 Angry Men*, starring Henry Fonda.
Case: Gavetti, G., & Canato, A. (2008). Universita' Bocconi: Transformation in the New Millennium. *Harvard Business School Case 709406-PDF-ENG*.
Case: Ichijo, K. (2007). Creating, growing and protecting knowledge-based competence: The case of Sharp's LCD business. In R. Hooijberg, J. G. Hunt, J. Antonakis, K. B. Boal, & N. Lane (Eds.), *Being there even when you are not: Leading through strategy, structures, and systems* (pp. 87–102). Amsterdam: Elsevier Science.

参考文献

Alimo-Metcalfe, B., & Alban-Metcalfe, R. J. (2001). The development of a new Transformational Leadership Questionnaire. *Journal of Occupational and Organizational Psychology, 74,* 1–27.
Antonakis, J. (2001). The validity of the transformational, transactional, and laissez-faire leadership model as measured by the Multifactor Leadership Questionnaire (MLQ5X). *Dissertation Abstracts International, 62* (01), 233. (UMI No. 3000380)
Antonakis, J. (2011). Predictors of leadership: The usual suspects and the suspect traits. In A. Bryman, D. Collinson, K. Grint, B. Jackson, & M. Uhl-Bien (Eds.), *Sage Handbook of Leadership* (pp. 269–285). Thousand Oaks, CA: Sage.
Antonakis, J., Angerfelt, M., & Liechti, S. (2010, August). *Testing if charisma can be taught: Evidence from a laboratory and field study.* Paper presented at the annual meeting of the Academy of Management, Organizational Behavior Division, Montréal, Canada.
Antonakis, J., & Atwater, L. (2002). Leader distance: A review and a proposed theory. *The Leadership Quarterly, 13,* 673–704.
Antonakis, J., Avolio, B. J., & Sivasubramaniam, N. (2003). Context and leadership: An examination of the nine-factor full-range leadership theory using the Multifactor Leadership Questionnaire. *The Leadership Quarterly, 14,* 261–295.
Antonakis, J., Bendahan, S., Jacquart, P., & Lalive, R. (2010). On making causal claims: A review and recommendations. *The Leadership Quarterly, 21,* 1086–1120.
Antonakis, J., Cianciolo, A. T., & Sternberg, R. J. (2004). Leadership: Past, present, future. In J. Antonakis, A. T. Cianciolo, & R. J. Sternberg (Eds.), *The nature of*

leadership (pp. 3–15). Thousand Oaks, CA: Sage.

Antonakis, J., & Dalgas, O. (2009). Predicting Elections: Child's Play! *Science, 323*(5918), 1183.

Antonakis, J., & House, R. J. (2002). An analysis of the full-range leadership theory: The way forward. In B. J. Avolio & F. J. Yammarino (Eds.), *Transformational and charismatic leadership: The road ahead* (pp. 3–34). Amsterdam: JAI.

Antonakis, J., & House, R. J. (2004, June). *On instrumental leadership: Beyond transactions and transformations.* Paper presented at the Gallup Leadership Institute, University of Nebraska, Omaha.

Antonakis, J., House, R. J., Rowold, J., & Borgmann, L. (2010). *A fuller full-range leadership theory: Instrumental, transformational, and transactional leadership.* Manuscript submitted for publication.

Aristotle. (trans. 1954). *Rhetoric* (W. R. Roberts & I. Bywater, Trans., 1st Modern Library ed.). New York: Modern Library.

Avolio, B. J., & Bass, B. M. (1991). *The full range leadership development programs: Basic and advanced manuals.* Binghamton, NY: Bass, Avolio & Associates.

Avolio, B. J., & Bass, B. M. (1995). Individual consideration viewed at multiple levels of analysis: A multi-level framework for examining the diffusion of transformational leadership. *The Leadership Quarterly, 6,* 199–218.

Avolio, B. J., Bass, B. M., & Jung, D. I. (1995). *MLQ Multifactor leadership questionnaire: Technical report.* Redwood City, CA: Mindgarden.

Avolio, B. J., Bass, B. M., & Jung, D. I. (1999). Re-examining the components of transformational and transactional leadership using the MLQ. *Journal of Occupational and Organizational Psychology, 72,* 441–462.

Avolio, B. J., Waldman, D. W., & Yammarino, F. J. (1991). Leading in the 1990s: The four I's of transformational leadership. *Journal of European Industrial Training, 15*(4), 9–16.

Awamleh, R., & Gardner, W. L. (1999). Perceptions of leader charisma and effectiveness: The effects of vision content, delivery, and organizational performance. *The Leadership Quarterly, 10,* 345–373.

Bass, B. M. (1985). *Leadership and performance beyond expectations.* New York: Free Press.

Bass, B. M. (1998). *Transformational leadership: Industrial, military, and educational impact.* Mahwah, NJ: Lawrence Erlbaum.

Bass, B. M., & Avolio, B. J. (1993). Transformational leadership: A response to critiques. In M. M. Chemers & R. Ayman (Eds.), *Leadership theory and research: Perspectives and directions* (pp. 49–80). San Diego: Academic Press.

Bass, B. M., & Avolio, B. J. (Eds.). (1994). *Improving organizational effectiveness through transformational leadership.* Thousand Oaks, CA: Sage.

Bass, B. M., & Avolio, B. J. (1995). *MLQ Multifactor Leadership Questionnaire for research: Permission set*. Redwood City, CA: Mindgarden.

Bass, B. M., & Avolio, B. J. (1997). *Full range leadership development: Manual for the multifactor leadership questionnaire*. Palo Alto, CA: Mindgarden.

Bass, B. M., Avolio, B. J., & Atwater, L. (1996). The transformational and transactional leadership of men and women. *Applied Psychology: An International Review, 45*, 5–34.

Bass, B. M., & Riggio, R. E. (2006). *Transformational leadership* (2nd ed.). Mahwah, N.J.: Lawrence Erlbaum.

Bass, B. M., & Steidlmeier, P. (1999). Ethics, character, and authentic transformational leadership behavior. *The Leadership Quarterly, 10*, 181–217.

Bass, B. M., Waldman, D. A., Avolio, B. J., & Bebb, M. (1987). Transformational leadership and the falling dominoes effect. *Group & Organization Studies, 12*(1), 73–87.

Bono, J. E., & Ilies, R. (2006). Charisma, positive emotions and mood contagion. *The Leadership Quarterly, 17*, 317–334.

Bono, J. E., & Judge, T. A. (2004). Personality and transformational and transactional leadership: A meta-analysis. *Journal of Applied Psychology, 89*, 901–910.

Bryman, A. (1992). *Charisma and leadership in organizations*. London: Sage.

Burns, J. M. (1978). *Leadership*. New York: Harper & Row.

Cameron, A. C., & Trivedi, P. K. (2005). *Microeconometrics: Methods and applications*. New York: Cambridge University Press.

Cantor, N., & Mischel, W. (1977). Traits as prototypes: Effects on recognition memory. *Journal of Personality and Social Psychology, 35*, 38–48.

Charteris-Black, J. (2005). *Politicians and rhetoric: The persuasive power of metaphor*. Basingstoke, UK: Palgrave-MacMillan.

Cherulnik, P. D., Donley, K. A., Wiewel, T. S. R., & Miller, S. R. (2001). Charisma is contagious: The effect of leaders' charisma on observers' affect. *Journal of Applied Social Psychology, 31*, 2149–2159.

Conger, J. A. (1999). Charismatic and transformational leadership in organizations: An insider's perspective on these developing streams of research. *The Leadership Quarterly, 10*, 145–179.

Conger, J. A., & Kanungo, R. N. (1988). *Charismatic leadership: The elusive factor in organizational effectiveness*. San Francisco: Jossey-Bass.

Conger, J. A., & Kanungo, R. N. (1998). *Charismatic leadership in organizations*. Thousand Oaks, CA: Sage.

DeGroot, T., Kiker, D. S., & Cross, T. C. (2001). A meta-analysis to review organizational outcomes related charismatic leadership. *Canadian Journal of Administrative Sciences, 17*, 356–371.

Den Hartog, D. N., & Verburg, R. M. (1997). Charisma and rhetoric: Communicative techniques of international business leaders. *The Leadership Quarterly, 8*, 355–391.

Downton, J. V. (1973). *Rebel leadership: Commitment and charisma in the revolutionary process.* New York: Free Press.

Dumdum, U. R., Lowe, K. B., & Avolio, B. J. (2001). A meta-analysis of transformational and transactional leadership correlates of effectiveness and satisfaction: An update and extension. In B. J. Avolio & F. J. Yammarino (Eds.), *Transformational and charismatic leadership: The road ahead* (pp. 35–66). Amsterdam: JAI.

Dvir, T., Eden, D., Avolio, B. J., & Shamir, B. (2002). Impact of transformational leadership on follower development and performance: A field experiment. *Academy of Management Journal, 45*, 735–744.

Eden, D. (1988). Pygmalion, goal setting, and expectancy: Compatible ways to boost productivity. *Academy of Management Review, 13*, 639–652.

Eden, D., Geller, D., Gewirtz, D., Gordon-Terner, R., Inbar, I., Liberman, M., et al. (2000). Implanting Pygmalion leadership style through workshop training: Seven field experiments. *The Leadership Quarterly, 11*, 171–210.

Emrich, C. G., Brower, H. H., Feldman, J. M., & Garland, H. (2001). Images in words: Presidential rhetoric, charisma, and greatness. *Administrative Science Quarterly, 46*, 527–557.

Etzioni, A. (1961). *A comparative analysis of complex organizations.* New York: Free Press.

Etzioni, A. (1964). *Modern organizations.* Englewood Cliffs, NJ: Prentice Hall.

Fleishman, E. A. (1953). The description of supervisory behavior. *Journal of Applied Psychology, 37*, 1–6.

Fleishman, E. A. (1957). A leader behavior description for industry. In R. M. Stogdill & A. E. Coons (Eds.), *Leader behavior: Its description and measurement* (Research Monograph No. 88, pp. 103–119). Columbus: Ohio State University Bureau of Business Research.

French, J. R. P., & Raven, B. H. (1968). The bases of social power. In D. Cartwright & A. F. Zander (Eds.), *Group dynamics: Research and theory* (3rd ed., pp. 259–269). New York: Harper & Row.

Frese, M., Beimel, S., & Schoenborn, S. (2003). Action training for charismatic leadership: Two evaluations of studies of a commercial training module on inspirational communication of a vision. *Personnel Psychology, 56*, 671–697.

Gardner, J. W. (1965). The antileadership vaccine. *Annual report for the fiscal year, Carnegie Corporation of New York* (pp. 3–12).

Gardner, W. L., Lowe, K. B., Moss, T. W., Mahoney, K. T., & Cogliser, C. C. (2010). Scholarly leadership of the study of leadership: A review of *The Leadership Quarterly's* second decade, 2000–2009. *The Leadership Quarterly, 12*, 922–958.

Gasper, J. M. (1992). *Transformational leadership: An integrative review of the literature*. Kalamazoo: Western Michigan University.

Gemmill, G., & Oakley, J. (1992). Leadership: An alienating social myth? *Human Relations, 45*, 113–129.

Greene, C. N. (1977). Disenchantment with leadership research: Some causes, recommendations, and alternative directions. In J. G. Hunt & L. L. Larson (Eds.), *Leadership: The cutting edge* (pp. 57–67). Carbondale: Southern Illinois University Press.

Halpin, A. W. (1954). The leadership behavior and combat performance of airplane commanders. *Journal of Abnormal and Social Psychology* [now named *Journal of Abnormal Psychology*], 49, 19–22.

Hart, R. P. (2000). *DICTION 5.0: The text analysis program*. Thousand Oaks, CA: Sage-Scolari.

Hater, J. J., & Bass, B. M. (1988). Superiors' evaluations and subordinates' perceptions of transformational and transactional leadership. *Journal of Applied Psychology, 73*, 695–702.

House, R. J. (1971). Path-goal theory of leadership effectiveness. *Adminstrative Science Quarterly, 16*, 321-339.

House, R. J. (1977). A 1976 theory of charismatic leadership. In J. G. Hunt & L. L. Larson (Eds.), *Leadership: The Cutting Edge* (pp. 189–207). Carbondale: Southern Illinois: University Press.

House, R. J., & Aditya, R. N. (1997). The social scientific study of leadership: Quo vadis? *Journal of Management, 23*, 409–473.

House, R. J., & Shamir, B. (1993). Toward the integration of transformational, charismatic, and visionary thories. In M. M. Chemers & R. Ayman (Eds.), *Leadership theory and research: Perspectives and directions* (pp. 81-108). San Diego: Academic Press.

Howell, J. M., & Frost, P. J. (1989). A laboratory study of charismatic leadership. *Organizational Behavior and Human Decision Processes, 43*, 243–269.

Howell, J. M., & Shamir, B. (2005). The role of followers in the charismatic leadership process: Relationships and their consequences. *Academy of Management Review, 30*, 96–112.

Hunt, J. G. (1991). *Leadership: A new synthesis*. Newbury Park, CA: Sage.

Hunt, J. G. (1999). Tranformational/charismatic leadership's transformation of the field: An historical essay. *The Leadership Quarterly, 10*, 129–144.

Hunt, J. G. (2004). Task leadership. In G. R. Goethels, G. J. Sorensen, & J. M. Burns (Eds.), *Encyclopedia of leadership* (Vol. IV, pp. 1524–1529). Thousand Oaks, CA: Sage.

Jacquart, P., & Antonakis, J. (2010, August). "It's the economy stupid," but charisma matters too: A dual-process model of presidential election outcomes.

Paper presented at the annual meeting of the Academy of Management, Organizational Behavior Division, Montréal, Canada.

Judge, T. A., & Bono, J. E. (2000). Five-factor model of personality and transformational leadership. *Journal of Applied Psychology, 85,* 751–765.

Judge, T. A., & Piccolo, R. F. (2004). Transformational and transactional leadership: A meta-analytic test of their relative validity. *Journal of Applied Psychology, 89,* 755–768.

Judge, T. A., Piccolo, R. F., & Ilies, R. (2004). The forgotten ones? The validity of consideration and initiating structure in leadership research. *Journal of Applied Psychology, 89,* 36–51.

Kark, R., Shamir, B., & Chen, G. (2003). The two faces of transformational leadership: Empowerment and dependency. *Journal of Applied Psychology, 88,* 246–255.

Keller, R. T. (1992). Transformational leadership and the performance of research-and-development project groups. *Journal of Management, 18,* 489–501.

Kennedy, P. (2003). *A guide to econometrics* (5th ed.). Cambridge, MA: MIT Press.

Koene, B. A. S., Vogelaar, A. L. W., & Soeters, J. L. (2002). Leadership effects on organizational climate and financial performance: Local leadership effect in chain organizations. *The Leadership Quarterly, 13,* 193–215.

Kouzes, J. M., & Posner, B. Z. (1987). *The leadership challenge: How to get extraordinary things done in organizations.* San Francisco: Jossey-Bass.

Landauer, T. K. (1999). Latent semantic analysis: A theory of the psychology of language and mind. *Discourse Processes, 27,* 303–310.

Landauer, T. K., Foltz, P. W., & Laham, D. (1998). An introduction to latent semantic analysis. *Discourse Processes, 25,* 259–284.

Landauer, T. K., Laham, D., & Derr, M. (2004). From paragraph to graph: Latent semantic analysis for information visualization. *Proceedings of the National Academy of Sciences of the United States of America, 101,* 5214–5219.

Levitt, S. D. (1997). Using electoral cycles in police hiring to estimate the effects of police on crime. *American Economic Review, 87,* 270–290.

Levitt, S. D. (2002). Using electoral cycles in police hiring to estimate the effects of police on crime: Reply. *American Economic Review, 92,* 1244–1250.

Liden, R. C., & Antonakis, J. (2009). Considering context in psychological leadership research. *Human Relations, 62,* 1587–1605.

Lim, B. C., & Ployhart, R. E. (2004). Transformational leadership: Relations to the five-factor model and team performance in typical and maximum contexts. *Journal of Applied Psychology, 89,* 610–621.

Lord, R. G., Binning, J. F., Rush, M. C., & Thomas, J. C. (1978). The effect of performance cues and leader behavior on questionnaire ratings of leadership behavior. *Organizational Behavior and Human Performance, 21,* 27–39.

Lowe, K. B., & Gardner, W. L. (2000). Ten years of *The Leadership Quarterly*: Contributions and challenges for the future. *The Leadership Quarterly, 11,* 459–514.

Lowe, K. B., Kroeck, K. G., & Sivasubramaniam, N. (1996). Effectiveness correlates of transformational and transactional leadership: A meta-analytic review of the MLQ literature. *The Leadership Quarterly, 7,* 385–425.

McClelland, D. C. (1975). *Power: The inner experience.* New York: Irvington, distributed by Halsted Press.

McClelland, D. C. (1985). *How motives interact with values and skills to determine what people do.* Glenview, IL: Scott, Foresman.

Miner, J. B. (1975). The uncertain future of the leadership concept. An overview. In J. G. Hunt & L. L. Larson (Eds.), *Leadership frontiers* (pp. 197–208). Kent, OH: Kent State University Press.

Mio, J. S. (1997). Metaphor and politics. *Metaphor and Symbol, 12,* 113–133.

Mio, J. S., Riggio, R. E., Levin, S., & Reese, R. (2005). Presidential leadership and charisma: The effects of metaphor. *The Leadership Quarterly, 16,* 287–294.

Muthén, B. O. (1989). Latent variable modeling in heterogenous populations. *Psychometrika, 54,* 557–585.

Plato (trans. 1901). *The republic of Plato: An ideal commonwealth* (B. Jowett, Trans., Rev. ed.). New York: Colonial Press.

Podsakoff, P. M., Bommer, W. H., Podsakoff, N. P., & MacKenzie, S. B. (2006). Relationships between leader reward and punishment behavior and subordinate attitudes, perceptions, and behaviors: A meta-analytic review of existing and new research. *Organizational Behavior and Human Decision Processes, 99,* 113–142.

Podsakoff, P. M., MacKenzie, S. B., & Bommer, W. H. (1996). Tranformational leader behaviors and substitutes for leadership as determinants of employee satisfaction, commitment, trust, and organizational citizenship behaviors. *Journal of Management, 22,* 259–298.

Podsakoff, P. M., MacKenzie, S. B., Lee, J.-Y., & Podsakoff, N. P. (2003). Common method biases in behavioral research: A critical review of the literature and recommended remedies. *Journal of Applied Psychology, 89,* 879–903.

Podsakoff, P. M., MacKenzie, S. B., Moorman, R. H., & Fetter, R. (1990). Transformational leader behaviors and their effects on follower's trust in leader, satisfaction, and organizational citizenship behaviors. *The Leadership Quarterly, 1,* 107–142.

Podsakoff, P. M., Todor, W. D., Grover, R. A., & Huber, V. L. (1984). Situational moderators of leader reward and punishment behaviors: Fact or fiction? *Organizational Behavior and Human Performance, 34,* 21–63.

Podsakoff, P. M., Todor, W. D., & Skov, R. (1982). Effects of leader contingent and noncontingent reward and punishment behaviors on subordinate performance and satisfaction. *Academy of Management Journal, 25*, 810–821.

Rafferty, A. E., & Griffin, M. A. (2004). Dimensions of transformational leadership: Conceptual and empirical extensions. *The Leadership Quarterly, 15*, 329–354.

Rowold, J., & Heinitz, K. (2007). Transformational and charismatic leadership: Assessing the convergent, divergent and criterion validity of the MLQ and the CKS. *The Leadership Quarterly, 18*, 121–133.

Rush, M. C., Thomas, J. C., & Lord, R. G. (1977). Implicit leadership theory: A potential threat to the internal validity of leader behavior questionnaires. *Organizational Behavior and Human Performance, 20*, 93–110.

Sashkin, M. (1988). The visionary leader. In J. A. Conger & R. N. Kanungo (Eds.), *Charismatic leadership: The elusive factor in organizational effectiveness* (pp. 122–160). San Francisco: Jossey-Bass.

Schriesheim, C. A., House, R. J., & Kerr, S. (1976). Leader initiating structure: A reconciliation of discrepant research results and some empirical tests. *Organizational Behavior and Human Performance, 15*, 297–321.

Seltzer, J., & Bass, B. M. (1990). Transformational leadership: Beyond initiation and consideration. *Journal of Management, 16*, 693–703.

Shamir, B. (1995). Social distance and charisma: Theoretical notes and an exploratory study. *The Leadership Quarterly, 6*, 19–47.

Shamir, B., Arthur, M. B., & House, R. J. (1994). The rhetoric of charismatic leadership: A theoretical extenson, a case study, and implications for research. *The Leadership Quarterly, 5*, 25–42.

Shamir, B., House, R. J., & Arthur, M. B. (1993). The motivational effects of charismatic leadership: A self-concept based theory. *Organization Science, 4*, 577–594.

Shils, E. (1965). Charisma, order, and status. *American Sociological Review, 30*, 199–213.

Sorci, M., Antonini, G., Cruz, J., Robin, T., Bierlaire, M., & Thiran, J. P. (2010). Modelling human perception of static facial expressions. *Image and Vision Computing, 28*, 790–806.

Spector, P. E. (2006). Method variance in organizational research: Truth or urban legend? *Organizational Research Methods, 9*, 221–232.

Stogdill, R. M. (1963). *Manual for the Leader Behavior Description Questionnaire*. Columbus: Ohio State University Bureau of Business Research.

Stogdill, R. M., & Coons, A. E. (Eds.). (1957). *Leader behavior: Its description and measurement* (Research Monograph No. 88). Columbus: Ohio State University Bureau of Business Research.

Towler, A. J. (2003). Effects of charismatic influence training on attitudes, behavior, and performance. *Personnel Psychology, 56*, 363–381.

Turner, N., Barling, J., Epitropaki, O., Butcher, V., & Milner, C. (2002). Transformational leadership and moral reasoning, *Journal of Applied Psychology, 2*,

304–311.

Waldman, D. A., Bass, B. M., & Yammarino, F. J. (1990). Adding to contingent reward behavior: The augmenting effect of charismatic leadership. *Group & Organization Studies, 15,* 381–394.

Waldman, D. A., & Yammarino, F. J. (1999). CEO charismatic leadership: Levels-of-management and levels-of-analysis effects. *Academy of Management Review, 24,* 266–285.

Wasielewski. (1985). The emotional basis of charisma. *Symbolic Interaction, 8,* 207–222.

Weber, M. (1947). *The theory of social and economic organization* (T. Parsons, Trans.). New York: Free Press.

Weber, M. (1968). *Max Weber on charisma and institutional building* (S. N. Eisenstadt, Ed.). Chicago: The University of Chicago Press.

Westley, F. R., & Mintzberg, H. (1988). Profiles of strategic vision: Levesque and Iacocca. In J. A. Conger & R. N. Kanungo (Eds.), *Charismatic leadership: The elusive factor in organizational effectiveness* (pp. 161–212). San Francisco: Jossey-Bass.

Willner, A. R. (1984). *The spellbinders: Charismatic political leadership.* New Haven, CT: Yale University Press.

Yammarino, F. J., & Bass, B. M. (1990). Transformational leadership and multiple levels of analysis. *Human Relations, 43,* 975–995.

Yukl, G. A. (1998). *Leadership in organizations* (4th ed.). Englewood Cliffs, NJ: Prentice Hall.

Yukl, G. A. (1999). An evaluation of conceptual weaknesses in transformational and charismatic leadership theories. *The Leadership Quarterly, 10,* 285–305.

Zaccaro, S. J., Kemp, C., & Bader, P. (2004). Leader traits and attributes. In J. Antonakis, A. T. Cianciolo, & R. J. Sternberg (Eds.), *The nature of leadership* (pp. 101–124). Thousand Oaks, CA: Sage.

第九章

关系型领导力的本质:领导力关系与过程的多理论视角[①]

Mary Uhl-Bien

内布拉斯加大学

John Maslyn

贝尔蒙特大学

Sonia Ospina

纽约大学

实际上,所有关于人类幸福的研究都表明,满意的亲密关系构成了生活中最精彩的部分;对于精神和身体上的健康来说,没有人会认为还有什么事情能够比与他人的亲密关系更有意义、更重要的了。

人们开始逐渐怀疑自身对许多社会现象的理解是否不仅不够全面,而且在实际上,针对自己希望预测的某些情形下的普遍行为可能还产生了一些误解:人们几乎总是自然地陷入与他人的关系当中。这种怀疑指的是……人类行为所处的无所不在的关系背景是有差别的,即个体属性不仅无法独立于情境发挥简单和完整的作用,而且事实上,关系背景对行为通常都具有重要的影响,以至于颠覆了我们自认为对行为的了解。

前面这段引文出自 Ellen Berscheid(1999)发表于《美国心理学家》的文章,文

[①] 作者注:请将对本章的建议和意见发给 Mary Uhl-Bien, Department of Management, College of Business, University of Nebraska, P. O. Box 880491, Lincoln, NE 68588-0491, USA. 电话:402-472-2314。电子邮箱:mbien2@unl.edu。

章主要以她在获得美国心理学会颁发的"杰出科学贡献奖"时的演说为蓝本。Berscheid 毕生致力于人际关系的研究,她表达了自己对人类生活中关系的重要性和意义的极大研究兴趣,同时也表达了对关系研究中缺少普遍性标志的失望。这种失望来自遍及心理学和社会心理学领域的个人主义倾向。正如她所说,"在我们学科中出现的个人主义灵魂"已经成为研究工作的主要内容,但是它却没有能够在关系是如何在环境中发挥作用的这一点上为我们提供任何帮助(p.265)。

Berscheid 并不是唯一一个有这种感觉的人。Patricia Sias(2009)在自己的《组织关系》一书中说道,针对工作关系的研究受到了后实证范式单一理论定位的限制。Sias(2009)认为,后实证主义方法的假设根植于科学方法,它主要通过假设我们具有预测和控制周围环境能力的方式寻找变量间的因果关系。在关系研究中,后实证主义方法的作用是着重确认在具体情境下,各个变量在预测领导力有效性时的关系问题,而不是从考虑关系动态、情境和过程的角度来研究(Sias,2009)。"依靠主体单一的理论观点和概念会限制我们的视野……就像在使用摄像机时只使用变焦镜头一样,只关注事物的一个方面。"(p.2)为了开始修正这个问题,在研究工作关系时,Sias 不仅采用了后实证主义的观点,同时也运用了来自社会构建主义(Berger & Luckmann,1966;Fairhurst & Grant,2010)、批评理论(Deetz,2005),以及构建理论(Giddens,1984)的观点。

同样,Dian Marie Hosking 也表达了类似的看法,她主张范式多样化以及"将后现代的领导力话语看作过程"(2007,p.243)。此外还有 Gail Fairhurst(2007),她不主张以牺牲社会和文化因素为代价过分关注个体以及心理方面的领导力问题。Fairhurst 说道,"为了理解这个社会化构建的社会,我们必须平等看待这两种研究角度(个体/心理与社会/文化)"(p.viii)。Fairhurst 提出了话语领导力(对领导力在社会、语言和文化方面的研究)的概念,它有助于解释领导力心理学家将什么看作是"逃避的、笨重的、易变的和令人发狂的残差变异"(2007,p.ix)。

这个问题可以总结如下:我们对关系问题非常着迷,因为它们是社会和组织生活的核心。但是研究关系问题需要用到多个相互关联的框架,把它们组合在一起提供一个理解关系现实的丰富而复杂的背景。受限于对关系本体论和认识论的研究,我们对在互动与关系的情境、过程以及集体实践中关系的运作方式的进一步理解受到了局限。因此,目前发表的关于领导力与职场关系方面的文献还相对较少(Sias,2009;Uhl-Bien,2006)。采用理论视角和方法论承认相关性——社会/组织现象相互关联、相互依存、互为主体的本质，能够扩展这方面的研究（Bradbury & Lichtenstein,2000）。

这并不是说我们掌握的证据不够充分。管理者与下属之间的关系是组织文献中研究得最多的现象之一（Sias,2009）。通过领导者与成员交换（LMX）理论，更具体地说，通过适用面更广的领导力理论，我们获得了在这方面的许多认知。从文献中我们可以得知，当管理者与下属之间的关系是良性的、相互信任的、开放的和相互支持的时，他们会报告更积极的态度和行为产出，同时工作场所和领导力的动态性也更为有效。换句话说，当人们报告对他人"感觉良好"时，他们同时也会报告自己在工作场所中拥有更高的满意度和生产率。

我们对这些关系和关系过程的复杂性知之甚少。在领导者与成员交换方面的研究，很大程度上都是以截面研究和调查为基础展开的。大多数领导者-成员交换研究都基于7题项或12题项的测量工具（Graen & Uhl-Bien,1995;Liden & Maslyn,1998），该方法预先确定了需要解决的主题，这就限制了人们告诉我们与交易的本质相关的更多内容的能力。这些方法"深入到个体的头脑当中"（Berscheid,1999,p.262），用于评估个体的感知与认知，而不是告诉我们有关关系和领导力构建的关系相互作用的模式（Fairhurst,2007;Fairhurst & Grant,2010）。不仅如此，这项工作还忽略了对领导力发生作用的当地的文化历史情境和过程的探讨（Berscheid,1999;Hosking,2007）。总而言之，尽管我们非常了解人们对领导者-成员交换测量会做出何种反应，却对在工作场所中关系型领导力的过程和实践知之甚少。

这种差别可以看作研究中后实证主义或后置主义（Sias,2009）和构建主义导向之间的差别。后置方法假设，在现实中（即"现实主义"观点）人类是具有意识的，并且基于现实以自我独立的个体方式行动。后实证主义认为，个体会发展出对世界准确的心理图像和认知，通过研究这些认知，我们能够识别人类行为的"法则"（Cunliffe,2008）。于是，"在构建理论和/或建立模型时，准确并客观地捕捉并呈现世界运转的基本过程、体系和法则，能够改善做事的方式"（Cunliffe,2008,p.123）。因此，这些方法使用在验证统计（例如回归）模型时建立起来的主要调查研究和心理测量方法来重点考察"实体"——个体及其特质、扮演的角色、身份认同以及沟通能力。

构建主义认为，社会现实并不与个体分离，两者在日常的互动中紧密地交织在一起，并相互影响（Cunliffe,2008）。从这个角度来看，知识是从社会层面构建的：

社会现实、身份认同和知识体系受到文化、社会、历史及语言的影响。构建主义研究者使用的方法包括叙事研究（Ospina & Foldy,2010;Ospina & Su,2009）、符号学、话语分析、对话分析（Fairhurst,2007）、文献与口述历史（Gronn,1999）、社会诗学、自传式人种论，以及人种学（Tierney,1987,1988）。

上述两个理论都存在优势和弱点（Fairhurst,2007;Sias,2009），哪一个都无法占据统治性地位。但是可以确定的是,在对关系型领导力的研究中同时运用到了这两个视角（Fairhurst,2007;Hosking,2007;Uhl-Bien,2006）。后实证主义帮助研究人员了解"什么是"关系型领导力,而构建主义则帮助研究人员了解关系型领导力"如何发挥作用"。

本着这样一种精神,本章在讨论关系型领导力时采用了多理论的视角。我们从大量的文献和理论中找出与关系相关的研究发现,并从领导者与追随者之间的关系（例如领导者与追随者之间关系的质量）和领导力相关性（例如关系型领导力的过程与实践）的立场对关系型领导力进行了回顾。前者体现了后实证主义的观点,而后者则体现了构建主义的观点。

我们首先在二元层次上从后实证主义的观点讨论关系型领导力,介绍领导者-成员交换（LMX）和Hollander的关系型领导力研究（Hollander,2009）。虽然该理论还应用在其他的二元关系（例如同事间交易或交换关系,Sherony & Green,2002;领导者-成员交换社会比较,Vidyarthi,Liden,Anand,Erdogan & Ghosh,2010）和网络（Sparrowe & Liden,2005）当中,但是领导者-成员交换主要考察的是管理者与下属二元关系中的领导力。Hollander的关系研究始于特殊信任模型（Hollander,1958,1960）,并且在最近发展成为"包容型领导力"框架（Hollander,2009）。鉴于已经有多种出版物都讨论过这两种方法,而且读者也能够从其他方面获得详细且出色的相关评论（Anand,Hu,Liden & Vidyarthi,2011;Graen & Uhl-Bien,1995;Hollander,2009;Liden,Sparrowe & Wayne,1997;Stone & Cooper,2009）,我们在这里将主要讨论领导者与追随者之间关系的前因,以及领导力发展的各个阶段,借此我们可以识别关系的过程和背景。在讨论中,我们将同时关注二元关系的两个方面——领导者与追随者,同时考虑能够使两方面都变得优秀（高质量的关系）和糟糕（低质量的关系）的关系情况。

随后,我们将从构建主义的角度处理领导力关系。社会构建方法的重点是关系性,或"处于关系内"的领导力。从这个角度讲,领导力关系形成并共同构建于交互式的动态过程之中。如 Berscheid(1999)所描述的"在人们的互动中可以观察到影响的动态摆动节奏和互动模式"。在本部分中,我们将主要关注领导力在二元和集体层面上的过程及实践,并讨论这些方法与后实证主义导向之间为什么不同。我们将介绍构建理论是如何建立和发挥作用的,以及使用该方法我们能够在研究中得到哪些收获。考虑到与后实证主义范式相比,目前这种关系型领导力领域内的研究正在兴起,因此在本章的这部分内容中,我们将更多地把重点放在讨论这些观点是如何丰富关系型领导力研究上,而不将综述作为重点内容。

在结论部分,我们采用多理论视角向研究人员提供了一个建议的研究议程。该议程承认了将多视角引入关系型领导力研究中的价值。它向研究人员提出了一个挑战,鼓励研究人员跳过对高质量关系的利益的研究,开始认真探索关系是如何形成以及在组织中是如何发挥作用的,同时考察关系是如何参与工作场所中的关系组织过程的。

领导者与追随者之间的关系:后实证主义观点

几十年来,对组织中领导力关系和关系发展的研究主要集中在正式领导者(即管理者)及其追随者(即下属)之间交易的本质方面,其中的领导者-成员交换理论是被研究得最多的以关系为导向的理论之一。领导者-成员交换理论首次出现于20世纪70年代中期(Dansereau, Graen & Haga, 1975; Graen, 1976; Graen & Cashman, 1975),它起源于角色理论(Katz & Kahn, 1978)和社会交换理论(Blau, 1964),是针对领导者与追随者二元关系的发展和维持的一种解释机制。研究的结果为以下基本前提提供了广泛的支持,即领导者在领导水平及其与直接追随者之间的关系本质方面存在差异,而且这种差异与二元关系的双方以及双方所在组织的大量重要的产出之间存在联系(Gerstner & Day, 1997; Ilies, Nahrgang & Morgeson, 2007)。

Hollander 还对二元关系层次上的关系型领导力进行了大量研究。他先研究了特殊信任模型(1958, 1960, 2006),最近又开始研究包容型领导力(2009)。包容型领导力主张放弃长期重点关注领导者,以认清领导力现象发生时的关系情境(Hollander, 2009)。领导者针对群体目标的达成,根据"充分的角色行为"提供资源,而追随者通过自身对领导者在地位、认可和自尊方面的要求,决定领导者的领导是否具有合法性。所有这些都是一个互动的过程(Hollander & Julian,1969)。正因为如此,追随者在这个过程中显得至关重要——"积极的追随者角色对于群体、组织和社会目标的达成非常重要"(Hollander,2009,p.4),领导者在鼓励忠诚、信任的氛围中建立和加强领导力实践,并通过这一实践来全力实施包容型领导力过程。

◆ 关系质量

两种方法的主要研究兴趣都在高质量的关系方面。高质量关系的特点是领导者与追随者之间相互信任和支持。与高质量的领导者-成员交换关系相关的因素包括成员之间沟通的增加,双方较高水平的忠诚度与信任度,下属较高水平的内角色和外角色行为,以及更加积极的工作态度(Dienesch & Liden,1986;Gerstner & Day,1997;Liden et al.,1997)。在 Hollander 的模型中,与高效的关系过程相关的维度包括尊重、认可、响应能力以及责任心(Hollander,2009)。大量的研究证实,借助较高的领导者-成员交换的正面效益和领导力研究领域中最有力的发现之一——包容型领导力,此类领导力在工作场所中具有很高的价值。

同时,两种方法也都认可在低质量的关系中存在的限制和问题。在领导者-成员交换中,较低的关系质量表现为过多地运用传统监督机制,领导者与追随者之间较低的互动水平,以及不断下降的相互信任与支持(Dansereau et al.,1975;Graen & Cashman,1975;Ilies et al.,2007;Uhl-Bien,Graen & Scandura,2000)。在 Hollander 的方法中,低质量(低效)的领导力发生在追随者抑制领导力属性(例如地位、自尊、认可等)的情况下,因此使领导者的能力受到约束,无法实现目标。虽然对于低质量交换关系的研究落后于对领导力积极方面的研究,但是最近的领导者-成员交换研究表明,低质量的关系对于管理者及其追随者而言会产生重要的后果(Bolino & Turnley,2009;Henderson,Wayne,Shore,Bommer & Tetrick,2008;Uhl-Bien & Maslyn,2003;Vidyarthi et al.,2010)。

举例来说,在对互惠形式的研究中,Uhl-Bien 和 Maslyn(2003)发现,追随者负面的互惠与来自管理者的较低业绩得分有关。Bolino 和 Turnley(2009)认为,与关系质量较高的同事相比,那些领导者-成员交换关系质量较低的雇员会体验到相对的剥夺感,随之而来的是一系列像压力和适得其反的工作行为这样的负面反应。同样,Henderson 等(2008)发明了相对领导者-成员交换(RLMX)这一术语,用来描述和检验关系质量的相对重要性。与此同时,Vidyarthi 等(2010)对作为社会比较的领导者-成员交换(LMXSC)进行了类似的检验。所有这些研究都发现,糟糕的关系质量能够带来负面的产出,即使将低质量定义为相对于工作组中的其他成员而言的低质量时也是如此。

■ 关系发展

虽然从理论建立之初就在不断地讨论和检验,但是相关研究在增强人们对高质量和低质量关系发展的细节了解方面还未能取得明显的进步。大多数针对前因的研究都属于横截面研究,为我们了解发展过程提供了有价值但有局限的帮助。其中一个原因是,在关系发展过程中随时了解关系发展的情况是比较困难的,因为这既需要进行纵向研究,同时也需要能够获得新形成的二元关系。

然而,从一些研究关系发展的纵向研究中,我们能够在影响关系发展的因素本质方面获得一些见解。Liden、Wayne 和 Stilwell(2003)研究后发现,在领导力的最初阶段和随后的几周时间里,上司和下属对对方工作竞争力的期望,以及领导者与成员之间的相似程度都是重要的领导者-成员交换预测变量。另外,虽然喜好和感受到的相似性能够预测领导者-成员交换,但是个人背景的相似性却不能。值得注意的是,Liden 等(1993)总结后认为,领导者与追随者之间的关系会在相对较短的时间(几天)内形成,并在以后相当长的时间内保持稳定。

Nahrang、Morgeson 和 Ilies(2009)的研究重点也是高质量关系的发展与维持。他们提出了一个两阶段过程,即:(1)基于性格的初期发展,它影响关系的发生和互动(交易);(2)行为表现,它作为关系发展初始阶段的副产物和扩展物。该研究的关键发现是,在首次互动结束之后,行为表现是关系质量的重要预测变量。换句话说,他们发现了与领导者-成员交换发展先验模型相一致的方法的支持性证据:某些特征能够促进关系的发生,而随后的行为能够启动并加强关系的发展。

下面,我们将近距离检验在领导力二元关系的发展和前因方面的研究成果,重点是要识别文献中那些与理论概述的基本过程相关的模式。我们不打算把讨论变为详细的综述,而是要为该领域的未来研究——"在研究中缺少哪些内容"奠定一个基础,以加深人们对关系型领导力过程更广泛的了解。首先,我们先讨论关系发展的阶段模型,然后回顾在领导者与追随者之间关系质量前因方面的研究成果。

关系发展的阶段模型。 根据角色理论(Katz & Kahn,1978),领导者-成员交换关系应当能够通过上司和下属在关系形成的早期阶段所表现出的角色形成、角色取得,以及角色惯例化行为得到发展(Graen,1976;Graen & Cashman,1975;Graen & Scandura,1987;Uhl-Bien et al.,2000)。特别是角色会通过领导者及其下属的互动和业绩过程建立起来。在角色澄清阶段,领导者会为下属提供一个执行所分配的任务的机会。随后,领导者根据每名下属执行任务时的具体表现做出评估,决定是否在以后为该下属提供更多的任务机会。那些在任务执行过程中给领导者留下深刻印象的下属将与领导者发展出交易行为。与那些拒绝执行任务,或在任务执行过程中违反领导者意愿的下属相比,这些下属与领导者发展出的关系"质量"较高。由于成员任何有价值的贡献(例如优秀的表现)都会倾向于引起另一方的积极贡献(例如有利的任务分配),因此通过相互强化,这种交易会随着时间的推移得到维持和不断发展(Graen & Cashman,1975)。

在该模型的扩展中,Liden和同事(Dienesch & Liden,1986;Liden et al.,1997)将领导者与成员之间关系的发展描述为一系列的步骤:它开始于二元关系成员之间的早期互动,然后是个体决定积极或互利关系发展程度的一系列交易行为。这些交易行为不局限于工作任务和工作业绩,可能还包括以金钱为计划的社会交易。如果一名成员的贡献或得到的机会是积极的,而且发起交易的一方对成员的反应表示满意,那么个体将继续交易。如果对交易的反应是负面的(例如没有得到回报,或者未能满足成员的期望),或者交易始终没有发生,那么发展出高质量交易的机会就会非常有限,而与此同时,关系很可能会保持在较低的领导者-成员交换发展水平上(Blau,1964;Dienesch & Liden,1986)。

为了促进交易,成员必须拥有能够提供给另一方的有价值的资源。如果领导者可用于交换的资源有限,包括没有足够的时间用于发展和维持高质量的关系,那么高水平的交易则倾向于集中在数量有限的上司与下属的二元关系当中(Dienesch & Liden,1986;Graen,1976)。另外,无论是在关系的发生(即第一步)还是回报(即对贡献的反应)方面,处在二元关系中的成员都必须能够感知到来自潜在伙伴的在发展关系方面的努力(Maslyn & Uhl-Bien,2001)。

交换过程的金钱价值的发生/交换可以持续作为领导者-成员交换发展研究的基础。在工作关系的多维度模型方面,Ferris等(2009)对关系的发展过程进行了一个新的描述。虽然并不是所有成员都会经历所有发展阶段,但是他们确定了一个由四个步骤组成的过程:首次互动,角色的发展与扩展,扩展与承诺,增强的人际承诺。此外,他们还进一步认为,诸如关系双方以前的历史、其他方面的信息与声誉,以及每名成员的个人性格、背景、经验及风格都是能够影响关系发展的潜在因素。尽管最近有关领导者-成员交换发展的文献已经不再像在 Ferris 等人的模型中描述得那样宽泛,但是早期的理论工作仍然对该过程提供了普遍的支持(参见 Dienesch & Liden,1986;Graen & Scandura,1987)。例如,Nahrgang 等(2009)将与关系发展相关的因素分成了两大类:变量,例如能够影响首次互动的个性等;行为影响,例如首次互动过后的检验过程。

从另一个可替代的理论观点来看,Hollander(2009)从包容型领导力的角度描述了领导力关系的发展(Hollander,2009)。和领导者-成员交换方法一样,包容型领导力过程也包含二元关系中的成员,他们作为合作伙伴通过说服而不是强迫参与关系过程。包容型领导力最重要的价值在于,它以尊重和倾听他人为基础。该过程始于对他人的尊重、对投入的认可,以及反应能力。而该过程的核心则是彼此的责任心,它是领导者与追随者关系持久的基础,也能够在合作伙伴之间产生相互信任(Hollander,2009)。

努力与互惠。 如领导者-成员交换文献所述,关系发展检验过程的关键元素是对双方努力程度和互惠程度的评估(Uhl-Bien et al.,2000)。这里假设交换以关系中双方所做的努力为基础(例如个体为首次交换和互惠交换付出努力)。为了支持这一点,Maslyn 和 Uhl-Bien(2001)研究发现,当领导者-成员交换二元关系中的任意成员感受到了潜在的合作伙伴正在付出努力,那么最终就会产生较高质量的关系。

Dienesch 和 Liden(1986)将互惠过程形容为对二元关系中另一方的贡献做出反应的可能行为。最近在该领域中的研究为研究互惠的动机和启动机制奠定了基础。研究表明,归因的准确性以及感知到的行动者的意图能够对交换过程产生影响(Harvey,Martinko & Douglas,2006;Lam,Huang & Snape,2007)。例如,如前文所述,某些行为或下属的某些特性能够反映出期望的价值或胜任力,因此它能够激发双方参与关系发展的意愿。下属寻求反馈属于这些行为中的一种(Ashford & Cummings,1983)。但是,寻求反馈背后的意图归因被认为能够调节寻求反馈行为与领导者-成员交换质量之间的关系。例如,如果管理者将下属的寻求反馈行为理解为下属能力逐渐提高的一个步骤,而不是为了取悦管理者的话,那么领导者-成员交换的质量就会较高(Lam et al.,2007)。

归因过程在关系型领导力的特质信任模型中也发挥着核心的作用(Hollander,

1958,1960,2006）。该模型描述了个体之间互相评价的动态过程，其中追随者（而非领导者）决定着领导者权威的影响力（Hollander,2009）。该过程以个体对影响源（即领导者）的归因为基础。首先，追随者根据对重要特征的感知，如胜任力（例如所需的知识或技能）、对群体规范的符合程度、良好的声誉或较高的地位（例如，群体地位、社会经济地位等），将信任赋予领导者。随后，领导者可以借助这些信任，根据自身的领导者角色开展创新行动（例如领导变革）。只要不使自己的账户"破产"，领导者就可以一直拥有权威和影响力。如果得到的信任不足，那么领导者必须在再次"消费"信任之前努力重塑信任。因此，在特质信任模型中，关系通过追随者对领导者归因的"信任"的建立和消费来运作（例如社会交换中的互惠过程，Blau,1964）。

对领导力的信任赋予一旦形成，有些因素便可以起到启动或促进交换过程的作用。在许多情况下，相同的变量既能够导致首次交换也能够促进交换。例如，相似性能够建立影响、使沟通更容易，同时也能够促进各方的互动（Bhal,Ansari & Aafaqi,2007；Goodwin,Bowler & Whittington,2009；Liden et al.,1993）。诸如下属的随和性等个性特征有利于管理者更好地与下属进行接触（Bernerth,Armenakis,Field,Giles & Walker,2008）。在目标特别是合作目标上的相互依赖和重合，同样会对双方的互动和领导者-成员交换的质量产生积极影响（Hui,Law,Chen & Tjosvold,2008）。

Uhl-Bien（2003）认为，有些关系的发展要比另一些关系的发展容易一些（即条件比较有利），也就是说，有时人们会和其他人"一拍即合"。从这个角度看，关系的好感度越高，该关系就越容易达到较高质量。像管理者与下属之间的差异性这种因素是可以克服的，但是需要付出额外的努力才行。涉及的所需技能包括对检验/互惠过程的了解、自我表现以及沟通。

那些能够启动互惠过程，甚至减少在关系发生或互动中可能出现的障碍的因素已经成为目前研究的主题。Masterson、Lewis、Goldman 和 Taylor（2000）将公平判断作为有助于参与互惠规范的机制，对其进行了研究，发现领导者-成员交换能够作为互动公平对于下属产出的影响的中介变量。在明确借鉴了社会交换理论后，Murphy、Wayne、Liden 和 Erdogan（2003）提出并发现，管理者对互动公平的感知与下属报告的领导者-成员交换的质量之间存在正相关关系，而领导者-成员交换与社会惰化之间则存在负相关关系。

关系质量的前因

除了描述关系发展过程的关系发展阶段模型之外,研究人员还研究了作为领导者-成员交换质量前因的变量。这些前因包括二元关系中成员的个性、政治技巧,以及相似性或重合等变量。

个性。研究发现,交换成员的个性对参与领导者-成员交换关系双方的意愿或能力,以及通过努力建立起积极关系的可能性都能够产生影响。该领域的早期研究发现了领导者-成员交换与下属的内部控制倾向(Kinicki & Vecchio,1994)和外向性(Phillips & Bedeian,1994)之间存在正相关关系的证据。Phillips 和 Bedeian 总结认为,外向性可能会使下属做出一些能够将自己的技能展现给领导者的举动。这与之前的研究发现相一致,即与质量较低的关系相比,质量较高的领导者-成员交换关系通常涉及更加频繁的互动(参见 Graen & Schiemann,1978;Liden & Graen,1980)。

最近,某些性格特征被认为在促进领导者-成员交换发展的过程中发挥了一定的作用,因为研究人员预计它们能够影响管理者与下属之间的互动(Bono & Judge,2004)。换句话说,一些研究人员认为,有些个体可能天生具有参与关系发展的倾向。

例如,最近对依附风格(即个体在发展人际关系时在程度和方式上的偏好)的研究认为,该因素能够影响领导者与成员之间的关系(Keller & Cacioppe,2001;Manning,2003;Popper,Mayseless & Castelnovo,2000)。根据 Hazan 和 Shaver(1990)的研究,有些个体具有逃避型依附风格,不仅不渴望关系,而且还会试图逃避建立关系,希望一个人工作。在工作场所,具有此种依附风格的管理者可能会表现出漫不经心和控制欲,并且很少给予下属支持(Keller & Cacioppe,2001)。因此,一般认为此类管理者不能或不愿意构建并维持高质量的关系。相反,具有安全型依附风格的领导者通常会对与他人相互依赖的关系感到愉快,表现出对关系双方需要的认同,同时会去平衡这种需要(Hazan & Shaver,1990)。过去的研究认为,安全型依附风格与关系竞争力(Manning,2003)和变革型领导力行为,如个性化关怀和智力激发等之间存在联系(Popper & Mayseless,2003;Popper et al.,2000)。

Ng、Koh 和 Goh(2008)提出,领导者服务于他人的倾向可能也是领导者-成员交换的前因之一。借助社会交换理论,他们认为,与领导者服务导向有关的支持性和发展性行为将会产生较高质量的领导者-成员交换关系,因为领导者的动机归因是服务于他人而不是服务于自己的,从而使下属会做出相应的回报行为。他们提出了一个领导者服务动机框架,并发现它与领导者-成员交换的质量之间存在正相关关系。此外,Henderson、Liden、Glibkowski 和 Chaudhry(2009)也提出了类似的观点,他们认为变革型与公仆型领导方法会使管理者尝试与更多的下属发展高质量的关系。

研究人员发现其他一些性格特征与领导力的发展之间也存在联系。Liden 等(2007)在综述中将情感的影响、控制倾向和外向性联系在一起研究。这项早期研究得到了大五人格特质研究的补充,认为某些性格特征的较高水平与领导者-成员交换的质量有关。Nahrgang 等(2009)发现了一些证据,支持了领导者的随和性和追随者的外向性是二者互动及初始判断的预测变量的观点。Bernerth、Armenakis、Field、Giles 和 Walker(2007)认为,大五人格特质中的每种特质都与关系的发生、对其他成员的吸引力或互惠有关。每个维度的作用机制都是唯一的。举例来说,下属的责任感与互惠紧密相关,对管理者来说非常重要;而管理者的责任感能够使其更关注关系的质量,并为关系的发展付出努力。下属的开放性或智力及好奇心能够给管理者留下良好的印象,同时也能够对来自二元关系另一方的各种价值交换有更大的接受度。同样的机制对管理者也是适用的。

如前文所述,Bernerth 等(2007)的研究包括二元关系中双方的个性,并将其作为对另一方潜在价值的预测变量。在 Harris、Harris 和 Eplion(2007)的研究中,控制倾向、对权力的需要及自尊心等性格特征被认为能够使下属产生领导者看重的行为,从而激发关系双方进行交换。特别是那些拥有上述这些特征的下属,研究人员预计他们会表现出较高的主动性,以及更强的竞争力、自信心和动机,成为管理者理想的关系伙伴。这些观点得到了研究的支持(Harris et al.,2007)。

Huang、Wright、Chiu 和 Wang(2008)在检验管理者和下属之间关于二元关系角色的关系模式时也遵循了这一思想。他们研究中的基本前提是,领导者和追随者在对关系质量的预期上拥有不同的模式。通常,领导者看重胜任力(例如,团队精神、可靠性、自我导向以及对工作的承诺等),而下属则看重人际关系因素(例如,相互理解、发展空间、友好的态度以及管理者产生影响或激发下属的能力等)。预期与关系伙伴的行为(例如,领导者预计追随者将主动结合自身的主动行为)之间的匹配度越高,就越能够促进关系的发展。他们还认为,如果感知到匹配,那么便能够形成更好的关系(参见 Wayne & Ferris,1990),以及对作为关系产生和互惠因素的二元关系伙伴做出正面评价。这与 Liden 等(1993)对胜任力预期机制的讨论相似,他们认为,个性的匹配和对相关需求的满意是领导者-成员交换发展背后的驱动因素。

此外,对关系匹配程度的感知同样也是特质信任模型的重要组成部分(Hollander,2009)。如前文所述,Hollander 的模型以感知过程作为基础。追随者根据对领导者在胜任力、对群体规范的符合程度,以及忠诚度方面的合法性的感知来评价领导者(Hollander,1964)。当出现匹配的情况时,领导者便能够获得追随者的信任;如果不匹配,那么领导者则会失去信任(Hollander,2009)。在使用关键事件技术对该过程进行检验的一系列研究中,Hollander 和同事发现,被试主要通过关系的质量来区分优秀的领导者和糟糕的领导者。用于区分优秀的和糟糕的领导力最常用的四种关系因素为:感知性、参与性、可靠性与奖励性(Hollander,2007)。

最后,虽然个性在预测领导者-成员交换的关系质量方面是一个很有用的变量,但是研究发现,对关系价值的感知能够调节个性对关系的影响。Goodwin 等(2009)发现,由管理者报告的领导者-成员交换质量是以追随者的个性和胜任力的相似性为依据的,但是这只发生在追随者具有较高的咨询中心性(即其他人会经常向他们寻求建议)的情况下。这种情况表明,相似性并不是一个明确的预测变量,而它在关系发展中的作用会根据其他变量而发生权变。

政治技能。另外一个能够帮助关系发展的因素可能是政治技能:这是一种在工作中了解他人并按照对他人的理解来影响他人、提升他们个人和/或组织的目标的能力(Ahern,Ferris,Hochwarter,Douglas & Ammeter,2004)。Ferris 等(2005)发现了政治技能的四个关键维度:**社会敏感度、社交影响力、网络能力和表面的真诚度**。在将政治技能应用到领导者-成员交换的发展中时,Breland、Williams、Wang 和 Yang(2008)指出,掌握了政治技能可以使双方成员清楚地了解他们的工作伙伴,因而能够确定某种领导者-成员交换关系的形式是否适当。另外,拥有高超政治技能的领导者们将更有能力在情感上影响追随者,激发追随者的动力,使他们投入领导者-成员交换的发展之中。

Brouer、Duke、Treadway 和 Ferris(2009)也提出类似观点:政治技能(尤其是社会敏感度)能够增加对工作环境的了解,帮助建立有效的工作关系。政治策略能帮助潜在合作伙伴提升参与测试过程的能力,其中包括了解上司什么时候发起测试,有效使用影响力并做出相应的行为调整的能力。因此，Brouer等（2009）提出，政治策略将帮助调节潜在合作伙伴双方的人口学差异带来的负面影响。他们的研究发现，不管是否存在人口学差异，具有高度政治技能的下属都能建立优质的合作伙伴关系，但是这一点对那些政治技能较低的员工不适用。如果管理者和下属较为相似，那么政治技能对领导者-成员交换质量就不那么重要。这一发现指出，考虑到阻碍关系发展的情境因素的作用，对于关系的发展程序的认知非常重要。

除了那些能够推动过程的启动和相互作用的因素，大多数的领导者-成员交换发展的方法都依赖于价值货币的持续交换，以建立和保持高质量的关系。虽然像下属工作绩效（Nahrgang et al.,2009）这样的因素经常会被当作有形货币进行评估，Ferris等（2009）也在经济形式不那么明显的关系中讨论了交换行为，例如，各方之间（角色关系的延伸）的信任、尊重、影响和支持。这代表了关系的一种新角度，这是一种在交互中变得更加灵活的意愿（延伸和承诺）以及表达忠诚度、承诺和可靠性的意愿（提高的人际关系承诺）。这与Maslyn和Uhl-Bien（2001）关于下属关系发展的进一步努力的预测是一致的。他们的发现显示，处于高质量关系中的员工表现出更强烈的维持这种关系的意愿，然而，那些未能成功建立积极关系的则没有显示出对改善关系的积极性。

一致性。Goodwin等（2009）解释了工作伙伴的相似性或一致性的重要性，它作为领导者-成员交换的预测因素在很多研究中得到了验证。根据Byrne（1971）的吸引力-相似性假说，Liden等（1993）指出了领导者-成员交换发展中管理者和下属之间相似性的重要性。后续的研究也确定了相似性的程度在更高质量领导者-成员交换中的作用。Phillips和Bedeian（1994）也将态度的相似性、外向型/内向型、控制点、成长所需的权力、绩效以及不同的人口学测量指标作为领导者-成员交换的预测因素进行测量。结果显示，态度的相似性得到最大支持。

Bernerth等（2008）将他们先前大五特质的工作进行了延伸并提出，工作伙伴双方之间个性的相似性会产生更高程度的领导者-成员交换，因为关系融洽的成员之间能够进行更好的沟通，并能实现更好的合作关系。他们发现，领导者与成员之间的差异越大，领导者-成员交换的质量就越低。这一点对大五特质除了外向型之外的每一个维度都适合。作者解释道，外向型的人可以和任何人建立起关系；一致性对于这一过程来说并不是必需的。

领导者-追随者一致性。虽然关于发展过程的研究已具有一定的深度，但是领导者和追随者表现出来的属性与行为的一致性、领导者和追随者之间关于他们关系的实际的一致性水平仍然较低(Schriesheim, Neider & Scandura, 1998; Zhou & Schriesheim, 2009)。Gerstner 和 Day(1997)报告了一个 0.29 的元分析平均相关系数,但是从 0.16 到 0.50 的系数也都有过汇报(Schriesheim et al., 1998)。

关于这一点,Zhou 和 Schriesheim(2009)指出,"按照 Graen 和 Uhl-Bien(1995)的观点,交换关系是独立于关系中个体的一个单位,它是客观的,不是被感知的。按照这些说法,SLMX 和领导者-成员交换应该被视为对同一结构的两种测量方法,人们会期待两个报告应该至少能够趋于一致"(p. 921)。Zhou 和 Schriesheim 对这种较低的一致性进行了几种解释,其中包括等价性和不等价性测量指标的缺乏、对领导者和追随者的有效关系的不同期待与假设、领导者(以任务为基础)和追随者(以关系为基础)之间的焦点、沟通的频率、领导者和成员之间任务的独立性以及关系的持续时间。

概述

总体上来看,Graen 和 Scandura(1987)以及 Dienesch 和 Liden(1986)建立的基础工作已经成为领导者-成员交换关系的前因及发展研究的模板。如今,企业内关系启动的程序已经建立,关系应对机制也已产生,同时也产生了新的关系角色,这些都推动了领导者-成员交换发展的研究。我们有一些理论是关于参与关系发展、交互中被感知或期待的价值的重要性,以及归因和相互性对高质量关系的发展与维持所做出的贡献的。我们也有一些关于这些因素的影响力的细节信息(例如个性和技能)以及能够克服关系发展的启动障碍的方法。

我们还发现领导者-成员交换和 Hollander 的特质信任模型在研究发现方面存在明显的趋同性。这两种研究潮流在相同的时间段内经历了各自不同的发展,每一种都展示出了在领导力过程中进行关系互动的本质和重要性。而且它们也共同证明了领导力的关系方法的有效性和可靠性。它们还产生了相同的结论:有效的领导力就意味着领导者和追随者之间有强有力的合作伙伴关系。领导者在这些程序中的角色就是为追随者提供具有包容性、信任感和支持性的环境;追随者的角色就是在领导力程序中充当积极的合作伙伴。

领导力中的关系：构建主义的观点

虽然领导者-成员交换和特质信任理论学者（Hollander，2009）已经将领导者-追随者关系的研究视角推进了一大步，使其成为领导力研究的重点，其他学者仍然希望能够形成一种新的理解，即一种对领导力关系视角的理解（Hosking，2007；Uhl-Bien，2006；Uhl-Bien & Ospina，in press）。关系视角的理解强调人与人之间丰富的关系，这种情境允许领导力在"间隙"中进行"共同生产"（Bradbury & Lichtenstein，2000）。在关系型领导力研究中应用这样的理解方式与Sias（2009）的观点是一致的，Sias呼吁通过在关系研究中纳入非传统的角度来拓宽我们的理论视野（参见Fairhurst，2007）。

这种观点和领导者-成员交换理论在几个方面存在一些差别。第一，它使用不同的知识和社会建构理论来思考领导力关系的意义。构建主义的方法挑战了研究者们倾向于使参与者对概念建构的特权（Cunliffe，2008；Fairhurst & Grant，2010）。他们使用一种可以使数据驱动结果的方法，而不是用事先界定的理论模型和变量进行分析。这就意味着他们通常使用更加定性的和归纳性的方法（Fairhurst，2007；Ospina & Sorenson，2006），这种方法搜集那些基于语言（例如描述、文本、故事和访谈等）或观察性的数据，而不是基于变量的数据。

第二，他们提供了一种替代的方法，这种方法不同于大多数心理学针对领导力所使用的个体性和认知透镜法，而是选择了一种更注重社会性和文化的角度。正如Fairhurst和Grant（2010）所描述的，构建主义将领导力视为"共同构建的一种社会历史性的和集体性的创造意义的产品，并通过领导力参与者之间复杂的交互进行持续性讨论，这些领导力参与者可能是指定的或临时的领导者、管理者和/或追随者"（p.172）。因此，他们调查与领导力创造相关的交互和沟通过程的模式，而不是考察领导者和追随者的观点、认知、行为倾向和个性特质（Drath et al.，2008；Hosking，2007）。按照这种观点，领导力的理解和实践是随着个体与他人的交互作用（Drath，2001；Ospina & Sorenson，2006），随着时间的发展不断构建起来的，而不是内嵌于领导者和追随者的模式中，或者由个体所"拥有"的特质。

第三，他们还使用不同的分析技术，这种技术最大的不同之处就在于它远离了客观主义的命题检验的科学研究方法。但是也有一些例外（参见Fiol，Harris &

House,1999,他们使用内容分析),这些研究倾向于使用定性的方法(Ospina,2004),例如叙事研究(Fairhurst,2007;Ospina & Foldy,2010;Ospina & Su,2009)、人种论(Tierney,1987,1988)、书面和口头记录的历史(Gronn,1999),或者一种组合的方法(例如 Huxham 和 Vangen 研究中的现象学、扎根理论和动作研究,2000;Schall、Ospina、Godsoe 和 Dodge 研究中的叙事研究、人种学研究和动作研究,2004)。这些方法创造了对情境更为敏感的数据,掌握了从内到外的意义(Evered & Louis,1981),也就是说,这些方法考虑到相关个体的看法,并看到个体是如何与整体联系起来的(Bryman,Stephens & La Campo,1996;Tienrney,1996)。定性的研究解决了量化方法无法回答的问题,而且探索了一些"解释性的、历史性的、对语言敏感的、当地的、开放却非权威性的"研究(Alvesson 1996,p.468),目的是把握领导力发生的各个层次、领导力的特征动态及其象征性构成(Conger,1998;Parry,1998)。

第四,关系型领导力学者正在开始将注意力从单独的双方关系转移到关系领域,或者关系结构,这种结构由个体和群体构成(Hosking,1997;Ospina & Soreson,2006)。这种变化将焦点从个体转移到集体之上(例如领导力实践的研究以及分享的领导力过程)。领导力被视为一种集体性的成就,一种生成性过程的结果,在这种生成性过程中,为同一目标共同努力的参与者之间要进行沟通(Drath,2001;Drath & Palus,1994;Hosking,Dachler & Gergen,1995;Ospina & Sorenson 2006;Pearce & Conger,2003)。学者们接受这种转变,一部分是因为个体角度已经被广泛研究,而集体过程则一直被忽视。但是,他们也意识到,个体间的任何类型的领导力关系都不能脱离组织和社会力量来单独理解,组织和社会力量能帮助塑造领导力(Fairhurst,2007;Fletcher,2004;Hosking,1997;Osborn,Hunt & Jauch,2002;Ospina & Sorenson,2006;Smircich & Morgan,1982)。

为了解释关系型领导力研究中构建主义方法的价值,我们将在下面的部分提供关于社会构建主义的额外的背景信息和案例,以解释这些方式是如何在领导力中进行研究的。

◼ 领导力的社会构建方法

正如 Fairhurst 和 Grant(2010)以及 Ospina 和 Sorenson(2006)所描述的,虽然社会构建主义公认的来源是 Berger 和 Luckmann 所撰写的富有影响力的《现实的社会构建》(*The Social Construction of Reality*)(1966;Cunliffe,2008),但是其却根源于

象征式互动主义(Mead,1934)和现象学(Schutz,1970)。它基本的信条是,人们在塑造自己文化和社会性的世界的同时也在被世界塑造。在社会构建主义的词汇中,"理所当然的现实来自社会参与者之间的互动"(Fairhurst & Grant,2010,p.174)。现实不是一种等待着通过实证性的科学方法进行探索的客观化的真实,而是多种现实互相竞争成为真实,在这个过程之中,意义得以产生,在某些程度上达成了共识,也会出现争论。

虽然领导力的社会构建研究存在多种方法,但是这个领域在过去的15年间发生了巨大的变化(Fairhurst & Grant,2010;Ospina & Sorenson,2006),其中一个变化和我们这里的讨论有关,那就是强调社会现实的构建的方法与强调现实的社会构建的方法之间的不同:

> 前者的理论发展围绕着社会沟通的认知产品,社会现实的构建牵涉类别、隐含的理论、属性和合理的解释;后者强调社会性或沟通本身,讨论其是隐性、显性还是社会历史互动性的。在一个更基本的层面上,认知产品的理论化强调领导力参与者的内在动机,而社会性的理论化则强调参与者作为文化产品的性质(Fairhurst & Grant,2010,p.196)。

这是一个非常有用的区别,我们可以在我们的文献中看到每一要点的证据。从对社会现实的构建的关注到认知产品的转移可以从 Meindl(1993,1995;Meindl,Erlich & Dukerich,1985)的作品、Lord 的隐性理论(Engle & Lord,1997;Lord & Brown,2004)以及最近 Carsten 及其同事关于团体的社会构建的研究中找到论述(Carsten,Uhl-Bien,West,Patera & MacGregor,2010)。我们还在 Calder(1977)和 Weick(1995)的研究中看到了属性及意义构建理论。社会性的理论化(现实的社会构建)可以参考 Drath 及其同事(Drath,2001;Drath et al.,2008)、Hosking(Hosking et al.,1995;Hosking & Morley,1988)以及 Ospina 及其同事(Foldy,Goldman & Ospina,2008;Ospina & Foldy,2010)的研究。

但是这两种方法在处理关系上有差别。前者强调个体、感知和认知,更倾向于停留在领导力的"单位"角度(Uhl-Bien,2006)。虽然它承认社会现实,但是它从个体如何看待现实并与该现实进行互动的角度来研究现实。后者强调社会动力学的互动模式,将"社会性"带到研究的前沿,因而掌握了相关性的交互主体经验,下面将对此进行描述。

领导力研究中的关系。关系针对的是"人们之间的距离",它认为自己和他人之间并不是孤立的,而是共同进化发展的,这需要在组织性的研究中对其进行解释(Bradbury & Lichtenstein,2000)。在构建主义关于知识的理论中也有与此一致的观点,他们认为关系不是来自一群个体的思想集合,而是相反,个体因为存在关系而产生互动(Gergen,2009)。构建主义理论没有将研究重点放在个体之上,而是从社会着手。构建主义学者不将领导力视为一种内嵌在人群内部的现象,而是一种植根于完成任务的组织过程(Fairhurst,2007)。他们将实际的行为和个体之间的互动视为更大范围内组织过程的一部分,在这个过程中,模式化的互动和关系网络帮助界定产出。他们对于解释领导力的形成或者在更广范围的社会情境中发生的机制很有兴趣。为了进行研究,他们使用了更加定性化(例如,深度采访、参与者和低调的观察)或叙述性的方法(对语言、文本或故事的研究),而不是调查。另外,他们不强调个体感知和认知,而是强调本体论的单位,这与他们在"社会性"上的兴趣相一致,例如主体间性、本体、关系、文化和语言学社区以及作为一种宏观参与者的组织(Fairhurst,2007)。对这些学者来说,领导者与追随者之间的关系不仅是(或主要是)一种人际关系,还是一种社会关系,也就是说,在这种关系中自带了一些双方都了解的信息,双方使用这些信息进行互动并了解其中的意义。

通过对关系的关注,构建主义为关系型领导力提供了一种更为动态的相关程序和语境。例如,相对于前面在领导者-成员交换理论(Graen & Uhl-Bien,1995;Uhl-Bien et al.,2000)中提及的严格的关系发展过程阶段模型,构建主义提供了另外一种方法:

> 领导者-成员交换文献认为成功的关系是在一条单向的累积的路径上发展的,其发展的方向就是更高层面的接近和融合以及超越个人利益的变革(Fairhurst,2001)。领导力形成模型的三个阶段程序(Graen & Uhl-Bien,1995)就是一个合适的例子……在领导力形成模型中,参与者将经历一个初期的"陌生人"寻找角色的阶段,这个阶段是正式且具契约性的。如果双方都想改善关系,他们就会进入下一阶段,即"角色形成"的"熟人"阶段,在这个阶段存在很多对对方秘密的测试和感觉。如果双方对测试结果都很满意,那么一部分经过挑选的人就会进入"成熟的合作伙伴"阶段,在这个阶段,他们会相互交换资源……因此,在成功的关系中,有一种推定性的,向紧密、稳定和互相满意的

关系发展的趋势（Fairhurst,2007,pp.121—122）。

构建主义方法没有将关系过程看成是稳定和线性的。他们视关系为一种涉及了张力、动力、冲突和不稳定的意义构建过程。Fairhurst 和 Hamlett（2004）根据辩证性沟通研究讨论了大多数关系（甚至是健康的关系）是如何在辩证对立的形式上获得张力的。这些对立的方面创造了同步的牵引力，使其互相融合且互相区别："关系的结合不仅意味着融合、接近和互相依赖，还意味着分隔、距离和独立"（Fairhurst & Hamlett,2004,p.123）。团队关系研究的文献也显示,关系是充满矛盾的,这些矛盾既可以使一个团队瘫痪,也可以使其充满活力（Smith & Berg,1987）。

构建主义的方法将关系视为动态和互动性的情境以及意义构建的过程。从构建主义者的角度看领导力，意义就是从世界中构建出来的，而不是在这个世界中发现的。意义不是在一个真空条件下的个体的头脑中创造出来的，而是在人类参与客观世界与其他人进行互动时构建出来的。因为人们会吸取其文化中先前的达成共识的意义，而且文化也和历史密不可分，因此构建意义可以被视为一种社会过程以及一种个体的意识活动（Ospina & Sorenson,2006）。

因此,构建主义的关系研究者没有将关系视为独立个体的集合产物,他们考察那些能够帮助理解领导者-成员交换互动和关系质量的前因变量,并且把重点放在关系作为领导力的创造源泉上。领导力关系不是一个需要解释的产出或是绩效的前因变量（而是另一个需要解释的产出；Fairhurst,2007;Sias,2009）,但是它们构成了领导力过程本身。构建主义关系的领导力研究者们（Hosking,2007;Ospina & Su,2009）对了解意义非常感兴趣,关系通过这种意义产生了一类独特的社会经验,也就是领导力。

这里的重点落在了使领导力成为特定类型社会关系和互动的产出的过程之上（Uhl-Bien,2006）。这种区别能够解释研究兴趣如何从解释"是谁"（领导者或追随者）转到解释"如何"（过程和实践）上。它强调领导力是如何在从关系导向到组织目标的过程中形成和发展的。它也改变了来自领导者-追随者关系的领导力的意义,以及创造了特定情境的领导力的关系和互动模式。

因此构建主义的方法是领导力的情境理论（Osborn et al.,2002）。**它们将领导力研究的重点从领导者-追随者的双向关系转移到关系中对人的构建**（Gergen,2009;Ospina & Foldy,2010）、实践的社区（Drath 2001;Drath & Palus,1994）和关系领域或关系网络（Fletcher,2004；Mayo & Pastor,2007）上来。通过强调社会机制（Davis & Marquis,2005；Hedstrom & Swedberg,1998），构建主义对模式的解释性意义更感兴趣（也就是，模式是如何解释人们如何互相了解以及他们在关系情境中的生活的）。他们认为，社会互动来自参与者重复的接触，这些参与者参与到那些有意义、有目的性的行为中，并期望得到对方的回应，这些社会互动发生在受到法律、习俗或传统制约的情境之中（Ospina & Sorenson,2006）。因此，这个角度并没有忽略个人经验的个体情境，却强调了它的集体维度。因为相对于领导力的个体性，这些学者对探索集体性更感兴趣，关注重点从双边关系的人际关系性质以及相关行为，转移到关系的社会性质以及相关的互动模式和支持它的分享假设及协议的共同产出。这种社会性质可以表现在行动的双边性、群体性或集体性层面。

集体领导。这并没有忽视领导力作为一种关系现象的二重性，但是它将领导力置于一个更广范围的为集体目的所构建的关系结构之中。Raelin(2003)在使用"社区"这个词定义"接收或行使领导力"(p.11)的时候就澄清了这个区别，他将其定义为任何一种环境，一群参与者在这个环境中集合起来完成一个共同的目标，这个环境可以发生变化，从群体、组织到系统再到公共或私人领域，场景可以随之发生改变。他指出："社区是一个人们相互之间建立或拥有与他人接触的机会的场景。从这个角度来看，社区是一个自我延伸的社会结构，它使用某些目的将人们联系起来。"(p.12)在把领导力理解成为一种集体过程的时候，我们不能忽视这种社会结构。

这种观点的基础在于领导力研究拥有非常坚实的支持者。例如，Burns的开创性的研究就始于一个前提，那就是，领导力和权力一样，是"联系的、集体的和有目的的"（Burns,1978,p.18）。Pastor(1998)将领导力定义为个体在与他人进行沟通时，"一种集体性的出现在组织内部的社会意识"(p.5)。这种社会构建过程在不断发展，人们也发展出一种对于工作以及为了完成工作员工所分配角色的共同理解，领导力因此获得了独立的生命力，它会随着时间的推移持续发挥作用。按照这种理解，领导力在形成之初就成为社会系统的资产，而不仅仅是人们头脑中共享的观点，或是某个个体的品质，例如领导者。

虽然组织行为学和心理学领导力领域较少有学者对关系型领导力的集体性方法感兴趣，但是其他学科和领域的学者对此却显示出很大的热情。例如，30年前，社会学家Smircich和Morgan就支持这样一个观点，即领导力来自组织中人群的构建和行动,他们(1982)希望研究者们在更深层面上探索集体性领导力现象,"关注在组织性场景中意义产生、维持和变化的方式,以便更加充分地理解领导力作为一种社会过程的根本性质"(p. 261)。在教育领域,Lambert等(1995)将领导力定义为"一种交互的过程,这个过程允许一个社区内的参与者构建一个导致共同目的的意义"(p. 32)。更近一些的例子是在管理领域,Fletcher和Kaeufer(2003)强调发生在关系互动中的共享领导力的微过程,这种关系互动构成了组织变化的日常事项情境中的影响力网络。另外,Gergen(2009)指出应强调"关系领导"的过程,他这样描述这个过程:"人在关系中所拥有的能力,能帮助人们带着承诺和效能走向未来。"(p. 333)

按照这种思维方式,在开始确立结构性社会关系(群体参与者一起参与某些活动,可能是一个团队、一个组织、一个网络或一个更大的系统)的动态,以及在回答上述情况如何解释集体性领导力是怎样发生的时候,构建主义的社会学角度会有所帮助。从现象开始转变,上升到分析层面,这项研究工作强调分析要注重社会行动和社会互动的持续及相对稳定的模式(Drath,2001;Drath et al.,2008)。重点是探索领导力参与者互动和互相联系以追求一个集体性目的的"舞台"(Ospina & Sorenson,2006)。

Ospina及其同事的研究(Foldy et al.,2008;Ospina & Foldy,2010;Ospina & Saz-Carranza,2010;Ospina & Su,2009)提供了一个案例。他们深入、多层次的研究考察了美国境内致力于社会变革的92个非营利性机构在六年时间内的集体性领导力实践。他们使用一种关系建构主义方法,使社会变革领导者及其下属进行关于其所做工作(即社会变革工作)的对话,从而掌握了社会变化领导者的意义构建过程。他们使用人种学、叙述学和基于行动的方法收获了很多关于个体与群体的故事,这些故事都是在参与者描述其最佳工作状态的时候得到的。然后他们对由这些方法得到的数据进行三角测量,并对故事进行解释性分析。他们将在时间和情境中发展的"实践"定义为分析性单位。这些代表了一些集体性理解,即参与者认为要保持他们的社会变革计划所应该做的事情。

通过多次的数据分析,研究者们确定了三个关键的机制:再造性话语(Foldy et al.,2008;Ospina & Su,2009)、弥合差异(Ospina & Foldy,2010;Ospina & Saz-Carranza,2010)以及释放人的潜能(El Hadidy,Ospina & Hofmann-Pinilla,2010)。这些机制解释了集体领导是如何发生在这些组织中的。它们还帮助我们理解领导力是如何出现在这些社会变革机构中并帮助参与者使用他们所需的力量来影响其外部目标的。这个研究项目搜集的数据支持了一种建构主义方向,这些数据显示了一些关于权力、知识、变革、人类和世界的性质的暗含的假设,这些假设依靠社会公正(指导决定和行动)的核心价值观,这反映出一种世界观。另外,研究者们还发现了对预期变革的表达,它通过不同层次的个体授权和组织性能力发展得以协调。该项研究所依托的重复的集体性领导力实践和群体的世界观及愿景是一致的。它们对管理技术(战略性规划和预算管理等)以及社会变革的核心任务(组织、支持和服务)也有意义和实质性的帮助,通过这些实践,这些非营利性机构变得更具有可持续性且更灵活。

Huxham和Vangen(2000)提供了另外一个研究案例,这个案例探索了基于现实的社会建构的集体性关系视角。他们指出,在他们关于服务网络的合作的研究中,"领导力分散"的概念受到这个视角的直接启示(尤其是Hosking通过对自我管理的工作团队的研究以及基于领导力文化视角的研究将领导力概念化为一种过程,在这个过程中,社会秩序得以形成)。他们根据一个为期十年的行为研究项目(参与者来自英国数个公共和社区合作伙伴),使用一种现象学的方法,目的是发展关于合作管理的以实践为导向的理论。他们使用了一个将集体性领导力视为某种机制的概念,这种概念可以使"合作"发生某些变化。他们确定了三种媒介,议程在这三种媒介中创建并得到发展,也就是说,集体性领导力通过这些媒介发生在下面的网络中:结构(例如合作性管理结构)、过程(例如进行合作沟通的委员会、工作室、研讨会)以及参与者(例如职位性的领导角色,如一个有主席职位的领导小组)。他们还确定了参与者执行其合作计划时会采取的一系列行动:找到控制合作计划的方法、代表和调动成员组织、创造激情并授权那些完成合作目标的角色。

概述

综上所述,领导力的构建主义方法作为一个发展中的领域,为关系型领导力理论提供了一个丰富的视角。它们使得我们可以从关系和沟通过程的角度来运作领导力研究,这种角度会系统性地考虑领导力的动态和集体性层面。它们帮助我们更清楚地了解共同构建的关系过程和领导力实践,进而充实了我们目前的知识体系,丰富了我们对关系型领导力的互动性和互相连接的性质的了解。

在对构建主义的讨论中,我们发现了两种关系研究的方案(显然还有更多的可能性)。第一种是采用更具有建构主义性质的方法来研究关系。这与 Berscheid(1999)、Fairhurst(2007)和 Sias(2009)相一致,也就意味着采用那些可以使我们更好地掌握工作关系的社会现实的方法和研究设计。第二种是强调关系性组织和集体领导。这与现实的社会构建相一致,这些方法强调互动本身以及意义构建的分享模式、合并的机构以及集体性领导力启动的协调性行为。

关系型领导力:一个研究方案

我们将在这一部分使用上述两种类型的方法,将重点提出一种针对关系型领导力研究的初期研究计划。鉴于文献的其他地方已经确定了领导者-成员交换研究的方向,我们在这里将在更大范围内描述关系型领导力的研究方案:我们认为关系型领导力研究不仅是领导者-成员交换(以及更小范围的测量组合),而且是针对领导力关系有助于领导力产生的更广泛的检验(双方的和集体性的)以及组织中的关系过程(及实践)。我们认为,这些关系和过程对建立健康高效的工作环境是非常关键的,要对其进行研究需要一个更为广泛的、跨领域的并使用多种方法的研究项目。另外,和过去的"模型战争"所不同的是,我们认为,使用两种模型可以最有效地研究关系型领导力(以及更多方法),学者们通过互相沟通可以更好地了解关系型领导力。

我们提出了一种不同类型的研究方案,这个方案不是由某种方法或测量手段推动的,而是基于多个理论角度中提出的问题。例如,我们可以探索这样的问题:高效的(以及无效的)领导力的特质在不同的工作环境中会发生变化吗?它将如何发生变化?在这些关系中的互动性动态的性质是什么?高效的领导力关系是如何发展的?什么阻碍了高效的领导力关系的发展?构成高效集体性关系型领导力实践的关系过程是什么?关系型领导力是如何帮助我们应对在当前语境中的组织挑战的?为什么它可以帮助我们应对挑战?在什么条件下,关系的系统和网络会产生不同形式的领导力,如何产生?什么样的领导力实践能够反映集体性意愿?它们将如何帮助参与者实现这一意愿?为了推进更加全面的了解,不同领域的研究者们(例如心理学、管理、沟通、社会学和公共政策)应该互相沟通,了解对方的研究发现和心得,并利用这些发现来丰富自己后续的研究工作。在下面的部分,我们将为这样一个方案提出一个初步的框架。

关系的性质

从上面的论述中我们可以看到,在高效的领导力中,领导者和追随者拥有坚实的合作伙伴关系。但是目前我们了解较少的是,这些关系是由什么构成的,它们是如何发展的。Fairhurst 和 Hamlett(2004)质疑了关于使用 7 项目(或 12 项目)进行测量的问题,这种测量预先定义了高质量关系的构成,限制了回答者对这种关系的性质进行评论的能力。House 和 Aditya(1997)在十几年前也提出了这个问题,他们指出,虽然领导者-成员交换理论认为高质量的关系的特征是互相信任、尊敬和忠诚度(Graen & Uhl-Bien,1995),但是这些是否属于高质量关系的普世性属性这一点还不够清楚。"有可能不同个体对高质量关系的属性有不同的观点。"(House & Aditya,1997,p.431)下面是 Liden(2007)的描述:

> 看起来所有研究领导者-成员交换的学者都做出了一个可疑的假设,即所有高质量(或低质量)的领导者-成员交换关系都具有相同的特征。但是,我认为每一个领导者-成员交换群体内部都存在大量的差别。具体地说,在不同性质的情形内相同的领导者可能会形成完全不同的高质量领导者-成员交换关系。例如,领导者可能只是圈定了一位高质量领导者-成员交换成员,或是解除这种圈定,取而代之的是另外一位高质量领导者-成员交换成员,这位领导者可能提供了大量的指导和教练。类似的情况是,高质量领导者-成员交换内部的沟通模式也会有很大差异。一些沟通可能是礼貌的互动,而另外一些可能甚至需要一些粗俗的玩笑。总而言之,心理学的方法需要考虑到良好(不好)关系的不同形式(p.179)。

如果我们坚持一种使用现有领导者-成员交换测量的调查方法,那么解决这个问题将是非常困难的。鉴于这个研究早在三十多年前就已经较为成熟,现在的研究应该再次考察领导力关系在工作环境中改善或下降的性质和多种形式。构建主义理论以及更多的定性的和混合方法在这个领域都可能有所帮助。

例如,Fairhurst(2007)形容了叙述性分析过去如何而且未来将怎样继续帮助我们形成这样的理解。采访的形式为领导力参与者提供了一个机会来反映他们在关系型领导力方面的经验(Fairhurst,1993;Fairhurst,2001;Fairhurst & Chandler,1989;Lee & Jablin,1995;Sias,1996)。领导者-成员交换早期的研究中也使用了这个方式的一种形式,研究从管理者及其下属那里搜集了关于群体内部和外部的故事(定性化数据)。正是这些故事促成了初期领导者-成员交换量表的发展(Fairhurst,2007)。

Prebles(2002)的研究中也出现了一种推论式方法,他使用一种结合多种方法的调查和采访设计,对一个中型加工厂的领导者、成员进行了采访和调查,受访者被要求对他们的领导者-成员交换关系进行报告。参与者完成了 LMX-7 问卷,研究者们使用这些项目作为提示来引出这些评分背后的叙述性经验。研究发现了领导者-成员交换关系构建的多种形式。Fairhurst(2001)也进行了类似的研究,他考察了叙述性数据,研究显示,领导者-成员交换不仅是相关性的,而且在很大程度上受到文化的影响(即领导力的情境方法,Osborn et al.,2002)。她指出,推论式(叙述性)方法可以使我们进一步提升对文化和关系双方在关系型领导力过程中各自作用的理解(Fairhurst,2007)。

虽然这些例子主要关注领导者-成员交换,而领导者-成员交换一般又和管理者与下属之间的关系紧密相连,但是领导力关系不应该局限于这个层面(Uhl-Bien et al.,2000)。例如,在非正式和分享的领导力中(Pearce & Conger,2003),领导力关系可能是同事关系(Sherony & Green,2002;Tse, Dasborough & Ashkanasy,2008)。他们也可以是指导性关系(Scandura & Schriesheim,1994)。

领导者-成员交换测量目前用来评估下属对关系的看法,仅仅以这些事项作为对其他类型关系的反映是不恰当的。严格按照领导者-成员交换的项目进行测量可能会产生对这些关系的歪曲理解(即关于每个项目所询问的内容,而不是关系中最重要的是什么)。当从一位管理者的角度(有可能是同事的角度)来看时,关系中的重要特征就会发生变化(Huang et al.,2008;Maslyn, Uhl-Bien & Mitchell,2007; Zhou & Schriesheim,2009)。因此,我们需要在我们的领导力关系研究中采纳更谨慎、更开放的方法。

■ 关系的发展

领导者-成员交换研究的另一个重要的挑战就是关系发展的研究。和目前领导者-成员交换的整体研究相比,有关关系发展的研究数量仍然非常有限。但是有人会说,在确定了高效关系的重要性之后(目前已经明确地确定),关系型领导力研究的主要需求是了解领导力发展是如何发展的:为什么一些关系发展良好,而另外一些则不是这样。

我们可以通过多种方法来应对这个问题。探索性方法会对这个领域提供极大的帮助,其中包括定性方法和推论式研究,这些方法可以使受访者而不是研究者发现关系发展中涉及的过程和模式。正如我们前面所提及的,关系通常涉及线性的张力(Fairhurst & Harmlett,2004),这会将其自身很好地引入推论式技术(Fairhurst,2007)。能够用于探索关系发展过程和模式的合并定性方法的一个例子包括对关系参与者进行长时间的日志条目的叙事分析,同时辅以针对单个人或两个人的深度访谈,这里与日志中显示的关键事件相关的故事可以作为进一步共同探索的发展性内容。这种方法可以用 Gubriurm 和 Holstein(2009)所谓的持续性"叙述性人种学"的方法进行补充,研究者在这种方法中使用自然主义的观察、人种学以及对话式分析方法来掌握发生在交互式定义和研究参与者的概念化中出现的日常叙述行为。

我们也可以使用更为量化或混合的方法来研究关系的发展。例如,纵向的网络分析(Lubbers et al.,2010)提供了一种了解个体对于关系发展的认知的可能的方法。通过纵向的网络分析,受访者可以在时间 1 得到一系列"预测因素"测量数据,然后可以在后续的时间段收集关系质量的测量数据,以确定与更高质量或更低质量关系发展相关的变量。这种方法也可以与经验取样法(Bono,Foldes,Vinson & Muros,2007)合并使用,这种方法可以使受访者提供关系发展过程中有关关系性质的描述。

另外一种有用的量化方法是生长曲线分析(Day & Sin, in press;Nagin,1999),它可以让我们对关系发展的发展曲线进行考察。这种分析并不是假设所有的关系都有相同的起点并按照相同的方式发展,它结合了纵向关系发展数据的随机系数建模和生长混合建模,可以帮助我们随着时间的推移发现关系的发展途径的差别,并确定这些不同的途径之间是否存在某种模式(Day & Sin, in press)。

还有一种并不被看好的方法,那就是在几个时间段使用非常有限的测量方法,并尝试使用纵向研究对动态的关系发展进行建模。Shamir(刊印中)是这样描述的:

> 这样的研究很少告诉我们关于互动性关系过程和关系动态的信息。即使是多波段纵向研究——在时间-空间连续动态过程中的最佳模型——也未曾

向我们提供有关领导力过程是如何发展的信息。类似的是,领导力的定性研究也曾在较长时间段内进行,但是这也没有帮助我们更好地了解领导力过程,因为这种理解需要对领导力关系的动态、相互和交互的方面极其关注,而不仅仅是在该领域花费较长时间收集各种采访和观察资料而自动得出的结果(例如 Maitlis & Lawrence,2007)。

对关系型领导力的调查意味着认真对待研究动态过程和确定能够真正掌握这些过程的研究方法的需求。

分析层次

在《领导力季刊》有关分析层次的特刊中,Graen 和 Uhl-Bien(1995)确定了领导者-成员交换二元关系的分析水平。该观点随即受到了其他学者的批评,原因是领导者-成员交换研究实际上主要是在个体层次上开展的,即领导者-成员交换研究通过询问个体,让其报告自身对领导力关系的感知来完成(即个体层次上的方法;Schriesheim,Castro,Zhou & Yammarino,2001)。

二元关系理论(Graen & Uhl-Bien,1995)与个体分析层次之间的这种相互矛盾的问题已经在相关文献中被多次明确指出(Dansereau,1995;Krasikova & LeBreton,2010;Schriesheim,Castro & Cogliser,1999;Schriesheim et al.,2001;Yammarino & Dansereau,2007)。Seers 和 Chopin(刊印中)也指出了类似的问题:"在领导者-成员交换方法中,研究的主要实体为下属的角色,……对将关系作为实体来研究的关注不足。"从个体分析层次可以看出,管理者与下属之间在领导者-成员交换的测量方法上(Gerstner & Day,1997;Maslyn et al.,2007),以及在领导者与追随者对领导者-成员交换感知的平衡方面的研究上(Cogliser,Schriesheim,Scandura & Gardner,2009)缺乏一致性,这表明个体对领导力关系的感知并不总是一致的(例如个体分析层次,而不是二元分析层次)。

在领导者-成员交换研究中的传统调查方法很难应用于二元分析层次。问题在于:怎样才能通过调查获得二元分析所需的数据?答案很简单,做到这一点几乎是不可能的。我们在调查中获得的是个体对领导力关系的感知。然而,我们能做的是尝试用二元分析层次来校准我们的分析(Krasikova & LeBreton,2010;Schriesheim et al.,2001)。例如,借助 Kenny、Kashy、Cook 和同事(例如 Cook &

Kenny,2005；Kenny,Kashy & Cook,2006)对二元分析的研究,Krasikova 和 LeBreton(2010)针对如何更恰当地在二元层次上分析领导者-成员交换进行了详细且全面的解释。

由于考虑到在分析层次方面的文献中,研究人员已经发展出了后实证主义范式,并且根据 Yammarino(2009,2010)的研究,根本不存在二元"关系性"水平,因此这个问题变得越来越复杂了(Bradbury & Lichtenstein,2000)。在分析层次方面的文献中,二元分析层次由个体的感知组合而成,它并不处在个体层次之间,这是二元关系现象的本质。然而,正如 Berscheid(1999)所述,关系并不存于个体之中,它依赖于个体彼此之间的相互作用,即依赖于每个人对其他人行为的影响。

对于关系领域的学者来说,"关系的内容,以及研究的对象,是观察自……人们互动影响的振动节奏……这表明了……他们的互动模式"(Berscheid,1999,p.261)。但是,这种节奏只有随着时间的推移才能显现,并且同其他伟大的自然力一样(例如重力、风、电等),它也是不可见的；人们只有通过观察它的影响才能辨别这种节奏的存在(Berscheid,1999)。这种关系思想类型——关于个体之间的经常性的相互关系,而不是个体内部的属性,对一些心理学家来说非常陌生,但是根据 Berscheid(1999)的研究,实际情况并不应当如此：

> 情况并不应该是这样的,一个例子是研究物质或实体"物质"的亚原子物理学。长期以来,物理学家们一直致力于确定单独物质粒子的性质；正如 Niels Bohr 观察到的那样,"只能通过粒子与其他系统的互动才能确定和观察到它的性质"(Bohr,1934,p.37)。一位现代物理学家曾经说道,"亚原子粒子……并不属于'物质',而是其他'物质'之间的相互关系。在量子理论中,你永远躲不开'物质',而且你永远都是在与相互关系打交道"(Capra,1982,p.80)。因此,就像关系科学中的情况一样,社会科学和行为科学正在越来越多地尝试超越对个体的研究(即我们所说的实体"物质"),而开始考察个体之间的相互关系,而这既不存在先例,也缺乏革命性(p.261)。

这是构建主义方法又一次能够帮助研究人员将关系理论与关系分析层次结合起来的情况。当构建主义学家在研究领导力时,基于在本体论和认识论假设方面的本能,他们会将领导力视为一种社会现象,从而把研究兴趣放在领导力的关系和集体性(包括二元关系)维度上。事实上,构建主义方法相对而言的优势集中在与关系的组织有关的问题方面(例如通过领导力的实施来考察意义创建、联合代理和合作行为等的共享模式)。构建主义学家们直接将注意力放在与关系过程相关的问题上,包括由高效的、集体性、关系型领导力实践构成的关系过程,将关系型领导力与现代背景下因组织面临的挑战联系起来的关系过程,以及通过关系系统和关系网络,在不同背景下产生不同形式的领导力来表明条件和机制的关系过程等。

◈ 关系情境

领导力学者始终都很关注领导力关系与其形成时的环境和条件之间的相互联系(Biggart & Hamilton,1987)。不过,研究人员对情境因素一直抱着边缘化的态度,而且情境与领导力研究的结合也不够成功(Beyer,1999;Bryman et al.,1996),始终属于"研究不足的领域"(Porter & McLaughlin,2006,p.573)。在关系中考虑情境因素为研究者提供了一个全新的视角,而且在这一点上,构建主义再一次能够做出重要的贡献:构建主义学家将领导力理解为内嵌于组织动态行为的一个过程,同时领导力本身也是这种动态行为的组成部分,而并不使用前景-背景方法,将"领导力"与"组织情境"并列起来(Hosking,1997;Ospina & Hittleman,in press)。Hosking(2007)认为,这些过程永远都是与当地文化和当地历史相关的,即"怎样能对'此时此地的'表现产生影响"(p.250)。

研究关系型领导力,意味着非常重视关系发生时的情境。让我们回到本章开头所引用的Berscheid(1999)的一段话,人们总是陷入与他人的关系当中,这种关系情境对行为的影响通常非常大,以至于颠覆了我们自认为对行为的了解。研究关系情境意味着寻找一种方式,来阐明协商和构成关系、互动以及过程的社会环境。

从研究的角度来看,上述思想指出了当地情境的重要性,当时的情境能够作为充分的依据,以表明出现的、内嵌于关系系统和关系网络内部的动态行为及组织模式,如何以及为什么会转换或不会转换为领导力的关系、过程和实践。根据经验回答这个问题并不是件容易的事情,而且给出的答案也会是多种多样的,不过所有的答案都会首先考虑现实情况的重要性。构建主义解决这一问题的策略包括:(1)详细调查情境的组织力量,该力量为组织中的领导力创建功能性需求,并且领导力过程以组织反应的形式出现(Drath,2001;Drath et al.,2008;Hosking,1997);(2)寻找领导力实践,即随着时间的推移而形成的模式化互动与重复行为,它反映了共享且经过协商的假设,以及对在给定背景下有效性较高的工作由哪些部分构成的了解,同时考察了如何运用这些内容在当时的具体情境下达成集体性成就(Foldy et al.,2008;Ospina & Foldy,2010;Ospina & Saz-Carranza,2010;Ospina & Su,2009);(3)调查官方领导者用于与追随者进行协商以及搭建情境的话语和沟通模式(Fairhurst,2007;Fairhurst & Grant,2010)。

一般研究人员都愿意应用上述研究策略,不再将情境作为领导者行动、决策以及与追随者产生关系的背景环境。构建主义学家对情境先于领导力或领导力关系而存在的观点发起了挑战,因为社会机构的行动和互动产生于当时的社会现实,同时又受到社会现实的同等影响。随着事件的推进以及对形成自身经验并使其具有意义的情形的定义,人们构建并命名的空间,即我们所称的"情境",包含一直在利用和协商的共享协议。正是由于人们只是通过与其所在的环境以及环境中的其他人的互动来了解世界,因此,这就是新出现的,在领导者、追随者以及为领导力的形成提供条件的情形之间彼此构成的一种关系。正如 Hosking 所认为的,"如果用恰当的方式来形容领导力研究的话,那么它就是对过程的研究。在该过程中,灵活的社会秩序被商定和实践,从而能够维护和促进其视之为基础的价值与兴趣"(Hosking,1997,p.315)。换而言之,研究领导力就是研究领导力在给定的情况下对社会秩序的商定做出贡献时的情境。

综上所述,关系情境的概念,帮助解释了为什么构建主义学家更倾向于解释性的、以叙事为导向的及归纳性的研究。在这些研究中,研究人员的解释源自数据,而数据则反映了对关系对象的解释,从而促进了这些相互交织的现实的理论化。此外,关系情境还指出了那些允许研究人员考虑多种视角(从组织中的关键行为者及正式领导者和他们下属的角度),并确保主体间的组织生活经验拥有多项输入的研究设计及实施的益处。根据研究人员的兴趣、理论倾向和具体的研究问题,该解释可以采取多种不同的解释性方法论途径。这些方法包括但不限于:叙事研究与话语分析、人种论及其变体理论(例如叙事、批判和参与人种论等)、现象学研究、解释性案例分析、动作研究及其变体(例如参与动作研究、合作探究、基于社区的参与研究等)、历史学与解释学研究,等等(参见 Denzin & Lincoln,2000;Yanow & Schwartz-Shea,2006)。采用上述这些方法,研究人员能够在组织格式塔和具体情况之间,以及在从主体间经验到能够有助于塑造并理解这些经验的范围更广的关系互动和关系网络范式的范围内自由转换。

总结

对领导力研究来说,这是一个令人激动的时刻。正如 Hunt 和 Dodge(2000)所预测的,关系视角(一种超越了单向甚至互惠性的领导者/追随者关系,将重点放在随处发生的领导力事件上的领导力观点,并不局限于单一甚至小部分正式或非正式领导者,它是一个内嵌于领导力、环境和组织层面的动态系统)已经成为这个时代的时代精神。我们在领导力领域看到一场有关共享式、分布式、综合性和关系型方法的运动正在兴起(Bryman,Collinson,Grint,Jackson & Uhl-Bien,2011)。所有这些内容构成了关系视角,即领导力领域内的关系性运动。

关系型领导力领域的研究还从未遇到过像现在这样好的机遇,当然这也伴随着不少挑战。为了迎接这些挑战,我们需要不再那么关注关系为什么重要,以及关系是如何与组织变量相联系的(例如中介变量、调节变量等)等问题,而是要更多地把精力投入到关系是如何在组织情境下形成和运作的问题上来。有关高有效性的工作关系的重要性和价值已经得到了广泛并可靠的确认(例如领导者-成员交换、特殊信任理论、变革型研究、建立信任等)——这些我们都了解。实践者希望了解,以及研究人员需要研究的是关系的动态性,即关系过程、关系实践(集体型领导力、关系组织的模式或社会机制等)以及关系背景。这些属于关系性问题,而不是类型学和关系框架方面的内容(例如高质量、中等质量和低质量的领导者-成员交换)。

如果我们看一下关系研究领域先驱们最近发表的文章的话(Graen 出版的丛书,*LMX Leadership：The Series*,Hollander 的 *Inclusive Leadership* 一书,2009),就能够发现这些问题已经被清楚地认识到了。Graen 和 Hollander 都主张需要将研究重点放在关系的组织上。如在本章以及自己的书(2009)中所述,Hollander 的工作在描述领导者和追随者如何互动以及如何与另一方产生主体间的相互联系时,听上去甚至像是构建主义学家的工作。阻碍其研究工作继续开展的是其所采用的方法,目前的方法仅针对个体而无法针对关系。正如 Fairhust 和 Hamlett(2004)所谈到的：

> Graen(个人沟通)始终在回避个人主义的焦点,将个人主义路径称为"失败的范式",以突出领导力固有的社会本质。然而,当社交活动等同于对个体

的研究,并且个体对关系历史的总结性判断通过七点量表来获得时,这样的立场如何能够被认真对待?(p.119)

Berscheid(1999)认为,关系学者所面临的挑战是如何扩展我们现有的范式和观点来考察关系性:

> 关系科学的出现表明,更高层次真相的旗帜已经插到了我们学科的个人主义灵魂之上。这面旗帜是继续屹立在那里还是某一天最终变为心理学的一个新的合成名词,完全取决于未来的研究人员能否征服关系科学目前所面临的让人气馁的各种问题。(p.265)

为了迎接上述挑战,我们呼吁关系型领导力需要一个内容更广泛的研究方案,而这种研究方案应当由研究问题而不是研究方法来驱动。这样做的目的是刺激多理论视角在关系型领导力中的发展。满足这样的目的的研究方案需要与来自其他领域(显然传播学、社会心理学和社会学是必不可少的领域)和多种本体论传统的学者进行交流(例如那些在领导力的社会结构方面取得了快速进展的欧洲和澳洲同行;Fairhurst & Grant, 2010)。我们强调这必须以关系对话的形式出现——如Hosking(2007)所说:"我们需要一个'思考空间',用于'提出新型的问题'以及'阐述和辩论……新的可能的未来'。"(p.245)

综上所述,我们在本章证明了后实证主义和构建主义观点在研究组织内部关系方面的价值。我们希望通过呈现关系型领导力的多理论研究方案,帮助人们打开一个"思考空间",激励新型问题的出现,同时培养关系型领导力研究领域内可能的新未来。

讨论题

1. 你怎样看待关系型领导力研究的优势和弱点?
2. 研究人员如何捕捉关系性问题?为什么这在关系型领导力研究中是一个重要问题?
3. 在你看来,在关系型领导力的后实证主义与构建主义方法中,哪些方面是共享的,哪些方面又是有所区别的?你将会如何发起一个跨范式的对话?
4. 如果你需要设计一个理想的方案来研究二元领导力关系的发展,你会怎样做？哪些因素会影响你对研究问题和研究方法的选择？

5. 在研究关系型领导力时，你会在多范式研究议程中增加哪些项目？在你看来，该领域未来最重要的研究途径是什么？

参考文献

Ahern, K. K., Ferris, G. R., Hochwarter, W. A., Douglas, C., & Ammeter, A. P. (2004). Leader political skill and team performance. *Journal of Management, 30,* 309–327.

Alvesson, M. (1996). Leadership studies: From procedure and abstraction to reflexivity and situation. *The Leadership Quarterly, 7,* 455–485.

Anand, S., Hu, J., Liden, R. C., & Vidyarthi, P. R. (2011). Leader–member exchange: Recent research findings and prospects for the future. In A. Bryman, D. Collinson, K. Grint, B. Jackson, & M. Uhl-Bien (Eds.), *The Sage handbook of leadership* (pp. 311–325). London: Sage.

Ashford, S. J., & Cummings, L. L. (1983). Feedback as an individual resource: Personal strategies of creating information. *Organizational Behavior and Human Performance, 32,* 370–398.

Berger, P. L., & Luckmann, T. (1966). *The social construction of reality: A treatise in the sociology of knowledge.* New York: Doubleday.

Bernerth, J. B., Armenakis, A. A., Feild, H. S., Giles, W. F., & Walker, H. J. (2007). Is personality associated with perceptions of LMX? An empirical study. *Leadership & Organization Development Journal, 28,* 613–631.

Bernerth, J. B., Armenakis, A. A., Feild, H. S., Giles, W. F., & Walker, H. J. (2008). The influence of personality differences between subordinates and supervisors on perceptions of LMX: An empirical investigation. *Group & Organization Management, 33,* 216–240.

Berscheid, E. (1999). The greening of relationship science. *American Psychologist, 54,* 260–266.

Beyer, J. M. (1999). Taming and promoting charisma to change organizations. *The Leadership Quarterly, 10,* 307–330.

Bhal, K. T., Ansari, M. A., & Aafaqi, R. (2007). The role of gender match, LMX tenure, and support in leader–member exchange. *Journal of Business and Society, 8,* 63–80.

Biggart, G., & Hamilton, N. (1987). An institutional theory of leadership. *Journal of Applied Behavioral Science, 23,* 429–441.

Blau, P. (1964). *Exchange and power in social life.* New York: John Wiley.

Bohr, N. (1934). *Atomic physics and the description of nature.* Cambridge, UK: Cambridge University Press.

Bolino, M. C., & Turnley, W. H. (2009). Relative deprivation among employees in lower-quality leader–member exchange relationships. *The Leadership Quarterly, 20,* 276–286.

Bono, J. E., & Judge, T. A. (2004). Personality and transformational and transactional leadership: A meta-analysis. *Journal of Applied Psychology, 89,* 901–910.

Bono, J. E., Foldes, H. J., Vinson, G., & Muros, J. P. (2007). Workplace emotions: The role of supervision and leadership. *Journal of Applied Psychology, 92,* 1357–1367.

Bradbury, H., & Lichtenstein, B. (2000). Relationality in organizational research: Exploring the "space between." *Organization Science, 11,* 551–564.

Brouer, R., Duke, A., Treadway, D., & Ferris, G. (2009). The moderating effect of political skill on the demographic dissimilarity—leader-member exchange quality relationship. *The Leadership Quarterly, 20,* 61–69.

Bryman, A., Collinson, D., Grint, K., Jackson, B., & Uhl-Bien, M. (Eds.). (2011). *The Sage handbook of leadership.* London: Sage.

Bryman, A., Stephens, M., & à Campo, C. (1996). The importance of context: Qualitative research and the study of leadership. *The Leadership Quarterly, 7,* 353–370.

Burns, J. M. (1978). *Leadership.* New York: Harper & Row.

Byrne, D. (1971). *The attraction paradigm.* New York: Academic Press.

Calder, B. J. (1977). An attribution theory of leadership. In B. M. Staw & G. R. Salancik (Eds.), *New directions in organizational behavior* (pp. 179–202). Chicago: St. Clair Press.

Capra, F. (1982). *The turning point: Science, society, and the rising culture.* New York: Simon & Schuster.

Carsten, M. K., Uhl-Bien, M., West, B. J., Patera, J., & McGregor, R. (2010). Exploring social constructions of followership: A qualitative study. *The Leadership Quarterly, 21,* 543–562.

Cogliser, C., Schriesheim, C., Scandura, T., & Gardner, W. (2009). Balance in leader and follower perceptions of leader–member exchange: Relationships with performance and work attitudes. *The Leadership Quarterly, 20,* 452–465.

Conger, J. (1998). Qualitative research as the cornerstone methodology for understanding leadership. *The Leadership Quarterly, 9,* 107–121.

Cook, W. L., & Kenny, D. A. (2005). The actor–partner interdependence model: A model of bidirectional effects in development studies. *International Journal of Behavioral Development, 29,* 101–109.

Cunliffe, A. (2008). Orientations to social constructionism: Relationally responsive social constructionism and its implications for knowledge and learning. *Management Learning, 39,* 123–139.

Dansereau, F. (1995). A dyadic approach to leadership: Creating and nurturing this approach under fire. *The Leadership Quarterly, 6,* 479–490.

Dansereau, F., Jr., Graen, G., & Haga, W. J. (1975). A vertical dyad linkage approach to leadership within formal organizations: A longitudinal investigation of the role-making process. *Organizational Behavior and Human Performance, 13,* 46–78.

Davis, G. F., & Marquis, C. (2005). Prospects for organization theory in the early twenty-first century: Institutional fields and mechanisms. *Organization Science, 16,* 332–343.

Day, D., & Sin, H. (in press). Longitudinal tests of an integrative model of leader development: Charting and understanding developmental trajectories. *The Leadership Quarterly.*

Deetz, S. (2005). Critical theory. In S. May and D. K. Mumby (Eds.), *Engaging organizational communication theory and research: Multiple perspectives* (pp. 85–112). Thousand Oaks, CA: Sage.

Denzin, N. K., & Y. S. Lincoln (Eds.). (2000). *The Sage handbook of qualitative research* (2nd ed.). Thousand Oaks, CA: Sage.

Dienesch, R. M., & Liden, R. C. (1986). Leader–member exchange model of leadership: A critique and further development. *Academy of Management Review, 11,* 618–634.

Drath, W. (2001). *The deep blue sea: Rethinking the source of leadership.* San Francisco: Jossey-Bass & Center for Creative Leadership.

Drath, W., McCauley, C., Palus, J., Van Velsor, E., O'Connor, P., & McGuire, J. (2008). Direction, alignment, commitment: Toward a more integrative ontology of leadership. *The Leadership Quarterly, 19,* 635–653.

Drath, W., & Palus, C. (1994). *Making common sense: Leadership as meaning-making in a community of practice.* Greensboro, NC: Center for Creative Leadership.

El Hadidy, W., Ospina, S., & Hofmann-Pinilla, A. (2010). Popular education. In R. A. Couto (Ed.), *Political and civic leadership* (Vol. 2, pp. 857–865). Thousand Oaks, CA: Sage.

Engle, E. M., & Lord, R. G. (1997). Implicit theories, self-schemas, and leader-member exchange. *Academy of Management Journal, 40,* 988–1010.

Evered, R., & Louis, M. (1981). Alternative perspectives in organizational sciences: "Inquiry from the inside" and "inquiry from the outside." *Academy of Management Review, 6,* 385–395.

Fairhurst, G. (1993). The leader–member exchange patterns of women leaders in industry: A discourse analysis. *Communication Monographs, 60,* 321–351.

Fairhurst, G. (2001). Dualisms in leadership research. In F. M. Jablin & L. L. Putnam (Eds.), *The new handbook of organizational communication: Advances in theory, research and methods* (pp. 379–439). Thousand Oaks, CA: Sage.

Fairhurst, G. (2007). *Discursive leadership: In conversation with leadership psychology*. Thousand Oaks, CA: Sage.

Fairhurst, G., & Chandler, T. (1989). Social structure in leader–member interaction. *Communication Monographs, 56,* 215–239.

Fairhurst, G., & Grant, D. (2010). The social construction of leadership: A sailing guide. *Management Communication Quarterly, 24,* 171–210.

Fairhurst, G., & Hamlett, S. (2004). The narrative basis of leader–member exchange. In G. Graen (Ed.), *Dealing with diversity* (pp. 117–144). Greenwich, CT: Information Age.

Ferris, G. R., Liden, R. C., Munyon, T. P., Summers, J. K., Basik K. J., & Buckley, M. R. (2009). Relationships at work: Toward a multidimensional conceptualization of dyadic work relationships. *Journal of Management, 35,* 1379–1403.

Ferris, G. R., Treadway, D. C., Kolodinsky, R. W., Hochwarter, W. A., Kacmar, C. J., & Douglas, C. (2005). Development and validation of the political skill inventory. *Journal of Management, 31,* 1–28.

Fiol, C., Harris, D., & House, R. (1999). Charismatic leadership: Strategies for effecting social change. *The Leadership Quarterly, 10,* 449–482.

Fletcher, J. K. (2004). The paradox of post heroic leadership: An essay on gender, power and transformational change. *The Leadership Quarterly, 15,* 647–661.

Fletcher, J. K., & Kaeufer, K. (2003). Shared leadership: Paradox and possibility. In C. Pearce & J. Conger (Eds.), *Shared leadership: Reframing the hows and whys of leadership* (pp. 21–47). London: Sage.

Foldy, E., Goldman, G., & Ospina, S. (2008). Sensegiving and the role of cognitive shifts in the work of leadership. *The Leadership Quarterly, 19,* 514–529.

Gergen, K. (2009). *Relational being: Beyond self and community.* Oxford, UK: Oxford University Press.

Gerstner, C. R., & Day, D. V. (1997). Meta-analytic review of leader–member exchange theory: Correlates and construct issues. *Journal of Applied Psychology, 82,* 827–844.

Giddens, A. (1984). *The constitution of society.* Berkeley: University of California Press.

Goodwin, V. L., Bowler, W. M., & Whittington J. L. (2009). A social network perspective on LMX relationships: Accounting for the instrumental value of leader and follower networks. *Journal of Management, 35,* 954–980.

Graen, G. B. (1976). Role making processes within complex organizations. In M. D. Dunnette (Ed.), *Handbook of industrial and organizational psychology* (pp. 1201–1245). Chicago: Rand McNally.

Graen, G., & Cashman, J. (1975). A role-making model of leadership in formal organizations: A developmental approach. In J. G. Hunt & L. L. Lawson (Eds.), *Leadership frontiers*. Kent, Ohio: Kent State University Press.

Graen, G. B., & Scandura, T. A. (1987). Toward a psychology of dyadic organizing. In B. M. Staw & L. L. Cummings (Eds.), *Research in organizational behavior* (Vol. 9, pp. 175–208). Greenwich, CT: JAI.

Graen, G. B., & Schiemann, W. (1978). Leader–member agreement: A vertical dyad linkage approach. *Journal of Applied Psychology, 63*, 206–212.

Graen, G. B., & Uhl-Bien, M. (1995). Relationship-based approach to leadership: Development of leader-member exchange (LMX) theory of leadership over 25 years: Applying a multi-level multi-domain perspective. *The Leadership Quarterly, 6*, 219–247.

Gronn, P. (1999, August). *A realist view of leadership*. Paper presented at the Australian Council for Educational Administration, Educational Leadership Online (ELO)–AusAsia Online Conference on Leadership for the New Millenium: Leaders With Soul.

Gubrium, J. F., & Holstein, J. A. (2009). *Analyzing narrative reality*. Thousand Oaks, CA: Sage.

Harris, K. J., Harris, R. B., & Eplion, D. M. (2007). Personality, leader–member exchanges, and work outcomes. *Journal of Behavioral and Applied Management, 8*, 92–107.

Harvey, P., Martinko, M. J., & Douglas, S. C. (2006). Causal reasoning in dysfunctional leader–member interactions. *Journal of Managerial Psychology, 21*, 747–762

Hazan, C., & Shaver, P. R. (1990). Love and work: An attachment-theoretical perspective. *Journal of Personality and Social Psychology, 59*, 270–280.

Hedström, P., & Swedberg, R. (1998). *Social mechanisms: An analytical approach to social theory*. Cambridge, UK: Cambridge University Press.

Henderson, D. J., Liden, R. C., Glibkowski, B. C., & Chaudhry, A. (2009). Within-group LMX differentiation: A multilevel review and examination of its antecedents and outcomes. *The Leadership Quarterly, 20*, 517–534.

Henderson, D. J., Wayne, S. J., Shore, L. M., Bommer, W. H., & Tetrick, L. E. (2008). Leader–member exchange, differentiation, and psychological contract fulfillment: A multilevel examination. *Journal of Applied Psychology, 93*, 1208–1219.

Hollander, E. P. (1958). Conformity, status, and idiosyncrasy credit. *Psychological Review, 65*, 117–127.

Hollander, E. (1960). Competence and conformity in the acceptance of influence. *Journal of Abnormal and Social Psychology, 61*, 361–365.

Hollander, E. P. (1964). *Leaders, groups, and influence*. New York: Oxford University

Press.

Hollander, E. (2006). Influence processes in leadership-followership: Inclusion and the idiosyncrasy credit model. In D. A. Hantula (Ed.), *Advances in social and organizational psychology: A tribute to Ralph Rosnow.* Mahwah, NJ: Lawrence Erlbaum.

Hollander, E. (2007). Relating leadership to active followership. In Richard A. Couto (Ed.), *Reflections on leadership: Essays honoring James MacGregor Burns* (pp. 57–64). Lanham, MD: University Press of America.

Hollander, E. (2009). *Inclusive leadership: The essential leader–follower relationship.* New York: Routledge.

Hollander, E. P., & Julian, J. W. (1969). Contemporary trends in the analysis of leadership processes. *Psychological Bulletin, 71,* 387.

Hosking, D. M. (1997). Organizing, leadership and skillful processes. In K. Grint (Ed.), *Leadership: Classical, contemporary and critical approaches* (pp. 293–318). Oxford, UK: Oxford University Press.

Hosking, D. M. (2007). Not leaders, not followers: A post-modern discourse of leadership processes. In B. Shamir, R. Pillai, M. Bligh, & M. Uhl-Bien (Eds.), *Follower-centered perspectives on leadership: A tribute to the memory of James R. Meindl* (pp. 243–263). Greenwich, CT: Information Age.

Hosking, D. M., Dachler, H. P., & Gergen, K. J. (Eds.). (1995). *Management and organization: Relational alternatives to individualism.* Brookfield, VT: Avebury.

Hosking, D. M., & Morley, I. E. (1988). The skills of leadership. In J. G. Hunt, B. R. Baliga, H. P. Dachler, & C. A. Schriesheim (Eds.), *Emerging leadership vistas* (pp. 80–106). Lexington, MA: Lexington Books/D. C. Heath.

House, R. J., & Aditya, R. (1997). The social scientific study of leadership: Quo vadis? *Journal of Management, 23,* 409–474.

Huang, X., Wright, R. P., Chiu, W., & Wang, C. (2008). Relational schemes as sources of evaluation and misevaluation of leader–member exchanges: Some initial evidence. *The Leadership Quarterly, 19,* 266–282.

Hui, C., Law, K. S., Chen, N., & Tjosvold, D. (2008). The role of co-operation and competition on leader–member exchange and extra-role performance in China. *Asia Pacific Journal of Human Resources, 46,* 133–152.

Hunt, J. G., & Dodge, G. E. (2000). Leadership déjà vu all over again. *The Leadership Quarterly, 11,* 435–458.

Huxham, C., & Vangen, S. (2000). Leadership in the shaping and implementation of collaboration agendas: How things happen in a (not quite) joined up world. *Academy of Management Journal, 43,* 159–175.

Ilies, R., Nahrgang, J. D., & Morgeson, F. P. (2007). Leader–member exchange and citizenship behaviors: A meta-analysis. *Journal of Applied Psychology, 92,* 269–277.

Katz, D., & Kahn, R. L. (1978). *The social psychology of organizations* (2nd ed.). New York: John Wiley.

Keller, T., & Cacioppe, R. (2001). Leader–follower attachments: Understanding parental images at work. *Leadership & Organizational Development Journal, 22*, 70–75.

Kenny, D. A., Kashy, D. A., & Cook, W. L. (2006). *Dyadic data analysis.* New York: Guilford.

Kinicki, A. J., & Vecchio, R. P. (1994). Influences on the quality of supervisor-subordinate relations: The role of time-pressure, organizational commitment, and locus of control. *Journal of Organizational Behavior, 15*, 75–82.

Krasikova, D., & LeBreton, J. (2010, August). *Misalignment of theory and method in leader–member exchange (LMX) research: Reciprocal dyadic designs as a recommended remedy.* Paper presented at the annual meeting of the Academy of Management, Montréal, Canada.

Lam, W., Huang, X., & Snape, E. (2007). Feedback-seeking behavior and leader–member exchange: Do supervisor-attributed motives matter? *Academy of Management Journal, 50*, 348–363.

Lambert, L., Walker, D., Zimmerman, D., Cooper, J., Lambert, M., Gardner, M., et al. (1995). *The constructivist leader.* New York: Teachers College Press.

Lee, J., & Jablin, F. (1995). Maintenance communication in superior–subordinate work relationships. *Human Communication Research, 22*, 220–257.

Liden, R. C. (2007) Letter. In G. Fairhurst (Ed.), *Discursive leadership: In conversation with leadership psychology* (pp. 178–180). Thousand Oaks, CA: Sage.

Liden, R. C., & Graen, G. B. (1980). Generalizability of the vertical dyad linkage model of leadership. *Academy of Management Journal, 23*, 451–465.

Liden, R. C., & Maslyn, J. M. (1998). Multi-dimensionality of leader–member exchange: An empirical assessment through scale development. *Journal of Management, 24*, 43–72.

Liden, R. C., Sparrowe, R. T., & Wayne, S. J. (1997). Leader–member exchange theory: The past and potential for the future. In G. R. Ferris (Ed.), *Research in personnel and human resources management* (Vol. 15, pp. 47–119). Greenwich, CT: JAI.

Liden, R. C., Wayne, S. J., & Stilwell, D. (1993). A longitudinal study on the early development of leader–member exchanges. *Journal of Applied Psychology, 78*, 662–674.

Lord, R., & Brown, D. (2004). *Leadership processes and follower self-identity.* Mahwah, NJ: Lawrence Erlbaum.

Lubbers, M., Molina, J., Lerner, J., Brandes, U., Avila, J., & McCarty, C. (2010). Longitudinal analysis of personal networks: The case of Argentinean migrants in Spain. *Social Networks, 32*, 91–104.

Maitlis, S., & Lawrence, T. B. (2007). Triggers and enablers of sensegiving in organizations. *Academy of Management Journal, 50*, 57–84.

Manning, T. (2003). Leadership across cultures: Attachment style influences. *Journal of Leadership and Organizational Studies, 9*, 20–30.

Maslyn, J. M., & Uhl-Bien, M. (2001). Leader–member exchange and its dimensions: Effects of self-effort and other's effort on relationship quality. *Journal of Applied Psychology, 86*, 697–708.

Maslyn, J., Uhl-Bien, M., & Mitchell, M. (2007, April). *Exploring leader–member exchange (LMX) from the manager's perspective: Development of a supervisor LMX measure.* Symposium presentation at the national meeting of the Society for Industrial/Organizational Psychology (SIOP), New York, NY.

Masterson, S., Lewis, K., Goldman, B., & Taylor, M. (2000). Integrating justice and social exchange: The differing effects of fair procedures and treatment on work relationships. *Academy of Management Journal, 43*, 738–749.

Mayo, M., & Pastor, J. C. (2007). Leadership embedded in social networks: Looking at inter-follower processes. In B. Shamir, R. Pillai, M. Bligh, and M. Uhl-Bien (Eds.), *Follower-centered perspectives on leadership: A tribute to the memory of James R. Meindl* (pp. 93–113). Greenwich, CT: Information Age.

Mead, G. H. (1934). *Mind, self and society.* Chicago: University of Chicago Press.

Meindl, J. (1993). Reinventing leadership: A radical, social psychological approach. In J. Murnigan (Ed.), *Social psychology in organizations: Advances in theory and research* (pp. 89–118). Englewood Cliffs, NJ: Prentice Hall.

Meindl, J. (1995). The romance of leadership as a follower-centric theory: A social constructionist approach. *The Leadership Quarterly, 6*, 329–341.

Meindl, J., Ehrlich, S., & Dukerich, J. (1985). The romance of leadership. *Administrative Science Quarterly, 30*, 78–102.

Murphy, S. M., Wayne, S. J., Liden, R. C., & Erdogan, B. (2003). Understanding social loafing: The role of justice perceptions and exchange relationships. *Human Relations, 56*, 61–84.

Nagin, D. (1999). Analyzing developmental trajectories: A semiparametric group-based approach. *Psychological Methods, 4*, 139–157.

Nahrgang, J. D., Morgeson, F. P., & Ilies, R. (2009). The development of leader–member exchanges: Exploring how personality and performance influence leader and member relationships over time. *Organizational Behavior and Human Decision Processes, 108*, 256–266.

Ng, K., Koh, C., & Goh, H. (2008). The heart of the servant leader: Leader's motivation-to-serve and its impact on LMX and subordinates' extra-role behaviors. In G. B. Graen & J. A. Graen (Eds.), *Knowledge-driven corporation: Complex creative destruction* (pp. 125–144). Greenwich, CT: Information Age.

Osborn, R. N., Hunt, J. G., & Jauch, L. R. (2002). Toward a contextual theory of leadership. *The Leadership Quarterly, 13*, 797–837.

Ospina, S. (2004). Qualitative research. In G. R. Goethals, G. J. Sorenson, & J. MacGregor Burns (Eds.), *Encyclopedia of leadership* (pp. 1279–1284). London: Sage.

Ospina, S., & Foldy, E. (2010). Building bridges from the margins: The work of leadership in social change organizations. *The Leadership Quarterly, 21*, 292–307.

Ospina, S., & Hittleman, M. (in press) Thinking sociologically about leadership. In M. Harvey & R. Riggio (Eds.), *Research companion to leadership studies: The dialogue of disciplines*. Cheltenham, UK: Edward Elgar.

Ospina, S., & Saz-Carranza, A. (2010). Leadership and collaboration in coalition work. In Z. van Zwanenberg (Ed.), *Leadership in social care* (pp. 103–128). London: Jessica Kingsley, Publishers.

Ospina, S., & Sorensen, G. (2006). A constructionist lens on leadership: Charting new territory. In G. Goethals & G. Sorenson (Eds.), *In quest of a general theory of leadership* (pp. 188–204). Cheltenham, UK: Edward Elgar.

Ospina, S., & Su, C. (2009). Weaving color lines: Race, ethnicity, and the work of leadership in social change organizations. *Leadership, 5*, 131–170.

Parry, K. (1998). Grounded theory and social process: A new direction for leadership research. *The Leadership Quarterly, 9*, 85–105.

Pastor, J. C. (1998). *The social construction of leadership: A semantic and social network analysis of social representations of leadership.* Ann Arbor, MI: University of Michigan Dissertation Services.

Pearce, C. L., & Conger, J. A. (2003). *Shared leadership: Reframing the hows and whys of leadership.* Thousand Oaks, CA: Sage.

Phillips, A. S., & Bedeian, A.G. (1994). Leader–follower exchange quality: The role of personal and interpersonal attributes. *Academy of Management Journal, 37*, 990–1001.

Popper, M., & Mayseless, O. (2003). Back to basics: Applying a parent perspective to transformational leadership. *The Leadership Quarterly, 14*, 41–65.

Popper, M., Mayseless, O., & Castelnovo, O. (2000). Transformational leadership and attachment. *The Leadership Quarterly, 11*, 267–289.

Porter, L. W., & McLaughlin, G. B. (2006). Leadership and the organizational context: Like the weather? *The Leadership Quarterly, 17*, 559–576.

Prebles, E. (2002). Sensemaking in narratives and the uniqueness paradox in leader–member exchange. Unpublished master's thesis, University of Cincinnati.

Raelin, J. A. (2003). *Creating leaderful organizations: How to bring out leadership in everyone.* San Francisco: Berrett-Koehler.

Scandura, T., & Schriesheim, C. (1994). Leader–member exchange and supervisory career mentoring as complementary constructs in leadership research. *Academy of Management Journal, 37*, 1588–1602.

Schall, E., Ospina, S., Godsoe, B., & Dodge, J. (2004). Appreciative narratives as leadership research: Matching method to lens. In D. L. Cooperrider & M. Avital (Eds.), *Advances in appreciative inquiry* (Vol. 2, pp. 147–170). Oxford, UK: Elsevier Science.

Schriesheim, C., Castro, S., & Coglister, C. (1999). Leader–member exchange (LMX) research: A comprehensive review of theory, measurement, and data-analytic practices. *The Leadership Quarterly, 10*, 62–113.

Schriesheim, C., Castro, S., Zhou, X., & Yammarino, F. (2001). The folly of theorizing "A" by testing "B": A selective level-of-analysis review of the field and a detailed leader–member exchange illustration. *The Leadership Quarterly, 12*, 515–551.

Schriesheim, C. A., Neider, L. L., & Scandura, T. A. (1998). A within- and between-groups analysis of leader–member exchange as a correlate of delegation and as a moderator of delegation relationships with performance and satisfaction. *Academy of Management Journal, 41*, 298–318.

Schutz, A. (1970). *On phenomenology and social relations.* Chicago: University of Chicago Press.

Seers, A., & Chopin, S. (in press). The social production of leadership: From supervisor-subordinate linkages to relational organizing. In M. Uhl-Bien & S. Ospina (Eds.), *Advancing relational leadership theory: A dialogue among perspectives.* Charlotte, NC: Information Age.

Shamir, B. (in press). Leadership research or post-leadership research: Advancing leadership research versus throwing out the baby with the bath water. In M. Uhl-Bien & S. Ospina (Eds.), *Advancing relational leadership theory: A dialogue among perspectives.* Charlotte, NC: Information Age.

Sherony, K. M., & Green, S. G. (2002). Co-worker exchange: Relationships between co-workers, leader–member exchange, and work attitudes. *Journal of Applied Psychology, 87*, 542–548.

Sias, P. M. (1996). Constructing perceptions of differential treatment: An analysis of coworker discourse. *Communication Monographs, 63*, 171–187.

Sias, P. M. (2009). *Organizing relationships: Traditional and emerging perspectives on workplace relationships.* London: Sage.

Smircich, L., & Morgan, G. (1982). Leadership: The management of meaning. *Journal of Applied Behavioral Science, 18*, 257–273.

Smith, K. K., & Berg, D. N. (1987). *Paradoxes of group life understanding conflict, paralysis, and movement in group dynamics.* San Francisco: Jossey-Bass.

Sparrowe, R., & Liden, R. C. (2005). Two routes to influence: Integrating leader–

member exchange and social network perspectives. *Administrative Science Quarterly, 50,* 505–535.

Stone, T. H., & Cooper, W. H. (2009). Emerging credits. *The Leadership Quarterly, 20,* 785–798.

Tierney, W. (1987). The semiotic aspects of leadership: An ethnographic perspective. *American Journal of Semiotics, 5,* 223–250.

Tierney, W. G. (1988). *The web of leadership: The presidency in higher education.* Greenwich, CT: JAI.

Tierney, W. G. (1996). Leadership and postmodernism: On voice and the qualitative method. *The Leadership Quarterly, 7,* 371–383.

Treadway, D. C., Breland, J. W., Williams, L. A., Wang, L., & Yang, J. (2008). The role of politics and political behavior the development and performance of LMX relationships: A multilevel approach. In G. B. Graen & J. A. Graen (Eds.), *Knowledge-driven corporation: Complex creative destruction* (pp. 145–180). Greenwich, CT: Information Age.

Tse, H., Dasborough, M., & Ashkanasy, M. (2008). A multi-level analysis of team climate and interpersonal exchange relationships at work. *The Leadership Quarterly, 19,* 195–211.

Uhl-Bien, M. (2003). Relationship development as a key ingredient for leadership development. In S. Murphy & R. Riggio (Eds.), *The future of leadership development* (pp. 129–147). Mahwah, NJ: Lawrence Erlbaum.

Uhl-Bien, M. (2006). Relational leadership theory: Exploring the social processes of leadership and organizing *The Leadership Quarterly, 17,* 654–676.

Uhl-Bien, M., Graen, G., & Scandura, T. (2000). Implications of leader–member exchange (LMX) for strategic human resource management systems: Relationships as social capital for competitive advantage. In G. R. Ferris (Ed.), *Research in personnel and human resources management* (Vol. 18, pp. 137–185). Greenwich, CT: JAI.

Uhl-Bien, M., & Maslyn, J. M. (2003). Reciprocity in manager–subordinate relationship: Components, configurations, and outcomes. *Journal of Management, 29,* 511–532.

Uhl-Bien, M., & Ospina, S. (Eds.). (in press). *Advancing relational leadership theory: A dialogue among perspectives.* Charlotte, NC: Information Age.

Vidyarthi, P. R., Liden, R. C., Anand, S., Erdogan, B., & Ghosh, S. (2010). Where do I stand? Examining the effects of leader–member exchange social comparison on employee work behaviors. *Journal of Applied Psychology, 95,* 849–861.

Wayne, S. J., & Ferris, G. R. (1990). Influence tactics, affect, and exchange quality in supervisor–subordinate interactions: A laboratory experiment and field study. *Journal of Applied Psychology, 75,* 487–499.

Weick, K. (1995). *Sensemaking in organizations*. Thousand Oaks, CA: Sage.

Yammarino, F. (2009, July). *Levels of analysis*. Presentation at Collective Leadership Workshop, Army Research Institute, Fort Leavenworth, Kansas.

Yammarino, F. (2010, August). *Acceptance speech for Distinguished Scholar Award in Leadership*. Annual meeting of the Academy of Management, Montréal, Canada.

Yammarino, F., & Dansereau, F. (2007). *Leadership: The multiple level approaches*. Greenwich, CT: JAI.

Yanow, D., & Schwartz-Shea, P. (Eds.). (2006). *Interpretation and method: Empirical research methods and the interpretive turn*. New York: M.E. Sharp.

Zhou, X., & Schriesheim, C.A. (2009). Supervisor–subordinate convergence in descriptions of leader–member exchange (LMX) quality: Review and testable propositions. *The Leadership Quarterly, 20*, 920–932.

第十章

关注追随者:以追随者为中心的领导力[①]

Douglas J. Brown

滑铁卢大学

> 但是,就在乌龟大王亚特尔举起手
> 开始下命令的时候,
> 被压在王位最底下的那只普通的小乌龟,
> 那只名叫莫克的普通的小乌龟,
> 觉得自己已经受够了,确实受够了。
> 这只普通的小乌龟变得有点儿疯狂。
> 这只名叫莫克的普通的小乌龟做了一件普通的小事。
> 他打了一个嗝!
> 然后,他的嗝动摇了国王的王位!
>
> ——Seuss 博士

所有读过《乌龟大王亚特尔》的人都知道后面发生的事情,乌龟大王亚特尔从自己的乌龟宝座上掉下来摔进了烂泥中,从此再也没有统治过沙拉-玛-沙德岛的乌龟们。从家长的角度看,这只是 Seuss 博士另一个让人读后不太愉快的故事而已,但是在我给四岁大的女儿读这本书的时候,她却非常喜欢,因为她像亚特尔一样,看到的一切都要受到她的统治。不过,在那些少有的时刻,当我第四次为女儿

[①] 作者注:请将对本章的建议和意见发给 Douglas J. Brown, Department of Psychology, University of Waterloo, 200 University Avenue West, Waterloo, Ontario, Canada, N2L 3G1。电子邮箱:djbrown@waterloo.ca。

读这个故事的时候,当我以一个领导力研究者的身份去读的时候,整个故事的意义开始变得完全不同了。它不再是《乌龟大王亚特尔》这个有史以来最优秀的乌龟叠罗汉的故事,而是变成了一则关于领导者和追随者以及追随者对于领导者来说具有举足轻重地位的寓言。本书的其他大部分章节的主要内容是为了让人们更加了解乌龟大王亚特尔,但是本章的内容却有所不同。本章是关于那只叫作莫克的普通的小乌龟(以及其他居住在沙拉-玛-沙德岛池塘中的追随者乌龟)的,而四岁的女儿经常问我的那个紧迫的问题——"莫克为什么会打嗝?"成了我撰写本章的动机。

关于领导力的定义,在学者之间存在广泛的争议。尽管研究人员普遍赞同领导力研究的核心是在给定情形下对影响过程的影响和产出的研究(Antonakis, Cianciolo & Sternberg, 2004),但是在检验和剖析这一现象的过程中,每个人采取的方式各不相同。与此同时,领导力的产出一直以来都是以领导者以及从领导者与其追随者之间的互动的角度来阐述的(Bass, 2008)。尽管在领导力实践和相关出版物中表现出了明显的多样性,但是正式的研究方法还是以领导者为中心的,着重强调可以通过领导者的气质特征、行为以及认知来解释影响过程中的差异。虽然以领导者为中心的研究方法很重要,但是研究人员只能通过该方法获得部分答案。从根本上说,领导者在影响下属的同时也受到其下属的影响,而且在实现与群体相关的目标时,是通过其影响他人的能力而间接实现的(Graen & Scandura, 1987; Hollander & Offerman, 1990)。研究显示,追随者会参与向上影响的过程(参见 Kipnis, Schmidt & Wilkinson, 1980),并向领导者提供反馈(Walker & Smither, 1999),而这些行为都存在于领导力业绩最重要的前因当中(McEvoy & Beatty, 1989)。领导力不单单涉及领导者的性格和行动,还包含通过追随者、追随者对群体产出的归因,以及追随者对领导者的认同程度而形成的对领导力的认可(Bass, 2008)。

为了突出追随者的相关性,考虑这样一个例子:尽管人们普遍认为,希特勒对第二次世界大战中 600 万犹太人的种族灭绝承担着不可推卸的责任,但是这些人中没有一个是被希特勒亲自杀害的(Goldhagen, 2009)。同样,人们都觉得是波尔布特处决了 170 万柬埔寨人,是让·坎班达在卢旺达屠杀了 80 万图西族人,是萨达姆·侯赛因杀害了 60 万库尔德人,是斯洛博丹·米洛舍维奇对波斯尼亚人实施了种族清洗(Goldhagen, 2009)。虽然上面这些例子说的都是关于领导者个人的恶劣行为,但是同时也突出了以领导者为中心视角的限制和与追随者之间的关联。

没有服从、狂热、高涨的热情和追随者的支持,这些造成种族灭绝的命令就不会被执行。最终,是追随者使领导者合法化,给予了领导者权力,为领导者实现愿景和目标提供了途径。另外,卓越的领导力有赖于**优秀的追随者——他们态度积极、有胜任力、能够自我管理、为人诚实正直,并且愿意为所在群体和组织的成功贡献力量**(Bass,2008)。优秀的追随者能够促使领导者变得更好,从而有助于形成出色的群体产出,而糟糕的追随者则正好相反。总之,乌龟大王亚特尔的惨痛经历使我们认识到,不存在不包含追随者和追随力的领导力(Hollander,1993)。

鉴于追随者在理解领导力方面的中心作用,历史上主流学者对追随者和追随力的漠视态度让人相当意外(Bennis,2008)。然而近些年,学者们无论在思想、态度还是行为上似乎都发生了变化,将追随者和追随力研究推向了前台,针对广大普通读者、学者和商业领袖出版了许多有趣且激动人心的著作,包括《追随力的艺术:伟大的追随者如何造就伟大的领导者和伟大的组织》(Riggio, Chaleff & Lipman-Blumen,2008)、《追随力的力量》(Kelley,1992)、《勇敢的追随者:对领导者的反对与拥护》(Chaleff,1995)、《追随力:追随者如何催生变化和改变领导者》(Kellerman,2008)等。虽然在这些书里,作者都强调了追随者的重要性,并指出研究人员很长时间以来一直在这个问题上保持沉默,但事实上,以追随者为中心的研究方法很早就已经出现了,只是许多评论人士忽略、没有注意到或是忘记了这一点(Lord,2008)。不过这并不是说领导力领域的研究不是主要以领导者为中心的(Meindl,1995),或者追随者不是领导力模型中"仍未得到足够探索的变量"(Lord,Brown & Freiberg,1999,p.167),而是说我们对追随者和追随力是有一些了解的,而且我们对其的了解程度并不像通常认为的那样贫乏。

在本章,我会先从一般性的角度,探讨有关追随者的重要假设以及追随者在以前的大多数领导力文献中所扮演的角色。接下来,我将重点探讨以追随者为中心的最主要的观点。尽管最近有关追随者的讨论正尝试发展出一套行为分类,来了解追随者对领导者产生的影响,同时突出能够确定优秀、糟糕和漠不关心的追随者的特征,但是,以追随者为中心的理论和研究本身已经在着手研究这些行为的预兆——信息处理了。如果我们想要了解追随者行为的原因,首先要做的是了解他们的思考过程。因此,我在这里要重点检验的是与追随者的思想密切相关的两个问题。第一,为什么我们要通过领导者来了解世界?第二,我们在心理上对领导者进行分类的本质是什么,以及它是如何影响我们对领导者的感知的?

追随力是什么

将追随者视为领导力模型中的相关因素已经不是新鲜事物了,许多以领导者为中心的领导力框架都考虑了追随者的因素(Howell & Shamir,2005)。不过在大多数情况下,之前所做的以领导者为中心的研究工作,都将追随者和下属作为在尝试了解各种类型的领导者风格的有效性时,领导力情形或环境中必须考虑的被动因素(Avolio,2007)。追随者在这类研究中表现出的被动性并不让人感到意外,因为指导这些研究工作的主要潜在动机都是以领导者为中心的。举例来说,像Fielder提出的领导者匹配模型(1967)这样的权变框架认为,领导者的行为风格和情境的匹配,包括诸如追随者的忠诚度和合作性等追随者方面的因素,是预测领导力有效性的重要因素。Hersey和Blanchard(1977)的情境领导力模型认为,合适的领导力风格部分取决于下属的发展水平。House(1971)提出的路径-目标理论表明,追随者的技能和经验是领导方式发挥作用的重要前因变量。Kerr和Jermier(1978)在他们提出的领导力替代理论中认为,追随者的特征既能够使领导力变得不再是必需品(即将领导力作为替代品),也能够使领导者的行为变得无效(即中和了领导者的行为)。最后,在魅力型和变革型领导力领域,追随者被比作必要的易燃材料,而领导者则是点燃这些材料的人(Klein & House,1995)。

在以往以领导者为中心的研究中,研究人员所做的隐含的被动性假设与我们对人类本性的普遍了解相矛盾。追随者在领导者发挥领导力的环境中并不是一个简单的被动组成部分,或是像可怜的莫克一样被亚特尔压在身下,而是与生俱来拥有自我决定的倾向(Grant & Ashford,2008)。虽然很多时候情况确实是这样,即追随者选择作为一个被动的旁观者,既不参与也不反对领导者的行为和指示,但是在其他一些情况下,追随者确实也会成为顽固的狂热分子,全身心地参与或反对自己的领导者和领导者的主张(Kellerman,2008)。在组织中,从那些根据正式工作要求狭隘地定义自身角色,从而只是简单地完成个人工作的雇员,到其他那些选择完全投身于其领导者的愿景和目标之中的雇员,往往在其未来的自由、健康、家庭生活、价值和福利上存在显著的个人成本。而在其他一些情况下,追随者主动参与向上影响策略并获得赞同(Dutton & Ashford,1993),表达自己的意见(LePine & Van Dyne,2001),从心理和身体上抛开自己的工作,发号施令(Near & Miceli,1987),或者尝试直接破坏或反对自己的上司（Mitchell & Ambrose, 2007）。最后，我们对追随者的了解必须以这样的假设为前提，即他们是独立的、具有智慧的个体，会积极尝试去了解和塑造自己所在的环境，以便能够实现自身的目标和想要的结果（Bandura, 1986）。

研究表明，不同的追随者（Yammarino & Dubinsky, 1994）以及不同的追随者和领导者（Bass & Yammarino, 1991; McCauley & Lombardo, 1990; Van Velsor, Taylor & Leslie, 1993），对于个体表现出多少领导力的观点存在显著的差别。例如，对变革型领导力的行为评分显示，个体的评分之间存在明显的差异，变革型领导力可能只存在于"观察者的眼中"，而并不是领导者的一项指标（Yammarino & Dubinsky, 1994, p. 792）。对档案资料的重新分析表明，领导力评分中大约20%的差异属于特质性差异，因此评分结果取决于是谁对谁的评分（Livi, Kenny, Albright & Pierro, 2008）。这种感知上的个体差异非常重要，因此世界的特性不是直接给予观察者和社会参与者的，而是构建形成的（Salancik & Pfeffer, 1978），这些构建形成的特性与对人类行为的了解息息相关（Fiske, 1998）。正因为如此，**个体领导者产生的影响并不完全存在于其行为或技能当中，而是部分存在于相关观察者的眼中**（Hollander, 1958）。因此，对于感知到的智力能够预测领导者的形成（Judge, Colbert & Ilies, 2004），或者感知到的竞争力而不是实际的竞争力能够预测谁能或不能在群体中产生影响，我们不应当感到意外（Anderson & Kilduff, 2009）。这类发现不应当被看作实际智力或竞争力并不重要的证据，而是这些特征和有效性之间的关系被观察者的感知调和了。从根本上说，感知就是现实，正是感知在生活中推动着我们。

在个体是主动的而不是被动的、感知而非客观现实与人们对人类行为的了解息息相关的前提下，过去40年里，以追随者为中心的研究人员一直试图了解追随者的意义构建行为（Lord & Maher, 1993; Meindl, 1995）。**追随力研究的重点一直都是致力于了解追随者如何赋予每天数量巨大的信息以意义**。人类的信息处理能力是有限的，而且人们每天面对的信息处理的需求远远超出我们有限的处理能力。为了避免这种处理信息时的瓶颈，同时促进人们与外界世界的互动，人类非常依赖于稳定的内部心理表征，它使我们能够进行"**理解、了解、解释、归因、推断和预测**"（Starbuck & Milliken, 1988, p. 51）。我们使用的心理范畴能够指导我们注意什么、如何编码，以及怎样形成判断。因此，以追随者为中心的研究人员并不是简单地将追随者视为领导者行为的被动承受者，他们认为追随者是主动的行为者，通过在相关范畴内发挥作用来构建领导力(Lord & Maher,1993;Meindl,1995)。

虽然前文没有明确说明,但是需要重点强调的是,追随者的意义构建行为不是神经元的随机触发,追随者也不是领导力信息的被动记录器。人类的信息处理是一种有目的的行为,它以创建或减少差异为基础(Kruglanski,1996)。确切地说,因为它服务于一些总体上有意识或无意识的目标,因此追随者要被迫了解领导力方面的世界。例如,部分来说,正如我们在后面将会看到的,由于能够缓解诸如焦虑和易变等消极情绪,追随者会在这样的作用的驱使下了解领导力方面的组织事件。作为受驱使的思考者,我们对事件的关注、编码和记忆都受到已有结论、目标或期望的引导(Kunda,1990)。因此,当我们发现党派认同会歪曲共和党人和民主党人在他们的政治领袖身上所"看到"的内容(Pillai,Kohles & Bligh,2007),或我们在某种程度上喜欢领导者歪曲我们对其行为的判断和记忆时,就不应当再感到惊讶了(D. J. Brown & Keeping,2005)。我们看到的世界是我们希望看到的世界,这样就避免了因不一致带来的不适。

以追随者为中心的研究人员进一步认为,分类过程同样也很重要。对于谁将出现并成为群体的领导者,下属会给他们提供多少余地,以及下属有多大的热情来追随他们,追随者的信息处理是最接近的决定性因素。确切地说,**领导者的影响力通过下属的信息处理来传达**(Lord & Emrich,2000)。下属如何感知领导力的背景是非常重要的,因为这种象征性的行为定义了个体在社会背景下的角色,同时也是个体如何定义自我,以及自我与他人关系的近似前因(Howell & Shamir,2005;Lord & Brown,2004)。为了定义我们作为追随者或下属的角色,需要自动触发从观察者角度看到的相关行为规范和脚本(Baumeister & Newman,1995)。例如,研究表明,当遇到一个支配型的伙伴时,人类一般都会表现出服从性,而这种人际关系中的互补性是比较好的(Tiedens & Fragale,2003;Tiedens, Unzueta & Young,2007)。虽然毫无疑问,人们普遍认同目前存在追随力脚本,而且需要我们对其有更多的了解,但是研究人员可能也需要去发现系统性特质和二元脚本的变化性。对于某些个体而言,将群体中的一员定义为领导者,表明自己依赖他人、顺从并且缺乏权力,而对于其他人来说,会认同那些提出自己的见解并质疑权威的勇敢的追随者(Uhl-Bien & Pillai,2007)。最后,正如魅力型领导力文献中所描述的,源自追随者意义构建的关系形式的本质(Howell & Shamir,2005)会发生反射作用,从而影响个体对自我的总体感知(Kark,Shamir & Chen,2003)。

除了这样的事实,即追随者对领导者的意义构建是一个重要的机制,领导力的影响能够借此遍及群体外,从实践的角度看,追随者的意义构建对心理测量方面的学科发展也很重要。我们了解领导力的优势依赖于调查,下属在调查中需要报告其直接上司参与各种领导力行为的频率(Hunter, Bedell-Avers & Mumford, 2007)。以这种方式实施领导力会很难分离领导者的行为与追随者的意义构建(如果可以分离的话)。此外,这样还会在其他许多方面,例如,研究人员最喜欢使用的行为分类学的有效性,以及我们最终能够从海量的行为数据中获得的发现等方面引发严重的问题。正如追随者为中心的研究人员已无数次证明的那样,在下属对行为问卷如何做出反应方面,追随者对领导力的概念化起着举足轻重的作用(参见 Eden & Leviatan, 1975; Lord, Foti & De Vader, 1984)。正因为如此,人们可能会问,目前占统治地位的行为范式和方法学是否真正解决了领导者做了什么,或是追随者如何编码、存储、回溯和整合信息来做出行为判断等问题(Eden & Leviatan, 1975; Rush, Thomas & Lord, 1977; Weiss & Adler, 1981)。作为一个学科,如果我们依然要依靠下属的报告来进行研究的话,那么看起来唯一合理的做法就是更审慎地去思考追随者的这些感知是如何形成的,以及他们是如何做出判断的。

综上所述,**追随者是积极的意义构建者,他们的意义构建行为对推动领导力知识的进步至关重要。**接下来,我将更深入地发掘以追随者为中心的文献中的认知层面,为了更好地阐述,我将内容分成了两部分。在第一部分,我讨论了人类为什么是以领导者为中心的思考者这一总体性问题,同时对影响我们通过领导者理解世界的倾向的因素进行了考察。这部分内容中的大多数研究都可以追溯到由社会构建主义学家,如 Jeffrey Pfeffer(1977)和 Bobby Calder(1977)所得到的观察结果,以及由 James Meindl(1995)所做的实证研究。根据这些文献,我将在接下来的部分进行深入的讨论,来解决我们是如何了解并给具体的个体贴上领导者标签的这个问题。在这里,我将探索领导者分类方面的内容,说明指导我们使用这种分类的潜在社会认知过程。在第二部分出现的大多数文献都来自 Robert Lord 和他的同事所做的理论与实证研究(参见 Lord & Maher, 1993)。

我们为什么是以领导者为中心的思考者？我们何时成为这样的思考者

对很多观察者来说，后一个问题有时令人迷惑不解，那就是人们总是倾向于通过领导者和领导力的角度来构建这个世界。解决这个迷思的一个关键就是了解人类对领导力的美化。领导力的美化指的是"**作为组织的观察者和参与者，我们对领导力、领导者的作为、领导者的能力以及他们对我们的生活所产生的影响形成了过于美化和英雄化的概念**"（Meindl，Ehrlich & Dukerich，1985，p.79）。从核心来看，领导力的美化是观察者在尝试理解"组织性行为的原因、性质和后果"时会采用和使用的一种隐含理论（Meindl & Ehrlich，1987）。

几位作者认为领导力其实只是一种解释性说法（Calder，1977；Pfeffer，1977），从他们这种极端的角度来看，Meindl 提出，领导者的相关说法已经"实现了一种英雄式的、高于生活本身的价值"。社会参与者对领导者的有效性有一种难以想象的信任，领导者被视为潜藏在所有组织事件之下的"主要推动力"，不管他们是正面的还是负面的（Meindl et al.，1985，p.79）。作为天真的科学家（Heider，1958），观察者用领导者这个概念来组织、理解和预测这个世界。从功能上说，领导者概念减少了我们的不确定性和焦虑感，并使得我们"开始了解构成和维护组织性活动的因果力量之间在认知和道德上的复杂性"（Meindl & Ehrlich，1987，p.92）。

Meindl 及其同事（1985）在他们的早期著作中通过一系列实证和实验性的调查探索了领导力美化的证据。在两个早期的档案研究中，Meindl 等人发现，在极端绩效的情况下，对领导力的兴趣增长很快，可参见《华尔街日报》上以领导力为主题的文章数量。人们似乎在极端情况下会转向领导力寻求帮助。为了直接证明这个观点，Meindl 等人完成了一系列情景模拟研究，参与者会阅读有关不同绩效表现（例如高、中和低）的公司的信息。在阅读了这些信息之后，参与者会被要求对几个因素做出因果关系重要性的评估来解释公司的绩效表现。和其他解释（例如经济）相关（的极端绩效）会使人们强调领导力。这样的发现强化了观察者们对领导力美化的观点，他们认为领导者拥有改变组织和人们命运的控制力及影响力。

Meindl 和 Ehrlich（1987）后来测试了个体能否对组织绩效的做出反应取决于产出是否源于其他因素（例如劳动力）或领导力。为了这个目的，他们完成了一系列情境模拟研究,他们让参与者阅读有关某个组织的描述,描述中包括一个对组织的大致介绍、运营强度的概述以及某些绩效参数的介绍。重要的一点是,他们撰写了一些有关运营强度的段落来强调领导力或其他因素(例如监管政策)。与领导力美化视角相一致,当产出被归因为领导力的时候,参与者一般对组织的盈利抱有更乐观的态度,认为风险较小。这样的发现显示,当绩效和领导力相联系的时候,我们感觉更舒服一些。

进一步的研究考察了那些会让我们更倾向于创造英雄般的魅力型领导力形象的情境,这些研究细化了我们对这个问题的认识。可能最重要的是,研究者们探索了危机的作用。看起来危机似乎能驱动一个最不具魅力的个体采取具有魅力的行动(Bligh, Kohles & Meindl, 2004),危机能刺激观者对魅力的追求(Bass, 2008),增加人们对魅力型影响力的感受力(Shamir & Howell, 1999),并且刺激我们进行有关领导力的研究(Emrich, 1999)。在一项关于美国总统的研究中,House、Spangler和Woycke(1991)发现危机测量与总统魅力测量之间存在某种关系。McCann(1997)发现,危机时刻总是和魅力型总统的吸引力相联系。Pillai(1996)发现,在学生工作组中,危机情况促成了魅力型领导力感知的出现,但有趣的是,它并不是交换型领导力感知。毫无疑问,这些发现显示,魅力型感受和危机是相关的。

我们可以通过觉知者表现出来的反应来理解为什么危机能够刺激觉知者对领导力的渴望。危机创造了强烈的令人不愉快的疑惑和不确定性(Pearson & Clair, 1998),这种状态与人们将世界视为可预测和可控制的性质的倾向是相矛盾的(Pittman, 1998)。因为在危机时刻,直接的控制有时是无法实现的,个体通常会尝试通过辅助手段来进行间接控制(Skinner, 2007)。例如,将魅力型特质影射到他们的领导者身上,**领导者被视为意义、拯救和减压的来源**(Shamir & Howell, 1999)。与这种动机型解释相一致,研究显示,一旦危机结束,这种由危机导致的魅力型领导力感受会迅速消退(Hunt, Boal & Dodge, 1999)。

虽然这样的研究显示,危机的作用是独一无二的,但实际上,任何能够提升观者心理状态的情境都可以刺激我们对领导者进行美化(Meindl, 1995)。例如,Pastor、Mayo和Shamir(2007)通过下面的方式强调了这种刺激的存在,他们让参与者骑一辆平稳的自行车,同时让其他人不断提示参与者这么骑的死亡率以控制他们的心理状态(Cohen, Solomon, Maxfield, Pyszczynski & Greenberg, 2004; Gordijn & Stapel, 2008; Landau, Greenberg & Sullivan, 2009; Pittinsky & Welle, 2008)。无论是否采用控制手段,刺激的提升都会加强领导力感受(Cohen et al.,2004;Pastor et al.,2007),而且这种感受会因为目标人物所拥有的魅力表象而加强(Pastor et al.,2007)。除了这种简单的感受,研究进一步记录道,刺激的提升增加了对在任者的支持(Landau et al.,2009)、顺从性(Landau et al.,2009)和对逆态度愿景的感受性(Gordijn & Stapel,2008)。为什么骑自行车、死亡的想法和体验一次危机会有相似的功能?这还需要学者们进行进一步的研究。

除了危机,研究者们还展示了魅力型领导力形象和目标的感知距离之间的关系。虽然对魅力的感受在组织的所有层面都存在,但是学界基本都意识到近距离领导力和远距离领导力之间存在根本的差别(Shamir,1995)。当领导者与被领导者之间的距离增加时,观察者更倾向于将他们对领导力的认知建立在简单化的直觉之上,例如,组织的绩效或者他们对领导者的典型化的印象(Antonakis & Atwater,2002)。对这种知觉偏差的更好的理解可能来自对建构水平理论(construal level theory,CLT,参见 Trope & Liberman,2003)的原则的更好的了解,这种理论指出,随着距离的增加,不管是哪种类型的距离,我们对于事件、目标的概念化都会变得更抽象和简单。CLT 看起来似乎会向我们提供一种有效的全面框架以及对领导力判断的特点的重要观点,这些使观者倾向于制造一种概括的、理想化和典型化的魅力型领导力评估结果。

另一种进一步的情境探索也吸引了一些关注,那就是观察者身处的社会环境。个体观者与更大范围的社会网络交织在一起,对领导力的感受受到社会接触的影响,社会网络增加了这种可能性(Meindl,1990)。领导力感受会像普通感冒一样在一个社会网络中传播,而不是来自个体的意义构建(Mayo & Pastor,2007;Pastor,Meindl & Mayo,2002)。这样的发现颠覆了一种常见的有关群众智慧和某种观点(即群体层面的分析反映了目标的实际行为)的误解(Mount & Scullen,2001)。相反,接触研究显示,领导力的社会结构可以而且确实横跨所有分析层面(即个体、双方和群体)。

有趣的是,社会路径上的沟通不需要是显见的,它可以通过看起来不相关的贬义语汇(Goodman,Schell,Alexander & Eidelman,2008)或者非语言形式进行微妙的传播。非语言形式的面部表情展示了一种尤其有趣的调查角度,不仅是因为它们一般被认为是社会参与者的态度和行为意象的线索(Ekman & Oster,1979),而且还因为它们可以不知不觉地传播,因而无法预防。从功能上看,社会参与者的非语言形式有助于了解领导者活动的意义。一旦被认识,非语言的信息就会被观者自动模仿,输入反馈会制造相应的情绪,这种情绪会影响后续的信息处理(Halberstadt,Winkielman,Niedenthal & Dalle,2009)。与这种想法相一致的是,研究者们表示,当观者被来自群体成员的正面信息和非语言表达形式所包围的时候,他们就会认为领导者更有有效性(V. Brown & Geis,1984);针对一位女性领导者的负面态度可能部分来自下属负面的面部表情(Butler & Geis,1990)。有趣的是,对非语言形式的领导力影响的易感性可能会深化个体差异,例如某人对和他人进行交往的兴趣(Lakin & Chartrand,2003)、自我监管(Cheng & Chartrand,2003)或信息处理方式(van Baaren,Horgan,Chartrand & Dijkmans,2004)。

综上所述,研究表明,**人类倾向于以领导者为中心进行思考,并使用领导者类别来解释这个世界**。尚不清楚的就是领导力这个概念本身——领导力是什么、它是如何发展的以及领导力应用之后的信息处理是怎样的。下面我将要讨论这些问题。

社会认知方法

为了深入了解追随者是如何形成领导力感受的,我们很有必要强调一个事实,**那就是人类认知是建立在象征结构基础之上的,象征结构存储在长期记忆之中,它是一个稳定的、内部的思维模型**。人们将他们"短暂的经验变成内部模型"(Bandura,1986,p.18),而不是将每一个目标、事件、人或动物当作新事物来处理。在分类问题上,社会参与者能够承受大量的存储的概念性知识,而这些知识反过来又能使他们知道如何思考及如何行动(G. L. Murphy,2002)。另外,概念和类别是有效且高效沟通的基石,这种高效沟通建立在对世界的共同的思维地图之上。最后,将领导者类别应用到一个目标之上,例如,乌龟亚特尔,可以使我们推导出大量的信息来理解领导者的行为,来协调我们与领导者相关的行为并理解我们身边同事的行为方式。

鉴于信息处理类别的向心性,领导者类别的内容、创造和发展对以追随者为中心的方法来说是非常重要的(D. J. Brown,Scott & Lewis,2004)。在下面的部分,我将要探讨这个问题。第一,我考虑的是,关于领导力类别,我们知道些什么。第二,我关注的是围绕这个类别的变化性和稳定性。第三,我考虑的是类别的发展。第四,我关注类别是如何影响信息处理以及如何进行应用的。第五,我简要讨论相关领导力类别应用如何能够解放或限制一位领导者的行为。

◼ 领导者类别的内容和性质

和其他因素一样,观察者在头脑中存有一个完备的类别,这个类别中包含领导者区别于其他非领导者的特征(Lord et al.,1984;Lord,Foti & Phillips,1982)。按照概率的观点(Rosch,1978),领导者类别被概念化成一种模糊不清的知识结构,这个结构由一些个人化的特质构成,这些特质并不必要也并不足够来保证这个类别的内涵。和其他概念一样,领导者类别的应用按照家庭相似原则进行,其潜在类别成员根据一种原型渐变而又有所不同。举一个例子,想一下,虽然"鸟类"一般都会飞,而某一种具体动物(例如鸡)不会飞的事实并不会妨碍这种动物成为"鸟类"的成员,而只是显示这种动物相对于其他动物(例如知更鸟)来说并不那么像鸟。最后,某一目标所拥有的与其他类别成员共享的属性比例越高,它就越被视为更典型的成员。

根据之前的研究(Cantor & Mischel,1979),Lord 和他的同事指出,领导者类别是建构在特质基础之上的(Lord,De Vader & Alliger,1986)。特质对人类思维和记忆处理来说是极其重要的(Srull & Wyer,1989),而且当观察者遭遇他人的行为的时候,就会自动和自发地应用特质(参见 Uleman,Newman & Moskowitz,1996)。事实上,因为特质是如此地深植于我们的思维之中,所以我们大多数情况下都用特质来看待这个世界(Epley,Waytz & Cacioppo,2007)。鉴于特质的向心性,它自然就成为领导力感受的基础。

有几位作者尝试记录领导者类别的精确特质(Epitropaki & Martin,2004;Lord et al.,1984;Offermann,Kennedy & Wirta,1994)。在一个使用自由记忆方法的初期调查中,Lord 等(1984)发现他们的参与者创造了 59 种特质(例如诚实、智慧和专注),而且这些特质在典型性程度上有所差别。后续的调查也重复了初期的工作,缩短了测量时间,并确定了二阶因子结构(Epitopaki & Martin,2004;Offerman et al.,1994)。尽管取得了引人瞩目的成绩,但是它也存在缺陷,那就是没有和人格学科保持同步。研究发现,在评估自己和他人的时候,一般都会使用大五人格结构(Goldberg,1990),而且会和领导力的形成及有效性联系起来(Judge,Bono,Ilies & Gerhardt,2002)。将领导者类别与大五人格特质进行合并建模可能会为以领导者为中心和以追随者为中心的研究者提供一个共同的建构空间。

最后,个体不会从这个世界中抽取出一个单独的领导者类别,而是提取出一个互相嵌入的三层结构:上级、基础和下级(Rosch,1978)。在范围最广的层面,即上级层面,存在领导者类别最广泛和最抽象的代表。这个代表层面包含了大多数领导者所共有的特征,而且与对照类别(非领导者类别)的重叠很小。上级层面的下面紧接着就是基础层面,这个层面包含了情境。Lord 等(1984)认为,人类可区分出 11 种不同的基本层面领导者:商务、财务、少数民族、教育、宗教、体育、国家政治、世界政治、劳动力、媒体和军事。虽然 Lord 等人的研究工作具有重大意义,但是值得注意的是,这种结构是建立在一个单独的研究之上的,其他的基本层面类别也可能存在(参见 Den Hartog & Koopman,2005)。最后,在下级层面,领导者类别被进一步差异化,提供了一个对领导力非常细致的理解。举例来说,有些研究指出,领导者类别可能在男性领导者和女性领导者方面存在差别(Johnson,Murphy,Zewdie & Reichard,2008)。

在继续讨论之前,需要指出的一点是,近些年学界开始对群体类别在领导力信息处理方面的作用产生兴趣(参见本书第十四章;D. van Knippenberg,van Knippenberg & Giessner,2007)。在日常生活中,领导力在群体环境中生效,与群体相适应对于理解追随者如何应对潜在的领导者非常重要(Hogg,2001;van Knippenberg & Hogg,2003)。在社会角色理论的基础上,Hogg 及其同事指出,除了上面讨论的一般领导者原型,汇集了原型价值观、态度以及群体规范的群体原型也可以作为评估潜在领导者的相关标准。正如一般的领导者类别那样,潜在领导者目标会在群体原型渐变上有所不同,追随者对领导者的认可取决于目标是否符合群体共享的社会角色。符合一个群体共享的角色与领导力感受是相关的,因为它会使追随者相信某位领导者是值得信赖的,而且其会按照集体利益的需求行事(D. van Knippenberg et al.,2007)。与这种想法类似,一个正在进行的大型研究发现,领导者与群体类别的匹配度和感受到的领导者有效性(Hains,Hogg & Duck,1997;Hogg,Hains & Mason,1998;Platow & van Knippenberg,2001)及魅力(Platow,Haslam,Foddy & Grace,2003;B. van Knippenberg & van Knippenberg,2005)相关。在这一点上,我只承认群体类别的相关性。下面我会讨论观察者是如何协调和整合关于一般领导者类别与群体类别的匹配度的信息的。

领导者类别的变化性和稳定性

虽然存在反面意见,但研究发现显示,累积性的终身领导力观察以及社会群体的经验在很大程度上都是共享的。很明显,正如社会中大多数群体共享一个对其他概念的概念化理解一样,他们也共享对领导力的理解。研究显示,大学生和员工拥有对领导力的相似思维模式,员工也会因为年龄、组织任期、组织职位(Epitropaki & Martin,2004;Offermann et al.,1994)和组织认同(Martin & Epitropaki,2001)产生对领导力的不同理解。如果我们要发现群体层面的不同,那我们似乎就需要寻找那些曾经在早期重复经历过不同模范、群体结构和领导力经验的群体。与这个观点相一致的是,一些证据显示,男性和女性在领导者类别上存在微妙的差别(Deal & Stevenson,1998;Den Hartog & Koopman,2005;Epitropaki & Martin,2004)。在这个方面,一些发现指出,相对于女性,男性对领导者类别的看法较为理想化,对非典型的特征(例如霸道和爱出风头)也更宽容,而女性心目中理想的典型则较为强调人际关系中的敏感性(Deal & Stevenson,1998)。因此,虽然存在一些性别上的差异,领导者类别看起来还是比较具有可信度的,至少在一个文化范围内是这样。

全球化程度的加快刺激了更多学者去调查文化是如何能够影响领导者类别的。个人的期望值、人们如何看待及如何应对领导者行为(Ensari & Murphy,2003;评论参见 Tsui,Nifadkar & Ou,2007)都存在文化差异。例如,研究显示,个体在如何应对粗鲁的领导者(Bond,Wan,Leung & Giacalone,1985)和不公正现象(Gelfand,Erez & Aycan,2007;Tsui et al.,2007)上都存在文化差异。这样的发现强调了一种可能性,那就是西方领导力概念化可能并非适用于任何地方(Den Hartog,House,Hanges,Ruiz-Quintanilla & Dorfman,1999;Gerstner & Day,1994;Javidan,Dorfman,de Luque & House,2006)。

为了评估领导者类别的跨文化变化性,Robert House 及其同事(Javidan et al.,2006)对来自 62 个不同社会环境的 15 022 位中层管理人员进行了问卷调查,平均每个社会环境 250 人,这些人被分成 10 个文化群落。研究人员让这些管理人员对 112 个领导力事项进行评分,这 112 个领导力事项包含了 21 个主要的和 6 个潜在的维度,评分者要对每一事项阻碍或促进有效领导力的能力进行评分。这一任务艰巨的研究向我们提供了一种文化普世性以及领导力类别差异化的信息。在二阶因素上,10个文化群落在6个维度上显示了巨大的差异。例如,这个层面的分析结果显示,10个文化群落在强调魅力型/基于价值观的领导力(一种强调动力,并且对个人有较高产出期望的领导力)的程度上存在巨大差异。因此,例如,美国这样的欧洲后裔国家对魅力型/基于价值观的维度评分很高,中东国家(例如埃及)较少强调这个维度;亚洲儒家文化国家(例如中国)则在这两个极端中间(Javidan et al.,2006)。

虽然这6个维度的结果显示不同文化对于领导者含义的理解存在根本差异,但是在事项层面的分析显示,这样的结论应该进行一些折中,因为还存在一种较为普遍的对领导力的理解。GLOBE研究者们对一些属性进行了调查,其中22个成为最受欢迎的属性(例如**诚实、决断力、激励性以及活力**),而8个则是最不受欢迎的属性(例如独行者、急躁、自私自利和残酷无情等)。这种相似性显示,或许存在一种普世性的领导力经验。在这一方面,进化论思考者提出,领导力是一种群体适应行为,理想的领导者要满足共同的群体功能,例如发起群体活动、保持群体凝聚力以及为未来做规划(参见本书第五章;Van Vugt,Hogan & Kaiser,2008)。

除了群体差异,我们对领导者类别的理解同样因为一项研究工作而得以提升,那就是对个体稳定性进行的评估(Epitropaki & Martin,2004)。在一个这样的研究中,Epitropaki和Martin让被试指出哪些特质是符合一般商业领导者的特征,他们在间隔一年之后进行了第二次测试。整体上看,他们的结论是,商业领导者类别不是变化不定的。为了了解他们的研究中为什么会出现这样的稳定性,读者们有必要先意识到,虽然人类可以进行审慎的、有意识的连续思考,但是更多情况下,**人类是通过潜意识系统来体验这个世界的**(Macrae & Bodenhausen,2000;McClelland,McNaughton & O'Reilly,1995)。这个系统内的知识包括我们对这个世界的一般性认识,这种认识是通过重复的联系积累起来的。从孩童时期开始(参见下文),我们就开始反复地接触那些具有某些特质(如专注、智慧和敏感)的领导者。这些重复的联系逐渐成为我们的一部分,形成了一个内在的领导者知识结构(即领导者类别)。一旦形成,这种类别就很难发生变化,而且向我们提供了一个稳定的体验世界的背景。在消除了情境的情况下,Epitropaki和Martin的程序很有可能会使参与者只是回顾并使用他们内在稳定不变的思维定式(Macrae & Bodenhausen,2000;McClelland et al.,1995;Smith & DeCoster,2000)。他们的发现告诉我们,一般的领导者类别拥有和其他一般性概念类似的稳定性,例如,乌龟、牛、驴、蓝莓灌木丛和猫,对于这些概念,我们在一年的时间内一般都会保持不变。

虽然形成了上述发现,但是认知研究却明确提出,这种类别可以是非常灵活的,它可以在当下产生。潜意识系统的认知结构一般都被认为是联结主义的。这是一个亚符号性的系统,也就意味着知识是由神经元一样的单位启动模式所代表的(Smith & DeCoster,2000)。因为信息是这个系统的输入,联结结构就通过平行—约束—满足的过程适应(即承认)了最佳的解释,发现了启动的模式,这个模式在最大限度上容纳了存储的联系和瞬间的外部(例如性别、行为)、内部(例如动机)约束的模式。因此,我们对于一般性的"鸟"的概念在一段时间内保持稳定,但是如果我们站在能够远眺南极洲的船头,我们对这个类别的想象可能就会发生微小的变化(参见 Barsalou,1982)。

根据联结论的观点,Lord 及其同事用通俗的语言解释了这样一个系统是如何运作来创造动态的、瞬间的领导者类别的(Hanges、Lord & Dickson,2000;Lord,Brown & Harvey,2001)。在少数几个直接测试他们的观点的研究中,Foti、Knee 和 Backert(2008)发现了一些证据,证据显示,领导者类别会根据观察者的内部目标发生变化。虽然出现了这样鼓舞人心的发现,动态生成的领导者类别的实证数据仍然非常有限,这个领域仍然有待发展。值得注意的一点是,为了有效地跟进这个调查,应用领导力研究者有可能需要放弃他们对实地数据的偏好,进行实验室研究,这可以使他们对约束(例如观察者目标)进行瞬间的控制。

■ 领导者类别的发展

正如上面所提及的,我们从小就沉浸在反复出现的领导力特质中,于是就在潜意识中慢慢形成了领导者类别的概念。例如,在我们还是孩童的时候,我们就开始将商业领导和某些特征联系在一起:智慧、有能力、男性、白人,我们无意识地将这些特质联系起来,然后将它们锁定在我们的意识中(Rosette、Leonardelli & Phillips,2008)。鉴于大多数领导力感受的基石都是存储在缓慢学习和变化的大脑皮层系统中的类别,人们可能会想,是否存在一个可识别的发展曲线以及我们关于领导者类别概念在记忆中变得稳固的年龄呢?简单地说,领导力学者在很大程度上忽略了这个重要且基本的科学问题。在少数几个尝试解决这个问题的研究中,Matthews、Lord 和 Walker(1990)考察了 1 年级、3 年级、6 年级、9 年级和 12 年级 159 个儿童的领导者类别的发展。与我们对皮层系统的理解相一致,他们发现,相对于大一些的孩子(即6年级、9年级和12年级),**小一些的孩子(1年级和3年级)认为领导力是由具体的行动、产出和榜样(例如父母)来表示的,而大一些的孩子则将他们的判断建立在更复杂的领导者类别之上**。Antonakis和Dalgas(2009)最近的研究发现,较小的孩子和天真的成年人都能较为成功地根据照片来预测选举结果。他们的发现还显示,从发展的早期开始,孩子就将面部特征和个性特征(即竞争力)联系起来,这使得领导力决策和成年人做出的决策相似。这两个研究显示,用于形成领导力感受的标准在我们很小的时候就已经形成了。这个研究的一个重要的实际应用就是,尝试破坏具有偏见的领导力类别的干预行动(例如对男性化特质的强调)可能在年幼时是最为有效的。

如果领导者类别在我们发展的早期就已经形成,人们可能会想,儿童眼中的世界可能在领导者类别的性质中起到核心的作用。举一个显而易见的例子,因为儿童一般来说较他们的领导力形象(例如老师和父母)矮小,高度(Judge & Cable, 2004)和纵向的空间(Schubert, 2005)应该与领导力紧密联系,事实上也是如此。除了这种普世性的儿童期经验,特殊的儿童期领导力形象体验也应该会成为类别内容的先行条件(Hunt, Boal & Sorenson, 1990)。在一项调查中,Keller(1999)让参与者对一些可以形容他们母亲、父亲和领导者的特征进行评分。从整体上看,她的发现显示,**母亲和父亲的特征影响了参与者对理想的领导者形象的概念**。虽然儿童经验和领导者类别之间的联系清晰可见,但这个问题仍然没有得到很好的解释。这非常可惜,因为幼年时期的经验是非常具有预见性的,而且可能成为类别中的文化变化性和性别偏见的基础。

❖ 类别的使用和应用

先前的研究指出,例如,原型的类别对确定某个目标的印象来说非常重要。在遭遇模糊的或者不完整的数据的时候,观者会按照自上而下的方法来使用类别,填满空缺并得出原型的判断。一个最著名的证据是,研究显示,即使当评分者被要求对想象中的领导者进行评分的时候,行为问卷的因子结构仍然能够被提取出来(Eden & Leviatan, 1975; Rush et al., 1977; Weiss & Adler, 1981)。和这些发现相一致的是,研究还显示,下属对于领导行为问卷进行的评估和领导者类别紧密相关(Avolio & Bass, 1989),拥有相似领导者类别概念的评分者即使在给不同的目标打分时也会给出相似的行为评分(Rush & Russell, 1988)。类别的思考也会使个体记错某个目标的行为（Sherman & Hamilton,1994;Srull & Wyer,1989）。例如,几项研究曾经记录,观察者将未观察到的与类别一致的行为和实际观察的行为混淆了（Binning,Zaba & Whattam,1986;Phillips,1984;Phillips & Lord,1982）。在实践中,这些发现对领导力实践具有重大的意义,尤其是在我们应该在多大程度上信任行为问卷（Hunter et al.,2007）方面。虽然领导行为问卷被认为已掌握被观察目标的行为方式,但是类型化的思维过程能够左右记忆、解释以及行为的修正（Shondrick,Dinh & Lord,2010）。因此,从行为评估中所提取的信息可能更能说明观察者的信息处理过程,而不是领导者的实际行为。

剩下的一个问题是,观察者是如何决定在某个目标身上使用领导者标签的。在他们关于领导力感受的类别理论中,Lord 及他的同事认为,是否将领导者标签用于某个目标取决于目标的特征与观察者的领导力类别相重合的程度（Lord et al.,1984）。目标被观察到的特征与观察者长期记忆里的领导者类别之间重合的部分越大,这个目标被贴上领导者标签的可能性就越大。在他们研究中,Lord 和他的同事（1984;研究 3）随机选取了 95 名大学生参与者,让他们阅读描述 John Perry 这一目标的三种陈述——典型、中性或非典型的领导力行为。他们的研究结果显示,这种控制方式会严重影响观察者对目标采取典型、非典型和中性行为,以及观察者对目标的可靠性和新产品的成功概率的判断。从整体上看,这些发现为识别系统的运作提供了坚实的因果关系的证据,并显示领导者标签的使用也会创造对目标未来行为的预期。

自早期的调查开始,进一步的研究发现已经表明,领导者类别化协调了可观察的目标行为和领导力评估之间的关系（Fraser & Lord,1988）,具有偏见的记忆修正（Rush & Russell,1988）并不取决于观察者认知资源的可利用性（Maurer & Lord,1991）。虽然相对来说调查得较少,一些研究也记录了这个理论对真实世界的可应用性,因此记录了这个理论的外部有效性和实际应用性。这样的实地研究也显示,与领导者类别相匹配不仅会影响领导力感受（Fielding & Hogg,1997;Foti,Fraser & Lord,1982）,还可以作为相关员工产出的预测（Engle & Lord,1997;Epitropaki & Martin,2005）。关于后面这一点,Epitropaki 和 Martin 在一个纵向的调查中指出,被观察的管理者如果与领导者类别匹配会影响领导者-成员交换（LMX）的质量,而其会间接通过领导者-成员交换影响员工对组织的投入、工作的满意度和工作状况。除了展示类别化方法的可应用性,该研究还强调了有兴趣的研究者应用领导者类别化的可能方式。虽然 Lord 的类别化理论被高度评价,但是关于类别化是如何协调对领导力行为的影响方面,虽然先前的文献已将普通的行为测量和领导者类别进行直接联系(Avolio & Bass,1989),但是目前还鲜有研究。

研究者还指出,看起来不相关的特征可能会产生一种感受,那就是某个目标像一个领导者。例如,数据显示,领导力会归因为是否健谈(Stein & Heller,1979),吸引力(Cherulnik, Turns & Wilderman, 1990),男性化的外表(Sczesny & Kuhnen, 2004),或知觉显著性(Phillips & Lord,1981)。最近,有证据显示,思考不止发生在我们的头脑中,我们概念化的知识植根于感官和运动系统之中(Barsalou, Simmons, Barbey & Wilson,2003)。我们概念化的认知不仅会以抽象符号的形式存储在记忆中,而且还会通过我们直接体验某个现象的方式表现出来。激励系统和具体的动作交织在一起,感情和面部表情联系在一起,孤独感和冷漠紧密相关(Zhong & Leonardelli,2008),品德是和清新的气味相联系的(Liljenquist, Zhong & Galinsky, 2010),领导力和高度相关(Judge & Cable,2004)。最有力的个体统治着我们,我们仰视他们,他们位于食物链的顶端,像亚特尔一样,从高处的宝座俯视我们。这种关于仰视、俯视的体验是和领导力、权力以及支配相关的,因此,数据显示,我们会更顺利地处理那些按照适当的空间位置排列的信息(Schubert,2005),通过组织性图表表示的纵向信息会影响我们的领导力感受(Giessner & Schubert,2007)。解开自下而上的感受过程、内嵌的认知以及领导者类别之间的关系将是一个非常有趣的研究方向(参见 Lord & Shondrick,in press)。

虽然基于与领导者类别相匹配的对领导力的认知加深了我们的理解,但是它仅仅揭示了一部分事实。追随者遵从领导者,不仅是因为这些领导者符合领导力形象,或者他们占据了适当的空间位置,还因为他们能够满足我们的目标。正如 Barsalou(1985)在很多年前所指出的,目标类别化不仅取决于是否符合类别的主要趋势,还取决于观察者努力的终点或目标。虽然存在关于领导者对群体及其成员的焦点功能的思考,但是我们放弃自由的终极原因似乎是领导者能增加群体生存和成功的概率(参见本书第五章,Van Vugt et al.,2008)。40 年前的研究发现已经明确证明了领导力与群体产出之间的关系(参见 Binning & Lord,1980;Larson, 1982;Larson, Lingle & Scerbo,1984;Lord, Binning, Rush & Thomas,1978;Phillips & Lord,1982)。这一研究还显示,群体绩效和领导者之间的关系很稳定,它不取决于产出信息何时传达到观察者那里(Larson,1982)或个体是否与某个领导者有私下的接触（Binning & Lord,1980）。另外,和 Barsalou 的发现相一致的是,对比了认知过程和绩效信息的研究显示,两种来源其实合并起来对判断产生了影响（Lord et al. ,1978）,虽然相对权重可能取决于观察者的特征,例如文化（Ensari & Murphy,2003）。

正如很多读者已经推断出的那样,目标引发了数个（有时是相互竞争的）类别。至少追随者可以按照目标与领导者类别（Lord & Maher,1993）、群体类别（B. van Knippenberg & van Knippenberg,2005）、种族类别（Rosette et al. ,2008）、先前的领导者（Ritter & Lord,2007）、群体绩效（Phillips & Lord,1981）以及性别类别（Scott & Brown,2006）的一致性来判断目标。这些信息来源在观察者的脑海中竞争融合,形成了多种形式的信息处理过程。例如,Scott 和 Brown（2006）指出,性别类别和原型领导力行为过程的互动影响了对行为的理解。Martell 和 DeSmet（2001）指出,性别信息影响了评分者在形成判断时使用的决定标准。其他研究也显示,信息来源会影响我们对领导者的评估。从这个方面来看,原型领导者相对于非原型领导者来说更受欢迎（Ensari & Murphy,2003）,这对白人来说尤为突出（相对于其他人种）（Rosette et al. ,2008）。最后,一些研究显示,不同信息的相对影响力可能取决于观察者的特征。越来越多的研究显示,虽然是否符合领导者类别一般来说比较重要,但是和群体类别相比,它的重要性就弱一些,因为群体类别是个体对群体的认同的函数（Fielding & Hogg,1997；Hains et al. ,1997；Hogg et al. ,1998）。显然,观察者的意义构建过程是极其复杂的,而且取决于多种数据。观察者是如何将这些信息来源融合起来的问题仍有待进一步的研究。

■■ 追随者的感知与领导者的行动

关于这一点,我将着重突出作为领导力感知基础的一些细微差别。领导力最终是会影响关系双方的,而且追随者类别的本质可以作为约束领导者行动的一个重要因素。例如,虽然感知到的成功能力非常关键,而且对于领导者来说,通常是不允许失败的,但并非所有的失败都是一样的,有时下属可能会允许领导者失败（Giessner & Van Knippenberg,2008；Giessner,Van Knippenberg & Sleebos,2009）。在最近发表的两篇文章中,Giessner 和同事按照事先计划好的内容,通过控制,使一名领导者正好符合群体的分类,同时也对领导者未能实现的目标类型的本质进行了控制。该研究的结果表明,尽管未能实现最低目标会使下属降低对适合该群体分类的领导者的正面感知,但是当领导者未能实现最高目标时,情况却不是这样。在追求最高目标的背景下,群体的原型领导者似乎得到了质疑的好处,失败不会削弱他们因符合群体分类而得到的利益。这一发现反映了更多其他研究文献中强调的事实,即业绩与领导力推断的关系并不是直接的,相反,它们容易受到影响业绩的因素(Phillips & Lord,1981)以及观察者运用的处理模式(Foti & Lord,1987;M. R. Murphy & Johes,1993)的影响。

上述研究表明,追随者的领导力标准具有潜在的灵活性,而且有时追随者会允许领导者表现出一种特殊和非正式的行为(Hollander,1992)。例如,有研究表明,相对于自利行为,自我牺牲行为与追随者对领导者合法性的感知密切相关(Choi & Mai-Dalton,1999;B. Van Knippenberg & Van Knippenberg,2005;Yorges,Weiss & Stickland,1999)。虽然在大多数情况下是如此,但是领导者的自我牺牲行为与追随者对领导者的认可之间的关系,会根据观察者是否认为领导者属于典型的群体成员而发生权变(B. Van Knippenberg & Van Knippenberg,2005)。个体是否被认为是典型的群体成员,似乎与自我牺牲的标准并不相同,因为它们不属于典型的一一对应。类似地,相对于非典型的群体成员来说,程序公正(Ullrich,Christ & Van Dick,2009)和分配公平(Platow & Van Knippenberg,2001)似乎对属于典型群体成员的领导者来说并不是很重要的标准。最后,Platow 和同事(Platow,Van Knippenberg,Haslam,Van Knippenberg & Spears,2006)研究发现,那些属于典型群体成员的领导者能够灵活运用以交换或群体为导向的言辞,而那些非典型的领导者只能运用以群体为导向的言辞。按照 Hollander 的特质信任模型(1958),领导者通过对群体的贡献来积累下属对自己的信任。类似上述讨论过的研究发现表明,信任与领导力不需要经历艰苦的奋斗而得到,它可以单纯地从追随者范畴获得。

总结

本章以一个一名四岁儿童提出的问题开头——她对一只名叫莫克的傲慢乌龟的好奇行为(如果不算是鲁莽的话)感到十分困惑。在本章中,我介绍了许多的文献、数据、理论和思想,当读者也被这样一名希望知道亚特尔——作为所有乌龟的国王——为什么会得到如此恶劣对待的学龄前儿童,或是一名免职的政客、辅导员、商业领袖或学术顾问不断追问类似问题的时候,希望能够有所帮助。虽然传统的领导力研究方法一直以来都在研究以领导者为中心的现象,但是在过去的40年里,对以追随者为中心的研究表明,领导力不仅是双向的,而且高度依赖追随者。亚特尔作为一名领导者之所以失败,不是简单地因为他短视的行为,而是因为莫克已经不再把他看作一名领导者了。正如我在本章中所强调的,研究人员已经开展了许多实质性的研究,来增进我们对这些领导力感知背后的信息处理过程的了解。

讨论题

1. 运用你所了解的有关追随者信息处理过程的知识,建立一个领导者培训干涉方案,使管理者能够在最大限度上被自己的下属认为是一名领导者。

2. 在开始之前,先选择一个具体的背景设定,然后形成一个特征列表,使具有这些特征的管理者在设定的背景下最有可能被看作领导者的原型。

3. 接下来,思考一下你需要培训的行为的本质。

4. 另外,根据你对观察者信息处理过程的了解,在培训方案中考虑一些管理者在被下属看作领导者时可能会遇到的挑战,以及你的培训方案如何能够帮助他应对这些挑战。

5. 本章所讨论的研究表明,商业领袖分类与是否为白人有关(参见 Rosette, Leonardelli & Phillips,2008)。请编制一个可以用于帮助儿童抵制这种偏见的培训干预方案。

扩展阅读

Javidan, M., Dorfman, P. W., de Luque, M. S., & House, R. J. (2006). In the eye of the beholder: Cross cultural lessons in leadership from project GLOBE. *Academy of Management Perspectives*, 20, 67–90.

Kellerman, B. (2007). What every leader needs to know about followers. *Harvard Business Review*, 85, 84–91.

Kelley, R. E. (1988). In praise of followers. *Harvard Business Review*, 66, 142–148.

参考文献

Anderson, C., & Kilduff, G. J. (2009). Why do dominant personalities attain influence in face-to-face groups? The competence-signaling effects of trait dominance. *Journal of Personality and Social Psychology, 96,* 491–503.

Antonakis, J., & Atwater, L. (2002). Leader distance: A review and a proposed theory. *The Leadership Quarterly, 13,* 673–704.

Antonakis, J., Cianciolo, A. T., & Sternberg, R. J. (2004). Leadership: Past, present, and future. In: J. Antonakis, A. T. Cianciolo, & R. J. Sternberg (Eds.), *The nature of leadership* (pp. 3–15). Thousand Oaks, CA: Sage.

Antonakis, J., & Dalgas, O. (2009). Predicting elections: Child's play! *Science, 323*(5918), 1183.

Avolio, B. J. (2007). Promoting more integrative strategies for leadership theory-building. *American Psychologist, 62,* 25–33.

Avolio, B. J., & Bass, B. M. (1989). Transformational leadership, charisma, and beyond. In J. G. Hunt, B. R. Baliga, H. P. Dachler, & C. A. Schreisheim (Eds.), *Emerging leadership vistas. International leadership symposia series* (pp. 29–49). Lexington, MA: Lexington Books.

Bandura, A. (1986). *Social foundations of thought and action: A social cognitive theory.* Englewood Cliffs, NJ: Prentice-Hall.

Barsalou, L. W. (1982). Context-independent and context-dependent information in concepts. *Memory & Cognition, 10,* 82–93.

Barsalou, L. W. (1985). Ideals, central tendency, and frequency of instantiation as determinants of graded structure in categories. *Journal of Experimental Psychology: Learning, Memory, and Cognition, 11,* 629–654.

Barsalou, L. W., Simmons, W. K., Barbey, A., & Wilson, C. D. (2003). Grounding conceptual knowledge in modality-specific systems. *Trends in Cognitive Sciences, 7,* 84–91.

Bass, B. M. (2008). *The Bass handbook of leadership: Theory, research, and managerial applications* (4th ed.). New York: Free Press.

Bass, B. M., & Yammarino, F. J. (1991). Congruence of self and others' leadership ratings of naval officers for understanding successful performance. *Applied Psychology: An International Review, 40,* 437–454.

Baumeister, R. F., & Newman, L. S. (1995). The primacy of stories, the primacy of roles, and the polarizing effects of interpretive motives: Some propositions about narratives. In R. S. Wyer (Ed.), *Advances in social cognition* (Vol. 8, pp. 97–108). Hillsdale, NJ: Lawrence Erlbaum.

Bennis, W. (2008). Introduction. In R. E. Riggio, I. Chaleff, & J. Lipman-Blumen (Eds.), *The art of followership: How great followers create great leaders and organizations* (pp. xxiii–xxvii). San Francisco: Jossey-Bass.

Binning, J. F., & Lord, R. G. (1980). Boundary conditions for performance cue effects on group process ratings: Familiarity versus type of feedback. *Organizational Behavior and Human Decision Processes, 26,* 115–130.

Binning, J. F., Zaba, A. J., & Whattam, J. C. (1986). Explaining the biasing effects of performance cues in terms of cognitive categorization. *Academy of Management Journal, 29,* 521–535.

Bligh, M. C., Kohles, J. C., & Meindl, J. R. (2004). Charisma under crisis: Presidential leadership, rhetoric, and media responses before and after the September 11th terrorist attacks. *The Leadership Quarterly, 15,* 211–239.

Bond, M. H., Wan, W. C., Leung, K., & Giacalone, R. (1985). How are responses to verbal insult related to cultural collectivism and power distance? *Journal of Cross-Cultural Psychology, 16,* 111–127.

Brown, D. J., & Keeping, L. M. (2005). Elaborating the construct of transformational leadership: The role of affect. *The Leadership Quarterly, 16,* 245–272.

Brown, D. J., Scott, K. A., & Lewis, H. (2004). Information processing and leadership. In J. Antonakis, A. T. Cianciolo, & R. J. Sternberg (Eds.), *The nature of leadership* (pp. 125–147). Thousand Oaks, CA: Sage.

Brown, V., & Geis, F. L. (1984). Turning lead into gold. Evaluations of men and women leaders and the alchemy of social consensus. *Journal of Personality and Social Psychology, 46,* 811–824.

Butler, D., & Geis, F. L. (1990). Nonverbal affect responses to male and female leaders: Implications for leadership evaluations. *Journal of Personality and Social Psychology, 58,* 48–59.

Calder, B. J. (1977). An attribution theory of leadership. In B. M. Staw & G. R. Salancik (Eds.), *New directions in organizational behavior* (pp. 179–204). Chicago: St. Clair.

Cantor, N. W., & Mischel, W. (1979). Prototypes in person perception. In L. Berkowitz (Ed), *Advances in experimental social psychology* (Vol. 12, pp. 3–52). New York: Academic Press.

Chaleff, I. (1995). *The courageous follower: Standing up to and for our leaders.* San Francisco, CA: Berrett-Koehler.

Cheng, C. M., & Chartrand, T. L. (2003). Self-monitoring without awareness: Using mimicry as a nonconscious affiliation strategy. *Journal of Personality and Social Psychology, 85,* 1170–1179.

Cherulnik, P. D., Turns, L. C., & Wilderman, S. K. (1990). Physical appearance and leadership: Exploring the role of appearance-based attribution in leader emergence. *Journal of Applied Social Psychology, 20,* 1530–1539.

Choi, Y., & Mai-Dalton, R. R. (1999). The model of followers' responses to self-sacrificial leadership: An empirical test. *The Leadership Quarterly, 10,* 397–421.

Cohen, F., Solomon, S., Maxfield, M., Pyszczynski, T., & Greenberg, J. (2004). Fatal attraction: The effects of mortality salience on evaluations of charismatic, task-oriented, and relationship-oriented leaders. *Psychological Science, 15,* 846–851.

Deal, J. J., & Stevenson, M. A. (1998). Perceptions of female and male managers in the 1990s: Plus ca change. *Sex Roles, 38,* 287–300.

Den Hartog, D. N., House, R. J., Hanges, P. J., Ruiz-Quintanilla, S. A., & Dorfman, P. W. (1999). Culture specific and cross-culturally generalizable implicit leadership theories: Are attributes of charismatic/transformational leadership universally endorsed? *The Leadership Quarterly, 10,* 219–256.

Den Hartog, D. N., & Koopman, P. L. (2005). Implicit theories of leadership at different hierarchical levels. In B. Schyns & J. R. Meindl (Eds.), *Implicit leadership theories: Essays and explorations* (pp.135–148). Greenwich, CT: Information Age.

Dutton, J. E., & Ashford, S. J. (1993). Selling issues to top management. *Academy of Management Review, 18,* 397–428.

Eden, D., & Leviatan, U. (1975). Implicit leadership theories as determinant of the factor structure underlying supervisory behavior scales. *Journal of Applied Psychology, 60,* 736–741.

Ekman, P., & Oster, H. (1979). Facial expressions of emotion. *Annual Review of Psychology, 20,* 527–554.

Emrich, C. D. (1999). Context effects in leadership perception. *Personality and Social Psychology Bulletin, 25,* 991–1006.

Engle, E. M., & Lord, R. G. (1997). Implicit theories, self-schemas, and leader-member exchange. *Academy of Management Journal, 40,* 988–1010.

Ensari, N., & Murphy, S. E. (2003). Cross-cultural variations in leadership perceptions and attribution of charisma to the leader. *Organizational Behavior and Human Decision Processes, 92,* 52–66.

Epitropaki, O., & Martin, R. (2004). Implicit leadership theories in applied settings: Factor structure, generalizability and stability over time. *Journal of Applied Psychology, 89,* 293–310.

Epitropaki, O., & Martin, R. (2005). The moderating role of individual differences in the relation between transformational/transactional leadership perceptions and organizational identification. *The Leadership Quarterly, 16,* 569–589.

Epley, N., Waytz, A., & Cacioppo, J. T. (2007). On seeing human: A three-factor theory of anthropomorphism. *Psychological Review, 114,* 864–886.

Fiedler, F. E. (1967). *A theory of leadership effectiveness.* New York: McGraw-Hill.

Fielding, K. S., & Hogg, M. A. (1997). Social identity, self-categorization, and leadership: A field study of small interactive groups. *Group Dynamics: Theory, Research, and Practice, 1*, 39–51.

Fiske, S. T. (1998). Stereotyping, prejudice, and discrimination. In D. T. Gilbert, S. T. Fiske, & G. Lindzey (Eds.), *Handbook of social psychology* (4th ed., Vol. 2, pp. 357–411). Boston: McGraw-Hill.

Foti, R. J., Fraser, S. L., & Lord, R. G. (1982). Effects of leadership labels and prototypes on perceptions of political leaders. *Journal of Applied Psychology, 67*, 326–333.

Foti, R. J., Knee, R. E., & Backert, S. G. (2008). Multi-level implications of framing leadership perceptions as a dynamic process. *The Leadership Quarterly, 19*, 178–194.

Foti, R. J., & Lord, R. G. (1987). Prototypes and scripts: The effects of alternative methods of processing information on rating accuracy. *Organizational Behavior and Human Decision Processes, 39*, 318–340.

Fraser, S. L., & Lord, R. G. (1988). Stimulus prototypicality and general leadership impressions: Their role in leadership and behavioral ratings. *Journal of Psychology, 122*, 291–303.

Gelfand, M. J., Erez, M., & Aycan, Z. 2007. Cross-cultural organizational behavior. *Annual Review of Psychology, 58*, 479–514.

Gerstner, C. R., & Day, D. V. (1994). Cross-cultural comparison of leadership prototypes. *The Leadership Quarterly, 5*, 121–134.

Giessner, S. R., & Schubert, T. (2007). High in the hierarchy: How vertical location and judgments of leaders' power are interrelated. *Organizational Behavior and Human Decision Processes, 104*, 30–44.

Giessner, S. R., & van Knippenberg, D. (2008). "License to fail": Goal definition, leader group prototypicality, and perceptions of leadership effectiveness after leader failure. *Organizational Behavior and Human Decision Processes, 105*, 14–35.

Giessner, S. R., van Knippenberg, D., & Sleebos, E. (2009). License to fail? How leader group prototypicality moderates the effects of leader performance on perceptions of leadership effectiveness. *The Leadership Quarterly, 45*, 434–451.

Goldberg, L. R. (1990). An alternative "description of personality": The Big-Five factor structure. *Journal of Personality and Social Psychology, 59*, 1216–1229.

Goldhagen, D. J. (2009). *Worse than war: Genocide, eliminationism, and the ongoing assault on humanity.* New York: PublicAffairs.

Goodman, J. A., Schell, J., Alexander, M. G., & Eidelman, S. (2008). The impact of a derogatory remark on prejudice toward a gay male leader. *Journal of Applied Social Psychology, 38*, 542–555.

Gordijn, E. H., & Stapel, D. A. (2008). When controversial leaders with charisma are effective: The influence of terror on the need for vision and impact of mixed attitudinal messages. *European Journal of Social Psychology, 38*, 389–411.

Graen, G. B., & Scandura, T. A. (1987). Toward a psychology of dyadic organizing. In B. M. Staw & L. L. Cummings (Eds.), *Research in organizational behavior* (Vol. 9, pp.175–208). Greenwich, CT: JAI.

Grant, A. M., & Ashford, S. J. (2008). The dynamics of proactivity at work. *Research in Organizational Behavior, 28,* 3–34.

Hains, S. C., Hogg, M. A., & Duck, J. M. (1997). Self-categorization and leadership: Effects of group prototypicality and leader stereotypicality. *Personality and Social Psychology Bulletin, 23,* 1087–1100.

Halberstadt, J., Winkielman, P., Niedenthal, P. M., & Dalle, N. (2009). Emotional conception: How embodied emotion concepts guide perception and facial action. *Psychological Science, 20,* 1254–1261.

Hanges, P., Lord, R. G., & Dickson, M. W. (2000). An information-processing perspective on leadership and culture: A case for a connectionist architecture. *Applied Psychology: An International Review, 49,* 133–161.

Heider, F. (1958). *The psychology of interpersonal relations.* NY: John Wiley.

Hersey, P., & Blanchard, K. H. (1977). *The management of organizational behavior* (3rd ed.). Upper Saddle River, NJ: Prentice Hall.

Hogg, M. A. (2001). A social identity theory of leadership. *Personality and Social Psychology Review, 5,* 184–200.

Hogg, M. A., Hains, S. C. & Mason, I. (1998). Identification and leadership in small groups: Salience, frame of reference, and leader stereotypicality effects on leader evaluations. *Journal of Personality and Social Psychology, 75,* 1248–1263.

Hollander, E. P. (1958). Conformity, status, and idiosyncrasy credit. *Psychological Review, 65,* 117–127.

Hollander, E. P. (1992). Leadership, followership, self, and others. *The Leadership Quarterly, 3,* 43–54.

Hollander, E. P. (1993). Legitimacy, power and influence: A perspective on relational features of leadership. In M. M. Chemers & R. Ayman (Eds.), *Leadership theory and research: Perspectives and directions* (pp. 29–47). San Diego, CA: Academic Press.

Hollander, E. P., & Offermann, L. R. (1990). Power and leadership in organizations: Relationships in transition. *American Psychologist, 45,* 179–189.

House, R. J. (1971). A path-goal theory of leader effectiveness. *Administrative Science Quarterly, 16,* 321–339.

House, R. J., Spangler, W. D., & Woycke, J. (1991). Personality and charisma in the U.S. presidency: A psychological theory of leader effectiveness. *Administrative Science Quarterly, 36,* 364–396.

Howell, J. M., & Shamir, B. (2005). The role of followers in the charismatic leadership process: Relationships and their consequences. *Academy of Management Review 30,* 96–112.

Hunt, J. G., Boal, K. B., & Dodge, G. E. (1999). The effects of visionary and crisis-responsive charisma on followers: An experimental examination of two kinds of charismatic leadership. *The Leadership Quarterly, 10,* 423–448.

Hunt, J. G, Boal, K. B., & Sorenson, R. L. (1990). Top management leadership: Inside the black box. *The Leadership Quarterly, 1,* 41–65.

Hunter, S. T., Bedell-Avers, K. E., & Mumford, M. D. (2007). The typical leadership study: Assumptions, implications, and potential remedies. *The Leadership Quarterly, 18,* 435–446.

Javidan, M., Dorfman, P. W., de Luque, M. S., & House, R. J. (2006). In the eye of the beholder: Cross cultural lessons in leadership from project GLOBE. *Academy of Management Perspectives, 20,* 67–90.

Johnson, S. J., Murphy, S. E, Zewdie, S., & Reichard, R. J. (2008). The strong, sensitive type: Effects of gender stereotypes and leadership prototypes on the evaluation of male and female leaders. *Organizational Behavior and Human Decision Processes, 106,* 39–60.

Judge, T. A., Bono, J. E., Ilies, R., & Gerhardt, M. W. (2002). Personality and leadership: A qualitative and quantitative review. *Journal of Applied Psychology, 87,* 765–780.

Judge, T. A., & Cable, D. M. (2004). The effect of physical height on workplace success and income: Preliminary test of a theoretical model. *Journal of Applied Psychology, 89,* 428–441.

Judge, T. A., Colbert, A. E., & Ilies, R. (2004). Intelligence and leadership: A quantitative review and test of theoretical propositions. *Journal of Applied Psychology, 89,* 542–552.

Kark, R., Shamir, B., & Chen, G. (2003). The two faces of transformational leadership: Empowerment and dependency. *Journal of Applied Psychology, 88,* 246–255.

Keller, T. (1999). Images of the familiar: Individual differences and implicit leadership theories. *The Leadership Quarterly, 10,* 589–607.

Kellerman, B. (2008). *Followership: How followers are creating change and changing leaders.* Boston: Harvard Business School Publishing.

Kelley, R. E. (1992). *The power of followership.* New York: Doubleday.

Kerr, S., & Jermier, J. M. (1978). Substitutes for leadership: Their meaning and measurement. *Organizational Behavior and Human Performance, 22,* 375–403.

Kipnis, D., Schmidt, S. M., & Wilkinson, I. (1980). Intraorganizational influence tactics: Explorations in getting one's way. *Journal of Applied Psychology, 65,* 440–452.

Klein, K. J., & House, R. J. (1995). On fire: Charismatic leadership and levels of analysis. *The Leadership Quarterly, 6,* 183–198.

Kruglanski, A.W. (1996). Motivated social cognition: Principles of the interface. In E. T. Higgins & A. W. Kruglanski (Eds.), *Social psychology: Handbook of basic principles* (pp. 493–520), New York: Guilford.

Kunda, Z. (1990). The case for motivated reasoning. *Psychological Bulletin, 108,* 480–498.

Lakin, J. L., & Chartrand, T. L. (2003). Using nonconcious behavioral mimicry to create affiliation and rapport. *Psychological Science, 14,* 334–339.

Landau, M. J., Greenberg, J., & Sullivan, D. (2009). Managing terror when self-worth and worldviews collide: Evidence that mortality salience increases reluctance to self-enhance beyond authorities. *Journal of Experimental Social Psychology, 45,* 68–79.

Larson, J. R. (1982). Cognitive mechanisms mediating the impact of implicit theories of leader behavior on leader behavior ratings. *Organizational Behavior and Human Decision Processes, 29,* 129–140.

Larson, J. R., Lingle, J. H., & Scerbo, M. M. (1984). The impact of performance cues on leader-behavior ratings: The role of selective information availability and probabilistic response bias. *Organizational Behavior and Human Decision Processes, 33,* 323–349.

LePine, J. A., & Van Dyne, L. (2001). Voice and cooperative behavior as contrasting forms of contextual performance: Evidence of differential relationships with Big Five personality characteristics and cognitive ability. *Journal of Applied Psychology, 86,* 326–336.

Liljenquist, K., Zhong, C. B., & Galinsky, A. D. (2010). The smell of virtue: Clean scents promote reciprocity and charity. *Psychological Science, 21,* 381–383.

Livi, S., Kenny, D. A., Albright, L., & Pierro, A. (2008). A social relations analysis of leadership. *The Leadership Quarterly, 19,* 235–248.

Lord, R. G. (2008). Followers' cognitive and affective structures and leadership processes. In R. E. Riggio, I. Chaleff, & J. Lipman-Blumen (Eds.), *The art of followership: How great followers create great leaders and organizations* (pp. 255–266). San Francisco: Jossey-Bass.

Lord, R. G., Binning, J. F., Rush, M. C., & Thomas, J. C. (1978). The effect of performance cues and leader behavior on questionnaire ratings of leadership behavior. *Organizational Behavior and Human Decision Processes, 21,* 27–39.

Lord, R. G., & Brown, D. J. (2004). *Leadership processes and follower self-identity.* Mahwah, NJ: Lawrence Erlbaum.

Lord, R. G., Brown, D. J., & Freiberg, S. J. (1999). Understanding the dynamics of leadership: The role of follower self-concepts in the leader/follower relationship. *Organizational Behavior and Human Decision Processes, 78,* 167–203.

Lord, R. G., Brown, D. J., & Harvey, J. L. (2001). System constraints on leadership perceptions, behavior, and influence: An example of connectionist level processes. In M. A. Hogg & R. S. Tindale (Eds.), *Blackwell handbook of social psychology: Vol. 3. Group processes* (pp. 283–310.). Oxford, UK: Blackwell.

Lord, R. G., De Vader, C. L., & Alliger, G. M. (1986). A meta-analysis of the relation between personality traits and leadership perceptions: An application of validity generalization procedures. *Journal of Applied Psychology, 71,* 402–410.

Lord, R. G., & Emrich, C. G. (2000). Thinking outside the box by looking inside the box: Extending the cognitive revolution in leadership research. *The Leadership Quarterly, 11,* 551–579.

Lord, R. G., Foti, R. J., & De Vader, C. L. (1984). A test of leadership categorization theory: Internal structure, information processing, and leadership perceptions. *Organizational Behavior and Human Performance, 34,* 343–378.

Lord, R. G., Foti, R. J., & Philips, J. S. (1982). A theory of leadership categorization. In J. G. Hunt, U. Sekaran, & C. Schriesheim (Eds.), *Leadership: Beyond establishment views* (pp. 104–121). Carbondale: Southern Illinois University Press.

Lord, R. G., & Maher, K. J. (1993). *Leadership and information processing: Linking perceptions and performance.* New York: Routledge.

Lord, R. G., & Shondrick, S. J. (in press). Leadership and knowledge: Symbolic, connectionist, and embodied perspectives. *The Leadership Quarterly.*

Macrae, C. N., & Bodenhausen, G. V. (2000). Social cognition: Thinking categorically about others. *Annual Review of Psychology, 51,* 93–120.

Martell, R. F., & DeSmet, A. L. (2001). A diagnostic-ration approach to measuring beliefs about the leadership abilities of male and female managers. *Journal of Applied Psychology, 86,* 1223–1231.

Martin, R., & Epitropaki, O. (2001). Role of organizational identification on implicit leadership theories (ILTs), transformational leadership and work attitudes. *Group Processes and Intergroup Relations, 4,* 247–262.

Matthews, A. M., Lord, R. G., & Walker, J. B. (1990). *The development of leadership perceptions in children.* Unpublished manuscript, University of Akron.

Maurer, T. J., & Lord, R. G. (1991). An exploration of cognitive demands in group interaction as a moderator of information processing variables in perception of leadership. *Journal of Applied Social Psychology, 21,* 821–840.

Mayo, M., & Pastor, J. C. (2007). Leadership embedded in social networks: Looking at inter-follower processes. In B. Shamir, R. Pillai, M. C. Bligh, & M. Uhl-Bien (Eds.), *Follower-centered perspectives on leadership: A tribute to the memory of James R. Meindl* (pp. 93–114). Greenwich, CT: Information Age.

McCann, S. J. H. (1997). Threatening times and the election of charismatic U.S. presidents: With and without FDR. *The Journal of Psychology, 131,* 393–400.

McCauley, C. D., & Lombardo, M. M. (1990). BENCHMARKS®: An instrument for diagnosing managerial strengths and weaknesses. In K. E. Clark & M. B. Clark (Eds.), *Measures of leadership* (pp. 535–545). West Orange, NJ: Library of America.

McClelland, J. L., McNaughton, B. L., & O'Reilly, R. C. (1995). Why there are complementary learning systems in the hippocampus and neocortex: Insights from the successes and failures of connectionist models of learning and memory. *Psychological Review, 102,* 419–457.

McEvoy, G. M., & Beatty, R. (1989). Assessment centers and subordinate appraisals of managers: A seven year examination of predictive validity. *Personnel Psychology, 42,* 37–52.

Meindl, J. R. (1990). On leadership: An alternative to the conventional wisdom. In B. A. Staw (Ed.), *Research in organizational behavior* (Vol. 12, pp. 159–203). New York: JAI.

Meindl, J. R. (1995). The romance of leadership as a follower-centric theory: A social constructionist approach. *The Leadership Quarterly, 6,* 329–341.

Meindl, J. R., & Ehrlich, S. B. (1987). The romance of leadership and the evaluation of organizational performance. *Academy of Management Journal, 30,* 91–109.

Meindl, J. R., Ehrlich, S. B., & Dukerich, J. M. (1985). The romance of leadership. *Administrative Science Quarterly, 30,* 78–102.

Mitchell, M. S., & Ambrose, M. L. (2007). Abusive supervision and workplace deviance and the moderating effects of negative reciprocity beliefs. *Journal of Applied Psychology, 92,* 1159–1168.

Mount, M. K., & Scullen, S. E. (2001). Multisource feedback ratings: What do they really measure? In M. London (Ed.), *How people evaluate others in organizations* (pp. 155–176). Mahwah, NJ: Lawrence Erlbaum.

Murphy, G. L. (2002). *The big book of concepts.* Cambridge, MA: MIT Press.

Murphy, M. R., & Jones, A. P. (1993). The influences of performance cues and observational focus on performance rating accuracy. *Journal of Applied Social Psychology, 23,* 1523–1545.

Near, J. P., & Miceli, M. P. (1987) Whistle-blowers in organizations: Dissidents or reformers? In M. S. Barry & L. L. Cummings (Eds.), *Research in organizational behavior* (Vol. 9, pp. 321–368). Greenwich, CT: JAI.

Offerman, L. R., Kennedy, J. K., & Wirtz, P. W. (1994). Implicit leadership theories: Content, structure and generalizability. *The Leadership Quarterly, 5,* 43–58.

Pastor, J. C., Mayo, M., & Shamir, B. (2007). Adding fuel to fire: The impact of followers' arousal on ratings of charisma. *Journal of Applied Psychology, 92,* 1584–1596.

Pastor, J. C., Meindl, J. R., & Mayo, M. C. (2002). A network effects model of charisma attributes. *Academy of Management Journal, 2,* 410–420.

Pearson, C. M., & Clair, J. A. (1998). Reframing crisis management. *The Academy of Management Review, 23,* 59–76.

Pfeffer, J. (1977). The ambiguity of leadership. *Academy of Management, 2,* 104–112.

Phillips, J. S. (1984). The accuracy of leadership ratings: A cognitive categorization perspective. *Organization Behavior and Human Performance, 33,* 125–138.

Phillips, J. S., & Lord, R. G. (1981). Causal attributions and perceptions of leadership. *Organizational Behavior and Human Performance, 28,* 143–163.

Phillips, J. S., & Lord, R. G. (1982). Schematic information processing and perceptions of leadership in problem-solving groups. *Journal of Applied Psychology, 67,* 486–492.

Pillai, R. (1996). Crisis and the emergence of charismatic leadership in groups: An experimental investigation. *Journal of Applied Social Psychology, 26,* 543–562.

Pillai, R., Kohles, J. C., & Bligh, M. C. (2007). Through thick and thin? Follower constructions of presidential leadership amidst crisis, 2001–2005. In B. Shamir, R. Pillai, M. C. Bligh, & M. Uhl-Bien, M. (Eds.), *Follower-centered perspectives on leadership: A tribute to the memory of James R. Meindl* (pp. 135–166). Greenwich, CT: Information Age.

Pittinsky, T. L., & Welle, B. (2008). Negative outgroup leader actions increase liking for ingroup leaders: An experimental test of intergroup leader-enhancement effects. *Group Processes & Intergroup Relations, 11,* 513–523.

Pittman, T. S. (1998). Motivation. In D. Gilbert, S. Fiske, & G. Lindsay (Eds.), *Handbook of social psychology* (4th ed., pp. 549–590). Boston: McGraw-Hill.

Platow, M. J., Haslam, S. A., Foddy, M., & Grace, D. M. (2003). Leadership as the outcome of self-categorization processes. In D. van Knippenberg & M. A. Hogg (Eds.), *Identity, leadership and power* (pp. 34–47). London: Sage.

Platow, M. J., & van Knippenberg, D. (2001). A social identity analysis of leadership endorsement: The effects of leader ingroup prototypicality and distributive intergroup fairness. *Personality and Social Psychology Bulletin, 27,* 1508–1519.

Platow, M. J., van Knippenberg, D., Haslam, S. A., van Knippenberg, B., & Spears, R. (2006). A special gift we bestow on you for being representative of us: Considering leader charisma from a self-categorization perspective. *British Journal of Social Psychology, 45,* 303–320.

Riggio, R. E., Chaleff, I., & Lipman-Blumen, J. (2008) *The art of followership: How great followers create great leaders and organizations.* San Francisco: Jossey-Bass.

Ritter, B. A., & Lord, R. G. (2007). The impact of previous leaders on the evaluation of new leaders: An alternative to prototype matching. *Journal of Applied Psychology, 92,* 1683–1695.

Rosch, E. (1978). Principles of categorization. In E. Rosch & B. B. Lloyd (Eds.), *Cognition and categorization* (pp 27–48). Hillsdale, NJ: Lawrence Erlbaum.

Rosette, A., Leonardelli, G. J., & Phillips, K. W. (2008). The White standard: Racial bias in leader categorization. *Journal of Applied Psychology, 93,* 758–777.

Rush, M. C., & Russell, J. E. (1988). Leader prototypes and prototype-contingent consensus in leader behavior descriptions. *Journal of Experimental Social Psychology, 24,* 88–104.

Rush, M. C., Thomas, J. C., & Lord, R. G. (1977). Implicit leadership theory: A potential threat to the internal validity of leader behavior questionnaires. *Organizational Behavior and Human Performance, 20,* 93–110.

Salancik, G. R., & Pfeffer, J. (1978). A social information processing approach to job attitudes and task design. *Administrative Science Quarterly, 23,* 224–253.

Schubert, T. W. (2005). Your highness: Vertical positions as perceptual symbols of power. *Journal of Personality and Social Psychology, 89,* 1–21.

Scott, K. A., & Brown, D. J. (2006). Female first, leader second? Gender bias in the encoding of leadership behavior. *Organizational Behavior and Human Decision Processes, 101,* 230–242.

Sczesny, S., & Kühnen, U. (2004). Meta-cognition about biological sex and gender-stereotypic physical appearance: Consequences for the assessment of leadership competence. *Personality and Social Psychology Bulletin, 30,* 13–21.

Seuss, Dr. [Theodore Geisel]. (1958). *Yertle the Turtle and other stories.* New York: Random House.

Shamir, B. (1995). Social distance and charisma: Theoretical notes and an exploratory study. *The Leadership Quarterly, 6,* 19–47.

Shamir, B., & Howell, J. M. (1999). Organizational and contextual influences on the emergence and effectiveness of charismatic leadership. *The Leadership Quarterly, 10,* 257–283.

Sherman, J. W., & Hamilton, D. L. (1994). On the formation of interitem associative links in person memory. *Journal of Experimental Social Psychology, 30,* 203–217.

Shondrick, S. J., Dinh, J. E., & Lord, R. G. (2010). Developments in implicit leadership theory and cognitive science: Applications to improving measurement and understanding alternatives to hierarchical leadership. *The Leadership Quarterly, 21,* 959–978.

Skinner, E. A. (2007). Secondary control critiqued: Is it secondary? Is it control? Comment on Morling and Evered (2006). *Psychological Bulletin, 133,* 911–916.

Smith, E. R., & DeCoster, J. (2000). Dual-process models in social and cognitive psychology: Conceptual integration and links to underlying memory systems. *Personality and Social Psychology Review, 4,* 108–131.

Srull, T. K., & Wyer, R. S. (1989). Person memory and judgment. *Psychological Review, 96,* 58–83.

Starbuck, W. H., & Milliken, F. J. (1988). Executive perceptual filters: What they notice and how they make sense. In D. Hambrick (Ed.), *The executive effect: Concepts and methods for studying top managers* (pp. 35–65). Greenwich, CT: JAI.

Stein, R. T., & Heller, T. (1979). An empirical analysis of the correlation between leadership status and participation rates reported in the literature. *Journal of Personality and Social Psychology, 37*, 1993–2002.

Tiedens, L. Z., & Fragale, A. R. (2003). Power moves: Complementarity in submissive and dominant nonverbal behavior. *Journal of Personality and Social Psychology, 84*, 558–568.

Tiedens, L. Z., Unzueta, M. M., & Young, M. J. (2007). The desire for hierarchy? The motivated perception of dominance complementarity in task partners. *Journal of Personality and Social Psychology, 93*, 402–414.

Trope, Y., & Liberman, N. (2003). Temporal construal. *Psychological Review, 110*, 403–421.

Tsui, A. S., Nifadkar, S. S., & Ou, A. Y. (2007). Cross-national, cross-cultural organizational behavior research: Advances, gaps, and recommendations, *Journal of Management, 33*, 426–478.

Uhl-Bien, M., & Pillai, R. (2007). The romance of leadership and the social construction of followership. In B. Shamir, R. Pillai, M. Bligh, & M. Uhl-Bien (Eds.), *Follower-centered perspectives on leadership: A tribute to the memory of James R. Meindl* (pp. 187–209). Greenwich, CT: Information Age.

Uleman, J. S., Newman, L. S., & Moskowitz, G. B. (1996). People as flexible interpreters: Evidence and issues form spontaneous trait inference. In M. P. Zanna (Ed.), *Advances in experimental social psychology* (Vol. 28, pp. 211–279). New York: Academic Press.

Ullrich, J., Christ, O., & van Dick, R. (2009). Substitutes for procedural fairness: Prototypical leaders are endorsed whether they are fair or not. *Journal of Applied Psychology, 94*, 235–244.

van Baaren, R., Horgan, T., Chartrand, T. L., & Dijkmans, M. (2004). The forest, the trees, and the chameleon: Context dependency and nonconscious mimicry. *Journal of Personality and Social Psychology, 86*, 453–459.

van Knippenberg, B., & van Knippenberg, D. (2005). Leader self-sacrifice and leadership effectiveness: The moderating role of leader prototypicality. *Journal of Applied Psychology, 90*, 25–37.

van Knippenberg, D., & Hogg, M. A. (2003). A social identity model of leadership effectiveness in organizations. *Research in Organizational Behavior, 25*, 243–295.

van Knippenberg, D., van Knippenberg, B., & Giessner, S. R. (2007). Extending the follower-centered perspective on leadership: Leadership as an outcome of shared social identity. In B. Shamir, R. Pillai, M. Bligh, & M. Uhl-Bien (Eds.), *Follower-*

centered perspectives on leadership: A tribute to the memory of James R. Meindl (pp. 51–70). Greenwich, CT: Information Age.

van Velsor, E., Taylor, S., & Leslie, J. B. (1993). An examination of the relationships among self-perception accuracy, self-awareness, gender, and leader effectiveness. *Human Resource Management, 32,* 249–255.

Van Vugt, M., Hogan, R., & Kaiser, R. B. (2008). Leadership, followership, and evolution: Some lessons from the past. *American Psychologist, 63,* 182–196.

Walker, A. G., & Smither, J. W. (1999). A five-year study of upward feedback: What managers do with their results matters. *Personnel Psychology, 52,* 393–423.

Weiss, H. M., & Adler, S. (1981). Cognitive complexity and the structure of implicit leadership theories. *Journal of Applied Psychology, 66,* 69–78.

Yammarino, F., & Dubinsky, A. (1994). Transformational leadership theory: Using levels of analysis to determine boundary conditions. *Personnel Psychology, 47,* 787–811.

Yorges, S. L., Weiss, H. M., & Strickland, O. J. (1999). The effect of leader outcomes on influence, attributions, and perceptions of charisma. *Journal of Applied Psychology, 84,* 428–436.

Zhong, C. B., & Leonardelli, G. J. (2008). Cold and lonely: Does social exclusion literally feel cold? *Psychological Science, 19,* 838–842.

第十一章

共享型领导力的本质①

Christina L. Wassenaar
克莱蒙研究大学
Craig L. Pearce
内布拉斯加大学

让人震惊的是,如果人们不去关心谁最后获得了荣誉,那么多少人会被欺骗啊!

斯瓦希里谚语

当我们考虑领导力的本质的时候,需要进行深入的思考(Antonakis, Cianciolo & Sternberg, 2004)。我们原先将领导力视为一个层级中的职务角色,共享型领导力转变了我们的视角,使我们将领导力视为一个动态的社会过程(Pearce & Conger, 2003)。人类社会行为中本质的概念意味着,我们所参与的行动实际上都是内在的或是关乎我们的本性的,也就是说我们的本能促使我们做出决定,或者说我们的某种属性或行为是天生的。这就意味着,我们平时所做出的决定实际上是事先已经确定的性格的一部分,这种性格是在我们身处的环境、教育和文化历史中形成的。作为社区的成员、父母、孩子、员工以及领导者,我们的特性(也就是我们的本质)决定了我们如何与他人进行沟通。

但只能是这样的吗?我们能依赖我们个人或传统对社会规则的理解吗?这个

---

① 作者注:请将对本章的建议和意见发给 Christina L. Wassenaar,电子邮箱:christina. l. wassenaar@ gmial. com;或者 Craig L. Pearce,电子邮箱:craig. l. pearce@ gmial. com。

世界显然正在走向一个新的方向,它主要受到科技的推动,同时也受到人口的影响,各种潜在的规则来来去去,而且不断为新的地缘政治模式所牵动。在一些层面上,我们是这个全新世界的一部分,但是我们的祖先又有多少次遭遇这样的变化呢?是谁在引导着这种甚至和目前我们所讨论的问题相关的变化呢?

因此,本章的目的就是为共享型领导力理论提供一种根本的视角。在过去的几十年里,这种形式独特的领导力(在我们的社会中已存在多年)不仅通过工厂获得了实践应用的现实意义,而且在科学研究中取得了进展。共享型领导力被定义为"**一个动态的互动影响的过程,一个群体中的个体互相带领实现一个群体性或组织性的目标**"(Pearce & Conger,2003,p.1)。换句话说,只有当群体成员按照群体所处环境或事件的需要积极主动地将领导者的角色转换到自己身上时,共享型领导力才会形成。在传统的领导力模型中,影响力和决策制定从纵向上较高位置的领导者向下传达至追随者(Day,Gronn & Salas,2004,2006;Day & O'Connor,2003;Pearce & Sims,2000,2002;Riggio,Chaleff & Lipman-Blumen,2008),共享型领导力与传统领导力模型有很大差别,但是我们的目的不是让人产生这样一种错觉,那就是学习共享型领导力能够超越或者取代层级式领导者或者对领导力的更传统的理解(Pearce,Conger & Locke,2008)。在共享型领导力中,领导力的角色不是落在某一个人手中而是在群体之上,群体朝着一个共同的目标前进。

很明显,这种类型的领导力偏离了对层级式领导者的传统理解。我们一般所认为的领导力是指一群人围绕着一个人,这个人是决定和目标的仲裁者。我们曾经读到过有关那些著名人士的书籍(Bass & Bass,2008;Carlyle,1841/1894;Figueira,Brennan & Sternberg,2009),不管怎么说,我们确实很崇拜他们。我们想要实现他们所取得的成就,或者至少为他们所接纳。因此,领导力研究主要聚焦于这些领导者的态度、行为和活动,我们想要借此了解、分析或者模仿他们(Bass & Bass,2008)。

Pearce 和 Conger(2003)指出,最近学界一些人已经偏离了这一规范,转向一个新的概念,即**领导力实际上是一个过程,这个过程是可以被教授、分享、传播并且在集体意义上实现的**。这些学者已经开始宣传这种观点,即领导力是一个共享的影响力过程,而且领导力的角色并不一定完全来自层级阶梯上的领导者。领导力可以来自一个群体或社会系统中的任何可以为共同项目和系统提供技能及才华的成员(Hunt,2004;Ropo,Eriksson & Hunt,1997)。当然,相对于成熟完备一些的传统领导力理论,在这个领域还少有实证研究,但是在过去的二十多年内,共享型领导力研究已经取得了长足的发展。

因此,在本章我们将讨论关于共享型领导力的五个主要领域。首先,我们将确定共享型领导力发展的历史性和理论性的先驱。然后我们对已经论及共享型领导力的前因和结果变量的研究做出评述。我们还会讨论可以用来测量共享型领导力的技术,其中一些技术已经得到相当程度的应用,而且根据最近的实验研究的成果,我们也支持使用这些技术。我们在之后的部分将会重点探讨共享型领导力研究的未来以及一些可以扩展我们对领导力的理解的理论架构和实证研究的一些观点。最后,我们将会讨论组织中领导力发展的观点。

有时为了向前看,我们必须要回顾过往。在领导力研究中,Bass 和 Avolio(1993)指出,和领导力领域相关的"新"的理论通常被视为旧理论的新版本(Yukl, 2002)。为了避免陷入选择性记忆陷阱,我们将只花较小的篇幅来讨论共享型领导力的一些支持证据,以及我们目前对共享型领导力的经验是如何被组织行为学、心理学、团队工作、社会学和领导力领域的新成果影响的。

共享型领导力的历史基础

一般看来,在工业革命之前,人们很少对领导他人或领导力进行科学性的思考。正是在这一时期,尤其是 1830 年之后,人们开始对工业革命带来的迅猛变化进行科学的研究(Nardinelli,2008)。当然,有很多人,从制造商到哲学家,他们的研究影响了世界格局,但是他们研究的重点还是关于技术进步的知识转变和发展(Stewart,1998,2003)。但是,Stewart(2003)指出,直到 18 世纪末,那些被视为科学家的人才开始考虑社会现象和管理现象的科学测量。在 19 世纪初,Jean Baptiste Say(1803/1964)这样的经济学家写道,企业家"必须掌握管理和行政的艺术"(p.330)。在他的这些话之前,经济学家们的主要兴趣还是在土地和劳动力,或者资本上。领导力在商业领域拥有一席之地的概念最终被更多的人理解。但是,领导他人的概念还是主要强调来自层级阶梯上的领导者的命令和控制行为。直到20 世纪后期,共享型领导力,作为另外一种领导他人的方式,才在管理方面的书籍中初显端倪(Pearce & Conger,2003)。

系统组织和领导力方法领域最早的思考者之一是 Daniel C. McCallum。他开发了一组和管理相关的原则,这些原则可以在各个行业推广,而且主要强调领导力。其中一个原则就是指挥的统一,也就是命令来自层级阶梯顶端,层级阶梯下面的层级负责执行(Wren,1994)。这一视角在20世纪初的时候稳定下来并以"科学管理"学说为大家所熟知(Grant,1916;Gilbreth,1912;Gilbreth & Gilbreth,1917;Taylor,1903,1911)。

如果我们仅仅停留在前面所提到的作者和社会思想家的作品上,我们很容易就能得出一个结论:雇主对员工行为的绝对控制是我们前辈所知的全部。但是,如果我们再看看别的观点,就能发现领导力正在别处渐渐发展出来。最早注意到并撰写有关领导力的文章的人之一是一位管理咨询和社区活动家,她叫Mary Parker Follett。她发展了一个叫作"情况定律"(Law of Situation)的概念(Follett,1924)。她认为我们不应该在任何时刻任何条件下都服从群体规定的领导者,有时服从群体里对目前运作情况最为了解的人是最为理智的事情。显然,她的观点和一般意义上的领导力层级阶梯相去甚远,而是很接近共享型领导力理论。

虽然Follett是一位知名的管理咨询家,而且活跃在20世纪20年代,但是当时商业领域的大部分意见都公开反对她的观点和著作。出现这种情况的部分原因可能在于当时的经济现实状况;当时的经济很不稳定,尤其是30年代和40年代,对当时任何一个人来说,失去控制就意味着对组织性领导力的诅咒(Drucker,1954)。但是,彼得·德鲁克(Peter Drucker)称她是那个时代"管理领域最耀眼的明星"(Drucker,1995,p.2)。

共享型领导力发展的另外一个重要方向就是Hollander(1961)的著作,他的观点迅速得到很多人的认同和追随,他认为一个没有领导者的群体可以选举出一个领导者(参见Bartol & Martin,1986;Hollander,1978;Stein & Heller,1979)。很明显,这种类型的理论构建对我们在更深层次上理解这样一个观点是必不可少的,那就是,领导者的形成可以不是由上级管理层确定的。共享型领导力和自发性领导力之间的区别是,自发性领导力主要处理选择一位最终的领导者这样的问题,而共享型领导力的概念则是更多地关注一个观点,即多位领导者可以而且将会根据群体本身的需要和所处的情境随着时间的推移而形成(Pearce,1997;Pearce & Sims,2002)。

另外一个让我们对共享型领导力的发展有深层理解的要素是关于领导力替代品的文献(例如Kerr & Jermier,1978)。这些研究显示,层级阶梯的领导者还存在可能的替代者,他们会在特定的条件下显现出来。例如,在高度机械化的工作中,并不需要一位领导者或者监管者来管理每一个员工工作的所有方面。再进一步看,共享型领导力也可以作为一种更为正式的、指定的领导者的替代方案。

自我领导力的概念(Manz,1986)也可以被视为来自领导力替代品理论。Manz和Sims(1980)将自我管理或自我领导力视为传统的指定的层级阶梯领导力的替代品。他们认为:(1)群体的成员越了解群体的需要,他们的技能就越高;(2)他们越积极地参与建设性的活动,他们就越具备领导自己的能力,这种能力能缓和对轴心控制、指导和监管的需求。进一步思考这个问题,我们能得出这样一个结论:这一观点在群体层面非常适用,并且有助于共享型领导力在群体中得到发展,因为群体成员已经展示了他们的能力、技能、对组织的理解和成功的动力(Pearce & Conger,2003)。

最后,授权的理论作为共享型领导力的基础性构成,应该进行简要探讨。这对领导力研究领域的很多人来说都是非常有趣的课题(参见 Blau & Alba,1982;Conger & Kanungo,1988;Cox,Pearce & Sims,2003;Manz,1986;Manz & Sims,1989,1990;Mohrman,Cohen & Mohrman,1995;Pearce & Sims,2000,2002),这个课题主要关注的是权力的问题(参见 Conger & Kanungo,1988)。通常管理研究的重点都是组织顶层及其活动。但是,授权关注的权力从权力中心到处理日常事务的个体的发展,这些个体相对于组织顶层的人来说可能具备更高的决策制定资质。

关于授权的大多数研究和文献所关注的重点都是个体(参见 Conger & Kanungo,1988),虽然有些研究是关注群体层面的现象(参见 Mohrman et al.,1995)。需要清楚指出的是,虽然授权领导力或授权确实是共享型领导力的行为,它却并不是共享型领导力的等同物,因为共享型领导力只能由群体共同创造。为了使共享型领导力完整地存在于群体之中,成员必须积极参与到领导力过程中(Conger & Pearce,2009)。因此,授权显然就是群体中共享型领导力发展的必要和关键构成部分。

我们已经在这一部分简单讨论了一些关于共享型领导力理论发展的最重要的历史性依据,从英国的工业革命开始,迅速蔓延到全球,到"科学管理"领域的先锋,再到一些有趣的、具有很大价值的研究支流,这些使我们在开始探索共享型领导力理论时更清醒。在后面的部分我们将深入探讨共享型领导力的文献,探索这一重要的领导力概念的前因后果。

共享型领导力的前因后果的最新例证

最近,共享型领导力在实践领域(参见 Pearce,Manz & Sims,in press)和学术界(参见 Carson,Tesluk & Marrone,2007;Wassenaar & Pearce,in press)都引起了极大的关注。虽然大多数关于共享型领导力的作品还停留在概念阶段,但是还有一小部分值得关注的实证方面的进展。这种实证研究已经找到了共享型领导力在很多情境下的前因后果,从医院到研发,到制造业蓝领人群,到虚拟团队的白领知识工人,甚至到高级管理团队的高管。下面我们将简要讨论当前的共享型领导力的实证研究证据。事实上,我们还需要做很多工作才能更进一步地了解共享型领导力在组织性系统中的角色。

共享型领导力的一些前因

在研究组织行为的任何现象时,一个最有趣的角度就是调查这种现象的前因,或者更简单地说,是什么潜在的活动或行为导致了这样的结果。最近,研究者们已经开始探索在群体和组织发展中的共享型领导力的更丰富深入的先驱因素。在这条研究线索上,他们已经发现了共享型领导力的三大类主要的前因,我们将在下面的段落中进行简要探索。

层级式/垂直式领导者。这一点并不奇怪,层级式或垂直式领导力已经被发现对共享型领导力的形成和发展起到重要的影响作用。例如,垂直式领导者的行动或行为与群体成员对他们的工作和活动满意度有直接关联(George et al.,2002;Shamir & Lapidot,2003)。另外,对层级式领导者的信任也与共享型领导力在群体中的形成直接相关(George et al.,2002;Olson-Sanders,2006),而且它可以促进形成更为流畅的社会沟通(Dirks & Ferrin,2002),这会直接影响群体有效分享领导力的能力。Shamir 和 Lapidot(2003)在他们关于以色列军队的研究中得出清晰的结论,即领导者及其追随者进行目标的协调有助于共享型领导力的发展。他们还确认,群体成员对领导者的信任和满意度与共享型领导力在群体中的发展程度直接相关。Elloy(2008)发现,当垂直式领导者允许群体成员在决策制定中占有一席之地时,共享型领导力也会得到更快的发展。

在考虑共享型领导力的发展时,研究者发现,垂直式领导者的性别也非常重要（Konu & Viitanen，2008）。Konu 和 Viitanen（2008）在几家芬兰的健康组织中进行了几次研究，他们发现如果团队的垂直式领导者是女性，那么这个团队就更有可能在群体成员之间共享领导力。他们的研究还显示，女性领导的团队之所以能产生更高程度的领导力共享，是因为这些领导者相对于男性领导者来说，更愿意帮助她们周围的人（Paris, Howell, Dorfman & Hanges, 2009）。

最后，研究发现，垂直式领导者的行为对共享型领导力在一个群体中的发展来说至关重要（Hooker & Csiszentmihalyi, 2003）。在 Hooker 和 Csiszentmihalyi（2003）进行的定性化的研究中，他们发现了六种可以支持共享型领导力发展的垂直式领导者行为：（1）重视杰出性；（2）提出清晰的目标；（3）给予及时的回馈；（4）将挑战和技能相匹配；（5）减少干扰；（6）创造自由度。总体来看，这些研究确定了垂直式领导力在共享型领导力的展示和发展中的重要角色。

支持结构。过去的几年中研究的另外一类重要的前因提升了我们对支持结构的理解，支持结构已经被用来或是可以被发展成为支持共享型领导力在群体中的发展的重要因素。例如，技术已经成为，而且将继续作为共享型领导力在群体中发展的根本支持（Wassenaar et al., 2010）。Cordery、Soo、Kirkman、Rosen 和 Mathieu（2009）意识到共享型领导力在虚拟团队中的发展和可持续性的关键构成部分是支持结构，既包括社会结构也包括技术结构，这种支持结构能够使成员进行更简单的沟通，流畅地在不同时间和地域传达信息。这些支持机制可以由现有的技术基础设施构成，它支持了群体成员或其他人之间的沟通，也可能包括培训（员工培训，指导，或其他组织的学习环境），这可以增强群体的技能。

Elloy（2008）发现，当一个组织提供团队培训的时候，而且当它鼓励和促进某个造纸厂的员工之间的沟通的时候，共享型领导力就会得到极大的发展。另外一条在学术界和实践领域得到快速发展的研究线索就具体关注管理层培训（Bono, Purvanova, Towler & Peterson, 2009；Elmhirst, 2008；Leonard & Goff, 2003）。在组织内进行的培训已经成为领导者和团队发展的关键，但是还鲜有与群体有关的实证研究。然而 Carson 等（2007）以及 Cordery 等（2009）确实发现，培训与共享型领导力的呈现之间存在积极关联。

文化与授权。领导力情境已经引起了学界越来越多的兴趣（参见 Antonakis, Avolio & Sivasubramaniam, 2003）。显然，有很多方式可以导致共享型领导力的环境，而不仅仅是垂直式领导者的行为或是一个群体或其成员得到的支持。其中一种方式就是文化（Pearce,2008）。例如,Konu 和 Vitanen（2008）发现,一个群体的价值观是共享型领导力的重要预测因素。另外,他们在同一个研究中研究了培训及其对共享型领导力的推动作用。Carson 等（2007）发现,内部环境——一个与文化价值观类似的概念,同样有助于共享型领导力的发展,因此这更进一步确认了我们的想法——组织文化或情境是共享型领导力的推动因素。

Wood（2005）还发现,如果一个团队及其成员认为他们被授权,那么他们就更有可能以共享型领导力的方式行动。他正在探索一个问题,那就是教堂式组织的高层管理团队的成员是否会出现在一般的高度发展的层级式组织中。这是一个具有启示性的成果,尤其是考虑到我们先前对历史上的共享型领导力的探索之后。与我们先前的预期所不同的是,它确实出现在很多宗教领域,尤其是在中世纪时期（Coss,1996）。

其他前提。共享型领导力还有三类有趣且有价值的前提。第一是关系的长度。Ropo 和 Sauer（2003）进行了一项有关乐队的纵向定性研究,他们发现一个事实,即不同成员之间关系的长度,例如乐队领导者、赞助方、成员或其他可能的群体成员,是在乐队不同构成部分之间共享领导力的一个重要因素。Hooker 和 Csikszentmihalyi（2003）在他们关于大学研究团队的研究中发现,流程（Csikszentmihalyi,1990）和流程的发展是共享型领导力在创意性群体中有所发展的关键点。最后一个前提是距离,Balthazard、Waldman、Howell 和 Atwater（2004）对此进行了研究,他们发现,面对面接触的团队比虚拟团队更有可能发展共享型领导力,这一研究是建立在 Antonakis 和 Atwater（2002）的研究基础之上的。

小结。从我们刚刚考察的不同前提中,我们能很清楚地发现,有很多先兆或原因能够使得共享型领导力出现在群体中。我们作为研究者,只是刚开始探索这些前提,对未来的研究来说还存在大量的机遇。对这些原因进行更完整的理解将会进一步推动组织及群体利用共享型领导力的益处和产出,我们将在下一部分进行详细探讨。

■ 与共享型领导力相关的结果

宽泛地说,有关组织行为和领导力（个体、群体和组织层面的产出）的结果有三个分析层面,结果变量也从中间型结果（例如,态度、行为、认知）到有效性或绩效结果（Luthans,2010）。下面我们将探讨与共享型领导力有实证关联的结果。

个体层面的结果。至少有六个个体层面的结果与共享型领导力相关。个体的满意度是组织行为中的个体层面变量中被研究最多的因素之一(参见 Cranny, Smith & Stone, 1992)。有两个研究已经具体考察了共享型领导力对满意度的影响。首先,Avolio、Jung、Murray 和 Sivasubramaniam(1996)在一个关于大学生项目团队的研究中发现,团队成员的满意度与共享型领导力有积极关联。其次,Shamir 和 Lapidor(2003)在一个关于以色列军官培训的研究中发现,共享型领导力与对层级式领导者的信任和满意度有积极关联。因此,共享型领导力已经和团队成员以及领导力的满意度紧密联系起来。

George 等(2002)在 Bandura(1986)的研究基础之上进行了一个有关护理的研究,他们发现,共享型领导力与追随者的满意度有直接关联。还是在医院环境之中,Klein、Zeigert、Knight 和 Xiao(2006)发现,共享型领导力与初级医疗工作人员的技能发展有积极关联。最后,Hooker 和 Csikzentmihalyi(2003)在一个关于研发实验室的研究中发现了共享型领导力的模仿效应。也就是说,追随者从他们原先的博士培训实验室的科学家领导那里学习了共享型领导力,然后在他们自己的实验室里模仿应用和发展共享型领导力。这与 Bass、Waldman、Avolio 和 Bebb(1987)所谓的"多米诺骨牌效应"(变革型领导力的模仿效应)类似。因此,共享型领导力已经在实证方面与多种个体层面的结果有关联。

群体/团队层面的结果。至少有 15 个群体/团队层面的中间类型的结果与共享型领导力相关。另外,至少有 6 个研究已经确定了共享型领导力的群体有效性/绩效产出。

群体信心或潜能(参见 Gully, Incalcaterra, Joshi & Beaubien, 2002)在最近几年引起了学术界的广泛兴趣。在这个领域中,Pearce(1997),Hooker 和 Csikszentmahalyi(2003),以及 Pearce、Yoo 和 Alavi(2004)都发现,共享型领导力与群体信心或潜能有积极关联。类似地,Solansky(2008)在一个实验室研究中发现,共享型领导力与更高层面的动力和认知优势有关,而 Pearce 等(2004)发现,共享型领导力与群体凝聚力预测有积极关联(参见 Evans & Dion,1991)。有一点很重要,Hooker 和 Csikszentmahalyi(2003)也将共享型领导力与群体授权(Conger & Pearce,2009)以及流程意识(Csikszentmahalyi,1990)联系起来。这些研究都显示,共享型领导力是群体中认知结果的有用预测因素。

组织行为研究的一个重要的群体层面行为变量是组织公民行为(organizational

citizenship behavior,OCB;参见 Organ,1988),而且领导力已经被证明是 OCB 的一个重要的预测因素(参见 Pearce & Herbik,2004)。在共享型领导力分析层面,Pearce(1997)发现,共享型领导力是团队公民行为和团队交际行为的预测因素。与此相关的是,Balthazard 等(2004)发现,共享型领导力能够产生一种建设性的沟通方式,并能阻碍防御性沟通方式的出现。Klein 等(2006)也发现,共享型领导力与活动的快速协调以及可靠性有积极关联。Khourey-Bowers、Dinko 和 Hart(2005)在一项涉及 17 个校区(都是变化管理计划的一部分)的 216 名教育工作者的研究中发现,共享型领导力促进了教师之间的信息沟通。最后,在一个涉及美国和墨西哥的 32 个战略性合作伙伴的研究中,Rodriguez(2005)发现,共享型领导力可以促进跨文化间的适应性的发展。因此,共享型领导力看起来是群体层面行为结果的一个重要的预测因素。

有六个研究已经将共享型领导力与群体/团队有效性和绩效具体地联系在一起。例如,Pearce 和 Sims(2002)发现,在 71 个变化管理团队中,与垂直式领导力相关的共享型领导力从经历、内部顾客和团队成员的角度来看,是团队有效性的一个更有用的预测因素。类似地,Olson-Sanders(2006)发现,共享型领导力与新产品研发、工作指导和团队有效性有积极关联。在同一个方向,Carson 等(2007)发现,共享型领导力预测了咨询团队的绩效,Avolio 等(1996)发现,共享型领导力较为明显地与群体成员对有效性的自我评估有关。在虚拟团队领域,Carte、Chidambaram 和 Becker(2006)在一个关于 22 个虚拟团队的研究中也发现,共享型领导力是团队绩效的重要预测因素。另外,Pearce 等(2004)发现,在控制团队规模和垂直式领导力的前提下,共享型领导力与处理问题的质量和对任务效果的认识提升有积极关联。总体来看,这些研究已经清楚地显示了共享型领导力与群体绩效之间的关联。

组织层面的结果。虽然共享型领导力对个体和群体的效果很重要,但是我们需要考虑的最重要的一点是共享型领导力对组织分析层面产生的影响。在这个方面,有四个研究可以帮助我们加深理解。首先,O'Toole、Galbraith 和 Lawler(2003)在一个关于 25 家公司的高层管理层的共享型领导力的定性研究中发现,17 家公司有积极效果,8 家公司有消极效果。可能更重要的是,Ensley、Hmieleski 和 Pearce(2006)在企业中进行了一项关于共享型领导力的两类样本的研究。他们的第一类样本包括 66 家公司,它们来自美国 100 家发展最快的私营企业。第二类样本是从邓百氏咨询公司(Dun & Bradstreet)的市场标识数据库中的美国公司中随机抽取的。他们在两类样本中都发现,如果对 CEO 的领导者行为进行控制,共享型领导力就能预测公司的财务绩效。

另外,Manz、Shipper 和 Stewart(2009)在 W. L. Gore & Associates 进行了一项关于共享型领导力的定性研究。作为一个组织,Gore 已经有意识地决定不采用一个明显的层级式结构,而是使用一种叫作"自然领导力"的系统。这里是一些例子:一旦员工从他们的同事那里获得了足够的信誉,或者如果他们在某个情境下展示出了他们的技能,他们就会自动进入领导者的角色,Gore 也把这种情况叫作基于知识的决策制定。Gore 创造了这种类型的工作环境,也因此能够将员工的流动减少到大约 5%,在 2007 年,他们的 272 个职位接收到 34 585 份申请。Gore 的团队以及他们的工作在 2007 年创造了超过 20 亿美元的收益,这使得他们攀升到福布斯财富榜的私营企业年度上升榜的前列(Manz et al.,2009)。因此,共享型领导力的初期证据显示,共享型领导力对组织绩效结果有潜在的有力影响。

小结。综上所述,共享型领导力看起来是几个结果变量(包括态度、行为、认知、有效的产出)在个体、群体和组织分析层面的重要预测因素。在下面的部分,我们会探索共享型领导力的测量。

共享型领导力的测量

到目前为止,还鲜有研究考察测量共享型领导力的不同方法。这一点并不奇怪,因为这还是一个新的领域,对其进行测量存在极大的复杂性。但是,随着这一领域的发展,想要清楚地了解最有效地测量共享型领导力的方法会变得越来越迫切。Pearce 和 Conger(2003)指出了五种目前最常用于测量共享型领导力的方法,在这五种方法中,三种是量化的,是建立在调查基础之上的,剩下两种是定性的,是建立在观察基础之上的。

为了在群体层面研究共享型领导力,考察它是否(1)作为一个整体或是个体或"部分之和",甚至是(2)群体的社会网络,一个修正的传统领导力事项列表可以在三种量化的调查方法中使用。举一个例子,在考察整个团队或群体的时候,当群体是一个单位,而且是影响力的来源,以及群体作为一个整体是影响力的目标的时候,使用测量题项的方法被证明已经产生了有价值的观点。在使用已经在群体分析中被探知的变量的时候,研究者们可以对那些在个体层面的数据进行类似的分析(例如,回归、结构方程模型;Antonakis, Bendaham, Jacquart & Lalive, in press; Mundlak, 1978; Yammarino, 1990)。在 Pearce 和 Conger(2003)、Avolio 等(1996)、Pearce(1997)、Ensley 等(2006)以及 Pearce 和 Sims(2002)的研究中不乏使用这种方法的例子。这种方法在收集那些对研究参与者来说无关紧要(特别是关于群体成员的匿名性的时候)的数据时尤其有用。但是,这种方法的一个潜在的缺点是群体的个体成员的变异可能会被忽视。还有一点也很重要,就是在群体分析层面对构建进行简单的测量是否足以确定群体层面变量的结果(James, Demaree & Wolf, 1984, 1993; Kozlowski & Klein, 2000; Yammarino, 1990; Yammarino & Bass, 1990; Yammarino, Dansereau & Kennedy, 2001)。

第二种方法测量的是"群体作为部分的总和",这种方法使用测量群体成员的题项作为影响力的基础,整个群体作为影响力的目标。在使用这种方法的时候有三种选择,它们可以用于创造群体层面的变量。其中一种选择是,共享型领导力层面可以使用主要成员的结果进行评估。这就意味着使用得分最高的个体的分数。第二种选择和第一种选择相反,它使用在领导力上得分最低的个体的分数,因此也被叫作"最弱连接"。第三种选择使用所谓的"行为平均选择"来评估共享型领导力。这种方法和前面提及的将群体视为一个整体的方法类似。

相关的研究开始于 Pearce 及其同事(Pearce & Conger, 2003)的工作。但是在讨论真正有异议的结果之前,还应该搜集更多的信息来进一步探索这些方法。理想的情况是,一旦开始研究,这些群体层面的变量就可以像那些在个体领导者层面使用的变量那样在研究中得以使用。这种研究的主要优势在于它可以使研究者探索单独的群体成员对群体整体的领导力的影响。但是,先前的研究方法在搜集被试的数据时难度较小,而这种方法的一个主要缺陷就是它要求每一位参与者都投入大量实践,因为每一位被试都必须对同一个问题回答好几次,这样就增加了被试的疲倦感。

最后一种量化的方法将群体作为一个社会网络进行研究,这种方法强调测量群体成员作为影响力来源和影响力目标的题项。使用这种方法需要测量的群体层面的主要变量是领导力行为的集中程度,以及/或者该行为由一个或几个成员做出,这些相同的领导力行为是否是分散的和/或由更多的群体成员所共享的。这种研究方向的主要构成部分是对社会网络的调查,这最终可以预测群体中的哪一位成员可以变成一个中心的或者控制性的成员。这种方法似乎可以按照那些使用个体领导者数据预测共享型领导力的方法进行使用,主要是将集中性分数的倒数作为共享型领导力的预测因素。但是,另外一个有趣且有价值的研究是使用集中性的分数来进行分析,这样可以发现领导力在群体中的密度。例如,研究的一个可能的途径是考察是否可以通过确定密度来预测共享型领导力。

这种方法的积极意义在于,它便于进行以下领域的研究:(1) 每一位成员参与群体或团队领导力的程度;(2) 领导力在团队中有多分散;(3) 作为群体中的影响力的主要来源的个体间存在何种模式的沟通,以及影响力是如何在群体中和群体间产生效力的。但是,和前面的分析方法一样,这种方法的缺陷也是对参与者的过多要求,这种方法最终可以用于分析那些非常复杂的数据。最后有一点很重要,这种特别的方法并不测量那些从群体内诞生且作为一个整体的影响力或者针对整个群体的影响力。

正如我们在这一部分的前面所提及的,现在有两种用于测量共享型领导力的定性方法。它们是:(1) 领导力社会关系分析表(Pearce,2002);(2) 人种学方法(例如 Manz et al.,2009)。领导力社会关系分析表的一个主要焦点就是记录个体和群体的沟通模式以及对群体会议的观察。这种方法有两个主要的优势:其一,相对于基于调查问卷的方法,它可以使我们对群体动力学有一个更全面的理解。其二,收集的数据可以进行量化,并用于社会网络分析的数据来源。这种方法的主要缺陷是需要大量的时间,它要求研究者和群体一起停留在同一个位置并保持一段时间,而且即使在这个共同的位置中,群体成员之间重要的沟通也可能会被忽视,因为这些沟通可能发生在被观察的会议之外。

第五种方法也就是我们所说的第二种定性的方法,它需要使用人种学作为分析工具。这种方法要求研究者在组织或群体中投入大量的时间,观察群体成员在自然状态下的沟通和互动。这种观察不仅强调被研究的群体和他们的会议,还要关注群体及成员在日常活动和互动情境下的表现。这种方法的优势是,它可以使研究者对群体及其动态特征进行最全面的理解。这种方法的缺点与前面的领导力社会关系表定性方法类似,它要求研究者投入大量的时间。

虽然我们已经强调了共享型领导力研究进一步发展的五种最常见、最有潜力方法的基本特征、优势和缺陷,但并不意味着我们的列表是绝对完整的。我们并不认为这些方法都是完美的,其实它们都有发展的余地。例如,在情境研究中增加一个因素,尤其是在收集定性数据的情况下,我们对共享型领导力前提和结果的理解就会增加一个有价值的方面(Liden & Antonakis,2009)。我们还需要进一步的研究来比较这些方法在不同情境下的效果。另外,我们并不认为这种方法是完整的,随着共享型领导力理论的发展,我们希望能在将来尝试新的研究方法。

共享型领导力的未来

本章的大部分内容都用于探索共享型领导力研究的发展,这些研究都和测量共享型领导力前提与结果的实证研究高度相关。现实是,关于共享型领导力还有大量有趣、有价值的工作需要做。为了帮助今后的研究,我们想要花时间强调一下我们关于共享型领导力知识的断层,希望借此拓宽而不是限制我们的研究范围。因此,后面的部分将会描述共享型领导力领域一些可能的研究方向。今后研究的几个重要类别包括:(1)共享型领导力和垂直式领导力之间的关系;(2)当群体和/或组织环境共享领导力的时候,会出现什么类型的动力特征(或根本性因素)?(3)实施共享型领导力需要采取哪些必要步骤?(5)共享型领导力如何进行评估和整理?(6)文化(组织性的、道德性的和国家性的)是如何影响共享型领导力的?(7)共享型领导力存在哪些可能的限制和倾向?下面我们将开始关注更加具体的研究问题和观点,它们将推进共享型领导力领域关于领导力的对话。这样的可能性是无穷尽的。我们对共享型领导力理论了解得越多,研究就会变得越有趣,实践也会变得越深入。

共享型领导力与垂直式领导力之间的关系

研究者们一般会将他们研究的重点放在某一位领导者的行为和态度之上,这位领导者不是被任命的领导者就是正式的领导者,或一个群体中看起来最有影响力的成员。我们把这个人和周围成员之间的关系叫作"垂直式"关系,也就是存在于高层与追随者之间的关系。我们将其叫作"垂直式关系"(Gerstner & Day, 1997)。虽然一些研究者指出,共享型领导力和垂直式领导力是互不兼容的,但是在学术界,有一些人认为,两种领导力之间实际上是互相交织和相互依赖的(Pearce & Conger,2003)。

显然,这些问题本身就开启了广泛研究的可能性。但是,为了使对话更简单,我们可以对三个需要考察的领域进行概述:(1)垂直式领导者需要参加何种活动、扮演何种角色才能推进和促成共享型领导力在群体及组织内的发展?(2)垂直式领导者在何种情况下会成为共享型领导力发展和展示的障碍?(3)两种形式的领导力将如何,或能否一起运作以提升一个组织或群体的有效性?

群体或组织所处的情境或环境是考虑两种领导力关系时需要关注的另外一个因素。我们假设有一些情境对两种领导力形式并行运作来说更有害或更有益——但是它们是哪些呢?有没有某些情境,在其根本性质上,可以使得两种领导力形式有可能一起运作?有没有一些环境需要以垂直式领导力形式出现的方向指导?或者,如果一个群体或组织需要更高程度的群体一致性、和谐度或参与程度,那么共享型领导力是不是更有价值的组织形式呢?

另外一组研究问题有关群体的生命周期。垂直式领导力是否更多地出现在一个新群体创始之初?如果是这样,那么共享型领导力是否更多地出现在成熟一些的群体或那些处理较为成熟的项目的群体中?例如危机的内部和外部的事件更适用于哪种领导力?这些事件能导致领导力形式从一种变成另外一种吗?更具体一些,共享型领导力会因为群体的生命周期在形式或"力量"上发生变化吗?这些都是今后研究需要回答的重要问题。

共享型领导力的基础(或动态性)

在与共享型领导力相关的主要领域中,研究人员非常感兴趣的领域之一是领导力的角色或基础。Pearce 和 Conger(2003)发现,许多证据都清晰地表明,大多数研究共享型领导力的学者都认为,共享型领导力作为一个过程,依赖于可证明和确定性的领导力基础,其范围从垂直式领导力到共享型领导力。根据需要以及在一些事件的主要驱动下,例如群体或组织的环境、群体或组织面临的挑战,或者技能在某个时间点上的提高或下降等,领导力的形式都会发生变化(Gerstner & Day, 1997)。Pearce 和 Conger(2003)指出,正因为如此,共享型领导力随后成了一个针对组织根本性问题的强大解决方案,即在任何组织中,一个人均无法在所有需要群体或组织背景的领导力方面都表现得很出色。

在这方面,共享型领导力理论的重点研究兴趣是,考察在群体中的共享型领导力时,哪些是最有效或者相关的角色。显然,在共享型领导力中,并不是所有的领导角色都是始终存在,甚至是被需要的。在所有可能的情况下,有一些情况能够促进或阻碍共享型领导力在群体或组织中的发展或产出。另外,在团队生命周期的某些具体时间点上,上述一些领导角色的重要性会增强或是减弱。研究人员在对共享型领导力的最初研究中证明了,为了能够在研究中尽可能地做到彻底,一套综合性强并且定义清晰的领导角色构成是十分必要的,能够在探索和检验共享型领导力现象的假设时为研究人员提供极大的帮助。

在共享型领导力的环境下,领导力的影响是怎样发挥作用的?Locke(2003)以及 Seibert、Sparrowe 和 Liden(2003)对此都进行了讨论,他们认为在存在共享型领导力的情形下,一些影响策略会比另一些策略更有效。Pearce 和 Sims(2002)在领导力影响的形成——五种领导力类型,以及共享型领导力的产出方面提出了一些有价值的观点。例如,厌恶型领导力与团队有效性方面的团队自我评分之间存在负相关关系。此外,他们还发现,工具型领导力与团队有效性方面的内部客户和管理者评分之间也存在负相关关系。最后,他们还认为,共享型、交换型和变革型领导力与团队有效性方面的团队自我评分之间存在正相关关系。

◼ 共享型领导力的起因或前提

研究共享型领导力的起因或前提,是共享型领导力理论研究中最基本的研究方向之一。Pearce(2007)曾经提出过一个问题,即是否存在一个"连续出现"的过程。虽然这只是个针对领导一个群体这样更为复杂过程的简单模型,但是它却让研究人员开始思考这种共享型领导力过程是如何开始的。

以研究共享型领导力起因的潜在研究方法为基础,我们建议大家从下面四个主要研究领域开始着手:(1)共享型领导力最一般的起因有哪些?(2)在这些起因中,哪一个是最重要的?(3)哪些情况会促进或削弱这些起因?(4)是否能够借助某些领导力类型或角色,或者外部因素或群体生命周期来对共享型领导力的具体原因进行分类?

◼ 启动或促进因素

Pearce 和 Conger(2003)研究后发现,存在许多能够促进共享型领导力的可能因素,但并不是所有这些因素都得到了详细的考察。例如,下面这些因素属于比较重要的促进因素:(1)群体成员的竞争力;(2)任务本身的复杂程度;(3)群体成员的心理模型与彼此共享的知识;(4)群体的领导力原型;(5)每名群体成员的地位、影响力与权力;(6)群体的多样性;(7)群体成员的相似度;(8)在群体中,成员之间的亲密程度与对他人的个人吸引力;(9)群体成员发生调动的次数、程度与时机;(10)群体或项目的生命周期;(11)群体的规模。

群体是否存在从垂直式领导力模型向共享型领导力转移的可能性?群体是否可以从建立之初便发展共享型领导力?怎样才能最好地实现这个目标?在群体或组织中,哪些"最佳实践"和/或干涉行为能够最好地发展共享型领导力?到目前为止,在共享型领导力特别是组织分析层次上的研究还十分匮乏。

组织的设计如何影响共享型领导力?哪些类型的奖励、表现测量方法或其他过程对于鼓励共享型领导力的发展是非常重要的?在个体层面或群体层面,或者两个层面兼而有之的情况下,这些奖励方法是否能够发挥最佳的作用?

很显然,上面这些只是在群体中实施共享型领导力时可能会遇到的问题中的一小部分,而对于更广泛意义上共享型领导力理论的研究来说则更是如此。在后面的部分,我们将简要考察一下跨文化价值在共享型领导力发展中可能会产生的影响。

文化与共享型领导力

正如前文所述,特别是对各种不同的文化来说,思考这样一个问题是有道理的,即在组织和群体中,价值观和规范上的差异是如何影响共享型领导力的可能性的。文化由许多因素构成,而且这些因素还能够塑造在世界上的所有群体中发生的认知和感知过程。例如,权力距离,即在具体文化背景下的群体成员对群体、组织或社会中权力分配不平等的感受程度(Hofstede,1980;House et al.,1999;Pearce,2008;Pearce & Osmond,1999),在很大程度上能够影响组织中在面对领导者时的个体或群体行为。相关研究(Pearce,2008)也证明,拥有培养性或侵略性文化的国家对领导者领导和发展其追随者的过程会产生非常有趣的影响。例如,那些更倾向于培养他人的社会,领导者更喜欢发展身边具有潜力的人,而不是与他们竞争。人们关心的是社会或社区的总体发展,并不是只简单地关注个人利益。与此相反的是视攻击性行为为规范的社会。在这种文化背景下的群体可能更注重物质性、攻击性和竞争性,更关心对目标的达成,不过这种目标的达成通常要以牺牲周围的人为代价。这种类型的社会在面对共享型领导力时的劣势十分明显。人们会通过欺骗的方式获得控制和权力,而一旦获得了权力,无论周围的人的技能如何,都很可能不会将权力再转让给他人(Pearce,2008)。

在考察文化与共享型领导力之间的联系时,需要研究的另一个方面是该社会是属于集体主义性质的还是属于个人主义性质的。生活在集体主义社会中的人们会更倾向于在群体(甚至是那些由亲属或其他群体和社区构成的群体)中工作,而且作为自己对群体忠诚的回报,期望获得所在社区或群体的关照。我们可以把它与情况正好相反的个人主义社会来做个比较。生活在个人主义社会中的人们更多地依靠自己,同时也更为独立。他们不喜欢在团队中工作,相对于同其他人一起工作而言,他们更注重的是个人自由(Pearce,2008)。

目前,我们对组织的文化、政治和设计如何影响共享型领导力方面的了解仍然十分有限。在一个文化上更偏爱垂直式或自上而下式领导力的组织中,共享型领导力是否能够存在这一问题是一个很好的例子。另一类共享型领导力很难得到发展的组织类型是那些目标或愿景不明确,或者不追求卓越的组织。在这种情况下,也许在组织中特立独行的领导者的带领下,或者在一个不受组织规范和文化影响的偏远位置,共享型领导力依然能够得到发展?在未来,特别是由于组织会随着知识经济的发展而不断进化,在对共享型领导力的研究过程中我们还将遇到其他各种各样并且很有价值的问题。

组织领导力的未来

伴随着我们进一步迈入知识时代,领导力模型也将继续不断地进化下去,以适应领导力从一个仅仅发挥层级作用的角色,发展到一个逐渐展开的社会过程,这即共享型领导力视角(Wassenaar et al.,2010)。与其他许多过程一样,这一进化过程解决了我们面临的一些问题,其中最简单的问题是,领导力能够被有效地共享吗?答案是肯定的。Pearce、Manz 和 Sims(2009)已经发现了无数的组织,其中的共享型领导力能够对组织的真正产出产生影响。其中的例子包括外伤中心的医疗小组如何更迅速、更安全地治疗病人;共享型领导力如何在戒酒互助协会中帮助人们更有效地戒除酒瘾;以及西南航空公司并没有将自己的成功归功于如何改变公司的结构成本,而是归功于从所有层级收集反馈的企业文化,它能使每个层级都产生领导力行为。

发展共享型领导力是一件非常具有挑战性的事情吗?是的。话虽如此,我们还是坚定地认为大多数人都兼具成为领导者和追随者的能力,而且共享型领导力是知识时代组织的迫切需要(Pearce,2010)。虽然存在一些共享型领导力方法无法发挥作用的情况,但是研究证据显示,共享型领导力能够对个体、群体和组织层次上的产出——包括组织表现——发挥积极的影响。

这意味着共享型领导力是一副灵丹妙药吗?不是。在现代组织中,几乎总是会需要层级型领导力(Leavitt,2005)。正如许多研究(例如 Ensley et al.,2006;Hooker & Csikszentmihalyi,2003;Pearce & Sims,2002;Shamir & Lapidot,2003)所表明的,共享型领导力与层级型领导力能够通过合作,共同影响个体、群体和组织层次上的产出。

是否存在一些不建议运用共享型领导力的情况?是的。举例来说,共享型领导力只适用于所涉及的个体之间存在相互依赖关系的情况。在任何特定的潜在组织过程中强制应用共享型领导力都是不够明智的做法。我们能够进一步推测认为,其他某些先决条件是共享型领导力蓬勃发展所必需的。例如,对于领导力过程所涉及的个体,无论从任务的技术层面来讲,还是在作为领导者和追随者时,如何通过有效参与过程而使共享型领导力能够发挥有效性的情况下,具有完备的知识、技能和能力都是十分重要的。关于共享型领导力有几点需要注意:我们还需要对共享型领导力和相关的方法进行更多的研究,不仅包括共享型领导力的结果,而且还包括它的前提和调节变量等。随着对领导力过程研究的不断深入,我们在未来将获得更多有关组织的新发现。

案例分析

下面两个案例都是关于共享型领导力的例子。一个是联合航空公司行李理赔服务部门的工作人员拥有根据乘客的情况做出决策的权力。另一个是关于著名的 Napa 饭店——The French Laundry 和饭店的主厨 Thomas Keller 的。

在联合航空丢了行李

你永远都不会希望联合航空公司弄丢你的行李。为了把行李找回来，你不得不接二连三地经历如迷宫一般错综复杂的 800 电话、填写索赔表格，并且忍受航空公司的时间安排——与此同时，他们还会调查你对他们提供的索赔服务是否满意。在你拨打了 800 电话之后，本应帮助你的那名工作人员会把你的来电转接到位于印度的呼叫中心，从表面上看他们会试图帮助你找到丢失在世界另一头的行李。这些人对电话结束后的满意度调查十分在意，非常想了解你对他们服务的看法，以及他们为你提供了多大的帮助。然而，三天之后，机场方面给我打来一个电话，告诉我我的行李在某个地方，实际上，我的行李一直没离开过机场，我请求过他们不要递送行李。联合航空的一位雇员很诚实地告诉我："我们总是遇到像你这种情况。我们的许多呼叫中心都在印度。那是一个不一样的国家，一个完全不同的世界，而且还很遥远。他们总是告诉旅客他们的行李在某个地方，但是当我核实的时候，却发现行李实际上在另外一个地方。他们既不了解，也不关心。"引述自蒙特利尔，2010 年 8 月 6 日，晚上 11:05。

发生这种情况的原因，是许多公司仅根据呼叫中心工作人员在客户服务电话上花费的时间长短来评价他们的表现，这在本质上把帮忙变为了帮倒忙。另外，当他们不明白你在说什么的时候会直接放弃了解你的真正意图，或者告诉你他们认为你想听到的答案，以便能够尽快结束这次通话。他们会顺着你说，让你感觉他们为你提供了很大的帮助，而实际上这没有任何作用，而且问题也得不到解决。虽然表面上看起来很真诚，但是当乘客希望另一位联合航空呼叫中心的工作人员确实能够解决行李丢失的问题时，为了提高客户对这次通话服务的评分，他们实际上只是在找一个借口。而这些调查结果留给大众的印象却是联合航空在对待"有价值"客户时的表现有多么出色。

这是一个领导力在表面上共享的例子，它通过给予呼叫中心的工作人员以权力，通过他们的主动性和能力使问题看起来得到了解决。然而，当他们完成工作的真正能力被系统、官僚主义或其他规则阻碍的时候，与简单地将问题转交给自己的上司去解决相比，他们可能得到的权力甚至会更少。

分享菜单——Thomas Keller 和 The French Laundry

一般来说,都是由主厨来管理厨房,负责设计菜单、餐厅主题以及菜肴的风格。他们要选择供货商、配料,以及做向顾客呈现食物之前的最后准备工作。传统上,这些都是主厨的工作内容,而副主厨或厨房内的其他厨师和服务员只是简单地重复主厨的工作,永远不会去演绎或即兴发挥,就更不要提什么创新了。

不过,主厨 Thomas Keller 却没有这样做。他的厨房随着饭店的扩张而遍及全美国,在不同厨房他采取不同的策略,其中就包括愿景和授权。他的愿景是,使用上等品质的配料、精心准备,根据季节和当地的有机食材因地制宜,同时采用传统和创新的方式为客人提供令人印象深刻的服务。然后,他雇用了一些能够实现这些愿景的人,并且很少给予指导。他说:"烹饪实际上是一个简单的等式:产品和执行。如果你有质量很好的产品和能够执行它的人,将这两者结合起来,再有一个拥有共同目标的团队,并与供应商之间建立起良好的关系,那么你就能够做出伟大的食物来。"

他继续说道:"现在主厨有了新的责任。已经不仅仅是一间饭店、一份菜单了。这意味着我们必须将一些机会留给年轻的主厨们。这可能指的是写一本书,编制一份菜单,或是采购一种新型食材。每一天,他们都有决心让自己的工作比前一天做得更好。"(2010 年 6 月)

通过以这种方式管理自己的厨房,Keller 便有了快速完成许多事情的能力。首先,他可以雇用一些具有很高天赋、积极进取、愿意向他学习,同时也喜欢在烹饪过程中做出自己的味道的人。第二,这些人能够非常清楚地体会到主厨 Keller 创造的这种环境的不同之处。由于他们能够认清这种差别,因此会更加全身心地投入到 The French Laundry 集团的愿景和成功当中。最后,这些人成了整个成功当中不可或缺的根本组成部分。

注:上面两段内容摘自即将出版的新书《共享领导》(*Share the Lead*),作者 Craig L. Pearce、Charles C. Manz 和 Henry P. Sims Jr.。转载已得到斯坦福大学出版社的授权。

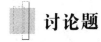

讨论题

1. 你曾经在哪里体验过共享型领导力？其中积极的方面有哪些？为什么？你认为在共享型领导力中，哪些内容可以改进得更好？

2. 在哪些情况下，共享型领导力能够表现得比其他领导力风格更好？

3. 对于未来共享型领导力领域的研究，除了本章提到的内容外，你认为还存在哪些可能的研究方向？

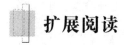

扩展阅读

Pearce, C. L. (2008, July 7). Follow the leaders. *Wall Street Journal*, pp. R8.

参考文献

Antonakis, J., & Atwater, L. (2002). Leader distance: A review and a proposed theory. *The Leadership Quarterly, 13*, 673–704.

Antonakis, J., Avolio, B. J., & Sivasubramaniam, N., (2003). Context and leadership: An examination of the nine-factor full-range leadership theory using the Multifactor Leadership Questionnaire. *The Leadership Quarterly, 14*, 261–295.

Antonakis, J., Bendahan, S., Jacquart, P., & Lalive, R. (in press). On making causal claims: A review and recommendations. *The Leadership Quarterly*.

Antonakis, J., Cianciolo, A. T., & Sternberg, R. J. (2004). *The nature of leadership*. Thousand Oaks, CA: Sage.

Avolio, B. J., Jung, D., Murray, W., & Sivasubramaniam, N. (1996). Building highly developed teams: Focusing on shared leadership process, efficacy, trust, and performance. In M. M. Beyerlein, D. A. Johnson, & S. T. Beyerlein (Eds.), *Advances in interdisciplinary studies of work teams* (pp. 173–209). Greenwich, CT: JAI.

Balthazard, P., Waldman, D., Howell, J., & Atwater, L. (2004, January). Shared leadership and group interaction styles in problem-solving virtual teams. *Proceedings of the 37th annual Hawaii international conference on system sciences* 43(HICSS, Vol. 1, p. 10043b).

Bandura, A. (1986). *Social foundations of thought and action: A social cognitive theory*. Englewood Cliffs, NJ: Prentice Hall.

Bartol, K. M., & Martin, D. C. (1986). Women and men in task groups. In R. D. Ashmore & F. K. Del Boca (Eds.), *The social psychology of female-male relations*. (pp. 259–310). New York: Academic Press.

Bass, B. M., & Avolio, B. J. (1993). Transformational leadership: A response to critiques. In J. G. Hunt, B. R. Baliga, H. P. Dachler, & C. A. Schriesheim (Eds.), *Emerging leadership vistas* (pp. 29–40). Lexington, MA: D. C. Heath.

Bass, B. M., & Bass, R. (2008). *The Bass handbook of leadership: Theory, research, and managerial applications*. New York: Simon & Schuster.

Bass, B. M., Waldman, D. A., Avolio, B. J., & Bebb, M. (1987). Transformational leadership and the falling dominoes effect. *Group & Organization Studies* [now named *Group & Organization Management*], 12, 73–87.

Blau, J. R., & Alba, R. D. (1982). Empowering nets of participation. *Administrative Science Quarterly, 27*, 363–379.

Bono, J., Purvanova, R., Towler, A., & Peterson, D. (2009). A survey of executive coaching practices. *Personnel Psychology, 62*, 361–404.

Carlyle, T. (1894). *On heroes and hero worship and the heroic in history*. London, UK: Chapman and Hall, Ltd. (Original work published 1841)

Carson, J., Tesluk, P., & Marrone, J. (2007). Shared leadership in teams: An investigation of antecedent conditions and performance. *Academy of Management Journal, 50*, 1217–1234.

Carte, T. A., Chidambaram, L., & Becker, A. (2006). Emergent leadership in self-managed virtual teams: A longitudinal study of concentrated and shared leadership behaviors. *Group Decision and Negotiation, 15*, 323–343.

Conger, J. A., & Kanungo, R. N. (1988). The empowerment process: Integrating theory and practice. *Academy of Management Review, 13*, 639–652.

Conger, J. A., & Pearce, C. L. (2009) Using empowerment to motivate people to engage in effective self- and shared leadership. In E. A. Locke (Ed.), *Principles of organizational behavior* (pp. 201–216). New York: John Wiley.

Cordery, J., Soo, C., Kirkman, B., Rosen, B., & Mathieu, J. (2009). Leading parallel global virtual teams: Lessons from Alcoa. *Organizational Dynamics, 38*, 204–216.

Coss, P. R. (1996). *The knight in medieval England*. Conshohocken, PA: Combined Books.

Cox, J. F., Pearce, C. L., & Sims, H. P., Jr. (2003). Toward a broader agenda for leadership development: Extending the traditional transactional–transformational duality by developing directive, empowering and shared leadership skills. In S. E. Murphy & R. E. Riggio (Eds.). *The future of leadership development* (pp. 161–180). Mahwah, NJ: Lawrence Erlbaum.

Cranny, C. J., Smith, P. C., & Stone, E. F. (1992). *Job satisfaction: How people feel about their jobs and how it affects their performance.* Lexington, MA: Lexington Books.

Csikszentmihalyi, M. (1990). *Flow: The psychology of optimal experience.* New York: Harper & Row.

Day, D. V., Gronn, P., & Salas, E. (2004). Leadership capacity in teams. *The Leadership Quarterly, 15,* 857–880.

Day, D. V., Gronn, P., & Salas, E. (2006). Leadership in team-based organizations: On the threshold of a new era. *The Leadership Quarterly, 17,* 211–216.

Day, D. V., & O'Connor, P. M. G. (2003). Leadership development: Understanding the process. In S. E. Murphy & R. E. Riggio (Eds.). *The future of leadership development* (pp. 11–28). Mahwah, NJ: Lawrence Erlbaum.

Dirks, K. T., & Ferrin, D. L. (2002). Trust in leadership: Meta-analytic findings and implications for research and practice. *Journal of Applied Psychology, 87,* 611–628.

Drucker, P. F. (1954). *The practice of management.* New York: Harper & Row.

Drucker, P. F. (1995). *Management in time of great change.* New York: Penguin Putnam.

Elloy, D. F. (2008). The relationship between self-leadership behaviors and organization variables in a self-managed work team environment. *Management Research News, 31,* 801–810.

Elmhirst, K. (2008). Executive coaching. *Leadership Excellence, 25*(1), 11.

Ensley, M. D., Hmieleski, K. M., & Pearce, C. L. (2006). The importance of vertical and shared leadership within new venture top management teams: Implications for the performance of startups. *The Leadership Quarterly, 17,* 217–231.

Evans, C. R., & Dion, K. L. (1991). Group cohesion and performance: A meta-analysis. *Small Group Research, 22,* 175–186.

Figueira, T. J., Brennan, T. C., & Sternberg, R. H. (2009). *Wisdom from the ancients: Leadership lessons from Alexander the Great to Julius Caesar.* New York: Fall River Press.

Follett, M. P. (1924). *Creative experience.* New York: Longmans Green.

Gantt, H. L. (1916). *Industrial leadership.* New Haven, CT: Yale University Press.

George, V., Burke, L. J., Rodgers, B., Duthie, N., Hoffmann, M. L., Koceja, V., et al. (2002). Developing staff nurse shared leadership behavior in professional nursing practice. *Nursing Administration Quarterly, 26*(3), 44–59.

Gerstner, C. R., & Day, D. V. (1997). Meta-analytic review of leader–member exchange theory: Correlates and construct issues. *Journal of Applied Psychology, 82,* 827–844.

Gilbreth, F. B. (1912). *Primer of scientific management.* New York: Van Nostrand

Reinhold.

Gilbreth, F. B., & Gilbreth, L. M. (1917). *Applied motion study*. New York: Sturgis & Walton.

Gully, S. M., Incalcaterra, K. A., Joshi, A., & Beaubien, J. M. (2002). A meta-analysis of team-efficacy, potency, and performance: Interdependence and level of analysis as moderators of observed relationship. *Journal of Applied Psychology, 87*, 819–832.

Hofstede, G. H. (1980). *Culture consequences: International differences in work-related values*. London: Sage.

Hollander, E. P. (1961). Some effects of perceived status on responses to innovative behavior. *Journal of Abnormal and Social Psychology, 63*, 247–250.

Hollander, E. P. (1978). *Leadership dynamics: A practical guide to effective relationships*. New York: Free Press.

Hooker, C., & Csikszentmihalyi, M. (2003). Flow, creativity, and shared leadership: Rethinking the motivation and structuring of knowledge work. In C. L. Pearce & J. A. Conger (Eds.), *Shared leadership: Reframing the hows and whys of leadership* (pp. 217–234). Thousand Oaks, CA: Sage.

House, R. J., Hanges, P. J., Ruiz-Quintanilla, S. A., Dorfman, P. W., Javidan, M., Dickson, M., et al. (1999). Cultural influences on leadership in organizations: Project GLOBE. In W. H. Mobley, M. J. Gessner, & V. Arnold (Eds.), *Advances in global leadership* (Vol. 1, pp. 171–234). Stamford, CT: JAI.

Hunt, J. G. (2004). What is leadership? In J. Antonakis, A. T. Cianciolo, & R. J. Sternberg (Eds.), *The nature of leadership* (pp. 19–47). Thousand Oaks: Sage.

James, L. R., Demaree, R. G., & Wolf, G. (1984). Estimating within-group interrater reliability with and without response bias. *Journal of Applied Psychology, 69*, pp. 85–99.

James, L. R., Demaree, R. G., & Wolf, G. (1993). rwg: An assessment of interrater agreement. *Journal of Applied Psychology, 78*, 306–310.

Kerr, S., & Jermier, J. (1978). Substitutes for leadership: Their meaning and measurement. *Organizational Behavior and Human Performance, 22*, 374–403.

Khourey-Bowers, C., Dinko, R. L., & Hart, R. G. (2005). Influence of a shared leadership model in creating a school culture of inquiry and collegiality. *Journal of Research in Science Teaching, 42*, 3–24.

Klein, K. J., Ziegert, J. C., Knight, A. P., & Xiao, Y. (2006). Dynamic delegation: Shared, hierarchical, and deinvidualized leadership in extreme action teams. *Administrative Science Quarterly, 51*, 590–621.

Konu, A., & Viitanen, E. (2008). Shared leadership in Finnish social and health care. *Leadership in Health Services, 21*, 28–40.

Kozlowski, S. W. J., & Klein, K. J. (2000). A multilevel approach to theory and research in organizations: Contextual, temporal, and emergent processes. In K. J. Klein & S. W. J. Kozlowski (Eds.), *Multilevel theory, research, and methods in organizations* (pp. 3–90). San Francisco: Jossey-Bass.

Leavitt, H. J. (2005). *Top down: Why hierarchies are here to stay and how to manage them more effectively.* Boston: Harvard Business School Press.

Leonard, H. S., & Goff, M. (2003). Leadership development as an intervention for organizational transformation. *Consulting Psychology Journal, 55,* 58–67.

Liden, R. C., & Antonakis, J. (2009). Considering context in psychological leadership research. *Human Relations, 62,* 1587–1605.

Locke, E. A. (2003). Leadership: Starting at the top. In C. L. Pearce & J. A. Conger (Eds.), *Shared leadership: Reframing the hows and whys of leadership* (pp. 271–284). Thousand Oaks, CA: Sage.

Luthans, F. (2010). *Organizational behavior.* New York: McGraw-Hill.

Manz, C. C. (1986). Self-leadership: Toward an expanded theory of self-influence processes in organizations. *Academy of Management Review, 11,* 585–600.

Manz, C. C., Shipper, F., & Stewart, G. L. (2009). Everyone a team leader: Shared influence at W. L. Gore & Associates. *Organizational Dynamics, 38,* 239–244.

Manz, C. C., & Sims, H. P., Jr. (1980). Self-management as a substitute for leadership: A social learning theory perspective. *Academy of Management Review, 5,* 361–367.

Manz, C. C., & Sims, H. P., Jr. (1989). *Super leadership: Leading others to lead themselves.* New York: Prentice Hall.

Manz, C. C., & Sims, H. P., Jr. (1990). *Super leadership: Leading others to lead themselves.* New York: Berkley Books.

Mohrman, S. A., Cohen, S. G., & Mohrman, A. M. (1995). *Designing team-based organizations: New forms for knowledge work.* San Francisco: Jossey-Bass.

Montgomery, J. (1836). *The theory and practice of cotton spinning; or the carding and spinning master's assistant.* Glasgow, Scotland: John Niven, Trongate.

Montgomery, J. (1840). *The cotton manufacture of the United States of America contrasted and compared with that of Great Britain.* London: John N. Van.

Mundlak, Y. (1978). Pooling of time-series and cross-section data. *Econometrica, 46*(1), 69–85.

Nardinelli, C., (2008). *Industrial revolution and the standard of living.* Library of Economics and Liberty. Available at http://www.econlib.org/library/Enc/IndustrialRevolutionandtheStandardofLiving.html

Olson-Sanders, T. (2006). Collectivity and influence: The nature of shared leadership and its relationship with team learning orientation, vertical leadership and team effectiveness (Doctoral dissertation, George Washington University, 2006). Retrieved from ABI/INFORM Global (Publication No. AAT 3237041).

Organ, D. W. (1988). *Organizational citizenship behavior: The good soldier syndrome.* Lexington, MA: Lexington Books.

O'Toole, J., Galbraith, J., & Lawler, E. E., III. (2003). The promise and pitfalls of shared leadership: When two (or more) heads are better than one. In C. L. Pearce & J. A. Conger (Eds.), *Shared leadership: Reframing the hows and whys of leadership* (pp. 250–268). Thousand Oaks, CA: Sage.

Paris, L., Howell, J., Dorfman, P., & Hanges, P. (2009). Preferred leadership prototypes of male and female leaders in 27 countries. *Journal of International Business Studies, 40*, 1396–1405.

Pearce, C. L. (1997). *The determinants of change management team (CMT) effectiveness: A longitudinal investigation.* Unpublished doctoral dissertation, University of Maryland, College Park.

Pearce, C. L., (2002, August). Quantitative and qualitative approaches to the study of shared leadership. In C. L. Pearce (symposium chair), *Shared leadership: Reframing the hows and whys of leadership.* Presented at the annual conference of the Academy of Management, Denver, CO.

Pearce, C. L. (2008, July 7). Follow the leaders. *The Wall Street Journal*, p. R8.

Pearce, C. L. (2010). Leading knowledge workers: Beyond the era of command and control. In C. L. Pearce, J. A. Maciariello, & H. Yamawaki (Eds.), *The Drucker difference* (pp. 35–46). New York: McGraw-Hill.

Pearce, C. L., & Conger, J. A. (Eds.). (2003). *Shared leadership: Reframing the hows and whys of leadership.* Thousand Oaks, CA: Sage.

Pearce, C. L., Conger, J. A., & Locke, E. (2008). Shared leadership theory. *The Leadership Quarterly, 19*, 622–628.

Pearce, C. L., & Herbick, P. A. (2004). Citizenship behavior at the team level of analysis: The role of team leader behavior, team dynamics, the team's environment, and team demography. *Journal of Social Psychology, 144*, 293–310.

Pearce, C. L., Manz, C. C., & Sims, H. P., Jr. (2009). Where do we go from here? Is shared leadership the key to team success? *Organizational Dynamics, 38*, 234–238.

Pearce, C. L., Manz, C. C., & Sims, H. P., Jr. (in press). *Share the lead.* Palo Alto, CA: Stanford University Press.

Pearce, C. L., & Osmond, C. P., (1999). From workplace attitudes and values to a global pattern of nations: An application of latent class modeling. *Journal of Management, 25*, 759–778.

Pearce, C. L., & Sims, H. P., Jr. (2000). Shared leadership: Toward a multi-level theory of leadership. In M. M. Beyerlein, D. A. Johnson, & S. T. Beyerlein (Eds.), *Advances in interdisciplinary studies of work teams* (pp. 115–139). Greenwich, CT: JAI.

Pearce, C. L., & Sims, H. P., Jr. (2002). Vertical versus shared leadership as predictors of the effectiveness of change management teams: An examination of aversive, directive, transactional, transformational, and empowering leader behaviors.

Group Dynamics, Theory, Research, and Practice, 6, 172–197.

Pearce, C. L., Yoo, Y., & Alavi, M. (2004). Leadership, social work, and virtual teams: The relative influence of vertical versus shared leadership in the nonprofit sector. In R. E. Riggio & S. Smith Orr (Eds.), *Improving leadership in nonprofit organizations* (pp. 160–203). San Francisco: Jossey-Bass.

Riggio, R. E., Chaleff, I., & Lipman-Blumen, J. (Eds.). (2008). *The art of followership: How great followers create great leaders and organizations.* San Francisco: Jossey-Bass.

Rodríguez, C. (2005). Emergence of a third culture: Shared leadership in international strategic alliances. *International Marketing Review, 22,* 67–95.

Ropo, A., Eriksson, P., & Hunt, J. G. (1997). Reflections on conducting processual research on management and organizations. *Scandinavian Journal of Management, 13,* 331–335.

Ropo, A., & Sauer, E. (2003). Partnerships of orchestras: Towards shared leadership. *International Journal of Arts Management, 5*(2), 44–55.

Say, J. B. (1964). *A treatise on political economy.* New York: Augustus M. Kelley. (Original work published 1803)

Seibert, S. E., Sparrowe, R. T., & Liden, R. C. (2003). A group exchange structure approach to leadership in groups. In C. L. Pearce & J. A. Conger (Eds.), *Shared leadership: Reframing the hows and whys of leadership* (pp. 173–192). Thousand Oaks, CA: Sage.

Shamir, B., & Lapidot, Y. (2003). Shared leadership in the management of group boundaries: A study of expulsions from officers' training courses. In C. L. Pearce & J. A. Conger (Eds.), *Shared leadership: Reframing the hows and whys of leadership* (pp. 235–249). Thousand Oaks, CA: Sage.

Solansky, S. (2008). Leadership style and team processes in self-managed teams. *Journal of Leadership & Organizational Studies, 14,* 332–341.

Stein, R. T., & Heller, T. (1979). An empirical analysis of the correlations between leadership status and participation rates reported in the literature. *Journal of Personality and Social Psychology, 37,* 1993–2002.

Stewart, L. (1998). A meaning for machines: Modernity, utility, and the eighteenth century British public. *Journal of Modern History, 70,* 259–294.

Stewart, L., (2003). Science and the eighteenth-century public: Scientific revolutions and the changing format of scientific investigation. In M. Fitzpatrick, P. Jones, C. Knelworf, & I. McAlmon (Eds.), *The Enlightenment world* (pp. 234–246). London: Routledge.

Taylor, F. W. (1903). *Shop management.* New York: Harper & Row.

Taylor, F. W. (1911). *Principles of scientific management.* New York: Harper & Brothers.

Wassenaar, C. L., & Pearce, C. L. (in press). Shared leadership 2.0: A 2010 glimpse into the state of the field. In M. Uhl-Bien & S. Ospina, (Eds.), *Relational leadership theory*. Charlotte, NC: Information Age.

Wassenaar, C. L., Pearce, C. L., Hoch, J., & Wegge, J. (2010). Shared leadership meets virtual teams: A match made in cyberspace. In P. Yoong (Ed.), *Leadership in the digital enterprise: Issues and challenges* (pp. 15–27). Hersey, PA: IGI Global.

Wood, M. S. (2005). Determinants of shared leadership in management teams. *International Journal of Leadership Studies, 1*(1) 64–85.

Wren, D. A. (1994). *The evolution of management thought* (4th ed.). New York: John Wiley.

Yammarino, F. J. (1990). Individual- and group-directed leader behavior descriptions. *Educational and Psychological Measurement, 50*, 739–759.

Yammarino, F. J., & Bass, B. M. (1990). Transformational leadership and multiple levels of analysis. *Human Relations, 43*, 975–996.

Yammarino, F. J., Dansereau, F., & Kennedy, C. J. (2001). A multiple-level multidimensional approach to leadership: Viewing leadership through an elephant's eye. *Organizational Dynamics, 29*, 149–163.

Yukl, G. A. (2002). *Leadership in organizations* (5th ed.). Englewood Cliffs, NJ: Prentice Hall.

第四部分

领导力与特殊领域

第十二章

领导力与文化[①]

Deanne N. Den Hartog
阿姆斯特丹大学
Marcus W. Dickson
韦恩州立大学

尽管商业活动在世界各地非常普遍,但是在组织中,对于哪些行为能够被看作可以接受的或是有效的行为还存在差异。简单来说,人们没有必要考虑有效的领导力背后存在的文化差异。比如,一些在自己国家中非常受欢迎的政治领袖,其受欢迎的原因对于其他国家的人来说是无法理解的(比如,可参见皮尤研究中心的选举,2007)。领导者和管理者做什么以及为什么这样做,会受到其所在组织、行业或国家中惯例的影响。管理者是否通常都会"迅速扩张经营规模、削弱竞争对手的实力、歪曲产品的功能,或是把客户满意看得重于经济效益……至少部分取决于主要的惯例"(Stewart,1997,p.129)。同样,不同背景的人对有效的领导力的看法也能够反映出其所在群体的价值观。文化价值观指的是一组信念和规范——通常与道德、法律、风俗和社会实践有关,它定义了什么是正确的和错误的,并指明了人们一般性的偏好(参见 Adler,2002)。

领导者需要接触的来自不同文化背景的人越来越多(参见 Javidan,Dorfman,de Luque & House,2006)。对于组织来说,面临的问题已经不再是是否处于全球性行业和需要跨国经营了,而是程度的问题(参见 Czinkota & Ronkainen,2005)。另外,

---

[①] 作者注:请将对本章的建议和意见发给 Deanne N. Den Hartog,Faculty of Economics and Business,University of Amsterdam,Plantage Muidergracht 12,1015 LL Amsterdam,The Netherlands。电话:+31205255287。电子邮箱:d.n.denhartog@uva.nl。

在许多国家,劳动力正越来越多元化。因此,来自不同文化背景的人们在工作中的相互接触越来越频繁,领导者面临非常棘手的任务,即在不确定和无法预测的环境下向跨文化与背景多元化的雇员准确传达组织的愿景。处在这种角色中的领导者,需要具备能够根据文化背景做出相应行动与决策的知识和技能。所以,关于不同文化背景下领导力的知识不仅吸引人,而且对于那些在其他文化中或与来自其他国家的同事一同工作的管理者来说也非常有用。

历史上有许多故事都在强调领导力的重要性,而且作为人类群体的一种功能,领导力在世界各地随处可见(参见 Bass & Bass,2008)。任何地方的领导力都与不成比例的影响有关,而且领导角色还与权力和地位之间存在联系。例如,Pickenpaugh(1997)从位于太平洋岛屿、撒哈拉以南非洲和南美洲低地的传统文化中寻找领导力的符号,他发现,处于这些文化中的领导者(国王、酋长、首领等)通常都戴着由他们各自领地内最凶猛和最有力量的大型犬科动物的牙齿制成的项链。在世界的其他地方,权力和地位可能会通过工作职务、名片、办公室的大小,或者其他见证了这些权力和地位的符号来表达(参见 Gupta,de Luque & House,2004)。

在本章中,我们主要介绍不同国家和文化背景中的组织领导力。不过在考察跨文化的领导力时,有一点很重要,那就是这类基础性的组织概念,例如领导力、参与、控制和合作在不同的文化背景下可能具有不同的含义。随着文化的变化,处于文化中的组织也会发生变化,而领导力作为组织功能的重要组成部分同样也会随之发生变化(Dickson,Den Hartog & Castano,2009)。举例来说,在"西方",参与一般指的是通过某种形式参与其中,进而对决策的产出产生影响;而在日本,参与通常指的却是以共识为导向的方法,其主要通过自下而上的过程以及协商一致体制中的游说咨询来实现(Heller,Drenth,Koopman & Rus,1998;Heller & Misumi,1987;Steers,Nardon & Sanchez-Runde,2009)。因此,同样一个术语的背后可能隐藏着不同的内涵、感知和态度。

这种差异也出现在领导力方面,而且即使"领导力"这个术语本身也可以在不同的文化中表达稍微不同的含义。在盎格鲁-撒克逊国家,领导者和领导力具有积极的内涵,它能使人联想到伟大的英雄形象。Meindl 在自己关于"领导力艺术"的经典著作中表现了美国人对领导角色重要性的依恋,甚至在一些情况下,美国人会过高地评价领导角色的重要性(Meindl,Ehrlich & Dukerich,1985;参见 Meindl,1990)。然而在全球范围内,并不是所有的直接翻译都是一致的。"领导者"在德语中的意思是"元首"。很明显,其拉丁语含义在历史上是相当负面的。同样,在其他一些国家,"领导者"的字面直译会使人联想到最近的专政。在那里,"管理者"这一术语所蕴含的正面内涵比英语中的"领导者"一词要多(Den Hartog & Koopman,2001)。此外,还大量存在翻译方面的其他问题。例如,在一些平等社会中,直译追随者或下属可能会显得不太合适:在荷兰,下属一般指的是"medewerker",直译过来的意思是同事,而不是下属(Dickson et al.,2009)。这些例子表明,即使在翻译的时候非常谨慎,在不同的语言和文化环境中,这些术语在意思上也可能会出现不易察觉的细微差别。这类语言和文化问题会导致明显的测量问题——我们如何才能确定测量的是不是同一种结构?如果不能确定,那么这主要是由哪些差异造成的?这个问题是所有跨文化研究中始终非常关注的,其中也包括领导力的跨文化研究。

全球领导力与组织行为有效性(Global Leadership and Organizational Behavior Effectiveness,GLOBE)项目属于研究人员试图定义跨文化领导力的尝试之一,该研究项目的规模庞大、描述详尽,目的是在 60 个参与项目的国家中,评估领导力在文化语义定义上的相似性与差异。GLOBE 项目的研究人员将领导力定义为**个体影响、激励并促使他人为其所在组织的成功和有效性做出贡献的能力**。这个定义是在 1994 年召开的一次国际性会议上,根据代表 56 个不同国家的 84 位社会科学家和管理学方面的学者的广泛讨论来确定的。对领导力的这种相当抽象的定义得到了来自各种文化背景的代表的一致认可。因此,我们在领导力的概念上能够达成某种协议。不过,对于"领导力"这一术语的评价和语义解释、体现领导力特征的认知原型,以及具体文化对领导力的设定,还是会在不同的文化背景中有所区别(参见 Den Hartog et al.,1999;Hanges,Lord & Dickson,2000;House et al.,2004;Javidan,Dorfman,et al.,2006)。

所以,对于哪些是有效的领导者行为,在不同的社会中会有不同的看法,这最终会形成与领导力有关的不同的实践和领导者行为。一项针对两个不同国家的人们在承担未来领导角色时准备方式上的差异的研究能够说明这一点。Stewart、Barsoux、Kieser、Ganter 和 Walgenbach(1994)对德国与英国这两个国家中层管理者的教育背景及职业发展进行了比较。在德国,管理任务在很大程度上被归为职能术语,直接将职业培训与工作内容联系起来是非常普遍的现象。在职业发展方面,英国人则更注重灵活性。在大型企业中,会通过频繁变换工作、任务和职能来培养未来的领导者。拥有各方面广泛的知识和技能被认为是非常有价值的。相反,德国人并不看重灵活性,而是通过将领导者置于不同的情境来发展他们的领导力。管理者会在同一份工作上付出比较多的时间,而拥有具体的专业知识被认为是非常有价值的。这种在发展领导者能力方面的不同方式,反映了两种不同文化在哪些途径能够使领导者变得更为高效的观念上的差异。

接下来,我们将为读者介绍一些针对不同国家领导者行为所做的研究分析。正如我们在后面将会表明的,目前研究人员所使用的领导力研究与思考方法都已经受到了北美价值观的强烈影响。不过,这些价值观背后的假设并不一定会得到其他文化的认同。因此,我们会描述社会文化的不同维度,以及它们导致在探讨领导力过程中产生差异的方式。接下来,我们会转向发展中国家,着重突出这类国家中的一些独特因素。随后介绍在全球范围内人们对领导力的感知,说明处于不同文化背景下的人们在看待高效领导力时的相似性与差异。最后,我们将简要讨论一些与社会文化和领导力相关的组织文化方面的内容。

针对不同国家的领导力研究

一般的看法认为,过去半个世纪的大多数领导力研究都是由美国、加拿大和西欧国家开展的(参见 Dickson, Den Hartog & Mitchelson, 2003)。早期的北美领导力研究都倾向于着重考察领导者与群体之间的互动,而欧洲在早期则倾向于将领导力置于范围更广的社会、法律和政治情境下来研究,例如,对不同国家的参与管理体制进行比较(参见 Heller et al., 1988)。在过去十年里,世界其他地区那些本来较少涉及领导力领域研究的社会科学家也针对领导力开展了范围广泛的研究。在这里我们只举几个简单的例子:Pasa(2000)针对土耳其研究了影响行为;Pellegrini和 Scandura(2006)重点考察了土耳其的领导者-成员交换(LMX)与委派行为;Kahtri、Ng 和 Lee(2001)对新加坡的领导者魅力和远见进行了评价;而 Silverthorne(2001)则对中国台湾地区的路径-目标模型的适用性进行了考察。与上述这些例子一样,今天在西方之外的世界,许多针对领导力的研究都是在单一国家内进行的。

目前,针对领导力的比较研究仍然不够普遍,而可以看到的研究通常也只是考虑了数量比较少的群体。研究人员在一些比较研究中评估了在某个特定的国家内,具有不同文化背景的群体之间存在的差异。其主要研究思想是,即便他们生活在相同的社会文化背景之下,来自不同文化背景的管理者也可能会表现出或者倾向于不同的领导者行为。举例来说,Xin 和 Tsui(1996)比较了亚裔美国人和加拿大裔美国人作为领导者时的影响风格。他们发现,这两个群体之间仅存在非常细微的差别,而且种族背景在测量中对方差只产生很小的影响。这突出地表明了,我们不应当只根据人们的种族或者国家出身,就理所当然地认为他们在承担领导者角色的过程中会表现出不同的行为。而且,即使一种在群体中共享的文化价值预期会影响个体的行为,群体中也可能存在较大的个体差异。

另一项针对单一国家不同文化群体的此类比较研究主要考察的是合资企业中来自不同文化背景的管理者之间的差异,或者在某个国家工作的本土管理者与外国管理者之间的差异。例如,Quang、Swierczek 和 Chi(1998)对在越南工作的本土管理者和外国管理者进行了比较。他们的研究表明,在诸如拥有战略远见的重要性以及对环境要求的适应性等因素方面,越南籍管理者并没有表现出与外国管理者之间的不同之处。但是,与外国管理者相比,越南籍管理者非常强调对于在截止日期前完成任务以及时间管理的重要性。另外,他们还较少关注工作业绩与产出,这反映了计划经济时期的后续影响。最后,与外国同行相比,研究中的越南籍管理者对于分享权力和委派他人的意愿也较低。

其他比较研究重点考察的是在几个不同的国家中的领导力情况。举例来说,Den Hartog 等(1997)对波兰和荷兰的管理者的研究对于哪些是杰出领导力的重要性因素进行了比较。两国的管理者都认为远见能力是很重要的因素。与波兰管理者相比,荷兰管理者更重视与诚信和激励人心的管理者行为有关的属性。而交际能力和管理技能(例如有条理、优秀的组织能力等)是波兰管理者更为重视的因素。这些差异可能与从共产主义制度和计划经济向市场经济的过渡有关。此外,Abdalla 和 Al-Homoud(2001)也做了类似的研究,他们比较了科威特和卡塔尔两个国家的管理者对于杰出领导力重要性因素的看法,研究发现两个国家的管理者的观点比较相似,即都认为诚信、有远见、能够激励他人、管理技能、交际能力以及业绩导向都是杰出领导力的重要特征。相关的文献也记录了其他许多更小型的比较研究的成果(参见 Bu,Craig & Peng,2001;Fu & Yukl,2000;Keating,Martin,Resick & Dickson,2007;Osland,Snyder & Hunter,1998)。大多数此类研究所考察的都是相同的少数几种文化背景,与根据理论框架来选择文化背景相比,这种方法通常能够更加方便地获得样本。

另一项更复杂的、涉及四十多个国家的跨文化领导力研究的例子是对事件管理的研究,该研究通过将领导者角色置于其他意义来源的背景当中来分析角色之间的关系(参见 Smith & Peterson,1988;Smith,Peterson & Misumi,1994;Smith,Peterson & Schwartz,2002)。在处理事件时,管理者可以运用不同的信息和意义来源(例如规则和制度,国家标准,广为流传的信念,来自上司、同事或下属的信息,不成文的规矩等)。研究人员发现,不同的国家存在不同的偏好。举例来说,像依靠下属等以参与为导向的指导,大部分都出现在西欧国家;而来自非洲等其他地区的管理者更倾向于依靠诸如上司和规则等以层级为导向的信息。此外,与其他国家的领导者相比,类似中国和罗马尼亚等国家的管理者更主要依靠广为流传的信念作为其指导来源(Smith et al.,2002)。

北美偏差

虽然我们在前面的讨论中指出,研究人员已经开始针对多个国家进行领导力方面的研究,并且也做了许多比较研究的工作,但是目前在领导力理论、模型和测量方法上仍然存在明显的北美偏差,这在主流社会科学文献中体现得非常明显。在北美地区以外进行的领导力研究通常直接使用针对北美地区开发的领导力模型和测量方法。然而,人们早就注意到,适用于一个地区,比如美国的理论和概念,并不一定理所当然地能够适应其他不同的文化背景(Boyacigiller & Adler,1991)。

Hofstede(1993)指出,美国管理理论中的特点,并不一定能够为其他地区所接受(例如,强调市场过程和个体;关注管理者超过关注工人)。同样,House 也指出,大多数领导力方面的理论和实证经验都是以北美地区作为对象的,也就是说,"注重个人主义超过集体主义;强调理性超过克己、信仰或迷信;突出个体激励超过群体激励;强调追随者的义务多于权利;假定享乐主义的动机超过利他主义的动机;假定以工作为中心和民主价值取向等"(p.443)。这些假设会影响高效领导力的建模。不过,许多文化并不赞同上述这些假设的内容。因此,我们需要一个更恰当的理解领导力在各种文化背景下发挥作用的方式,同时也需要一个实证性的基础理论来解释跨文化条件下不同的领导者行为与有效性(House,1995)。在将从一种文化背景中发展出来的模型应用到其他文化背景中时,我们需要慎重考虑文化差异可能会带来的影响,以及这种文化上的差异会如何影响领导者行为的含义、实施以及有效性。因此,Leung(2007)主张亚洲的研究人员要突出对本土领导力结构的研究,同时发展出对领导力现象的本土化理论解释——在其他地区也需要这样做。

一个来自美国并且广泛使用的领导力测量方法是 Bernard Bass 和同事提出的交换型和变革型领导力的多因素领导问卷(MLQ,参见 Antonakis, Avolio & Sivasubramaniam, 2003; Bass, 1985)。该问卷已经为许多不同的国家所采用。其中包括欧洲国家,如奥地利、德国、英国、荷兰和比利时;盎格鲁-撒克逊国家,如英国和澳大利亚;以及亚洲国家和地区,如中国台湾地区和日本(参见 Bass, 1997; Den Hartog, Van Muijen & Koopman, 1997; Geyer & Steyter, 1998; Koh, Steers & Terborg, 1995; Lievens, van Geit & Coetsier, 1997; Rowold & Heinitz, 2007)。有证据表明,大多数文化都存在对于变革型领导力的偏好。此外,与交换型领导力相比,变革型领导力与积极的产出之间存在正相关关系的证据无处不在(Bass, 1997)。例如,一项针对美国、中国和印度的银行职员的研究显示,所有三个样本均表现出变革型领导力与追随者的自我效能、承诺以及满意度之间存在正相关的关系(Walumbwa, Lawler, Avolio, Wang & Shi, 2005)。

因此,我们在许多地方都能够找到人们对变革型领导力的偏好,以及变革型领导力的正面影响。不过,MLQ 中的问题在一定程度上都是比较抽象的。它可以通过多种不同的方式来体现(参见 House, Wright & Aditya, 1997)。举例来说,魅力型领导者会向追随者传达思想方面的信息,以身作则,同时传递自信——这能够赢得追随者的信任和尊重。但是,魅力可以通过一种非常有主见的方式来体现(例如约翰·F.肯尼迪、温斯顿·丘吉尔等),或者也可以通过一种安静、温和的方式来体现(例如昂山素季、圣雄甘地等)。Bass 也举出了一些例子并认为,虽然像"交换型领导力"和"变革型领导力"这样的概念是普遍被认可的,但是体现这些风格的具体行为却可能非常不同。举例来说,Bass(1997)认为,"在印度尼西亚,激励型领导者需要说服追随者自己具备成为领导者的能力,而在日本,这种行为通常是不需要的"(p.132)。Bass 同时还指出,与美国相比,权变奖励在日本会表现得更加含蓄。

变革型领导力既可能需要更多的参与性,也可能会需要较少的参与性(Bass & Bass, 2008),这似乎可能与在权力分配方面的社会规范和社会价值观有关。例如在荷兰,变革型领导者行为与决策过程中的参与行为之间有着非常高的相关性(Den Hartog et al., 1999),这种情况也发生在澳大利亚(Ashkanasy, 2007; Feather, 1994)。这两个国家都拥有平等的社会文化。因此,与权力距离较大的社会相比,在高度平等的社会中,变革型领导者可能需要体现出更多的参与性。而在权力距离较大的社会中,变革型领导者则可能需要表现出更多的指示性(Den Hartog et al.,1999)。对这样或那样的命题进行检验,能够使人们获得变革型领导力在不同文化背景下的含义。

最后,有一点很重要,对在大量不同的文化背景下,社会、组织层次上的领导力和领导力偏好进行评估,是目前研究的重点。前面提到的 GLOBE 项目就是一项直接针对系统性知识发展的长期研究,其主要内容是关于社会、组织文化是如何影响领导力和组织实践的(House et al.,2004)。全世界共有大约 60 个来自主要地区的国家参与了 GLOBE 项目,这使得该项目成为目前在跨文化领导力研究方面涉及范围最广的研究项目。该项目由 Robert J. House 发起,他负责领导该项目的协调小组,小组成员包括来自许多不同文化背景的代表。除协调小组外,还有大约 150 名社会科学家负责该项目在各自国家的数据收集和项目管理工作。

在拥有了通过后面将会提到的以维度为基础的方法发展出来的文化测量方法之后,我们便可以收集有关领导力偏好、组织文化和社会文化方面的数据了。研究对来自 60 多个国家、在 3 个不同行业 800 多家组织中工作的 1.5 万多名中层管理者进行了调查,请他们描述一下哪些属性和行为被认为能够促进或阻碍卓越领导力的形成。对社会文化和组织文化的测量方法由两个部分构成。GLOBE 将文化看作由(1)价值观——哪些行为是社会中的理想行为,以及(2)实践——处于文化中的成员在处理集体性挑战时实际采用的方式所构成的(参见 Javidan, House, Dorfman, Hanges & de Luque,2006)。这与人们对国家文化——"国家群体的价值观、信仰、规范和行为模式"的广泛定义相一致(Leung, Bhagat, Buchan, Erez & Gibson,2005,p.357)。GLOBE 项目的研究成果通过多篇期刊文章(参见 Javidan, Dorfman, et al.,2006)和一本相关的书籍(House et al.,2004)得以发表。在另一本以该项目为基础的书籍中,作者提供了针对 25 个不同国家领导力的深入分析(Chhokar, Brodbeck & House,2007)。有关 GLOBE 项目的研究成果将会多次出现在本章余下的内容当中。不过,我们将首先讨论关于社会文化的内容,以及不同文化维度对领导力可能会产生的作用。

与领导力有关的社会文化维度

文化可以看作一组相对稳定、能够共享的基础性实践方法与价值观,它有助于人类社会群体和人类社会寻找根本性问题的解决方案。Schein(1992)的研究主要就是针对两类这样的根本性挑战。第一类挑战是人们如何在环境中生存、成长以及如何适应环境（即外部适应）。第二类挑战则是如何实现有效的内部整合，从而实现日常功能并确保具备适应和生存的能力与技能。当人们聚在一起形成一个群体时，他们会发展出关于世界和群体内成员的共同的信仰与假设。这些信仰能够帮助成员在群体中生存。这种价值取向、信仰和假设体现了人类的本质、人与人之间的关系，以及人与自然、时间和行为之间的关系（参见 Adler,2002；Hofstede,2001；Kluckhohn & Strodtbeck,1961；Nardon & Steers,2009；Parsons & Shils,1951；Schwartz,1999）。

文化研究的一种方法是通过对文化维度的识别和测量来进行的。目前，研究人员已经发展出了一些与社会文化价值取向和文化维度相关的技术。其中最被广泛承认，同时也是受到批评最多的可能要算 Hofstede 提出的框架(1980,2001)了。Hofstede(1980)的早期研究是根据一项针对 IBM 在超过 40 个国家中的管理者和雇员所做的调查开始的。他从中总结出了四个文化维度，即个人主义-集体主义维度、男性化-女性化维度、不确定性避免维度以及权力距离维度。在后来的研究中，研究人员又加入了第五个维度——未来导向维度。

Hofstede 的研究成了主要的批评目标，批评的内容包括该研究将文化概念过于简单地分成了四个或五个维度；原始样本只源自一个单一的跨国企业（IBM）；文化会随着时间的推移而具有延展性；测量方法没有得到充分发展；以及研究忽略了国家内部可能存在的文化异质性（参见 Sivakumar & Nakata,2001；关于最新的概述和批评的内容还可参见 McSweeney,2002；Schwartz,1994；Smith,2002；Smith & Bond,1993,1999，关于以其他方式应用 Hofstede 维度理论的研究的广泛概述还可参见 Kirkman,Lowe & Bibson,2006）。在这里，我们不会深入讨论 Hofstede 的理论或是对其提出批评，而是将 Hofstede 的维度理论与研究人员提出并研究的其他类似维度，如前面提到的 GLOBE 研究放在一起讨论。我们在本章的主要目的不是深入讨论文化维度——其他维度也已经由其他学者提出并研究过了。

与 Hofstede 的研究一样，GLOBE 项目也受到了不少的批评（参见 Hofstede,2006；以及 Javidan 和 House 等人的回答,2006）。例如，前面提到过，GLOBE 既测量文化实践，同时也测量文化价值观，而 Hofstede(2006)针对测量方法提出了批评。虽然在理论上，文化价值观通常会驱动文化的实践（参见 Hofstede,2001），但是之前所做的研究尚未对这一假设进行直接的检验。GLOBE 项目的目的就是建立这样一种测量方法。社会文化的实践与价值观通过相同结构的题项来处理。举例来说,权力距离维度的一个文化实践题项——在这个社会中,权力是……如果用另一种方式来表达的话,比如李克特量表,可以通过用数字 1(集中在顶端)到 7(由整个社会共享)来衡量。而相关(也使用李克特量表来表示)的文化价值观问题则为:在这个社会中,权力应当为:1(集中在顶端)到 7(由整个社会共享)。(用于评估组织文化的类似问题我们将会在本章靠后的部分再介绍。)出乎意料的是,九个文化维度中,其中六个文化维度的价值观与实践之间是负相关的。这种关系是与具体的维度相关的,而价值观与实践之间最显著的关系,体现在实践得分特别高或者特别低的那些社会中。举例来说,那些未来导向实践得分非常低的社会人群,在社会愿望方面会表现出明显的上升;相反,那些决断性导向实践得分非常高的社会人群,在社会愿望方面则会表现出明显的下降。因此,Javidan 和 House 等(2006)总结认为,这些研究发现表明,价值观与实践之间存在简单线性关系的假设似乎并不成立。

另外,Javidan 和 House 等(2006)还警告说,实践得分与价值观得分之间的负相关关系并不意味着,在其中一个量表(例如实践)上的得分超过中间值(即 4 分)与在另一个量表(例如价值观)上的得分低于中间值(即 4 分)之间存在联系。例如,事实上,来自各种社会文化背景的受调查者在业绩导向方面报告的价值观得分都要高于实践得分。在该维度上报告的平均价值观得分为 5.94 分,而相应的平均实践得分则为 4.10 分,二者之间的相关系数为 -0.28。之所以会呈现出负相关的关系,是因为在实践得分较高的社会中,其预期增量要小于那些实践得分较低的社会。这种情况适用于以下四个维度:业绩导向维度、未来导向维度、人文导向维度以及反向的权力距离维度(偏好较小权力距离的社会)。Javidan 和 House 等(2006)对这些问题进行了非常详细的讨论。显然,在涉及 GLOBE 的测量方法时,对文化实践尺度的解释要比对价值观尺度的解释容易一些。当要对文化进行测量时,这始终是一个处理起来非常棘手的问题。

研究人员目前正在开发专门的文化维度(我们将会在后面的部分详细介绍),他们主要在社会层面上来研究文化,而且大量的研究都表明,不同的社会在这些价值导向方面确实存在差异。除社会层外,Kirkman、Chen、Fahr、Chen 和 Lowe(2009)都认为,文化差异在个体分析层次上也能够对领导力过程产生有意义的影响。同时,一些针对跨文化文献所做的回顾也表明,文化影响的层次——个体层次、国家层次或是二者兼有——在组织行为与管理领域中的许多实质性内容方面,一直以来都是一个被无数次讨论的研究课题(参见 Gelfand, Erec & Aycan, 2007; Kirkman et al. , 2006)。

男性化

拥有进取好胜(aggressive)的态度,在西方商业领域内似乎具有相当正面的含义。而进取好胜意味着强硬、迅速和有力,与软弱和脆弱相对立(Den Hartog, 2004)。根据 Hofstede(1980,2001)的观点,"进取好胜"这个词仅在那些他认为"男性化"的国家中包含正面的含义。Hofstede 将不同社会的差异描述为自信和坚韧的行为与谦虚和温柔的行为之间的差异。他将这种维度称为"男性化"-"女性化"维度。男性化意味着主流的社会价值观强调自信与坚韧、对金钱和物质的获取,以及关心他人和他人的生活质量。在女性化的文化背景中,主流的社会价值观则强调促进社会关系、提高生活质量,以及关心弱势群体等。Doney、Cannon 和 Mullen(1998)从尊重个体成就对比强调团结与服务、突出对抗对比突出合作,以及在社会规范方面强调独立思考与独立行动对比崇尚道德义务等方面,来找出男性化和女性化之间的差异。

另外,Hofstede 还在该维度与性别差异之间建立了明确的关系。在男性化文化特征比较明显的社会中,人们认为男性应当是自信和坚韧的,而女性应当是谦虚和温柔的。相反,在那些男性化特征不明显(或女性化特征比较明显)的社会中,人们则认为无论是男性还是女性,都应当表现出谦虚和温柔的特点。与男性化特征不明显的社会相比,成就动机与"大男子主义"的管理风格,应当在男性化特征比较明显的社会中更加普遍(Triandis,1994)。Hofstede(2001)认为,男性化与女性化文化能够塑造出不同类型的领导者。男性化的管理者会表现出自信、强势和果断的特点。其中,适者生存是被普遍接受的信条。相反,女性化文化中的领导者通常会尝试寻求共识、相对缺乏远见,并且更依赖直觉而非韧性和果断。在这里,商业成为一种合作上的冒险。日本、奥地利、意大利、墨西哥、德国、英国和美国属于男性化特征更强的国家,而瑞典、挪威、荷兰和波多黎各则属于女性化特征更强的国家(Hofstede,2001)。

对男性化-女性化维度的批评主要集中在,人们认为该维度无法很好地被测量,而且包含数量过多的不同主题(例如,对性别角色的区分、在社会关系方面的自信、人性化或注重生活质量、以表现或以成就为导向等)。在前面提到的 GLOBE 研究(参见 House et al.,1999,2004)中,对上述这些方面分别进行了测量。GLOBE 项目与这部分内容相关的维度有自信、性别平等主义、业绩导向,以及人文导向(集体主义的两个方面、权力距离、不确定性规避以及未来取向同样也属于在 GLOBE 研究中测量的文化维度)。例如,GLOBE 研究将自信定义为,组织或社会中的个体在社会关系中所表现出的自信、韧性、主导性以及强势的程度(Den Hartog,2004)。

除其他的因素之外,自信在社会中与人们偏爱使用的语言有关。自信被看作一种反应风格,它能够让其他人了解一个人想要什么,这也是为什么在许多"西方"文化中,直接和明确的行为能够得到人们的普遍接受。事实上,研究人员在美国发现了自信与间接语言使用之间存在的负面关系。此外,会话的间接性被发现也与社会期望之间存在负面关系。因此,在美国,人们通常比较注重一个人是否直接说出自己要表达的意思(Holtgraves,1997)。但是在其他文化中,人们对不那么直接的反应方式比较看重。在强调自信的社会中,人们倾向于使用被称为"低情境"的语言,这种语言强调表达要直接、清晰并且明确。相反,在不那么强调自信的文化中,人们倾向于使用"高情境"的语言,这种语言在表达时不那么直接,而且比较含蓄和微妙(Hall,1959;S. C. Schneider & Barsoux,1997)。高情境语言或者在沟通中表现得不那么直接,能够与"面子管理"联系起来(Brown & Levinson,1987)。人们会共同努力管理彼此的面子或公众身份,而且在整个过程中会使用礼貌性的和间接的措辞(Holtgraves,1997)。虽然这种或那种形式的面子管理在任何文化中都非常重要,但是与强调个人主义的国家相比,那些生活在所谓的集体主义文化中的人通常会更加看重面子管理(Ting-Toomey,1988)。

在这方面,有一些研究能够支持这种文化差异的思想。例如,Holtgraves(1997)的研究表明,与美国人相比,韩国人在反应时会表现出更多的间接性。此外,在特定的社会中,社会规范也会影响一个人公开表达情感的程度。Trompenaars 和 Hampden-Turner(1997)对"中性"文化与"情感"文化进行了对比。在情感文化中,一个人通过笑声或手势以及激烈的争论来表达情感都是正常的反应。而在更为中性的文化中,人们则倾向于抑制自己的情感。在这类文化中,以柔和、沉着和克制的方式表达感情是普遍现象。这种在可接受的沟通风格和模式方面的差异,能够影响领导者表现自己以有效地影响他人的方式。

不确定性规避

不确定性规避是 Hofstede(1980,2001)的另一个区分维度。该维度描述了为了降低未来的不可预知性,社会对社会规范和社会过程的依赖性。Hofstede 将不确定性规避定义为,在非确定和模棱两可的情形下,社会所感受到的受威胁程度,以及试图通过提供更高的(职业)稳定性,建立正式规则,抵制越轨思想与行为,以及相信绝对真理和专业知识的力量来避免这种情况发生的程度。它指的是社会成员在模棱两可和非确定情况下感到不舒服的程度。

在不确定性规避程度高的社会中,人们倾向于职业的稳定性和正式规则,而来自不确定性规避程度低的社会的人们,则更偏爱在角色和工作上的灵活性,工作的流动性也更强(Hofstede,2001)。前文提到的由 Stewart 等(1994)开展的针对德国和英国管理者职业管理行为的比较研究也说明了这一点。与英国的文化相比,德国的文化显示出了对不确定性要强烈得多的反感情绪(Hofstede,1980,2001)。这种差异体现在典型的管理者职业模式和职业行为方面。前面我们讨论过,英国管理者通常更强调职业的灵活性,而德国管理者则会在同一份工作上花费更多的时间,并且非常看重与工作相关的专业技能的发展。另外,英国管理者强调机智与即兴行为的重要性,而德国管理者则更看重可靠与守时。对于德国管理者来说,严谨地规划并严格按照之前确定的计划行事是非常重要的,不这样做会被视为一种软弱的表现,而在英国却不会。

Stewart 等(1994)的研究结果与其他研究的结果相一致。例如,其中一项研究比较了德国和爱尔兰的创业者运营小型企业的情况(Rauch, Frese & Sonnentra, 2000)。在 Hofstede 提出的所有文化维度中,德国和爱尔兰除了在不确定性规避维度上存在差异,即德国的不确定性避免程度高而爱尔兰的不确定性避免程度低外,在其他维度上都很相似。因此,在德国,商业计划的内容都是非常详细的。客户偏爱这样的计划,同时也期望交换能够按照约定按时履行。在这种环境下,满足客户的期望需要细心和详尽的规划。相反,在爱尔兰,人们通常认为规划的重要性要低一些。客户对商业计划的预期也较低,自己也会表现出未经计划的行为,同时偏爱较高的灵活性。人们认为,过多的规划会使企业主缺乏灵活性,同时更不易于满足客户的需求。与此同时,Rauch 和同事也发现,详尽的规划对于德国的小型企业来说具有正面的影响,而对于爱尔兰的小型企业来说则具有负面的影响。

其他一些研究也提供了类似的证据。Shane(1993)通过研究发现,与具有不确定性规避特点的社会相比,那些接受不确定性的社会通常具有更强的创新性。在随后的一次研究中,Shane(1995)发现,具有不确定性规避特点的社会,对于拥护创新的角色(包括变革型领导角色)具有较低的偏好。Shane、Venkataraman和MacMillan(1995)对30个国家的文化维度与对创新战略的偏好之间的关系进行了研究。他们发现,社会的不确定性规避程度越高,该社会中的人们就越倾向于通过组织规范、规则和过程来促进创新。换句话说,社会的不确定性接受程度越高,人们就越认可倡议者通过违反组织的规则和规范,克服组织惯性实现创新的努力。

与他人的关系:集体主义

另外一个著名的文化维度是个人主义和集体主义。Hofstede(1980,2001)将以个人主义为特征的文化描述为松散的社会框架,人们在这样的社会框架中被认为只关注自身,只关心自己及家庭的利益。相反,在紧密的社会框架中,人们将内群体和外群体区分开来,这是注重集体主义的文化的关键特征。内群体团结稳固,人们期望他们的内群体一直照顾自己,而且他们也觉得有义务对内群体抱以绝对的忠诚。

类似地,Schwartz(1999)指出,一个社会必须要决定人们在群体中的自治和融入的程度。在重视融入群体的文化中,人们被视为集体的一部分,他们通过参与群体活动、认同群体目标的过程找到生活的意义和方向。组织倾向于为成员生活的所有方面负责,也期望成员认同群体的目标并为群体尽心尽力。相反,在强调自治的文化中,个人被视为自治的单位,在其独特性中寻找生活的意义。

Schwartz(1999)进一步区分了理智型自治(即个人被鼓励按照自己的想法和理智行事)和情感型自治(即人们被鼓励独立地为自己寻找积极的经验)。在强调理智型自治的文化中,组织有可能将其成员视为拥有自己兴趣、偏好、能力和忠诚度的独立个体。员工一般都会得到(一些)自治权,并被鼓励产生自己的想法并且依照其行事(Brannen et al.,2004;Sagiv & Schwartz,2000)。在一项涉及47个国家的研究中,Schwartz和Sagie(2000)发现,社会经济发展以及民主化增加了独立思想和行动、对变化的开放度、对他人福利的关注、自我放纵的重要性,并降低了舒适、传统和安全感的重要性。

■ 层级、社会地位和权力距离

在所有的社会中都存在社会地位和权力的差异。这些明显是和领导力的概念相关的。Hofstede(1980)将权力距离定义为一个社会接收和接纳权力在组织与机构中的不平均分配这一事实的程度。在个体所拥有的权力差异很大的文化中,组织一般会有很多层级,而且指令链非常重要。按照这种定义,**工作满意度和工作层面之间的关系在较小的权力距离中要弱于较大的权力距离**(Robie, Ryan, Schmieder, Parra & Smith, 1998)。权力距离还与权威的集中度有关(Hofstede, 2001)。在权力距离较大的国家,例如中国、墨西哥和菲律宾,下属一般更不愿意挑战他们的上司,而权力距离较小的国家,例如,芬兰、荷兰、爱尔兰和美国,员工们则更愿意这样做。研究发现,权力距离较大的文化中的员工更害怕表达与管理者们的不同意见(Adsit, London, Crom & Jones, 2001)。

权力距离较大国家的人不太愿意向上级提供负面的反馈,而且他们也不太接受这样一个观点,那就是下属可以提供这样的评估,因此,向上的反馈可能会被视为对社会地位的威胁(Kirkman & Den Hartog, 2004)。研究还发现,权力是前面提及的事件管理研究中的一个重要的预测因素。管理者们管理事件的一般方式是与社会中的权力距离相关的。Smith 等(1994, 2002)指出,权力距离较大国家的管理者们据报告会使用更多的规定和程序,相对于权力距离较小国家的管理者,他们对下属的依赖性更小,也较少倚赖处理日常事务的经验。

权力距离较大的文化更有可能接受权威式领导力和更专制的决策制定。在平均主义的文化中,员工期望在那些会影响他们工作的决策制定中拥有一定的发言权。例如,法国人在权力距离上的得分就高于丹麦人。在比较法国和丹麦的管理者的研究中,法国被试指出,他们总是要请示上级,只是因为上级是上级而已;而丹麦被试则表示,他们必须请示上级,是因为上级可能会知道问题的答案。在法国,老板因其地位而受到极大的尊重,而在丹麦,研究发现,尊敬与否和社会地位无关。一位丹麦的老板会做下属所做的工作,而无损其地位,但是一位法国的管理者就不会这样。最后,丹麦公司的特征是权威的下放和更平面的等级结构(参见 Sondergaard, 1988,引自 Hofstede, 2001)。

Hofstede(2001)指出,权力距离较大国家的下属将其上司视为善意的独裁者,而权力距离较小国家的下属主要将其上司视为足智多谋的民主主义者。Shane 等（1995）发现，社会中的权力距离越大，人们越希望创新的斗士在采取任何创新行为之前获得上司的支持（而不是建立一个广泛的支持性平台，促进组织成员产生新的想法和观点）。

类似的情况，Schwartz（1999）注意到，任何一个社会都会遇到的问题是如何保证成员采取必要的负责任的行动。这个问题的一个解决方案就是在等级制文化中发现的，这种文化依靠等级系统，系统中有指定的角色，这种系统将不均等的权力分配视为合理现象。这种文化的概念包括了权力距离和集体主义，个人被社会化以适应其在社会中被分配的角色要求和责任。组织强调权威链条，将明确的角色分配到等级结构之中，要求成员服务于等级顶端制定的目标。组织成员被要求将组织的利益放在其个人利益之前。而在平均主义文化中，人们被鼓励视对方为平等个体。个人被社会化以内化一种对他人的承诺。组织强调合作性妥协，员工在完成组织目标时，灵活地按照自己的角色要求行事。领导者使其下属参与目标制定活动，呼吁大家为集体的共同福利而工作，以此提高下属的积极性（Sagiv & Schwartz, 2000; Schwartz, 1999）。

与此有关的一项研究强调了接受和应对上司指令的意愿。例如，Bu 等（2001）比较了中国大陆、中国台湾地区和美国员工在接受上司指令时的倾向，对他们的反应进行了简述。从整体上看，样本中的中国大陆员工显示出最强的接受指令的意愿，而美国员工的意愿则最弱。同事之间的一致性对美国员工的影响大于中国台湾地区的员工或中国大陆地区的员工。中国大陆地区的员工对上司指令与公司政策之间的一致性最为敏感，而对自己对于所受指令所带来好处的评估反应最小。这些差异看起来反映了权力距离的不同。同样，前面提及的 Den Hartog 等（1997）的研究显示，相对于波兰的管理者，荷兰的管理者对权威领导者的行为和社会地位意识有更为负面的态度，这可能反映了荷兰社会中的平均主义（即较小的权力距离）价值观。

在 Dorfman 等（1997）进行的一项更大的研究中，研究者们比较了五个来自西方国家和亚洲国家或地区的公司（美国、墨西哥、日本、韩国和中国台湾地区）的领导者行为。他们发现，一些领导者行为与所有这些国家或地区的产出有积极关联（例如满意度与监管和组织承诺），但是其他的领导者行为并不是普遍认可的。Dorfman 等（1997）将他们发现的差别与文化，尤其是权力在社会中的典型分配方式联系起来。例如,在所有五个样本中,支持性领导力与对上司的满意度有积极关联(在一些情况下与其他产出有积极关联),但是指令性领导力只在墨西哥和中国台湾地区与承诺有积极关联。魅力型领导力在所有五个样本中都与一个或更多的产出有积极关联。例如,在日本,魅力在一定程度上意味着下属感受到更少的角色模糊;在墨西哥、美国和韩国,魅力与对上司的满意度有关联,而在中国台湾地区,魅力与上述两项均有关联,此外还与对工作的满意度有关联。他们发现,在墨西哥,只有支持性、指示性的领导力才与绩效有直接和积极的关联,而在美国,只有参与型领导力才与绩效有直接和积极的关联,魅力型领导力不影响绩效。

因此,在六类被测试的行为中,三类(即支持型、权变奖励型、魅力型领导力)在五个国家或地区都有积极效果。其余三类(即参与型、指示型和权变惩罚)只在一个或两个文化中有积极效果,而在其他国家或地区则有不明确或负面的效果。这些结果证实了一个观点,那就是一些行为的效果在某些程度上在不同文化中都适用,而其他的则可能只对某些文化适用。我们引用 Bass(1997,基于 Lonner,1980)的术语,这一研究测试的是"功能共性"的存在,它是不同文化间连续变量之间的关系。

另外一个与权力和社会地位相关的问题来自一个问题,那就是社会地位是否建立在成就和归因之上(Parsons & Shils,1951)。某些类型的社会根据人们的成就来为其安排社会地位,其他则按照年龄、性别、社会阶层、专业或其他标准来安排社会地位。实现的社会地位是基于某人做了什么或实现了什么,而安排的社会地位则是根据某人"是什么"。以成就为导向的社会倾向于按照其成员的成就来安排社会地位。评估是基于人们的工作业绩。归因型文化不按照人的工作或成就,而是按照个人本身来安排社会地位。在归因型社会中,资历和年龄是主要的要求,例如,通常向比自己年纪小的上级汇报是让人难以接受的。在美国,任何人都可以成为总统这个观点就明显反映了以成就为导向的文化,而在法国,没有名校背景或没有适当的人际网络的人是不可能成为总统的。在日本,工作的晋升一直都基于资历、年龄和性别(Javidan,2004;S. C. Schneider & Barsoux,1997),员工也默认这些规则,而且按照这个标准来塑造自己的梦想。

在最近一项关于中国和美国领导者及其追随者的研究中,Kirkman 等(2009)采用了一种不同的方法,强调权力距离导向在个体层面的差别。国家的差别并没有严重影响研究发现。他们发现,两个国家的个人追随者的权力距离导向和群体对变革型领导力的共享认知都与程序公正的认识有积极关联。权力距离导向还调节了变革型领导力和程序公正之间的关系(当权力距离较小时,这种协调作用更有效)。而程序公正又将变革型领导力的独特的交互关系与权力距离导向和追随者的组织公民行为连接起来。这一研究强调,除了社会文化对领导力的影响,我们还需要开始考虑个人层面的文化导向在领导力研究中的影响力。

关于人性的假设

不同文化在一个基本的价值观导向上存在差别,Hofstede(1980)也没有清楚地解释这一问题,这一问题就是对人类本性的假设:人们究其根本是中性的、善的还是恶的？Kluckhohn 和 Strodtbeck(1961)将这一问题归纳成"人性本善"和"人性本恶"两种。在认为"人性本善"的群体中,人们倾向于相信他人的意图。从领导力的角度来看,如果相信人们的意图是好的,一个人可能就不会那么强调对员工的控制和直接监管。相反,在相信人性本恶的文化中,人们就更有可能加大对员工的控制,实施更严密的监管(参见 Brannen et al., 2004)。

然而 Hofstede(1980)没有清楚地将这一点纳入他的分类之中,看起来它似乎和权力距离在概念上有一定的重合。具体来看,权力距离大的时候,不同的社会参与者之间缺乏信任感。权力距离小的时候,社会参与者之间的信任度就会高一些。当然,这种情况也存在例外,权力距离较大的社会的人际信任度不一定很低,"人性本善"和"人性本恶"的对立的维度一定比简单的人际关系信任度更广泛。然而,文化维度从来就不是完全互不相干的,在这一维度和权力距离上至少存在某种程度的重叠。一种文化将人视为可变的还是不可变的也是比较有趣的。如果一种文化认为人是可变的,其组织及其管理者们就更愿意对他们的员工进行培训。如果一种文化认为人很少发生变化,那么组织工作的重点就会强调选择更合适的人选(参见 Brannen et al., 2004)。

控制导向

文化的一个有趣的因素是关于与外界世界关系的本质(Kluckhohn & Strodtbeck, 1961)。一些社会将这种关系视为一种征服,一些社会认为是一种和谐,还有一些社会认为这种关系实质上是统治。最后一种观点反映了一种假设,即自然是可以被控制和操纵的,这是一种针对现实本质的实用主义导向,是一种对人们完美潜质的信仰。因此它与上面提及的角度产生了关联,即人类是不是可变的。在一个采取统治观点的社会中,"人类理所当然地认为,对人来说,适当的事情就是获得掌控权,并积极地控制他们的环境"(Schein,1992,p.127)。

另外一个极端的假设是,自然是充满力量的,人类应该臣服于自然。这就暗示了一种宿命论,认为人不可能影响自然,因此人类必须接受自己的命运,享受现有的生活。穆斯林有一句谚语——"上帝的意志",这就反映了一种信仰征服的文化。相反,"希望最强的人获得胜利"这句谚语就反映了一种崇尚控制、统治和竞争力的价值导向(Javidan,2004;S. C. Schneider & Barsoux,1997)。正如上面所说的,Hofstede的文化角度并不是正交的,这似乎与男性-女性维度有相似之处。类似的是,Schwartz(1999)这样描述控制型文化,在这种文化中,人们被鼓励去掌控、去变化,去探索环境以期实现自己的目标。在这些文化中,人们认为组织及其领导者必须是充满能量的、竞争性的,而且要雄心勃勃地朝向成就和成功努力。另一些极端的文化被称作和谐型文化。在这些文化中,人们被鼓励去了解并融入周围的自然环境,而不是改变和利用环境。领导者们倾向于采用一种整体的观点,尝试了解组织行为的社会和环境含义,并尝试寻找非破坏性的方式来实现组织的目标(Sagiv & Swartz,2000)。

按照上面的观点,Trompenaars和Hampden-Turner(1997)认为,社会一般会"认为他们可以而且应该将其意志强加于自然,就像古代圣经的训喻'繁衍后代,征服这个世界',或者他们会认为,人是自然的一部分,人必须遵循自然的法则、方向和力量"(p.141)。Trompenaars和Hampden-Turner将这些视为内部文化和外部文化(这与Rotter 1966年关于内部控制和外部控制的经典之作的论述相一致)。与文化相关的差异表现为有些文化中的人们感觉他们已经控制了外部力量(即内部控制)或者被外部力量控制着(即外部控制)。例如,在被要求在下面两句话中选择其一时:"**发生在他们身上的事情都是他们自己造成的**"和"有时我感觉我没有足够的力量控制发生在我身上的变化和决定",80%的美国管理者选择前一句(相信自己能把握自己的命运),而只有40%的俄罗斯和中国管理者选择前一句。

内部文化对自然采取一种占有和控制的态度。人们发生对抗和冲突,这意味着人们有坚定的决心。相反,在外部文化中,人们适应自然的转变和周期性轮回,人们愿意做出妥协,寻求和谐,领导者的敏感性被视为通情达理且是一种受欢迎的特质。在内部文化中,重点是自我和自己的群体或组织,采用"强硬手段"来测试对手的弹性是一种合理的方法。相反,在外部文化中,重点是"他人"(客户、合作伙伴和同事),要想获得成功,必须具备柔软度、韧性、礼貌和耐心(Den Hartog,2004)。在内部社会中,人们对竞争和竞争力的价值观深信不疑。例如,在美国,竞争被视为"人性的一个根本的方面,人们生活在一个人吃人的世界中,人们必须要竞争才能获得生存权和发展的权利"(Bonta,1997,p.299)。Bonta 指出,在最平和的社会中,对竞争的反对和对合作的支持构成了基本的文化信仰。这样的社会并不是很强调个人成就,因为它与竞争性野心有紧密关联。

这些以及其他的文化角度为我们提供了一种区别社会文化和偏好这些文化的领导力风格的方法。可以肯定的是,其他因素也有可能参与进来并起到一定的作用,包括社会经济发展的程度。为了解决这个问题,我们现在来具体地讨论发展中国家的文化和领导力。

发展中国家的文化和领导力

关于领导力和文化的模型及研究大多关注"发达世界",或者换句话说,西方世界或工业社会,而非"发展中国家"(Aycan,2004;Sinha,2003;Sinha et al.,2004)。但是,发展中国家的人口占世界人口的 80%,这 80% 的人口构成了一个庞大的而且不断发展的市场和劳动力,这些人口分布在差别非常大的国家,并产生了大量的产品和服务(Punnett,2004)。虽然没有一个被普遍接受的词来形容这些社会,但鉴于"发展中"和"第三世界"都是有价值承载的,而且起源于"发达"社会,因此我们使用"发达世界"来指代 OECD 国家和剩余的西欧国家,使用"发展中世界"来指代除此之外的其他国家。"发达"世界和"发展中"世界的主要区别是,平均来看,发达世界国家的人均收入显著高于发展中世界国家,发达世界国家在人类发展指数(综合指数)(United Nations Development Program,2002)上的评级高于发展中世界国家,这表明,发达世界国家的教育、医疗保健和生活质量要优于发展中世界国家。

越来越多的商务人士开始意识到发展中国家不断成长的市场和年轻劳动力的潜力。某些发展中国家还能提供别的优势,一些国家面积很大,并拥有大量的自然资源(例如巴西),一些国家有大量受过高等教育的合格工作人员(例如印度)和优秀的基础设施(例如津巴布韦)或很好的医疗设施(例如古巴)。一些发展中国家的人类发展指数也很高(例如巴巴多斯)。这些特征可能都会为向内和向外发展的商业机遇提供良好的环境(Punnett,2004)。

发展中国家分布很广,要想用一个单独的词来详细形容这些国家的文化特性是不可能的。但是,正如 Aycan(2004)和其他人所指出的,很多发展中国家在历史背景(例如独裁和殖民)、生存系统(例如倚赖农业)、政治环境(例如不稳定,法律不健全,法律执行上的问题)和/或人口构成(例如,年轻劳动力,高等教育资源分配不均)上有一些相似之处。这样的经济和政治环境以及历史事件共同塑造了文化。因此,我们可以推断,这些国家的文化在某种程度上存在相似之处。但是,在我们讨论这些相似之处的时候,要记住两点,这非常重要。第一,发展中国家之间存在巨大差异;第二,发展中国家内部可能还存在很多差异。例如,这些差异可能是地域性的,也可能是因为不同宗教或人种而产生的价值观的差异。

价值观和行为的差异也可能与人们服务的组织有关,或者来自个体所受教育、社会经济地位或年龄的影响。例如,一位在海外受过高等教育,并在美国的跨国公司工作的印度管理者的价值观和行为可能更能反映其他美国管理者的价值观,而不是一位在农村地区为小公司工作且没有受到很好教育的印度管理者的价值观。这样的亚文化变量存在于每一个国家,但是这种差异的程度在发展中国家要深很多(Aycan,2004)。

发展中国家之间文化的相似性

发展中国家的文化倾向于集体主义,权力距离较大。发展中国家还较倾向于外部导向文化。正如 Aycan 等(2000)所指出的,感觉到无助和命运无常是这些社会中普遍的文化特征。另外要强调一点的是,发展中国家表现这些文化特征的程度和性质存在很大差异,而且,在同一个国家内部也会存在显著变化。

进行了上述讨论之后,还有一点很普遍,那就是维持这些文化特征的关系和社交网络对发展中国家的文化也具有重要作用。实际上,在这些国家的社会、政治和经济生活中,关系和社交网络比规定及程序还要重要,有时会使得包括亲戚、朋友和自己的种族及宗教群体的群体成员更倾向于彼此交往,他们往往会歧视或排斥群体外的成员。群体内部的忠诚度及和谐是一个中心的概念。因为互相依赖被培养成一种文化价值,自己依靠自己成为一种负面意义(因为这意味着抛弃群体),因此,这种社会更少强调个人成就,和大家和谐相处比自己一马当先更为重要(Abdalla & Al-Homoud,2001)。这些强调维持和谐关系的价值观倾向于保证实现一个平稳的工作程序,虽然这些程序并不一定是最有必要的或有效性强的。

例如,一项关于中国人力资源管理的研究显示,很少有公司采用基于个人业绩的奖励机制,因为这种类型的奖励会被认为导致所谓的员工之间的"红眼病",这是一种中国的表达方式,用以形容嫉妒(Verburg,1996)。因为基于个人的奖励机制而导致的嫉妒会破坏和谐,因而对工作关系和绩效造成负面影响(Verburg, Drenth, Koopman, Van Muijen & Wang, 1999)。这种模式当然会随着时间的推移而发生变化。Zhou(2002)就对最近一家被外商收购的中国工厂的员工进行了研究。这些员工克服了他们文化上的被动性,对峙管理层,并正式要求管理层采用基于个人绩效的奖励系统,这种系统很快就被采用并取代了原来论资排辈的系统。

在发展中国家,组织中的沟通模式通常是间接的、非强制性的、非对抗性的,通常是自上而下的。人们通常会避免负面的回馈,或非常间接地给出回馈,否则这种负面回馈就会被视为对群体和谐的一种破坏。在东方文化中,例如中国、日本和菲律宾,接收到负面的回馈通常会让人感到丢脸或感觉受到侮辱(Earley,1997)。因为在这些文化中,个人生活和工作通常是交织在一起的,负面的回馈很容易被理解成人身攻击,是对一个人声誉的破坏,而不是对其行为的有建设性的观察(Aycan, 2004)。另外,很多人的生活都围绕着核心家庭和延伸家庭,工作和家庭范围倾向于紧密交织在一起。因此,在工作上丢失了颜面也会对家庭生活造成严重影响。

■ 发展中国家偏好的领导力风格的相似性

正如我们前面所解释的,发展中世界国家之间存在巨大的差异,但是这些社会之间有相对统一的主题,那就是它们似乎都偏好一种以社会地位为导向、较多牵涉个人生活以及高度指示性的领导力风格,这通常被叫作"父式"的领导力风格(参见 Aycan, 2004; Dorfman et al., 1997; Kanungo & Mendonca, 1996; Pellegrini & Scandura, 2008),鉴于这种关系目前存在于不同的性别角色和社会经济发展阶段中(Emrich, Denmark & Den Hartog, 2004),这种男性化的词语(而不是性别上中性的"家长式")似乎更恰当一些。在很多这样的社会中,人们对不同性别有清晰的区分和期望,领导角色更接近典型的父亲角色,而不是母亲角色,也不是中性的"父母亲"角色。

一般来看,在这些社会中,人们期望组织照顾其员工及其家庭。组织的领导者倾向于与下属及上司保持较为紧密的关系。下属也希望建立较为个人化的关系,希望得到保护、指导和监管。领导者们愿意为其追随者承担责任,反过来,他们也期望追随者回报以忠诚度。

这种父亲式的关系具有强烈的等级意味。正如前面所说的,上级担负起一个父亲的角色,保护下属,而下属自愿地向上司报告工作,向其表示忠诚度和尊重。领导者一般被认为"知道得最多",下属期望领导者能在生活的各个方面对其进行指导,包括非工作上的事情。这样的一种领导者事实上把下属当成自己的家庭成员来关心(Aycan,2004;Pellegrini & Scandura,2006,2008)。

父亲式领导力在墨西哥非常常见(Dorfman et al.,1997)。Martinez 和 Dorfman(1998)描述了一个案例,其中涉及一位墨西哥企业家,这位企业家从下属那里得到很多积极的反馈,下属认为他是一位幽默的、富有激情的人,并且是一位优秀的演讲者,他带领着公司度过了一场严重的危机。一个关于他父亲式领导力的案例是,他参与到员工的私人生活之中,而且他觉得自己应该这样做,因为员工有需求并向他求助了。他关心员工的方式与美国或其他国家的高级领导者的方式截然不同。例如,当一位秘书告诉这位领导者她的丈夫要去医院接受一项手术的时候,这位领导者会马上打电话给一位医生,并与医生讨论这件事,以保证手术正常进行(也可参见 Den Hartog et al.,1999)。

Aycan(2004)提供的有关父亲式行为的案例还包括,参加员工及其家庭成员的庆祝宴会以及吊慰活动(例如婚礼和葬礼);在员工需要支付大笔开销的时候,例如买房、医疗和子女教育,向员工提供财务上的支持(例如捐款和借款),以及在员工之间出现矛盾时出面协调。正如我们所说的,员工们反过来会向其表示高度的忠诚度和尊重,通常也愿意为领导者的私人事务效劳。父亲式领导者的一个问题是对工人们的不同对待方式以及前面提及的相关问题,例如,竞争和嫉妒(参见 Sinha,1995)。

Pellegrini 和 Scandura(2008)注意到,作者不同意这些不同程度的父亲式行为都是完全出于好意,并指出,这种理解可能和特定的文化有关。Aycan(2004)认为,父亲式行为是一种领导力风格,西方工业化国家并不十分理解这种风格。很多工业化程度更高的国家都认可一种个人主义的价值观,这意味着对自治和自我奋斗的许可及追求,这种价值观与父亲式领导者的指导者角色是相对立的。对下属个人生活的高度参与在西方(西化)社会中会被视为干涉,上司和下属之间过于个人化的关系会被认为不专业,甚至有可能会导致诉讼。但是,在很多发展中国家,对这种上下级之间的父亲式关系的相互认可是非常常见的。如果管理者们不参与员工的个人生活,而是让他们自己去做重要的决定,他们有时甚至可能会感到不满。再强调一次,这种模式和偏好可能会随着时间的推移而发生变化。

在前面一部分我们讨论了文化是如何影响领导者行为的。研究显示,被看成领导者是作为正式领导者并影响他人的先决条件(Lord & Maher, 1991)。换句话说,为了取得成功,领导者们首先需要具备一些特征,或者展现出一些行为,让特定语境中的人承认这是"领导力"行为。因此,追随者的认知过程在领导力过程以及领导力研究中起到了重要作用。但是,一个人需要或应当展现什么样的特征和行为呢?正如文化部分所讨论的那样,被视为有效领导者的属性和行为可能在不同文化中有很大的差别。在下面的部分我们将深入探讨这一主题。

不同文化间的领导力认知

很多社会中的人群会频繁地与正式领导者互动,还通过媒体向他人呈现这些过程。人们对于什么是领导者有效性逐渐形成了自己的看法。这些看法受到了文化的影响。当人们想起一位典型的领导者的时候,在一些文化中,一般会想象一位果断、独立并明确的英雄形象。例如,一位理想的领导者可能是一位成熟的人,其经验和智慧,而不是速度和勇气受到大家的尊重及崇拜。领导者行为和特征的评估及意义可能会因为文化而有所不同。强调领导力原型或所谓的领导力隐性理论的基于文化差异的研究还较少。

Hunt、Boal 和 Sorenson(1990)以及 Lord 和 Maher(1991)都认为,社会文化对领导力原型和隐性领导力理论都有重要影响。价值观和理念被视为文化性领导力原型的决定因素。在强势或统一的文化中,原型将会被广泛复制,而在文化较弱势或存在多种亚文化的国家中,个体原型都会有更多的变量(Hunt et al., 1990)。换句话说,人们会认为文化中存在对有效领导者的共享的认知,在强势文化中,个体的认识较弱势文化更类似。House 等(1999)将这些共享的认知称作文化印记的隐性领导力理论(CLT)。

Gerstner 和 Day(1994)是首批关注领导力原型跨文化比较的研究者之一。他们研究的被试对 59 个领导力属性进行了评分。研究者将美国学生的评分($n = 35$)和外国(七个国家的)学生的小样本($n = 10$ 和 $n = 22$)进行比较,他们发现,被认为最具商业领导者特征、一般具备商业领导者特征或最不具备商业领导者特征会因为文化或文化来源而有所不同。这项研究有明显的局限性，这会导致保守的偏见（例如，样本较小，而且都是学生样本，只以在美国的外国学生来代表其他文化，采用基于英语语言的特征评分方式，这在其他文化中并非完全有效）。但是，不同国家的成员对领导力的认知存在确切的差异，这一发现使得进一步的研究有一定的必要。

Hnages等（2000）最近提出一种模型，这种模型显示，社会文化对领导力的影响通过"联结主义架构"的发展以一些非常类似的方式在个人身上起作用。一个类比能够帮助我们解释这一概念。想象一片杂草丛生的草地，要穿越这片草地将非常困难，但是只要成功穿越了一次，就会留下一点道路的痕迹。如果你再一次穿越这片草地，第三次穿越……随着你的每一次穿越，道路就会变得越来越清晰，最后要穿越这片草地，走这条清楚的路就会比其他路径容易很多。通过这个类比，Hanges等人认为，领导力和文化都为如何感知并在新条件下如何行动提供了指导，随着时间的推移，这种感知和行动的模式变得越来越确定。按照既定的模式，它只需要很少的感知能量就能观察和行动，而探索新的感知和行动方式将要耗费更多的能量。这一模型显示，这种方法可以用来理解文化、领导力、追随者认知及行为之间的关系。我们关注的重点是自我概念的重要性，我们认为，这种变量在文化和领导力的关系中起到关键的作用。

这一领域的一个有趣的问题是，我们能否区别在各种文化间被普遍接受的并且有效的领导者行为和特征、在不同文化间接受程度及有效性都不同的行为和特征。正如前面所说的，在很多国家，人们都偏好变革型领导力而不是交换型领导力（Bass，1997）。因此，有人可能会问，与这种类型的领导力相关的特征是否在不同的文化中都被视为有效的。

全球通用的领导者特征

正如前面所说的，GLOBE项目是迄今为止最大的领导力和文化的跨文化研究（Dorfman，1996）。GLOBE研究的一个早期研究结果是关于不同领导力属性的，那就是：（1）对理解领导力来说是全球有效的；（2）是不受欢迎的；（3）是具有文化的权变性的。例如，在所有参与的国家中，一位杰出的领导者被认为是鼓舞人心的、积极的、热情的，是信心的建立者，富有活力和远见。这样的领导者是以杰出业绩为导向的、果断和智慧的。杰出的领导者需要擅长打造团队、沟通和协调。道德性是备受珍视的,因此,领导者必须是值得信赖的、公正诚实的。还有几个属性在全球范围内都被视为无效的,或者换句话说,阻碍了杰出领导力的发展。这些属性包括不愿意合作、残忍、含糊其辞、独行者、易怒和专制(Den Hartog et al.,1999;Dorfman,Hanges & Brodbeck,2004)。

权变领导者的文化特征

研究发现,其他很多领导者属性的重要性在不同文化中也有所不同。这些文化性权变属性在一些文化中有重要意义,这意味着这一特征在这个情境中是有助于领导力的理解的,如果在其他文化中的意义较不重要,那就意味着这一特征在这个情境中阻碍了对领导力的理解。例如,不同国家对"冒风险"这一属性的评分在7分制评分标准中的得分从2.14到5.96不等,"敏感性"的得分从1.06到6.35不等,"阶级意识"的得分从2.53到6.09不等,"自治"的得分从1.63到5.17不等(参见 Den Hartog et al.,1999,见完整列表)。

文化差异显然在这里起到了重要作用。例如,在对"柔和的"和"热情的"特质理解上存在的不同反映了文化在情感表达方面的不同规则。在很多文化,尤其是亚洲的文化中,表露自己的情感一般会被认为是缺乏自我控制,因此被认为是软弱的表现。不表现自己的情感成了一种规范。在其他文化,例如拉丁文化和地中海文化中,如果不能生动地表现自己的感情,就很难被看作一位有效的沟通者和领导者。另外,有几个领导者属性在不同文化中的评价不同,这反映了对社会中较大权力距离和平均主义的偏好。例如,"对社会地位的意识""对社会阶层的意识""精英主义"和"盛气凌人"都是在权力距离较大社会中受到重视的领导者属性,但是在权力距离较小的社会和文化中则并非如此。

其他在不同文化中有不同变化的领导者特征在 GLOBE 结果中看起来反映了对不确定性的规避,这作为一种文化维度,指的是对社会中的不确定性的容忍。在一些文化中,敢于冒风险、习惯性、程序化、有前瞻性、正式的、谨慎的和重视秩序影响领导力的发挥,在其他的文化中则恰恰相反。最后,在一些文化中,自治、独特和独立被认为是领导力的重要方面,而在其他文化中则不受欢迎。这些属性看起来反映了不同文化对个人主义的偏好。这种差异表明,虽然全世界对杰出领导者形象的想象存在一些共同点,但是对优秀领导者的预期还有较大的不同(Den Hartog et al.,1999;Dorfman et al.,2004)。

普遍性领导者特征作用变化

下面要描述的特征显示了一种对某些领导力属性的"普遍性"欣赏。但是,正如前面所强调的,即使有些特征在全球范围内都得到认可,也不意味着这些属性在不同文化中都会按照同一种方式起作用。反映一种属性的行为在不同情境下也是不同的。Dickson、Hanges 和 Lord(2001)在他们关于进一步理解"普遍性"的不同意义的讨论中研究了这一点。和当前讨论最接近的是 Lonner(1980)在简单普遍性(在不同情境下,原则和作用方式是一样的)和多种形态普遍性(在不同情境下,原则是一样的,但是作用方式是不同的)之间做的比较。

多种形态普遍性的一个具体的例子就是,在大多数文化中,远见被视为一种积极的领导者属性,但是一个人是否具有远见在不同文化中的条件也不一样。例如,正如前面所提及的,沟通性远见的有效风格可能会存在差别。然而,在一些文化中,雄辩的男性形象与有效沟通的远见相关,Fu、Wu、Yang 和 Ye(2007)认为,在中国,要表达一种远见,必须采用温和的方式。儒家的价值观(例如,温和良善)对中国人的影响较大,人们不喜欢夸夸其谈又没有实际作为的领导者,往往会厌恶傲慢冷漠的领导者。Chhokar(2007)认为,虽然印度的领导者肯定在这一方面比较灵活,但是,果敢自信的领导风格一般较安静温和的形象更受欢迎(Den Hartog et al.,1999)。

另外一个例子是,有些作者认为,冒险在一定程度上是变革型领导力的一部分。GLOBE 结果显示,冒险并不是被普遍认为对理解领导力有益的属性。另外,不同的情境对风险的理解也不同。Martinez 和 Dorfman(1998)这样描述墨西哥的企业家:他们会无视持股人的反对,从墨西哥社会底层中提拔一个人进入公司管理队伍。这一决策是根据被提拔者的努力程度、受教育程度和专业技能。在美国或其他国家,这种现象可能并不是非常奇怪,但是在墨西哥,人们的社会地位是极其重要的,因此,这位企业家的行为就会被认为是非常冒险的,这就证明了一些行为在某些文化中可能会带有与这个行为的核心价值不同的意义。

领导力概貌和文化集群

GLOBE 的研究发现显示,处于一种文化中的成员共享一种有关有效领导力的框架。我们在前面指出了普遍受欢迎的领导者属性和在一些文化中受欢迎而在另外一些文化中不受欢迎的属性。但是，GLOBE 数据不仅在属性(即题项)层面进行了分析，它还将领导力属性按照统计概率纳入了 21 种"第一序列"的基本因素或维度，这些维度又被压缩进六种"第二序列"的全球领导力维度(参见 Hanges & Dickson, 2004, 2006)。这六种维度是：(1) 魅力型/基于价值观的领导力(例如，远见、鼓舞人心、正直、果断)；(2) 以团队为导向的领导力(例如，合作、融合、圆通)；(3) 参与型领导力(例如，非权威、允许下属参与决策制定)；(4) 自治型领导力(例如，个人主义、独立和独特)；(5) 人性化领导力(例如，谦逊、忍耐、敏感)；(6) 自我保护型领导力(例如，自我中心、地位意识、面子意识)。

对这些维度的认可在世界上的其他地方是否有所不同呢？学者们使用了不同的方法，包括按照地理位置的接近程度、大量移民、种族社会、资本、宗教和语言共同性、社会变量(例如，态度、价值观以及经济和社会政治的发展)，将不同国家纳入几个类似的集群中(Gupta, Hanges & Dorfman, 2002)。GLOBE 研究结果显示，根据前面描述的 GLOBE 文化维度，目前存在十个有意义的文化集群：大西方地区，包括北欧、日耳曼语族地区、拉丁美洲地区和南美地区文化集群；大东方地区，包括南亚地区和东亚地区，中/东欧地区、撒哈拉沙漠以南非洲地区以及中东(阿拉伯)文化集群(也可参见"GLOBE", 2002, *Journal of World Business* 专刊)。我们使用六种领导力维度为这十种文化集群开发了领导力概貌。这些文化认可的领导力概貌强调了在文化上被普遍认同的领导力因素以及那些在文化上具有独特性的因素(请见 Dorfman et al., 2004)。

在所有十种文化集群中，魅力型领导力和以团队为导向的领导力维度都是很容易被广泛理解的。根据绝对分数，这一点在北欧、南亚和拉丁美洲文化集群中尤为明显，在中东文化集群中分数稍低一些。人性化领导力对高效型领导力有促进作用，但是并不像魅力型或以团队为导向的领导力那样受到重视。南亚地区、英美地区以及撒哈拉沙漠以南非洲地区在人性化领导力维度上的分数要高一些，南欧和北欧的分数稍低一些。自治型领导力在十个文化集群中对高效型领导力的作用偏向中性，但是对 62 个文化(和十个集群)中的一些来说，自治型领导力据称对高效型领导力有轻微的促进作用(例如东欧和日耳曼语族欧洲地区)，对其他地区来说，就有轻微的阻碍作用(例如南欧和中东地区)。剩下的两个 CLT 维度中发现了文化及文化集群中更多的变异。这种自我保护的 CLT 维度被认为在所有地方都对高效型领导力起到了阻碍作用。但是，它在北欧、日耳曼语族欧洲地区和英美地区文化集群中的负面作用更大一些,在中东地区、东亚地区和南亚地区文化集群中的负面作用稍小一些。据报告,参与型领导力对所有文化集群的高效型领导力都有促进作用,但是也存在大量变异。GLOBE 研究结果显示,日耳曼语族欧洲地区、英美地区和北欧地区文化集群尤其适应参与型领导力,而中东地区、东欧、东亚和南亚地区文化集群则不是这样(参见 Dorfman et al. ,2004)。

但是结果显示,某个社会特有的价值观显然对有效领导者行为的共享认知有主要的影响作用。GLOBE 项目是最早使用大型评估方法对社会文化以及组织文化对这些认知的相对影响进行测评的研究之一。例如,在组织层面和文化的社会层面,文化的绩效导向就与魅力型/基于价值观的领导力和参与型领导力相关。换句话说,重视绩效的社会和组织似乎认为魅力型领导者有能力描绘一个激动人心的未来。他们同样重视那些能够带领他人一起建立未来的领导者(Javidan,2004)。在很多情况下,组织文化对领导力信仰体系或 CLT 的影响至少和社会文化的影响一样重要(Dorfman et al. ,2004)。因此,我们在这里将对组织文化和领导力的关系进行简要的讨论。

组织文化和领导力

正如前面所说的,"文化"指的是一组由集体成员共享的价值观,它并不局限于社会层面。说到组织内的领导力,组织文化与其紧密关联。Denison(1996)这样描述组织文化:"文化指的是组织的深层结构,它植根于组织成员的价值观、信仰和假设之中。意义通过社会化的过程建立起来,不同的单位元素群有不同的意义,这些意义在工作场所合并起来。沟通创造了一个象征性的世界,这个世界为文化提供了极大的稳定性,某种不确定和脆弱的特性深植于系统对个体认知和行动的依赖之上。"(p.624)

显然,一个社会的价值观很有可能反映在组织成员的价值观之中。Dickson、BeShears 和 Gupta(2004)描述了一种这种影响力可能发生作用所依赖的机制,它们包括:构成组织的成员来自不同社会,而且有可能会带着那个社会的价值观;组织面临的来自社会价值观的压力,即通过微妙的奖励(即强制性的、标准性的、模仿性的和同构的压力),或一致性带来的优势以及不一致带来的劣势引起的压力;资源依赖的压力,组织因此必须要实现一致性,以获得必要的物资和人力资源;社会网络压力,沟通模式和依赖的关系通过社会网络迫使组织采纳和/或反映社会价值观。

有几位作者认为,社会文化和组织文化之间的和谐一致对组织的绩效来说是非常重要的(参见 Newman & Nollen,1996)。但是,还有一点很重要,那就是组织文化中存在大量变异,即使是某个成功的社会组织也是如此。

组织文化和领导力

组织的领导者在群体的思考、感受、行为中植入和传播文化。Schein(1992)认为,领导力的一个决定性的功能就是建立、管理和破坏组织文化。但是,根据对文化管理的讨论,"大多数人类学者会认为领导者创造了文化这个观点非常可笑:领导者不创造文化,文化来自群体和社区的集体性社会互动"(Meek,1988,p.459)。我们不同意这个观点,至少在组织文化方面。在社会层面,大多数人确实不会去选择他们的社会文化,而是停留在他们出生地的文化之中。但是,人们确实会积极地寻求有归属感的组织。成员们不会被随意地安排给一个组织,他们选择适合的组织,组织也会选择其需要的成员。这些决定,至少在一定程度上是建立在"适合"的认知,或者组织价值观和员工价值观之间的和谐性的认知基础之上的(参见 Kristof,1996)。因此,领导者首先创造了一些对外界来说具有吸引力的东西,外界的人选择是否加入组织。最后,组织内部个体的互动细化并修改了最早由创建者建立的文化。然而,创建者确实建立了组织最初的文化(Giberson, Resick & Dickson,2002;B. Schneider,Goldstein & Smith,1995)。

因此我们就更关注 Schein(1992)的观点,他认为"领导力最初是组织处理内部和外部事务的信仰及价值观来源,如果一位领导者提出一项工作并持续进行这项工作,那么这种领导者的责任就逐渐变成了一种共享假设"(pp.26—27)。这种观点强调了组织创建者对组织文化的影响。Dickson、Smith、Grojean 和 Ehrhart(2001)也认为,公司里的道德气氛与创建者和早期领导者的价值观及动机有关联。创建者选择了基本的工作内容、群体成员、公司的环境背景以及公司早期融入环境并取得成功的应对措施,创建者在文化形成方面起到了关键作用。

文化源自三个因素:信仰、价值观以及组织创建者的假设;组织发展过程中群体成员学习到的经验;新成员和领导者带来的新的信仰、价值观以及假设。Schein(1992)指出,领导者有几个主要的文化内嵌机制,其中包括领导者们经常关注、测量和控制的事务,他们如何应对危机和关键事务,他们的模范作用和指导行为,分配资源、进行奖励和设定社会地位的标准,以及招聘、遴选、提升组织成员或与其互动的方式。二级文化表达和强化机制只有在它们与主要机制一致的时候才有效。它们包括:组织设计、结构、系统和程序;关于人和事件的故事、传说及传闻;仪式;物理空间的设计(例如建筑物);以及组织价值观、哲学或信条的正式表达。

魅力型领导者对组织文化有特别的影响:"领导者如何传递自己的信息?最简单的方法就是通过自己的魅力,这种神秘的、无法描述的特质无疑就是领导者可以用生动清晰的方式来传达主要的假设和价值观的能力。"(Schein,1992,p. 229)按照Bass(1985)的看法,魅力型领导者通过为追随者创建新的意义来为其创建新的文化。领导力作为一种管理方式的意义在于对领导力和文化之间的联系的关注(参见 Smith & Peterson,1988)。这种意义创建的过程在使用了框架或框架调整之后而得到提升(参照 Goffman,1974)。框架调整指的是追逐者的兴趣、价值观和信仰与领导者的活动、目标和理念通过某种方式实现了和谐与互补(参见 House & Podsakoff,1994)。

框架本身是象征性结构,人们使用这些结构来创建个人和社会经验的意义并指导自己的行为(Conger,1989)。框架或"解释图示"使得个体能够定位、认识和对他们生活中及世界上发生的事情进行分类。通过创建事件的意义,框架还可以形成经验并指导个人或集体性的行为(Goffman,1974;House & Podsakoff,1994)。一位魅力型领导者创建一个目标,然后将这个目标放置于一个特定的情境中,向听众解释现实的情况并给予其意义。Pfeffer(1981)将组织视为一种拥有完整或部分共享的意义的系统。意义可以附着在组织的目的、目标、理念和价值观之上,也可以附着在组织实现这些目标的方式之上。对人们来说,改变目标很难,但是改变实现目标的方式相对来说容易一些。领导者在组织中的角色包括附着在影响实现目标的具体方式上的意义和价值观,这两点具有高度的象征意义。

Trice 和 Beyer(1991,1993)提出了一个文化领导力的模型。他们认为,关于文化领导力的文献强调文化的创新,即创建一个组织和一种新的文化或极大地改变了现有的文化。在文献中,文化的兴起和变化通常与魅力型领导力相联系。但是,他们还呼吁学界关注文化对领导力的维持作用,这对于组织在更稳定环境中的有效性来说非常重要。文化创新和维持的领导者们有一些共有的特质,他们都给人一种有竞争力的印象,他们善于表达理念,有很强的说服能力,对下属有信心并且有较高的预期,他们是模范,也会强化追随者对组织的忠诚度。但是,他们之间也存在不同之处。文化维护领导者的目标是强化现有的对实现组织目标有效的价值观和传统。变化是逐渐发生的。文化创新领导者旨在创造一种新的文化或根本性地改变现有的文化。在处理危机的时候,这些领导者会表达一种有关新的价值观和策略的极端理念。文化创新领导者需要比维持性领导者更加引人注目且更有表达能力,他们在处理危机时必须展现出更多杰出的特质。这是魅力的属性,这种属性可能会在实施新策略和处理变化的时候奠定一种额外的力量基础。

Bass(2008)认为,领导者可以作为文化和反主流文化的创建者,他们是文化的建立者,也是主流文化的变化因素。Trice和Beyer(1991,1993)为领导者的角色添加了维持文化这一内容。但是,文化的内容和性质是如何与领导力联系起来的,上述角色并不能给出清晰的答案。Kerr和Slocum(1987)描述了两种产生不同文化的公司奖励机制(所谓的部落和市场文化),因此形成了不同的领导力经验。这个例子表明,除了创建、改变或维持文化的角色,文化的内容同样会影响追随者体验领导者的方式以及体验何种领导力是有效的方式。具有讽刺意味的是,Schein(1992)指出,文化对管理层的管理通常更多一些,而管理层对文化的管理却少一些。

Dickson、Resick和Hanges(2006)强调组织文化、气氛及展示的力量;根据GLOBE的研究数据,清晰的气氛会更有力量一些。根据这种影响力是否与文化中的主流价值观相一致,强势文化可以阻碍或促进领导者的影响。Rubin和Berlew(1984)报告说,如果强势的组织文化所包含的价值观和内部指导原则对组织下层来说具有更高的自治性,那么这种情况就可以防止高级管理层消除中层管理来增加个人权限。

然而,一些理论家强调组织文化的识别层面,其他理论家则关注组织文化的明确分类法。后者的一个例子来自14个国家的一群研究者,他们开发了一份组织文化问卷(Van Muijen et al.,1999)。问卷按照内部重点/外部重点、灵活性/控制两种维度区分了四种文化导向:支持(内部/灵活性)的特征是互相信任、合作、团队精神、承诺和个人成长,这里适合一种以个人或关系为导向的领导力风格。规则(内部/控制)的特征是尊重权威、程序、工作分类和自上而下的沟通。领导力主要是以过程为导向的。目标(外部/控制)强调理性、绩效、成就、可靠性和权变奖励,这里适合一种以任务为导向的领导力风格。创新(外部/灵活性)强调创造性,对变化的开放态度,寻找新的信息、假想和实验。以变化为导向的领导力适合这种条件(Van Muijen et al.,1999)。

Den Hartog、Van Muijen 和 Koopman(1996)将这种模型与五个组织中的变革型及交换型领导力联系起来。他们在 Bass(1985)的猜想基础上提出,交换型领导力更适合有序和稳定的环境,例如官僚性的组织,而不是灵活型的组织和有机的组织;相反,Bass 认为,变革型领导力则适合更加创新、灵活和支持性的环境。他们发现:(1)变革型领导力和创新型及支持型导向之间的关系要比交换型领导力更密切;(2)交换型领导力与目标及规则导向之间的关系要比变革型领导力更密切。

总结

在本章关于领导力和文化的讨论中,我们旨在表明,我们不应该理所当然地认为,在一个地方开发的理论和模型适用于其他地方。我们在社会和组织的层面讨论文化,并向读者展示文化是如何影响隐性领导力理论和行为的。我们指出,即使偏好的和有效的领导者特征及行为有相似之处,它们的启动也会因为文化的差异而有所不同。正如 Smith 和 Bond(1999)所指出的,如果我们想要描述社会行为的普遍性的方面,那么就需要按照非常抽象的方式进行。相反,如果我们想要以文化特有的方式表达这些普遍性的意义,我们就需要参考更具体的事件或行为。类似地,我们还指出,领导力在文化上可以被看成是普遍的或是具体的。我们还强调了发展中国家,因为到目前为止的文献中的大多数理论都和发达国家或西方国家相关。

很显然,我们还需要更多关于不同文化中的领导力的研究。有几种类型的研究将会非常有用。涉及来自不同国家的可比较样本的大型比较性研究,这种研究可以重复进行以获得关于领导力的变化本质的更多理解。但是,在另一个极端上,更本土和丰富的研究会产生更具体的文化模型,也会更加有趣。

我们没有详细描述在任何跨文化研究中需要解决的潜在问题和方法论上的陷阱,因为对这个问题的全面讨论不属于本章应该涵盖的内容。测量的不变性就是这样一个问题。另外一个潜在的障碍是测量中的翻译问题。我们如何确保被试正确地理解了问题?我们如何知道建构有相同的意义?被试在使用非母语完成问卷之后,结果会受到何种影响?取样在跨文化研究中是另外一个有意思的挑战。如果对社会文化感兴趣,那么使用国界作为文化边界可能在那些拥有亚文化的国家就不适用。多文化的国家,例如印度、美国和中国,我们甚至都不知道何种文化最具有代表性。然而,来自所有国家的样本都需要在国家内实现相对的一致性,这样才能解释其间的差异。

还有很多研究有可能出现了"生态谬误"。如果我们假设不同的分析层面之间存在同构的关系,那么我们就有可能犯这样的错误,例如假设存在于文化层面的特征和/或关系将会自动适用于其他分析层面,比如个体层面。适用于个体层面的可能适用于也可能不适用于群体层面,反之亦然(参见 Dorfman et al.,2004)。我们可以通过仔细观察理论建构和数据收集及处理中的分析层面来将这种生态谬误出现的可能性降到最低。例如,在针对文化层面的调查问卷研究中,文化题项可以采用具体的群体、组织或社会事件而不是个体的事件。可以通过统计测试来验证个体的答案能否累积到群体层面。

这些方法论挑战的例子显示,在不同的文化中研究领导力是一件困难的事情。但是,设计合理的研究可以帮助我们更好地理解全球范围内可接受的组织领导力与有效的组织领导力之间的异同。很明显,对这个领域的更好的理解在不断加速的全球化进程中至关重要。

讨论题

1. 你认为跨文化领导力研究中最重要的发现是什么?你如何看待现存的主要的研究问题?

2. 这种类型的研究面临何种类型的困境和问题?

3. 这种类型的研究如何帮助那些需要与来自不同文化背景的人一起工作的管理者?

4. 这种研究是如何看待将管理者和管理层派驻到外国工作这种做法的?文化差异可能会产生怎样的障碍?哪种类型的人适合那种角色?

5. 组织应如何尝试避免因来自不同文化背景的人对领导者的不同预期和对领导力的不同理解而产生的问题?文化价值观(通常是隐性的)如何进行清楚的表达才可以讨论和探索,以提升有效性,减少误会?

6. 是否存在特别的文化维度,在这种维度中,管理者们之间的差异更有可能导致组织性的问题、误会或无效?为什么你认为这些维度上存在的管理者间的差异会是有问题的?

7. 如果你将成为一位领导者,你的团队由一批来自不同文化背景且从未合作过的人组成,那么你将如何开始与他们的互动?关于具体的文化背景及其对你和团队成员的影响,你有什么需要做的吗?你会做些什么来解决团队成员不同文化背景的问题?你将如何继续向前推进以保证这些来自不同背景的富有才华的成员实现最佳绩效?

扩展阅读

Javidan, M., Dorfman, P., de Luque, M. S., & House, R. J. (2006). In the eye of the beholder: Cross-cultural lessons in leadership from Project GLOBE. *Academy of Management Perspectives, 20*(1), 67–90.

Javidan, M., & House, R. J. (2001). Cultural acumen for the global manager: Lessons from Project GLOBE. *Organizational Dynamics, 29*, 289–305.

Javidan, M., Teagarden, M., & Bowen, D. (2010). Making it overseas. *Harvard Business Review, 88*(4), 109–113.

案例研究

1. IMD case: Learning to Lead in China: Antonio Scarsi Takes Command
   Reference: IMD-3–1696
   Authors: Fischer, William A.; Chung, Rebecca
   Copyright: © IMD 2006

2. IMD case: Petter Eiken at Skanska: Leading Change
   Reference: IMD-3–1823
   Authors: Maznevski, Martha; Leger, Katarina
   Copyright: © IMD 2008

3. INSEAD Mini-Case Series. (Although these are a bit older, they are very short and provide opportunities for undergraduates or others less familiar with case methodology to begin to use the approach and to apply them to the cross-cultural domain. The titles mentioned are two of the eight cases, though most of them are appropriate for this topic.)

3(a). Title: Blowing in the Wind

    Reference: 495–028–1

    Product type: Case

    Author(s):   de Bettignies, H.; Butler, C.

    Publisher: INSEAD

    Settings: Indonesia; Pulp and paper; US$6 billion; 1994–1995

    Topics: Team building; Ethical dilemmas; Cross-cultural conflict; Leadership styles; The expatriate process; Communications

    Date: 1995

    Length: 3 pages

    Data source: Field research

    Status: Active

3(b). Title: Leading Across Cultures at Michelin (A; prize winner)

    Reference: 409–008–1

    Product type: Case

    Authors: Meyer, E.; Gupta, S.

    Publisher: INSEAD

    Settings: United States; Tires

    Topics: Cross-cultural; Intercultural/inter-cultural; Multicultural/multi-cultural; Performance feedback; National culture; Leadership; Global leadership; International human resources

    Date: 2009

    Version date: 03.2010

    Length: 7 pages

    Data source: Field research

    Status: Active

参考文献

Abdalla, I. A., & Al-Homoud, M. A. (2001). Exploring the implicit leadership theory in the Arabian Gulf States. *Applied Psychology: An International Review, 50*, 506–531.

Adler, N. J. (2002). *International dimensions of organizational behavior* (4th ed.). Cincinnati, OH: South-Western College Publishing.

Adsit, D. J., London, M., Crom, S., & Jones, D. (2001). Cross-cultural differences in upward ratings in a multinational company. *The International Journal of Human Resource Management, 8*, 385–401.

Antonakis J., Avolio B. J., & Sivasubramaniam, N. (2003). Context and leadership: An examination of the nine-factor full-range leadership theory using the Multifactor Leadership Questionnaire. *The Leadership Quarterly, 14*, 261–295.

Ashkanasy, N. M. (2007). The Australian enigma. In J. S. Chhokar, F. C. Brodbeck, & R. J. House (Eds.), *Culture and leadership across the world: The GLOBE book of in-depth studies of 25 societies* (pp. 299–333). New York: Lawrence Erlbaum.

Aycan, Z. (2004). Managing inequalities: Leadership and teamwork in the developing country context. In: H. W. Lane, M. L. Maznevski, M. E. Mendenhall, & J. McNett (Eds.). *The Blackwell handbook of global management: A guide to managing complexity* (pp. 406–423). Malden, MA: Blackwell.

Aycan, Z., Kanungo, R., Mendonca, M., Yu, K., Deller, J., Stahl, G., et al. (2000). Impact of culture on human resource management practices: A 10-country comparison. *Applied Psychology: An International Review, 49*, 192–221.

Bass, B. M. (1985). *Leadership and performance beyond expectations*. New York: Free Press.

Bass, B. M. (1997). Does the transactional–transformational leadership paradigm transcend organizational and national boundaries? *American Psychologist, 52*, 130–139.

Bass, B. M., & Bass, R. (2008). *The Bass handbook of leadership: Theory, research, and managerial applications* (4th ed.). New York: Free Press.

Bonta, B. D. (1997). Cooperation and competition in peaceful societies. *Psychological Bulletin, 121*, 299–320.

Boyacigiller, N. A., & Adler, N. J. (1991). The parochial dinosaur: Organizational science in a global context. *Academy of Management Review, 16*, 262–290.

Brannen, M. Y., Gomez, C., Peterson, M. F., Romani, L., Sagiv, L., & Wu, P. C. (2004). People in global organizations: Culture, personality, and social dynamics. In H. W. Lane, M. L. Maznevski, M. E. Mendenhall, & J. McNett (Eds.). *The Blackwell handbook of global management: A guide to managing complexity* (pp. 26–54). Malden, MA: Blackwell.

Brown, P., & Levinson, S. (1987). *Politeness: Some universals in language usage*. Cambridge, UK: Cambridge University Press.

Bu, N., Craig, T. J., & Peng, T. K. (2001). Acceptance of supervisory direction in typical workplace situations: A comparison of US, Taiwanese and PRC employees. *International Journal of Cross-Cultural Management, 1*, 131–152.

Chhokar, J. S. (2007) India: Diversity and complexity in action. In J. S. Chhokar, F. C. Brodbeck, & R. J. House (Eds.), *Culture and leadership across the world: The GLOBE book of in-depth studies of 25 societies* (pp. 971–1019). New York: Lawrence Erlbaum.

Chhokar, J. S., Brodbeck F. C., & House, R. J. (Eds.). (2007). *Culture and leadership across the world: The GLOBE book of in-depth studies of 25 societies*. New York: Lawrence Erlbaum.

Conger, J. A. (1989). *The charismatic leader: Behind the mystique of exceptional leadership*. San Francisco: Jossey-Bass.

Czinkota, M. R., & Ronkainen, I. A. (2005). A forecast of globalization, international business and trade: Report from a Delphi study. *Journal of World Business, 40*, 111–123.

Den Hartog, D. N. (2004). Assertiveness. In R. J. House, P. J. Hanges, M. Javidan, P. W. Dorfman, V. Gupta, & GLOBE Associates (Eds.), *Culture, leadership, and organizations: The GLOBE study of 62 societies* (pp. 395–436). Thousand Oaks, CA: Sage.

Den Hartog, D. N., House, R. J., Hanges, P., Dorfman, P., Ruiz-Quintanilla, A., & 159 co-authors (1999). Culture specific and cross-culturally endorsed implicit leadership theories: Are attributes of charismatic/transformational leadership universally endorsed? *The Leadership Quarterly, 10*, 219–256.

Den Hartog, D. N., & Koopman, P. L. (2001). Leadership in organizations. In N. Anderson, D. S. Ones, H. Kepir Sinangil, & C. Viswesvaran (Eds.). *Handbook of industrial, work and organizational psychology: Volume 2. Organizational psychology* (pp. 166–187). London: Sage.

Den Hartog, D. N., Koopman, P. L., Thierry, H., Wilderom, C. P. M., Maczynski, J., & Jarmuz, S. (1997). Dutch and Polish perceptions of leadership and national culture: The GLOBE project. *European Journal of Work and Organizational Psychology, 6*, 389–415.

Den Hartog, D. N., Van Muijen, J. J., & Koopman, P. L. (1996). Linking transformational leadership and organizational culture. *Journal of Leadership Studies, 3*, 68–83.

Den Hartog, D. N., Van Muijen, J. J., & Koopman, P. L. (1997). Transactional versus transformational leadership: An analysis of the MLQ. *Journal of Occupational and Organizational Psychology, 70*(1), 19–34.

Denison, D. R. (1996). What *is* the difference between organizational culture and organizational climate? A native's point of view on a decade of paradigm wars. *Academy of Management Review, 21,* 619–654.

Dickson, M. W., BeShears, R. S., & Gupta, V. (2004). The impact of societal culture and industry on organizational culture: Theoretical explanations. In R. J. House, P. J. Hanges, M. Javidan, P. W. Dorfman, V. Gupta, & GLOBE Associates (Eds.), *Culture, leadership, and organizations: The GLOBE study of 62 societies* (pp. 74–90). Thousand Oaks, CA: Sage.

Dickson, M. W., Den Hartog, D. N., & Castaño, N. (2009). Understanding leadership across cultures. In R. S. Bhagat & R. M. Steers (Eds.), *Cambridge handbook of culture, organizations, and work* (pp. 219–244). Cambridge, UK: Cambridge University Press.

Dickson, M. W., Den Hartog, D. N., & Mitchelson, J. K. (2003). Research on leadership in a cross-cultural context: Making progress, and raising new questions. *The Leadership Quarterly, 14,* 729–768.

Dickson, M. W., Hanges, P. J., & Lord, R. M. (2001). Trends, developments, and gaps in cross-cultural research on leadership. In W. Mobley & M. McCall (Eds.), *Advances in global leadership,* (Vol. 2, pp. 75–100). Stamford, CT: JAI.

Dickson, M. W., Resick, C. J., & Hanges, P. J. (2006). When organizational climate is unambiguous, it is also strong. *Journal of Applied Psychology, 91,* 351–364.

Dickson, M. W., Smith, D. B., Grojean, M. W., & Ehrhart, M. (2001). An organizational climate regarding ethics: The outcome of leader values and the practices that reflect them. *The Leadership Quarterly, 12,* 197–217.

Doney, P. M., Cannon, J. P., & Mullen, M. R. (1998). Understanding the influence of national culture on the development of trust. *Academy of Management Review, 23,* 601–620.

Dorfman, P. W., (1996). International and cross-cultural leadership. In J. Punnitt and O. Shanker (Eds.), *Handbook for international management research* (pp. 267–349). Cambridge, MA: Blackwell.

Dorfman, P. W., Hanges, P. J., & Brodbeck, F. C. (2004). Leadership and cultural variation: The identification of culturally endorsed leadership profiles. In R. J. House, P. J. Hanges, M. Javidan, P. W. Dorfman, V. Gupta, & GLOBE Associates (Eds.), *Culture, leadership, and organizations: The GLOBE study of 62 societies* (pp. 669–720). Thousand Oaks, CA: Sage.

Dorfman, P. W., Howell, J. P., Hibino, S., Lee, J. K., Tate, U., & Bautista, A. (1997). Leadership in Western and Asian countries: Commonalities and differences in effective leadership processes across cultures. *The Leadership Quarterly, 8*, 233–274.

Earley, P. C. (1997). *Face, harmony, and social structure: An analysis of organizational behavior across cultures.* New York: Oxford University Press.

Emrich, C. G., Denmark, F. L., & Den Hartog, D. N. (2004). Cross-cultural differences in gender egalitarianism: Implications for societies, organizations, and leaders. In R. J. House, P. J. Hanges, M. Javidan, P. W. Dorfman, V. Gupta, & GLOBE Associates (Eds.), *Culture, leadership, and organizations: The GLOBE study of 62 societies* (pp. 343–394). Thousand Oaks, CA: Sage.

Feather, N. T. (1994). Attitudes towards high achievers and reactions to their fall: Theory and research concerning tall poppies. In M. P. Zanna (Ed.), *Advances in social psychology* (Vol. 26, pp. 1–73). New York: Academic Press.

Fu, P. P. Wu, R., Yang, Y., & Ye, J. (2007). Chinese culture and leadership in China. In J. S. Chhokar, F. C. Brodbeck, & R. J. House (Eds.), *Culture and leadership across the world: The GLOBE book of in-depth studies of 25 societies* (pp. 877–907). New York: Lawrence Erlbaum.

Fu, P. P., & Yukl, G. (2000). Perceived effectiveness of influence tactics in the United States and China. *The Leadership Quarterly, 11*, 251–266.

Gelfand, M. J., Erez, M., & Aycan, Z. (2007). Cross-cultural organizational behavior. *Annual Review of Psychology, 58*, 479–514.

Gerstner, C. R., & Day, D. V. (1994). Cross-cultural comparison of leadership prototypes. *The Leadership Quarterly, 5*, 121–134.

Geyer, A. L. J., & Steyrer, J. M. (1998). Transformational leadership and objective performance in banks. *Applied Psychology: An International Review, 47*, 397–420.

Giberson, T. R., Resick, C. J., & Dickson, M. W. (2002, August). Examining the relationship between organizational homogeneity and organizational outcomes. In C. J. Resick & M. W. Dickson (Chairs), *Person-organization fit: Balancing its constructive and destructive forces.* Paper presented at the annual meeting of the Academy of Management, Denver, CO.

GLOBE [Special issue]. *Journal of World Business, 37*(1).

Goffman, E. (1974). *Frame analysis.* Cambridge, MA: Harvard University Press.

Gupta, V., de Luque, M. S., & House, R. J. (2004). Multisource construct validity of GLOBE Scales. In R. J. House, P. J. Hanges, M. Javidan, P. W. Dorfman, V. Gupta, & GLOBE Associates (Eds.), *Culture, leadership, and organizations: The GLOBE study of 62 societies* (pp. 152–177). Thousand Oaks, CA: Sage.

Gupta, V., Hanges, P. J., & Dorfman, P. (2002). Cultural clusters: Methodology and findings. *Journal of World Business, 37*, 11–15.

Hall, E. T. (1959). *The silent language.* New York: Anchor Press.

Hanges, P. J., & Dickson, M. W. (2004). The development and validation of the GLOBE Culture and Leadership Scales. In R. J. House, P. J. Hanges, M. Javidan, P. W. Dorfman, V. Gupta, & GLOBE Associates (Eds.), *Culture, leadership, and organizations: The GLOBE study of 62 societies* (pp. 122–151). Thousand Oaks, CA: Sage.

Hanges, P. J., & Dickson, M. W. (2006). Agitation over aggregation: Clarifying the development of and the nature of the GLOBE scales. *The Leadership Quarterly, 17,* 522–536.

Hanges, P. J., Lord, R. G., & Dickson, M. W. (2000). An information processing perspective on leadership and culture: A case for connectionist architecture. *Applied Psychology: An International Review, 49,* 133–161.

Heller, F. A., Drenth, P. J. D., Koopman P. L., & Rus, V. (1988). *Decisions in organisations: A three country comparative study.* London: Sage.

Heller, F. A., & Misumi, J. (1987). Decision making. In B. M. Bass, P. J. D. Drenth, & P. Weissenberg (Eds.), *Advances in organizational psychology* (Vol. 1, pp. 207–219). Newbury Park, CA: Sage.

Hofstede, G. (1980). *Culture's consequences: International differences in work-related values.* Beverly Hills, CA: Sage.

Hofstede, G. (1993). Cultural constraints in management theories. *Academy of Management Executive, 7,* 81–94.

Hofstede, G. (2001). *Culture's consequences: Comparing values, behaviors, institutions, and organizations across nations* (2nd ed.). Thousand Oaks, CA: Sage.

Hofstede, G. (2006). What did GLOBE really measure? Researchers' minds versus respondents' minds. *Journal of International Business Studies, 37,* 882–896.

Holtgraves, T. (1997). Styles of language use: Individual and cultural variability in conversational indirectness. *Journal of Personality and Social Psychology, 73,* 624–637.

House, R. J. (1995). Leadership in the twenty-first century: A speculative enquiry. In A. Howard (Ed.), *The changing nature of work* (pp. 411–450). San Francisco: Jossey Bass.

House, R. J., Hanges, P. J., Javidan, M., Dorfman, P.W., Gupta, V., & GLOBE Associates (Eds.). (2004). *Culture, leadership, and organizations: The GLOBE study of 62 societies.* Thousand Oaks, CA: Sage.

House, R. J., Hanges, P. J., Ruiz-Quintanilla, S. A., Dorfman, P. W., Javidan, M., Dickson, M., Gupta, V., & 170 coauthors (1999). Cultural influences on leadership and organizations: Project GLOBE. In W. Mobley, M. J. Gessner, & V. Arnold (Eds.), *Advances in global leadership* (Vol. 1, pp. 171–233). Stamford, CT: JAI Press.

House, R. J., & Podsakoff, P. M. (1994). Leadership effectiveness: Past perspectives and future directions for research. In J. Greenberg (Ed.), *Organizational behavior: The state of the science* (pp. 45–82). Hillsdale, NJ: Lawrence Erlbaum.

House, R. J., Wright, N. S., & Aditya, R. N. (1997). Cross-cultural research on organizational leadership: A critical analysis and a proposed theory. In P. C. Earley & M. Erez (Eds.), *New perspectives on international industrial/organizational psychology* (pp. 535–625). San Francisco: New Lexington Press.

Hunt, J. G., Boal, K. B., & Sorenson, R. L. (1990). Top management leadership: Inside the black box. *The Leadership Quarterly, 1,* 41–65.

Javidan M. (2004). Performance orientation. In R. J. House, P. J. Hanges, M. Javidan, P. W. Dorfman, V. Gupta, & GLOBE Associates (Eds.), *Culture, leadership, and organizations: The GLOBE study of 62 societies* (pp. 239–281). Thousand Oaks, CA: Sage.

Javidan, M., Dorfman, P. W., de Luque, M. S., & House, R. J. (2006). In the eye of the beholder: Cross cultural lessons in leadership from Project GLOBE. *Academy of Management Perspectives, 20,* 67–90.

Javidan, M., House, R. J., Dorfman, P. W., Hanges, P. J., & de Luque, M. S. (2006). Conceptualizing and measuring cultures and their consequences: A comparative review of GLOBE's and Hofstede's approaches. *Journal of International Business Studies, 37,* 897–914.

Kahtri, N., Ng, H. A., & Lee, T. H (2001). The distinction between charisma and vision: An empirical study. *Asia Pacific Journal of Management, 18,* 373–393.

Kanungo, R. N., & Mendonca, M. (1996). Cultural contingencies and leadership in developing countries. *Research in the Sociology of Organizations, 14,* 263–295.

Keating, M., Martin, G. S., Resick, C. J., & Dickson, M. W. (2007). A comparative study of the endorsement of ethical leadership in Ireland and the United States. *Irish Journal of Management, 28,* 5–30.

Kerr, S., & Slocum, J. W. (1987). Managing corporate culture through reward systems. *Academy of Management Executive, 1,* 99–108.

Kirkman, B. L., Chen, G., Fahr, J. L., Chen, Z. X., & Lowe, K. B. (2009). Individual power distance orientation and follower reactions to transformational leaders: A cross-level, cross-cultural examination. *Academy of Management Journal, 52,* 744–764.

Kirkman, B. L., & Den Hartog, D. N. (2004). Performance management in global teams. In H. W. Lane, M. L. Maznevski, M. E. Mendenhall, & J. McNett (Eds.). *The Blackwell handbook of global management: A guide to managing complexity* (pp. 250–272). Malden, MA: Blackwell.

Kirkman, B. L., Lowe, K. B., & Gibson, C. B. (2006). A quarter century of *Culture's Consequences*: A review of empirical research incorporating Hofstede's cultural values framework. *Journal of International Business Studies, 37,* 285–320.

Kluckhohn, F., & Strodtbeck, F. L. (1961). *Variations in value orientations.* Westport, CT: Greenwood Press.

Koh, W. L., Steers, R. M., & Terborg. J. R. (1995). The effects of transformational leadership on teacher attitudes and student performance in Singapore. *Journal of Organizational Behavior, 16,* 319–333.

Kristof, A. L. (1996). Person-organization fit: An integrative review of its conceptualizations, measurement, and implications. *Personnel Psychology, 49,* 1–49.

Leung, K. (2007). Asian social psychology: Achievements, threats, and opportunities. *Asian Journal of Social Psychology, 10,* 8–15.

Leung, K., Bhagat, R. S., Buchan, N. R., Erez, M., & Gibson, C. B. (2005). Culture and international business: Recent advances and their implications for future research. *Journal of International Business Studies, 36,* 357–378.

Lievens, F., Van Geit, P., & Coetsier, P. (1997). Identification of transformational leadership qualities: An examination of potential biases. *European Journal of Work and Organizational Psychology, 6,* 415–430.

Lonner, W. J. (1980). The search for psychological universals. In H. C. Triandis & W. W. Lambert (Eds.), *Handbook of cross-cultural psychology: Perspectives* (Vol. 1, pp. 143–204.). Boston, MA: Allyn & Bacon.

Lord, R. G., & Maher, K. J. (1991). *Leadership and information processing.* London: Routledge.

Martinez, S. M., & Dorfman, P. W. (1998). The Mexican entrepreneur: An ethnographic study of the Mexican empressario. *International Studies of Management & Organization, 28,* 97–123.

McSweeney, B. (2002). Hofstede's model of national cultural differences and their consequences: A triumph of faith—A failure of analysis. *Human Relations, 55,* 89–118.

Meek, V. L. (1988). Organizational culture: Origins and weaknesses. *Organization Studies, 9,* 453–473.

Meindl, J. R. (1990). On leadership: An alternative to the conventional wisdom. In B. M. Staw & L. L. Cummings (Eds.), *Research in organizational behavior* (Vol. 12, pp. 159–203). Greenwich, CT: JAI.

Meindl, J. R., Ehrlich, S. B., & Dukerich, J. M. (1985). The romance of leadership. *Administrative Science Quarterly, 30,* 78–102.

Nardon, L., & Steers, R. M. (2009). The culture theory jungle: Divergence and convergence in models of national culture. In R. S. Bhagat & R. M. Steers (Eds.), *Cambridge handbook of culture, organizations, and work* (pp. 3–22). Cambridge, UK: Cambridge University Press.

Newman, K. L., & Nollen, S. D. (1996). Culture and congruence: The fit between management practices and national culture. *Journal of International Business Studies, 27,* 753–779.

Osland, J. S., Snyder, M. M., & Hunter, L. (1998). A comparative study of managerial styles among female executives in Nicaragua and Costa Rica. *International*

Studies of Management and Organization, 2, 54–73.

Parsons, T., & Shils, E. A., (1951). *Toward a general theory of action.* Cambridge, MA: Harvard University Press.

Pasa, S. F. (2000). Leadership influence in a high power distance and collectivist culture. *Leadership & Organization Development Journal, 21,* 414–426.

Pellegrini, E. K., & Scandura, T. A. (2006). Leader–member exchange (LMX), paternalism, and delegation in the Turkish business culture: An empirical investigation. *Journal of International Business Studies, 37,* 264–279.

Pellegrini, E. K., & Scandura, T. A. (2008). Paternalistic leadership: A review and agenda for future research. *Journal of Management, 34,* 566–593.

Pew Research Center. (2007, June 27). *Rising environmental concern in 47-nation survey: Global unease with major world powers.* Retrieved from http://pewglobal.org/2007/06/27/global-unease-with-major-world-powers/

Pfeffer, J. (1981). Management as symbolic action: The creation and maintenance of organizational paradigms. *Research in Organizational Behavior, 3,* 1–52.

Pickenpaugh, T. E. (1997). Symbols of rank, leadership and power in traditional cultures. *International Journal of Osteoarcheaology, 7,* 525–541.

Punnett, B. J. (2004). The developing world: Toward a managerial understanding. In H. W. Lane, M. L. Maznevski, M. E. Mendenhall, & J. McNett (Eds.). *The Blackwell handbook of global management: A guide to managing complexity* (pp. 387–405). Malden, MA: Blackwell.

Quang, T., Swierczek, F. W., & Chi, D. T. K. (1998). Effective leadership in joint ventures in Vietnam: A cross-cultural perspective. *Journal of Organizational Change Management, 11,* 357–372.

Rauch A., Frese, M., & Sonnentag, S. (2000). Cultural differences in planning/success relationships: A comparison of small enterprises in Ireland, West Germany, and East Germany. *Journal of Small Business Management, 38,* 28–41.

Robie, C., Ryan, A. M., Schmieder, R. A., Parra, L. F., & Smith, P. C. (1998). The relation between job level and job satisfaction. *Group & Organization Management, 23,* 470–495.

Rotter, J. (1966). Generalized expectancies for internal versus external control of reinforcement. *Psychological Monographs, 80*(Whole No. 609).

Rowold, J., & Heinitz, K. (2007). Transformational and charismatic leadership: Assessing the convergent, divergent and criterion validity of the MLQ and the CKS. *The Leadership Quarterly, 18,* 121–133.

Rubin, I. M., & Berlew, D. E. (1984). The power failure in organizations. *Training and Development Journal, 38,* 35–38.

Sagiv, L., & Schwartz, S. H. (2000). Value priorities and subjective well-being: Direct relations and congruity effects. *European Journal of Social Psychology, 30,*

177-198.

Schein, E. H. (1992). *Organizational culture and leadership* (2nd ed.). San Francisco: Jossey-Bass.

Schneider, B., Goldstein, H. W., & Smith, D. B. (1995). The ASA framework: An update. *Personnel Psychology, 48,* 747-773.

Schneider, S. C., & Barsoux, J. L. (1997). *Managing across cultures.* London: Prentice Hall Europe.

Schwartz, S. H. (1994). Beyond individualism/collectivism: New cultural dimensions of values. In U. Kim, H. C. Triandis, C. Kagitcibasi, S. C. Choi, & G. Yoon (Eds.), *Individualism and collectivism: Theory, method, and applications* (pp. 85-119). Thousand Oaks, CA: Sage.

Schwartz, S. H. (1999). Cultural value differences: Some implications for work. *Applied Psychology: An International Review, 48,* 23-48.

Schwartz, S. H., & Sagie, G. (2000). Value consensus and importance: A cross-national study. *Journal of cross-cultural psychology, 31,* 465-497.

Shane, S. (1993). Cultural influences on national rates of innovation. *Journal of Business Venturing, 8,* 59-73.

Shane, S. (1995). Uncertainty avoidance and the preference for innovation championing roles. *Journal of International Business Studies, 26,* 47-68.

Shane, S., Venkataraman, S., & MacMillan, I. (1995). Cultural differences in innovation championing strategies. *Journal of Management, 21,* 931-952.

Silverthorne, C. (2001). A test of the path-goal leadership theory in Taiwan. *Leadership & Organization Development Journal 22,* 151-158.

Sinha, J. B. P. (1995). *The cultural context of leadership and power.* New Delhi, India: Sage.

Sinha, J. B. P. (2003). Trends toward indigenization of psychology in India. In K.-S. Yang, K.-K. Hwang, P. B. Pedersen, & I. Daibo (Eds.), Progress in Asian social psychology: Conceptual and empirical contributions (pp. 11-28). Westport, CT: Praeger.

Sinha, J. B. P., Sinha, R. B. N., Bhupatkar, A. P., Sukumaran, A., Gupta, P., Gupta, R., et al. (2004). Facets of societal and organisational cultures and managers' work related thoughts and feelings. *Psychology and Developing Societies, 16,* 1-25.

Sivakumar, K., & Nakata, C. (2001). The stampede toward Hofstede's framework: Avoiding the sample design pit in cross-cultural research. *Journal of International Business Studies, 32,* 555-574.

Smith, P. B. (2002). Culture's consequences: Something old and something new. *Human Relations, 55,* 119-135.

Smith, P. B., & Bond, M. H. (1999). *Social psychology across cultures: Analysis and perspectives* (2nd ed.). London, UK: Harvester Wheatsheaf (First edition published 1993).

Smith, P. B., & Peterson, M. F. (1988). *Leadership, organizations and culture.* London: Sage.

Smith, P. B., Peterson M. F., & Misumi, J. (1994). Event management and work team effectiveness in Japan, Britain and the USA. *Journal of Occupational and Organizational Psychology, 67,* 33–43.

Smith, P. B., Peterson, M. F., Schwartz, S. H. (2002). Cultural values, sources of guidance, and their relevance to managerial behavior: A 47-nation study. *Journal of Cross-Cultural Psychology, 33,* 188–208.

Steers, R. M., Nardon, L., & Sanchez-Runde, C. (2009). Culture and organization design: Strategy, structure, and decision-making. In R. S. Bhagat and R. M. Steers (Eds.), *Cambridge handbook of culture, organizations, and work* (pp. 71–117). Cambridge, UK: Cambridge University Press.

Stewart, R. (1997). *The reality of management.* Oxford, UK: Butterworth-Heinemann.

Stewart, R., Barsoux, J. L., Kieser, A., Ganter, H. D., & Walgenbach, P. (1994). *Managing in Britain and Germany.* London: St. Martin's Press/MacMillan Press.

Ting-Toomey, S. (1988). Intercultural conflict styles. In Y. Kim & W. Gudykunst (Eds.), *Theories in intercultural communication* (pp. 213–235). Newbury Park, CA: Sage.

Triandis, H. C. (1994). Cross-cultural industrial and organizational psychology. In H. C. Triandis, M. D. Dunnette, & L. M. Hough (Eds.), *Handbook of industrial and organizational psychology* (Vol. 4, 2nd ed., pp 103–172). Palo Alto, CA: Consulting Psychologists Press.

Trice, H. M., & Beyer, J. M. (1991). Cultural leadership in organizations. *Organization Science, 2,* 149–169.

Trice, H. M., & Beyer, J. M. (1993). *The culture of work organizations.* Englewood Cliffs, NJ: Prentice Hall.

Trompenaars, F., & Hampden-Turner, C. (1997). *Riding the waves of culture: Understanding cultural diversity in business* (2nd ed.). London: Nicholas-Brealey.

United Nations Development Program. (2002). *Human development report: Deepening democracy in a fragmented world.* New York: Oxford University Press. Retrieved from http://hdr.undp.org/en/reports/global/hdr2002/

Van Muijen, J. J., Koopman, P. L., De Witte, K., et al. (1999) Organizational culture: The Focus questionnaire. *European Journal of Work and Organizational Psychology, 8,* 551–568.

Verburg, R. M. (1996). Developing HRM in foreign Chinese joint ventures. *European Management Journal, 14,* 518–525.

Verburg, R. M., Drenth, P. J. D., Koopman, P. L., Van Muijen, J. J., & Wang, Z. M.

(1999). Managing human resources across cultures: A comparative analysis of practices in industrial enterprises of China and the Netherlands. *International Journal of Human Resource Management, 10,* 391–410.

Walumbwa, F. O., Lawler, J. J., Avolio, B. J., Wang, P., & Shi, K. (2005). Transformational leadership and work-related attitudes: The moderating effects of collective and self-efficacy across cultures. *Journal of Leadership and Organizational Studies, 11,* 2–16.

Xin, K. R., & Tsui, A. S. (1996). Different strokes for different folks? Influence tactics by Asian-American and Caucasian-American managers, *The Leadership Quarterly, 7,* 109–132.

Zhou, J. (2002, September). *Work group creativity in China: A paternalistic organizational control perspective.* Paper presented at the Human Resource Management: Global Perspectives conference, Oak Brook, IL.

第十三章

领导力与性别[1]

Linda L. Carli
韦尔斯利学院
Alice H. Eagly
美国西北大学

在权力和权威领域,男女之间存在巨大鸿沟。虽然女性领导者也取得了巨大进步,但是,掌控大多数组织和政府最关键活动的仍然是男性。在当代国家的分级结构中,女性身居高层职务的比例很低,最高层更是鲜有。当前社会父权制盛行。虽然在社会经济结构较简单的社会中,男女的权力分布通常是平等的,但是,即使在非父权社会中,男性仍然垄断领导职务(Whyte,1978;Wood & Eagly,2002)。

本章将介绍女性领导者的当前地位,探索女性在高层职务中占比较低的五大原因。第一,我们将调查是否女性在人力资本上投资较少(如教育、工作经验等)导致领导层有男女差异。第二,我们将探讨女性的领导风格是否与男性有所不同,风格差异是否会因其对领导效果的作用,导致女性出现领导优势或劣势。第三,我们将介绍进化心理学的观点:领导和支配他人是男性的天性,而女性没有这样的天性。第四,我们将重点关注偏见和歧视。第五,我们将考虑组织内部结构壁垒的作用。评估女性在权力和权威方面较少占据重要位置的潜在原因前,我们将首先介绍一下女性和男性在领导角色上的分布。

---

[1] 作者注:请将对本章的意见和建议发给 Linda L. Carli, Department of Psychology, Wellesley College, Wellesley, MA 02481。电话:781-283-3351,电子邮件:lcarli@ wellesley.edu。

女性和男性的领导角色

即使在后工业化社会,政治、公司和其他类型的最高领导层中,主体仍然是男性。女性在监督和中层管理职位中的比例很高,在美国慈善组织和基金会领导人中,女性比例也较高,具体来说,在美国慈善组织和基金会中,55%的CEO和高管人员都是女性(Council on Foundation,2009),但是,在大多数领域,女性在精英领袖和高管中的比例仍然很低。女性在高层领导者中的名额特别少;组织职位越高,女性在高管中所占的比例就越低(Helfat,Harris & Wolfson,2006)。例如,在美国所有组织中,女性在专业职位和管理职位上的比例为52%,但在高层管理职位上的比例仅为26%(U. S. Beread of Labor Statistics,2011,表11)。在大多数资本化公司(位列"财富"500强的企业)中,女性在公司高管中的比例仅为16%,在董事会成员中的比例仅为16%(Catalyst,2010c),在CEO职位上的比例竟不到3%(Catalyst,2010a)。加拿大、澳大利亚(Catalyst,2010b)和欧洲国家(Desvaux,Devillard-Hoellinger & Baumgarten,2007)的企业高管女性比例统计结果也类似。全球"财富"500强公司的CEO中,女性占比也不到3%(*Fortune*,2009b)。

在美国和其他国家,女性在政治领导层中的比例在不断提高,但是,女性在政府领导层中的比例仍然不高(UNIFEM,2008),尤其是在权力地位更高的民选职位上。在美国,女性在美国参议院的比例仅为17%,在美国国会众议院的比例仅为17%,任州长的比例仅为12%,任州议员的比例仅为24%(Center for American Women and Politics,2010)。在联邦政府的高级行政人员中,女性占比也只有28%(U. S. Office of Personnel Management,2007)。

女性处于支配他人的领导层的比例尤为低。这并不是因为女性缺乏威望,而是因为女性在威望适中的专业领域中表现更为良好(如教师、护士、社会工作者)。男性往往都身居授予决策权力的要职,具备影响他人薪资或提升的能力(Smith,2002)。即使男性与女性在组织中的地位和任期相同,女性管理者的权力也会比男性管理者少(Lyness & Thompson,2000;Reskin & Ross,1995)。在同一级别的男性和女性管理者中,女性承担苛刻职责和严峻挑战的机会也少,而这些是晋升至权力更高的职位所必需的(Lyness & Thompson,1997,Ohlott,Ruderman,& McCauley,1994)。即使在以女性为主的组织和专业中,男性晋升的速度也比女性快,这就是我们俗称的"玻璃滚梯"现象（Maume，1999，C. L. Williams，1995）。

显然，女性作为领导者会面临障碍，但是，随着时代的变化，最高层级上的女性领导者已经在不断出现。比起过去，女性领导一个国家（de Zárate，2010）和大型企业（如 Fortune，2009a）的比例也空前地高。因此，女性进入最高领导层也不再是难以逾越的障碍。相反，女性现在也面临各种复杂的挑战，其中一些非常微妙，而另一些则较为明显。克服这些挑战虽然很困难，但也不是不可能的。为了体现女性领导者和有抱负的领导者所面临的错综复杂、困难重重的领导者之路，我们用"迷宫"来隐喻地说明（Eagly & Carli，2007）。一些女性到达了"迷宫"的中心成为领导者，但是相比男性所经历的相对平坦的道路，女性却需要小心前行，克服障碍。下面我们将介绍构成"迷宫"的要素，以及为何女性在领导层中的比例仍然较低。

人力资本投资和家庭责任的性别差异

人力资本的性别差异

有一种观点认为，造成领导层性别差异的原因是女性在教育、培训和工作经验方面的人力资本投资低于男性。根据经济学的人力资本理论，女性承担了更多家庭责任，导致其减少了在工作时间、就职训练、培训或成就方面的投资（详见 Kunze，2008）。但是，就教育方面，这种观点并不具备说服力。就拿美国来说，1981—1982 年，获得学士学位的女性人数要多于男性，2009 年，57% 的学士学位由女性获得，60% 的硕士学位、50% 的博士和第一专业学位也都由女性获得（U. S. National Center for Education Statistics，2010）。在其他的工业化国家中，也发现了女性教育程度偏高的类似结果（United Nations Development Program，2009）。

此外，相当多的证据反对将女性在领导层中比例较低的原因归结为家庭责任（Corrigall & Konrad，2006；Galinsky，Aumann，& Bond，2008；Smith，2002）。具体来说，自主选择的观点认为，相对于男性，结婚、孩子、不平等的家庭安排抑制了女性的职场权威，但是，尚无证据可以支持这种观点。例如，在一项涉及美国、加拿大、英国、澳大利亚、瑞典、挪威和日本的大型跨国研究中，除了加拿大在一定程度上有支持自主选择观点的结论外，其他国家均不支持这种观点的假说（Wright，Baxter，& Birkelund，1995）。

与男性相比,女性更倾向于避免有挑战性的工作,但是,这种观点几乎没有证据支持。一项有关职业偏好的性别差异的大型元分析结果表明,从整体而言,女人和女孩喜欢具有创造性、有成就感、具有成长和发展机会,而且能与其他人合作、可以帮助他人的工作;而男人和男孩则喜欢薪酬较高、晋升机会较多、领导级别较高、休闲时间较多的工作(Konrad,Ritchie,Lieb,& Corrigall,2000)。有晋升意愿是争取晋升机会的基础,如果男女职位的晋升机会类似,他们的晋升意愿也差不多(Cassirer & Reskin,2000)。事实上,元分析得出,职位相似的成年男性和女性对领导与晋升的意愿相同;此外,女性对高收入的愿望要高于男性(Konrad et al.,2000)。

职业承诺的研究也显示了男性和女性之间存在一些差异。男性和女性对组织的忠诚度相同(Aven,Parker,& McEvoy,1993)。此外,在美国,不论男性还是女性,都更倾向于外出工作,而不是留在家里(Saad,2007),把家庭看得重于事业(Families and Work Institute,2005)。尽管如此,女性对家庭的承诺要高于男性(Families and Work Institute,2005),而且女性不愿意工作的比例要高于男性(Saad,2007)。

◆ 女性和男性的家庭责任

虽然男性和女性在职业偏好或忠诚度上差别不大,但是,在领导力预测方面性别差异的人力资本观点认为,与男性相比,女性愿意花更多的时间在家里,而不是在职场上。事实上,现在的男性在儿童看护方面所花的时间要比以前多,女性也是这样(Bianchi,Robinson, & Milkie,2006;Bond,Thompson,Galinsky, & Prottas,2002)。即使是家庭成员较少的家庭,男性和女性在陪孩子方面的时间也比1965年要多(Aguiar & Hurst,2007;Bianchi et al.,2006)。不过,有一点是毋庸置疑的,女性在家务和儿童照护方面所花的时间要比男性多(U. S. Bereau of Labor Statistics,2010a,表1)。因为照顾家庭生活(如洗衣、做饭)一般都是必做事项,而且都是日常事务,女性因时间限制或服务职责等因素的关系无法不承担这些责任。除了牺牲陪孩子的时间外,女性还牺牲了个人时间,这就导致女性的闲暇时间比男性少(详见 U. S. Bereau of Labor Statistics,2010a,表1)。家庭责任也是导致女性工作经验少的原因。女性有了配偶或子女后,有偿工作的时间就会减少,但男性却相反(Corrigall & Konrad)。这种分工体现了父亲负责养家、母亲负责培养和监护的文化背景。

有一种常见的假设认为,女性工作经验少的原因是她们离职的频率要高于男性（例如，Aimer,Hopper & Kaplan,1998）。但是，一项涉及一家跨国金融服务机构的26 000多位全职管理者的研究表明，无论是否采用人力资本变量作为控制变量，女性的离职率都低于男性（Lyness & Judiesch,2001）。在另一项涉及一家公司25 000多位雇员的研究中，也发现了类似的结果：在采取人力资本变量作为控制变量时，男性的离职率要比女性的稍高一些（Petersen & Saporta,2004）。由Griffeth、Horn和Gaertner（2000）实施的元分析表明，从整体上来看，女性的离职率要稍高于男性（P. W. Horn,personal communication,February 24,2003）。不过，一项涉及20家公司（大多数是"财富"500强公司）的研究表明，在2003年离职的专业人员和管理者中，女性占5%，男性占3%；该项研究使用公司规模、劳动力的资历水平、女性员工的比例做控制变量，但没有对人力资本变量进行控制（Horn,Roberson & Ellis,2008）。一项针对管理者和高层MBA的研究显示，因为家庭责任，女性的离职率在某种程度上要高于男性（Bertrand,Goldin & Katz,2010;Lyness & C Judiesch,2001）。

不过，女性确实因承担母亲角色而承受了收入损失，而且因该角色产生的损失要比其他原因多（Arun,Arun,& Borooah,2004）。女性长期的收入累积损失不仅来自没有工作时间，还源于兼职工作（Rose & Hartmann,2004），兼职女性的比例要高于男性。2010年，兼职女性的比例为27%，而兼职男性的比例仅为13%（U. S. Bureau of Labor Statistics,2011,表8）。即使在男性占主导地位的社会中，高职位女性的收入损失也高于其同级别的男性，因为她们需要减少工作时间来照护孩子，承担家庭责任（Boulis,2004;Noonan & Corcoran,2004）。

为了了解更多与母亲角色相关的收入损失，Budig和England（2001）采用美国全国青年跟踪调查的数据来研究工作特点和人力资本变量对收入损失的作用，结果显示，每位儿童所带来的照看工作造成的收入损失占全部损失的7%。虽然有三分之二的收入损失无法用人力资本变量来进行解释，但约有三分之一的收入损失可归为女性因倾向于兼职工作、工作中的间断，以及工作年限不足导致的工作经验缺少。其他研究显示，女性有孩子后，因工作时间变少，导致工资变少（Bond et al. ,2002;Lundberg & Rose,2000）。

总体而言，有关工资性别差异的人力资本观点得到了明确支持，即女性工作经验和工龄都比男性低。但是，由于人力资本变量无法解释大多数工资的性别差异，也为研究其他因素留出了足够的空间。其他因素也非常重要，因为有证据表明，即使男女在人力资本上的投资相似，女性在权威方面的获益也低于男性（详见Smith,

2002）。这些发现也提出了如下质疑：女性是否适合担任领导角色，是否需要阻止女性在组织内部的晋升。

女性和男性的领导风格

如果女性不适合担任领导者，也许是因为女性的领导风格与男性不同。虽然不同的领导者对各种情况的表现不同，但一般情况下，上司与下属的互动却有典型模式。风格是领导者有效性的决定因素之一，任何风格的性别差异可能都会影响到人们对于女性是否应该晋升的看法。

女性和男性领导风格的比较研究

1990年之前的大多数领导风格研究都来自Bales（1950）的领导行为分类：将领导风格划分为任务型风格和人际关系型风格，前者系与完成指定任务相关的行为，后者系与保持人际关系相关的行为。另一种分类的流行程度略低，是由Lewin和Lippitt（1938）的实验研究得到的，其结论是将领导行为分为（1）民主或参与型领导者：行为民主，允许下属参与决策；（2）专制或指挥型领导者：行为专制，不允许下属参与决策。为了评估两种风格在性别上的异同点，Eagly和Johnson（1990）对162项有关男女领导风格定量比较的研究进行了评述。

对1961—1990年间的研究进行的元分析（Eagly & Johnson,1990）结果发现，以学生为实验对象的实验室研究和以未遴选领导角色为实验对象（例如大学商业课程中的雇员或学生）的其他评估，都认为领导风格是性别差异所固有的。在该研究中，较之男性，女性的领导风格更倾向于民主风格及人际关系型风格，而男性的领导风格更倾向于任务型风格和专制风格。相比之下，在评估管理者风格的组织研究中，性别差异较为有限。研究所获男女管理者的唯一性别差异是女性的领导风格更倾向于民主（或参与型）风格，男性的领导风格更倾向于专制（或指导型）风格。该项发现以23项数据集和一套不同种类的测量工具为基础，所得平均效应量相对较小（$d = 0.22$）。与之相反，男性和女性管理者在使用人际关系型与任务型风格的倾向上并没有不同。在后期的元分析中也发现了类似的结果，该项元分析重点分析了1987年和2000年之间发布的研究（van Engen & Willemsen,2004）。

20世纪80年代和90年代，许多研究者开始研究领导风格的新区别，以确定为适应现代组织面临的条件所需采取的领导方式,此等研究的重点是关注未来领导风格,而不是当前领导风格,通过提高追随者的忠诚度和对组织贡献创意的方式,来加强组织的领导风格。这种方法最初来源于 Burns(1978)对领导风格的描述,Burns 将该领导风格定性为变革型领导。随后 Bass(1985,1998)提出,变革型领导要求领导者赢得追随者的信任和信心,以此来确立其地位。变革型领导设定未来目标、制订实现目标的计划,并在组织获得成功时不断创新。通过指导追随者和授权追随者,变革型领导鼓励追随者尽施潜能,为组织多做贡献。

Burns(1978)和其他研究人员(例如,Avolio,1999;Bass,1998)将变革型领导与交换型领导进行了对比,变革型领导呼吁下属与领导者建立交流关系,保障自己的利益。这种领导风格涉及传统的管理内容,例如确定下属的职责、奖励达到目标的员工、纠正未能达到目标的员工。变革型领导风格与交换型领导风格可以通过实证的方式区分开,两者都能实现有效领导。除了这两种风格外,研究人员还归纳出了自由放任型领导风格,这种风格一般就是未能履行管理职责的表现。通常都采用"多因素领导行为问卷"(俗称 MLQ)(Avolio,Bass,& Jung,1999)来对变革型领导、交换型领导和自由放任型领导的要素进行评估。如表 13.1 所示,该工具将变革型领导划分为五个项目,将交换型领导划分为三个项目,将自由放任型领导划分为一个项目。

表 13.1　MLQ 中对变革型、交换型和自由放任型领导风格的定义

项目与子项目类型	领导风格
变革型	
理想化影响力(态度)	能使他人产生信任和崇拜的品质
理想化影响力(行为)	传递组织价值、目的和组织任务的重要性
鼓舞性激励	表达对目标、未来的乐观和激情
智力激发	采用创新方式来解决问题和完成任务
个性化关怀	关注跟随者的发展和指导,满足其个人需求
交换型	
权变报酬	对达到满意绩效的追随者提供报酬
主动例外管理	领导者主动监控追随者的失误和未能达到标准的行为
被动例外管理	领导者在问题严重时才干预和监控
自由放任型	经常缺席,关键时刻无法联络

资料来源:"Transformational, transactional, and laissez-faire leadership styles: A meta-analysis comparing women and men," by A. H. Eagly, M. C. Johannesen-Schmidt, & M. van Engen, 2003. *Psychological Bulletin*, 129, p.571。

一项涉及 45 个研究的元分析对男性管理者和女性管理者的变革型领导风格、交换型领导风格和自由放任型领导风格进行了对比(Eagly, Johannesen-Schmidt & van Engen, 2003)。虽然该项研究涉及许多类型的组织,但大部分组织都是商业机构或教育机构。该项元分析中还包括一项大型研究,该项大型研究为 MLQ 提供了规范和心理测量标准,还包括许多在具体组织或组织群内部实施的研究。领导风格的测量由领导者或其下属、同事或上司来实施。

总之,Eagly 等(2003)的元分析显示,较之男性领导者,女性领导者更倾向于变革型领导风格,权变奖励行为较多(交换型领导的一个要素)。在变革型领导的五个子项目中,女性领导者在个人关怀方面要优于男性,即女性更倾向于支持和鼓励下属。此外,男性领导者更喜欢交换型领导的另外两个方面(主动和被动例外管理)和自由放任型领导,不过很少有研究对交换型领导风格的主动和被动例外管理进行过评估。男性领导者和女性领导者在这些方面的差异较小。但是,在整体元分析,以及(a)大型 MLQ 基准研究的辅助分析、(b) 使用 MLQ 度量的异质研究集体的辅助分析、(c) 使用其他风格度量的小型研究群中,男女差异研究很受重视。另一项大型研究几乎与元分析的结果同时发布,该研究的对象主要是企业管理者,且其结果与该元分析也类似(Antonakis, Avolio & Sivasubramaniam, 2003)。

综上所述,领导风格的元分析发现,有关性别差异的成见在那些在实验中简单地被赋予领导者角色的人群中更为盛行。在实验条件下,女性更倾向于关注人际关系,而男性则更倾向于关注任务。如果不是经过候选或长期的领导角色准备,在某种程度上,领导者会依靠性别方面的固有差异来引导行为。但是,在研究的管理者中,我们几乎没有发现明显的性别差异,但在较窄的范围内,即在领导行为中,还是发现了一些性别差异。女性的风格往往趋向于民主化和参与式,而男性往往趋向于专制和号令式——而这又与性别差异的成见一致。

女性管理者采用变革型领导风格的频率要高于男性,尤其喜欢采用变革型领导风格中的个性化关怀。在交换型风格中,女性管理者更喜欢采用奖励方式,来鼓励下属。相比之下,男性管理者更喜欢批判下属,他们喜欢多问题的风格——会避免解决问题(除非问题变得尖锐),他们还喜欢在关键时刻缺席或表现出漠不关心。这种变革型行为和交换型行为在性别上的差异模式,是由一项针对男性和女性领导者固有成见的研究得出的,这表明,大众基本都能认识到这种比较微妙的行为差异(Vinkenburg, van Engen, Eagly, & C. Johannesen-Schmidt, 2011)。

变革型领导体现了女性化和亲民的特质,在个性化关怀的维度上更为明显,因此,变革型领导是阴柔和阳刚气质融合的代表(Hackman, Furniss, Hills, & Paterson, 1992)。虽然有气质融合一说,但参加固有成见研究的人员都表示,变革型领导的亲民、鼓舞人心对男性管理者尤为重要,从亲民的角度来看,个性化关怀对女性管理者也特别重要(Vinkenburg et al., 2011)。因此,尽管变革型领导风格刚柔并济,女性管理者仍感到亲民的压力。"尽管如此,与传统和阳刚风格相比,变革型领导所带有的男性和女性角色特征使得它对于女性领导者更有吸引力(Eagly & Carli, 2007)。

领导风格和领导者的效力

领导风格的性别差异是有利于男性领导者,还是有利于女性领导者?女性管理者善用的民主和参与式风格的影响目前尚不明确,因为这种风格的效力是由集体和组织环境的各种特点来确定的(Foels, Dnskell, Mullen, & Salas, 2000; Gastil, 1994)。在某些情况下,民主和参与式的风格是有效的,但在另一些情况下,专制和号令式的风格有效。

与民主式和专制式领导风格的对比相比,变革型和交换型领导的影响比较明确。一项针对87项研究的元分析就是为了评估变革型、交换型和自由放任型领导的效力而进行的(Judge & Piccolo, 2004)。结果修正了变革型领导和各种体现效力的测量指标(领导者效力、集体或组织绩效、领导者表现、追随者的满意度和追随者的动机)间的关系。领导者对权变奖励的使用是交换型领导风格的一个组成部分,它对比了效力测量指标之间的相关性。交换型领导风格的另外两个组成部分的效力较差:领导者使用否定的惩罚性行为(主动例外管理)与效力的关系不大,到问题严重之前才对问题进行处理(被动例外管理)的行为与效力成负相关关系。最后,自由放任型领导也会减弱领导者的效力。因此,女性喜欢采用的领导风格的效力要高于男性,而男性喜欢采用的领导风格的效力不高或者低下。

女性对于有效领导风格的使用表明,女性作为领导者的效力高于男性。可以采用如下方法来检验是否女性的效力高于男性:检验女性在组织结构中担任行政职务的比例,以及这些组织在财务上的表现。研究人员对"财富"1 000强和其他的美国大公司采用了这种方法。结果表明,女性在行政职务或董事会任职的比例越高,公司的财务业绩就越好(Carter, Simkins, & Simpson, 2003; Erhardt, Werbel, &

Shrader,2003;Krishnan & Park,2005)。研究人员对欧洲的公司也进行了类似的研究,该研究将最高管理层性别多样化最大的组织的财务业绩与其所处领域公司的平均财务业绩进行对比,前者表现较好(Desvaux et al.,2007)。不过,结果并不是非常直观,因为财务表现较好的公司雇用的女性高管的人数可能本身就比较多。但是,虽然财务业绩和公司女性高管之间的相关性并不非常明确,但这些研究数据却也能表明,女性也是公司的资产。

评估男女领导者效力的最后一种方法如下:参与研究的人员对男性领导者和女性领导者的效力进行等级评定。这些效力的等级评定可能会受到性别偏见的影响,尽管如此,这些等级评定仍然具有一定的正确性,因为只有其他人认可和接受领导者的领导后,领导者才具有效力。在一项涉及 96 项研究的元分析中,对具有相似领导职位的男性领导者和女性领导者进行了对比,并没有发现存在性别差异(Eagly, Karau, & Makhijani, 1995)。但是,某些职位偏爱男性,也有些职位偏爱女性:在阳刚型领域中,如军事领域,男性的效力等级要高于女性,而在阴柔型领域中,如教育领域,女性的效力等级要高于男性(Eagly et al.,1995)。这些结果表示,效力会受到性别固有成见的影响。在男性占主导地位的领域,人们一般会认为好领导就应具备其认定的阳刚行为,怀疑女性当领导时的效力,为女性成功领导设置障碍。

总之,有关领导风格的研究表明,实证研究证实的性别差异不会妨碍妇女作为领导者的表现,反而应促进她们的表现。因此,女性领导者比例较低的原因不是由领导效力不高所致。

天性观点:男性在天性上占优

进化心理学的观点

根据进化心理学学者的观点,男性天生具备作为强大领导者的能力,因为他们具备的生物特性适合当领导者(例如,Browne,1999;Goldberg,1993)。按照这样的说法,生物特性通过适应原始条件的基因方式来进化(例如,Buss & Kenrick, 1998),导致女性不再有成为领导者的参与资格:正如 Browne(1999)所讨论的,"如果一个国家的高层领导圈具有男性阳刚气,女性大概只会担任较低的职务"(p.57)。

除了厨房和幼儿园,在其他环境中,女性都要将权力和地位让给男性。

进化心理学家将现今行为中的性别差异与男性和女性在人类早期历史中承受的繁殖压力相连来进行研究(Buss & Kenrick,1998)。这些性别选择的压力可能会塑造心理上的性别差异,其源头是性别亲本投资的不对称(Trivers,1972)。具体而言,女性更多地投资于后代(例如,通过妊娠和哺乳),较之男性,在配偶上的选择权更大,而男性的选择权则相对较小。古代女性大概开发了选择配偶的方式,确保选定的配偶能为其自身和其孩子提供资源。因此,古代男性之间需要相互竞争,才能赢得女性和资源,只有胜者才能繁殖后代,延续其基因。根据这种逻辑,在竞争中表现较好的男性更具有闯劲,更能承担风险,更具竞争力,更喜欢地位,这些都能在他们的后代身上延续。总之,男性更喜欢成为领导者的本性也是不断进化的,占主导地位的男性可以控制更多的资源,拥有较高的地位,这些特性都与成功繁衍后代的能力相关。

总之,对于进化心理学家来说,男性努力主宰其他男性和控制女性是不断进化的心理倾向,这种心理倾向的根本是压力选择,而压力选择又是塑造人类的基础(Buss & Kenrick,1998,p.983)。这种观点的结论是以远古时代的男女之间的关系为基础的。不过,目前对这些结论仍然有激烈的科学辩论,本章在此不详述。但是我们需要指出其中一篇文章致力于通过检验非工业社会中的跨文化数据以验证上述假设(Wood & Eagly,2002)。这篇文章并没有发现支持进化心理学预测的证据。最重要的是,男性主导地位普遍存在的假设(例如,Buss,1995)与随着经济和社会发展而出现的父权制(包括战争和集约农业)证据并不一致。因此,大多数的觅食社会组织都不分等级,无族长制(例如,Boehm,1999;Salzman,1999),所以无法找出男性主导地位是男人固有天性的证据。领导者,作为社会经济复杂社会出现的全新角色,是非家庭经济中的角色,越来越需要培训、消耗大量能量和离家远行。由于不需要承担妊娠和婴儿哺乳的生理责任,男性能更好地承担领导职务,能够提供领导者这个角色所需的经济和社会资本。

Wood 和 Eagly(2002)也未能找到支持如下假设的证据:女性不得不依赖于男性,因为男性为女性及其孩子提供资源。相反,在大多数非工业社会,女性不仅对生活做出了重大贡献,而且在采集社会,女性还是主要的食品供应者。因此,古代男性和女性是相互依存关系,这种相互依存的平衡是由社会环境和生态来决定的。男女都是有效的资源供应商,通过配对能获得优势(同样参见 Wrangham,Jones,

Laden,Pilbeam, & Conklin-Brittain,1999)。然而,随着社会从简单的社会经济结构向前发展,男性担任为家庭单位提供资源责任的领导者角色的比例越来越高。

◼ 领导特质的性别差异

因为现代工业化社会有些重男轻女(是社会化的原因,不是进化的原因),从而导致人们在心理上出现了性别差异。其中最特别的特质是与领导相关的特质。根据一些进化心理学学者的观点(例如,Browne,1999),这些特质包括竞争性、支配性和好胜心,这些都归为意图伤害他人的行为。事实上,在一项针对职场上的好胜心(Hershcovis et al.,2007)和一般场合的好胜心的元分析发现,男性的好胜心要高于女性,且肢体方面的好胜心更为明显,语言方面的好胜心则不太明显(Archer,2004;Bettencourt & Miller,1996;Eagly & Steffen,1986)。男性自我汇报的以及采用个性量表测量出来的总体自信程度也比女性高(Costa, Terracciano, & McCrae,2001;Feingold,1994)。而且,男性较常采用否定直言——这是一种具有说服力和控制力的自我表达,而女性较常采用肯定断言——承认自身权利和他人权利的方式来表达她们的观点(Carli,2001a)。同时,在一项考察传统的、等级方式中管理者动机的元分析(Eagly,Karau,Vliner, & Johnson,1994)中,女性比起男性来更少使用指令-控制风格来施加她们的权威。最后,在一项针对交换和混合动因博弈中的性别差异的元分析发现,性别影响很小,男性的竞争性比女性稍高(Walters,Stuhlmacher, & Meyer,1998)。总体来说,这些结果也表明,男性的攻击性和主导性高于女性。

但是,这些行为会对领导力产生什么样的影响呢?首先,基本没有理由相信好胜心能够促进有效的领导力。身体方面的攻击性可能在身体接触类的运动项目或犯罪团伙中有用,但是,攻击性基本上不可能是男性在现代专业组织中上位的方法。不过,在某些情况下,言语攻击、否定直言、主导性和单方竞争可能会有用,但一般来说,这些方法对领导者的好处也有限(参见Van Vugt,2006)。现代组织的成功取决于对客户的回应和快速的技术开发。在这样的环境中,想要成为成功的领导者,需要与其他人建立有效的关系,与有各种不同技能和知识的人合作。一位成功的领导者能够影响他人,激励他人的热情和创造力,使之为组织目标奉献自己(例如,Bass,1998)。虽然许多管理专家都强调,成功的领导者要将社交技巧与阴柔特质(Fondas,1997)协调,但有效的领导者却需要兼具阳刚与阴柔特质。

成为领导者以及有效实施领导行为需要的具体特质是什么？在一项评估大五人格特质的研究元分析中显示，外向、开放、尽责与领导力的形成之间的关系较微弱，它们连同随和度这一特征与领导者的有效性呈较强的关系。另一方面，情绪稳定与领导者的形成和效力成负相关关系（Judge，Bono，Ilies，& Gerhardt，2002）。基于多元回归分析，在成功领导者应具备的大五人格特质中，**外向的重要性居首位，其次是责任感和开放**，随和度和情绪稳定的重要性最末。第二次元分析也发现了一般性的智力水平与领导力的形成以及有效性都有较小或中等水平的关系（Judge，Colbert，& Hies，2004）。

如何对比男性和女性在这些特质上的差异？在所有大五人格特质或智力上，并没有哪个部分具有明显的性别优势。在一项大型的跨文化研究中，我们发现，女性情绪稳定、外向、随和度和责任感方面的能力强于男性，其中又数情绪稳定水平的差别较大，其他特质的差别都较小（Schmitt，Realo，Voracek，& Allik，2008）。整体智力并没有性别差异（Halpern，2001；Halpern & LaMay，2000）。因此，女性在情绪稳定方面具有劣势，在随和度方面具有优势，但没有哪项与领导力的关系很大，女性的责任感能力和外向能力更强，所以预测能力更强。在实施的第二次大规模研究中，我们研究了大五人格特质中各项特质组成部分之间的差异（Costa et al.，2001），结果显示，女性在亲民、积极情绪、合群和活动方面的能力都强于男性，但男性在自信和寻求刺激方面的能力强于女性。总体而言，无论男女，均不在具备领导者相关的人格特质上具有优势。

在当代企业丑闻频发后，诚信成为全社会特别关注的特质，女性在这方面具备优势，而因各种可疑的商业行为，如利用内幕消息等，男性的诚信度已低于女性，不过因多年的发展，男女在诚信方面的性别差异已非常小（Franke，Crown，& Spake，1997）。在某种程度上，承担风险的能力也是很重要的，尤其对创业型领导力来说，风险承担能力更为重要，值得注意的是，在男性化主导的环境中，这种性别差异非常小，而且随着时间的推移还出现了大幅下降（Byrnes，Miller，& Schafer，1999）。因此，有效的领导者应具备各种特质和技巧，目前，尚无实证研究可以证明，哪个性别的主导性更强。

有言论表示，鉴于男性在领导职务上的优势，可以预期男性具备更多天生成为领导者的能力，至少在某种程度上可以这么说。但是，尚未有研究能够证明男性具备领导者的天性。事实上，在异卵双生和同卵双生领导者的多项对比研究中，我们发现,遗传因素对男性和女性成为领导者具有明显的影响(参见 Arvey,Rotundo, johnson,Zhang, & McGue,2006;Arvey,Zhang,Avolio, & Krueger,2007)。此外,某些心理性别差异确实会受到进化的影响,但科学证据并不支持进化心理学的主张:阳刚特质,如攻击性和主导性有利于领导。相反,大多数管理专家倡导在谈判、合作、外交、团队建设、激励和培养他人时采用女性化与柔和的技巧。这些有效领导理论中的代表性素质,正是变革型和权变奖励行为的组成部分。此外,影响领导者发展的人格品质有傲慢、冷漠、恐吓或拖延(Nahavandi,2008),这些在传统上都被认为是男性所有(Diekman & Eagly,2000)。当代组织中有效的领导主要由传统的阳刚式指令-控制式行为组成,男性在精英领导者中的权势体现了他们的天然优势,这些都是令人难以置信的。因此,在人力资本投资无法充分解释女性领导者比例较低的原因,以及也无法根据领导风格和男人天性来解释时,我们尝试采用偏见和歧视来进行解释。

对女性领导者的偏见和歧视

性别歧视

探索性别差异对薪资和晋升影响的一种方法是进行如下研究:检查是否可以采用诸如教育、工作经验、婚姻状态和家长地位、兼职或全职状态、工作休假次数的人力资本变量来解释这种性别差异。如前所述,经济学家和社会学家采用了具有代表性的样本来进行研究,研究结果显示,男性和女性的不同就业模式确实是造成薪资差异的原因之一。尽管如此,几乎所有的研究都表明,人力资本仅是薪资和晋升性别差异的一部分原因,可以这么说,歧视在无法解释的性别差异原因中占比最小(参见 Blau & Kahn,2006;Smith,2002)。此外,美国的大多数研究表明,所有组织中的歧视程度都差不多(例如,Baxter & Wright,2000;Elliot & Smith,2004;Wright et al.,1995)。也就是说,女性领导者职位提高,人们的歧视度并不会提高。但是,女性领导者一贯较少是女性高层领导者稀少的原因。

歧视的证据不仅来自无法解释的薪资和晋升中的性别差异,而且还有实验证据可以证明,这些实验证据是将男性和女性申请者进行比较得来的,他们除了性别以外其他特征基本相同。某些实验包括真实的招聘过程,雇主会评估申请人和求职申请。研究表明,男性更喜欢地位高、薪资高、以男性为主的工作,而女性更偏爱以女性为主的工作(参见 Riach & Rich,2002)。还有一些实验采用了模拟招聘,学生、管理者或其他参与者会根据申请人的简历进行评估。对 49 个此类研究进行元分析(Davison & Burke,2000)后得出,在以男性为主的工作(例如,汽车销售员)和性别中立的工作(例如,心理学家;Davison,2005,个人交流为主)中,男性更受雇主偏爱,在以女性为主的工作(例如,秘书)中,女性更受雇主偏爱。其他实验显示,母亲特别容易成为工作场所歧视的目标(Correll, Benard, & Paik,2007;Heilman & Okimoto,2008)。

关于女性、男性、领导者和双重约束的固有成见

经常会出现歧视女性领导者的情况,因为人们认为女性缺乏成为有效领导者的能力。从社会心理学的角度来看,对女性领导者的偏见是最常见的固有成见和偏见(Eagly & Diekman,2005)。当社会人群对其他人有成见,而且这种信仰是基于整个集体的时,就容易出现偏见。固有成见是自动形成的,往往不容易变化,因为人们只会留心支持其固有成见的信息,无视相反的信息。如果大众认为某一集体不符合其心目中成功社会角色的特点,就有可能产生偏见。当出现与之想象不一致的集体成员或者社会角色时,就会降低其对这些集体成员担任某社会角色的信任度。这样,因为一个人所在的社会集体被认为缺乏担任某社会角色的资格,这个人往往被认为不足以担任该角色。

与这种观点相同的是,集体固有成见和社会角色要求出现冲突时,也会出现偏见,Eagly 和 Karau(2002)提出了有关女性领导者偏见的角色不协调理论,这就是 Eagly 社会角色理论在社会行为的性别异同方面的扩展(Eagly,1987)。该理论强调了性别角色,即有关女性和男性的公认信念。这些信念包括两种期望(或规范):描述性规范——对社会集体实际实施事项的期望共识;命令性规范——对社会集体应当完成或最好能完成的事项的期望共识(Cialdini & Trost,1998)。因此,性别角色是与男性及女性相关的描述性期望和命令性期望。其他研究人员也采用了不同的标签来确定描述性期望和命令性期望之间的差别,包括描述性和规范性的固有成见(例如,Burgess & Borgida,1999;Fiske & Stevens,1993)。对女性领导者的偏见是由大众常常感知到的女性传统特点和对领导者要求的不协调所致。

根据美国和其他国家的研究,大众希望男性有主见、有决断、有主导地位、有能

力、具有权威,而希望女性亲民、有支持性、善良、乐于助人(Newport,2001;J. E. Williams & Best,1990)。这种不一致性来自人们所相信的成功的领导者所必须具备的特质。对领导者的信念与对男性的信念相似,与对女性的信念却不太相同,Schein (1973)在其"想管理者所想,即想男性所想"的研究中有所证明。在 Schein 的研究中,参与研究的人员对于一位男性、一位女性或一位成功的领导者在性别成见方面的特质进行了评价;随后,Schein 实施了相关性分析,以确定领导者特质是与男性特质还是女性特质接近。在一项相关的研究中(Powell & Butterfield,1979),参与者评价了领导者的独特特征和共有特征,随后对评价结果进行分析,以测试领导者特征是特有的还是共同的。同样,研究人员有时会评估对领导者的固有性别偏见,在这样的评估中,会根据测量男性化和女性化的两极量表来评估参与者是否适合成为领导者(Shinar,1975)。

我们对三个范式的研究进行了元分析,结果显示,虽然随着时间的推移,领导者和男性特征的关系有所减弱,但是大众仍将领导者视为具有刻板印象的男性化特点(Koenig, Eagly, Mitchell, & Ristikari, 2010)。在男性主宰和高层级的领导者角色中,领导和男性特征的关系更为明显。因此,女性担任领导者时,并不总是会遭遇偏见。因为女性角色的描述性内容和领导者角色,或者说,领导者行为和女性角色的命令性内容之间存在不一致,但是,如果这种不一致程度稍弱,比如说,男性主宰程度不强,或领导者角色中更强调社会技能而不是控制行为,此时,偏见就会减少。

固有成见的特点是它是自动形成的。对某群体持有负面的成见将会导致对群体成员也持有同样的成见,这将使得他们的业绩也会受到成见的影响。"固有成见威胁"范式的实验表明,学生通过观看电视中女性(与中性相比)相关的广告内容,很容易就会生成女性固有成见(Davies, Spencer, & Steele, 2005)。例如,女性如果形象太女性化,就会被认为做领导者不太合适,不过,男性却不受此类限制。

除了自动形成固有成见的潜在危险外,想要成为领导者的女性还会面临独特的挑战。一方面,大众会认为女性缺乏成为有效领导者的特质。另一方面,因女性共同的禁令性规范,如果女性表现得太过关注工作,大众会认为领导者不够亲民。女性领导者在面对这样的挑战时,需要平衡领导者角色所需的特质和女性角色所需的集体感之间的关系。平衡两种需求的必要性,就导致了双重约束的出现:大众可能会认为亲民的女性领导者不够严格,严格的女性领导者又不够亲民(Eagly &

Carli，2007）。

因为双重约束的存在，对女性领导者的能力标准通常比男性领导者要高。一项男性领导者和女性领导者评估研究的元分析结果显示，如果男女领导者的表现相似，女性领导者的绩效评估结果要低于男性领导者（Eagly，Makhijani，& Klonsky，1992）。这种低估女性领导者的倾向在男性占主导地位的环境中尤其明显。在对军校学生（Boldry，Wood，& Kashy，2001）和管理者（Heilman，Block，& Martell，1995）进行研究的过程中，我们发现，男女如果表现相同，男性的绩效评估结果要高于女性。而在一项针对参与生存演习的大学生群体的研究中，我们发现，如果该群体中最优秀的成员是男性，其他群员就很容易认同，但女性就不那么幸运了（Thomas-Hunt & Phillips，2004）。在另一项集体决策研究中，讨论孩子监护权案件的集体成员更倾向于使用男性成员，而不是女性成员提供的信息（Propp，1995）。除了在女性化环境中，否则，在其他环境中，如果想要与男性获得相同的绩效，女性所需的能力要高于男性（Biernat & Kobrynowicz，1997；Carli，1990，2006；Foschi，2000）。因此，女性想要影响他人比较难（Carli，2001b）。

对女性领导者的性别固有成见通常会与对其他群体成员的文化性的固有成见混淆，尤其是在种族和民族成见上。其他固有成见还包含对领导者不利的因素，例如，非裔美国人能力差，西班牙裔美国人事业心差，亚裔美国人自信心低（例如，Madon et al.，2001；Niemann，Jennings，Rozelle，Baxter，& Sullivan，1994）。因此，如果想要成为领导者的女性属于少数族裔，与白人/男性相比，其面临的挑战更为复杂（例如，Eagly & Chin，2010；Sanchez-Hucles & Davis，2010）。

对女性领导者的限制

奇怪的是，成为一个群体或一个组织的理想领导者，并不能避免女性受偏见。群众对成功女性领导者还是会持有固有性别标准，因为大众会认为她们和男性一样刻板、严格。与大众认定的传统女性，即亲民、和善但不够专业的女性不同，大众认为领导力卓越的女性是技术方面的高手，但是肯定不够亲民（Glick，Diebold，Bailey-Werner，& Zhu，1997）。这种固守观念也会降低对女性领导者的评价。

与男性相比，女性的领导能力更多地依赖于范围较窄的行为（Carli，1999）。尤其是，主张控制、否定直言、主动或缺乏亲民感的行为会与女性角色的共同需求相互矛盾，导致女性的影响力受到干扰。与具有类似特性的男性或倾向于集体型的女性相比,表现得不够亲和或具有控制欲的女性,对她们的受众的影响力较小(Burgoon, Birk, & Hall, 1991; Carli, 2006; Copeland, Driskell, & Salas, 1995; Mehta et al., 1989, Ellyson, Ovidio, & Brown, 1992 引用)。人们对女性领导者会有负面情绪,但对男性领导者却不一定会有(例如,Jtler & Geis, 1990)。此外,如果女性表现得温和,不采取主动方式,获得的认知度就较高(Carli, 2006; Giacalone & Riordan, 1990; Wosinska, Dabul, Whetstone-Dion, & Cialdini, 1996)。为了证明这种影响,Rudman(1998)让参加者对被试的面试技能进行评估,其中被试是采用主动或谦让方式表现的个人。女性参与者给主动的女性候选者的评估分值低于谦让的女性候选者。同时,仅仅在男性参与者能够从主动的女性候选者那里获得某些东西的时候,他们才会给予较高的评估分值。但是,在任何情况下,主动的男性的分值都不会低于谦让的男性的分值。

在组织研究中也得出了相似的结果。在这些研究中,与女性相比,自信表达的男性更受雇主的偏爱(Buttner & McEnally, 1996),且能获得支持和指导(Tepper, Brown, & Hunt, 1993)。其他研究也表明,如果下属受到女性上司的批评,其负面情绪要比受到男性上司的批评高(参见 Atwater, Carey, & Waldman, 2001; Sinclair & Kunda, 2000)。因此,女性不太适合严格型行为。

研究还表明,因为大众希望女性领导者是集体型风格的,所以,女性帮助、支持他人时获得的回报较之男性要少。例如,一项研究发现,一位同事公认的乐于助人的男性,其评估分值要高于不助人的男性,但不助人男性的评估分值却也高于乐于助人的女性,而不助人的女性评估分值最低(Heilman & Chen, 2005)。已有组织研究对该发现进行了确认。在一项研究中,乐于助人可以提高男性的人气,但对女性却没有多大影响(Allen, 2006)。而且,如果男性领导者特别体贴,下属的苦恼和压力就会减少,但下属的苦恼和压力却不受体贴的女性领导者的影响(Mohr & Wolfram, 2008)。

双重约束在男性占主导地位的领域更为强烈。在实验中,对于男性占主导地位的行业,与相同职位上的成功男性相比,同样成功的女性并不太受欢迎,而且与女性化行业中的女性相比,这些女性也不太受欢迎(例如,Heilman et al., 1995; Heilman, Wallen, Fuchs, & Tamkins, 2004; Yoder & Schleicher, 1996)。这些偏见随时存在,因为大众的固有观点都认为,在男性主导行业中工作的女性缺乏亲和力(Heilman & Okimoto, 2008)。

虽然男性和女性都比较倾向于批评女性领导者,但是,在男性领域,这种倾向更为明显。与女性相比,男性会将领导力与男性特质相连(Koenig et al.,2010),对女性领导者比较苛刻(Eagly et al.,1992)。此外,一项针对实际领导者的元分析(Eagly et al.,1995)显示,当男性作为评价者,或是当女性领导者拥有男性下属时,女性领导者往往被认为效力不及男性。严格型男性的表现更容易让人接受。例如,Geller 和 Hobfoll(1993)发现,虽然男性和女性参与者对不够亲和的男性给予的评估相同,但男性参与者比起女性参与者对不够亲和的女性的评估却更低。同样,展示个人能力有时也会减少女性对男性的吸引力。有研究表明,如果女性示弱,对男性的效果更佳,不过,示弱对其他女性并不起作用(例如,Carli,1990;Carli,LaFleur,& Loeber,1995;Matschiner & Murnen,1999;Reid,Palomares,Anderson,& Bondad-Brown,2009)。

如果某工作需要互动,男性对女性的抵制情绪就会影响女性受雇的机会。例如,在 Buttner 和 McEnally(1996)实施的一项有关管理者对求职者的反应研究中,男性应聘者如果展示其直接和主导的行为,那么受雇的概率偏高,相反,如果女性有这种行为,受雇的机会就会减少。其他研究也显示,男性喜欢雇用男性求职者,即使女性求职者拥有相同或较高的资质,男性求职者受雇的机会也偏多(Foschi,Lai,& Sigerson,1994;Uhlmann & Cohen,2005)。

不过,女性想要增加受雇的机会,加大对男性的影响力也是有办法的,那就是通过加强人际关系,让自己的行为"女性化"。温柔的女性容易受大众尤其是男性的偏爱,这样就能增加受雇的机会,加大对男性的影响力(Carli,2001b)。女性领导者也可以展示其严格和亲民的一面,这样就能增强影响力,提高领导效力。例如,有一项实验表明,女性需要同时展示其严格和亲民,其领导才能才会被认可,但男性只需要展示其严格,就能被认可(Johnson,Murphy,Zewdie,& Reichard,2008)。让女性领导者行为符合指令式性别特点所造成的压力,有利于女性主动避免专制的领导风格,倾向于采用民主和变革型的领导风格。此外,虽然已有证据表明男性和女性在促使领导力表现的本质特征方面差别不大,但是女性依赖于更有效的领导风格,即变革型领导风格,这也体现出大众对高素质女性领导者采取了双重标准。

综上所述,性别的影响就是大众喜欢亲民的女性,从而导致对女性领导者有双重约束。女性领导者一方面需要展示其与男性领导者相同的能力,还要避免用权力威胁他人,避免让人觉得过于冷酷。相反,男性和领导者之间就没有这种不协调。男性展示其主导性、能力、主张都不会让人产生不悦,当然,亲民就更不会了。这样就导致男性领导者具备成为领导者的优势,因为男性领导者的行为可以多样化,他们只需要适当调节其领导风格,满足不同情况的要求即可。此外,男性对女性领导者的抵制也是女性晋升到更高的领导层级时的障碍,所以导致在高层领导圈中,男性的占比要高于女性。有研究显示,对女性领导者的偏见是女性领导者在精英领导角色中占比较低的主要因素。

女性领导的组织障碍

因为在传统上,男性一般担任有权力的职位,所以人们通常是以最适合男性需求和最大限度地利用男性经验的方式来设立组织的。因此,组织通常会对女性晋升设置障碍,这种障碍表面上看并无性别歧视,既不偏袒男性,也不偏袒女性,但实际上,男性却有固有优势(例如,Acker,1990;Martin,2003)。例如,组织对专业人员的要求越来越高,要求工作时间长,要求个人为组织牺牲。其结果是,现代组织文化创造了一种针对完美雇员的潜规则:雇员需要承担的工作以外的责任较少,能够完全奉献给组织(Acker,1990;J. Williams,2000)。这种要求对高层领导者更为明显,因为晋升和提高薪资就是以长时间工作为代价的(Judge, Gable, Boudreau, & Bretz,1995)。因此,管理和相关领域员工的工作时间要长于平均工作时间(Brett & Stroh,2003;Jacobs & Gerson,2004)。与其他员工相比,专业人员和管理者可能还需要采用各种能延长工作时间的方法,如采用笔记本电脑和黑莓手机,以便在晚上、周末和假期也能为组织工作;这些延长工作时间的方法的最常见的影响就是组织能随时联系到员工(Towers, Duxbury, Higgins, & Thomas,2006)。

员工工作时间长,其报酬也会增加,但是,这对家庭,尤其是女性却极具挑战,因为女性有诸多家庭责任需要承担。而男性的家庭责任较少,休闲时间较多,所以男性更容易在工作中投入大量的时间,而且基本上很少会有家庭-职业冲突。例如,一项研究显示,经常会听到男性高管将家庭责任移交给其配偶,很少会说放弃要小孩,或暂缓要小孩;但女性高管却不得不牺牲个人利益,寻求外界帮助来完成其家庭责任(Catalyst,2004)。此外,一项针对高层领导者的研究显示,75%的工作男性其妻子是全职太太,而74%的工作女性其丈夫也外出工作(Galinsky et al.,

2003)。因此,即使在最高层中,女性领导者的家庭责任也比男性大,也更不大可能成为组织的理想员工。

女性的家庭和工作责任对其建立人际关系及在工作场所中创造社会资本的能力也有负面影响。有研究表明,女性接触强有力的职业人际网的机会要少于男性(Burt,1998;Dreher & Cox,1996)。一项元分析显示,拥有人际关系网和推荐人,与提高薪资和晋升机会是大有关系的(Ng,Eby,Sorensen,& Feldman,2005)。一项纵向研究表明,在组织内外部建立人际关系网有利于未来职业的发展(Wolff & Moser,2009)。因此,因女性社会资本相对缺乏,其成为领导者的机会也有所减少(参见Timberlake,2005)。

女性缺乏社会资本不仅是因为她们的自由时间较少。有研究发现,男性更容易从其与同事和导师的关系中受益(Dreher & Cox,1996;Forret & Dougherty,2004)。人际关系网通常是分性别的,因为人们倾向于和自己类似的人建立关系(McPherson,Smith-Lovin,& Cook,2001)。由于男性本身就占据大部分领导职务,所以,最强大的人际关系网仍然是由男性主导的。与Campell(1965)的现实群体冲突理论和Kanter(1977)的同质社交再现理论相同,男性与女性的竞争在某种程度上是在权力和影响力方面进行竞争,也许在最高层尤为激烈,那里男性想要赢得晋升比女性更为容易。为了支持这种观点,Maume(1999)实施了研究,结果发现,在男性占主导地位的领域,男性晋升的机会要多于女性。这些领域可能会更有利于男性的发展,因为他们能有更多的机会接触更多的其他男性人际网。因此,虽然与男性建立人际关系可能会有利于女性职业的发展(Burt,1998;Dreher & Cox,1996;Huffman & Torres,2002),但事实上,这种关系也很难形成。

除了缺乏进入重要关系网的机会之外,在传统的男性化企业文化中,女性还需要面对其他挑战。女性高管和专业人士都曾报告说,她们很难融入其组织文化,获得开拓性工作任务和到国外出差的机会(例如,Lyness & Thompson,2000;Ohlott et al.,1994)。女性获得部门管理职务的比例也低于其男性同行(Catalyst,2004;Galinsky et al.,2003)。同样,在一项实验中,男性和女性配成一对,讨论确定谁承担具有挑战性的工作,谁承担轻松的工作,虽然工作和自主选择协商风格并无明显差别,但男性获得具有挑战性工作的机会还是多于女性(De Pater et al.,2009)。另一方面,女性更容易被授予很容易失败的高风险工作,这种现象就是我们俗称的玻璃悬崖(参见Haslam & Ryan,2008;Ryan & Haslam,2007)。根据一项针对英国公司实施的文献研究(Ryan & Haslam,2005)结果,如果公司出现财务低迷,女性担任领导者的机会要多于男性,虽然在美国企业中并没有完全出现这种情况(Adams, Gupta, & Leeth,2009)。因此,女性不仅被剥夺了通向更高层需要承担的挑战性任务的机会,相反,还会接到更多影响其职业发展的倒霉任务。

总之,组织结构和文化其实都有利于男性。因为男性的家庭责任没有女性多,男性更容易达到组织的要求:专业人员和管理人员需要长时间工作,需要一直与组织保持联系。企业文化和男性人际网络也通常不欢迎女性,这削弱了女性在工作中创造有价值社会资本的能力。女性很难获得具有晋升潜力、前景乐观的任务。这些障碍都歧视女性,这可能是导致其在领导职务上比例较低的原因。

女性领导者的崛起

尽管我们有证据表明目前仍然存在性别歧视,但在许多国家,已有越来越多的女性开始担任领导职务。在美国,女性就业比例统计数据表明,近十几年来,女性在"行政、管理和主管"职位上的比例越来越高,其比例远超其他行业中女性的占比(Wootton,1997)。具体而言,在管理、商业和财务职位上,女性的占比从20世纪70年代初的18%上升至2010年的43%(U. S. Bureau of Labor Statistics, 1982, 2011)。在某些管理类别方面,女性甚至占主导地位,例如,在医疗卫生服务、教育管理和财务领域(U. S. Bureau of Labor Statistics,2011,表11)。女性在高层领导中的占比也在逐渐增加,从女性在权力和权威性的政治领导中的占比升高就可以看出。事实上,在89位担任国家总统或总理的女性中,有69位自1990年起开始从政,其中有36位自2000年起开始从政(de Zárate,2010)。虽然89位女性所占的比例其实很低,但大多数女性晋升的速度都非常快。女性担任总统或总理不再是不可思议的奇迹。

其他职权较高的政治职务中也出现了类似的变化。2010年,在美国国会和州议会中,女性占比达到历史新高(Center for American Women and Politics,2010)。在联邦政府的高级行政人员中,包括不需要选举的最高层领导职务中,女性占比也从1990年的11%(U. S. Office of Personal Management,1997)升至2007年的28%(U. S. Office of Personal Management,2007)。

大型商业组织开始接纳女性为精英领导的速度非常慢。在"财富"500强中,女性担任精英领导的比例很低(Catalyst,2010b),但在2010年,该比例却创历史新高(Fortune,2009a)。此外,越来越多的女性开始担任大学校长,其中甚至包括名牌大学,如普林斯顿大学、宾夕法尼亚大学、密歇根大学、伊利诺伊大学。在美国大学和学院中,女性校长占比从1986年的10%上升至2006年的23%(American Council on Education,2007)。因此,我们可以断言,不仅在中下层管理领域,在政府和组织最高层管理领域,女性的比例都在上升。

是什么样的变化导致女性在领导层中的占比越来越高？我们认为有几个原因。首先,女性的人力资本投资发生了变化,我们发现,女性的人力资本投资越来越高,尤其是在工作经验方面。其次,女性角色发生了根本性的变化,女性的个人特质正在变得男性化,这与对于领导者的固有成见是一致的。而且,许多领导者也开始融入传统的女性特质。最后,成功的女性领导者掌握了领导者角色和女性角色之间的平衡。下文我们将逐个讨论这些影响女性提升的因素,并且指出相关的研究支撑。

◼ 女性人力资本投资的变化

女性领导者占比升高的重要因素之一是其教育程度高于男性。正如前文所述,女学士及更高学位的女性人数多于男性,全球其他国家也出现了这样的趋势。

在本章开头,我们提出,因为女性需要承担较多的家庭责任,导致其工作经验较少,这就导致了男性和女性在得到晋升与高薪资方面的性别差异。但是,在最近几年,男性、女性的家庭分工出现了变化。对美国具有代表性的样本进行研究,结果表明,男性、女性在家务和儿童照护方面的责任已越来越平等。1965年,已婚女性每周花费在家务上的时间是34个小时,已婚男性每周花费在家务上的时间是5个小时(Bianchi et al.,2006)。到2009年,已婚女性每周花费在家务上的时间减少至19个小时,已婚男性每周花费在家务上的时间却增加至11个小时(U.S. Bureau of Labor Statistics,2010a,表3)。此外,男性和女性在儿童照护方面花费的时间都在增加,成为家庭的首要责任,男性更为明显:从1965年到2000年,女性在儿童照护方面花费的时间从每周11个小时增加至13个小时,男性在儿童照护方面花费的时间从每周3个小时增加至7个小时(Bianchi et al.,2006)。

家庭分工的变化也体现了男性、女性对家庭和就业态度的变化。在美国,大多数成年人现在都认为,儿童照护的责任应由男性和女性共同承担(Milkie,Bianchi,

Mattingly,& Robinson,2002)。现在,美国传统的性别认知已非常低,各代人之间都出现了观念上的变化,不过在年轻人身上更为明显(Galinsky et al.,2008)。男性对家庭的责任感越来越强(Families and Work Institute,2005)。从整体上来看,男性、女性在工作职权和家庭责任方面越来越相似(Galinsky et al.,2008)。女性倾向于工作而不是做全职主妇的比例已有所下降,但男性倾向于做全职主夫的比例却在升高,有29%的男性愿意做全职主夫,该比例是历史新高(Saad,2007)。在工作和收入方面也出现了这种现象。1973年,男性、女性工作比例分别为79%和45%,2010年,男性、女性工作比例分别为71%和59%(U. S. Bureau of Labor Statistics,2011,表2)。此外,在逐渐增加的美国已婚人群中,35%的女性是家庭主要或唯一收入来源(U. S. Bureau of Labor Statistics,2010b,表25)。

男女家庭责任分担比例的增加不仅有利于女性的职业生涯,对男性和女性的生活也同样有利(例如,Barnett & Hyde,2001;Greenhaus & Powell,2006)。例如,对一项有关就业对女性健康的纵向和横向研究的回顾表明,无论婚姻状态和双亲角色状态如何,就业都与女性的心理和身体健康相关(Klumb & Lampert,2004)。

■ 女性的男性化变化

随着女性越来越多地从家务中脱身,跻身有偿工作人员一列,成功胜任新角色所需的人格特点便产生了(Eagly,Wood,& Diekman,2000)。分工的变化导致需要对女性行为模式进行重新定义。因此,人们都认为,女性的男性化特征越来越明显,尤其是在严格型领导风格上,而且人们还断言,女性的男性化变化在未来会更明显(Diekman & Eagly,2000)。此外,一项针对不同时间段性别差异的研究揭露,女性在担任男性主导的角色后,变得越来越严格,这一点也不奇怪。

一项主要在美国境内实施的研究记录了各种特质随时间发展出现的性别差异的变化,该研究开始于20世纪30年代,一直延续到今天。主要变化如下:(1)女性对工作特质(诸如自由、挑战、领导力、威信和权力)的重视度在提高,并且与男性的相似性变得更高(Konrad et al.,2000),女性的职业利益已有变化,现在,男性和女性在事业维度(包括领导力、说服力、管理能力和影响力)方面已基本无异(Su,Rounds,& Armstrong,2009);(2)女性实施的风险行为数量已基本与男性无异(Byrnes et al.,1999);(3)女性的自信、主导和决断能力已有所提升,变得更接近男性(Twenge,1997,2001);(4)女性获取科学、数学和工程学位的人数也有所增加(U. S. National Center for Education Statistics,2008)。这些研究结果表明,女性和男性在传统男性占主导地位的领域中的心理属性已逐渐趋同。

领导角色女性化变动

在大众公认的优秀领导素质中,女性化和亲民特质已在列。我们在一项有关领导角色男性化的元分析中,发现了上述结果(Koenig et al.,2010)。这些新出现的特质反映出不断变化的组织环境具备如下特点:技术发展飞快、社会变革快速、劳动力更加多样化和地缘政治界限弱化。在这些环境中,传统的指令-控制式领导风格可能削弱领导谈判、管理关系以及调动下属积极性的能力。因此,领导力学者和专家建议,在当前的组织环境中,领导者应寻求新的管理模式,强调民主关系、参与决策、下放责任、培养下属、关注团队能力(参见 Avolio,1999;Garvin,1993;Kanter,1997;Lipman-Blumen,2000)。

不仅专家认为构成优秀领导者的要素发生了变化,就连流行杂志和大众都认为要素发生了变化。可以在 Fondas(1997)有关管理的畅销书籍的文本分析中找到相关的趋势证据,作者建议领导者加入女性化和亲民特质。进一步的证据来自人民群众越来越支持女性领导者的事实。例如,对女性领导者的态度已经变得积极起来(Inglehart & Norris,2003)。在一项民意调查中,已有越来越多的人表示他们愿意投票给女性总统候选人(CBS News/*New York Times*,2006),更愿意和女性上司一起工作(Carroll,2006)。

鉴于觅食社会中人类进化形成了小型、不分等级和无族长的形式(例如,Boehm,1999),优秀的组织领导力的文化模式有可能会向早期模式发展。此外,在结构简单的觅食社会中,女性在某些领域具有主导性,男性则会在另一些领域具有主导性,女性领导者与男性领导者的比例越接近,就越能实现性别之间权力和影响力的共享(Whyte,1978;Wood & Eagly,2002)。Van Vugt、Hogan 和 Kaiser's(2008)对这些因素之间的关系进行了研究,他们表示,涉及教授与指导的相对协作领导模式,而不是自上而下的领导模式,与人类进化过程的选择一致。然而某些领导模式进化选择的假说仍然具有较高的推测性。对于人们喜欢的不同类型的领导能够反映其当前组织环境(而不是传统环境)的紧急需求的观点,我们非常怀疑。领导风格的变化可能与人们的信念变化相关:是否某种风格、特定的当前条件会对个人或组织的产生带来好处。

有能力并且刚柔并济的领导风格的角色不协调

如果女性向男性化靠拢,领导者角色向女性化靠拢,是否我们能达到一个中性点,实现性别和领导角色之间的平衡?如果是这样,就不会出现针对女性领导者的偏见了。该种情况并不会立刻出现,因为正如我们探讨的,性别偏见和歧视仍然存在。女性的阳刚行为仍然遇到阻力,尤其是在男性占主导地位或男性化的领域。家务分工仍然不平等,女性仍然赚得少,晋升慢,大众也仍然偏爱男性特质的领导。此外,与传统的领导权变理论一致(参见 House & Aditya,1997),在某些情况下,有效的领导毫无疑问需要兼具权威和指导能力。而且,女性和领导者之间的不一致性程度可能与民族文化相关,这在某种程度上可以说是女性化和男性化的对立(参见 Hofstede,1998;House,Hanges,Javidan,Dorfman,& Gupta,2004)。因此,文化差异可能放大或减弱对女性领导者的抵制。

想要缓解这种角色上的不一致困境,需要女性领导者在具备能力的同时,在某种程度上还让别人放心:她们不会摒弃人们希望的女性行为。鉴于对女性行为的制约因素,变革型领导风格可能会更有利于女性,虽然对男性来说,变革型领导风格也是有效的(Yoder,2001)。变革型领导风格对女性有利,其原因是,变革型领导风格包含与女性特质相吻合的行为,诸如需要照护、提供支持、善解人意等。尤其是亲民,亲民是一种个性化的行为,其特点是启发和指导下属,满足下属的个人需求。变革型领导风格的另一个方面与男性和女性的角色都不吻合(即展示尊重领导者和以领导者为傲的特质)。变革型领导行为基本上很少具备明显的男性化气质。变革型领导风格与交换型领导风格的权变奖励结合使用,可以解决领导角色和女性角色之间的需求不协调,让女性成为成功的领导者。

近年来,女性精英领导的崛起势头迅猛。在这个变革的时代,女性领导者在许多情境中体现了现代化特点和成为好的领导者的潜力(Adler,1999)。此外,确保男女成为领导者的机会均等不可能对组织造成负面影响,事实上,还会有利于组织的发展,因为这样,不仅组织的管理人才增加了,而且当代女性的管理方式也很有效。因此,资本主义社会中官僚组织的经济理性和民主社会高度重视的基本公正性也有利于女性在未来跻身领导者行列。

讨论问题

1. 雇主的哪些措施能减少家庭义务和工作责任之间的矛盾？如何鼓励男性和女性雇员平等参与家庭友好福利计划？
2. 媒体惯常用的男性和女性领导者形象是什么？是否男性领导者的形象要比女性多？有没有在不同领域发现女性领导者？这些会随着时间的推移而发生变化吗？
3. 除了鼓励女性采用刚柔并济方式领导外，如何解决这种双向约束？是否可以改变人们对女性领导者的固有成见，以及女性领导者面临的挑战？
4. 男性成为领导者时的优势和劣势是什么？女性的是什么？
5. 想象自己的工作环境中女性领导者多，你会有什么感觉？

 扩展阅读

Eagly, A. H., & Carli, L. L. (2007). Women and the labyrinth of leadership. *Harvard Business Review, 85*, 62–71.
Hewlett, A., & Luce, C. B. (2005). Off-ramps and on-ramps: Keeping talented women on the road to success. *Harvard Business Review, 83*, 43–52.
Konrad, A., Kramer, V., & Erkut, S. (2008). Critical mass: The impact of three or more women on corporate boards. *Organizational Dynamics, 37*, 145–164.
Perrewé, P., & Nelson, D. (2004). Gender and career success: The facilitative role of political skill. *Organizational Dynamics, 33*, 366–378.

 案例研究

Bersoff, D. (1988). Brief for Amicus Curiae American Psychological Association in Support of Respondent. Price Waterhouse v. Ann B. Hopkins, Respondent. Available at http://www.apa.org/about/offices/ogc/amicus/hopkins.pdf.
Gentile, M. (1994). *Ann Livingston and Power Max Systems*. Harvard Business School Publishing.

参考文献

Acker, J. (1990). Hierarchies, jobs, bodies: A theory of gendered organizations. *Gender & Society, 4,* 139–158.

Adams, S. M., Gupta, A., & Leeth, J. D. (2009). Are female executives over-represented in precarious leadership positions? *British Journal of Management, 20,* 1–12.

Adler, N. J. (1999). Global leaders: Women of influence. In G. N. Powell (Ed.), *Handbook of gender & work* (pp. 239–261). Thousand Oaks, CA: Sage.

Aguiar, M., & Hurst, E. (2007). Measuring trends in leisure: The allocation of time over five decades. *The Quarterly Journal of Economics, 122,* 969–1006.

Allen, T. D. (2006). Rewarding good citizens: The relationship between citizenship behavior, gender, and organizational rewards. *Journal of Applied Psychology, 36,* 120–143.

Almer, E. D., Hopper, J. R., & Kaplan, S. E. (1998). The effect of diversity-related attributes on hiring, advancement and voluntary turnover judgments. *Accounting Horizons, 12,* 1–17.

American Council on Education. (2007). *The American college president: 2007 edition.* Washington, DC: American Council on Education.

Antonakis, J., Avolio, B. J., & Sivasubramaniam, N. (2003). Context and leadership: An examination of the nine-factor full-range leadership theory using the Multifactor Leadership Questionnaire., *The Leadership Quarterly, 14,* 261–295.

Archer, J. (2004). Sex differences in aggression in real-world settings: A meta-analytic review. *Review of General Psychology, 8,* 291–322.

Arun, S. V., Arun, T. G., & Borooah, V. K. (2004). The effect of career breaks on the working lives of women. *Feminist Economics, 10,* 65–84.

Arvey, R., Rotundo, M., Johnson, W., Zhang, Z., & McGue, M. (2006). The determinants of leadership role occupancy: Genetic and personality factors. *The Leadership Quarterly, 17,* 1–20.

Arvey, R., Zhang, Z., Avolio, B., & Krueger, R. (2007). Developmental and genetic determinants of leadership role occupancy among women. *Journal of Applied Psychology, 92,* 693–706.

Atwater, L. E., Carey, J. A., & Waldman, D. A. (2001). Gender and discipline in the workplace: Wait until your father gets home. *Journal of Management, 27,* 537–561.

Aven, F. F., Jr., Parker, B., & McEvoy, G. M. (1993). Gender and attitudinal commitment to organizations: A meta-analysis. *Journal of Business Research, 26,* 63–73.

Avolio, B. J. (1999). *Full leadership development: Building the vital forces in organi-*

zations. Thousands Oaks, CA: Sage.

Avolio, B. J., Bass, B. M., & Jung, D. I. (1999). Re-examining the components of transformational and transactional leadership using the Multifactor Leadership Questionnaire. *Journal of Occupational and Organizational Psychology, 72,* 441–462.

Bales, R. F. (1950). *Interaction process analysis: A method for the study of small groups.* Cambridge, MA: Addison-Wesley.

Barnett, R. C., & Hyde. J. S. (2001). Women, men, work, and family: An expansionist theory. *American Psychologist, 56,* 781–796.

Bass, B. M. (1985). *Leadership and performance beyond expectations.* New York: Free Press.

Bass, B. M. (1998). *Transformational leadership: Industry, military, and educational impact.* Mahwah, NJ: Lawrence Erlbaum.

Baxter, J., & Wright, E. O. (2000). The glass ceiling hypothesis: A comparative study of the United States, Sweden, and Australia. *Gender & Society, 14,* 275–294.

Bertrand, M., Goldin, C., & Katz, L. F. (2010). Dynamics of the gender gap for young professionals in the financial and corporate sectors. *American Economic Journal: Applied Economics, 2,* 228–255.

Bettencourt, B. A., & Miller, N. (1996). Gender differences in aggression as a function of provocation: A meta-analysis. *Psychological Bulletin, 119,* 422–447.

Bianchi, S. M., Robinson, J. P., & Milkie, M. A. (2006). *Changing rhythms of American family life.* New York: Russell Sage.

Biernat, M., & Kobrynowicz, D. (1997). Gender- and race-based standards of competence: Lower minimum standards but higher ability standards for devalued groups. *Journal of Personality and Social Psychology, 72,* 544–557.

Blau, F. D., & Kahn, L. M. (2006). The U.S. gender pay gap in the 1990s: Slow convergence. *Industrial and Labor Relations Review, 60,* 45–66.

Boehm, C. (1999). *Hierarchy in the forest.* London: Harvard University Press.

Boldry, J., Wood, W., & Kashy, D. A. (2001). Gender stereotypes and the evaluation of men and women in military training. *Journal of Social Issues, 57,* 689–705.

Bond, J., Thompson, T. C., Galinsky, E., & Prottas. D. (2002). *Highlights of the national study of the changing workforce.* New York: Families and Work Institute.

Boulis, A. (2004). The evolution of gender and motherhood in contemporary medicine. *Annals of the American Academy of Political and Social Science, 596,* 172–206.

Brett, J. M., & Stroh, L. K. (2003). Working 61 hours a week: Why do managers do it? *Journal of Applied Psychology, 88,* 67–78.

Browne, K. R. (1999). *Divided labours: An evolutionary view of women at work.* New Haven, CT: Yale University Press.

Budig, M. J., & England, P. (2001). The wage penalty for motherhood. *American Sociological Review, 66,* 204–225.

Burgess, D., & Borgida, E. (1999). Who women are, who women should be: Descriptive and prescriptive gender stereotyping in sex discrimination. *Psychology, Public Policy, and Law, 5,* 665–692.

Burgoon, M., Birk, T. S., & Hall, J. R. (1991). Compliance and satisfaction with physician-patient communication: An expectancy theory interpretation of gender differences. *Human Communication Research, 18,* 177–208.

Burns, J. M. (1978). *Leadership.* New York: Harper & Row.

Burt, R. S. (1998). The gender of social capital. *Rationality and Society, 10,* 5–46.

Buss, D. M. (1995). Evolutionary psychology: A new paradigm for psychological science. *Psychological Inquiry, 6,* 1–30.

Buss, D. M., & Kenrick, D. T. (1998). Evolutionary social psychology. In D. T. Gilbert, S. T. Fiske, & G. Lindzey (Eds.), *The handbook of social psychology* (4th ed., Vol. 2, pp. 982–1026). Boston: McGraw-Hill.

Butler, D., & Geis, F. L. (1990). Nonverbal affect responses to male and female leaders: Implications for leadership evaluations. *Journal of Personality and Social Psychology, 58,* 48–59.

Buttner, E. H., & McEnally, M. (1996). The interactive effect of influence tactic, applicant gender, and type of job on hiring recommendations. *Sex Roles, 34,* 581–591.

Byrnes, J. P., Miller, D. C., & Schafer, W. D. (1999). Gender differences in risk taking: A meta-analysis. *Psychological Bulletin, 125,* 367–383.

Campbell, D. T. (1965). Ethnocentric and other altruistic motives. In D. Levine (Ed.), *Nebraska symposium on motivation* (Vol. 13, pp. 283–311). Lincoln: University of Nebraska Press.

Carli, L. L. (1990). Gender, language, and influence. *Journal of Personality and Social Psychology, 59,* 941–951.

Carli, L. L. (1999). Gender, interpersonal power, and social influence. *Journal of Social Issues, 55,* 81–99.

Carli, L. L. (2001a). Assertiveness. In J. Worell (Ed.), *Encyclopedia of women and gender: Sex similarities and differences and the impact of society on gender* (pp. 157–168). San Diego, CA: Academic Press.

Carli, L. L. (2001b). Gender and social influence. *Journal of Social Issues, 57,* 725–741.

Carli, L. L. (2006, July). *Gender and social influence: Women confront the double bind.* Paper presented at the 26th International Conference of Applied Psychology, Athens, Greece.

Carli, L. L., LaFleur, S. J., & Loeber, C. C. (1995). Nonverbal behavior, gender, and influence. *Journal of Personality and Social Psychology, 68,* 1030–1041.

Carroll, J. (2006, September 1). *Americans prefer male boss to a female boss.* Retrieved from http://www.gallup.com/poll/24346/americans-prefer-male-boss-female-boss.aspx.

Carter, D. A., Simkins, B. J., & Simpson, W. G. (2003). Corporate governance, board diversity, and firm value. *Financial Review, 38,* 33–53.

Cassirer, N., & Reskin, B. F. (2000). High hopes: Organizational positions, employment experiences, and women's and men's promotion aspirations. *Work and Occupations, 27,* 438–463.

Catalyst. (2004). *Women and men in U.S. corporate leadership: Same workplace, different realities?* Retrieved from http://catalyst.org/file/74/women%20and%20men%20in%20u.s.%20corporate%20leadership%20same%20workplace,%20different%20realities.pdf.

Catalyst. (2010a). *Pyramids: Women CEOs of the Fortune 1000.* Retrieved from http://catalyst.org/publication/322/women-ceos-of-the-fortune-1000.

Catalyst. (2010b). *Quick takes: Australia, Canada, South Africa and the United States.* Retrieved from http://catalyst.org/publication/239/australia-canada-south-africa-united-states.

Catalyst. (2010c). *Quick takes: Women in U.S. management.* Retrieved from http://catalyst.org/publication/206/women-in-us-management.

CBS News/New York Times. (2006, February 5). *A woman for president.* Retrieved from http://www.cbsnews.com/htdocs/pdf/020306woman.pdf#search=%.22a%20woman%20for%20president%20CBS%20News%2FNew%20York%20Times%20Poll%22.

Center for American Women and Politics. (2010). *Women in elective office 2010.* Retrieved from http://www.cawp.rutgers.edu/fast_facts/levels_of_office/documents/elective.pdf.

Cialdini, R. B., & Trost, M. R. (1998). Social influence: Social norms, conformity and compliance. In D. T. Gilbert, S. T. Fiske, & G. Lindzey (Eds.), *The handbook of social psychology* (4th ed., Vol. 2, pp. 151–192). Boston: McGraw-Hill.

Copeland, C. L., Driskell, J. E., & Salas, E. (1995). Gender and reactions to dominance. *Journal of Social Behavior and Personality, 10,* 53–68.

Correll, S. J., Benard, S., & Paik, I. (2007). Getting a job: Is there a motherhood penalty? *American Journal of Sociology, 112,* 1297–1338.

Corrigall, E. A., & Konrad, A. M., (2006). The relationship of job attribute preferences to employment, hours of paid work, and family responsibilities: An analysis comparing women and men. *Sex Roles, 54,* 95–111.

Costa, P. T., Jr., Terracciano, A., & McCrae, R. R. (2001). Gender differences in personality traits across cultures: Robust and surprising findings. *Journal of Personality and Social Psychology, 81,* 322–331.

Council on Foundations. (2009). *2008 Grantmakers salary and benefits report: Executive summary.* Washington, DC: Council on Foundations. Retrieved from http://www.cof.org/files/Bamboo/programsandservices/research/documents/08 salarybenefitsexecsum.pdf.

Davies, P. G., Spencer, S. J., & Steele, C. M. (2005). Clearing the air: Identity safety moderates the effects of stereotype threat on women's leadership aspirations. *Journal of Personality and Social Psychology, 88,* 276–287.

Davison, H. K., & Burke, M. J. (2000). Sex discrimination in simulated employment contexts: A meta-analytic investigation. *Journal of Vocational Behavior, 56,* 225–248.

De Pater, I., Van Vianen, A., Humphrey, R., Sleeth, R., Hartman, N., & Fischer, A. (2009). Individual task choice and the division of challenging tasks between men and women. *Group & Organization Management, 34,* 563–589.

Desvaux, G., Devillard-Hoellinger, S., & Baumgarten, P. (2007). *Women matter: Gender diversity, a corporate performance driver.* Paris: McKinsey & Company.

de Zárate, R. O. (2010). *Women world leaders: 1945–2007.* Retrieved from http://www.terra.es/persona12/monolith/00women.htm.

Diekman, A. B., & Eagly, A. H. (2000). Stereotypes as dynamic constructs: Women and men of the past, present, and future. *Personality and Social Psychology Bulletin, 26,* 1171–1188.

Dreher, G. F., & Cox, T. H., Jr. (1996). Race, gender, and opportunity: A study of compensation attainment and establishment of mentoring relationships. *Journal of Applied Psychology, 81,* 297–308.

Eagly, A. H. (1987). *Sex differences in social behavior: A social-role interpretation.* Hillsdale, NJ: Lawrence Erlbaum.

Eagly, A. H., & Carli, L. L. (2007). *Through the labyrinth: The truth about how women become leaders.* Cambridge, MA: Harvard Business School Press.

Eagly, A. H., & Chin, J. L. (2010). Diversity and leadership in a changing world. *American Psychologist, 65,* 216–224.

Eagly, A. H., & Diekman, A. B. (2005). What is the problem? Prejudice as an attitude-in-context. In J. F. Dovidio, P. Glick, & L. Rudman (Eds.). *On the nature of prejudice: Fifty years after Allport* (pp. 19–35). Malden, MA: Blackwell.

Eagly, A. H., Johannesen-Schmidt, M. C., & van Engen, M. (2003). Transformational, transactional, and laissez-faire leadership styles: A meta-analysis comparing women and men. *Psychological Bulletin, 129,* 569–591.

Eagly, A. H., & Johnson, B. T. (1990). Gender and leadership style: A meta-analysis. *Psychological Bulletin, 108,* 233–256.

Eagly, A. H., & Karau, S. J. (2002). Role congruity theory of prejudice toward female leaders. *Psychological Review, 109*, 573–598.

Eagly, A. H., Karau, S. J., & Makhijani, M. G. (1995). Gender and the effectiveness of leaders: A meta-analysis. *Psychological Bulletin, 117*, 125–145.

Eagly, A. H., Karau, S. J., Miner, J. B., & Johnson, B. T. (1994). Gender and motivation to manage in hierarchic organizations: A meta-analysis. *The Leadership Quarterly, 5*, 135–159.

Eagly, A. H., Makhijani, M. G., & Klonsky, B. G. (1992). Gender and the evaluation of leaders: A meta-analysis. *Psychological Bulletin, 111*, 3–22.

Eagly, A.H., & Steffen, V. J. (1986). Gender and aggressive behavior: A meta-analytic review of the social psychological literature. *Psychological Bulletin, 100*, 309–330.

Eagly, A. H., Wood, W., & Diekman, A. B. (2000). Social role theory of sex differences and similarities: A current appraisal. In T. Eckes & H. M. Trautner (Eds.), *The developmental social psychology of gender* (pp. 123–174). Mahwah, NJ: Lawrence Erlbaum.

Elliott, J. R., & Smith, R. A. (2004). Race, gender, and workplace power. *American Sociological Review, 69*, 365–386.

Ellyson, S. L., Dovidio, J. F., & Brown, C. E. (1992). The look of power: Gender differences in visual dominance behavior. In C. L. Ridgeway (Ed.), *Gender, interaction, and inequality* (pp. 50–80). New York: Springer-Verlag.

Erhardt, M. L., Werbel, J. D., & Shrader, C. B. (2003). Board of director diversity and firm financial performance. *Corporate Governance, 11*, 102–111.

Families and Work Institute. (2005). *Generation and gender in the workplace*. New York: Families and Work Institute. Retrieved from http://familiesandwork.org/site/research/reports/genandgender.pdf.

Feingold, A. (1994). Gender differences in personality: A meta-analysis. *Psychological Bulletin, 116*, 429–456.

Fiske, S. T., & Stevens, L. E. (1993). What's so special about sex? Gender stereotyping and discrimination. In S. Oskamp & M. Costanzo (Eds.), *Gender issues in contemporary society: Claremont symposium on applied social psychology* (Vol. 6, pp. 173–196). Newbury Park, CA: Sage.

Foels, R., Driskell, J. E., Mullen, B., & Salas, E. (2000). The effects of democratic leadership on group member satisfaction: An integration. *Small Group Research, 31*, 676–701.

Fondas, N. (1997). Feminization unveiled: Management qualities in contemporary writings. *Academy of Management Review, 22*, 257–282.

Forret, M., & Dougherty, T. (2004). Networking behaviors and career outcomes: Differences for men and women? *Journal of Organizational Behavior, 25*,

419–437.
Fortune. (2009a). *Fortune 500 CEOs: Women on the rise*. Retrieved from the Fortune Magazine website at http://postcards.blogs.fortune.cnn.com/2009/04/20/fortune-500-ceos-women-on-the-rise/.
Fortune. (2009b). *Global 500: Women CEOs*. Retrieved from the Fortune Magazine website at http://money.cnn.com/magazines/fortune/global500/2009/womenceos/.
Foschi, M. (2000). Double standards for competence. *Annual Review of Sociology, 26*, 21–42.
Foschi, M., Lai, L., & Sigerson, K. (1994). Gender and double standards in the assessment of job applicants. *Social Psychology Quarterly, 57*, 326–339.
Franke, G. R., Crown, D. F., & Spake, D. F. (1997). Gender differences in ethical perceptions of business practices: A social role theory perspective. *Journal of Applied Psychology, 82*, 920–934.
Galinsky, E., Aumann, K., & Bond, J. T. (2008). *Times are changing: Gender and generation at work and at home*. New York: Families and Work Institute. Retrieved from http://familiesandwork.org/site/research/reports/Times_Are_Changing.pdf.
Galinsky, E., Salmond, K., Bond, J. T., Kropf, M. B., Moore, M., & Harrington, B. (2003). *Leaders in a global economy: A study of executive women and men*. New York: Families and Work Institute.
Garvin, D. A. (1993). Building a learning organization. *Harvard Business Review, 71*(4), 78–91.
Gastil, J. (1994). A meta-analytic review of the productivity and satisfaction of democratic and autocratic leadership. *Small Group Research, 25*, 384–410.
Geller, P. A., & Hobfoll, S. E. (1993). Gender differences in preference to offer social support to assertive men and women. *Sex Roles, 28*, 419–432.
Giacalone, R. A., & Riordan, C. A. (1990). Effect of self-presentation on perceptions and recognition in an organization. *Journal of Psychology, 124*, 25–38.
Glick, P., Diebold, J., Bailey-Werner, B., & Zhu, L. (1997). The two faces of Adam: Ambivalent sexism and polarized attitudes toward women. *Personality and Social Psychology Bulletin, 23*, 1323–1334.
Goldberg, S. (1993). *Why men rule: A theory of male dominance*. Chicago: Open Court.
Greenhaus, J. H., & Powell, G. N. (2006). When work and family are allies: A theory of work-family enrichment. *Academy of Management Review, 31*, 72–92.
Griffeth, R. W., Hom, P. W., & Gaertner, S. (2000). A meta-analysis of antecedents and correlates of employee turnover: Update, moderator tests, and research implications for the next millennium. *Journal of Management, 26*, 463–488.
Hackman, M. Z., Furniss, A. H., Hills, M. J., & Paterson, T. J. (1992). Perceptions of gender-role characteristics and transformational and transactional leadership

behaviours. *Perceptual and Motor Skills, 75,* 311–319.

Halpern, D. F. (2001). Sex difference research: Cognitive abilities. In J. Worrell (Ed.), *Encyclopedia of women and gender: Sex similarities and differences and the impact of society on gender* (Vol. 2, pp. 963–971). San Diego: Academic Press.

Halpern, D. F., & LaMay, M. L. (2000). The smarter sex: A critical review of sex differences in intelligence. *Educational Psychology Review, 12,* 229–246.

Haslam, S. A., & Ryan, M. K. (2008). The road to the glass cliff: Differences in the perceived suitability of men and women for leadership positions in succeeding and failing organizations. *The Leadership Quarterly, 19,* 530–546.

Heilman, M. E., Block, C. J., & Martell, R. F. (1995). Sex stereotypes: Do they influence perceptions of managers? *Journal of Social Behavior and Personality, 10* [No. 6: Special issue: Gender in the workplace], 237–252.

Heilman, M. E., & Chen, J. J. (2005). Same behavior, different consequences: Reactions to men's and women's altruistic citizenship behavior. *Journal of Applied Psychology, 90,* 431–441.

Heilman, M. E., & Okimoto, T. G. (2008). Motherhood: A potential source of bias in employment decisions. *Journal of Applied Psychology, 93,* 189–198.

Heilman, M. E., Wallen, A. S., Fuchs, D., & Tamkins, M. M. (2004). Penalties for success: Reactions to women who succeed in male gender-typed tasks. *Journal of Applied Psychology, 89,* 416–427.

Helfat, C. E., Harris, D., & Wolfson, J. P. (2006). The pipeline to the top: Women and men in the top executive ranks of U.S. corporations. *Academy of Management Perspectives, 20,* 42–64.

Hershcovis, M. S., Turner, N., Barling, J., Arnold, K. A., Dupré, K. E., Inness, M., et al. (2007). Predicting workplace aggression: A meta-analysis. *Journal of Applied Psychology, 92,* 228–238.

Hofstede, G. (1998). A case for comparing apples with oranges: International differences in value. *International Journal of Comparative Sociology, 39,* 16–31.

Hom, P. W., Roberson, L., & Ellis, A. D. (2008). Challenging conventional wisdom about who quits: Revelations from corporate America. *Journal of Applied Psychology, 93,* 1–34.

House, R. J., & Aditya, R. N. (1997). The social scientific study of leadership: Quo vadis? *Journal of Management, 23,* 409–473.

House, R. J., Hanges, P. J., Javidan, M., Dorfman, P. W., & Gupta, V. (Eds.). (2004). *Culture, leadership, and organizations: The GLOBE study of 62 societies.* Thousand Oaks, CA: Sage.

Huffman, M. L., & Torres, L. (2002). It's not only "who you know" that matters: Gender, personal contacts, and job lead quality. *Gender & Society, 16,* 793–813.

Inglehart, R., & Norris, P. (2003). *Rising tide: Gender equality and cultural change around the world.* New York: Cambridge University Press.

Jacobs, J. A., & Gerson, G. (2004). *The time divide: Work, family, and gender inequality.* Cambridge, MA: Harvard University Press.

Johnson, S., Murphy, S., Zewdie, S., & Reichard, R. (2008). The strong, sensitive type: Effects of gender stereotypes and leadership prototypes on the evaluation of male and female leaders. *Organizational Behavior and Human Decision Processes, 106,* 39–60.

Judge, T. A., Bono, J. E., Ilies, R., & Gerhardt, M. W. (2002). Personality and leadership: A qualitative and quantitative review. *Journal of Applied Psychology, 87,* 765–780.

Judge, T. A., Cable, D. M., Boudreau, J. W., & Bretz, R. D., Jr. (1995). An empirical investigation of the predictors of executive career success. *Personnel Psychology, 48,* 485–519.

Judge, T. A., Colbert, A. E., & Ilies, R. (2004). Intelligence and leadership: A quantitative review and test of theoretical propositions. *Journal of Applied Psychology, 89,* 542–552.

Judge, T. A., & Piccolo, R. F. (2004). Transformational and transactional leadership: A meta-analytic test of their relative validity. *Journal of Applied Psychology, 89,* 901–910.

Kanter, R. M. (1977). *Men and women of the corporation.* New York: Basic Books.

Kanter, R. M. (1997). *On the frontiers of management.* Boston: Harvard Business School Press.

Klumb, P. L., & Lampert, T. (2004). Women, work, and well-being 1950–2000: A review and methodological critique. *Social Science & Medicine, 58,* 1007–1024.

Koenig, A. M., Eagly, A. H., Mitchell, A. A., & Ristikari, T. (2010). *Are leader stereotypes masculine? A meta-analysis of three research paradigms.* Unpublished manuscript, University of San Diego.

Konrad, A. M., Ritchie, J. E., Jr., Lieb, P., & Corrigall, E. (2000). Sex differences and similarities in job attribute preferences: A meta-analysis. *Psychological Bulletin, 126,* 593–641.

Krishnan, H. A., & Park, D. (2005). A few good women—on top management teams. *Journal of Business Research, 58,* 1712–1720.

Kunze, A. (2008). Gender wage gap studies: Consistency and decomposition. *Empirical Economics, 35,* 63–76.

Lewin, K., & Lippitt, R. (1938). An experimental approach to the study of autocracy and democracy: A preliminary note. *Sociometry, 1,* 292–300.

Lipman-Blumen, J. (2000). *Connective leadership: Managing in a changing world.* New York: Oxford University Press.

Lundberg, S., & Rose, E. (2000). Parenthood and the earnings of married men and women. *Labour Economics, 7*, 689–710.

Lyness, K. S., & Judiesch, M. K. (2001). Are female managers quitters? The relationships of gender, promotions, and family leaves of absence to voluntary turnover. *Journal of Applied Psychology, 86*, 1167–1178.

Lyness, K. S., & Thompson, D. E. (1997). Above the glass ceiling? A comparison of matched samples of female and male executives. *Journal of Applied Psychology, 82*, 359–375.

Lyness, K. S., & Thompson, D. E. (2000). Climbing the corporate ladder: Do female and male executives follow the same route? *Journal of Applied Psychology, 85*, 86–101.

Madon, S., Guyll, M., Aboufadel, K., Montiel, E., Smith, A., Palumbo, et al. (2001). Ethnic and national stereotypes: The Princeton trilogy revisited and revised. *Personality and Social Psychology Bulletin, 27*, 996–1010.

Martin, P. Y. (2003). "Said and done" versus "saying and doing": Gender practices, practicing gender at work. *Gender & Society, 17*, 342–366.

Matschiner, M., & Murnen, S. K. (1999). Hyperfemininity and influence. *Psychology of Women Quarterly, 23*, 631–642.

Maume, D. J., Jr. (1999). Occupational segregation and the career mobility of White men and women. *Social Forces, 77*, 1433–1459.

McPherson, M., Smith-Lovin, L., & Cook, J. M. (2001). Birds of a feather: Homophily in social networks. *Annual Review of Sociology, 27*, 415–444.

Milkie, M. A., Bianchi, S. M., Mattingly, M. J., & Robinson, J. P. (2002). Gendered division of childrearing: Ideals, realities, and the relationship to parental well-being. *Sex Roles, 47*, 21–38.

Mohr, G., & Wolfram, H. (2008). Leadership and effectiveness in the context of gender: The role of leaders' verbal behaviour. *British Journal of Management, 19*, 4–16.

Nahavandi, A. (2008). *The art and science of leadership.* Upper Saddle River, NJ: Prentice Hall.

Newport, F. (2001, February 21). *Americans see women as emotional and affectionate, men as more aggressive.* Gallup Poll News Service. Retrieved from http://www.gallup.com/poll/1978/Americans-See-Women-Emotional-Affectionate-Men-More-Aggressive.aspx.

Ng, T. W. H., Eby, L. T., Sorensen, K. L., & Feldman, D. C. (2005). Predictors of objective and subjective career success: A meta-analysis. *Personnel Psychology, 58*, 367–408.

Niemann, Y. F., Jennings, L., Rozelle, R. M., Baxter, J. C., & Sullivan, E. (1994). Use of free responses and cluster analysis to determine stereotypes of eight groups. *Personality and Social Psychology Bulletin, 20*, 379–390.

Noonan, M. C., & Corcoran, M. E. (2004). The mommy track and partnership: Temporary delay or dead end? *Annals of the American Academy of Political and Social Science, 596*, 130–150.

Ohlott, P. J., Ruderman, M. N., & McCauley, C. D. (1994). Gender differences in managers' developmental job experiences. *Academy of Management Journal, 37*, 46–67.

Petersen, T., & Saporta, I. (2004). The opportunity structure for discrimination. *American Journal of Sociology, 109*, 852–901.

Powell, G. N., & Butterfield, D. A. (1979). The "good manager": Masculine or androgynous? *Academy of Management Journal, 22*, 395–403.

Propp, K. M. (1995). An experimental examination of biological sex as a status cue in decision-making groups and its influence on information use. *Small Group Research, 26*, 451–474.

Reid, S. A., Palomares, N. A., Anderson, G. L., & Bondad-Brown, B. (2009). Gender language and social influence: A test of expectation states, role congruity, and self-categorization theories. *Human Communication Research, 35*, 465–490.

Reskin, B. F., & Ross, C. E. (1995). Jobs, authority, and earnings among managers: The continuing significance of sex. In J. A. Jacobs (Ed.), *Gender inequality at work* (pp. 127–151). Thousand Oaks, CA: Sage.

Riach, P. A., & Rich, J. (2002). Field experiments of discrimination in the market place. *Economic Journal, 112*, F480–F518.

Rose, S. J., & Hartmann, H. I. (2004). *Still a man's labor market: The long-term earnings gap.* Washington, DC: Institute for Women's Policy Research. Retrieved from http://www.iwpr.org/pdf/C355.pdf.

Rudman, L. A. (1998). Self-promotion as a risk factor for women: The costs and benefits of counterstereotypical impression management. *Journal of Personality and Social Psychology, 74*, 629–645.

Ryan, M. K., & Haslam, S. A. (2005). The glass cliff: Evidence that women are overrepresented in precarious leadership positions. *British Journal of Management, 16*, 81–90.

Ryan, M. K., & Haslam, S. A. (2007). The glass cliff: Exploring the dynamics surrounding women's appointment to precarious leadership positions. *Academy of Management Review, 32*, 549–572.

Saad, L. (2007, August 31). *Women slightly more likely to prefer working to homemaking.* Gallup Poll News Service. Retrieved from http://www.gallup.com/poll/28567/Women-Slightly-More-Likely-Prefer-Working-Homemaking.aspx.

Salzman, P. C. (1999). Is inequality universal? *Current Anthropology, 40*, 31–44.

Sanchez-Hucles, J. V., & Davis, D. D. (2010). Women and women of color in leadership: Complexity, identity, and intersectionality. *American Psychologist, 65,* 171–181.

Schein, V. E. (1973). The relationship between sex role stereotypes and requisite management characteristics. *Journal of Applied Psychology, 57,* 95–100.

Schmitt, D. P., Realo, A., Voracek, M., & Allik, J. (2008). Why can't a man be more like a woman? Sex differences in Big Five personality traits across 55 cultures. *Journal of Personality and Social Psychology, 94,* 168–182.

Shinar, E. H. (1975). Sexual stereotypes of occupations. *Journal of Vocational Behavior, 7,* 99–111.

Sinclair, L., & Kunda, Z. (2000). Motivated stereotyping of women: She's fine if she praised me but incompetent if she criticized me. *Personality and Social Psychology Bulletin, 26,* 1329–1342.

Smith, R. A. (2002). Race, gender, and authority in the workplace: Theory and research. *Annual Review of Sociology, 28,* 509–542.

Su, R., Rounds, J., & Armstrong, P. I. (2009). Men and things, women and people: A meta-analysis of sex differences in interests. *Psychological Bulletin, 135,* 859–884.

Tepper, B. J., Brown, S. J., & Hunt, M. D. (1993). Strength of subordinates' upward influence tactics and gender congruency effects. *Journal of Applied Social Psychology, 23,* 1903–1919.

Thomas-Hunt, M. C., & Phillips, K. W. (2004). When what you know is not enough: Expertise and gender dynamics in task groups. *Personality and Social Psychology Bulletin, 30,* 1585–1598.

Timberlake, S. (2005). Social capital and gender in the workplace. *Journal of Management Development, 24,* 34–44.

Towers, I., Duxbury, L., Higgins, C., & Thomas, J. (2006). Time thieves and space invaders: Technology, work and the organization. *Journal of Organizational Change Management, 19,* 593–618.

Trivers, R. L. (1972). Parental investment and sexual selection. In B. Campbell (Ed.), *Sexual selection and the descent of man: 1871–1971* (pp. 136–179). Chicago: Aldine.

Twenge, J. M. (1997). Changes in masculine and feminine traits over time: A meta-analysis. *Sex Roles, 36,* 305–325.

Twenge, J. M. (2001). Changes in women's assertiveness in response to status and roles: A cross-temporal meta-analysis, 1931–1993. *Journal of Personality and Social Psychology, 81,* 133–145.

Uhlmann, E. L., & Cohen, G. L. (2005). Constructed criteria: Redefining merit to justify discrimination. *Psychological Science, 16,* 474–480.

UNIFEM. (2008). *Progress of the world's women 2008-2009: Who answers to

women? Gender and accountability. Retrieved from http://www.unifem.org/progress/2008/media/POWW08_Report_Full_Text.pdf.
United Nations Development Programme. (2009). *Human development report 2009.* Retrieved from http://hdr.undp.org/en/media/HDR_2009_EN_Complete.pdf.
U.S. Bureau of Labor Statistics. (1982). *Labor force statistics derived from the current population survey: A databook* (Vol. 1: Bulletin 2096). Washington, DC: U.S. Department of Labor.
U.S. Bureau of Labor Statistics. (2010a). *News: American time-use survey—2009 results.* Retrieved from http://www.bls.gov/news.release/pdf/atus.pdf.
U.S. Bureau of Labor Statistics. (2010b). *Women in the labor force: A databook (2010 edition).* Retrieved from http://www.bls.gov/cps/wlf-databook2010.htm.
U.S. Bureau of Labor Statistics. (2011). *Labor force statistics from the current population survey.* Retrieved from http://www.bls.gov/cps/tables.htm.
U.S. National Center for Education Statistics. (2010). *Digest of education statistics, 2008.* Retrieved from http://nces.ed.gov/programs/d10/tables/dt10_279.asp.
U.S. Office of Personnel Management. (1997). *The fact book, 1997 edition: Federal civilian workforce statistics.* Retrieved from http://www.opm.gov/feddata/factbook/97factbk.pdf.
U.S. Office of Personnel Management. (2007). *Senior executive service: Facts and figures.* Retrieved from http://www.opm.gov/ses/facts_and_figures/demographics.asp.
van Engen, M. L., & Willemsen, T. M. (2004). Sex and leadership styles: A meta-analysis of research published in the 1990s. *Psychological Reports, 94,* 3–18.
Van Vugt, M. (2006). Evolutionary origins of leadership and followership. *Personality and Social Psychology Review, 10,* 354–371.
Van Vugt, M., Hogan, R., & Kaiser, R. B. (2008). Leadership, followership, and evolution: Some lessons from the past. *American Psychologist, 63,* 182–196.
Vinkenburg, C. J., van Engen, M. L., Eagly, A. H., & Johannesen-Schmidt, M. C. (2011). An exploration of stereotypical beliefs about leadership styles: Is transformational leadership a route to women's promotion? *The Leadership Quarterly.*
Walters, A. E., Stuhlmacher, A. F., & Meyer, L. L. (1998). Gender and negotiator competitiveness: A meta-analysis. *Organizational Behavior and Human Decision Processes, 76,* 1–29.
Whyte, M. K. (1978). *The status of women in preindustrial societies.* Princeton, NJ: Princeton University Press.
Williams, C. L. (1995). *Still a man's world: Men who do "women's" work.* Berkeley: University of California Press.
Williams, J. (2000). *Unbending gender: Why family and work conflict and what to do about it.* New York: Oxford University Press.
Williams, J. E., & Best, D. L. (1990). *Measuring sex stereotypes: A multination study.*

Newbury Park, CA: Sage.

Wolff, H., & Moser, K. (2009). Effects of networking on career success: A longitudinal study. *Journal of Applied Psychology, 94,* 196–206.

Wood, W., & Eagly, A. H. (2002). A cross-cultural analysis of the behavior of women and men: Implications for the origins of sex differences. *Psychological Bulletin, 128,* 699–727.

Wootton, B. H. (1997). Gender differences in occupational employment. *Monthly Labor Review, 120,* 14–24.

Wosinska, W., Dabul, A. J., Whetstone-Dion, R., & Cialdini, R. B. (1996). Self-presentational responses to success in the organization: The costs and benefits of modesty. *Basic and Applied Social Psychology, 18,* 229–242.

Wrangham, R. W., Jones, J. H., Laden, G., Pilbeam, D., & Conklin-Brittain, N. (1999). The raw and the stolen: Cooking and the ecology of human origins. *Current Anthropology, 40,* 567–577.

Wright, E. O., Baxter, J., & Birkelund, G. E. (1995). The gender gap in workplace authority: A cross-national study. *American Sociological Review, 60,* 407–435.

Yoder, J. D. (2001). Making leadership work more effectively for women. *Journal of Social Issues, 57,* 815–828.

Yoder, J. D., & Schleicher, T. L. (1996). Undergraduates regard deviation from occupational gender stereotypes as costly for women. *Sex Roles, 34,* 171–188.

第十四章

领导力与身份认同[1]

Daan van Knippenberg
鹿特丹伊拉斯姆斯大学

领导者是人类群体、组织、社会的核心和必不可少的组成部分。事实上,如果没有领导结构,或者没有正式的领导者,很难想象社会群体会变成什么样子。领导者对人类群体、组织、社会的功能和性能都有明显的影响。所以,一个多世纪以来,领导力一直是管理学、心理学和社会科学中行为研究的重点(参见第六章)。不过,让人奇怪的是,领导力研究长期以来都一直忽视如下事实:领导者本身也是其领导的群体(团队、组织、国家)中的一员,领导是一个由领导者和追随者组成的群体情境中所发生的过程(参见 D. van Knippenberg, in press)。这意味着领导力的效果受到与群体成员心理相关过程的影响。这就是本章研究的重点。

群体成员心理学的中心是身份认同——在共享的群体身份前提下对自身和其他人的看法。身份认同对领导过程有着重要的作用(也可以把身份认同称为自我意识,自我和身份认同可以互换使用;Leary & Tangney,2003)。追随者的身份认同既影响领导,也受领导的影响(Hogg,2001;Hogg & Van Knippenberg,2003;Lord & Brown,2004;Lord, Brown, & Freiberg,1999;Shamir, House, & Arthur,1993;D. van Knippenberg & Hogg,2003a,2003b;D. van Knippenberg, van Knippenberg, De Cremer, & Hogg,2004)。虽然本章分析的重点是有关群体身份认同的角色——领导者和追随者的共享社会身份,但是仍然很容易就能延伸到身份认同和自我意识的另外两个

---

[1] 作者注:请将对本章的意见和建议发给 Daan van Knippenberg, Rotterdam School of Management, Erasmus University Rotterdam, PO Box 1738, 3000 DR Rotterdam, Netherlands。电子邮件:dvanknippenberg@rsm.nl。

主要方面:身份认同变化和实践方面连贯性的自我评估及认识。这两个主要方面并不是与共享的群体成员必然相连的(但有可能)。本章也将介绍这些问题。相同的身份认同原则也可以延伸到领导者身份认同对领导力的影响——不仅针对共享群体成员,还针对领导者的角色身份认同(即在群体身份认同范畴中,成员是抽象的领导者类别)。本章也会介绍该问题,但仅做一个概述,因为经验证据有限,而且部分内容与第四章重合。

在过去 15 年左右的时间内,虽然领导力研究正缓慢地与自我和身份认同的角色相挂钩,但目前这一局面已经发生了戏剧性的变化。本章将考察这一发展过程,并且提供有关领导力、自我和身份认同的最新的科学研究信息。为了达到本章的目标,我将首先介绍领导力、自我和身份认同研究的核心:社会(群体)身份认同概念和社会身份认同对领导力的影响。核心内容也将包含追随者社会身份认同对领导力的影响,以及领导者对追随者社会身份认同的影响。随后,我们将讨论自我评估、身份认同的变化和连贯性以及领导者身份认同的作用。

社会身份认同和领导力

当我们考虑我们自己时,我们首先浮现在脑海中的是,谁是我们社会群体归属的对象。是国籍、种族、组织成员资格、专业,还是其他群体成员?我们将采用社会群体成员(即团队、组织、国家、人口类别)在更大或更小程度上描述我们自身的重要方面。这种社会群体成员的自我定义的品质是由社会身份、自我归属、自我建构理论(Hogg, 2003; Sedikides & Brewer, 2001; Tajfel & Turner, 1986; Turner, Hogg, Oakes, Reicher, & Wetherell, 1987),以及最近在前沿的社会身份认同方法之下不断增加的分组理论(Haslam, 2004)来界定的。社会身份认同方法描述了个人如何以个人观点来看待自身(即确定自我为独特个体、自我或身份认同的特征,"我"),以及以群体或组织成员观点来看待自身(即将自身视为群体成员、集体自我或社会身份认同的特征,"我们")。

社会身份认同方法是一种有关群体内部联系的观点,用于阐释为何人们会偏向于赞成其群体成员("in-growp"; Brewer & Brown, 1998; Tajfel & Turner, 1986; D. van Knippenberg, 2003)。但是,这种方法的精髓是社会的自我界定,它抓住了群体成员心理最重要的内容,对我们理解社会态度和行为有着更为深远的暗示。正如社会身份认同研究的最新发展所显示的（这方面的综述可以参见 Haslam,2004；Hogg,2003），它关注的不仅仅是群体内部关系,自我界定为一个群体的成员（社会身份认同）对于认知、态度和行为有着非常重要的影响。因为这表示,个人从群体成员的角度来看待自身,社会身份认同将确保成员将群体利益视为首位——事实上,要将群体利益视同自身利益（即"我们"的利益,D. van Knippenberg,2000a）——并将群体身份认同作为自我描述和自我导引（Turner et al.,1987）。这两个过程对领导力的社会身份认同分析特别重要。简而言之,追随者社会身份认同会引导追随者追随具有群体原型的领导者（即体现群体身份认同,因而群体能够共享社会化的现实）,并为群体的最佳利益服务。此外,有效的领导者具备如下能力：建立追随者的集体身份认同,改变追随者对集体身份的理解。

◼ 群体原型和群体导向

社会身份方法描述了如何从精神上将社会群体表示为群体原型——这是确定什么是群体、群体成员有什么共同点、群体之间的区别是什么的模糊特征集（Hogg,2001；Turner et al.,1987；参见 Rosch,1978）。这样的群体原型是主观性的指代物,它捕捉一定程度的群体平均水平,将其作为群体的理想化形象——群体的真正定义是什么。群体原型抓住了群体中具有社会共享特质的内容。描述群体的价值观、信念、重要的行为和行动类型、适当及可取的行为和行动类型。实际上,群体原型抓住的就是群体规范。因此,群体原型是对与群体有身份认同感的个体产生影响的源头（即按照群体成员来进行自我身份认同；Ashforth & Mael,1989；Tajfel & Turner,1986；D. van Knippenberg & Sleebos,2006）,因为身份认同会导致个体将群体定义特征归为自身特征,并激励个体遵守群体规范（Abrams & Hogg,1990；Turner et al.,1987；D. van Knippenberg,2000b）。

领导力的社会身份认同分析核心是如下事实：群体成员（也包括群体领导者在内）所代表或呈现的群体原型在某种程度上存在差异。在一定程度上,群体（即群体、团队、组织、民族）成员认为领导者就是群体原型（即呈现出了共同的身份认同）,领导者会因他人（潜在地）感知其代表群体规范而产生影响力（Hogg,2001；Hogg & van Knippenberg,2003；D. van Knippenberg & Hogg,2003a；参见 D. van Knippenberg,Lossie, & Wilke,1994）。此外,群体原型通常还会加大对领导者意图的信任感。因为群体原型领导者代表的是群体身份认同,所以群体成员相信他们会追求群体利益最大化（B. van Knippenberg & van Knippenberg,2005；D. van Knippenberg & Hogg,2003a）。身份认同会实现群体利益的内部化，让群体成为一种特质：让非常看重群体利益的个人会首先考虑其领导者（Haslam & Platow,2001；Platow & van Knippenberg,2001）。因此，对因领导者群体原型所产生的领导者的群体导向，推动了领导效力的提高（Giessner & van Knippenberg,2008；Giessner, van Knippenberg, & Sleebos,2009）。

在相关的实验室实验（例如，Hains, Hogg, & Duck,1997）和实地调研（例如，B. van Knippenberg & van Knippenberg,2005）中，都发现了领导者群体原型的作用的证据，这些都可以作为在正式领导职位上的个体（例如，Pierro, Cicero, Bonaiuto, van Knippenberg, & Kruglanski,2005；Platow & van Knippenberg,2001）和新兴领导者（Fielding & Hogg,1997；D. van Knippenberg, van Knippenberg, & van Dijk,2000）效力的证据。效力指标包括追随者的看法和态度，如对领导有效性的认知度和工作满意度（例如，Giessner & van Knippenberg,2008；Hogg, Hains, & Mason,1998；Pierro et al. ,2005），以及领导者有效性的客观指标，诸如任务绩效（B. van Knippenberg & van Knippenberg,2005）和创造力（Hirst, van Dick, & van Knippenberg,2009）。此外，许多国家（澳大利亚、德国、意大利、荷兰、瑞典、英国、美国）都进行了研究（例如，Hirst et al. ,2009；Ullrich, Christ, & van Dick,2009），可以证实该分析的稳健性（至少在"西方"或"个人主义"文化中）。

更有趣的是，领导者群体原型的概念似乎是解释商界和政界领导者有效性的工具。例如，Reicher 和 Hopkins（2001,2003）就曾讨论了如下问题：像撒切尔夫人、苏加诺和甘地这样的国家领导者，如何通过追随者将其视为国家象征的身份来获得影响力（有关领导者在培养该等看法中作用的积极影响，见下文）？企业领导者同样会将他们的影响力和感染力建立在他们所被感知的群体原型上——例如，因为其为创始者，所以成为公司的象征（例如，苹果公司的史蒂夫·乔布斯），或者因为其个人经历与公司紧密相连（例如，飞利浦公司的 CEO 柯慈雷）。

强调领导者群体原型导致了一个问题的出现，即群体多样性怎么办？如果群体成员的人口特征（年龄、性别、种族）和/或与工作相关的特征（职能和教育背景）差异很大，群体原型是否还能继续发挥领导作用？这个问题至关重要，因为组织和社会多样化越来越复杂，而且多样性很明显是群体进程和绩效的结果（D. van Knippenberg & Schippers,2007）。对此，意识到如下内容很重要：群体原型并不是围绕着群体的尽可能多的属性特征所开发的,相反,却与领导者所代表的理想类型的群体,也就是群体界定的特征有关。例如,在一个研发团队中,既有男性成员也有女性成员,但这可能与从团队成员中获得团队身份认同无关。相反,如果团队成员认识到团队突破创新的宗旨,决心为实现宗旨而采取有风险或标新立异的方法,那么这种意识可能是团队身份认同的一个重要方面。不过,这样就不可能出现如下问题:领导者是否代表团队性别比例的组成?抑或领导者是否体现了团队推出创新产品不屈不挠的承诺?多样性不应误认为是缺乏共享身份认同(参见 D. van Knippenberg,Haslam, & Platow,2007),群体原型与在多样性和同质化程度更高的群体中领导效力的作用类似。人口特征确实会在领导者群体特征中发挥作用,但是,群体成员多样化程度高并不表示会排除领导者是群体身份认同的象征。事实上,人口统计学特征共享程度越高,其在领导者群体特征中发挥的作用就越大。即使当人口统计学特征不是团队如何看待自己的核心要素时,如果一个领导者偏离团队共有的人口特征(例如,女性团队中的男性领导者,或者男性团队中的女性领导者)都会给人这样的初步的印象:领导者与团队不同,不太可能是团队的代表。在这种情况下,领导者在管理团队身份认同的认知方面的作用,以及领导者的团队身份认同的代表性成为重要的因素,详见下文。

群体成员倾向于他们所认同的领导者为群体服务,并且以群体最佳利益为行动指南(即与效力相关的领导者群体原型归因于哪个部分),这种观点表明,领导者能够指代(或者能够被解释为)的以群体为导向的动机行为会推动领导有效性的提高(Haslam & Platow,2001;D. van Knippenberg & Hogg,2003a)。按照这种分析,领导力有效性与如下行为相关:领导者为群体利益而自我牺牲的行为(Yorges, Weiss, & Strickland,1999)、领导者以自身所处群体利益优先的行为(Platow,Hoar, Reid,Harley,& Morrison,1997)和领导者承诺为群体服务的行为(De Cremer & Van Vugt,2002)。我们发现了一件既有趣又重要的事情——领导者为解决群体困境的标志性领导力也是魅力型领导的重要组成部分(Choi & Mai-Dalton,1998;Conger & Kanungo,1987;Shamir et al. ,1993),具体将在下文进行进一步的探讨。事实上,这样的群体导向的行为的典型例子也可以作为魅力型领导的示例:20 世纪 70 年代,Lee Iacocca 决定担任克莱斯勒的 CEO,并将其年薪降为 1 美元,这就是他对克莱斯勒的承诺,以及为公司度过危机做出的自我牺牲(参见 Conger & Kanungo,1987)。

社会身份认同分析推动了领导者群体原型和领导者群体导向作为有效领导力

关键要素的研究。领导者群体原型会提升领导者群体导向行为的信任度（B. van Knippenberg & van Knippenberg,2005），而且在某种程度上，领导力有效性部分源于该种信任（Giessner & van Knippenberg,2008）。因此，领导者群体原型和领导者群体导向行为的有效性部分来自这一相同的机制——对于领导群体导向的认知。所以，领导者群体原型和领导者群体导向行为可能对于领导力有效性有交互的影响，它们可能相互补偿。如果一个要素是固定的，那么另一个要素与领导力有效性的关系就会变弱（D. van Knippenberg & Hogg,2003a）。在大量领导者群体导向行为的不同操作实践研究中——例如分配决策（Platow & van Knippenberg,2001）、自我牺牲（B. van Knippenberg & van Knippenberg,2005）和以群体利益为重（与自我利益相对；Platow, van Knippenberg, Haslam, van Knippenberg, & Spears,2006），我们发现了这样的关系：群体原型领导者无论是否有群体导向行为，其领导效力均应是有效的，但是对于非原型领导者来说，如果他们采取群体导向行为，比起不这么做要更为有效。

在所有其他内容都相同的情况下，应保持领导者群体原型、领导者群体导向行为和它们交互作用的有效性。但是，社会身份认同分析的核心是领导影响力源于追随者对群体的集体身份认同度。因此，可以预计，如果追随者身份认同和社会身份认同更高、更为显著，这一影响力就会更强（Hogg,2001）。① 所以说，如果追随者社会身份认同取决于群体原型领导者的效力，原型和有效性之间的关系就会受到身份认同的调节。事实上已有信息证明了该等言论（Fielding Sc Hogg,1997；Hains et al.,1997；Hogg et al.,1998）。同样，研究已显示，追随者对领导者群体导向行为的响应越积极，其对群体的身份认同度就越高（De Cremer, van Knippenberg, van Dijke, & Bos,2006；De Cremer & Van Vugt,2002；Platow et al.,1997）。为了进一步验证该分析言论，有研究显示，领导者群体原型和领导者群体导向行为的交互影响，其实也取决于追随者的身份认同感（Platow & van Knippenberg,2001）。

---

① 身份认同会确认个人想象自己是群体成员的程度，社会身份认同突出是指身份认同是通过认知激活的，身份认同是具有认知活跃性的，而不是"隐形"的（即某人的身份认同群体并不表示该种身份认同与其个人的思想和行为总是一致的）。举例来说，两个群体之间出现竞争，其成员的群体身份认同感肯定要高于无竞争时的群体身份认同感。身份认同是一个缓慢而持久性的影响，而身份认同突出可以看成是影响力在情境中的活化作用（Haslam,2004）。在更大的层面上，身份认同和突出的功能是等效的，而且在一定程度上，两者正相关。我将关注身份认同更为持久的影响力，这一点在领导力文献中有广泛的研究，我还会把它应用到社会身份认同突出中。

领导力的社会身份认同模式提出,可将原型和群体导向作为有效领导的两个核心——这遵循基于社会身份认同和自我归类的群体成员心理学研究。最近,因受到有关领导力中的不确定性和变革以及领导者的公平性等见解的影响,该模型得以进一步拓展,上述见解虽然没有很长的研究传统,却非常深刻。此外,在整个发展过程中,还建立了与其他领导力方法的交叉和综合,这为更为综合的以及范围更广的领导力理论提供了基础材料(参见 D. van Knippenberg & Hogg,2003a)。具体见下文。

◆ 拓展和整合

原型、不确定性和变革。有人认为,领导力的一项重要功能就是带来变革以及管理的不确定性(应注意:虽然变革和不确定性并不一样,但两者关系密切,而且在对变革和不确定性的领导力的身份认同暗示方面,两者具有共性)。很明显,让领导者成为有效的变革推动者,有效地管理和减少不确定性,就是稳定情况下让领导者有效的要素(参见 Conger & Kanungo,1987)。而领导力、变革和不确定性之间的关系,则需要从内部和自身进行考虑。

不确定性在社会身份认同方法中发挥着重要的作用。事实上,Hogg(2007)提出,减少不确定性的期望,可以作为社会群体发生联系的关键动机。从心理学的角度来看,不确定性是一种令人不满的心理状态,个人渴望能解决这种状态或者减少这种情况。对此,社会身份认同很重要,因为社会身份认同抓住了一个共享的社会实际情况,这样可能会有助于减少不确定性。社会身份认同有助于确定什么是重要内容,什么是有价值的内容,甚至是什么是"真正的"的内容,且为如何对不确定情况进行适当回应给出了指导。因此,减少不确定性的愿望可能会导致个人依靠他们的群体参与性,按照其社会身份认同感来思考和行事(Hogg,2007)。不确定性还会引发对领导力的欲望。如果人员不可预测,他们就会寻找领导力来减少这种不确定性(D. van Knippenberg et al.,2000)。综合来看,这些主张表明,个人渴望减少主观不确定性,对于领导者群体原型——领导力特别敏感,因为它被认为是嵌入在共享的社会现实中的。

为了支持这种假说,D. van Knippenberg 等(2000)表示,当任务的不确定性较高时,原型群体成员可能倾向于成为领导者,Pierro 及其同事的研究也表明,个人层面关于减少不确定性愿望的影响会调节领导者群体原型与领导力有效性之间的关系。Pierro等(2005)在一项关注于解决不确定性的个体差异研究(避免不确定性、模糊性和未解决问题的愿望)中发现并提出,在追随者更希望能解决不确定性时,领导者群体原型与领导力有效性的关系更为密切。将该分析结果扩展到需要减少不确定性的其他情境指标(即非意向型指标)后,Cicero、Pierro和van Knippenberg发现,对于追随者的工作压力和角色模糊方面,其调节关系类似(即二者都与能解决不确定性的需求相关)。为了能进一步支持这些关系的社会身份认同基础,Pierro等(2007)表明,追随者的身份认同能够调节原型和解决不确定性需求的交互效应。

这些发现对变革方面的领导力也有重要影响,因为通常情况下,变革与不确定性相关。例如,Pierro等(2007)在组织变革情境中进行研究,发现领导者原型可以预测追随者对变革的接纳度,可以作为追随者解决不确定性和达成身份认同感的工具(参见 B. van Knippenberg & van Knippenberg,2005,从中可以发现领导者群体导向行为在克服变革阻力时是非常重要的)。变革可以是组织性的,也可以是社会性的,但是,同时也可能带来另一个问题:群体身份认同所发生的潜在变革。在人类发展过程中,人们不断地变革和发展,他们的身份认同也在不断地变革和发展。社会身份认同也是一样:随着时间的推移,群体、组织和国家身份认同也在不断地变化。其内在和本身是没有问题的,而且事实上,也应该没有任何问题。然而,更重要的是,人们重视身份认同的连贯性——包括个人身份认同和社会身份认同(Sani,2008)。这就会导致人们对群体变革具有抗拒性,因为他们会将其视为对身份认同连贯性的一种威胁(Rousseau,1998;D. van Knippenberg, van Knippenberg, Monden, & de Lima,2002)。因为群体变革很大程度上依赖于群体成员的积极配合,所以,对变革的抗拒是变革领导力的一项重大挑战(Conner,1995)。

从身份认同的角度来看,变革领导力的一项重要作用不仅是作为变革的实施者,还将作为消除变革抗拒力的身份认同连贯性的维持者(D. van Knippenberg & Hogg,2003a;请比较 Shamir,1999)。如果变革领导力传递如下消息,其效力会更有效:虽然所有的事情可能都会发生变化,但群体身份认同的关键要素是不变的——变革消息中还应包括"我们仍然是我们"(参见 Rousseau,1998)。Reicher 和 Hopkins(2003)甚至认为,成功的变革领导力实际上可能传达了如下消息:变革的成果之一,就是让群体更为正确地贴近其"真实"的身份认同。D. van Knippenberg 和 Hogg(2003a)举了如下例子,苹果创始人史蒂夫·乔布斯在离开苹果多年后,又回到了苹果。最初,乔布斯曾帮助创建一个非传统的创造性公司的组织身份认同,但是在乔布斯离开后,这些身份认同要素逐渐消退。重返苹果后,乔布斯在苹果公司的变革又使其回归到非传统的创造性公司,即在某种意义上,推动公司重返其已偏离的原"真实身份"。在这个例子中,乔布斯传递的变革消息就不仅是身份认同的连贯性,而是要求通过变更,号召加强其身份认同的连贯性。

D. van Knippenberg、van Knippenberg 和 Bobbio(2008)讨论了有关在变革时代,在灌输身份认同连贯性意识方面,领导者群体原型是非常有效的证据。原型领导者作为共享身份认同的代表会赢得如下信任:领导者是群体连贯性的推动者——群体原型领导者被相信可以确保群体身份认同的关键点能在变革中延续。为了支持该预测,D. van Knippenberg 等人讨论了两项关注并购的组织变革的实验研究证据,结果显示,在变革推动意愿方面,群体原型领导者要比非原型领导者效力高,因为群体原型领导者是组织身份认同连贯性的推动者(即中介模式)。此外,第二项研究通过控制不连贯威胁的大小,提供了身份认同连贯性作用的进一步证据(即在某种程度上,变革可能会潜在改变组织的身份认同),结果显示,对组织身份认同连贯性的威胁越大,领导者群体原型的作用越大。

变革领导力问题尚待研究(参见 Yukl,2002),这些研究从某种意义上来说,也只揭开了变革领导力研究的冰山一角。即便如此,这些研究仍然证明了,社会身份认同方法适用于领导力。因此,需要从身份认同角度对该问题进行进一步的探索。

社会身份认同和领导者的公平。两者都是正义心理学中长期的研究传统(Lind & Tyler,1988;Thibaut & Walker,1975)。该研究确认了某人得到回报的感知公平性(分配正义)、获得这些成果的程序(程序正义),以及人际关系处理的公平感(互动正义),作为人们对上级处理的回应和与上级关系的重要决定因素(Colquitt,Conlon,Wesson,Porter,& Ng,2001)。但是,直到最近,才有研究开始关注如下事实:在一个组织中,上级通常不是领导者。因此,组织正义的分析大体就是领导者公平感的分析(D. van Knippenberg, De Cremer, & van Knippenberg, 2007)。事实上,该领域的诸多研究成果,比如追随者满意度、激励、合作和绩效,都可以从领导力有效性方面来进行理解。

对正义心理学的研究也确认,公平感有重要的社会身份认同功能,尤其是在程序和互动公平感方面(Lind & Tyler,1988;Tyler,1999;Tyler & Blader,2000)。上级(例如,某人的领导者)选择对待另一人的方式(即程序和互动公平)传达了其作为上级的立场(Koper, van Knippenberg, Bouhuijs, Vermunt, & Wilke, 1993)。最近,有关公平感的社会身份认同分析指出,对群体或组织的身份认同是导致个人对程序公平更为敏感的决定性因素,因为个人往往会对来自个人所认同的群体的社会评价更为关注。为了支持这一主张,这些研究表明,如果追随者的身份认同度较高,领导者的程序公平的影响就较强(Lind, Kray, & Thompson, 2001; Tyler & De Cremer, 2005)。

通过将领导者公平感的研究整合到领导力的社会身份认同分析中,我们发现,对群体原型领导者的信任可以延伸到对领导者公平感的信任(Janson, Levy, Sitkin, & Lind, 2008; van Dijke & De Cremer, 2008)。这也意味着,在领导力、领导者群体原型和领导者公平感的社会身份认同分析中提出的原型和群体导向行为的交互作用在预测领导力有效性时也有交互作用。这就是 Janson 等人在领导者互动公平感的研究中提出并发现的结果。Ullrich 等(2009)也在程序公平感的研究中发现了类似的结果,此外,他们的研究还显示,这种交互作用也受追随者身份认同的调节,因为有人可能会认为这种影响的源头是社会身份认同。

Janson 等(2008)也将这种逻辑应用到了领导者群体导向行为的研究中(自我牺牲的领导力),研究结果显示,自我牺牲和互动公平感采用如下方式进行交互:在一方强势时,另一方的积极影响效果可能会减弱。De Cremer 和 van Knippenberg(2002)在其有关领导者自我牺牲和领导者程序公平感的交互影响的研究中,也发现了类似的结论,尽管其分析的要点是领导者在打造追随者群体身份认同中的作用(详见下文)。总之,对领导者公平感的社会身份认同方法,似乎是我们进一步了解领导者在该方面的重要作用的另一种可行的分析角度,而且还能实现与有关领导力的其他方面的完美整合(有关领导者公平感的文献,详见 D. van Knippenberg et al., 2007)。

群体与领导者原型。领导者群体原型的概念是领导力社会身份认同分析的核心,其源头是认知心理学的分类理论(Rosch, 1978)。领导力分类理论是领导力研究的另一个角度,它同样围绕领导力原型这一概念,其理论源头也可以追溯到认知心理学(Lord & Maher, 1991;第十章)。但是,两者的重要区别在于,领导力分类理论没有涉及群体特征,仅涉及了领导者抽象特征(即领导者的作用)——成为理想型领导者应具备的精神特质。虽然领导者分类理论是另一种唯一明确采用原型概念的领导理论,但是,目前还有许多针对领导者个体精神特质的类似研究方法,而且这些研究方法均可归为领导力分类理论范畴(D. van Knippenberg & Hogg, 2003a)。具体包括内隐领导力理论(Eden & Leviatan, 1975)、领导力艺术(Meindl, Ehrlich, & Dukerich, 1985)、性别和领导力的角色一致性理论(Eagly & Karau, 2002;第十三章),以及领导力感知在文化上的差异(第十二章)。

所有这些方法的共同点是,以追随者为核心(第十章;Meindl, 1995; Shamir, Pillai, Bligh, & Uhl-Bien, 2007)——从中我们可以看出这些研究概念的要点:领导力存在于旁观者的眼中。也就是说,所有这些方法,都以某种方式推动了如下概念:个人对领导力的理解(即个人领导标准)是判断领导者的潜在标准。如果个人所具备的领导者特征更为明显(即根据感知者对领导力的潜在理解),大众认为其是有效领导者的可能性就更高。例如,Eagly 和 Karau(2002)的角色一致性理论就采用了该原理来解释领导者的性别偏见:对于大多数人来说,他们潜在的领导者原型与男性特征而不是女性特征趋同,所以较之女性领导者,他们会偏爱于男性领导者,即使男女领导者之间的认知差别明显不公平(见第十三章)。

领导力的社会身份认同分析也是非常相似的一个过程。只有在潜在标准存在差异时,大众会根据领导者的群体特征,而不是其本身特征来对领导者进行判断。虽然这些观点看似相互矛盾,但事实上它们却是相互协调的(Lord & Hall, 2003; D. van Knippenberg & Hogg, 2003a)。Hogg 及其同事(Fielding & Hogg, 1997; Hains et al., 1997; Hogg et al., 1998;也可参见 Platow & van Knippenberg, 2001)将追随者身份认同度视为回应领导力时群体原型相对重要性和领导者原型的关键调节变量。追随者身份认同度越高,群体原型而不是领导者特征对于领导者有效性就越重要。最近,Hogg 等(2006)的研究显示,该分析也适用于性别和领导者。如果追随者身份认同度较高,领导者群体原型而不是领导者性别(实验证明,女性和男性领导者的领导者群体原型都很高)就会推动对领导者效力的感知。

Giessner 及其同事将上述整合性研究拓展至领导者绩效回应的研究领域(Giessner et al., 2009; Giessner & van Knippenberg, 2008)。领导力分类理论建立了将绩效过度归因于领导的倾向。也就是说,在大众心目中,基本都认为成功就是好领导的标志,而失败就是坏领导的标志,而且对于失败的情况,大众会认为是由领导力的缺乏所导致的(Lord, Binning, Rush, & Thomas, 1978; Meindl et al., 1985)。上述论断的部分含义是领导者需要对负面后果承担责任,且如果未能实现群体目标,追随者就会认为领导者太差。Giessner 及其同事认为,领导者群体原型会减弱这种倾向。具体来说,他们提出,对群体原型领导者的高度信任提升了对于领导者绩效的感知,所以同样是失败,群体原型领导者所产生的负面评价就较少。他们的研究也支持这一主张。他们发现,追随者身份认同度越高,群体原型的弱化效果就越强,而且这种弱化效果会根据绩效目标在解释领导者失败中的强弱程度来确定(即如果失败较为不明朗,群体原型就会保护领导者,避免负面评价)。

出于如下两个方面的原因,领导力分类方法非常重要:第一,领导力分类方法会产生偏见(因此,在研究和实践中,会对领导者特质的主观评估发出警告;Eagly & Karau,2002;Lord & Maher,1991;第十章;D. van Knippenberg, in press),第二,它们是领导力有效性行为指标的平台(即如果追随者认为是"正确的事情",他们就会更易于接受领导者的影响力;参见 B. van Knippenberg & van Knippenberg,2005)。对群体身份认同和领导力分类理论进行进一步整合,对于开发以追随者为中心的领导力方法非常重要(参见 D. van Knippenberg, van Knippenberg, & Giessner,2007),而且,对于我们理解领导力过程,也是非常重要的。

基于群体和人际的领导力。比起其他领导力方法,领导力的社会身份认同分析要点是领导过程的群体基础属性,最明显的例外情况是共享领导力的研究(第十一章)和团队领导力(Day, Gronn, & Salas,2004)。与之有趣的对比是,领导力研究中的一个长期研究传统是强调人际关系、二元的领导力本质:领导-成员交换理论(LMX)(Dansereau, Graen, & Haga,1975;Gerstner & Day,1997;Graen & Uhl-Bien,1995;第九章)。LMX 理论的基础是常见的人际关系的社会交换理论(Homans,1958),这种理论的目的是帮助理解领导者-追随者关系水平是如何发展的,并且是如何对领导者的有效性施加影响的。概括地说,基本宗旨如下:领导者-追随者关系的基础是物质(如奖金)和非物质(如尊重),领导者-追随者关系的质量是由社会交换的质量来确定的。交换质量应从商品交换质量(也就是说包含更多交换行为和更高价值的更好的联系)和交换平衡来考虑:给予的商品价值应与收到的商品价值相匹配,即交换中的公平。追随者不同,交换关系的质量也不同,这样,领导者可能与某些追随者的关系较好,与另一些追随者的关系则较差。在 LMX 理论中,领导力有效性的关键,是领导者和追随者之间的人际关系,而不是领导者和追随者在其共享群体成员方面的关系。

表面上看,LMX 观点似乎与社会身份认同分析的观点相悖。不过,两种观点的整合却相对简单,而且主要存在于追随者身份认同的调节作用。Hogg 等(2005)

认为,社会身份认同将会调节追随者对于他们与领导者个人关系方面的处理程度,但不会调节他们的共享群体成员关系。与这一命题相一致,他们的研究结果显示,根据工作群体关系应对追随者(与人际关系相反,也就是 LMX 所强调的)的领导风格越是有效,追随者对群体的身份认同感越高。D. van Knippenberg、van Dick 和 Tavares(2007)也发现了类似的结果:可以将组织身份认同作为领导者支持(这是组织行为的社会交换分析中的核心变量;Rhoades & Eisenberger,2002)和离职倾向(这是领导力有效性的一个指标)之间的调节变量。追随者身份认同度越低(也就是当联系都是有关个人之间的时),领导者的支持(即体现社会交换关系中领导者的投入)就越有效。应注意,类似的研究都只是探讨这些观点整合可行性的第一步。但是这里,追随者身份认同同样是不同领导力过程的相对影响的重要决定因素。

社会身份认同和人格魅力。社会身份认同分析在推动领导者群体原型角色方面有独特的作用。在提出领导者群体导向行为的重要角色的过程中,它与魅力型/变革型领导力研究有所重叠,后者已经提出类似的说法:在追求群体目标的过程中,领导者的自我牺牲是魅力型/变革型领导力的一个方面(Choi & Mai-Dalton,1998;Conger & Kanungo,1987;Shamir et al.,1993)。虽然我们有时会将魅力型领导力和变革型领导力放在一起讨论,但其实两者是不同的,不过它们都表达了一个观念:有关集体和个人风险的愿景的交流,以及在追求愿景中的牺牲(Bass,1985;Bass & Riggio,2006;Conger & Kanungo,1987;Kirkpatrick & Locke,1996;Shamir et al.,1993;第八章)。

很明显,社会身份认同分析和魅力型/变革型领导力都支持了如下论断:群体导向行为会有助于领导力的有效性。从领导力的社会身份认同分析角度来看,这也表示,魅力型领导力的群体导向对有效领导力的重要性越低,领导者的群体原型程度就越高。事实上,这正是 B. van Knippenberg 和 van Knippenberg(2005)对于他们所观察到的原型×自我牺牲的交互作用的解释。为了能进一步支持此观点,B. van Knippenberg 和 van Knippenberg 的研究表示,这种交互作用也适用于魅力型领导力。同样,Platow 等(2006)也表明,群体原型领导者也可以看成是魅力型领导,无论他们的言辞风格如何,如果非原型领导者以群体利益为先,而不是以追随者的个人利益为先,非原型领导者的魅力就更大。这些研究都表明,不仅群体原型有助于领导者的人格魅力,社会身份认同分析的见解(即追随者身份认同度的调节作用)也可与魅力型/变革型领导力研究的见解相互整合,以提升我们对于领导者有效性的理解。

即便如此,这些观点之间的重叠部分也可能存在于领导力和产出的中介变量所发生作用的过程中。魅力型/变革型领导力理论以及领导力的社会身份认同分析理论也说明了在领导力转换为追随者的行为的过程中,追随者身份认同的重要性(Shamir et al.,1993;D. van Knippenberg & Hogg,2003a)——追随者身份认同作为中介变量,而不是调节变量。关于这一点,我们将在下文进行讨论。

◼ 塑造身份认同的领导力

追随者身份认同不仅是促使追随者对领导力做出反应的刺激要素,而且还会受到领导力的影响。需要认识到的是,身份认同不是一成不变的。不仅身份认同会随着时间的推移而出现变化(Sani,2008;身份认同连贯性的讨论,如前文),而且情境因素可能也会对身份认同造成相对即时的影响。有时,我们的身份认同也指的是工作的自我意识(Lord & Brown,2004;Markus & Nurius,1986),这种身份认同很不固定,它可能是情境暗示所引发的外在表象的函数。自我分类理论对社会身份认同显著性的处理方式(Turner et al.,1987;参见第516页注释①),就是很好的例子,在这种情况下,情境暗示(例如,对群体的威胁)可能会导致群体身份认同变得突出(即该认知得到活化),一旦触发这种活化处理的情境暗示消失,群体身份认同就将消退(即为更多身份认同的个人腾出空间)。除了工作自我意识和身份认同突出性概念时断时续的影响,在情境因素的影响下,自我意识的变化将会更少。例如,如果某人所在的团队变得成功,某人也会越来越倾向于让自己归属于该团队(参见 Tajfel & Turner,1986)。鉴于身份认同在动机和行为中的重要作用,领导力有效性的重要方面可能会是领导者临时或永久改变追随者自我意识的能力(Lord & Brown,2004;Shamir et al.,1993;D. van Knippenberg et al.,2004)。相对于领导者对群体身份认同感的作用,现在的研究可能更强调上述能力。

领导者所面临的核心挑战之一是在追求团队、组织、社会的共同目标、目的和使命的过程中,团结各类成员。不同的人有不同的利益,并不是每个人都认为个人利益需要服从群体利益。因此,实现这种动机转变(即从自身利益优先到群体利益优先;De Cremer & Van Vugt,1999),其关键是让追随者配合,努力实现群体目标(Burns,1978)。如前文所述,群体身份认同也会有利于成员秉持个人利益服从群体利益的观念（Ashforth & Mael,1989;De Cremer & Van Vugt,1999;D. van Knippenberg,2000a）。根据领导力的社会身份认同分析和魅力型/变革型领导力的分析，领导者可以通过打造追随者的身份认同度，来调动和激励追随者为群体服务（Lord et al.,1999;Shamir et al.,1993;D. van Knippenberg & Hogg,2003a）。

与该分析相同，许多研究也显示，领导力有效性也可以通过领导者对追随者身份认同的影响来进行解释（即追随者身份认同可以作为领导力和领导力有效性指标之间的中介变量）。例如，通过身份认同的中介作用，一些研究确定了魅力型/变革型领导力与追求者赋权的关系（Conger,Kanungo, & Menon,2000;Kark,Shamir, & Chen,2003;也可参见 Shamir,Zakay,Breinin, & Popper,1998）。De Cremer 和 van Knippenberg（2002）在针对领导者自我牺牲与领导者程序公平感互动影响的研究中，确定了群体身份认同的中介作用，结果显示，自我牺牲和程序公平感会减弱对追随者合作的相互影响，因为两者都会产生较高的追随者身份认同感（即一项的作用较大时，另一项的作用就会减弱）。De Cremer 和 van Knippenberg（2004）研究了领导者自我牺牲和自信的交互影响（自信是魅力型领导力的一个方面），研究结果显示，魅力的各个方面会加强对领导力有效性的影响，这些影响受到了群体身份认同的中介作用。

结合追随者身份认同在领导力过程中的调节作用的证据，这里建议采用动态模型（D. van Knippenberg & Hogg,2003a），在该动态模型中，建立身份认同感的领导力（例如，群体导向的领导力）能够为未来的有效性提供实施平台（即追随者的身份认同度越高，群体导向领导力的有效性就越高）。这并不是说，魅力型领导力（和领导者的程序公平感）只有通过身份认同才会有效（可见下文有关信任作用的详细讨论，De Cremer & van Knippenberg,2005;Dirks & Ferrin,2002），但确实证实了追随者群体身份认同感在领导过程中的重要作用，尤其是在推动合作和群体努力中的作用。

这些分析也指出了领导力研究中涉及较少的一个方面：群体身份认同的内容。正如 D. van Knippenberg（2000a）所说，身份认同会推动对群体利益的追求，但是确定群体利益的内容才能确定身份认同是否可以以及如何转化为行动（例如，只要绩效对群体也很重要，身份认同就会提升绩效）。Reicher 和 Hopkins（2001,2003）的分析表明，这种观点与群体身份认同本身密切相关，同时，根据这一观点，领导者能够以创业者身份认同的方式行事来实现其效力，积极塑造追随者对群体身份认同内容的理解,并通过暗示确定如何才能为群体提供最佳服务,这样领导者就会具备效力(参见 Voss,Cable, & Voss,2006)。这一过程我们目前涉及得较少,但基于我们对领导者于追随者身份认同影响的重要性的认知,我们需要加强对这方面的研究。

对于该问题,Reicher 和 Hopkins(2001,2003)的分析指出了一项重要的因素:领导力不仅可以塑造追随者对群体身份认同的理解,还可以影响追随者对领导者群体原型的看法。例如,他们的分析表明,像撒切尔夫人、苏加诺、甘地这样的政治领导者,不仅通过群体原型传达影响力,而且事实上,还会主动建立可以传达其群体原型的公众自我形象。通常他们并不"恰好是"这些群体原型形象,相反,他们会积极打造他人对于他们的感知。但是,总体上来说,此项工作是定性和事件分析工作,仍需要用定量和假设检验研究对它进行补充。虽然还需要进一步地等待以获得更有力的结论,但是,已经得到的一个启示是,创业者身份认同不仅可以让个人具备领导者效力,而且在某种程度上,还能成为一种可以被开发的胜任力。

拥有创业者身份认同可能是领导力的一个方面,这一点在群体成员多样化的情境中非常重要,因为在这种多样化的情境中,了解联结和界定群体的要素或者确定领导者为群体原型的基础要素,可能具有挑战性。尤其是在这种情况下,按照如下方式确定群体身份认同可能是一项重要的领导技能:能够在群体成员中灌输群体身份认同意识,并打造领导者就是群体身份认同的代表的认识。考虑在冷战期间,民主德国在原来的柏林墙后又建造了另一座障碍物后不久,美国总统约翰·F.肯尼迪曾对西柏林的观众发表的强有力的演讲中的一个简短摘录(虽然在这里引用该例子也许有些极端):

> 两千年以前,人们最自豪的是 civitas Romanus sum(拉丁语,意为:我是一个罗马公民),今天,自由世界最自豪的是 Ich bin ein Berliner(德语,意为:我是一个柏林人)。一切自由人,不论他们住在何方,皆是柏林市民,所以作为一个自由人,我为"Ich bin ein Berliner"这句话感到自豪。

肯尼迪先生当然不是出生于柏林,事实上,他根本没有在德国出生。撇开情境,有关成为一个柏林人的说法——Ich bin ein Berliner——看起来仅仅是一个古怪的论断,但是肯尼迪先生想要表达的是对一个群体——一切自由人,不论他们在哪里生活——的界定,在这样的情境中,他和听众共享了群体成员身份。特别是考虑到当时的背景,美国是自由世界的领导者,此时宣称自己想要成为 ein Berliner,就比以往任何时候都要明显。肯尼迪先生向他的听众传递了一个他作为这种共享群体成员的情境中是他们的领导者的图像,并且直接灌输进他们的感知中。

我们将上述讨论重述如下,领导力的社会身份认同分析表明,追随者社会身份认同在提交对领导力的回应(将领导者群体原型、群体导向行为、程序和相互公平作为高层次上的身份认同,隐含的领导者原型和人际领导力之间的匹配作为较低层次的身份认同),以及将领导力转化为对群体的贡献中,都发挥着重要的作用。但是除了群体身份认同以外,还有很多其他身份认同要素,身份认同的其他方面以及自我意识在领导力中也发挥着重要的作用(D. van Knippenberg et al. ,2004)。在这一方面,目前领导力研究已经开始强调自我评估,如果更为谨慎地看待这一趋势,领导力研究也将更为关注对未来的身份认同。这两点将在下文中讨论。

 ## 自我评估和领导力

每个人都是评估者,我们都不得不对自己遇到的事情进行判断,这些事情包括其他人的,甚至自己的。自我评估在动机以及领导力中都有着重要的作用。通常情况下,我们会将自我评估视为自尊,也即倾向于强调社会自我的评估(别人眼中的自己怎么样;Brockner,1988),或者更多的是自我效能这一能力导向的概念,这是对个人能否完成某项目标的评价(Bandura,1997)。但是,有理由相信,自尊和自我效能都是较高层次自我评估的体现(Judge,Locke, & Durham,1997)。领导力研究人员对自我评估非常感兴趣,特别是在领导力的社会身份认同分析时,因为自我评估不仅能够确定个人对自己的评价(即自信心或自尊),还能够确定个人对群体、集体自我(群体自尊;Crocker & Luhtanen,1990;群体自信心;Bandura,1997)的评价。自我评估对动机而言很重要,因为较高的自我评估结果会激发较高的成就目标。

领导力的一项清晰的含义是,**领导者可以通过建立追随者、个人和群体的自尊及自我效能来提高有效性**,因为如果(群体)自我评估较高,成就目标会更高(Shamir et al. ,1993)。为了支持这一主张,有实证证据表明,魅力型/变革型领导力会影响追随者的自我评估(例如,Dvir,Eden,Avolio, & Shamir,2002;Kark et al. ,2003;Kirkpatrick & Locke,1996),因而激励他们实现更高的绩效水平(Shea &

Howell，1999）。也有其他研究确定了对追随者自我评估的其他影响因素，诸如领导者的程序公平感（De Cremer，van Knippenberg，van Knippenberg，Mullenders，& Stinglhamber，2005）、授权领导力（Mathieu，Ahearne，& Taylor，2007）以及领导者的自我效能（Hoyt，Murphy，Halverson，& Watson，2003；见下文）。

但是，另一个需要注意的事项是，比起领导力对自我评估的影响是将会带来更高的追随者绩效这一说法，领导力可能建立起追随者自我评估的证据更为丰富和一致（更深入的讨论可参见 D. van Knippenberget. al. ，2004）。Vancouver 及其同事对自我效能的研究强调了该要素的复杂性（例如，Vancouver，More，& Yoder，2008）。这些作者论证并且展示了虽然自我效能确实会激发更高的宏伟绩效目标（这些有利于绩效），但同时也会降低投入的努力程度（这些不利于绩效）。也就是说，对某人能力的信心越强，其努力程度就会越低——假定个人能实现目标。在领导力和绩效的关系方面，追随者自我评估在某种程度上是把双刃剑。因此，它对于确定领导力在什么条件下对于追随者自我评估的影响会产生所需要的行为影响特别有用。

自我评估也会调节对于领导力的响应情况。对组织正义的研究显示，如果个人自尊心不强，可能会导致个人对上级的程序公平感比较敏感（Vermunt，van Knippenberg，van Knippenberg，& Blaauw，2001；参见 Brockner et al. ，1998），这表明，该作用也适用于领导者程序公平感和追随者自尊心。De Cremer（2003）的研究也显示出了相同的结果。另一项研究也表明，追随者自我评估会调节对于领导力的回应（例如，Murphy & Ensher，1999），但是，目前证据尚不明确（D. van Knippenberg et al. ，2004）。当前的研究表明，如果将追随者的自我评估视为领导者有效性的调节变量和中介变量，那么这种想法是值得研究的，但同时，目前尚无确凿的证据可以支持更明确的结论。

追随者身份认同的时间维度

在上一节中，我已经阐述了身份认同变革和身份认同连贯性的概念。事实上，这也代表了一个覆盖范围较广的问题：身份认同具有时间维度。人们会对过去、现在和未来的身份认同关系有感情，并看中身份认同的连贯性（Sani，2008；Shamir et al. ，1993）。上一部分讨论了领导力的含义，这里我仅仅是对之进行简单回顾，从而将对它们的身份认同作为更大范围内的身份认同时间维度问题的一个方面。

除了对身份认同连贯性有感情外,身份认同时间维度还有另一个要素:对于未来自己可能是怎样的人——可能的自我,个人或多或少会有一些想法(Markus & Nurius,1986;参见 Higgins,1987)。这种自我可能呈现为理想的自我(一个人理想中想成为什么样子),也有可能是应当的自我(一个人应当成为什么样子)。例如,对于在一家律师事务所刚开始职业生涯的年轻律师,他的理想自我是成功的高级合伙人。这种可能自我的重要性取决于如下事实:他们会推动和激励个人实现目标。个人往往会更为坚持,更好地控制其努力状况来追逐那些与可能自我关联度更高的目标(Banaji & Prentice,1994)。可能自我规划和发展得越好,它就越有可能成为"自我的引导者",并且控制个人行动——这就是说它越有可能成为动机的源泉。

基于激发和自我调节可能自我的潜在可能性的见解,Lord 等(1999)和 D. van Knippenberg 等(2004)在他们的概念分析中提出,如果可以使得追随者的可能自我与群体目标和使命保持一致,领导力就会更加有效。根据这些概念性分析,Stam、van Knippenberg 和 Wisse (2010)的研究表明,对于领导者能够更明确地激发追随者根据愿景来形成理想自我的愿景演讲,在推动与愿景一致的绩效方面更为有效(可能自我是一个中介变量),尤其对于关注晋升的追随者(Higgins,1987),他们对理想的自我更为敏感。可能自我和自我的时间维度在很大程度上是领导力研究的未知领域,但这一方面是对未来研究的明确挑战。

可能自我以及更一般性的概念——特定身份认同随时间的推移不仅与对领导力过程中的追随者心理的理解有关,同时可能特别与我们对领导者心理的理解相关。正如下面的部分将讨论的,领导者的自我意识是领导者行为的重要推动要素,而且还会引起如下问题:领导者身份认同如何随时间的推移而发展?

 领导者身份认同

领导者身份认同方法的核心是如下见解:身份认同会约束看法、态度和行为,身份认同可能是一个强大的激励动力。显然,专注于追随者身份认同有助于理解领导者效力,但是,身份认同观点也可以用于理解激励领导者的原动力——领导者身份认同是调查的焦点。尽管领导力研究的底线是领导力有效性（即对追随者的影响），但对领导力决定因素的研究已有悠久的历史，尤其是对领导力有效性有较大影响的领导力要素，诸如变革型领导力。这些决定因素的传统关注角度是个体的角度（例如，Judge & Bono，2000；D. van Knippenberg，in press），但是，身份认同角度至少适用于解决该问题。

认识到这一点后，最近，有研究开始考虑领导者自我和身份认同在塑造领导力中的作用。其中一些与领导力的社会身份认同分析相结合（例如，D. van Knippenberg et al.，2000），还有一些研究强调，需要将领导者身份认同视作领导者利己和为群体服务行为的决定因素。例如，Giessner 和 van Knippenberg（2007，2009）就关注领导者假想自己是群体原型的程度。他们认为，自我感知的群体原型将会在本质上推动为群体服务的行为。为了支持该分析，研究人员发现，无论群体原型领导者是否要对自己的行为承担责任，他们都在积极为群体服务，而对于非原型领导者，当他们需要承担责任时，为群体服务的程度更高（责任制是约束利己行为的外在原因）。与此相对的是，群体原型领导者的群体导向状况对于群体规范的依赖程度，要高于非原型领导者（即领导者想象自己成为群体原型是约束利己行为的内在原因）。Van Dick 等（2007）关注领导者与群体身份认同感的相关问题，证明了领导者的组织身份认同感是如何奠定追随者组织身份认同感的基础的。

追随者共享的群体成员身份认同不是领导者身份认同需要考虑的唯一重要内容。对于领导者来说，他们身份认同中重要的组成部分与角色相关，并且与想象自己是领导者的程度相关（可以将社会身份认同分析和领导分类理论对比）——领导者的自我界定或领导者角色身份认同（参见 Stets & Burke，2000）。正式领导者会将自己视为领导者，非常强调自己是领导者的自我意识，这并不是不言自明的。领导者之间的区别在于成为领导者是其身份认同中的重要方面的程度（Rus，van Knippenberg，& Wisse，2010；参见 Chan & Drasgow，2001）。这并不是无关重要的内容，因为群体身份认同会参考群体原型，领导者角色身份认同可能会参考理想型的领导者——领导者角色身份认同会影响领导者的行为。

在一项定性研究中，Kramer（2003）认为，领导者角色的自我意识对领导者行为可能有强大的影响力。他的分析侧重于美国总统林登·约翰逊有关美国越南战争的决定，Kramer 表示，约翰逊先生做出了一系列决定，这些决定大多受到其认知和自我形象的影响,前者是伟大的美国总统意味着什么,后者是对什么是可取行动方案的明智判断(即使当大众认为约翰逊先生具有很强的做出明智判断的能力时)。在一项针对该内容的定量研究中,Rus 等(2010)研究了领导者的自我界定,并将其视为领导者为自己服务和为群体服务行为的决定因素。他们指出,更为强大的领导者自我界定将会使得领导者更为依赖"好的领导者应该做什么",以及"在对为自己服务和为群体服务做决定时,大多数领导者会做什么"这两个方面的规范化信息。

这样的研究不仅表明,领导者角色身份认同的影响值得更多的研究来关注,而且还提出了一个问题:什么原因推动了领导者身份认同的发展(也可参见第四章;Day & Harrison,2007;Day,Harrison,& Halpin,2009)。事实上,该发展并不限于正式领导岗位上的人——非领导岗位上的个体也可能会多多少少地感知到自己的领导力水平(van Quaquebeke,van Knippenberg,& Brodbeck,2007)。从这种意义上来说,在成为正式领导者之前,可以开始发展领导者身份认同,而且在不担任正式领导者时,也可以以领导行为方式表达自己(即应急性领导,见第十一章共享领导力的内容)。Lord 和 Hall(2005)将可能成为领导者的自我发展作为领导力发展中的重要因素(参见 Ibarra,1999)。也就是说,虽然现在成为领导者的可能性很低,但是在未来可能成为领导者的理想会激励和推动领导力的发展。领导者的可能自我会帮助个人发展必要的领导能力、实验领导行为。DeRue、Ashford 和 Cotton(2009)认为,在合作环境中,可能会有相互加强的过程,在这些过程中,一方对另一方尝试成为领导者的回应可能会坚定另一方实现成为领导者的理想,这又进一步带来了能够使得其他人承认该个体的领导力的其他领导行为(参见 Ridgeway,2003)。

这项研究的部分挑战是,有良好的理论和新兴的证据表明领导者身份认同的发展很重要,但是,身份认同的发展通常需要多年的时间(Day et al.,2009)。因此,支持和推动理论发展的实证工作(或多或少是必然的)至少部分应当是纵向研究,而且时间跨度大于领导研究中观察到的时间跨度。这些复杂性问题不应阻碍我们进行这项研究,但是通过实证方式发展领导者身份认同分析能够得到明确的研究成果。

领导者的自我界定关注个体对于领导者含义的理解状况,一个相关但差别很大的焦点是个人关于他们的领导能力的评价(例如,Anderson,Krajewski,Griffin,&

Jackson,2008;Paglis & Green,2002;Singer,1991)。通过前文所探讨的自我效能相关逻辑,拥有更高领导力自我效能的领导者被认为能够更积极地实施领导角色,进而更为有效。这种观点有证据支持(Chemers,Watson,& May,2000;Hoyt et al.,2003;Ng,Ang,& Chan,2008;Paglis & Green,2002)。前文提到的一些告诫也同样适用:虽然领导力自我效能确实能助长领导的雄心壮志,但并不意味着领导力自我效能较高的领导者,在追求目标时的努力程度会更高(参见 Vancouver et al.,2008)。

领导力研究中对于领导者作为领导者行为和领导力有效性的决定因素的研究拥有很长的历史(见第六章),对领导者身份认同作用的关注仍然处于萌芽阶段。即便如此,鉴于个性观点在领导力研究中的成功经验(Judge, Bono, Hies, & Gerhardt,2002;D. van Knippenberg,in press),探索在多大的可能性上领导者身份认同研究可能会与个性观点互补,并且有助于我们理解领导力的决定因素是值得的。该领域的多数研究将会得到有益的结果。

未来的路

对于领导力来说,身份认同非常重要。我们通过社会身份认同分析的研究,得出了大量高度一致的支持证据。而且这些证据都足以支持分析中鲜少涉及内容的探讨,诸如领导者能力的决定因素、成为创业者的身份认同以及积极推进社会身份认同分析中确定的身份认同动态性。在诸如领导力有效性或领导者身份认同的自我的时间维度的作用的其他领域,研究还非常少。鉴于身份认同分析其他方面的可行性具有强有力的证据,因此,对这些领域持有一定的怀疑,但对它们投入客观的研究努力,似乎是合理的。

领导力身份认同理论与领导力的其他理论相关(例如,领导力分类理论、LMX理论),它们之间并不是相互孤立的(这是领导力研究中常见的问题)。在这个意义上,对身份认同理论进行进一步的发展是实现领导力领域整合、创建更为宽泛的领导力解释的有效工具(D. van Knippenberg & Hogg,2003a)。从这个角度来看,领导力身份认同研究的可得证据似乎要求该领域未来需要更多的装备。

讨论问题

1. 回顾最近的大选,如美国总统大选,是否能发现候选人使用社会身份认同动力来提高支持率的情况?采用了什么样的方式?会出现什么样的影响?是否可以看到胜者从这些动态因素而不是竞争中获得的好处更多?

2. 如果回顾自己的工作经验,你的动机是什么?与你自己看待自己的方式有什么关系?你感觉自己是谁?如果想到非常妙或非常糟的领导经验(可能是"接收"到的),这些经验在什么程度上证明了你对于身份认同的感知?这些问题的答案能否告诉你工作经验中领导力身份认同的作用?

3. 能描述自己设想作为领导者的身份认同吗?你有过这样的身份认同吗?如果假想自己是领导者,你的理想型是什么?你实现目标所采取的方法是什么?这些问题的答案能否告诉你领导者身份认同的开发需要什么?

扩展阅读

Wright, R. (2010, June 1). Is Steve Jobs big brother? *New York Times Online Opinionator.* http://opinionator.blogs.nytimes.com/2010/06/01/is-steve-jobs-big-brother/?scp=1&sq=%22steve%20jobs%22%20and%20%20%22big%20brother%22&st=cse

参考文献

Abrams, D., & Hogg, M. A. (1990). Social identification, self-categorization and social influence. *European Review of Social Psychology, 1,* 195–228.

Anderson, D. W., Krajewski, H. T., Griffin, R. D., & Jackson, D. N. (2008). A leadership self-efficacy taxonomy and its relation to effective leadership. *The Leadership Quarterly, 19,* 595–608.

Ashforth, B. E., & Mael, F. (1989). Social identity theory and the organization. *Academy of Management Review, 14,* 20–39.

Banaji, M. R., & Prentice, D. A. (1994). The self in social contexts. *Annual Review of Psychology, 45,* 297–332.

Bandura, A. (1997). *Self-efficacy: The exercise of self-control.* New York: Freeman.

Bass, B. M. (1985). *Leadership and performance beyond expectations.* New York: Free Press.

Bass, B. M., & Riggio, R. E. (2006). *Transformational leadership.* Mahwah, NJ: Lawrence Erlbaum.

Brewer, M. B., & Brown, R. J. (1998). Intergroup relations. In D. T. Gilbert, S. T. Fiske, & G. Lindzey (Eds.), *Handbook of social psychology* (4th ed., pp. 554–594). Boston: McGraw-Hill.

Brockner, J. (1988). *Self-esteem at work.* Lexington, MA: Lexington Books.

Brockner, J., Heuer, L., Siegel, P. A., Wiesenfeld, B., Martin, C., Grover, S., et al. (1998). The moderating effect of self-esteem in reaction to voice: Converging evidence from five studies. *Journal of Personality and Social Psychology, 75,* 394–407.

Burns, J. M. (1978). *Leadership.* New York: Harper & Row.

Chan, K.-Y., & Drasgow, F. (2001). Toward a theory of individual differences and leadership: Understanding the motivation to lead. *Journal of Applied Psychology, 86,* 481–498.

Chemers, M. M., Watson, C. B., & May, S. (2000). Dispositional affect and leadership effectiveness: A comparison of self-esteem, optimism, and efficacy. *Personality and Social Psychology Bulletin, 26,* 267–277.

Choi, Y., & Mai-Dalton, R. R. (1998). On the leadership function of self-sacrifice. *The Leadership Quarterly, 9,* 475–501.

Cicero, L., Pierro, A., & van Knippenberg, D. (2007). Leader group prototypicality and job satisfaction: The moderating role of job stress and team identification. *Group Dynamics, 11,* 165–175.

Cicero, L., Pierro, A., & van Knippenberg, D. (in press). Leader group prototypicality and leadership effectiveness: The moderating role of role ambiguity. *British Journal of Management.*

Colquitt, J. A., Conlon, D. E., Wesson, M. J., Porter, C. O. L. H., & Ng, K. Y. (2001). Justice at the millennium: A meta-analytic review of 25 years of organizational justice research. *Journal of Applied Psychology, 86,* 425–445.

Conger, J. A., & Kanungo, R. N. (1987). Toward a behavioral theory of charismatic leadership in organizational settings. *Academy of Management Review, 12,* 637–647.

Conger, J. A., Kanungo, R. N., & Menon, S. T. (2000). Charismatic leadership and follower effects. *Journal of Organizational Behavior, 21,* 747–767.

Conner, D. R. (1995). *Managing at the speed of change: How resilient managers succeed and prosper where others fail.* New York: Villard Books.

Crocker, J., & Luhtanen, R. (1990). Collective self-esteem and ingroup bias. *Journal* of Personality and Social Psychology, 58, 60–67.

Dansereau, F., Graen, G., & Haga, W. J. (1975). A vertical dyad linkage approach to leadership within formal organizations: A longitudinal investigation of the role making process. *Organizational Behavior and Human Performance, 13*, 46–78.

Day, D. V., Gronn, P., & Salas, E. (2004). Leadership capacity in teams. *The Leadership Quarterly, 15*, 857–880.

Day, D. V., & Harrison, M. M. (2007). A multilevel, identity-based approach to leadership development. *Human Resource Management Review, 17*, 360–373.

Day, D. V., Harrison, M. M., & Halpin, S. M. (2009). *An integrative approach to leader development*. New York, NY: Routledge.

De Cremer, D. (2003). Why inconsistent leadership is regarded as procedurally unfair: The importance of social self-esteem concerns. *European Journal of Social Psychology, 33*, 535–550.

De Cremer, D., van Knippenberg, B., van Knippenberg, D., Mullenders, D., Stinglhamber, F. (2005). Rewarding leadership and fair procedures as determinants of self-esteem. *Journal of Applied Psychology, 90*, 3–12.

De Cremer, D., & van Knippenberg, D. (2002). How do leaders promote cooperation? The effects of charisma and procedural fairness. *Journal of Applied Psychology, 87*, 858–866.

De Cremer, D., & van Knippenberg, D. (2004). Leader self-sacrifice and leadership effectiveness: The moderating role of leader self-confidence. *Organizational Behavior and Human Decision Processes, 95*, 140–155.

De Cremer, D., & van Knippenberg, D. (2005). Cooperation as a function of leader self-sacrifice, trust, and identification. *Leadership and Organization Development Journal, 26*, 355–369.

De Cremer, D., van Knippenberg, D., van Dijke, M., & Bos, A. E. R. (2006). Self-sacrificial leadership and follower self-esteem: When collective identification matters. *Group Dynamics, 10*, 233–245.

De Cremer, D., & Van Vugt, M. (1999). Social identification effects in social dilemmas: A transformation of motives. *European Journal of Social Psychology, 29*, 871–893.

De Cremer, D., & Van Vugt, M. (2002). Intergroup and intragroup aspects of leadership in social dilemmas: A relational model of cooperation. *Journal of Experimental Social Psychology, 38*, 126–136.

DeRue, D. S., Ashford, S. J., & Cotton, N. C. (2009). Assuming the mantle: Unpacking the process by which individuals internalize a leader identity. In L. M. Roberts & J. E. Dutton (Eds.), *Exploring positive identities in organizations* (pp. 217–236). New York: Routledge.

Dirks, K. T., & Ferrin, D. L. (2002). Trust in leadership: Meta-analytic findings and implications for research and practice. *Journal of Applied Psychology, 87,* 611–628.

Dvir, T., Eden, D., Avolio, B. J., & Shamir, B. (2002). Impact of transformational leadership on follower development and performance: A field experiment. *Academy of Management Journal, 45,* 735–744.

Eagly, A. H., & Karau, S. J. (2002). Role congruity theory of prejudice toward female leaders. *Psychological Review, 109,* 573–598.

Eden, D., & Leviatan, V. (1975). Implicit leadership theory as a determinant of the factor structure underlying supervisory behavior. *Journal of Applied Psychology, 60,* 736–741.

Fielding, K. S., & Hogg, M. A. (1997). Social identity, self-categorization, and leadership: A field study of small interactive groups. *Group Dynamics: Theory, Research, and Practice, 1,* 39–51.

Gerstner, C. R., & Day, D. V. (1997). Meta-analytic review of leader–member exchange theory: Correlates and construct issues. *Journal of Applied Psychology, 82,* 827–844.

Giessner, S. R., & van Knippenberg, D. (2007, April). *Leading FOR the team: Situational determinants of team-oriented leader behavior.* Paper presented at the 2007 Annual Meeting of the Society of Industrial and Organizational Psychology, New York.

Giessner, S. R., & van Knippenberg, D. (2008). "License to fail": Goal definition, leader group prototypicality, and perceptions of leadership effectiveness after leader failure. *Organizational Behavior and Human Decision Processes, 105,* 14–35.

Giessner, S. R., & van Knippenberg (2009, June). *When does a leader show fair behavior? Influences of group prototypicality and the social context.* Paper presented at the Erasmus Leadership Conference, Rotterdam, the Netherlands.

Giessner, S. R., van Knippenberg, D., & Sleebos, E. (2009). License to fail? How leader group prototypicality moderates the effects of leader performance on perceptions of leadership effectiveness. *The Leadership Quarterly, 20,* 434–451.

Graen, G. B., & Uhl-Bien, M. (1995). Relationship-based approach to leadership: Development of leader–member exchange (LMX) theory of leadership over 25 years: Applying a multi-level multi-domain approach. *The Leadership Quarterly, 6,* 219–247.

Hains, S. C., Hogg, M. A., & Duck, J. M. (1997). Self-categorization and leadership: Effects of group prototypicality and leader stereotypicality. *Personality and Social Psychology Bulletin, 23,* 1087–1100.

Haslam, S. A. (2004). *Psychology in organisations: The social identity approach* (2nd ed.). London: Sage.

Haslam, S. A., & Platow, M. J. (2001). Your wish is our command: The role of shared social identity in translating a leader's vision into followers' action. In M. A. Hogg & D. J. Terry (Eds.), *Social identity processes in organizational contexts* (pp. 213–228). Philadelphia, PA: Psychology Press.

Higgins, E. T. (1987). Self-discrepancy: A theory relating self and affect. *Psychological Review, 94*, 319–340.

Hirst, G., van Dick, R., & van Knippenberg, D. (2009). A social identity perspective on leadership and employee creativity. *Journal of Organizational Behavior, 30*, 963–982.

Hogg, M. A. (2001). A social identity theory of leadership. *Personality and Social Psychology Review, 5*, 184–200.

Hogg, M. A. (2003). Social identity. In M. R. Leary & J. P. Tangney (Eds.), *Handbook of self and identity* (pp. 462–479). New York: Guilford.

Hogg, M. A. (2007). Uncertainty-identity theory. In M. P. Zanna (Ed.), *Advances in experimental social psychology* (Vol. 39, pp. 69–126). San Diego, CA: Academic Press.

Hogg, M. A., Fielding, K. S., Johnson, D., Masser, B., Russell, E., & Svensson, A. (2006). Demographic category membership and leadership in small groups: A social identity analysis. *The Leadership Quarterly, 17*, 335–350.

Hogg, M. A., Hains, S. C., & Mason, I. (1998). Identification and leadership in small groups: Salience, frame of reference, and leader stereotypicality effects on leader evaluations. *Journal of Personality and Social Psychology, 75*, 1248–1263.

Hogg, M. A., Martin, R., Epitropaki, O., Mankad, A., Svensson, A., & Weeden, K. (2005). Effective leadership in salient groups: Revisiting leader–member exchange theory from the perspective of the social identity theory of leadership. *Personality and Social Psychology Bulletin, 31*, 991–1004.

Hogg, M. A., & van Knippenberg, D. (2003). Social identity and leadership processes in groups. *Advances in Experimental Social Psychology, 35*, 1–52.

Homans, G. C. (1958). Social behavior as exchange. *American Journal of Sociology, 63*, 597–606.

Hoyt, C. L., Murphy, S. E., Halverson, S. K., & Watson, C. B. (2003). Group leadership: Efficacy and effectiveness. *Group Dynamics: Theory, Research, and Practice, 7*, 259–274.

Ibarra, H. (1999). Provisional selves: Experimenting with image and identity in professional adaptation. *Administrative Science Quarterly, 44*, 764–791.

Janson, A., Levy, L., Sitkin, S., & Lind, A. E. (2008). Fairness and other leadership heuristics: A four-nation study. *European Journal of Work and Organizational Psychology, 17*, 251–272.

Judge, T. A., & Bono, J. E. (2000). Five-factor model of personality and transformational leadership. *Journal of Applied Psychology, 85,* 751–765.

Judge, T. A., Bono, J. E., Ilies, R., & Gerhardt, M. (2002). Personality and leadership: A qualitative and quantitative review. *Journal of Applied Psychology, 87,* 765–780.

Judge, T. A., Locke, E. A., & Durham, C. C. (1997). The dispositional causes of job satisfaction: A core self-evaluations approach. *Research in Organizational Behavior, 19,* 151–188.

Kark, R., Shamir, B., & Chen, G. (2003). The two faces of transformational leadership: Empowerment and dependency. *Journal of Applied Psychology, 88,* 246–255.

Kirkpatrick, S. A., & Locke, E. A. (1996). Direct and indirect effects of three core charismatic leadership components on performance and attitudes. *Journal of Applied Psychology, 81,* 36–51.

Koper, G., van Knippenberg, D., Bouhuijs, F., Vermunt, R., & Wilke, H. (1993). Procedural fairness and self-esteem. *European Journal of Social Psychology, 23,* 313–325.

Kramer, R. M. (2003). The imperatives of identity: The role of identity in leader judgment and decision making. In D. van Knippenberg & M. A. Hogg (Eds.), *Leadership and power: Identity processes in groups and organizations* (pp. 184–196). London: Sage.

Leary, M. R., & Tangney, J. P. (2003). *Handbook of self and identity.* New York: Guilford.

Lind, E. A., Kray, L., & Thompson, L. (2001). Primacy effects in justice judgments: Testing predictions from fairness heuristic theory. *Organizational Behavior and Human Decision Processes, 85,* 189–210.

Lind, E. A., & Tyler, T. R. (1988). *The social psychology of procedural justice.* New York: Plenum.

Lord, R. G., Binning, J. F., Rush, M. C., & Thomas, J. C. (1978). The effect of performance cues and leader behavior on questionnaire ratings of leadership behavior. *Organizational Behavior and Human Performance, 21,* 27–39.

Lord, R. G., & Brown, D. J. (2004). *Leadership processes and follower identity.* Mahwah, NJ: Lawrence Erlbaum.

Lord, R. G., Brown, D. J., & Freiberg, S. J. (1999). Understanding the dynamics of leadership: The role of follower self-concepts in the leader/follower relationship. *Organizational Behavior and Human Decision Processes, 78,* 1–37.

Lord, R., & Hall, R. (2003). Identity, leadership categorization, and leadership schema. In D. van Knippenberg & M. A. Hogg (Eds.), *Leadership and power: Identity processes in groups and organizations* (pp. 48–64). London: Sage.

Lord, R. G., & Hall, R. J. (2005). Identity, deep structure and the development of leadership skill. *The Leadership Quarterly, 16,* 591–615.

Lord, R. G., & Maher, K. J. (1991). *Leadership and information processing: Linking perceptions and performance*. Boston: Unwin Hyman.

Markus, H., & Nurius, P. (1986). Possible selves. *American Psychologist, 41*, 954–969.

Mathieu, J., Ahearne, M., & Taylor, S. R. (2007). A longitudinal model of leader and salesperson influences on sales force technology use and performance. *Journal of Applied Psychology, 92*, 528–537.

Meindl, J. R. (1995). The romance of leadership as a follower-centric theory: A social constructionist approach. *The Leadership Quarterly, 6*, 329–341.

Meindl, J. R., Ehrlich, S. B., & Dukerich, J. M. (1985). The romance of leadership. *Administrative Science Quarterly, 30*, 78–102.

Murphy, S. E., & Ensher, E. A. (1999). The effects of leader and subordinate characteristics in the development of leader–member exchange quality. *Journal of Applied Social Psychology, 29*, 1371–1394.

Ng, K.-Y., Ang, S., & Chan, K.-Y. (2008). Personality and leader effectiveness: A moderated mediation model of leadership self-efficacy, job demands, and job autonomy. *Journal of Applied Psychology, 93*, 733–743.

Paglis, L. L., & Green, S. G. (2002). Leadership self-efficacy and managers' motivation for leading change. *Journal of Organizational Behavior, 23*, 215–235.

Pierro, A., Cicero, L., Bonaiuto, M., van Knippenberg, D., & Kruglanski, A. W. (2005). Leader group prototypicality and leadership effectiveness: The moderating role of need for cognitive closure. *The Leadership Quarterly, 16*, 503–516.

Pierro, A., Cicero, L., Bonaiuto, M., van Knippenberg, D., & Kruglanski, A. W. (2007). Leader group prototypicality and resistance to organizational change: The moderating role of need for closure and team identification. *Testing, Psychometrics, Methodology in Applied Psychology, 14*, 27–40.

Platow, M. J., Hoar, S., Reid, S., Harley, K., & Morrison, D. (1997). Endorsement of distributively fair and unfair leaders in interpersonal and intergroup situations. *European Journal of Social Psychology, 27*, 465–494.

Platow, M. J., & van Knippenberg, D. (2001). A social identity analysis of leadership endorsement: The effects of leader ingroup prototypicality and distributive intergroup fairness. *Personality and Social Psychology Bulletin, 27*, 1508–1519.

Platow, M. J., van Knippenberg, D., Haslam, S. A., van Knippenberg, B., & Spears, R. (2006). A special gift we bestow on you for being representative of us: Considering leader charisma from a self-categorization perspective. *British Journal of Social Psychology, 45*, 303–320.

Reicher, S., & Hopkins, N. (2001). *Self and nation*. London: Sage.

Reicher, S., & Hopkins, N. (2003). On the science and art of leadership. In D. van Knippenberg & M. A. Hogg (Eds.), *Leadership and power: Identity processes in groups and organizations* (pp. 197–209). London: Sage.

Rhoades, L., & Eisenberger, R. (2002). Perceived organizational support: A review of the literature. *Journal of Applied Psychology, 87*, 698–714.

Ridgeway, C. L. (2003). Status characteristics and leadership. In D. van Knippenberg & M. A. Hogg (Eds.), *Leadership and power: Identity processes in groups and organizations* (pp. 65–78). London: Sage.

Rosch, E. (1978). Principles of categorization. In E. Rosch & B. B. Lloyd (Eds.), *Cognition and categorization,* (pp. 27–48). Hillsdale, NJ: Lawrence Erlbaum.

Rousseau, D. M. (1998). Why workers still identify with organizations. *Journal of Organizational Behavior, 19*, 217–233.

Rus, D., van Knippenberg, D., & Wisse, B. (2010). Leader self-definition and leader self-serving behavior. *The Leadership Quarterly, 21*, 509–529.

Sani, F. (2008). *Self-continuity: Individual and collective perspectives.* New York: Psychology Press.

Sedikides, C., & Brewer, M. B. (2001). *Individual self, relational self, collective self.* Philadelphia, PA: Psychology Press.

Shamir, B. (1999). Leadership in boundaryless organizations: Disposable or indispensable? *European Journal of Work and Organizational Psychology, 8*, 49–71.

Shamir, B., House, R., & Arthur, M. B. (1993). The motivational effects of charismatic leadership: A self-concept based theory. *Organization Science, 4*, 577–594.

Shamir, B., Pillai, R., Bligh, M. C., & Uhl-Bien M. (2007), *Follower-centered perspectives on leadership: A tribute to the memory of James R. Meindl.* Greenwich, CT: Information Age.

Shamir, B., Zakay, E., Breinin, E., & Popper, M. (1998). Correlates of charismatic leader behavior in military units: Subordinates' attitudes, unit characteristics, and superiors' appraisals of leader performance. *Academy of Management Journal, 41*, 387–409.

Shea, C. M., & Howell, J. M. (1999). Charismatic leadership and task feedback: A laboratory study of their effects on self-efficacy and task performance. *The Leadership Quarterly, 10*, 375–396.

Singer, M. (1991). The relationship between employee sex, length of service and leadership aspirations: A study from valence, self-efficacy and attribution perspectives. *Applied Psychology: An International Review, 40*, 417–436.

Stam, D., van Knippenberg, D., & Wisse, B. (2010). Focusing on followers: The role of regulatory focus and possible selves in explaining the effectiveness of vision statements. *The Leadership Quarterly. 21*, 457–468.

Stets, J. E., & Burke, P. J. (2000). Identity theory and social identity theory. *Social Psychology Quarterly, 63*, 284–297.

Tajfel, H., & Turner, J. C. (1986). The social identity theory of intergroup behavior. In S. Worchel & W. Austin (Eds.), *Psychology of intergroup relations* (pp. 7–24).

Chicago: Nelson-Hall.

Thibaut, J., & Walker, L. (1975). *Procedural justice: A psychological analysis.* Hillsdale, NJ: Lawrence Erlbaum.

Turner, J. C., Hogg, M. A., Oakes, P. J., Reicher, S. D., & Wetherell, M. S. (1987). *Rediscovering the social group: A self-categorization theory.* Oxford, UK: Blackwell.

Tyler, T. R. (1999). Why people cooperate with organizations: An identity-based perspective. *Research in Organizational Behavior, 21,* 201–246.

Tyler, T. R., & Blader, S. (2000). *Cooperation in groups: Procedural justice, social identity, and behavioral engagement.* Philadelphia, PA: Psychology Press.

Tyler, T. R., & De Cremer, D. (2005). Process-based leadership: Fair procedures and reactions to organizational change. *The Leadership Quarterly, 16,* 529–545.

Ullrich, J., Christ, O., & van Dick, R. (2009). Substitutes for procedural fairness: Prototypical leaders are endorsed whether they are fair or not. *Journal of Applied Psychology, 94,* 235–244.

Vancouver, J. B., More, K. M., & Yoder, R. J. (2008). Self-efficacy and resource allocation: Support for a discontinuous model. *Journal of Applied Psychology, 93,* 35–47.

van Dick, R., Hirst, G., Grojean, M. W., & Wieseke, J. (2007). Relationships between leader and follower organizational identification and implications for follower attitudes and behaviour. *Journal of Occupational and Organizational Psychology, 80,* 133–150.

van Dijke, M., & De Cremer, D. (2008). How leader prototypicality affects followers' status: The role of procedural fairness. *European Journal of Work and Organizational Psychology, 17,* 226–250.

van Knippenberg, B., & van Knippenberg, D. (2005). Leader self-sacrifice and leadership effectiveness: The moderating role of leader prototypicality. *Journal of Applied Psychology, 90,* 25–37.

van Knippenberg, D. (2000a). Work motivation and performance: A social identity perspective. *Applied Psychology: An International Review, 49,* 357–371.

van Knippenberg, D. (2000b). Group norms, prototypicality, and persuasion. In D. J. Terry & M. A. Hogg (Eds.), *Attitudes, behavior, and social context: The role of norms and group membership* (pp. 157–170). Mahwah, NJ: Lawrence Erlbaum.

van Knippenberg, D. (2003). Intergroup relations in organizations. In M. West, D. Tjosvold, & K. G. Smith (Eds.), *International handbook of organizational teamwork and cooperative working* (pp. 381–399). Chichester, UK: Wiley.

van Knippenberg, D. (in press). Leadership: A person-in-situation perspective. In K. Deaux & M. Snyder (Eds.), *Oxford handbook of personality and social psychology.* New York: Oxford University Press.

van Knippenberg, D., De Cremer, D., & van Knippenberg, B. (2007). Leadership and fairness: The state of the art. *European Journal of Work and Organizational Psychology, 16,* 113–140.

van Knippenberg, D., Haslam, S. A., & Platow, M. J. (2007). Unity through diversity: Value-in-diversity beliefs as moderator of the relationship between work group diversity and group identification. *Group Dynamics, 11,* 207–222.

van Knippenberg, D., & Hogg, M. A. (2003a). A social identity model of leadership effectiveness in organizations. *Research in Organizational Behavior, 25,* 243–295.

van Knippenberg, D., & Hogg, M. A. (2003b). *Leadership and power: Identity processes in groups and organizations.* London: Sage.

van Knippenberg, D., Lossie, N., & Wilke, H. (1994). In-group prototypicality and persuasion: Determinants of heuristic and systematic message processing. *British Journal of Social Psychology, 33,* 289–300.

van Knippenberg, D., & Schippers, M. C. (2007). Work group diversity. *Annual Review of Psychology, 58,* 515–541.

van Knippenberg, D., & Sleebos, E. (2006). Organizational identification versus organizational commitment: Self-definition, social exchange, and job attitudes. *Journal of Organizational Behavior, 27,* 571–584.

van Knippenberg, D., van Dick, R., & Tavares, S. (2007). Social identity and social exchange: Identification, support, and withdrawal from the job. *Journal of Applied Social Psychology, 37,* 457–477.

van Knippenberg, D., van Knippenberg, B., & Bobbio, A. (2008). Leaders as agents of continuity: Self continuity and resistance to collective change. In F. Sani (Ed.), *Self-continuity: Individual and collective perspectives* (pp. 175–186). New York: Psychology Press.

van Knippenberg, D., van Knippenberg, B., De Cremer, D., & Hogg, M. A. (2004). Leadership, self, and identity: A review and research agenda. *The Leadership Quarterly, 15,* 825–856.

van Knippenberg, D., van Knippenberg, B., & Giessner, S. R. (2007). Extending the follower-centered perspective: Leadership as an outcome of shared social identity. In B. Shamir, R. Pillai, M. C. Bligh, & M. Uhl-Bien (Eds.), *Follower-centered perspectives on leadership: A tribute to the memory of James R. Meindl* (pp. 51–70). Greenwich, CT: Information Age.

van Knippenberg, D., van Knippenberg, B., Monden, L., & de Lima, F. (2002). Organizational identification after a merger: A social identity perspective. *British Journal of Social Psychology, 41,* 233–252.

van Knippenberg, D., van Knippenberg, B., & van Dijk, E. (2000). Who takes the lead in risky decision making? Effects of group members' individual riskiness and prototypicality. *Organizational Behavior and Human Decision Processes, 83,* 213–234.

van Quaquebeke, N., van Knippenberg, D., & Brodbeck, F. C. (2007, August). *The influence of subordinates' self-perceptions on their evaluations of and responses to leaders.* Paper presented at the Academy of Management Annual Meeting 2007, Philadelphia, PA, USA.

Vermunt, R., van Knippenberg, D., van Knippenberg, B., & Blaauw, E. (2001). Self-esteem and outcome fairness: Differential importance of procedural and outcome considerations. *Journal of Applied Psychology, 86,* 621–628.

Voss, Z. G., Cable, D. M., & Voss, G. B. (2006). Organizational identity and firm performance: What happens when leaders disagree about "who we are?" *Organization Science, 17,* 741–755.

Yorges, S. L., Weiss, H. M., & Strickland, O. J. (1999). The effect of leader outcomes on influence, attributions, and perceptions of charisma. *Journal of Applied Psychology, 84,* 428–436.

Yukl, G. (2002). *Leadership in organizations* (5th ed.). New York: Prentice Hall.

第十五章

伦理与领导者有效性:优秀领导力的本质①

Joanne B. Ciulla
里士满大学
福特海尔大学

领导者在道义上的胜利和失败比其他许多人的影响都大(Ciulla,2003b)。对于领导力,符合伦理和不符合伦理的行为都会被放大,这就是为什么伦理研究是领导力研究的基本。伦理研究的主要内容为是非和善恶的性质。伦理研究度量人与人、人与其他生物之间的关系。伦理研究还探讨我们应该做什么?我们作为个人,或是集体和社会成员,或者其他生活角色时应该如何表现?领导者的角色是特殊类型的人际关系。这种关系的要素是权力和/或影响力、愿景、义务和责任。理解伦理的这种关系,就能更好地了解领导,因为伦理的部分核心问题正是领导的核心问题,它们包括诸如自我认知、自我利益、自律之类的个人挑战,以及与正义、责任、能力和至善相关的伦理义务。

领导力的挑战并不是新议题,这就是我们能在古代的文献中找到有关领导力和职业伦理箴言的原因。历史上充满了有关领导者及领导力的智慧和案例研究。东西方古代学者提出的见解能帮助我们了解领导力,通过新的方式规划当前的研究问题。历史、哲学和人文能提供一些历史上一直存在的领导力的观点,呈现领导力行为的特定模式,以及有关领导力和道德的一些主题。也许,采用人文学科方法

---

① 作者注:请将对本章的意见和建议发至 Joanne B. Ciulla, Professor & Coston Family Chair in Leadership and Ethics, The Jepson School of Leadership Studies, University of Richmond, Richmond, Virginia, 23173, USA。电话:804-320-2525 或 804-287-6083,电子邮件:jciulla@richmond.edu。非常感谢 Tammy Tripp 对本章撰写的帮助。

来进行领导力研究最大的好处是,不需要通过了解领导者的行为、行事方式和行事原因的伦理学内容,就能研究领导者的有效性。也就是说,采用人文学科方法来研究领导力就是让我们牢记,领导力的本质与人类环境密不可分,这些环境包括生活和工作在一起的人群的价值观、需求与理想。

伦理研究和有关领导力的历史可以帮助我们理解推动领导力研究的两个最关键但又有重叠的问题,即什么是领导力?什么是优秀的领导力?第一个问题是关于领导力是什么的,这其实是一个描述性的问题。第二个问题是关于领导力应当是什么样子的,这是一个规范性的问题。文献中有时会混淆这两个问题。领导力研究领域的发展,取决于学者整合这两个问题答案的能力。在本章中,为了帮助读者理解领导力,我将讨论这两个问题的含义。首先,我将介绍有关伦理和有效性问题在当代领导力伦理研究中的角色,我将讲述一些具有鲜明特征的领导力伦理问题。随后,我将介绍一些古籍中的真知灼见,介绍这些古籍精华如何应用于当代研究,如何奠定当代研究的基础。最后,我将为领导力研究中的伦理研究提出一些研究方向上的建议。

伦理和道德

在我开始正文之前,我想先解释一下伦理和道德。有些人认为这两个概念有明显的不同。但问题是,每个人看到的伦理和道德的不同点又不相同。与大多数哲学家一样,我也曾交替使用过这两个概念。作为一个实践性的概念,道德哲学的含义与伦理的含义大体相同。这两个词作为同义词来使用的历史由来已久,虽然它们来自不同的语言。De Fato(Ⅱ.i)Cicero 就将拉丁字道德替换成亚里士多德的希腊字伦理。我们可以看一下《牛津英语词典》对这两个词的定义:道德是指与人的行为、意志或性格的对错或好坏有关的区别;而伦理则是关于美德和罪恶或行为规则、伦理毁誉、生活习惯、习俗和礼仪(Compact Oxford English Dictionary,1991,p.1114)。《牛津英语词典》中还描述道,伦理与道德相关,是道德科学,是规范人行为的道德原则(Compact Oxford English Dictionary,1991,p.534)。两者之间并无明显差异最有力的证据,无外乎是人们很少用同样的方式对它们之间的差异进行清晰的界定。人们通常会采用适合自己的观点或研究情境的方式对两者进行定义。

作为批判性理论的伦理

1992年,我参阅了大量的心理学、社会学、人类学、政治学、宗教和哲学文献,希望能找到有关伦理和领导力的著述(Ciulla,1995)。但结果却不尽如人意:在当代书籍和期刊中,这方面的文章很少,即使有,质量也不高。这并不是说卓越的领导力学者未能关注该问题,或者未能察觉到伦理对领导力的重要性,真实原因是缺乏专门针对领导者和领导力的伦理问题进行的严谨的哲学分析。而哲学家对伦理的看法不同于社会科学家。有关魅力型、变革型、远见型和真诚领导力的研究就经常涉及伦理。在这些研究中,伦理是社会科学家描述领导者和/或领导者行为类型或特质的一部分。从哲学家的角度来看,这些研究提供了非常有用的实证信息,但是却没有对领导力的伦理问题进行完整的分析。任何领域(如商业或法律领域)的伦理研究都可以作为批判理论。哲学家通常会质疑该领域的假设(这也许可以用来解释为什么人们通常会视其为毒芹!)。我的观点是,哲学并不比社会科学高级,但是哲学却通过采取不同的分析方法,确定了领导力的各个不同方面。如果我们需要理解伦理和领导,就需要进行两种研究和分析。

 ## 解释和理解

在我检索领导力文献时,还发现了一件特别引人注意的事情:很多学者都抱怨研究人员在对于领导力的了解上没有很大进展(Hunt,1991)。幸运的是,我不是那类人。因为我知道,自20世纪90年代初以来,很多有关领导力研究的内容都出现了变化。目前已出现了一些试图整合相关研究的举措。"全方位的领导力理论"将有关变革型领导力、魅力型领导力的理论研究与有关领导行为的实证研究相整合(Antonakis & House,2002)。此外,越来越多的学者已开始从人文角度研究该领域,越来越多的领导力学者也开始实施跨学科的研究。这种发展具有实质性意义,因为与自然科学和社会科学相比,人文科学会让我们有不同的知识视角。人文科学还提供了一个能够将我们已知的领导力整合在一起的更大的情境(Ciulla,2008a,2008b)。

这种情境也提供了可以用来分析当代问题的领导力模式。如今,我们的领导力学者所面临的挑战是如何把两者结合起来。正如 C. P. Snow 在他著名的 1959 年的 Rede 演讲中指出的,学者有"两种文化",即人文文化和自然科学文化。他说,科学为我们提供了说明和解释,我们还需要人文来理解(Snow,1998)。同样,1962年,本尼斯指出,社会科学中的科学部分不是科学家们给出的数据,"也不是单调的操作"——也就是某些人常说的"科学态度"或实验室工作的小玩意。或者更确切地说,可以称为"科学脾性"或"科学精神"(Bennis,2002,pp. 4—5)。科学脾性或科学精神包括自由和民主价值观。本尼斯(2002)认为,不能截然分离科学家和公民,应从"道德的观点"角度进行实证研究(p. 7)。虽然专注于伦理和领导力的研究非常少,但是,这种对领导力的研究观点已改变了传统社会科学家对待其工作的方式。

作为训诫的伦理

一些领导力研究文献会提供有关伦理的描述性信息,还有一部分文献会将伦理看作规劝方法,而不是在这一主题上的深度探索。研究人员经常告诉我们,领导者应该诚实、诚信,等等。例如,John Gardner 在他的工作论文"领导力的道德研究"("The Moral Aspect of Leadership",1987)中就提出了伦理领导者的观点,该文章后来收录在他的著作《领导论》(On Leadership;Gardner,1990)中。在《领导力的道德维度》("The Moral Dimension of Leadership")一章中,Gardner 首先对不佳的领导者进行了分类,他把这些领导者称为"违规者",也就是我们在历史上常常看到的相关概念。Gardner 说,某些领导者对其下属比较残酷;某些领导者鼓励他们的下属也残酷地对待他人;某些领导者会通过残酷对待下属,激发下属残酷地对待他人的动机;某些领导者把他们的下属看成缺乏独立性的孩子;某些领导者会推翻社会学家建立的维护自由、公正和人类尊严的程序(Gardner,1990,pp. 67—68)。Gardner 选取了一个有重要意义且具备争议的地方来进行伦理和领导力的讨论。但是,他从来没有让我们远离"领导者不应该这样"的分析阶段。

当 Gardner 开始进行论述时,他提供了一系列有关爱心、给予响应和权力下放的领导者的重要性的雄辩及鼓舞人心的训诫言论。他没有告诉我们任何新的知识要点,不过他说得很有技巧:"我们希望,我们的领导者能一直具备不是法律约束的优点:有爱心、有荣誉感和诚信、容忍和相互尊重、依价值观行事。"(Gardner,1990, p.77) Gardner 的讨论中未能涉及的内容就是道德承诺和关系。为什么这么多领导者这些方面都没做好？为什么研究一直仅仅针对道德？在领导者道德行为中，追随者将要或能够扮演什么角色？

定义的规范化方面

领导力学者往往关注如何定义领导力的问题。有些领导力学者认为，如果能对领导力的定义达成共识，就能更好地理解领导力。其实这并没有任何意义，因为历史、生物和其他专业的学者并不是都同意各自领域的概念定义，即使他们都同意相关的定义，也无助于他们对各自领域的进一步理解。此外，学者并没能为普通大众确定领导力一词的含义。是否有必要确定普通大众难以接受的领导力学术定义？社会科学家有时会对术语的定义进行限制，这样他们在研究中使用起来就较为方便。一般来说，人们在文化中使用和思考某个词的方式，决定了该词的含义（Wittgenstein, 1968）。在英语中，领导力一词的含义基本相同。尽管用的地方不一样，但所有讲英语的领导力学者都知道这个词的含义。领导力一词的细微变化也体现了某些地方和某个时刻领导力的价值、习惯和理论框架。

Rost（1991）是领导力研究进展不大这一言论的支持者之一。他认为，在学者就领导力的定义达成共识之前，领导力研究不会出现较大的进展。他收集了221条领导力的定义，时间跨度从20世纪20年代到20世纪90年代。所有这些定义基本上都表明，领导力是关于一个或多个人员能在某种程度上要求其他人员实施某些行为的。这些定义的不同点在于，领导者如何激励其追随者、与追随者的关系如何、谁有权决定集体或组织的目标、领导者应具备哪些能力来完成事情。下文罗列了一些有一定代表性的定义。即使在今天，仍然能够发现不同领导力学者定义领导力时出现的大量相似点。

思考下列定义（所有定义均从美国所得），思考当时的历史背景和那个时代的杰出的领袖。他们是什么样子的？他们的追随者是什么样子的？有哪些事件和价值成为这些定义的基础？

20世纪20年代：（领导力）是领导者强行让追随者按自己的意愿行事的能力，是领导者能够实现服从、尊重、忠诚、合作的能力。

20世纪30年代:领导力是由一个人组织许多活动向某个特定目标前进的过程。

20世纪40年代:领导力是在脱离办公室或外部环境所给予的威望或权力的情况下能够说服或指导他人的能力。

20世纪50年代:(领导力是集体中领导者的职责。)领导者的下属能自动回应领导者的权威。

20世纪60年代:(领导力)是领导者影响共享同一目标的其他人的行为。

20世纪70年代:领导力是酌情影响力。酌情影响力是指在领导者控制下的领导行为,不同领导者有不同的行为。

20世纪80年代:不管领导力研究有多复杂,它的含义都相对简单。领导力是指激励他人,实施某些领导者确定的有目的的行动。

20世纪90年代:领导力是指领导者和追随者之间的影响关系,他们旨在推进能够反映他们共同目标的真实变革。

请注意,在20世纪20年代,领导者"强行"让追随者按自己的意愿行事。20世纪40年代,领导者是"说服"其追随者;20世纪60年代,领导者是"影响"追随者;20世纪90年代,领导者与追随者之间是相互影响。所有这些定义都是有关领导者-追随者之间关系的本质。不同定义之间的区别在于规范性问题:领导者应该如何对待追随者?追随者应该如何对待领导者?由谁来决定最终目标?领导者和追随者之间的关系本质应该是什么?有关定义的讨论说明了一件事情:领导力的概念在某种程度上是社会化、历史性的且规范性的建构。

希特勒问题

有些学者认为,恶霸和暴君都不是领导者,这就是我们俗称的"希特勒问题"(Ciulla,1995)。希特勒问题取决于如下问题的答案:希特勒是领导者吗?根据无道德区分的定义,希特勒是一个领导者,甚至是一个伟大的领导者,尽管不是有道德的领导者。Heifetz(1994)主张说,根据"伟大人物"和领导特质理论,希特勒、林肯和甘地可以放到同一类型中,因为该理论的基本思想是领导力是历史的影响力。但是,如果你的领导力概念包括伦理要素在内,希特勒就不是一个领导者。他是一

第十五章 伦理与领导者有效性:优秀领导力的本质

个恶霸,是一个暴君,或者说,只是德国的首脑。

当学者区分领导者和"真正的领导者"或"正确的领导者"时,我们可以看到在领导者的概念中,伦理观念根深蒂固。Burns(1978)和 Bass(1997)表示,许多领导者——事务型领导者——能力一流,因为他们在实现集体目标时,会推动下属之间的交流,但是只有变革型领导者才具备很强的道德观念。为了延展这种区别,Bass 尝试将符合变革型领导者但不是伦理型的领导者与伦理型领导者分开,将其归类为变革型领导者和伪变革型领导者或可信变革型领导者(Bass & Steidlmeier,1999)。Brown、Trevino 和 Harrison(2005)通过明确伦理领导力的概念,对普通领导力和伦理领导力进行了区分:伦理领导力是"指通过个人行为和人际关系,展示规范性的适当举动,并且通过双向沟通、强化和决策,让追随者也展现相应举动(p.120)"。Bennis 和 Nanus(1985)对领导者的特征是这样界定的:"管理者就是确保做事情正确的人,领导者是做正确事情的人。"(p.21)通过这样的界定,我们最终认为,希特勒的行为非但不道德,他本人也不是领导者。(也许仅仅是管理者?)Bennis 和 Nanus 是"领导者就是道德品行良好的领导者"观点的推崇者之一。但是,在 Bennis 和 Nanus 的观点背后,隐藏着领导者的道德高于或应该高于每个人的观点。

这种规范化观点在领导力文献中盛行,不过在通俗文学中最明显。作家们会说,领导者具备参与性、支持性等特点,其实他们真正的意思是,领导者就应该具备这些素质。但是,我们甚至不是非常清楚,我们是否真的希望领导者具备这些特质。正如前总统发言人 David Gergen(2002)所指出的,领导力学者都在宣传和教导说,只有能参与、能赋权的领导力才是最佳的。但是,乔治·W.布什总统却采取了自上而下的领导风格。却很少有领导力学者在他们的研究中描述这种领导风格。尽管如此,在近代历史上,布什总统的领导支持率仍然最高(Gergen,2002)。大量研究基于布什在"9·11"事件后的领导行为解释了上述现象。例如,Pillai 发现,魅力型领导力不仅是指领导者具备个人魅力,他还能在危机时展现魅力(Pillai,1996)。当人们感到局面失去控制时,他们就会寻求具有决策能力的领导者。对于布什,大众可能会觉得他的专制领导风格让人觉得舒适。随着危机渐行渐远,布什的支持率在他总统任期的后期跌到了谷底。领导力学者所宣称的和大众期待之间的差异还有一种解释,就是这种差异反映了文化价值观的冲突。美国个人主义的民族精神也有助于解释布什现象。一方面,美国人佩服采取大胆、果断和专制行动的领导者,但另一方面,他们又不想为这样的领导者效力(Ruscio,2004)。

哲学家 Eva Kort 对超出语义的希特勒问题提供了解决方案。她指出，集体行动，不是关系类的，能够区分"领导力适宜"或"真正的"领导力与"伪"领导力之间的区别。真正的领导力是伦理性和有效性并重的领导力。伪领导力则只有领导作用，即只会告诉别人要做什么。Kort 使用一个简单的例子来说明领导力的规范和技术方面。一个首席小提琴手就是正式的领导者。如果他用音乐家知道的不良方式来引导乐队的演奏，其他人将因其地位而跟随。Kort 说，在这种情况下，小提琴手就是一个伪领导者，而不是一个适宜的领导者。她写道："只有当首席小提琴手引导和参与了正确的演奏方式，他才是适宜的领导者。"（Kort，2008，p. 422）请注意，Kort 的定义中包含不可避免的判断。领导者是我们选择跟随的人，因为他们具备能力，而且如有可能还需具备相应的伦理素质。对于 Kort 来说，所谓领导者，就是具备能让其他人在任何情况下都自愿赞同和跟随的人。这是一种理解领导力概念中伦理和有效性如何交织在一起的非常有效的方法。对于 Kort 来说，希特勒问题的答案取决于追随者是否因希特勒的伦理和能力而自愿追随他。需要注意的是，这种行为与他的领导力直接相关，但并不适用于追随者存在伦理或道德问题，或是他们错误判断了领导者的能力的情况。

道德运气

有关领导力的最后的问题，不是领导力的定义是什么。我们明确地知道领导者需要做什么，但我们想知道领导者行动的最佳方法。领导力研究的关键就是回答如下问题：什么是优秀领导力？"优秀"在这里有两种意义：品行良好及能力一流（即处理事情时有效性很强）。这种观点的问题是，当我们回顾历史和现实领导者时，我们发现，有些领导者同时满足上述两个要求，而有些领导者则只达到一个要求。历史也只会让这个问题更加复杂化。历史学家没有说明哪个领导者具备良好的品行，却一事无成。他们很少会说，有这么一个伟人，但从未赢过一场战斗。大多数历史学家都会这么写，领导者就是胜利者，是或好或坏改变历史的人。

历史学家对领导者的评估还依赖于哲学家所说的道德运气。道德运气是思考伦理中自由意志/决定论问题的另一种方式。人们对其自由选择负责。我们一般对我们无法掌控的事情不承担责任。领导者面临的最艰难的伦理决定是他们不能完全确定结果的决定。哲学家 Bernard Williams（1982）将道德运气描述为一种行为固有的特质——是以人们如何通过决定来思考,是否其推论全面正确为基础的。他说,道德运气是决定的外在因素。就像恶劣天气、事故、恐怖分子、机器故障,等等,都是破坏最完美计划的道德运气。道德运气是伦理和领导力的一个重要方面,因为它可以帮助我们做出决策、进行风险评估、承担道德责任。

就拿布什总统入侵伊拉克的决定来说,该决定的道德水准是以布什打算做什么和战争的实际结果为基础的。据称,他的决定是以如下要点为基础的:

1. 联合国武器核查人员没有找到大规模杀伤性武器,但那并不能表明不存在大规模杀伤性武器。

2. 如果有大规模杀伤性武器,萨达姆·侯赛因就会用它们来对付美国。

3. 作为一位总统,有保护公众的道义责任。

4. 因此,我们必须与伊拉克交战。

第1点和第2点后期又更改为:

1a. 萨达姆·侯赛因是一个邪恶的领导者,他会用生物武器来对付自己人。

2a. 如果有机会,他不仅会用大规模杀伤性武器来对付自己人,还会用它们来对付美国及其盟国。

领导者必须证明战争有足够的道德理由——种族灭绝、自卫,等等。正义的战争通常都是其他措施失败后的最后的方法。如果还有其他可行办法就发起战争,或因个人、意识形态或经济因素发起战争的领导者,都是伦理有问题的领导者,尤其是当他们战败时。就拿伊拉克战争来说,布什和英国首相托尼·布莱尔都认为战争是合理的,但是,他们的理由却是上述1、1a和2、2a。布什和布莱尔可能也有思想意识的原因,而他们却将此原因视为道德原因——让伊拉克民主化,最终实现中东地区的民主化。

道德运气就是用行动的后果证明行动的手段或意图。因此,对于伊拉克战争,我们认为有如下结果:

1. 如果在未来的某个时候,我们发现伊拉克确实有大规模杀伤性武器,而且萨达姆·侯赛因确实有对美国和其他国家使用大规模杀伤性武器的计划,那么布什和布莱尔的战争动机就是符合伦理的。

2. 如果我们没能发现武器,或者没能发现萨达姆·侯赛因的任何计划,那么布什和布莱尔的战争动机仍然极具争议。

3. 如果我们发现萨达姆·侯赛因只是虚张声势,没有任何武器或没有对其他人使用武器的计划,那么,伊拉克战争就是浪费人类的生命。

4. 如果在未来十年内,因伊拉克战争,导致伊拉克民主解放,伊拉克人庆祝美军入侵并在巴格达竖立乔治·布什雕像纪念他,他就是有道德的领导者。历史告诉我们,不可思议的事情不是没可能的。

在这种情况下,领导者的道德运气取决于他们的选择是否正确,或是对不确定情况下的风险是否评估正确。领导者评估风险的方法,以及意图都很重要,尤其是在战争失败时。

有些领导者符合伦理,但运气不佳,而有些不符合伦理,但运气绝佳。大多数领导者难以决策的道德决定都是有风险的,因为他们的信息不完善或不完整,对影响结果的所有变量不具备完整的控制权。如果领导者因正确的道德原因谨慎行事,但最终仍然失败,是值得宽恕的,即使追随者并不会都原谅他们或者对他们的领导力失去信心。就拿吉米·卡特总统来说,他尝试让伊朗释放人质的措施拙劣,没有成功,美国人并没有责怪他,不过却大大动摇了人们对他的信心。吉米·卡特总统运气不佳,因为如果措施成功,就能加强人们对他的信心,也许还能获得连任的机会。

道德运气中具有讽刺意味的是,那些鲁莽行事、行为不符合道德和实践要求的领导者,一旦失败,通常会受到谴责,但是一旦成功,通常会被认为是英雄。这就是为什么 Immanuel Kant(1785/1993)认为,因为我们无法知道行事后果,道德判断就必须以正确的道德原则为基础,而不应该根据结果来做决定。鲁莽运气型领导者没有表现出道德或技能,不过如果结果良好,他往往会收获道德或技能两种赞誉。由于历史通常侧重于成果,并不总是清楚领导者的成败中,运气、技能和道德占比是多少。这就是为什么我们除了需要对领导者的行为和表现进行研究外,还需要大量研究领导者决策过程中的伦理。

 伦理和有效性之间的关系

历史对成功领导者的界定大部分是以其能够带来更好或更坏的变化的能力为基础的。因此,历史上的伟大领袖包括甘地、希特勒等人。Cesare Borgia 对马基雅维利非常反感,但 Borgia 却认为马基雅维利是一个果断、凶猛和狡猾的王子(Prezzolini,1928,p.11)。领导者通常会带来变化,或者成功完成某事,但伦理问题却总是伺机而动:变化本身好吗？领导者怎样实施变化？领导者的意图是什么？对任何行动的伦理性和有效性进行全面分析,就会问到如下问题:这件事做得对吗？这件事的方法对吗？这件事的理由合理吗？

在我自己的工作中,我一直认为,一个好的领导者应兼具良好品行和一流能力(Ciulla,1995)。但是,虽然看起来很容易,不过我们面临的问题却是,同一个领导者不太可能两者兼具。有些领导者品行良好,但能力一般。有些领导者服务他们的选民或组织的能力一流,但品行一般。美国参议员 Trent Lott,因对种族问题的敏感性不强,导致其不得不从参议院多数党领袖的位置上退出,这就是能力一流但品行一般的典范。不过,Trent Lott 的一些非洲裔选民说,无论 Trent Lott 的种族主义言论是什么,他们都会支持他,因为 Trent Lott 曾借由其在华盛顿的权力和影响力,为该州带来了工作机会和资金。在政治上有一句古语这样说:"他可能是个恶棍,但却是我们的救世主。"这句话就体现了伦理和有效性之间的权衡。换句话说,只要 Trent Lott 工作表现良好,我们不关心他的伦理。

伦理和有效性之间的区别并非一直很明确。有时伦理就是有效性,有效性就是伦理。换句话说,伦理在某些情况下就是有效性。有时仅仅被认为是有伦理和守信的就会让领导者的有效性更佳,而有时有效性会让领导者的品行提升。鉴于联合国秘书长的权力和资源都有限,如果某位领导者的品行表现不佳,其工作就很难有效。这种定理同样也适用于组织。就拿著名的泰诺案例来说,有人给泰诺下毒后,强生(Johnson & Johnson)让泰诺下架,导致泰诺销量大涨。强生的领导者就是有效的,因为他们的品行表现上佳。

我们用来判断领导者有效性的标准在道德上并不是中立的。有一段时间,华尔街和商业媒体鼓吹 Al Dunlap("Chainsaw Al")是伟大的商业领袖,是因为 Al Dunlap 展示了其让公司小型化,但股票价格抬高的能力。显然,Al Dunlap 知道运行商业机构的一些秘诀。不过,当他未能兑现 Sunbeam 项目的利润时,他不得不试图掩盖其失败,最终导致被解雇。在这个案例和许多其他商业案例中,有效性标准在实际运用和道德上都是有限的。解雇员工并不需要高超的技巧,但是剥夺一个人的生计则需要道德和实际性的考量。此外,职业伦理最引人注目的方面之一,是短期内看似正确的事情,长期来看却不正确,或者说,看似对一个集体或组织正确的事情,放在大环境中来看却不正确。例如,黑手党家族可能有很强的内部伦理体系,但放在更大的社会情境下,他们的表现却很不道德。

领导者的卓越能力也会带来道德影响的例子很多。例如,2001年9月世界贸易中心五角大楼遭受恐怖袭击之后,有许多英雄主义事迹。最鼓舞人心、最经常听到的就是救援人员的利他行为。就拿 Alan S. Weil 来说,他的律师事务所——Sidley、Austin、Brown 和 Wood 在五角大楼占用了五个楼层。看到五角大楼倒塌后,Alan S. Weil 立刻查看员工是否安全出逃。他接通电话,在三个小时内,为其员工租用了另一栋楼的四个楼层。这一天结束时,他已妥善安排了800张桌子和300台电脑。第二天,公司已为所有员工配备了工作台(Schwartz,2001),正式营业。我们不知道 Weil 先生的动机是利他主义还是贪婪主义,但他对于工作的专注使得企业能够履行所有利益相关方——从客户到员工的责任。

伦理有效性的另一个方面是,某些情况下很难确定领导者是否有品行,是否不称职或愚蠢。正如 Price(2000,2005)指出的,领导者在道德上的失败并不总是故意的。有时道德上的失败是认知的失败,有时是规范性失败。领导者可能会得到错误的事实信息,认为他们的行为符合伦理,但实际上却并非如此。例如,2000年,南非总统塔博·姆贝基发表了一份声明,该声明表示,艾滋病病毒会不会引起艾滋病尚不清楚。他认为,医药行业只是想吓唬人,以此来增加利润(Garrett,2000)。在南非,大约五分之一的人艾滋病病毒测试结果呈阳性,他们的国家领导人居然发布这样的声明,太让人震惊了。他的立场引起公共卫生专家和其他公民的愤怒。这是不负责任的行为,而且肯定会对抑制艾滋病流行的努力起到负面作用。姆贝基了解科学文献,却把政治和哲学原因放置于科学知识的前面(最终导致其不得不退位)。当领导者做类似事情的时候,我们很想知道,他们是不是品行不佳,是不是无知、无能,或者只是愚蠢。姆贝基的行为似乎显示出其品行不佳,但他肯定认为自己是品行良好的。他对艾滋病的狭隘思维定式导致其鲁莽地漠视阻止艾滋病疫情流行的更迫切的义务(Moldoveanu & Langer,2002)。

在某些情况下,领导者的行为极具道德意愿,但是,因为其能力不够,也会出现道德不佳的结果。例如,瑞士慈善机构——国际基督教团结联盟的不幸事件。国际基督教团结联盟的目标是让在苏丹受奴役的 200 000 个丁卡儿童获得自由。为了实现该目标,该慈善机构为每个儿童支付了 35—75 美元的费用,以此来解救他们。可是,该慈善组织的行为导致的意外后果是,它实际上鼓励了奴役,奴隶的价格和需求上涨。此外,一些狡猾的苏丹人发现,他们可以假装自己是奴隶,以此骗取救赎金。这种欺骗行为导致该慈善机构很难确认哪些是真正需要帮助的人、哪些是伪装的。在该示例中,我们可以发现,该慈善机构的意图和它使用的方法就不具备伦理性,虽然从短期上来看能解救他人,但是从长期来看,该慈善机构在不经意间创造了更多的苦难。这一示例说明了伦理和有效性之间的关系。简言之,该慈善机构:

1. 做的事情是好的——试图解救奴役儿童。

2. 但采取的方式是错误的——购买孩子本身就是不道德的,因为这本身就参与了人口买卖,而且这种方式是无效的,因为它创造了一个奴隶市场,导致奴隶数量增加,而没有减少。

3. 初衷是好的——奴隶严重违反了儿童的尊严和人权。

道义论和目的论

伦理-有效性问题与伦理中的道义论和目的论观点平行。从道义论的角度来看,意图是行为的道德相关面。只要领导者以其职责或伦理原则行事,领导者的行为就具备伦理性,无论行事的结果是什么,正如第一个道德运气示例一样。从目的论的角度看,真正重要的是领导者的行动是否会带来道德上的好处或"最大利好"。道义论理论将伦理行为作为领导者道德意图的象征,并且把他的道德理由作为行动的原因,而目的论则将行动伦理归到结果中。我们需要道义论和目的论来解释领导者的伦理。就像一个优秀的领导者需要兼具品行和能力一样,领导者也需要依其职责和内心的最大利好概念来行事。

在现代社会,我们通常区别对待自己人和外人,分开对待人和事。古希腊的伦理理论是以美德为基础的,就没有上述问题。在美德理论中,人和事是一体的概念。功利主义者John Stuart Mill(1987)就将人和事完全分开对待。他说,行为的意图或原因让我们了解一个人的道德面,但是,行为的结果却让我们了解该行为的道德面。这种说法并没有真正解决伦理-有效性问题。它只是简单地划分了领导者的人格道德及其职责。

我们再来说说Weil先生的例子。Weil先生快速恢复工作,让律师事务所正常运营,因为他很贪婪,不想失去任何一天的盈利,但是他这样做的同时,也为各种利益相关方带来了最大的利好。我们可能不喜欢他行为的个人理由,不过他的各利益相关方可能并不在乎,因为他们也从中受益了。如果各利益相关方知道Weil先生的自私用意,正如 Mill 所说,他们可能会看轻 Weil 先生本人,但不是看轻他的行为。这种情况在商界很常见。当一个企业举办活动,为无家可归者筹集资金时,它真实的意图可能是为了卖出更多的产品,改善其公众形象。不过,如果说企业不应该有慈善活动,不赞成其为无家可归者提供急需资金的行为,似乎又太苛刻了。有人可能会争辩说,要求非常完美的伦理意图本身就非常不道德。尽管如此,道德有问题的领导者为其追随者做好事也是有问题的。即使他们提供了最大的利好,其追随者可能从来就没有真正信任他们。

道德标准

人们常说,领导者应该有"更高的道德标准",但是,这有意义吗?如果真有意义,是否每个道德标准较低的人都能接受这一点?在道德上有一个很奇怪的现象,如果对领导者的道德标准过高,要求得近乎道德完美,那么很少有人具备成为领导者的资格或会想要成为领导者。例如,我们当中有多少人一生都没有说过谎话、说过一句恶言、背弃过自己的承诺?具有讽刺意味的是,就算我们对领导者的道德标准过高,我们对领导者还是会有不满,因为很少有人能不辜负我们的期望。但是,如果我们说只要我们的领导者遵守法律,或者更差一点,只要不重蹈先辈覆辙的话,那么我们对领导者的道德标准就太低了。一个企业的领导者可能会遵守所有法律,但运作企业的方法却可能不道德。在关于"什么是对的"这个问题上,法律应当是道德中性的或道德要求最低的。法律不可能也无法确定道德的范围和复杂性。例如,现在的民选官员更可能遵守法律的约束,而不是像前人一样,依靠"强大的家族价值观"行事。官员可能也很少关注弱势群体。不关心穷人和病人不违法,但这就是领导者伦理吗?我们能从中获得什么启示呢?一方面,向往高伦理标准令人钦佩,但是另一方面,如果无法达到这样的标准,人们就会放弃尝试(Ciulla,1994,pp.167—183)。如果标准过高,我们就会对没能达到我们要求的领导者失望。如果我们对伦理的要求过高,就可能不会出现很多愿意成为领导者的天才。有些高素质的人宁愿远离政界,因为他们不想自己的私人生活暴露在镁光灯下。但是,如果标准过低,我们就会对领导者有恨铁不成钢的想法,因为我们对领导者以高于最低道德标准的准则来行为的能力已失去信心。

历史上不乏那些认为自己不与社会中的其他人共享伦理标准(诚实、得体)约束的领导者。其理由很明显,领导者有权不这么做。Winter(2002)和 McClelland(1975)的研究对权力动机以及社会化和个性魅力进行了研究,结果表明,心理因素是领导者有这种行为的原因。Maccoby(2000)和其他许多人都曾谈到了自恋型的领导人,阳光的自恋型领导人认为自己优于他人,而黑暗的自恋型领导人认为自己可以游走在规则以外。

Hollander(1964)有关社会交换论的研究显示,那些忠诚且具备达成群体目标能力的新兴领导者,是如何获得可以让自己远离群体规范而不用适应公共目标的"特权"的。Price (2000)指出,鉴于我们经常允许领导者偏离规则,或享受规则特权对待,就不难明白,为什么领导者有时会不受伦理约束的限制。所以我认为,我们的领导者需要遵守的道德标准应该高于我们的道德标准。或者无论如何,我们必须确保,我们的领导者遵守的标准与社会大众遵守的标准无异。我们应该期待和希望的是,我们的领导者在追求和实现追随者的目标的过程中,违背伦理标准的频率应低于大众。领导力发展、组织和政治理论真正关心的问题是,做什么才能让我们的领导者避免道德上的失败?有很多领导者模型将领导者视为具有正确价值观的圣人或"父亲知道的就是比儿子多"的典型。

利他主义

一些领导力学者会将利他主义作为伦理领导力的道德标准。Kanungo 和 Mendonca(1996)在他们的《领导力的伦理维度》(*Ethical Dimensions of Leadership*)一书中写道:"我们的论点是,只有当组织领导者的动机是关心他人,他们行为的主要标准是助人为乐,甚至不惜牺牲自身利益时,这样的领导者才称为真正有效的领导者。"(p.35)当人们谈论利他主义时,通常会将利他主义与自私,或与牺牲他人造福自己的行为进行对比(Ozinga,1999)。利他主义是一个非常高的个人标准,所以,从很多方面来看,这是有问题的。自私主义和利他主义都是极端的动机与行为。Locke 在与 Avolio 的对话(Avolio & Locke,2002)中就体现出了利他主义的极端面。Locke 认为,如果利他主义是自我牺牲,那么真正愿意牺牲的领导者就会从事他们其实不喜欢或看不上的工作,不求回报,不求快感,完全是满足别人的需求。"在这样的情况下,还会有人想要当领导者吗?"(Avolio & Locke,2002,pp. 169—171)也有人可能会问:"我们能有这样一位领导者吗?"虽然我不同意 Locke 的观点(领导者应该根据自己的利己主义标准行事),但是,他却清楚地说明了将利他主义用作领导者道德行为标准时会出现的实际问题。Avolio 反对 Locke 观点的依据也是同样极端的情况。他引用了他在西点军校工作的情况来说明:在军队里,主要道德原则就是愿意为群体利益牺牲自己。Avolio 还使用了特蕾莎修女的例子来说明。在这些事例中,自我牺牲基本不可能是领导者的伦理标准,而更多的是军事领袖和传教士的伦理标准。Locke 和 Avolio 的辩论影射了利他主义冠冕堂皇一面背后的极端面。在大量利己主义和利他主义的哲学文献中,利己主义和利他主义的辩论始终没能消停。伦理是个人与他人的关系,所以在某种意义上,双方都无是非定论。

利他主义是行为的动机,但它本身就不是一个规范性的原则(Nagel,1970)。要求领导者无私奉献不仅是一项艰巨的任务,而且无法保证领导者或其行为符合道德标准。例如,劫富济贫,或罗宾汉式行事,都是不道德的(Ciulla,2003a)。成为自杀式袭击者的恐怖分子领导者可能有纯粹的利他主义动机,但是,他却杀死了无辜的人,即使他的理由是为正义事业牺牲,他的行为也是不道德的。有人可能会认为,对于反对自杀的人来说,以任何理由自杀都是不道德的,因为这对我们的至亲造成了伤害。伟大的领导者,如小马丁·路德·金、甘地,他们的表现就很无私,但是,大众认为他们的领导力符合伦理,却是因为他们使用的目标实现方式和他们行为原因的道德性质。我们对为国牺牲的领导者特别尊重,但是,小马丁·路德·金和甘地的道德超越了他们的动机。当授权和规范追随者时使用非暴力的抵抗手段实现社会公正的目标,在道德上就是优秀领导力的表现。

人们将利他主义看成是评估行为或表现的一种方法,无论其意图如何。例如,Worchel、Cooper 和 Goethals(1988)将利他主义的定义描述为:给其他人提供帮助的行为(第 394 页)。如果利他主义仅仅是帮助别人,那么它就是一个更易于管理的标准,不过简单地帮助别人不一定是符合道德标准的。这取决于帮助的方式和帮助的内容。人们经常互相帮助,而且不需要做出巨大的牺牲,这是事实。如果利他主义仅仅是帮助别人,那么我们可以重新定义利他主义,取消自我牺牲的要求。Mendonca(2001)对利他主义进行了进一步的修订,即他所谓的"互惠利他主义"。互惠利他主义是功利主义和利己主义的综合。如果我们按照这样的思路,应该还可以在利他主义中添加其他的伦理原则,如黄金法则。

有趣的是,儒学明确地将黄金法则称为利他主义。当子贡问什么是生命的指导原则时,孔子回答说,就是利他主义(恕)所主张的"己所不欲,勿施于人"(Confucius, trans. 1963, p. 44)。

黄金法则是大多数主流文化的基本道德原则,因为它演示了如何将利己主义转换为对他人利益的关注。换句话说,黄金法则是利他主义和利己主义(他人和自我)之间的桥梁,是开明的利己主义。这凸显了利他主义不能称为领导者道德行为标准的原因。从我们开始修改利他主义的那一刻起,利他主义就不仅失去了其最初的意义,而且开始具备各种其他伦理的意义,导致其非常不明确。

为什么作为领导者不能仅凭个人兴趣

柏拉图认为,作为一个领导者,需要牺牲自己的直接利益,但是又不等同于利他主义。柏拉图在他的《理想国Ⅱ》(第二卷)(trans. 1992)中写道:

> 如果一个城市完全是由才能出众的人组成的,就算它真的存在,市民肯定会为了不做领导者而出现争斗……因为一个真正的统治者在本质上不会自私为己,而是会造福他人。如果大家都这样,肯定是宁愿坐享其成,而不是不遗余力为他人谋福利。(p. 347d)

除了需要有利他动机外,柏拉图还指出,能够承受压力、勤劳工作、接受吃力不讨好的任务这些都是一个道德良好的领导者应具备的品行。他说,如果你是一个公正的人,担任领导职务就会对自己和自己的生活造成负面影响。一个公正的人担任领导者的唯一理由就是不惧怕受到惩罚。他还说,"对于不愿意统治的人来说,对他最大的惩罚就是让比他差的人来管制他。我想,正是因为这种理由,才会驱使品行公正的人开始担任领导职务"(Plato, trans. 1992, p. 347c)。柏拉图的观点揭示了为什么我们有时会觉得那些勉强上任的领导者让人舒服,而那些急功近利的领导者让人不自在。现在,其实与过去一样,我们担心那些渴望领导他人的人想要的是个人的权利和职位,或者担心他们其实并没有真正认识到作为领导者需要肩负的巨大责任。柏拉图还告诉我们,如果领导者没有牺牲个人的直接自我利益,牺牲的肯定是他的长远利益。他认为,只有公正的人,才会让人们快乐,才会实现领导有方,而不公正的人却永远无法实现这样的目标(Plato, trans. 1992, p. 353e)。

虽然我们钦佩自我牺牲的人,但道德有时也会呼吁领导者做那些对自己不利的事情。这就是道德和领导力的天性,与利他主义并无多大关系。我们希望领导者把追随者的利益放在第一位,但大多数领导者并没有时刻都这样,而且大多数情况下也不需要他们计算自己的权益和追随者的利益的轻重。领导力是关于指导和寻求群体、组织、国家或事业的目标、任务和愿景的。当领导者履行上述职责时,他们其实就是在履行自己的职责;而如果没有这样做,他们就是所谓的没能履行职责。有大量研究表明,自利的人,即那些不愿意将别人的利益放在首位的人,通常都不可能是成功的领导者(Avolio & Locke,2002,pp. 186—188)。

为他人谋利是领导者的必要工作,其实这就是领导力的道德素质。领导力有效性隐含的意义就是领导者需要完成其职责所在。如果一个市长不为城市牟利,她不仅是不称职的,在道德上她也没能实现其宣誓就职时的承诺。如果她为城市牟利,那么不是出于为他人着想的意图,而是出于她的工作职责。通过这种方式,利他主义就构成了我们如何描述领导者工作内容的方式。虽然利他主义不是确定领导力伦理特征的最好的概念,但学者对利他主义的兴趣也反映了他们渴望明确或含蓄地掌握一个好的领导者应具备的伦理和有效性标准。

转型领导力

在领导力文献中,转型或变革型领导力几乎已经成为伦理领导力的代名词。变革型领导力通常与交换型领导力形成对比。这两种理论与利他主义/利己主义二分法之间是平行的。Burns(1978)的转型领导力理论很受人关注,因为这项理论的基础是有关领导者和追随者关系的伦理假设。Burns 的理论显然是有关于道德方面卓越的领导力的本质的。根据 Abraham Maslow 有关需求的著作、Milton Rokeach 有关价值观发展的研究,以及 Lawrence Kohlberg、Jean Piaget、Erik Erickson 和 Alfred Adler 有关道德发展的研究,Burns 辩称,领导者的需求和价值观高度都应高于追随者,这可能就需要超越利己主义。领导者的作用是通过利用人们价值观体系中的紧张关系和冲突,提升人们的意识,从而使之发挥作用(Burns,1978)。

在 Burns 的观点中,转型领导者的价值观都很强。他们的价值观和道德标准不会轻易降低,而且他们会使用价值观的冲突来让追随者信服,帮助他们重新审视自己的价值观和需求,从而提升追随者的价值观。这就是 Burns 伦理观点与分享型领导力观点非常不同的地方,后者的相关学者包括 Rost 等人。Burns 写道:"尽管他(Rost)深刻且有力地论述了转型领导力的价值观、伦理和道德的作用,但他仍低估了这些变量的重要性。"Burns 说,"Rost 是有倾向的,或者可以说是至少受到了领导力过程的共识和目标的影响,而我相信,这些会削弱领导力"(Burns,1991,p. xii)。

推动 Burns(1978)转型领导力理论的道德问题是他作为一个传记作家和历史学家时的著作。当传记作家和历史学家研究领导者问题时,他们通常会因如何判断他们的目标或保持该判断而争论不休。在他的作品中,Burns 采用了大量的示例,例如完成光荣的任务时道德不佳的手段——如说谎和欺骗,或者私人生活有道德问题的政治家,等等。如果对 Burns 书中的众多历史例子进行分析,我们就会发现,两类迫切的道德问题构成了他的领导力理论。其一是方法和结果的道德性(这也包括权力的道德使用),其二是领导者私人道德和公共道德之间的紧张关系。他的转型领导力理论是通过解决上述两个问题来确定优秀领导力的特征的。

Burns 有关转型领导力与交换型领导力以及形式价值与结果价值之间的区别,为我们提供了如何思考一个优秀的领导者应具备的领导者-追随者关系,以及其行为方式和结果的方法。交换型领导力取决于领导方法或过程中的价值观。Burns 称这些为形式价值,包括责任、公平、诚实、守信用。交换型领导力通过满足低层次的欲望和需求,从而上升到高层次的需求,以帮助领导者和追随者达到自己的目标。转型领导力与结果价值相关,诸如自由、正义和平等。转型领导力要通过不同的道德和需求阶段,提升追随者,帮助追随者成为领导者。

作为一个历史学家,Burns 非常关心行为的结果,以及领导者动机的变化。例如,Burns(1978)对"希特勒问题"的两种回答就是很好的例子。在他著作的第一部分,说得很简单,"一旦希特勒拥有了权力,取缔了所有反对者,他就不再是一个领导者——而是一个暴君"(第 2—3 页)。他的暴君概念与 Kort(2008)伪领导者的概念相似。在书的后半部分,Burns 描述了判断希特勒如何遭遇"历史审判"的三重标准。他说,希特勒可能会争辩说自己是一个转型领导者,为德国人谋福利,提升德国人的命运。那么首先,可以用荣誉和正直的形式价值,或者用他提出或反对的人类良好行为标准的程度来对其进行检验。其次,可以用平等和正义的结果价值来对其进行判断。最后,还可以用对追随者的影响来进行判断(Burns,1978)。据 Burns 的观点,希特勒在这三种审判中都将失败。由于希特勒使用的方法、他希望达到的结果、他对追随者的影响,Burns 并不认为希特勒是一个真正的领导者或转型领导者。因为将领导力看成一个过程，并且受到各种价值观的审判，Burns（1978）的优秀领导力理论很难形成一个完整的伦理理论。Burns 的理论最吸引人的部分，是领导者会提升其追随者，让追随者也成为领导者的想法。在书的末尾部分，他又用约翰逊总统 1968 年没能连任的轶事来加强观点描述，他说，"也许他并不懂他的追随者——他的部分领导影响为追随者塑造了全新的领导者，最终他自己却遭到了淘汰"（Burns，1978，p. 424）。那些约翰逊曾经帮助的人——病人、黑人、穷人，现在都有了自己的领导力。Burns（1978）指出，"长江后浪推前浪，前浪死在沙滩上……追随者也会变成领导者"（p.424）。

Burns 和其他学者采用价值观来讨论伦理，这是有问题的，因为它包含了许多不同的东西——经济价值观、组织价值观、个人价值观和伦理价值观。价值观并不像责任和效用的道德概念，能够让人们紧密相连。因为大多数人赞同的观点是"我有我的价值观，你有你的价值观"。价值观不是人们行为的原则。为了让价值观成为人们行为的原则而不是他们拥有的观点，Rokeach（1973）提出了一项有关价值观"必备"特征的拗口论述："价值观就是一个人的现象上的体验'必然地'以他感知到的不完全（虽然应当是完全的）的方式成为客观的社会需要"（p.9）。鉴于 Burns 提供了煽动性的领导力道德标准，如果他在道德哲学体系中使用更丰富、更具动态性的概念，可能结果会更有力、更清楚。① 这不是哲学的要求，而是概念清晰度和完整性的要求。美德、责任、权利和最大利好的概念是人类经过几百年摸索出来的，是仔细分析领导力道德动力，以及领导者和追随者之间关系的有用工具。

 变革型领导力

Burns（1978）的理论引发了众多变革型领导力的研究。例如，Bass（1985）早期的变革型领导力研究重点强调领导者对其追随者的影响。与 Burns 形成鲜明对比的是，Bass 的变革型领导者并不是满足追随者的高阶需求和价值观。他更关心的是变革型领导者与其追随者的心理关系。Bass 最初认为，变革型领导者也有好坏，所以他也愿意把希特勒称为变革型领导者。Bass 在他最近的工作中对伦理要因进行了更为丰富的研究。现在，Bass 和 Steidlmeier（1999）认为，只要品行良好的领导

---

① 自 1991 年以来我与 Burns 就对这一点一直有争论。因为我们都坚持认为自己的立场是正确的。

者,都是可信的变革型领导者;像希特勒那样的,其实是伪变革型领导者。Bass 和 Steidlmeier 将伪变革型领导者的定义描述为:牺牲其追随者的成就,换取自己的权力和地位。道德缺陷的源头在于:自私、牺牲他人成就自己。鉴于 Bass 和 Steidlmeier 仍然将利他主义看作道德概念,他们从其他伦理概念,如美德和最大利好角度来鉴定可信变革型领导力。

Bass(1985)认为,魅力型领导力是变革型领导力的一个必要的成分。因魅力型领导者对追随者的强大的情感和伦理影响(House,Spangler, & Woycke,1991),有关魅力型领导者的研究其实启发了众多伦理问题。魅力型领导者可以是最好的领导者,也可以是最坏的领导者,具体取决于你是想成为甘地,还是成为查尔斯·曼森(Lindholm,1990)。Bass 和 Steidlmeier(1999)最近的研究与 Howell 和 Avolio(1992)有关魅力型领导力的研究一致。Howell 和 Avolio 对魅力型领导者进行了研究,并总结说,不道德的魅力型领导者实际上是追求个人利益的操纵者。他们认为,只有用权力为社会做出贡献,而不是为自己谋利的领导者才属于变革型领导者。

对变革型领导力和魅力型领导力理论的批判

大量的实证研究表明了变革型领导者的有效性。学者们几乎是狂热地用各种方法描述他们的发现,阐述其理由。这些成果显示,伦理和有效性基本是齐头并进的。Shamir、House 和 Arthur(1993)指出:

> 魅力型领导者……能够通过强调努力和重要价值之间的关系,提升追随者的自我价值。自我价值就是增加自我效能;道德正确的感觉是力量和信心的来源。对本身的道德信念完全有信心的人,其表现也具有实力和信心(p.582)。

这一研究的问题是,它会引出诸多有关伦理的问题。什么是重要的价值观?价值观本身道德吗?道德正确性是什么意思?追随者信奉的正确道德真的正确吗?

批评者质疑变革型领导力的伦理。Keeley(1998)认为,只要能确定每个人都围绕着领导者的价值观和目标前进,变革型领导力就是一个行之有效的好的领导力。根据 Madison 在《联邦拥护者第 10 号》(Federalist No.10)中对派系斗争的看法,Keeley(1998)提出了疑问:"喜欢自己目标和远见的人们处于什么样的地位?"(p.123)如果追随者坚信的领导者道德信念不正确呢? Keeley 观察到,领导力和管理文献一直没有善待不顺从者。Burns 的理论却是可以容纳冲突的,冲突是人们达成价值观共识的一部分。领导者要求每个人都同意所有的价值观,这是符合伦理的吗?

Price(2000)讨论了另一项有关变革型领导力道德观的问题,这是由 Burns(1978)以及 Bass 和 Steidlmeier(1999)阐述的。他们所描述的领导者有各种伦理错误,即使他们是可信的、利他的,并致力于共同的价值。一个领导者拥有这些特质的事实并不一定产生有道德的行为或品行好的决定。Price 进一步指出,应采用是否遵守道德,而不是采用是否遵守组织或社会的价值观来判断领导者和追随者。"当普遍适用的道德需要领导者自我牺牲时,领导者必须愿意牺牲自己。"(Price,2003,p.80)某些理论家所描述的某些组织中的魅力型领导者和变革型领导者并不意味着,在更大的背景环境中,他们的行为也符合道德标准。

Solomon(1998)重点研究了领导力研究的人格魅力。他说人格魅力是某类稀少的领导者的标记。就人格魅力概念本身而言,它没有伦理价值观,也没有太多的解释价值。人格魅力是个性或性格的鲜明特质,根据 Solomon 的观点,人格魅力不是领导者的重要组成部分。例如,Solomon(1998)指出,"人格魅力不是单一特质,也不是一种情感或多种情感。它是一种指向某种情感关系或抽象阐释该关系的方式,通常我们将其界定为魅力"(p.95)。他还认为,对信任的研究让我们更深入地了解领导者-追随者的关系,这比仅研究人格魅力要有效得多。Solomon 还特别提到了探索如何让别人信赖自己的情感历程的重要性。

使领导者丧失名望

Keeley(1998)、Price(2000)和 Solomon(1998)对变革型及魅力型领导力理论的批评提出了两个比较大的问题。其一,当学者仅研究特殊类型的领导者时,可能会错失一些研究内容。其二,通过这样的方式来研究,可能不会考虑到如下事实:即使是卓越的领导者也会犯错误。道德是对每个人的挑战,它含有对领导者特别不利的东西。正如 Kant(1795/1983)的说法:

> 就像一根人造的弯曲木头，矫直并不具备美观性……人类是一种动物，如果他与其他人共同生活，他就需要有一个主人，主人会侵犯他的平等和自由。他需要有一个主人，改变他的意志，迫使他服从公共价值观，这样每个人都可以自由……他在人群中发现主人，但他只是一个需要主人的动物。(p. 34)

Kant（1785/1983）所探讨的主人是道德。没有一个个人或领导者掌握道德的关键，因此，每个人都需要定义和执行伦理。我们需要了解担任领导职务的不完美的人类面临的伦理挑战，这样我们才能拥有品行更好的领导者、追随者、机构和组织。但问题并不只是简单的有品行和有效性的领导者做什么，而是领导者在实现高标准的品行和有效性时会面临什么。这些问题中，有些问题的本质是心理问题，还有一些需要进行道德推理。

与许多领导力学者一样，柏拉图也构建了理想领导者理论——英明善良的哲人领导者。通过亲身体验，柏拉图意识到了他的哲人领导模式的缺点。柏拉图通过三次历经磨难地拜访锡拉库扎城邦的经历，得到了领导理论的启发。第一次，是受到暴君狄奥尼修斯一世的邀请，但他很快就厌烦了狄奥尼修斯宫廷豪华颓废的生活方式。于是，他回到了雅典，并且深信，现有国内、国外领导风格都是腐败的和不稳定的。随后，他决定成立学院，在那里他任教长达 40 年之久，并撰写了《理想国》。在《理想国》中，柏拉图认为，如果一个国家需要达到完美，就应合理开发人的最高品质（虽然这听起来有点像变革型领导风格，但事实上两者并不相同）。柏拉图坚信，通过教育可以培养哲人领导者。因此，我们将柏拉图学院视为领导力学校。

距第一次拜访约 24 年后，狄奥尼修斯的弟弟迪文邀请柏拉图再访锡拉库扎城邦。这时，狄奥尼修斯已死，迪文拜读《理想国》后，希望柏拉图在狄奥尼修斯二世（狄奥尼修斯非常有前途的儿子）身上教导和测试他有关领导力的理论。柏拉图本来可以拒绝此邀请，不过他还是有保留地接受了。就这样，柏拉图还是去了锡拉库扎城邦。这次的旅行是一场灾难。柏拉图的朋友迪文因为宫廷尔虞我诈被流放。多年以后，柏拉图再次回到锡拉库扎城邦，不过这次也没能比前两次幸运。在《Epistle VII》中，柏拉图（trans. 1971a）写道，这三次拜访改变了他对领导力的看法：

> 年纪越大，我发现正确管理政府越难。任何一件事情，没有朋友和忠实的

同伴，都不可能完成，而且这样的人很难在身边找到……也很难被改造……一开始，我对公共事业充满热忱，可当我看见公众生活中的各种漩涡，以及不断变换的潮流，我就感到头晕目眩。(p.1575)

柏拉图似乎对提升领导者的完美程度失去了信心。他意识到，领导者也有与追随者相同的人性弱点，但是他也看到了对领导者的信任有多么重要。在《理想国》中，柏拉图曾将领导者形象看成是牧羊人。但在他的后期作品《政治家》中，他指出，领导者与牧羊人根本不是一回事。牧羊人与羊群是根本不同的两种物种，而人类领导者与他们的追随者没有太大的不同(Plato, trans. 1971b)。他指出，人类不是羔羊——他们中有一些很合作，还有一些很顽固。柏拉图此时认为，领导者可能如同织工一样。他们的主要任务是将不同的人——温顺的、能自控的、勇敢的、浮躁的都编织入社会这张大网中(Plato, trans. 1971b)。

柏拉图的领导力观念是由意义深远的信念而来的：那些明智和仁慈的人可能成为哲人领导者，坚守善良的信念，领导力面临的真正挑战是让相互不喜欢，或者不喜欢领导者，或者不希望住在一起的人能合作成功。这些都是当今世界各地领导者所面临的主要挑战。领导者更像是猫群的看管者，或者是带着一堆青蛙前进的人(O'Toole,1995)。

虽然柏拉图在《理想国》中的哲人领导者形象是乌托邦，但《政治家》《理想国》的早期版本都勾出了一些有关领导力的基本伦理问题，即伦理缺陷和权力。在《政治家》的末尾部分，柏拉图主张，我们不能总是依赖于希望领导者善良，所以我们需要法治(Plato, trans. 1971b)。良好的法律、法规和规章可以保护我们不受不道德领导者的危害，帮助领导者走回正道（类似于 James Madison 的领导者考验）。

柏拉图和许多古人一样，都认识到了领导者面临的最大伦理挑战，是来自权力的诱惑。在《理想国》第二卷中，柏拉图实施了有关权力和问责制的实验，发人深省。Glaucon 是书中的领导者，他说，人们公正的唯一理由是他们缺乏实现不公正的权利。他还引用了"裘格斯戒指"的故事(Plato, trans. 1992)来说明。在一个叫 Lydia 的国家，有一个牧羊人找到了一枚戒指，发觉这枚戒指具有让他隐身的魔力。牧羊人用这枚戒指诱惑了皇后，并在她的帮助下杀死了国王，执掌了王位。柏拉图提醒我们，如果没有问责制，我们会怎么做。我们对领导者最大的担忧是他们会滥用权力，因为能对他们问责的人很少。因此，"裘格斯戒指"其实就是有关透明度的隐喻。领导者领导他人所必须拥有的权力,能让领导者做的某些事情不为人所知。

掌握权力,又有欲望,就容易变成恶魔,但想要尽职,就能变成天使。哲学家通常会引用 Kant(1785/1993,p.32)的观点——"应当即能够",这表示,如果有能力采取有效措施,就有义务采取措施(这与前文提到的自由意志/确定性问题类似——权力越大,自由度越高)。这意味着掌握能做好的权力越大、资源越多、能力越强,做好的道德义务就越强。乐于助人的概念(前文与利他主义结合讨论)就是来自权利和义务的概念。所谓道德义务,就是在具备帮助别人能力的时候,就应该帮助别人。

拔示巴症候群

人们最担心的领导者的道德缺点是滥用职权的不道德行为。通常,最成功的领导者往往会经历最严重的道德失败。Ludwig 和 Longenecker(1993)将这种成功领导者的道德失败称为"拔示巴症候群"(Bathsheba Syndrome),这是根据大卫王和拔示巴的一段故事得来的。《圣经》等古代典籍提供了诸多领导者道德沦陷的精彩示例。在《圣经》中,大卫王是一位成功的领导者。他首先是在"大卫与歌利亚"的故事中以牧羊人的身份出现的。这则故事其实也是一堂有趣的领导力课程。神选择小牧羊人大卫作为领导者,而不是他的弟弟——一个强大的战士,因为大卫有一颗善良的心。大卫成为上帝钦点的领导者后,继续成长为一个伟大的领导者,直到出现了大卫和拔示巴的故事。

大卫得统天下之后,闲来无事在皇宫里闲逛,在皇宫的屋顶看到美人拔示巴正在沐浴,于是让仆人邀请拔示巴到皇宫,并与拔示巴发生关系,甚至还让拔示巴怀孕了。拔示巴的丈夫乌利亚是大卫最好的将军之一。大卫为了掩人耳目,把乌利亚召回来。乌利亚回国后,大卫想把乌利亚灌醉,并让他与拔示巴发生关系。但乌利亚拒绝合作,因为他认为当部下在前线时做这种事情是不公平的。(这就是领导者对追随者道德的边界。)大卫为了掩盖事实,把乌利亚送到前线,最后乌利亚战死了。故事的最后,内森告发了大卫,耶和华神惩罚了大卫。

在历史上,拔示巴的故事一遍又一遍地重演。水门事件,克林顿总统和莱温斯基的婚外情,安然的丑闻都与拔示巴的故事如出一辙(Winter,2002,让克林顿事件有了类似的有趣的心理学解释)。首先,我们会看到,成功领导者忽视工作内容时会发生什么。大卫本应该专心作战,而不是看拔示巴洗澡。他在表象和实质上都关注了错误的地方。这就是为什么我们会担心男性领导者,因为他们喜欢女色,导致工作分心。其次,因为掌握了权力,就等于享受了特权,领导者有更多的机会放纵自己,因此,控制欲望就需要更强的意志力。比如说,大卫能够让仆人把拔示巴带来,而且不会有人提出任何疑问。再次,成功的领导者有时会自信心膨胀,认为自己具备控制结果的能力。大卫不断掩盖自己的行为就是个很好的例子。

领导者犯错后,最引人注意的就是掩盖,而掩盖通常比犯罪更糟糕。就拿大卫来说,通奸的后果远没有谋杀那么严重。此外,在掩盖时,领导者就会滥用职权。比如说克林顿,大多数美国人发现,克林顿对公众的谎言远超过通奸。最后,领导者要知道,他们的权力远不及裘格斯戒指。纸里包不住火。会有告密者,就像大卫王故事中的内森和安然案中的莎朗·沃特金斯,他们都在提醒领导者,所有人的道德标准都是一样的。《圣经》故事、现实故事,一旦发生都会有严重的后果。领导者伦理失误的影响会对其追随者造成严重伤害。

大卫与拔示巴的故事就像是一个领导力研究案例,是关于领导者的骄傲和道德沦丧,也是领导者的警世长钟。拔示巴症候群中最有趣的是,很难预测哪个领导者会落网,因为领导者只有在成功后才会懂得其中的寓意。人,即使是品行最高的人,也无法应对各种情况和环境(Doris,2005)。如果我们要更好地理解伦理和领导力,就需要研究领导者如何抵制与权力并行的伦理诱惑。

 自律和美德

权力的道德挑战和领导者工作的性质可以用来解释为什么要自我认知和自我控制。自我认知和自我控制已存在多个世纪,是领导力发展的最重要的因素。古代作家,如老子、释迦牟尼、孔子、柏拉图、亚里士多德,在他们的作品中,都强调良好的习惯、自我认知、自我控制。东方哲学家,如老子、孔子、释迦牟尼不仅大谈美德,也会谈论自律和自我控制的挑战。老子是这样说自我中心的:企者不立(Lao Tzu, trans. 1963, p. 152)。他还说,"太上,下不知有之"(Lao tzu, trans. 1963, p. 148)。孔子(trans.1963)专注于研究责任和自我控制的重要性。他说,"一日克己复礼,天下归仁焉。为仁由己,而由人乎哉"(p.38)。他将领导者的自我控制和有效性联系在了一起,他说,"其身正,不令而行;其身不正,虽令不从"(Confucius, trans. 1963, p. 38)。

在《初转法轮》中，释迦牟尼将人们无法控制的欲望归结于自身的痛苦和他人的痛苦。与今天的心理学家并没有不同，他说，控制欲望最好的办法是结束个人和社会苦难。这对领导者来说是严峻的挑战，因为他们总是有办法放纵自己的欲望。慈悲是佛教伦理中最重要的美德，因为它不断约束欲望和罪恶。

美德是伦理哲学的基本组成部分，是思考领导力发展的有用方法。美德的重要意义是其动态性（即一种美德如何与其他美德和恶习交互作用），以及对自我认知和自我控制的作用。美德的属性与诸如价值观之类的道德概念大有差异。只有实践美德才能拥有美德。价值观对所有人都很重要。我看重诚实，但我并不是不说谎。而我不说真话，也就不能拥有诚实的美德。正如亚里士多德所说，美德是良好的生活习惯，是可以从社会和领导者那里学到的习惯。亚里士多德将领导者视为伦理榜样，他的很多研究都对变革型领导力研究进行了进一步的补充。他指出，"立法者通过约束公民的习惯，让公民不犯法"（Aristotle, trans. 1984）。实践美德的人，美德自然就会形成。美德不是盲目的习惯。人们必须实践美德，才能够全面意识到他们所做的在道德上是正确的。

最让人关注的美德概念是希腊对美德的定义。希腊将美德也视为卓越，美德没有将个人伦理与其职业能力分开。柏拉图和亚里士多德都用了各种不同角色的例子（如医生、音乐家、教练、统治者，等等），来说明道德和技术或专业卓越表现之间的关系，亚里士多德（trans. 1984）写道：

> 所谓卓越，就是让优秀事物变得更为优秀，让工作接近完美状态……因此，如果这是对的，卓越的人就处于一个能够让自身更优秀、工作更完美的状态。（p. 1747）

卓越与职责是密不可分的。刀的职责是用来切割。好刀的职责是切得更好。人的职责就是伦理，亚里士多德如是说。想要品德高，必须讲道理，因为理智会告诉我们如何使用美德，什么时候实践美德。如果理智清晰，就会知道如何实践伦理和职业操守。换句话说，理智是实践道德美德，以及与个人生命中经历的各种职业相关美德的关键。因此，品德高的领导者也将是一个称职的领导者，因为他会以正确的方式履行工作职责。美德伦理并没有区分领导者的品行及其领导力的品行。就像试图释放被奴役的儿童的瑞士慈善机构的领导者一样，不管其意图是好还是坏，他都缺乏美德。

结论

我们越是深入地探讨领导者的伦理道德和有效性之间的密不可分的关系,我们就越能更好地了解领导力。从哲学角度实施的伦理道德研究提出了一种批判视角,我们通过这种批判视角可以检验领导力和领导力理论背后的假设。它还提供了另一种层次的分析,这种分析可以与越来越多的实证研究相互融合。领导力的伦理道德可以从以下各个不同维度进行检验:

1. 领导者作为一个个体的伦理道德,包括自我认知、自律、意图,等等;
2. 领导者-追随者关系的伦理道德(即领导者和追随者如何对待彼此);
3. 领导力过程的伦理道德(即指挥与控制、参与);
4. 领导者做或不做某件事的伦理道德。

这些维度让我们了解了领导者做什么以及如何做的伦理道德概貌。但是,即使在对这些维度进行相互依存的分析后,这些概念的形象仍然不完整。我们不得不进一步研究,在更大的情境和时间框架中,关注所有这些相互依存的维度。例如,应在社会情境中检查组织领导力的伦理。其中,有效领导力和伦理之间最引人注目的区别通常是决策的时间框架。伦理是行为和行动的长期及短期影响。短期内领导者可能是有效的,但长期却不一定有效。例如,我们都能看到只根据公司季度利润来界定商业领导的好坏的问题。长期的有效性的想法,如可持续发展,可能是规范性的。

对于领导者和领导力方面凸显的道德挑战的更深层次了解对于领导力发展尤其重要。不论品德高尚领导力的个案研究如何鼓舞人心,品行不佳领导力的个案研究如何具备警戒作用,我们都需要在实践层面了解为什么成为一个好的领导者和好的跟随者在道德上是很难的。做不道德的事情的领导者,不一定是权力饥渴的精神病患者,做有道德的事情也不一定是利他主义的圣徒。大多数领导者既不是魅力型领导者,也不是变革型领导者。他们也只是商业、政府、非营利组织、社区的普通男性和女性,有时会犯意志薄弱、情感沦陷、道德沦落、认知错误。需要对普通领导者和追随者,以及他们如何在伦理上互帮互助以达成更好的伦理决策方面,进行进一步的研究。

亚里士多德(trans.1984)说,幸福是我们最终的目标。在希腊语中,亚里士多德所说的幸福用的是 eudaimonea,它不是获得快感或满足,而是繁荣兴旺(flourishing)。幸福的生活,是人的物质与个人以及道德方面都蓬勃发展。Eudaimonea 这一概念提出了两个用来评估领导力整体伦理和有效性的问题:领导者或特定类型的领导力能帮助追随者和/或允许追随者整体水平上蓬勃发展吗?领导者或特定类型的领导力能帮助其他群体或其他生物蓬勃发展吗?领导者并不总是要改变人们来实现发展。他们承担的更大责任是创造一种社会物质条件,让人们可以实现以及确实实现蓬勃发展(Ciulla,2000)。变革是领导力的一部分,可持续性也是。伦理领导力使得在变革的组织、社会和全球情境中,领导者能够维持基本的伦理观念,例如,关爱、尊重他人、正义、诚实。此外,它要求人们有胜任力、有知识,以正确的方式,以及为了正确的原因决策和实施正确的事项。人文学科提供了有关正确和错误的本质的见解的资源。

最后,领导力学者们刚刚开始揭开与领导力相关的其他领域研究的面纱。历史、哲学、人类学、文学和宗教都承诺会扩展我们对领导者和领导力的理解。古代哲人如柏拉图、亚里士多德、老子、孔子不仅能告诉我们领导力的知识,还赋予我们想象。经典之所以成为经典,就是因为它们所传递的主题和价值观对于不同文化及不同历史时期的人都非常有意义。这些作品是了解我们是谁、我们应该成为什么样的人和我们如何生活的基础。它们有助于我们了解当前有关领导力的实证研究,产生新的研究思路。要想真正了解领导力在伦理和有效性方面的含义,必须充分了解历史,仔细研究人类的希望、欲望、期望,以及领导者和追随者的罪恶、失望和成功。正如孔子所言:"温故而知新,可以为师矣。"

讨论题

1. 你喜欢和什么样的人一起工作,是有效的但道德有问题的领导者,还是品行好但有效性不高的领导者?你是如何权衡各种类型的领导者的性价比的?

2. 为什么成功可能会腐蚀领导者?成功的腐蚀和权利的腐蚀有何不同?

3. 思考伦理道德方面的考虑干涉了领导者有效性的示例。然后考虑领导者伦理干涉其有效性的方式。领导者是否需要看重伦理,看轻有效性呢?

4. 在考虑规范性内容后,你是如何重新定义有效领导力的含义的?

扩展阅读

Ciulla, J. B. (1999). The importance of leadership in shaping business values. *Long Range Planning, 32,* 166–172.
Heifetz, R. A., & Laurie, D. L. (1997). The work of leadership. *The Harvard Business Review, 75,* 124–134.
Lipman-Blumen, J. (2006). *The allure of toxic leaders: Why we follow destructive bosses and corrupt politicians and how we can survive them.* New York: Oxford University Press.

案例研究

Glynn, M., & Dowd, T. J. (2008). Charisma (un)bound: Emotive leadership in *Martha Stewart Living* magazine. *Journal of Applied Behavioral Science, 44,* 71–93.
Le Guin, U. (1975/2004). The ones who walk away from Omelas. In U. Le Guin, *The wind's twelve corners* (pp. 275–284). New York: Harper Perennial. Available at http://harelbarzilai.org/words/omelas.txt. This story is about the problems of determining the right thing, right way, when you know the right reason.
Orwell, G. (1936). Shooting an elephant. Available at http://www.physics.ohio-state.edu/~wilkins/writing/Resources/essays/elephant.html. This is a short story about how followers influence the moral behavior of leaders. It is in collections, but also can be found in several sites online.

参考文献

Antonakis, J., & House, R. J. (2002). An analysis of the full-range leadership theory: The way forward. In B. J. Avolio & F. J. Yammarino (Eds.), *Transformational and charismatic leadership: The road ahead* (pp. 3–33). Amsterdam: JAI.
Aristotle. (trans. 1984). *Nichomachean ethics* (W. D. Ross, Trans.). In J. Barnes (Ed.), *The complete works of Aristotle: The revised Oxford translation* (Vol. 2, pp. 1729–1867). Princeton, NJ: Princeton University Press.

Avolio, B. J., & Locke, E. E. (2002). Contrasting different philosophies of leader motivation: Altruism verses egoistic. *The Leadership Quarterly, 13,* 169–191.

Bass, B. M. (1985). *Leadership and performance beyond expectations.* New York: Free Press.

Bass, B. M. (1997). Does the transactional–transformational leadership paradigm transcend organizational and national boundaries? *American Psychologist, 52,* 130–139.

Bass, B. M., & Steidlmeier, P. (1999). Ethics, character, and authentic transformational leader behavior. *The Leadership Quarterly, 10,* 181–217.

Bennis, W. (2002). Towards a "truly" scientific management: The concept of organizational health. *Reflections, 4,* 4–13.

Bennis, W., & Nanus, B. (1985). *Leaders: Strategies for taking charge.* New York: HarperCollins.

Brown, M. E., Treviño, L. K., & Harrison, D. A. (2005). Ethical leadership: A social learning perspective for construct development and testing. *Organizational Behavior and Human Decision Processes, 97,* 117–134.

Burns, J. M. (1978). *Leadership.* New York: Harper & Row.

Burns, J. M. (1991). Foreword. In J. C. Rost, *Leadership for the twenty-first century* (pp. xi–xii). New York: Praeger.

Ciulla, J. B. (1994). Casuistry and the case for business ethics. In T. Donaldson & R. E. Freeman, (Eds.), *Business as a humanity* (pp. 167–183). Oxford, UK: Oxford University Press.

Ciulla, J. B. (1995). Leadership ethics: Mapping the territory. *Business Ethics Quarterly, 5,* 5–24.

Ciulla, J. B. (2000). *The working life: The promise and betrayal of modern work.* New York: Crown Books.

Ciulla, J. B. (2003a). The ethical challenges of nonprofit leaders. In R. E. Riggio & S. S. Orr (Eds.), *Improving leadership in nonprofit organizations* (pp. 63–75). San Francisco: Jossey-Bass.

Ciulla, J. B. (2003b). *The ethics of leadership.* Belmont, CA: Wadsworth.

Ciulla, J. B. (Ed). (2008a). *Leadership and the humanities.* Vol. 3 of J. B. Ciulla (Ed.), *Leadership at the crossroads.* Westport, CT: Praeger.

Ciulla, J. B. (Ed). (2008b). Leadership: Views from the humanities [Special issue]. *The Leadership Quarterly, 19*(4).

Compact Oxford English dictionary. (1991). Oxford, UK: Clarendon.

Confucius. (trans. 1963). Selections from the *Analects.* In W. Chan (Ed. & Trans.), *A source book in Chinese philosophy* (pp. 18–48). Princeton, NJ: Princeton University Press.

Dalai Lama XIV. (1999). *Ancient wisdom, modern world: Ethics for a new millen-*

nium (T. Jinpa, Trans.). New York: Riverhead Books.

Doris, J. (2005). *Lack of character: Personality and moral behavior.* Cambridge, UK: Cambridge University Press.

Gardner, J. (1987). *The moral aspect of leadership.* Washington, DC: Leadership Studies Program, Independent Sector.

Gardner, J. (1990). *On leadership.* New York: Free Press.

Garrett, L. (2000, March 29). Added foe in AIDS war: Skeptics. *Newsday,* p. A6.

Gergen, D. (2002, November). *Keynote address.* Delivered at the meeting of the International Leadership Association, Seattle, WA.

Heifetz, R. A. (1994). *Leadership without easy answers.* Cambridge, MA: Harvard University Press.

Hollander, E. P. (1964). *Leaders, groups, and influence.* New York: Oxford University Press.

House, R. J., Spangler, W. D., & Woycke, J. (1991). Personality and charisma in the U.S. presidency: A psychological theory of effectiveness. *Administrative Science Quarterly, 36,* 334–396.

Howell, J. M., & Avolio, B. (1992). The ethics of charismatic leadership. *Academy of Management Executive, 6,* 43–54.

Hunt, J. G. (Ed.). (1991). *Leadership: A new synthesis.* Newbury Park, CA: Sage.

Kant, I. (1983). The idea for a universal history with a cosmopolitan intent. In T. Humphrey (Ed. & Trans.), *Perpetual peace and other essays on politics, history, and morals* (pp. 29–40). Indianapolis, IN: Hackett. (Original work published 1795)

Kant, I. (1993). *Foundations of the metaphysics of morals* (J. W. Ellington, Trans.). Indianapolis, IN: Hackett. (Original work published 1785)

Kanungo, R., & Mendonca, M. (1996). *Ethical dimensions of leadership.* Thousand Oaks, CA: Sage.

Keeley, M. (1998). The trouble with transformational leadership. In J. B. Ciulla (Ed.), *Ethics, the heart of leadership* (pp. 111–144). Westport, CT: Praeger.

Kort, E. D. (2008). What, after all, is leadership? "Leadership" and plural action. *The Leadership Quarterly, 19,* 409–425.

Lao tzu. (trans. 1963). The *Lao Tzu (Tao-te ching).* In W. Chan (Ed. & Trans.), *A source book in Chinese philosophy* (pp. 139–176). Princeton, NJ: Princeton University Press.

Lindholm, C. (1990). *Charisma.* Cambridge, MA: Blackwell.

Ludwig, D., & Longenecker, C. (1993). The Bathsheba syndrome: The ethical failure of successful leaders. *The Journal of Business Ethics, 12,* 265–273.

Maccoby, M. (2000). Narcissistic leaders. *The Harvard Business Review, 78,* 69–75.

McClelland, D. C. (1975). *Power: The inner experience.* New York: Halsted.

Mendonca, M. (2001). Preparing for ethical leadership in organizations. *Canadian Journal of Administrative Sciences, 18,* 266–276.

Mill, J. S. (1987). What utilitarianism is. In A. Ryan, (Ed.), *Utilitarianism and other essays* (pp. 272–338). New York: Penguin Books.

Moldoveanu, M., & Langer, E. (2002). When "stupid" is smarter than we are: Mindlessness and the attribution of stupidity. In R. Sternberg (Ed.), *Why smart people can be so stupid* (pp. 212–231). New Haven, CT: Yale University Press.

Nagel, T. (1970). *The possibility of altruism.* Oxford, UK: Clarendon.

O'Toole, J. (1995). *Leading change: Overcoming the ideology of comfort and the tyranny of custom.* San Francisco: Jossey-Bass.

Ozinga, J. R. (1999). *Altruism.* Westport, CT: Praeger.

Pillai, R. (1996). Crisis and the emergence of charismatic leadership in groups: An experimental investigation. *Journal of Applied Social Psychology, 26,* 543–562.

Plato. (1971a). *Epistle VII* (L. A. Post, Trans.). In E. Hamilton & H. Cairns (Eds.), *The collected dialogues of Plato, including the letters* (pp. 1574–1603). Princeton, NJ: Princeton University Press.

Plato. (1971b). *Statesman* (J. B. Skemp, Trans.). In E. Hamilton & H. Cairns (Eds.), *The collected dialogues of Plato, including the letters* (pp. 1018–1085). Princeton, NJ: Princeton University Press.

Plato. (1992). *Republic* (G. M. A. Grube, Trans.). Indianapolis, IN: Hackett.

Prezzolini, G. (1928). *Nicolo Machiavelli, the Florentine* (R. Roeder, Trans.). New York: Brentano's.

Price, T. L. (2000). Explaining ethical failures of leadership. *The Leadership and Organizational Development Journal, 21,* 177–184.

Price, T. L. (2003). The ethics of authentic transformational leadership. *The Leadership Quarterly, 14,* 67–81.

Price, T. L. (2005). *Understanding ethical failures in leadership.* New York: Cambridge University Press.

Rokeach, M. (1973). *The nature of human values.* New York: Free Press.

Rost, J. (1991). *Leadership for the twenty-first century.* New York: Praeger.

Ruscio, K. P. (2004). *The leadership dilemma in modern democracy.* Northampton, MA: Edward Elgar.

Schwartz, J. (2001, September 16). Up from the ashes, one firm rebuilds. *New York Times,* sec. 3, p. 1.

Shamir, B., House, R. J., & Arthur, M. B. (1993). The motivational effects of charismatic leadership: A self-concept based theory. *Organizational Science, 4,* 577–594.

Snow, C. P. (1998). *The two cultures.* Cambridge, UK: Cambridge University Press.

Solomon, R. C. (1998). Ethical leadership, emotions, and trust: Beyond charisma. In J. B. Ciulla (Ed.), *Ethics, the heart of leadership* (pp. 83–102). Westport, CT: Praeger.

Williams, B. A. O. (1982). *Moral luck.* Cambridge, UK: Cambridge University Press.

Winter, D. G. (2002). The motivational dimensions of leadership: Power, achievement, and affiliation. In R. E. Riggio, S. E. Murphy, & F. J. Pirozzolo (Eds.), *Multiple intelligences and leadership* (pp. 118–138). Mahwah, NJ: Lawrence Erlbaum.

Wittgenstein, L. (1968). *Philosophical investigations* (G. E. M. Anscombe, Trans.). New York: Macmillan.

Worchel, S., Cooper, J., & Goethals, G. (1988). *Understanding social psychology.* Chicago: Dorsey.

第五部分

结 论

第十六章
真诚领导力的熔炉①

沃伦·本尼斯
南加州大学

  美国作家拉尔夫·瓦尔多·爱默生经常问那些很长时间未见面的老朋友:"上次见面以后,有什么使你变得豁然开朗了?"正如理清已有成果会让思维清晰一样,21世纪以来,或者说自从企业研究不再从研究"大人物"开始以来,那些从事领导力研究的学者就获得了大量新知识。在几十年前,根本无法想象进化理论学者和生物学家会取得这么大的进步。我将在下文详细解释,但是应首先明白,只有不同学科的科学家携手合作,才有可能真正理解被称为领导力的神秘现象。

  20世纪,人类历史上出现了一些掌握大权、令人不安的领导者。因为领导无方,或者领导者的邪恶,导致数以百万计的人民死于非命——如第三帝国的死亡集中营和前苏联。邪恶的领导者造成的苦难甚至延续到了21世纪。如今,仍然有数以百万计的人民处于独裁政权下,面临相似的命运。公开的"阵亡者名单"标签仍然提醒我们,为什么要首先研究领导力。因为我们的生命依赖于领导力。从未有任何时候像今天这样感觉到领导力的重要性,因为富兰克林·德拉诺·罗斯福的非凡领导的后果之一是大规模杀伤性武器的诞生。我在此描述这些事实,不是因为读者需要了解这些历史,而是因为它能时刻提醒我们,我们所有人的生活质量都依赖于我们的领导力的品质。我们研究领导力的情境与其他研究大不相同,比如说天文学研究。通过定义我们可以看出,领导者具备行使其权力的能力,所以我们

---

① 作者注:请将本章的意见和建议发至 Warren Bennis, USC Marshall School of Business, Los Angeles, CA 90089-0808, USA。电话:213-740-0766;电子邮件:warren.bennis@gmail.com。

要以与研究糖尿病和其他危及生命的疾病相同的兴趣强度来研究领导力。只有当我们了解了领导者时,才能控制领导者。今天,领导力研究仍然是一门重要的且势在必行的科学;丑闻一个接一个、经济危机接二连三、生态灾难接连不断、阿拉伯国家的民主化浪潮,这些都可以部分归因于领导者的失败。人类的繁荣昌盛取决于卓越的领导力。

我认为,在研究领导力时,情境是非常重要的,在下文中,我将阐述当今情境中的某些持续存在的议题和问题。我将关注时事和趋势怎样重塑当代的领导力思想。

至少在美国,从2001年9月11日开始,领导力研究的一些基本方式已有所改变。美国民众都满怀恐惧地从电视上看到,人们仓促逃离世界贸易中心,更恐怖的是,不仅是我,许多其他人都觉得,双子塔的倒塌是我们这个时代的变革性事件。纽约和五角大楼恐怖袭击造成的直接后果之一,就是领导力以一种第二次世界大战以来都不曾有过的方式成为美国公众讨论的话题。领导力成为公众讨论的中心——它取代了有关明星的无聊八卦,甚至把对于经济衰退的担忧都置于一旁。几十年来,世界各地的其他人基本都经历过国际恐怖主义的丑恶现实,对他们来说,吓得目瞪口呆的美国人似乎有点幼稚。但是,美国长期以来在以一种超然悠闲的态度在研究领导力,而这一般仅仅发生在和平繁荣的国家。

与珍珠港偷袭相比,对美国主要城市的非军事目标进行攻击更让人措手不及。内战以来,美国城市中尚没有出现过这种意识形态动机的暴力行为。美国人仍然在研究"9·11"袭击的后果,而且在未来几十年内会一直研究。但是,随着双子塔的倒塌,人们对领导力有了新的认识:领导力不仅仅是某人上电视那么简单。自"9·11"以来,人们对政府官员进行了仔细勘察,以期找到仅在危机时刻出现的强有力的领导能力的证据。而事实上,在描述纽约市市长鲁道夫·朱利安尼和其他人如何回应"基地"组织的袭击时,媒体多次提及第二次世界大战时的伟大领导者。最著名的无疑是温斯顿·丘吉尔。需要注意的是,Karen Hughes——乔治·W. 布什总统的特别助理——在她的桌子上放了一块纪念板,上书丘吉尔的名言:"我不是狮子,但要发出狮子一样的怒吼。"丘吉尔的名言是为弱者的虔诚祈祷,它也是领导力的真正意义开始转变的证据——回归到以前流行的领导力风格:比起数十年来流行的领导力更豪迈、更鼓舞人心的风格。在世贸大厦遗址,人们其实不想要一个只会组织跨职能团队的领导者,而希望有一个智慧领导者、一个圣人、一个救世主,能够带领他们走出地狱。

对于那些毕生都在研究领导力的人,"9·11"事件是一个警钟,提醒我们战争和其他暴力危机是不可避免的考验,从中可以形成领导者。在恐怖袭击后的几天内,我们非常欣慰地看到了朱利安尼的变化,他如何从一个"瘸脚鸭子市长"变成一个享誉盛名的市长,媒体这样形容朱利安尼,他是"头戴棒球帽的丘吉尔"。几乎每天,CNN和《纽约时报》都会发布有关领导行动的第一时间的研究成果。朱利安尼的表现可以成为领导力的教程,这些在他的畅销书中都有介绍。事实上,他在恐怖袭击中的表现凸显了许多有关领导力的真理,包括不大可能被选中的候选人如何脱颖而出,如何不停地与危机斗争直到危机结束。

在那个关键时刻,朱利安尼一直不知疲倦地奔波在纽约市,安抚伤亡人士的家属,安慰悲伤的民众和纽约市,被《时代》杂志评为年度人物着实当之无愧。但是,他是否还能自己的职位中证明自己的领导才能?历史就是这样,有光彩夺目的出场演出,也有落寞的谢幕,这就是奥西曼迭斯风格。丘吉尔在狮子怒吼后,接下来的数十年都是一位业余画家。朱利安尼也是这样,在2008年共和党提名总统初选中失败后,开始从事法律事务。乔治·W.布什也是如此,共和党为环境变化付出了代价。"9·11"后,布什的民意支持率大幅下滑,就好像最近股市的衰退一样。环境的转变和2008年的经济危机随后成就了奥巴马总统。

不管"9·11"意味着什么,它都是一个时刻鸣笛的警钟,祸兮福之所倚,苦难将继续成为领导者脱颖而出的机会。阿比盖尔·亚当斯在1780年的骚乱中曾写信给他的儿子约翰·昆西·亚当斯,他说:"这是一个乱世出英雄的时代,不会有平静如水的生活,是暴风雨来临前的平静……英雄即将出世。"2001年和2002年,我和Robert Thomas一起对《极客与怪杰》(Bennis & Thomas,2002)进行了研究,我们采访了近50位领导者,其中一些在75岁以上,其余在35岁以下。我们发现,在每一个个例中,在经历了一些特定的事件之后,我们称之为严酷的考验,就会展现出杰出的领导力。对于老一代领导者来说,战争就是严酷的考验。对领导者的考验包括个人悲剧,比如电视记者迈克·华莱士在希腊事故后发现了儿子的尸体。他们中的大多数人都承受过独自一人在黑暗中的拘禁。**大多数人都意识到,考验是转折点**。政治领导人利用"考验"的经验,利用媒体的相互竞争,以生动的方式向媒体传达。他们知道,选民更愿意相信那些了解苦难的人,不过选民也越来越精明,会分辨真伪。

在本书的前言部分,哈佛大学约翰·肯尼迪政府学院公共领导力中心负责人 David Gergen 描述了哈里·杜鲁门的一次苦难经历,并且将其塑造成一个领导者。我们倾向于认为杜鲁门是一个一次性的经销商,他的上任仅是罗斯福去世成就的。但是,正如 David Gergen 所回忆的,杜鲁门在法国战场上历经磨炼。杜鲁门是一位炮兵连连长,在孚日山脉被德国人围攻。他的手下惊慌失措,他的马也受惊甩下了他,这几乎要了他的命。但是,历史学家 David McCullough 在其撰写的杜鲁门传记中写道,这位未来的总统从马下爬了出来,克服了自己的恐惧,他歇斯底里地冲手下叫喊,直到他们回到自己的岗位。这本杜鲁门传记曾获过奖项。杜鲁门的手下不会忘记他在紧急情况下的勇气拯救了他们的生命。杜鲁门觉得他对领导力有了一次体验,这就像一个礼物一样。

我们一次又一次地发现,是熔炉化腐朽为神奇——它是恐惧和痛苦的炼金炉,将恐惧和痛苦提炼成荣耀和救赎。这个过程揭示(而不是创造)了领导力——激发和感动他人采取行动的能力。我们发现,在所有领域,聪明、乐观和其他特质与领导力相关,但是,这些特质却无法保证领导力就会产生。苦难造就不计其数的人才。但是,我们的领导者在考验中发现自身的领导潜质的原因我们暂时仍然未知。但是,只有经历苦难,领导者才能有身临其境的感觉——才能吸引追随者。苦难不是拦路石,不要被它打败,它是英勇的旅程。不论年龄多大,女性和男性都能创造自己的传奇。人们会真正地建构一个新的、提升了的自我。在许多情况下——如杜鲁门遇到的情况——考验和领导者对考验的阐释吸引其他人追随这个刚刚出现的领导者。

在领导力发展模式中,成功人士都具备四大基本能力:**适应能力、通过共同的意义感激发让人参与的能力、独特的声音和正直诚实**。通常情况下,这些能力在考验到来之前就很明显,但考验会让这些能力更加脱颖而出。在所有这些能力中,适应能力是最重要的能力。所有的领导者都具备适应生活中各种磨难的能力。我相信,适应能力是一种创造力——它能化腐朽为神奇。事实上,领导力研究和创造性研究之间居然有相同点,这其实不是偶然的,这种相同点可以追溯到达尔文、爱因斯坦和其他天才或有思想的领导者身上。我们谈到典型的领导者时,通常会说到其创造性的、与众不同的解决问题的能力——就是对前所未有的困难采取了全新的解决方法。

但是,让我们回到"9·11"的教训上来。20 世纪 50 年代,听到马歇尔·麦克卢汉自信满满地说地球村,或者媒体即讯息的说法时,几乎所有人都一笑而过。但是,2001年的恐怖袭击事件强调,我们的确生活在地球村,尽管我们是各种不同的组成部分,但电视和最新技术却真真切切地让全球联系在了一起。跨国恐怖分子龟缩在阿富汗或中东其他国家的公寓或山洞里。数字技术让原始时代也体验了飞速发展,命令和金钱在一纳秒内就能跨越全球。全球化制造了大量的新的危险,时代呼吁新的领导者——**新的领导者最主要的能力,是要学会协作(collaborative)**。"9·11"就是美国安全机构没能有效协作的典范,导致恐怖分子进入美国,留在美国,在美国飞行学校学会如何驾驶飞机撞向摩天大楼。

全球恐怖主义只是当代社会的一个威胁,它要求多国进行合作。疾病、贫困、歧视少数民族、歧视女性和歧视不同政见者是迫切需要解决的国际问题。2003年爆发的"非典"(SARS),2009年爆发性更强但总体上影响力相对较弱的甲型H1N1流感都让我们看到,每个人都能坐飞机从地球这一端飞到地球那一端自由远行,这带来了一种可能性,那就是航班可能会传播致命的瘟疫,而且非常便捷、非常快速。

2003年伊拉克萨达姆·侯赛因政权被推翻的几个月内,媒体上吵得不可开交,这一点也合乎情理,美国总统乔治·W.布什没能建成全球性联盟。他的"要么与我们为友,要么与我们为敌"的态度,以及在只有极少数国家(英国、澳大利亚、波兰)支持的情况下进入伊拉克的决定,被普遍看成是领导上的失败,尽管打败侯赛因的时间非常短。对总统的批评反映出,美国的军事行动在联合国认为是合法的情况下是否适当不仅仅是政治分歧。这种批评反映了对如下内容的理解:在某些方面,建立联盟是所有领导者的基本能力之一——在某些情况下,是起决定性作用的能力。再次,领导力在战争结束后很久才形成:已证明,想要实现伊拉克和平并非易事,人们已经开始指责,灾难性的后果是由急躁的政策制定、不良的规划、缺乏共享领导力所致。伊拉克人摆脱了独裁者,却迎来了"基地"组织。

在承诺联盟建造者中,小布什总统可能是效仿了他的父亲。第一次海湾战争前,美国总统乔治·赫伯特·沃克·布什拼命拉拢世界各国领导人。总统没有亲自出面微笑款待拉拢他人,而是派出他的国务卿詹姆斯·贝克。贝克出国访问八次,拜访了18个欧洲国家的首都。所以,美国以"自由联盟"的名义发动了战争。我们无法知道伊拉克冲突前老布什会对小布什讲些什么。但是,我们知道老布什于2003年2月在美国塔夫茨大学的讲话——"你必须获得他人的支持"中所说的,对于身处一个相互关联的世界,领导者应该做什么,他说:"你一定要说服他们,长期的友谊必定能击退短期的逆境。"老布什阐述了民主国家的领导人一直都铭记于心的事情。如果在一个社会中权力自由分配，而不是强制配置，领导者就要说服别人彼此的利益和命运是相互交织在一起的，以此结成联盟。这是我在2010年写的，很显然，美国对联盟需求的迫切性比以往任何时候都要高，因为侯赛因政权后的伊拉克仍然一片混乱，越来越多的伊拉克人觉得美国军队和美国的联盟是占领者，而不是解放者。

联盟建设能力也是企业领导人的一个基本能力。在最近的公司丑闻搅乱美国商界之前，我们都认为，CEO和其他商界领袖是半神半人，他们的成功是单方面的成就，是其天生才能所致。这种看法至少可以追溯到神化的托马斯·爱迪生和亨利·福特等商业巨头身上。20世纪70年代后期，美国汽车业的救星李·艾科卡的出现，又让人们有了上述想法。回想起来，将一个人的神化与不景气的美国汽车业相连，似乎是一个残酷的玩笑。但是我们忘记了，许多企业领导人已经被不断解读，最近公众又是如何将CEO们看成是名人和思想领袖的，他们的公开评论被反复审阅，以发现其背后隐藏的智慧。

在许多方面，名人CEO的崛起回归到了一个时代——人们认为大多数的机构是伟大男性的缩影。20世纪后期，人们认为只有少数机构是例外情况，例如，玛莎·斯图尔特帝国，人们认为那是伟大女性的缩影。但是，正如我和Biederman在《组织天才》(Bennis & Biederman, 1997)一书中所写道的，一个人的伟大之处总是渺小的。无论他们的生活范围有多大，真诚的领导者都知道，即使他们没有四下宣传，他们把其他的人才拉拢到一个集体之中的能力也能转变为权力。如果独行侠生活在今天，肯定没有立足之地。在所有但最简单的承诺中，伟大的事情都是通过联盟完成的，而不是通过单个伟人。

我很怀疑世界是否曾经这么简单，一个英雄领袖就能单独解决所有问题。当今的世界需要大量的联盟建设。欧盟就是应对局势变化的典范。对于经历第二次世界大战前线的我们来说，相互有争议的各国达成了各种经济和政治合作联盟，这是值得欣慰的。而且我们相信，在未来，领导者通过合作，会创建和维持越来越多的新联盟。这些趋势包含了共享领导力的内容，而且让我看到了商学院和政治学系也开始更多地关注作为协作努力的领导力的希望。

变化的步伐不会放缓。相反，速度前所未有地快。千变万化的问题需要更快、更聪明、更富有创造性的解决方案，而解决方案只有通过合作才能得到。近年来，领导者做决策的方式也发生了变化。领导者有闲情消化所有的事实,然后采取行动的日子已经结束了。正如心理学家 Karl Weick 所指出的,当今的领导者更需要的是首先行动、评估行动的结果,然后再次行动。感谢数字技术,可以轻而易举地搜集事实和分析数据。不过,这样又会导致信息泛滥,目前还没有切实可行的分析方法,只有不断地评估和重新评估。行动就变成收集信息的另一种方式,它是采取进一步行动的基础。正如 Weick 说的那样,在当今的世界,领导者不能依赖地图行事。而且与以往不同的是,他们还需要盟友。

形成和维持联盟的能力不只是一个政治工具。我和 Robert Thomas 曾经采访过一位成功的老年领导者,他指出领导者需要具备挑选人才、扶助人才的能力。形成社会联盟是老一代领导者跟上瞬息万变的世界脚步的策略。社会联盟有助于保持老一代领导者的活力,让他们在相对逊色、相对孤立的同龄人中脱颖而出。年轻的领导者也能从经验丰富、年龄偏长的朋友关系中获利。联盟形成的策略并不限于人类。斯坦福的生物学家 Robert Sapolsky 曾与狒狒同住了一段时间,他发现,年长的公狒狒最容易生存,因为它能与年轻的公狒狒保持强大的纽带关系。与年轻的盟友联手,年长的公狒狒能够获得年龄损失的补偿。导师是这一原始主题的一种变化形式,是年轻者和年长者为互惠互利而共享智慧、共享精力的方式。

因为领导者有权力,所以,领导者用权力造福大众还是祸害大众仍然是非常重要的问题。我们可能永远也无法确定,希特勒是否是一个真诚领导者,或者领导力本身是否就意味着一种美德。当然,希特勒也具备多种领导能力——有愿景、能吸引他人、能洞察了解追随者需要什么。他有着与领导力相关的超凡自信、雄心壮志,有坚定的目标,有沟通的渴望,同时也有超凡的口才来完成沟通。他甚至有着某种扭曲的人性,他的追随者也知道这一点。我担心的是,我们关注这个问题其实是走进了一条死胡同。解决方案可能只是文字上的含义。也许,我们需要将领导者这个概念放到那些道德上无功无过(如有可能),或者倾向于正义的领导者上。也许,我们不再需要称呼希特勒是一个邪恶的领导者,而要称他是个暴君,或者是法西斯——德语中领导者的含义,但希特勒却把它变成了贬义词。

如何确定坏领导者的问题让我们从更紧迫的问题上分心,指明这一点并不是说道德和领导力是鸡毛蒜皮的小事。它们现在和未来一直都是最重要的事情。正如哈佛商学院学者 Lynn Sharp Paine 这样评价道德和商业:道德并非一直都起作用,但它一直都很重要。比确定坏领导者特质更为紧迫的问题是,如何创造一种氛围,让暴君或"基地"组织的领袖不能生存。说实话,我们其实是可以创造这样的氛围的:让人才得到充分利用,最好的工作能够得到完成。自由多产的环境几乎总是由两部分组成:善于倾听的领导者和善于谏言的有能力的追随者。在这一点上,有一个关于赫鲁晓夫的经典故事。斯大林逝世后,赫鲁晓夫出席了一个公开会议,并在会上谴责斯大林的恐怖统治。赫鲁晓夫发言后,观众中有人质问他:"你是斯大林的亲信,斯大林屠杀自己人民的时候,你在做什么?""谁说的?"赫鲁晓夫立刻问,没有人回答。"谁说的?"他又问了一遍,敲着讲台。然后,赫鲁晓夫解释说:"那就是我所做的!"

沉默,让赫鲁晓夫证明自己是一个糟糕的追随者。这些领导力方面的教训需要应用到工作场所所涉及领域。在过去几年间,公司丑闻(更不用提美国银行流动性问题所引发的经济危机了)对美国经济造成了前所未有的破坏,骚动震荡了世界经济之间的联系。几乎所有案例中,这些丑闻都不是因会计不诚实和其他犯罪行为所致,而是企业领导力未能创造坦率的氛围所带来的失败。安然就是一个典型。在这个能源巨头倒台以前的很长时间,关键员工就知道账簿有问题——即便不算违法,也是欺骗行为。安然总裁谢伦·沃特金斯做了正确的事情,他警告他的老板说:"安然可能会在会计丑闻浪潮中倒台。"虽然做法天真,但却是真正关心组织的行为,令人钦佩,沃特金斯并不指望有人能奖励他,但他希望有人能听到他的担忧。可是,公司CFO安德鲁·法斯托烧毁了证据,并立即开除了沃特金斯。后来她说,安然的问题就是,几乎没有人愿意向高层说真话。雇员,包括管理层在内,其实都明白但是都不愿指出公司日益明显的道德沦丧。安然忌讳负面言论。"你根本不想在一个水冷器前讨论这种事情。"沃特金斯说。

当你的生命或你的家人处于危险时保持沉默是一回事,当其他人的生命处于危险时保持沉默是另外一回事,你最大的风险就是失业。许多企业隐含地要求员工沉默和否认,甚至不惜以生命为代价。1986年,挑战者号航天飞机起飞后不久爆炸,舱内七位航天员全部罹难,最终的问题竟然出在航天飞机的O型圈上,在起飞的那个早上,密封圈因低温冷冻而失效。可悲的是,Roger Boisjoly——NASA供应商Morton Thiokol的工程师——已经不止一次地发现了这个缺陷。就在起飞前一天,Boisjoly不顾一切地再次尝试警告他的上司,航天员会有危险。但该公司封锁了信息。Boisjoly失去了他的工作,而且再也没能成为一名工程师,但是,他却得到了美国科学促进协会颁发的科学自由和责任奖。现在,他靠组织道德方面的演讲来维持生活。

作为局外人,无法想象组织竟然对拯救生命的意见选择沉默。但是,这种致命的行为却一直在发生。仅仅一个悲剧并不足以让大众反思。在一份2003年哥伦比亚号航天飞机致命故障后编写的报告中所指出的,根据《纽约时报》的调查,研究者把部分原因归结为"一个有缺陷的制度文化造成了灾难的发生"。正如1986年Boisjoly提出担忧却被忽略一样,新一代的太空项目管理层选择忽视有潜在问题的迹象,包括员工系统缺陷警告的电子邮件。哥伦比亚号航天飞机七名宇航员全部遇难,他们的死亡至少部分可以归因于管理层对不想知道的新闻选择不闻不问。现在,NASA已经创建了一个系统,奖励那些安全问题的提醒者。

企业内集体忽视的情况此起彼伏,这导致"迪尔伯特"漫画的诞生。电影大亨塞缪尔·戈尔德温就因他滥用词汇研究专制统治而闻名,据称,在一连串的票房下跌后,他就会对下属咆哮不止。"即使你要失业,我也要你告诉我MGM到底怎么了?"这一真真切切的情况不断发生。最近,康柏的CEO埃克哈德·法伊弗丢掉了康柏的市场占优地位,取而代之的是捷威和戴尔。这不是因为他没有能力,而是因为他让自己周围都是应声虫,不愿意听到任何负面消息。

2003年,《纽约时报》出了丑闻,导致执行主编Howell Raines和总编辑Gerald Boyd辞任,有内幕人士再三告诉另一家媒体说,真正的问题不是流氓记者Jayson Blair的病态行为,而是新闻编辑室的文化:奖励道德有问题的亲信、边缘化其他人。《纽约时报》的控制权主要集中在少数人手中,持不同意见者是不受欢迎的。Raines和Boyd都不听其他编辑的警告:必须立即停止Blair为《纽约时报》做报道。Raines在丑闻中所扮演的角色已经让大众议论纷纷,但是《华尔街日报》又报道了Boyd傲慢抗拒真相的负面新闻。当报纸的国家编辑建议Boyd刊登哥伦比亚灾难的情况时,Boyd回绝了,他说,《今日美国》上已有报道。调查编辑Douglas Frantz随后向Boyd提供了《今日美国》的报道,上面并没有这则报道。本来Boyd应该承认自己的错误,开始报道该事件。但是,他没有那样做,而是告诉Frantz说,Frantz不应该为难总编辑,并让他在一刻钟内打电话给他的朋友Dean Baquet,Dean Baquet是《纽约时报》的前任编辑,已搬去洛杉矶。其实Boyd就是让Frantz走开。Frantz经历了《纽约时报》其他诸多不快的事情后,最终离职去了洛杉矶。

Linda Greenhouse在审判《纽约时报》的最高法院法庭上对杂志记者Matthew

Rose 和 Laurie Cohen 说:"《纽约时报》特有的文化背景不是 Howell 创造的,尽管这种文化背景放大了其担任领导者时的弱点,但实际上这是一种自上而下的层次结构。对领导者讲真话会招人嫌,这就是《纽约时报》的文化。"

你可能希望任何组织中的领导者都能够接受有才华下属的善意批评。希望领导者有足够的智慧,知道最不想听到的可能就是能得到的最宝贵的信息。这使我很想知道,为什么组织不能跳出固定思维,使用差分心理学的研究结果。虽然差分心理学离完善还有很远,但是,这种全新的、精密的心理测试可以找到兼具聪明、开阔胸襟、真诚、坚定自信并且能够实现领导有效性的领导者。也可以选择采用独裁者般的高管薪酬待遇,这样下属选择坦率时,至少可以补偿尴尬的企业领导者。但是,这种情况很少见。在大多数组织中,执行官的傲慢形成了这种氛围。在创新驱动型组织(这种组织越来越多)中这种情况尤为致命,因为在这样的组织中,下属往往具有与领导者相同的甚至更高的才华。在经济困难时期,独断专行的领导者或许能够留住人才。而一旦经济回暖,不尊重上司的人才就会被炒鱿鱼。在飞速发展的新经济时代,雇主知道,人才就是财富,他们已经开始尊重员工。但在困难时期,雇主往往又会再次傲慢无礼,忘记顺利时期还会降临,人才还会再次展翅高飞。

《纽约时报》公司董事长 Arthur Sulzberger Jr. 解决公司内部领导问题的权宜之计就是聘用前任执行主编 Joseph Lelyveld 为临时主编。Lelyveld 深受记者和编辑的喜爱,因为他明白 Raines 不明白的事情,《纽约时报》的问题与工作,而不是执行主编有关。Lelyveld 采用了权力下放的方法,给予编辑和记者更多的自主权以及更多的自由裁量权,使之能找到较长的、具有价值的新闻报道(相比之下,Raines 喜欢派遣记者报告突发的新闻故事,他将这称为"全方位报道")。Raines 喜欢指派记者对他的头版故事进行润色,但 Lelyveld 却不是这样,他开玩笑地说,他没法将故事创意写到报纸上——他会时常提醒他的员工,他没有将自己与上帝混淆。有趣的是,那些与 Lelyveld 共事的同事总是称赞他具有"超凡脱俗"的气质。Lelyveld 既不是一个魅力型领导者,也不是一个热情、糊涂的人,他只是一个有能力的领导者,受人尊敬。Lelyveld 了解,应尊重聪明能干的人,不是因为这是正确的事情,而是因为这有利于业务的发展。Lelyveld 也提醒我们,领导能力比领导风格更重要。

领导力研究的未来

在本书的前几章中,我对过去 20 年间领导力研究的丰富度和多样化表示了我的惊奇。我觉得,领导力研究目前快要有重大突破了,研究成果会彻底改变 20 世纪 50 年代和 60 年代的社会心理学。受到前几章的启发,我将进一步的研究归类为三个要点。

领导力和全球化

全球领导力和组织行为效力(GLOBE)项目由约 60 个国家的社会科学家参与,试图从跨文化的角度对领导力进行研究,这是个重要的开端。在一个技术使得世界越来越小的环境中,我们迫切需要了解其他国家的象征符号、价值观和思维方式。只有这样,我们才能对共同目标达成共识,包括如何确保全球和平与繁荣。在过去的几年中,西方人敏锐地意识到,他们对伊斯兰文化了解得实在太少,更不用说讲述他们的语言了。其中大众呼声最高的是部落主义——全球到处存在的强大力量,经常会破坏全球化。私营部门早已知悉受众和市场的重要性。广告公司定期招募文化人类学的博士,研究消费者的习惯和价值观。我们需要更多的专家就基本问题的文化进行对比,例如,什么时候能够使用特定的术语。不仅要理解我们的反对者,还要确保有效联盟的建立,这些都是必不可少的。

在讲述史密森学会问题时,英国和美国的军队在第二次世界大战期间在沟通上出现了众多麻烦,盟军要求人类学家 Margaret Mead 找到问题的根源。作家 Patrick Cooke 解释说:"Mead 发现,两种文化代表了根本不同的世界观。只要分别问英国人和美国人一个简单的问题,我们就能发现他们的世界观不同:你最喜欢哪种颜色? 美国人会立刻回答他喜欢的颜色。而英国人会说:你指的是在哪种东西上最喜欢的颜色? 是花还是领带?"Cooke 解释说:"Mead 的结论是,美国是个大熔炉,所以美国人已经学会如何最简单地交流。而英国人相对比较保守。而且英国的阶级意识导致英国人思维比较复杂,每个人都有自己的一套价值观。美国人觉得这种做法是鬼鬼祟祟。"正如丘吉尔所说,英国人和美国人,虽然说着相同的语言,却是完全不同的民族!

从我们的角度来看,Mead 的结论似乎有点过于简单。但是,你不得不钦佩那些我们不知道的领导者,他们就承认,盟军沟通不畅是文化所致,他们没有选择责难,而是冷静地选择专家来对问题进行研究。有效的领导力将会不断依赖于判读人们的真正想法、他们的行动时机以及他们让我们困扰的话语的能力。

◆ 领导力与媒体

领导力是,而且总是一门表演艺术。语言修饰首先是一种领导力工具,领导力需要表达技巧和对真实情况的认知。当前有一种趋势,那就是对领导者喜欢采用形象感知。但是,历史学家 Leo Braudy 告诉我们,亚历山大大帝就曾将他的照片印在硬币上,以此加大他的权力影响。据说当年尼克松与肯尼迪进行电视辩论时,肯尼迪就是因为八字胡和阴沉脸而使形象失分不少。但是,我们真的了解媒体对哪个领导者的公众形象进行了美化或者丑化吗,我们真的知道这些事情的幕后吗?想要了解当今的领导者,必须要了解媒体的竞争压力是如何影响政府官员的名誉和行为的。在最小限度上,如果没有了解当代领导者走红或谢幕的真实情况,你其实并不能真正了解他们。当乔治·W.布什总统成功完成了著名的林肯号航空母舰的降落时,媒体称赞他是大救星,是电影《壮志凌云》的真实体现,但是,布什真的做了什么与亚历山大大帝有本质不同的事情吗——后者将自己的功勋比作时代之神。如果公众了解到真相是被操纵的,这会对他们对于领导者的信任产生什么影响?互联网是如何影响现代领导者的,鉴于通过互联网,人们可以传播有关领导者的流言蜚语,诋毁领导者?奥巴马的团队显然掌握了互联网媒体,因为互联网对他战胜麦凯恩起了不小的作用。这些都是我们这个时代需要了解的,因为在我们这个时代,电视摄像机可以打造领导者的表面形象,即时投票也会让领导者不得不改变其在演讲中的立场。

◆ 领导力的多学科方法

在不久的将来,可能会有真正的领导力科学(这在未来也将是一门艺术)。显然,自对领导者大脑尸检以来,这种科学认识就一直是一个梦想。但是,现代高科技让我们真正有了进步。好像每所大学每个部门都想要属于自己的正电子发射断层扫描(PET)和功能性磁共振成像(fMRI)技术,虽然这些价格不菲。但是,让领导者、非领导者和追随者进行脑部扫描以发现更多有关领导者的生理机能特点将会让我们收获很多。追随者的大脑听到了令人振奋的演讲会有什么变化?独裁领导者的大脑与协作领导者的大脑有什么不同的活动模式?他们各自的追随者呢?此外,最近还有研究开始了解激素如何影响领导力,支配与从属如何影响激素、情绪、健康及其他方面?管理不善真的会让人生病吗?严格科学的领导力的一个直接的好处就是提高管理水平,而这过去往往过度依赖于传统以及随机发挥。如2010年9月在《经济学家》上发表的文章一样,在管理和领导力的研究中采用基础生物科学的方法可能会导致组织科学的未来主要范式的转变。

结论

我研究领导力的历史已有60年,但仍然觉得在人才驱动的组织(例如《纽约时报》)中,领导者往往会忘记学者有关如何管理人才的告诫。他们鼓励同事之间的竞争,而不是鼓励与外部组织进行更有效的竞争。他们忘记了最有才华的人容易惹怒官僚主义和阶层。他们忘记了内在满足感是最好的激励。他们拒绝相信工作一定要使人感到有乐趣,或者收获高于乐趣的东西。

Biederman和我曾经研究过充满优秀人才的群体,在这类组织中,最成功的领导者不是那些将自己视为高高在上的人,而是将自己视为调解者的人。虽然许多领导者有正面的自我形象,但相比于在其下属面前的不同表现,他们更关注项目。事实上,他们并没有把其他人当成下属,而是把他们当成一起完成神圣使命的同事、改革同路者(无论这种使命是类似于创建第一台个人电脑,还是类似于打造第一部动画故事片)。这些领导者都认为,他们的主要责任,是激发人才的智慧,集合大家的智慧来实现共同的愿景。这些领导者会因发现和培养人才、发掘好想法而倍感自豪。他们关心确保项目发展的问题,确保每个人都有项目发展所需的工具和信息,保护集体不受外部干扰。这些优秀的群体内经常会出现积极的联合领导情况。作为"曼哈顿计划"的负责人,J.罗伯特·奥本海默成功地对抗了政府最初对确保内部机密的坚持。奥本海默认为,自由交换想法对项目成功是至关重要的,因为想法会点燃彼此,激发灵感。在洛斯阿拉莫斯国家实验室,团队之间保持坦诚,当年轻的理查德·费曼不同意诺贝尔奖获得者尼尔斯·玻尔的研究时,没有人感到震惊。如果洛斯阿拉莫斯国家实验室不是真正的思想的理想国,奥本海默也会使出浑身解数,让它成为这样的理想国。在组织内部,他奖励坦诚和透明度以及彻底的奉献精神。其结果是,原子弹诞生的速度超出了所有人的想象。第一朵蘑菇云仍然挂在空中时,一些科学家们意识到,他们已经创造了世界上最可怕的力量。但是,大多数人在他们的余生中对于奥本海默的领导力都非常赞赏。

尽管奥本海默的科学家是盟军参战的一部分,但奥本海默对待科学家就像是自由无约束的球员一样。奥本海默觉得,最好的馈赠就是给予自由,不能强迫。他不会给出命令,而是激发灵感。

也许,有关权力限制最好的观点是在莎士比亚的《亨利四世》中,Pt. I. Glendower 向 Hotspur 吹嘘说:"我能召唤远古的精灵。"Hotspur 回应说:"那又怎么样,我也可以,谁都可以,问题是你真的召唤的时候,它们会来吗?"(p.52)无论舞台是什么,真正的领导者都会想尽办法,在他们召唤时,所需的人才就会汇聚而来。

注释

编者注:沃伦·本尼斯刚刚出版了一本很值得阅读的书,讲述领导力和他的生活,书名为《依然惊讶:领导力生平回忆录》(*Still Surprised: A Memoir of a Life in Leadership*)。

扩展阅读

Bennis, W. G., & Biederman, P. W. (1997). *Organizing genius: The secrets of creative collaboration.* Reading, MA: Addison-Wesley.

Bennis, W. G., & Biederman, P. W. (2010). *Still surprised: A memoir of a life in leadership.* San Francisco: Jossey-Bass.

Bennis, W. G., & Thomas, R. J. (2002). *Geeks & geezers: How era, values, and defining moments shape leaders.* Boston: Harvard Business School Press.